U0142873

凝煉知識品味閱讀

凝煉知識品味閱讀

研究&方法

多層次模式與縱貫資料分析
Mplus 8 解析應用

l modeling and longitudinal data analysis: Applications of Mplus 8

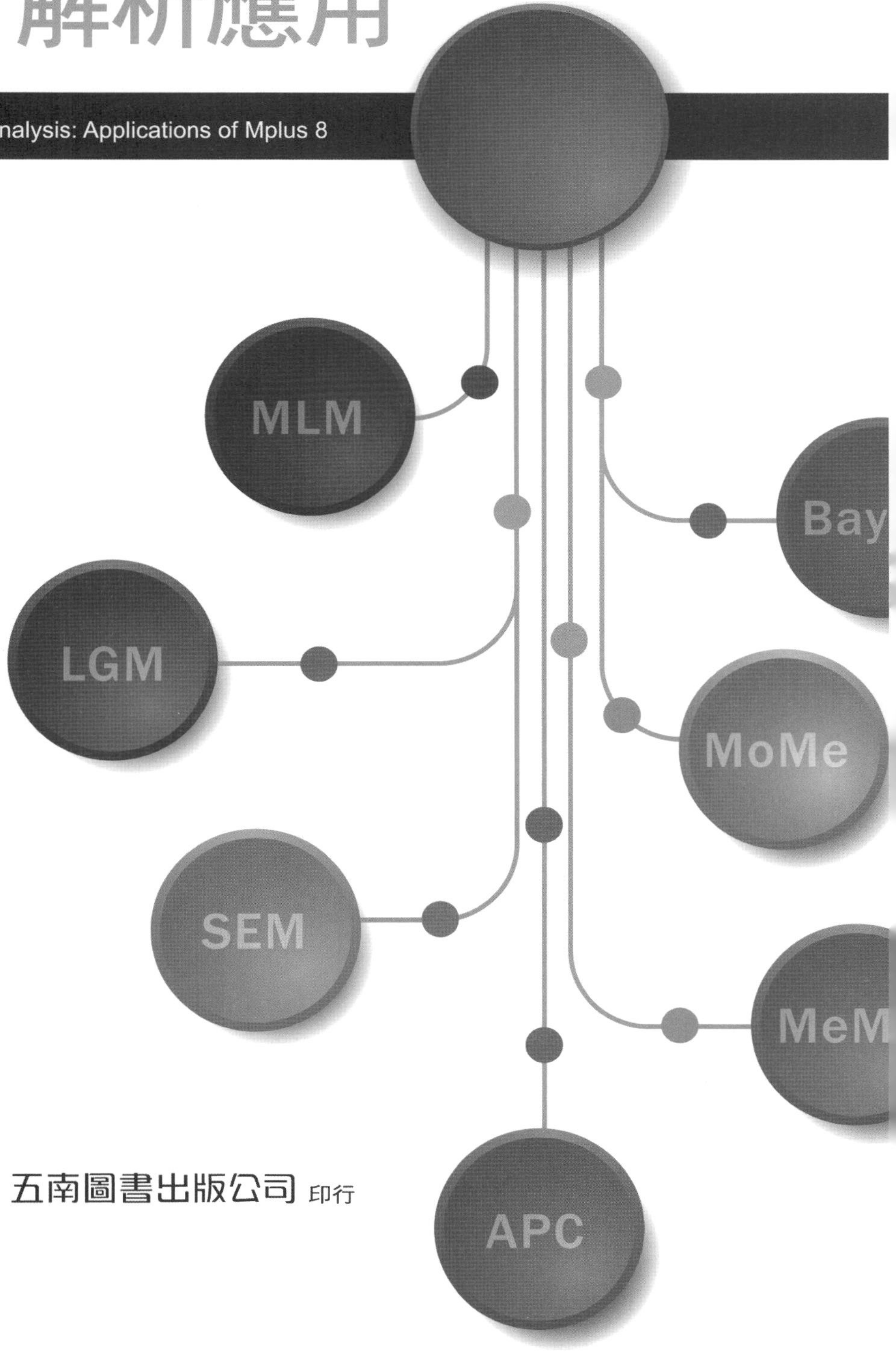

五南圖書出版公司 印行

推薦序

2017 年春天，邱皓政教授邀請我爲其新書《多層次模式與縱貫資料分析：Mplus8 解析應用》寫序，我欣然同意，也藉此機會先睹爲快。我跟皓政教授相識於 20 多年前的一場學術會議，當時我們都是剛剛取得博士學位。他極力推銷結構方程模式（structural equation modelling; SEM），而我則是口沫橫飛大談 Rasch 模式和試題反應理論（item response theory; IRT）。當時我們不知道原來這兩種不同的學派，其實有高度的重疊，新版的 MPlus 可以進行 SEM 與 IRT 分析就是最好的例證。多年來我見證了皓政教授在統計模式的學術發展與知識轉移的貢獻，讓我十分佩服。

本書有兩大重點，一是多層次結構的資料分析。如 Program for International Student Assessment（PISA），Trends in International Mathematics and Science Study（TIMSS）等國際大型教育資料庫，資料有兩層結構：學校與學生，學生是嵌套在學校內。另一爲縱貫資料分析。代表性資料就是對受試者進行多次的重複測量，如定期或不定期測量受試者的體重、病情、能力等。這類的資料也有兩層結構：受試者和重複測量，重複測量是嵌套在受試者內。由於縱貫資料具有多層次結構特性，因此縱貫資料分析也可以歸類爲多層次模式分析。不過由於縱貫資料有其特殊的議題（如成長軌跡的描述），自有其獨立存在的必要，這也是本書的做法。

PISA 和 TIMSS 在抽樣時，首先隨機抽取一些學校（如 150 所），然後在校內隨機抽取一些學生（如 40 人），蒐集學生的結果變項（如在數學考試上的分數）和其他的背景變項。由於學校的招生和環境的關係，通常來自同一所學校的同學，在結果變項（如數學程度）的相似度，會遠高於來自不同學校的學生。如此一來，就違反了傳統單層次模式的假設（所有學生來自同一個母群體），造成後續分析的錯誤。同理，在縱貫資料裡，同一個人的重複測量的相似度，會遠高於不同人的測量。解決之道就是根據資料的多層次特性或縱貫特性，正確使用本書所介紹的多層次模式和縱貫模式。

我跟多層次模式與縱貫模式相當有緣，早在我就讀加州大學柏克萊分校博士班期間，我修習由指導教授 Mark Wilson 所開授多層次模式的課，當時使用的教科書是 Bryk 與 Raudenbush（1992）的 *Hierarchical Linear Models in Social and Behavioral Research: Applications and Data Analysis Methods*。此書的結果變項著重在連續變項，後來該書於 2002 年再版，增加了類別的結果變項，大幅提高其實用性。這兩版書搭配 HLM 軟體，方便操作。後來我於 2006 年至柏克萊分校訪問，旁聽 Rabe-Hesketh 教授一門關於多層次模式的課，當時使用的教科書是 Skrondal 與 Rabe-Hesketh（2004）的 *Generalized Latent Variable Modeling: Multilevel, Longitudinal and Structural Equation Models*，搭配的軟體是 GLLAMM。由於我的研究興趣在 Rasch 模式和 IRT，結果變項是類別而非連續變項，因此對如何在多層次模式裡進行 IRT 分析特別感到興趣。新版的 HLM、GLLAMM、MPlus 都可以分析類別結果變項，大幅增加了多層次模式在社會科學的應用。

我曾在研究所開授過多層次模式分析，使用過上述兩本書。在軟體操作上我要求學生使用 HLM 或 GLLAMM。雖然這兩個軟體還算容易上手，但麻煩的是這兩個軟體基本上是爲多層次模式量身打造，無法進行其他常見的統計分析，如傳統的多變量分析。學生常苦於因爲學習一種新的統計方法，就要學習一種新的軟體。如果有通用的軟體可以進行各種分析，還能讓使用者容易上手，將可大幅增加學習效果和促進應用。MPlus 就是這樣的軟體，它可以用來進行簡單的分析，如變異數分析、迴歸分析，也可以進行多變量分析，如因素分析、結構方程模式，還可以進行複雜的分析，如多層次模式、IRT、潛在類別模式等。學會了 MPlus 就可以應用該軟體所提供的強大功能，進行各式各樣的統計分析，甚至可以自行研修 MPlus 所提供更爲複雜的分析方法和進行模擬研究。

我跟 MPlus 的作者 B. Muthén 教授有數面之緣。2011 年我主辦心理計量學會的年會，當時 B. Muthén 教授獲頒該學會的終身成就獎，並發表演說。後來我邀請他於 2012 年在本校（香港教育大學）舉行三天的 MPlus 工作坊，免費入場，吸引數百位學者、實務工作者、研究生參加。MPlus 的應用越來越廣大，多層次模式和縱貫模式也逐漸受到重視，可是缺少一本使用 MPlus 進行多層次模式或縱貫模式分析的中文參考書。

皓政教授的這本《多層次模式與縱貫資料分析：Mplus8 解析應用》剛好塡補這個需求。它佐以範例、MPlus 指令、與報表，按部就班解釋統計原理和解讀報表，由淺至深、由簡至繁，內容豐富。本書第一篇從資料嵌套特性帶入多層次模式、縱貫模式、SEM 分析方法等的必要性。接著說明多層次、縱貫資料格式，遺漏值處理等。這些都是進行多層次和縱貫模式時會碰到的實務問題。第二篇正式介紹多層次模式與縱貫模式，作者透過傳統的線性迴歸分析，逐步闡述多層次模式，參數的固定或隨機效果，組內相關係數，預測變項平減的策略與效果，模式的比較，脈絡效果，交叉嵌套模式的分析。接著介紹線性與非線性成長的縱貫模式，具有多層次結構的縱貫模式（如學校、學生、重複量測），縱貫模式裡時序資料的平減（平移）以及脈絡效果。第三篇則以 SEM 的觀點來處理縱貫資料，主要可分為兩種方式：潛在成長模式與多波次結構方程模式。另外如果重複量測的次數非常多，則成為時間序列，可以使用自我迴歸的做法。第四篇討論如何在多層次和縱貫模式裡，進行研究設計並探討中介和調節的效果。本書最後以統計的寧靜革命作為完結，總括作者多年來在這一領域的心得與反省，擲地有聲，足以當作吾輩的指引。

本書每章適時提供 MPlus 範例語法和結果，方便讀者自行照表操課，強化學習效果。本書應該可以滿足讀者的需求，適合當作研究所多層次模式、縱貫模式的教科書或參考書。在此我想藉機薦請皓政教授和其他同行，在這本書的基礎上，繼續撰寫其他進階統計方法的參考書，以饗讀者，以推進社會科學資料分析的品質。

香港教育大學協理副校長（研究與知識轉移）
心理學系教育與心理測量講座教授
評估研究中心聯席總監
美國教育研究協會會士

自　序

……山頂洞人時期，我們的祖先在夜晚圍坐火堆，火光陰影之外迴盪著狼的嚎叫聲，然後有人開始講話，他會講個故事，我們就不會在黑暗中害怕。……

電影《天才柏金斯》（Genius）

四月中，再度飛往荷蘭參加 Utrecht University 方法與統計學系（Department Methodology & Statistics）舉辦的第十一屆多層次模式研討會，由於大會手冊籌備人員名單當中沒有 Dr. Joop Hox 的名字，他在系上網站的頭銜也變成了榮譽教授（Emeritus Professor），以為見不著這位老友了，結果推開會場大門之後，Dr. Joop Hox 的熟悉身影即出現在眼前，但他已不如往常般需要張羅會場事務，因此我有更多時間和他敘舊家常。他悠悠地告訴我《*Multilevel Analysis*》一書舊了，新寫的第三版年底會出版，我告訴他我也有一本新的多層次模式著作正在排版，兩人會心一笑。因為上回為了履行送書承諾特別飛往荷蘭參加多層次模式研討會（那時是第八屆），看來為了這本書，我們還會再見面，他也會很慷慨的再次把我的書擺在展示櫃中，與他和其他學者一系列著作的旁邊。這場景有點像《美麗境界》（A Beautiful Mind）一片中的贈筆情節，普林斯頓大學教授們將自己的鋼筆放在甫獲諾貝爾經濟學獎的 John Forbes Nash 身前以示尊崇，因為對於當時的教授而言，鋼筆是他們著述立言的工具，是他們學術生命的一部分，不同的是，我與 Dr. Joop Hox 都只是平凡的學者，不曾得到什麼偉大的獎項，但我們所分享的也是彼此學術生命的重要部分，都有相似的心情。

如果說我們兩位是以文會友實不為過，我們身處世界兩端，平時以 email 書信往來，各自在研究室以不同語言記述多層次模式的興起與擴展、創新與變革，大多時候得靠著自己摸索學習，耗盡心力，我相信 Dr. Joop Hox 也經歷著同樣的歷程。雖然他沒說，我沒講，彼此都明白著述的辛苦，但如果您看到研討會中從世界各地慕名而來的學者專家、後生晚輩，認真聆聽 Dr. Joop Hox 的講演與評論，即能明白知識的力量是如此無遠弗屆，文人立言著述絕非無足輕重（trivial），而能帶領我們離開黑暗恐懼。

除了 Dr. Joop Hox 這位遠在荷蘭的學術前輩能給我以友輔仁的助益，Mplus 軟體的作者 Dr. Bengt Muthén 的新書更是直接影響了本書的撰寫。就在去年五月 University of Connecticut 舉辦 2016 Modern Modeling Methods Conference，早餐時恰與 Dr. Bengt Muthén 與 Tihomir Asparouhov 同桌，他熱情地告訴我隔週就要上市的新書《*Regression and Mediation Analysis Using Mplus*》的內容，並告訴我即將會有新版的 Mplus8 上市，會大幅擴充縱貫資料分析應用功能，建議我加強縱貫模式的相關章節。這就是為何本書書名在「多層次模式」一詞之後增列了「縱貫資料分析」的原委，當天早餐後我缺席了研討會的論文發表，直接回到房間打開電腦，刪除已經寫了一年餘的章節架構，把縱貫分析模式編入大綱，並增加了一整篇（本書第十二至十四章）關於中介與調節分析的內容，也使得本書一舉超過當初規劃的 500 頁，加重了成本負擔與閱讀深度，但面對學術的發展與工具的進步，我們只能往前跟上而沒有退路可走。

只是要跟 Dr. Bengt Muthén 抱怨的是，一年前他老神在在的跟我說，Mplus8 is coming soon，卻讓我苦等了一整年，直到今年四月底本書完稿送到了出版社排版，我才收到 Mplus8 的安裝通知，所幸 Mplus8 與 Mplus7 的基本介面相差不遠，主要的演算程序與報表產出則完全相同，我本想向出版社提議取回完稿重新補充 Mplus8 的最新應用模式，但是一想到主編大人的無奈眼神就打消念頭，最後只在第一章稍微介紹 Mplus8 的最新發展，並在各章做些微修正補充，剩下的就等第二版改版時再說了！

為了趕赴荷蘭研討會，我決意落筆付梓完成本書，因此 Joop 成為第一位分享本書成書喜悅的師長。事實上，全程參與本書寫作的林碧芳博士則是本書成書艱辛的見證者，也將是本書未來成為課堂教材實際授課指導的不二人選。在兩年的撰述期間，具有深厚量化方法學養與資料分析經驗的林博士不僅協助範例編纂與 Mplus 分析檔案整理，並不時對於本書內容提出挑戰、質疑與建議，使得本書能更臻完善，若將林博士忝列作者實也當之無愧。另外，在本書起步維艱之時，高雄醫學大學護理學院王瑞霞院長特別安排研習活動、提供學術討論舞台讓我試教部分內容，瞭解學員的學習狀況，調整教材深度，為本書能夠順利開展奠定務實基礎，也令我銘記在心。當然，也要感謝居中牽線的好友徐少慧老師，要不是那篇令她困擾的糖尿病患者自主管理追蹤研究，我也不會啓動這本書的寫作計畫。

四月中完稿後，原本以爲很快就可以付梓印刷，沒想到排版回來之後的校對過程又是一條漫漫長路。前前後後自己反覆檢查了四五回，經常是在旭日初昇之際才能暫歇，每一回都是心力交瘁，送回出版社的校對稿貼滿是勘誤折頁與便條紙，連身邊學生友人都看出我少有如此焦慮，主要是因爲本書涉及高階統計模型，古典與當代文獻交錯，原理與應用都要兼顧，公式符號繁複、語法報表枝節繁多，因此除了林博士之外，另外又煩勞了曾明基與張毓仁兩位博士協助校閱。他們都曾是我的學生，在學時期來不及把這本書當作上課教材，如今爲師者陰魂不散，委以審閱重任，必須明察秋毫，字字斟酌，必然挑戰更大，卻是另一種教學相長，更讓師生爺倆茶餘飯後的抬槓話題又增添不少。

辛苦校閱的另一個好處，是等到了忙碌的王文中教授的贈序。我們相識得早，談話無數，不過此回閱讀文中教授序言的心情完全不同，字裡行間已經不再是早年 SEM 與 IRT 優劣論辯的你來我往，而多是老僧看山又是山的豁然與領悟，莞爾之餘，倍感珍惜。這一本著作是我教研二十年的一個匯集與停歇，能夠獲得他這位治學嚴謹的講座級教授的鼓勵與肯定，知道自己的著作不是無足輕重，眞的感動，眞的不容易。

Thomas Wolfe 在紐約街頭看到失業救濟的乞食隊伍，自責在經濟蕭條的失落世代，自己的作品實在是無足輕重，但在紐約舊公寓的天台上，Max Perkins 語重心長道出，人類因爲故事、敘說和書寫而脫離狼嚎下的黑暗與恐懼，創造智慧與文明。本書僅是當代研究方法技術的一本學術性專論，在人類知識文明的累積上或能往前多邁一步，但是方法的實踐，則有待各位來完成。如有關於本書的各項建議看法，尚請不吝指教。

邱皓政
謹誌於
台師大管理學院
2017 年 8 月

Contents

第一篇
概說

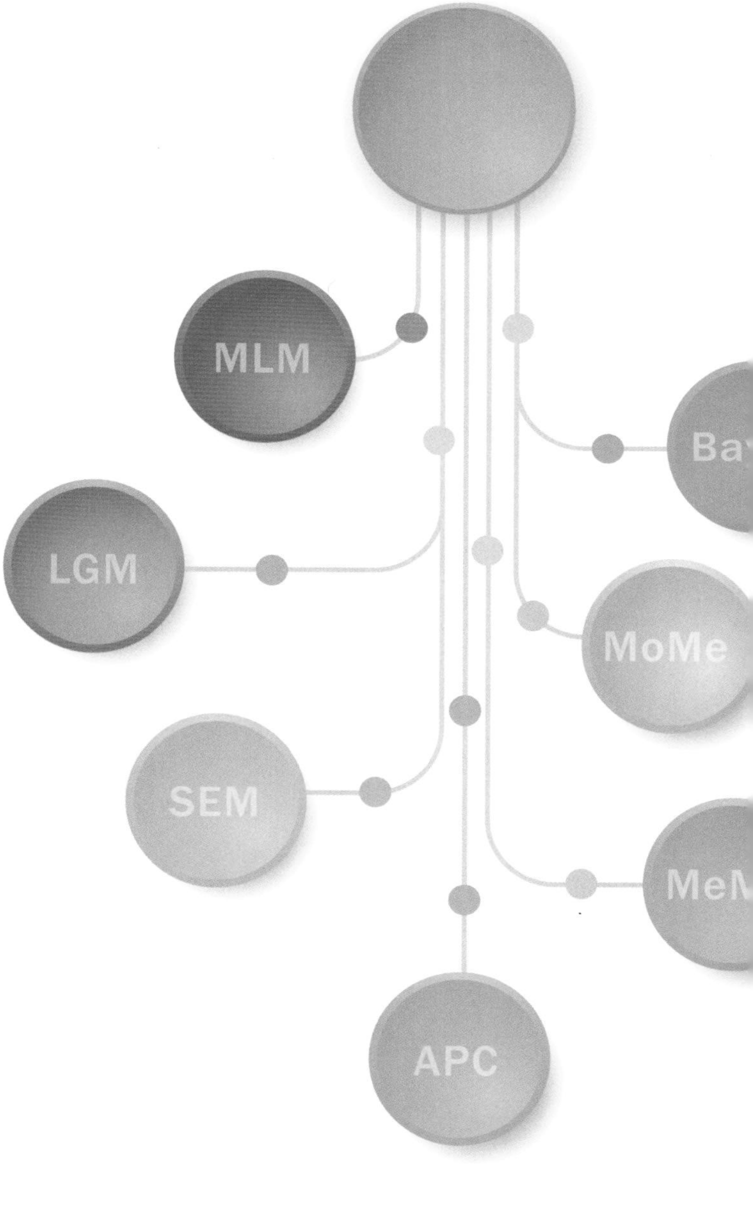

Chapter 1

導　論

1.1 緒論

社會與行為科學（social and behavioral sciences）是探討人類社會各種現象與相關活動及研究方法的學科，因此學者所關注的對象與議題多半與「人」或「社會」有關。由於「人」並非孤獨的存在，其所群聚的集合及其場域即為「社會」，社會中的個體之所言所行，在特定的「結構」下構成了人的「行動」，經歷了一定的延宕歷程後對於自我或他人發生了種種作用，成為外界可視的現象。因此社會科學研究與相關應用學門（例如教育與管理科學）在探究人與社會的關係，或是社會結構與行動者的互動機制時，必須面對兩個與人及社會有關的基本脈絡，第一是對應結構的空間（space），第二則是對應歷程的時間（time）。

以某一位成功人士「王小華」的成長過程為例，呱呱落地後睜眼所見的除了是父母尊親長輩的和藹容顏，還有父母細心準備懸掛在嬰兒床架上可以刺激視聽神經發展與手眼協調的各式玩具，即使父母親忙於工作也有保母幫傭叔叔阿姨細心呵護，稍大之後即被送進雙語幼稚園與其他相同背景的娃兒們一起生活，接觸各式音樂美學陶養或身體韻律課程，到了學齡之後自然也在父母的精心安排下進入私校就讀，在特意安排下進入優質高中，最後得以進入長春藤名校與各路英雄豪傑一起學習，結識同為上流社會的名媛公子，結婚生子，最後以同樣的教養方法及態度培養下一代，經歷相同的成長道路……。

剛閱讀完畢前述文字的您可能會搖搖頭說，王小華是生長在與您完全不同的另一個世界中，因為您的成長過程完全不同。那就對了，每個人出身自不同的家庭與社會文化體系，有著不同的生命際遇，成就了不同的故事結局，這不僅有

「時間」因素在推動故事的發展，同時被「空間」因素所左右，更存在著個別差異。作爲一個社會科學研究者，如何能將這些時空因素與個別差異一起納入考慮呢？

1.1.1 上下嵌套的資料結構

從研究設計的角度來看，前面所討論的「空間」與「時間」特徵，存在著一個共同的特質：亦即內屬或嵌套（nested），意指某一群觀察値同屬於某一個觀察單位，例如一群學生嵌套在同一個學校之內、一群員工嵌套在某一個公司之內、一組重複測量嵌套在同一個個體之內。以王小華的故事爲例，與王小華同一個班級的諸多學生（S）受到良好的教育，他們的學校位於優質的學區，而這些學區只可能存在於某一類型的都市，因此與王小華相同狀況的學生應有類似的結局，此時，學生的資料嵌套在班級（C）與學校之內，而學校嵌套在學區與都市之內，形成嵌套結構，此時不僅可以比較學生間的個別差異，檢驗個體因素（individual factor）的影響，更可以探討環境或生活背景等脈絡因素（contextual factor）的作用。

從時間的角度來看，我們如果持續追蹤像王小華這樣的學生，記錄每一位學生在各年級與畢業後各年度的身心狀態，亦即進行重複的觀測某一些數據的變化，此時這些重複多次測量的數據（T），也即是嵌套在每一個個別個體（S）之內，如果將每一個學生的數據變動情形加以連結，利用統計模式去估計成長變化情形，就是一種成長軌跡（trajectory）的研究。同樣地，此種重複測量資料，與前述空間下的分層觀測，都屬於特殊的嵌套資料，兩者關係如圖 1.1 所示。

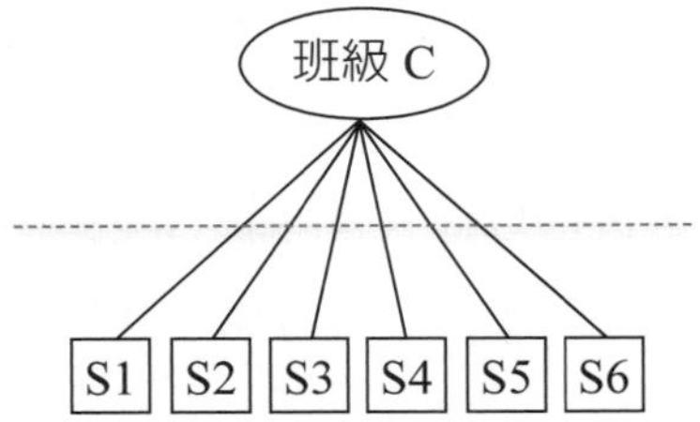

(a) 空間內的嵌套資料

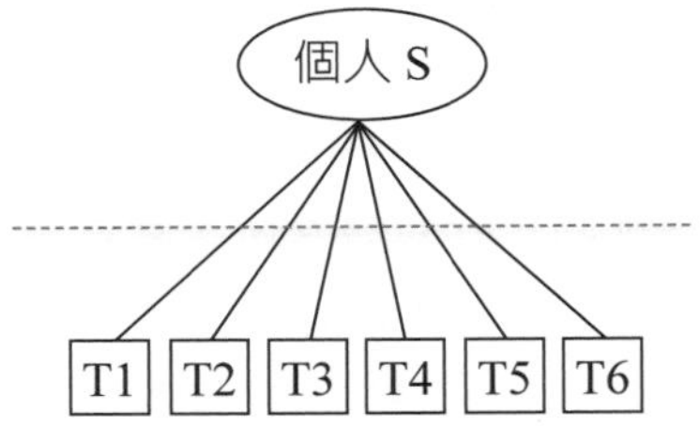

(b) 時間內的嵌套資料

圖 1.1　空間與時間性嵌套示意圖

（虛線表示不同層次的區隔）

1.1.2 從嵌套到階層關係

當資料帶有嵌套結構之時，隱含我們所擁有的資料存在著一個帶有階層（hierarchy）或多層次（multilevel）的特殊關係。以圖 1.1 當中的兩種嵌套關係爲例，當學生（S）嵌套在班級（C）之內，或是時間（T）嵌套在個體（S）之內，兩者皆有著一種上下層的關係：下層是個別的觀察值，上層則是共同的抽樣單位或集合性的總體測量單位。

以多層次研究（multilevel study）的術語來說，下層資料稱之爲個體層次（micro level），由基本的個別觀察值所組成，簡稱 level-1 或 L1，其觀察次序以足標 i 表示，$i = 1, \cdots, n$。上層資料則可稱爲總體層次（macro level），簡稱 level-2 或 L2，其間每一個觀察資料就是其下所屬的個體層次所有觀察單位的集合測量，其觀察次序以足標 j 表示，$j = 1,\cdots, m$。如果上層 m 個集合性的總體測量單位所包含的下層觀察數（n）相同，總觀察數可記爲 $N = m \times n$。

前述的嵌套資料通常是由叢集抽樣（clustered sampling）獲得，亦即先抽取 m 個 L2 單位，然後再蒐集各單位內的 n 個觀察值，此時 L1 的 n 個觀察值嵌套於同一個 L2 單位內，亦即屬於同一組，因此 L1 通常又稱爲組內（within-cluster），L2 稱爲組間（between-cluster）。此時如果 L2 的 m 個集合性觀察資料還有更上一層的抽樣單位，將會形成第三層 L3、第四層 L4 或更多層的嵌套結構，這些上層結構皆可稱之爲組間層次。

一般而言，嵌套資料若未帶有時間的資訊，研究者所觀察到的資料都是在某一特定時間點下所蒐集獲得，稱爲橫斷面研究（cross-sectional study）。但是如果研究者所蒐集到的嵌套資料在數個不同時間點所取得，例如初生嬰兒的身高體重逐漸增加、員工進入公司之後歷年來的績效起伏表現、諮商輔導的團體活動每次聚會的個案心理狀態的變化等，研究者隨時間的發展而持續觀測某個（或某些）變數的動態演變過程，這種研究設計稱爲縱貫面研究（longitudinal study）。

常見的縱貫研究抽樣設計，是針對 m 個受測者重複觀察某一個變數 n 次，又稱爲固定樣本追蹤研究（panel study），此時亦爲 L1 測量嵌套於 L2 集合單位的多層次資料，其中 L1 反映了同一個個體隨時間變化的狀態，因此可稱爲受試者內層次（within-subject level），L2 則爲不同的個體，因此稱爲受試者間層次（between-subject level），如果 L2 的每一個個體的重複測量次數相同，此一雙

表 1.1　雙層橫斷面與縱貫面研究的各層次意義

	橫斷面研究	縱貫面研究
分析目的	關注資料的結構與空間性	關注資料的發展與變化性
第一層（L1）	個體層次（組內） 單獨的個體觀察值 例如：學生、員工	受試者內層次（組內） 反覆多次的觀察資料 例如：不同時點下的身心資料
第二層（L2）	總體層次（組間） 總體的集體觀察值 例如：老師、主管	受試者間層次（組間） 不同受試者的個人資料 例如：不同的病人

層嵌套資料所形成的總觀察數與前面的橫斷面研究一樣，亦為 $N = m \times n$。換言之，不論是橫斷面（反映空間結構）或縱貫面（反映時間結構）的嵌套資料，具有相類似的資料結構與特性，如表 1.1 所示。

事實上，橫斷面嵌套資料所能夠反映的空間特徵，與縱貫面嵌套資料所能夠反映的時間特徵，兩者並不一定互斥獨立，也可以整合於同一個研究設計之下。現在再以王小華為例，如果今天教育部將王小華與他的同班同學共 30 位學生（S = 30）在小學六年的各年學習表現（T = 6）蒐集起來，與其他縣市學校共 100 個班級（C = 100）的學生表現相比較，此時每一個個別學生（S）有六次測量分數（T），因此 T 嵌套於 S 當中，而 S 嵌套在班級（C）當中，形成一個三層階層結構，也就是縱橫面資料（panel data），如圖 1.2 所示。

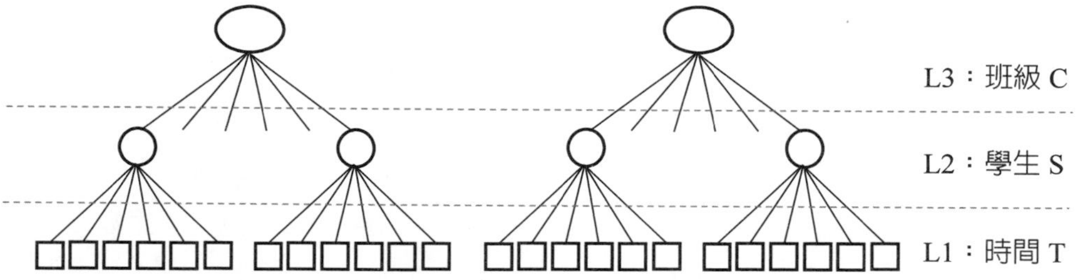

圖 1.2　整合空間與時間資料的三層次嵌套結構示意圖

（虛線表示不同層次的區隔）

在一個帶有三層嵌套資料的縱橫面研究中，如果每一個集合單位的下層觀察數相同，亦即每一個受測者在 L1 都有 n 個重複測量個別觀察值，每一班級底下的 L2 均爲 m 個集合觀察值（個體），L3 爲 k 個集合觀察值（班級），總觀察數爲 $N = k \times m \times n$。此一三層嵌套資料當中的越下層樣本數總數越大，在討論最底層的測量數據時，不僅可以將時間作爲主要的研究議題（探討學生的學習成長軌跡），也可以進一步比較學生之間的個別差異或班級之間的集體差異，同時兼顧橫斷面與縱貫面的研究議題，巧妙的同時將時間與空間兩個因素整合在同一個研究之中。

1.1.3 多層次的迴歸分析

不論是空間或時間嵌套資料，組內測量來自 L1 的個體層次或受試者內層次的資料，組間測量則來自於 L2 或 L3、L4…等總體層次或受試者間層次的抽樣結果或集合測量所得。此時如果要探討變數間的關係，可分別就個體層次或總體層次分別進行，也可以進行跨層次的分析。研究者僅需指定一個其所關注的*結果變數*[1]（outcome variable），然後在各層次指定一個或多個*解釋變數*（explanatory variable），即可套用*迴歸分析*（regression analysis）的概念來進行解釋變數對結果變數的分析。

換言之，正因爲嵌套資料所帶有的階層化結構特徵，使得據以建立的迴歸模式具有相當大的擴展能力，擺脫傳統線性模型的限制，在方法學本身不但刺激了統計技術的進步，也提供了社會科學研究者替代的研究設計選項與探究議題的新視野。近年來，以處理嵌套資料爲技術核心的*多層次模式*（multilevel modeling; MLM）在社會科學領域受到相當程度的重視，尤其在組織行爲與教育領域，MLM 儼然成爲主流典範（Aguinis & Culpepper, 2015; Aguinis, Gottfredson, & Culpepper, 2013; Klein & Kozlowski, 2000），主因即是 MLM 能夠有效處理社會科學領域研究議題當中所充斥的多層次資料結構，不僅是特殊嵌套關係下的空間資料，也可以處理帶有時間訊息的變遷資料。

隨著多層次模式的興起，同時也刺激了另一個社會科學方法主流典範：*結構方程模式*（structural equation modeling; SEM）開始面對嵌套資料而發展出

[1] 本書將結果變數與依變數（dependent variable; DV），解釋變數與預測變數（predictor）或自變數（independent variable; IV），視爲同義詞而交替使用。

多層次結構方程模式（multilevel structural equation modeling; MSEM）。事實上，面對重複測量的成長軌跡，SEM 技術甚早就發展出潛在成長模式（latent growth modeling; LGM）來進行分析，使得多層次資料分析能夠擴展到潛在變數模式，並將多層次與縱貫資料模式與中介（mediation）與調節（moderation）等方法議題相互連接。因此，本書雖從 MLM 的討論出發（第四至八章），也將利用相當篇幅來介紹 SEM 取向的多層次與縱貫資料分析方法（第九至十一章），希望能夠整合時間或空間性嵌套資料結構的 MLM 與 SEM 兩大主流技術於本書之中，因此除了介紹各種不同模式的概念與原理，同時也將針對這些模式的延伸應用加以說明，並利用 Mplus（Muthén & Muthén, 1998-2017）來進行示範，希望有助於讀者瞭解這些當代重要方法學的內涵，並能具體應用在研究之中。

1.2 多層次模式概說

1.2.1 MLM 的發展脈絡

從方法論的觀點來看，社會科學研究者甚早就對人類社會的多層次特徵提出討論，並具體指出不同層次的資料若無適當的分析與推論將會犯下生態謬誤（ecological fallacy）（Robinson, 1950）、個體謬誤（individualistic fallacy）（Alker, 1969）或原子謬誤（atomistic fallacy）（Susser, 1973）。但 MLM 遲至九十年代才獲得快速發展，主要的原因是受限於既有演算法的限制與運算工具的有限效能。

基本上，傳統的迴歸分析係基於一般線性模式（general linear model; GLM）的架構，來進行變數間關係的檢驗，GLM 雖有不同的形式（例如一般最小平方線性迴歸分析或是固定效果變異數分析），其共同的統計假定是誤差需爲常態、獨立且具備等分散性，一旦研究者面對同時包含個體與總體等不同層次的跨層級或縱貫性資料時，以 GLM 來進行分析所得到的誤差就無法服從前述假設，導致參數偏誤與顯著性檢定失效等嚴重問題（Aitkin & Longford, 1986）。爲了解決前述問題，於是有 MLM 分析概念的提出，但隨著技術的發展，以及在不同計量學門所面對的問題不同，對於 MLM 有著不同的稱呼，因此可視爲一種統計方法學（statistical methodology）的創新（Courgeau, 2003），如表 1.2 所示。

表 1.2 嵌套資料分析模式的不同命名

混合模型	mixed models
混合效果模型	mixed effect models
多層次統計模型	multilevel statistical models
脈絡模型	contextual models
隨機效果模型	random-effects models
隨機係數模型	random coefficient models
共變數成分模型	covariance components models
階層線性模式	hierarchical linear models

多層次分析（multilevel analysis）一詞正式出現於 Harvey Goldstein 所撰寫的專書 "*Multilevel Models in Educational and Social Research*"，1987 年由倫敦的 Griffin 出版社正式發行，其後更名為 "*Multilevel Statistical Models*"，現已更新至第四版。Goldstein 之後的兩本專門著作則促成 MLM 在應用與技術層次上的普及與深化，其中 Bryk 與 Raudenbush（1992）所發表的 "*Hierarchical Linear Model*" 一書，不僅詳述雙層與三層的教育嵌套資料的分析原理，也開發出 HLM 軟體，大大推動了多層次分析的流行。因此至今有諸多學者將 HLM 作為嵌套資料分析技術的代名詞。

在長達一甲子的發展過程中，文獻上對於 MLM 的應用曾有多位學者從不同角度進行整理與討論，例如 Blalock（1984）利用*脈絡模型*（contextual model）一詞彙整了帶有多重資料的分析研究，影響了社會學領域的多層次分析觀點（DiPrete & Forristal, 1994）。其後 Raudenbush（1988）則以 HLM 一詞整理回顧教育領域對於階層結構資料的應用技術，並使 HLM 流行於教育領域。在醫療健康研究領域有 Duncan, Jones, & Moon（1998）與 Goldstein（1995）的著作，組織與管理領域則有 Hofmann（1997）的引介。

從演算法的觀點來看，MLM 最早是由 Lindley 與 Smith（1972）利用線性模型的貝氏估計技術，試圖處理樣本數不同的非平衡共變數成分的複雜結構。後來在期望最大化演算法（EM）（Dempster, Laird & Rubin, 1977）被提出後，共變數成分估計的運用得以快速有效地進行多層次資料結構分析（Dempster et al.,1981）。Wong 與 Mason（1985）導入*最大概似估計*（maximum likelihood estimation; MLE）進行多層次的參數估計，大幅提升隨機成分的正確估計。

Hedeker 與 Gibbons（1994）以及 Pinheiro 與 Bates（1995）則提出了高斯－赫米特積分對最大概似值的準確近似計算法，納入 Mixor 軟體和 SAS Proc Mixed 模組。HLM 軟體則使用高階拉普拉斯轉換（Raudenbush, Yang, & Yosef, 2000），使多層次模型可以處理多種不同類型的結果變數，並擴展到交叉嵌套（cross classified）的資料結構。隨著眾多研究者的投入與電腦運算科技的帶動，MLM 分析技術不斷推陳出新，例如結果變數已經擴展到不同型態的廣義模型（例如二分變數、多分類別變數等離散型、順序型或計數資料等）。

多層次模式的一個重要技術突破是貝氏估計法的導入，使得 MLM 分析可進行貝氏推論（Bayesian inference）。傳統的統計推論與參數估計（例如 ML 法）必須是大樣本下才具有一致、不偏和有效性，但是多層次資料的高層或上層單位未必符合大樣本條件，各組內部的觀察單位數也多不相等（不平衡設計），這些樣本結構上的限制嚴重影響 ML 估計。此時貝氏方法恰好能夠補足其缺點，例如可利用蒙特卡羅技術對特定後驗分配的近似演算，例如資料增廣（data augmentation）（Tanner & Wong, 1987）和吉布斯抽樣（Gibbs sampling）（Gelfand & Smith, 1990），藉以得到更接近實際情況的標準誤，大大提高運算與實際研究應用的便利性。

1.2.2 MLM 的原理概述

以最簡單的語言來描述 MLM，即是迴歸的迴歸（regression of the regression），換言之，MLM 是從傳統的線性迴歸擴充而來。以最簡單的 x 與 y 兩變數為例，若以 x 為解釋變數（自變數），以 y 為結果變數（依變數），然後令 y 對 x 作迴歸，探討 $x \rightarrow y$ 的解釋或預測能力，可以一個帶有誤差項的線性方程式來表示，如方程式 (1-1)，模型中僅有一個解釋變數，因此稱為簡單迴歸（simple regression）模型：

$$y_i = \beta_0 + \beta_1 x_i + [\varepsilon_i\ ] \tag{1-1}$$

其中 β_0 為截距（intercept），β_1 為斜率（slope），ε_i 為誤差（error）[2]。方程式

2 在本書當中，誤差項特別以 [] 來標示，以利區辨。

(1-1) 當中的足標 i 表示觀察值的順序，$i = 1,\cdots, N$，表示方程式 (1-1) 是由 N 筆觀察值所估計得到。

如果資料帶有嵌套特徵，例如我們隨機抽取 m 個班級，每個班級隨機抽取 n 個學生蒐集他們的智力 (x) 與學業成績 (y) 兩變數的資料，進行智力對於成績的影響（$x \rightarrow y$）的簡單迴歸分析，得到方程式 (1-2)：

$$y_{ij} = \beta_{0j} + \beta_{1j}x_{ij} + [\varepsilon_{ij}] \tag{1-2}$$

仔細檢視方程式 (1-1) 與 (1-2)，可以發現方程式的內涵存在兩項主要差異：第一，足標數量增加。在方程式 (1-1) 爲單足標 i，方程式 (1-2) 則爲雙足標 ij。方程式 (1-2) 的兩個足標當中，第一個足標 i 表示位於第一層學生層次（L1）n 個觀察值的觀察次序；第二個足標 j 表示位於第二層班級層次（L2）m 個抽樣單位的觀察次序。

第二個差異是截距與斜率由固定係數（fixed coefficient）變成變動係數（varying coefficient）。從方程式 (1-2) 當中的截距項 β_{0j} 與斜率項 β_{1j} 可知，不同的抽樣單位（班級）下，$x \rightarrow y$ 的迴歸關係具有不同的截距與斜率。若假設方程式 (1-2) 當中的 m 個抽樣單位的 β_{0j} 與 β_{1j} 爲隨機變動而呈常態分配，稱爲隨機係數（random coefficient），兩者分別以 γ_{00} 與 γ_{10} 爲平均數，以 u_{0j} 與 u_{1j} 爲誤差項，可以方程式 (1-3) 與 (1-4) 表示：

$$\beta_{0j} = \gamma_{00} + [u_{0j}] \tag{1-3}$$

$$\beta_{1j} = \gamma_{10} + [u_{1j}] \tag{1-4}$$

方程式 (1-3) 反映的是從方程式 (1-2) 求得之各班級截距的平均數與隨機變動情形，方程式 (1-4) 則是方程式 (1-2) 求得之各班級斜率的平均數與隨機變動情形。方程式 (1-3) 與 (1-4) 發生於第二層，又稱爲層二方程式。相對地，方程式 (1-2) 則稱爲層一方程式。將方程式 (1-3) 與 (1-4) 代入方程式 (1-2)，得到混合方程式（mixed equation），如方程式 (1-5) 所示，也就是 MLM 所用來分析的階層線性方程式，可用來分析 $x \rightarrow y$ 在不同層次的效果。與 MLM 有關的各種嵌套資料即可基於方程式 (1-5) 或其擴展模型來進行多層次分析。

$$y_{ij} = \gamma_{00} + \gamma_{10}x_{ij} + [u_{0j} + u_{1j}x_{ij} + \varepsilon_{ij}] \tag{1-5}$$

1.3 從多層次縱貫模式到結構方程模式

隨著縱貫研究逐漸獲得研究者的重視，前面所介紹的 MLM 分析技術逐漸取代變異數分析（ANOVA）來進行重複觀測的數據分析，主要的原因就如同先前表 1.1 所指出，重複測量的縱貫性資料也如同空間性多層次資料一樣帶有嵌套結構特性，因此可以套用 MLM 的階層化架構來進行成長與變化軌跡的多階層線性迴歸分析。另一方面，以共變結構爲運算核心的 SEM 方法學，可以透過整體性的測量模型設定，以潛在變數模式來定義成長變化軌跡，因此爲重複測量的縱貫數據開闢了另一個分析取向。

1.3.1 MLM 的縱貫資料分析

當某一個變數（y）經過 t 次重複測量，即形成帶有時間的嵌套資料，此時即得以使用 MLM 來進行此一變數的變化軌跡的分析。

假設今天有四位初生嬰兒出生後 12 個月的身高變化資料，如圖 1.3 所示。在初生（第 0 個月）時雖然高低有別，但均呈逐漸增長的趨勢，若將四位嬰兒的身高取平均值（$\bar{y}$），對於時間（t）做迴歸所得到線性方程式 (1-6)。

$$\hat{y} = 51.26 + 1.9409t \tag{1-6}$$

方程式 (1-6) 當中的截距（51.26 cm）表示初生時（$t = 0$）的身高平均預測值，斜率（1.9409 cm）表示每增加一個月每個嬰兒平均增加 1.9409 公分，但是此一線性方程式所反映的是四個新生兒的平均趨勢。事實上，每一個嬰兒皆有自己的成長軌跡，如果分別估計 $t \rightarrow y$ 的線性方程式，可以發現四條軌跡均有其各自的截距與斜率：

$$\hat{y}_1 = 55.12 + 2.0495t$$
$$\hat{y}_2 = 51.92 + 2.0110t$$
$$\hat{y}_3 = 50.08 + 1.8791t$$
$$\hat{y}_4 = 47.92 + 1.8242t$$

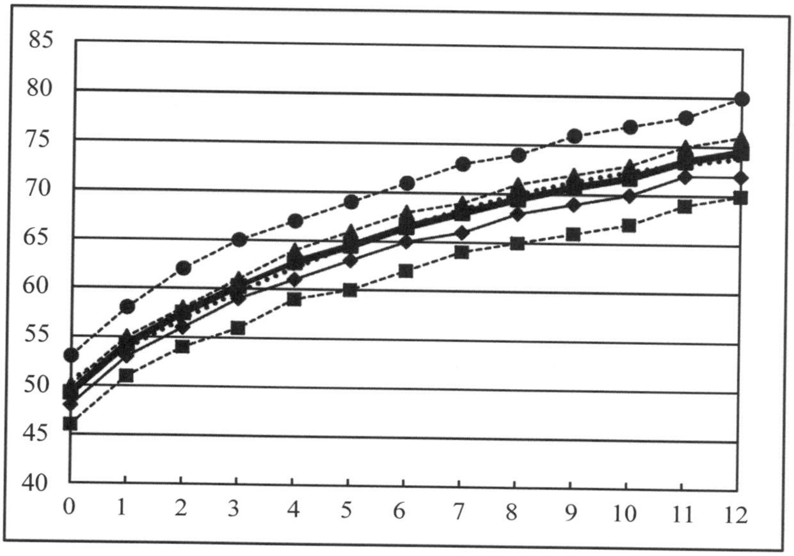

圖 1.3　四位初生嬰兒 0 至 12 個月的身高變化軌跡圖

四條軌跡不僅截距不同，最小值（47.92）與最大值（55.12）相差 7.2 cm，同時斜率似乎隨著截距越高而越大，最小值（1.8242 cm）與最大值（2.0495 cm）相差 0.2253 cm。

所謂 MLM 取向的縱貫資料分析，是將帶有嵌套結構的時序資料，區分成組內（L1）與組間（L2）兩個層次來進行迴歸分析，藉以獲得成長變化軌跡的平均趨勢（亦即方程式 (1-6) 的平均截距 51.26 cm 與平均斜率 1.9409 cm），並估計軌跡的個別差異（亦即截距與斜率的變化程度）。

如果將初生嬰兒數量放大到 m 位，如果數量足夠大，即可假設截距與斜率的個別差異呈隨機分布，此時除了估計每一個個體各自的截距（以 π_{0j} 表示）與斜率（以 π_{1j} 表示），足標 j 表示第幾個受試者，還可以估計截距平均數（以 β_{00} 表示）與斜率平均數（以 β_{10} 表示），用來反映全體受試者的平均軌跡，以及截距隨機效果（以 $[r_{0j}]$ 表示）與斜率隨機效果（以 $[r_{1j}]$ 表示），用來反映成長軌跡的個別差異強弱。各參數的估計標準誤可基於常態假設的基礎上估計得到，進行截距與斜率變異數是否為零的顯著性檢定，前述 MLM 的嵌套結構重複測量資料的分析原理，以混合方程式來表述如方程式 (1-7)。

$$
\begin{aligned}
y_{ij} &= \pi_{0j} + \pi_{1j} t_{ij} + [\varepsilon_{ij}] \\
&= \{\beta_{00} + [r_{0j}]\} + \{\beta_{10} + [r_{1j}]\} t_{ij} + [\varepsilon_{ij}] \\
&= \beta_{00} + \beta_{10} t_{ij} + [r_{0j} + r_{1j} t_{ij} + \varepsilon_{ij}]
\end{aligned} \tag{1-7}
$$

簡單來說，MLM 的縱貫資料分析主要特性在於允許個別軌跡（L1 方程式）的斜率與截距在 L2 層次隨機變動，如果截距或斜率的隨機變化具有統計意義，還可以進一步的在 L2 納入解釋變數來解釋截距或斜率的隨機變化，藉以說明截距與斜率所存在的個別差異肇因爲何。如果比較縱貫面的 MLM 方程式 (1-5) 與橫斷面的 MLM 方程式 (1-7)，可以發現構形相同僅符號差異，表示以 MLM 來估計橫斷或縱貫資料係基於相同的原理，關於 MLM 運用於縱貫資料的分析則將於第七與八章介紹。

1.3.2 SEM 的縱貫資料分析

對於重複測量的變化軌跡，除了應用 MLM 來進行不同階層的分析之外，另一種也廣爲學者採用的方式是使用潛在變數模式，將 m 位受試者所存在的 m 條軌跡的隨機截距與斜率以*潛在變數*（latent variable）的形式進行 SEM 估計，稱爲 SEM 取向的縱貫資料分析，而且由於全體受試者所構成的成長軌跡是潛在無法直接觀測，因此又稱爲*潛在成長模式*（LGM）（Meredith & Tisak, 1990）。

沿用前一節所使用的初生嬰兒的身高資料範例，由於身高資料進行了 13 次的重複觀測，$t = 0, 1, 2, \cdots, 12$, 每一次測量都是由 m 個受試者身上獲得，整個資料結構等同於一個帶有 13 個觀察變數（$y_1, y_2, \cdots, y_{13}$）的測量模型，所有的觀察數據可形成一個 13×13 的完整變異數／共變數矩陣，藉以估計其間所可能存在的特定潛在結構。如果研究者認爲變數 y_1 至 y_{13} 隨著時間增長呈現線性成長趨勢，從此一共變結構當中將可估計出一個共同的截距因子（以 η_1 表示）與斜率因子（以 η_2 表示），如圖 1.4 所示。

由於 η_1 與 η_2 爲潛在變數，因此得以估計其平均數（以 α 表示）與變異數（以 ψ 表示），η_1 的平均數（α_1）爲全體受試者的平均截距，亦即所有初生嬰兒身高在第 0 個月時的平均數估計值，其變異數（ψ_{11}）反映了截距的隨機變化（截距的個別差異），η_2 的平均數（α_2）爲全體受試者的平均斜率，亦即所有初生嬰兒身高隨著時間由 0, 1, 2, …增加至第 12 個月後增加幅度平均值，其變異數（ψ_{22}）則反映了斜率的隨機變化（斜率的個別差異）。爲了與 MLM 模型相對應，方程

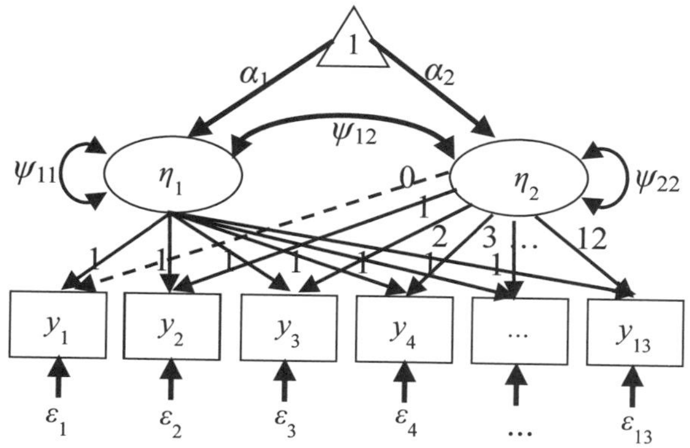

圖 1.4　帶有 13 次重複測量的二因子 LGM 模式圖示

式 (1-7) 可以改寫如方程式 (1-8)。

$$\begin{aligned} y_{ij} &= \pi_{0j} + \pi_{1j} t_{ij} + [\varepsilon_{ij}] \\ &= \{\alpha_1 + [\psi_{11}]\} + \{\alpha_2 + [\psi_{22}]\} t_{ij} + [\varepsilon_{ij}] \\ &= \alpha_1 + \alpha_2 t_{ij} + [\psi_{11} + \psi_{22} t_{ij} + \varepsilon_{ij}] \end{aligned} \tag{1-8}$$

由於 LGM 是 SEM 的一種應用特例，方程式 (1-8) 當中的各項皆應以矩陣的形式來表示，例如 t_{ij} 即是 {0, 1, 2, ⋯, 12} 的一組向量，這組向量指定了斜率因子（η_2）與觀察變數（$y_1, y_2, \cdots, y_{13}$）的關係，因此將作爲測量模式當中的固定因素負荷量，如圖 1.4 當中的 0 至 12 的一組固定權數。至於截距因子（η_1）作爲起始點，其與 13 個觀察變數的對應關係則爲固定常數 {1}，如圖 1.4 當中的 1, 1, ⋯, 1 固定因素負荷量。

雖然 LGM 的表述方式與 MLM 有相當程度的不同，但是其數學特徵則無差異，在無特殊限制且 T 次測量的測量殘差相同的情況下，以 MLM 或 LGM 進行線性成長模式估計得到的結果完全相同，亦即兩者爲等價模型（Bollen & Curran, 2006），我們將在第九章開始介紹 SEM 模型與 LGM 的設定原理與應用方式，並以具體範例來證明其等價性。

以 SEM 取向來進行縱貫資料的 LGM 分析之所以獲得學者們的重視，主要是因爲 SEM 方法技術的成熟以及 SEM 的設定彈性，例如不僅成長軌跡的截距與斜率可以是潛在變數，其他納入模型的變數也可以是潛在變數，這便是 MLM 無法進行的分析（因爲 MLM 並無潛在變數的設定機制），此外，SEM 的共變模式不限定變數的特定角色，因此可以輕易的將單變量模式擴展爲多變量模式，或進行異質分群的混合模式（mixture modeling）分析（邱皓政、林碧芳，2016）。

另外，縱貫資料的另一個重要特徵是觀察值具有跨時間的相關，某一變數的觀察值隨時間如何增減變動，雖然可以利用 LGM 來捕捉變動軌跡，但是無法有效處理變數在各波次的共變結構，因此如果可以在模型中增加自我迴歸的估計，進行自我迴歸潛在軌跡模型（autoregressive latent trajectory; ALT）（Bollen & Curran, 2004; Curran & Bollen, 2001），甚至同時處理三條以上的自我迴歸變動軌跡，即可探討縱貫式中介作用，將能使 SEM 取向的縱貫模式分析效能更加提升。本書將在第九至十一章探討這些 SEM 的縱貫資料分析的基本原理與特殊模型。

1.4 專書與軟體

由於關於 MLM 與 SEM 的數理模型與原理介紹耗費大量篇幅，本書僅取重要內容加以說明，讀者可以從 MLM 與 SEM 的其他經典專門著作獲得進一步完整的介紹說明。以 MLM 來說，Raudenbush 與 Byrk（2002）從教育統計學的角度來切入，適用於教育界或學校研究。書中所介紹的多層次材料利用 HLM 軟體來示範，範例多爲教育領域議題，變數數目較少。至於 Longford（1993）的 *Random Coefficient Models* 是以隨機係數模型這種特殊的混合線性模型爲主，對於隨機係數模型的處理說明非常完整，並延伸到類別與多變量的結果變數的應用。Goldstein 的經典著作的第四版則對多層次模型的基本原理詳加說明，並擴及類別反應變數、事件歷史分析、廣義線性模型等。比較晚近的 MLM 完整介紹則可參考 Hox（2010）、Snijders & Bosker（2012）等學者的著作。

在中文著作部分，最早是由香港學者郭伯良、張雷、雷靂（2003）完成第一本中文專書，臺灣則有溫福星（2006）的階層線性模式專書，邱皓政（2006）將 Kreft 與 de Leeuw（1998）的 MLM 經典導論進行翻譯出版，至於 Raudenbush 與 Byrk（2002）的經典著作在臺灣由邱皓政與溫福星（2010）完成大陸簡體譯本的繁體化，稍晚溫福星與邱皓政（2012）將論文擴展成專書，完整回顧了階層線性模式的方法學議題，至於縱貫資料的多層次分析，則可參考北京師大劉紅云

（2005）的專書。

在 SEM 部分，由於國內學者關注較早，因此有諸多中文教材可供選擇，例如黃芳銘（2003）、邱皓政（2003）、余民寧（2006）、陳新豐（2014）的專書。但是如果要詳細瞭解 SEM 的原理內容，可以從 SEM 的經典專書入手，例如 Bollon（1989）、Kline（2010）、Byrne（2011），或是從近年發行的一些綜合手冊來瞭解 SEM 的最新發展，例如 Hoyle（2014）所主編的 "*Handbook of SEM*" 或 Hancock & Mueller（2013）主編的 "*Structural Equation Modeling: A Second Course* (2nd ed.)"。如果是針對 LGM 的原理與應用，Bollon & Curran（2006）的著作最爲經典，至於最近的 Little（2013）"*Longitudinal structural equation modeling*" 也值得參考，中文專書則有余民寧（2013）所出版的《縱貫性資料分析：LGM 的應用》乙書。

在軟體部分，目前坊間已有多種軟體可以用來進行 MLM 與 SEM 分析，參見表 1.3。在 MLM 部分，比較經典的是 VARCL、HLM 與 MLn 軟體。其中 VARCL 軟體是由 Longford（1990）發展，可應用於階層資料的變異數成分分析。VARCL 是設計給隨機係數分析之用，並非專門寫給多層次分析的軟體，因此使用者必須自己決定各變數的係數的固定與隨機部分，無法以簡單的設定來檢驗跨層級的交互作用。另一個更爲普及的軟體是 HLM（Raudenbush et al, 2015），目前已經發展至第七版，並提供學生版與試用版，其操作手冊非常詳細，軟體操作介面簡單，沒有太多需要設定之處。

至於 MLn 則是由倫敦大學教育學院所維護發展，在歐陸（例如英國、荷蘭學者等）有較多的使用者。其特別之處是整合了一般統計分析（NANOSTAT），使得統計檢定可以一併完成。MLn 可以分析多達 15 層的跨層級資料。

此外，普遍爲社會科學研究者接受的 SAS、SPSS、STATA 軟體皆有附屬的多層次分析模組。其中 PRO MIXED 是 SAS 軟體當中的混合模型分析模組，SPSS 則由 Mixed 模組進行 MLM 分析，在 STATA 則是 GLLAMM 模組。前述軟體除了英籍學者可免費使用 MLn 之外皆爲付費軟體，如果讀者具有一定的程式語言撰寫經驗與訓練，則可利用免費的 R 軟體（R Core Team 2015）的 lme4 模組（Bates, Maechler, Bolker, & Walker, 2015）進行 MLM 分析。

在 SEM 部分，由於 SEM 分析應用範圍更廣，因此可以使用的軟體更多，例如 Amos、Calis、EQS、LISREL、Mplus、Mx、RAMONA、SEPath 等。

表 1.3 主要的 MLM 與 SEM 分析軟體一覽表

名稱	版次	模組	網址
EQS	V6.2		http://www.mvsoft.com/
HLM*	V7		http://www.ssicentral.com/hlm/
LISREL	V9.3		http://www.ssicentral.com/lisrel
MLn*	V2.36		http://www.bristol.ac.uk/cmm/software/mlwin/
Mplus	V8		https://www.statmodel.com/
R	V3.3.2		https://www.r-project.org/
		lavaan	http://lavaan.ugent.be/
		OpenMx	http://openmx.ssri.psu.edu/
SPSS	V23	Mixed	https://www.ibm.com
	V23	AMOS	https://www.ibm.com
SAS	V9.4	Mixed	http://www.sas.com
	V9.4	CALIS	http://www.sas.com
STATA	V14	Mixed	http://www.stata.com
	V14	sem/gsem	http://www.stata.com

註：標示 * 者爲僅適用於 MLM 分析的專屬軟體，不適用於 SEM 分析。

如果是 R 軟體，有一段時間僅有 sem（Fox, Nie, & Byrnes, 2002）可供使用，但是最近則有多個模組被開發並分享，尤其是 OpenMx（Boker et al., 2011）與 lavaan（Rosseel, 2012）兩個 R 模組，均由統計與資訊工程專家團隊投入開發，不斷更新演算法，也引用 SEM 領域學者的著作，因此可信賴度高，尤其是 lavaan 已經能夠整合 MLM、IRT、潛在類別模型、混合模式並應用在 LGM 等縱貫數據分析。

爲了能夠整合 MLM 與 LGM 分析並進行示範，本書所使用的軟體爲 Mplus，係由美國 UCLA 的 Bengt O. Muthén 教授與其同事所發展，目前已經發展到第 8 版（2017, April）（Muthén & Muthén, 1998-2017）。其優點是可以整合其它高階統計模型，例如 SEM、IRT、mixture，進行整合性分析。同時由於 Mplus 提供便利的蒙地卡羅與拔靴法等統計模擬功能，非常適合用於模擬研究。

最近 Muthén、Muthén 與 Asparouhov（2016）三人合著了一本 "*Regression and mediation analysis using Mplus*"，雖然並未涉及 MLM 或 LGM 的應用，但是對於迴歸原理與中介及調節效果分析進行深入的討論，並以 Mplus 進行數據分析示範，對於 Mplus 語法的撰寫提供相當多的說明，有利於讀者對於 Mplus 軟體的瞭解。如果讀者想深入瞭解 Mplus8 的內容與語法撰寫，請參考本書的附錄 A。

進一步延伸閱讀書目

Hox, J. J., Moerbeek, M., & van de Schoot, R. (2018). *Multilevel Analysis: Techniques and Applications*, Third Edition. Oxford, Routledge.

Klein, K. J., & S. W. Kozlowski, S. W. (2000). *Multilevel theory, research, and methods in organizations: Foundations, extensions, and new directions*. San Francisco: Jossey-Bass.

Raudenbush, S. W., & Bryk, A. (2002). *Hierarchical linear models: Applications and data analysis methods* (2nd Ed.). Newbury Park, CA: Sage.

Chapter 2

變數與資料格式

2.1 緒論

統計的基本素材是數據（data），數據來自測量（measurement）。例如學者發放問卷向「受測者」進行調查、操作儀器蒐集「受試者」的實驗資料、便利商店收銀台紀錄「消費者」的消費資訊、「學生」參加會考、護士拿血壓計測量「病患」的血壓、教育部調查各「學校」的升學率、保險公司統計各業務「團隊」的業績、徵信公司蒐集「廠商」的經營績效等等，都是在進行測量。

基本上，測量是運用一套符號系統去描述被觀察對象的某個屬性的過程，其關鍵在進行觀察（observation），被觀察對象可能是個體（例如受測者、受試者、學生、消費者、病患），也可能是整體（例如學校、廠商、團隊）。所得到的資料型態取決於量尺（scale），最後測量的結果則以變數（variable）的形式呈現。

由於本書的內容涉及帶有嵌套結構的橫斷面與縱貫面資料，因此變數的型態與資料格式也就相對複雜。同時也更容易受到遺漏值的影響，本章將逐一介紹單層次、多層次與縱貫資料的基本數據格式，以及遺漏處理的方法。

2.2 變數與資料

2.2.1 測量尺度與變數

統計學者 Stevens（1951）依不同測量方法的數學特性，將測量尺度分成四

表 2.1　**四種不同的測量尺度整理表**

尺度類型	測量性質				範例
	分類區辨 ≠, =	前後次序 >, <	單位距離 +, −	絕對零點 ×, ÷	
名義尺度 nominal scale	Yes				性別、學號、種族背景、宗教信仰、產業類型、政黨屬性、品牌等
順序尺度 ordinal scale	Yes	Yes			名次、學測級分、出生序、教育程度、社經地位（高、中、低）等
等距尺度 interval scale	Yes	Yes	Yes		溫度（華氏或攝氏）、考試成績（分）、智力（IQ）、憂鬱分數等
比率尺度 ratio scale	Yes	Yes	Yes	Yes	度量衡變數、年齡、時間、財務金融與經濟指數等

種類型：名義、順序、等距和比率。四種尺度的差異取決於區辨性（被觀察者相同或不同，亦即 = 或 ≠）、次序性（被觀察者有無前後次序，亦即 > 或 <）、單位距離（被觀察者差異有無評估單位，亦即 + 或 −）與零點特性（被觀察者強度差異有無絕對零點，亦即 × 或 ÷），如表 2.1 所示。

名義尺度（nominal scale）的測量，係針對被觀察者的某一現象或特質，評估所屬類型種類，並賦予一個特定的數值。由名義尺度所測量得到的變數，稱爲名義變數。例如性別（男、女）、種族（本省、外省、原住民）、婚姻狀態（未婚、已婚、離婚、喪偶等）、就讀學校等等，是一種具有分類功能的測量方式。其次，*順序尺度*（ordinal scale）的測量，指對於被觀察者的某一現象的測量內容，除了具有分類意義外，各名義類別間存在特定的大小順序關係。以順序尺度測量得到的變數稱爲順序變數，如大學教授層級（教授、副教授、助理教授、講師）、教育程度（研究所以上、大專、高中職、國中、國小及以下）、社經地位（高、中、低）等，皆屬以順序尺度所測得之順序變數。

等距尺度（或稱間距尺度）（interval scale）的測量，係針對被觀察者的某一現象或特質，依某特定的單位，測定程度上的特性。等距尺度測量得到的數值，除了具有分類、順序意義外，數值大小反映了兩個被觀察者的差距或相對距離。以等距尺度測量得到的變數，稱爲等距變數，其數值兼具分類、次序和差距

的意義。如以溫度計量出的「溫度」、以考試決定的「學業成績」、以智力測驗測得的「智商」等。最後，當一個測量尺度使用了特定單位，同時又具有一個絕對零點，稱爲比率尺度（ratio scale）。例如身高（公分）、體重（公斤）、工作所得（元）、年齡（歲）、住院日數、受教育年數等等變數，都是以比率尺度來測量得到的比率變數。

由於名義與次序測量並未使用特定度量工具或特定單位，測量數值只能反映測量對象的性質或屬性差異，數值所代表的意義爲質性的概念，因此被稱爲質性變數（qualitative variable）或類別變數（categorical variable），相對之下，等距與比率尺度的測量使用特定度量工具且有具體的測量單位，使得每個數值能夠反映強弱與多寡程度，因此被稱爲量化變數（quantitative variable）或連續變數（continuous variable）。在統計學領域，大多數的分析方法都可以同時處理類別與連續變數，但有些分析方法特別是針對類別變數所設計，例如卡方檢定與對數線性模式，甚至有專書出版（例如 Agresti, 2002, 2007; Azen & Walker, 2011, 0Simonoff, 2003）。有些方法特別適用於連續變數的分析，例如本書所關注的線性迴歸、多層次模式與結構方程模式皆是以連續變數的分析應用爲主，迴歸分析最經典的著作莫過於 Cohen, Cohen, Aiken（2003）所合著的 “Applied Multiple Regression/Correlation Analysis for the Behavioral Sciences” 與 Pedhazur（1997）Multiple Regression in Behavioral Research，是本書預先修習的基礎書目。

2.2.2 原始資料與虛擬化

經過有系統的測量活動之後即可獲得資料，如圖 2.1 的 Excel 表單當中的各項資訊。由於圖 2.1 當中的資料尚未經過任何處理，因此稱爲原始資料（raw data），各欄位中的資料有些是數字，有些是文字，甚至有些是特殊格式（例如生日）。這種原始資料無法進行統計分析，必須加以轉換成類似圖 2.2 的數值型資料格式，而將文字資料轉換成數值資料的編碼過程必須記載在編碼簿（codebook）以利查考。

由圖 2.2 可以看出，每個欄位皆賦予一個英文單詞作爲變數名稱，每一個橫列表示一筆觀察資料，亦即個別的受測者。通常爲了便於運算，有時研究者會將數據進行轉換，例如薪資變數（wage）在原始資料的單位爲「元」，但是在圖 2.2 當中則爲帶有兩位小數的「千元」。

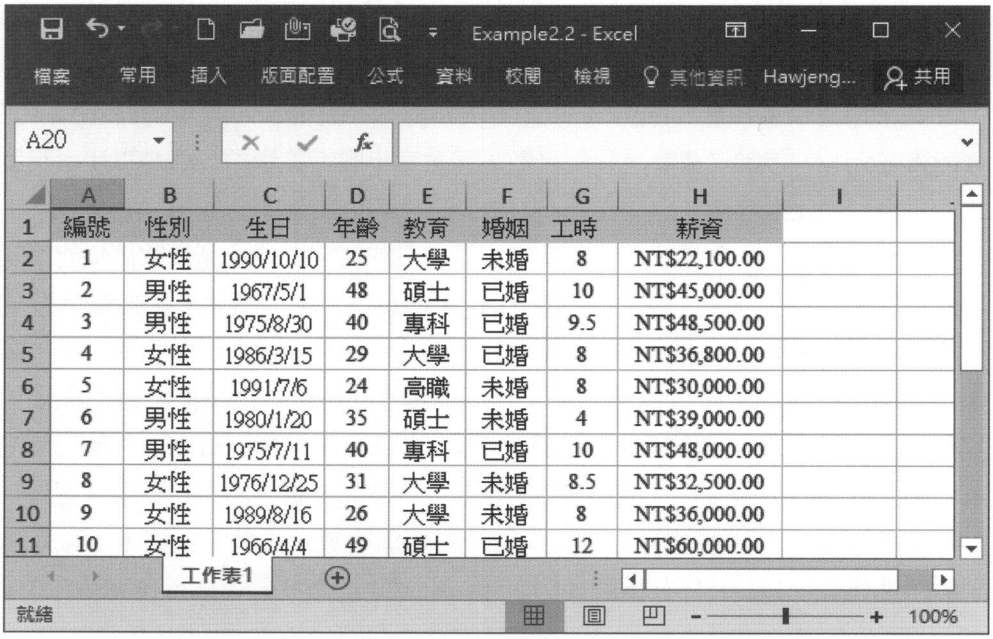

	A	B	C	D	E	F	G	H
1	編號	性別	生日	年齡	教育	婚姻	工時	薪資
2	1	女性	1990/10/10	25	大學	未婚	8	NT$22,100.00
3	2	男性	1967/5/1	48	碩士	已婚	10	NT$45,000.00
4	3	男性	1975/8/30	40	專科	已婚	9.5	NT$48,500.00
5	4	女性	1986/3/15	29	大學	已婚	8	NT$36,800.00
6	5	女性	1991/7/6	24	高職	未婚	8	NT$30,000.00
7	6	男性	1980/1/20	35	碩士	未婚	4	NT$39,000.00
8	7	男性	1975/7/11	40	專科	已婚	10	NT$48,000.00
9	8	女性	1976/12/25	31	大學	未婚	8.5	NT$32,500.00
10	9	女性	1989/8/16	26	大學	未婚	8	NT$36,000.00
11	10	女性	1966/4/4	49	碩士	已婚	12	NT$60,000.00

圖 2.1　EXCEL 表單中的原始資料

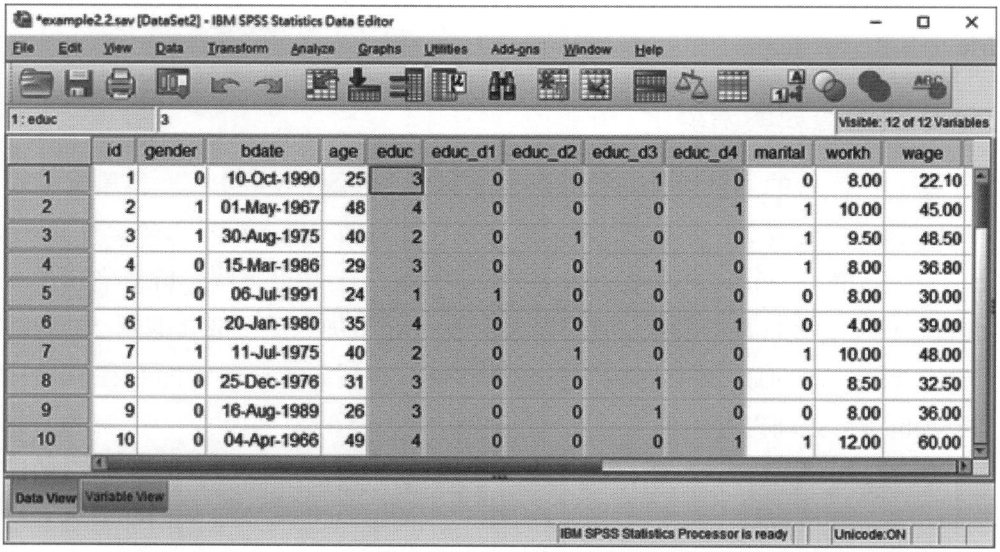

	id	gender	bdate	age	educ	educ_d1	educ_d2	educ_d3	educ_d4	marital	workh	wage
1	1	0	10-Oct-1990	25	3	0	0	1	0	0	8.00	22.10
2	2	1	01-May-1967	48	4	0	0	0	1	1	10.00	45.00
3	3	1	30-Aug-1975	40	2	0	1	0	0	1	9.50	48.50
4	4	0	15-Mar-1986	29	3	0	0	1	0	1	8.00	36.80
5	5	0	06-Jul-1991	24	1	1	0	0	0	0	8.00	30.00
6	6	1	20-Jan-1980	35	4	0	0	0	1	0	4.00	39.00
7	7	1	11-Jul-1975	40	2	0	1	0	0	1	10.00	48.00
8	8	0	25-Dec-1976	31	3	0	0	1	0	0	8.50	32.50
9	9	0	16-Aug-1989	26	3	0	0	1	0	0	8.00	36.00
10	10	0	04-Apr-1966	49	4	0	0	0	1	1	12.00	60.00

圖 2.2　統計軟體（SPSS）資料檔的資料狀態

值得一提的是，由於類別變數並非連續型數值變數，除非是編碼爲 {0,1} 的二分變數，例如性別（gender）與婚姻（marital），三個類別以上者（例如教育程度）無法進行迴歸分析。爲了克服此一限制，常見的作法是將帶有 k 個類別的類別變數轉變成 k 個 {0,1} 二元計分的*虛擬變數*（dummy variable），例如教育程度包含高中含以下、專科、大學、碩博士四個類別，在 educ 變數中編碼爲 1、2、3、4，經過虛擬編碼後得到高中含以下（educ_d1）、專科（educ_d2）、大學（educ_d3）、碩博士（educ_d4）四個虛擬變數，如圖 2.2 所示。只要任選 k-1 個虛擬變數，即可投入迴歸模型進行教育程度的迴歸分析。

如果資料並非是研究者測量所得，而是從其他管道獲得（例如政府提供的公開資料、統計報告、研究機構所釋出的數據等等），或是生活周遭所能獲得的數據（例如企業營運與生產過程所產生的相關數據、學校辦理考試的成績等等），如果經過有系統的整理，也可以加以分析，稱爲*次級資料*（secondary data）。如果數據透過資訊設備不斷累積匯入（如臺灣衛生單位所建置的健保資料庫或便利商店的銷貨資料），資料規模龐大且與時俱進，甚至必須動用多台電腦來進行彙整處理或平行作業，又被稱爲*巨量資料*（big data），但是這些資料多半仍是原始資料，必須加以檢查、清理、轉換才得以進行分析。

2.2.3 資料格式

2.2.3.1 原始資料格式

一般研究上所使用的資料格式皆爲上述的表單式的原始資料，每一個橫列爲一個獨立的受測者，因此稱爲*個體編碼格式*（person-level dataset）。

如果某項調查蒐集 n 位受測者在 y_1 至 y_p 共 p 個變數上的填答資料，在表單上將構成一個 $p \times n$ 的資料空間，縱欄爲變數，橫列是個別受測者，如圖 2.3 所示。由於 p 個變數的資料都是在同一個時點下測量所得，各變數的數值變動爲個體間差異，因此屬於橫斷面的原始資料。

進行分析時，原始資料可以利用固定格式或自由格式讀入統計軟體當中進行分析。早期以程式語言操控電腦的階段，數據讀取多會以固定格式來指定變數所佔據的寬度、小數點位數等，例如 F6.3 即爲每個變數佔六個字元，小數點三位，電腦會依序讀入每一個六字元內的數據作爲變數數值。自由格式是無須指定每個變數內容狀態，電腦會以空白作爲不同變數的分割點，逐一讀取資料，所建

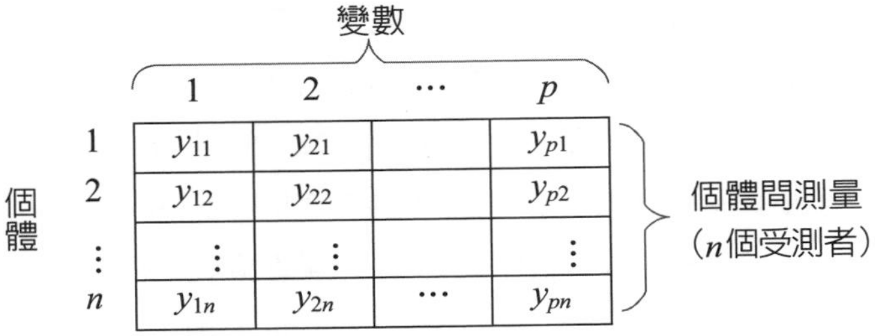

圖 2.3　橫斷面的原始資料

立的檔案通常以 .dat 爲副檔名，如圖 2.4(a) 所示。如果資料當中有遺漏值而沒有填入適當數字作爲標示（例如填入 99 或 999），以自由格式讀取將會造成讀取錯誤。

另一種常用的格式稱爲逗點格式，也就是以逗點區分不同變數數值的資料格式，資料檔案以 .csv 爲副檔名，如圖 2.4(b) 所示。此種格式的優點是遇到遺漏值可以不需填補任何數值，因爲兩個逗號當中即使沒有任何數據也會被視爲有一個變數數值應該存在，如果兩個逗號中沒有數值就自動成爲缺失遺漏值。在 Mplus 語法中，資料的讀取可以這幾種格式進行。例如讀取圖 2.4(a) 與圖 2.4(b) 的 Mplus 語法如下：

```
!.dat 自由格式
DATA:        FILE = examp2.1.dat;
VARIABLE:    NAMES = id gender edu co1 co2 age1-age6 w1-w6 wh1-wh6;
             MISSING= ALL (999)
```

```
!.csv 逗點格式
DATA:        FILE = example2.1.csv;
VARIABLE:    NAMES = id gender edu co1 co2 age1-age6 w1-w6 wh1-wh6;
             MISSING= ALL (999)
```

在前述語法中，可看到每一個變數若有遺漏資料且標示 999 時，Mplus 軟體將利用 MISSING 指令辨認之。

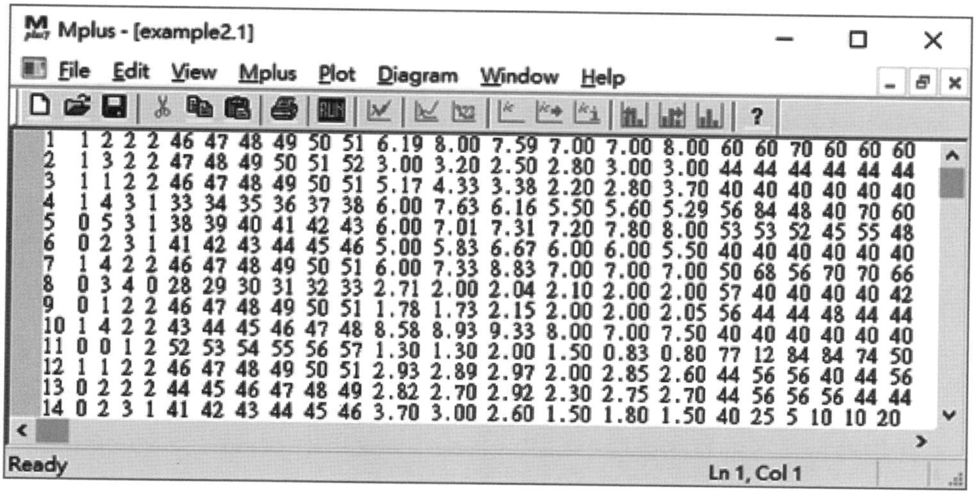

(a) 自由格式

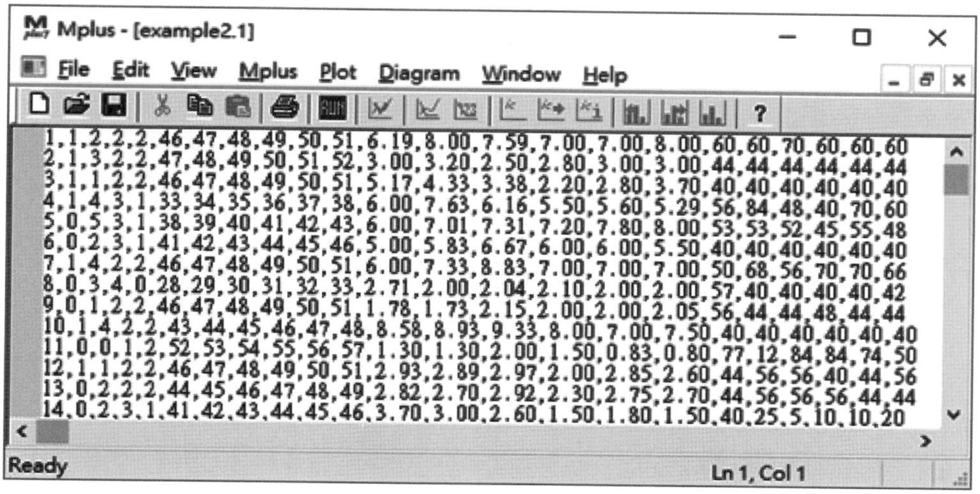

(b) 逗點格式

圖 2.4 自由格式與逗點格式的資料示意

2.2.3.2 矩陣資料

除了原始資料之外，社會科學研究常以整理過後的矩陣形式進行讀取，例如相關矩陣（correlation matrix）或共變矩陣（covariance matrix），如表 2.2 所示稱為摘要資料（summary data）。由於表 2.2 中的第二個矩陣對角線數值並非為 1.00，因此可以判斷為共變數矩陣。共變數矩陣上的對角線數值為各變數的變異數，對角線下方為各兩兩變數的共變數，因此又稱為變異數 / 共變數矩陣。相關係數矩陣對角線上的數值為 1.00，對角線下方數值為兩兩變數的相關係數，由於相關係數數值恆小於零，根據 APA 格式，小數點前的 0 可以省略[1]。

值得注意的是，使用原始資料可以得到非常完整的變數資訊，但是如果讀入的是矩陣資料，就無法獲得平均數（mean）與標準差（std.），而必須另行提供。主要這是因為平均數與標準差是多層次模式與縱貫資料分析重要資訊，尤其是相關係數矩陣無法轉換得到標準差資訊，因此必須在讀入程序中額外提供。在 Mplus 當中，讀取矩陣資料的語法如下：

```
! 讀取 .cor 相關矩陣與平均數及標準差
DATA:        FILE = example2.1c.cor;
             TYPE = means std corr;
             NOBSERVATIONS = 100;
VARIABLE:    NAMES = gender edu co1 co2 w1-w6 wh1-wh6;
```

使用原始資料庫來進行分析有多項優點：首先，原始資料檔案中的所有數據都是研究者從實際研究中所蒐集得到的觀察值，或觀察值的組合分數（composite scores），這些原始資料提供了反應測量最原始特性的資料。如果研究者必須進行新變數的創造，或是變數轉換，例如變數標準化或中心化（centering），亦即將變數的原點移至特定位置或平減（減去平均數），必須用到原始資料，因此矩陣資料並不適用。或者是當某些統計假設遭到違反而必須進行資料校正（例如取

---

1 根據學界普遍接受的美國心理會論文出版手冊規定（APA 格式），如果統計量的數值絕對不會大於 1，在呈現數據與撰寫報告時，小數點前的 0 應予以省略。例如相關係數、機率顯著性值（p value）、比率等，均適用此原則。

表 2.2 相關與共變數矩陣的資料格式

Variable	1	2	3	4	5	6	7	8	9
Correlation matrix									
1.gender	1.00								
2.age	.62	1.00							
3.educ_d1	.00	-.35	1.00						
4.educ_d2	.42	.25	-.21	1.00					
5.educ_d3	-.73	-.56	-.37	-.31	1.00				
6.educ_d4	.44	.70	-.33	-.28	-.48	1.00			
7.marital	.40	.74	-.25	.42	-.31	.22	1.00		
8.workh	.01	.47	.06	.27	-.14	-.12	.60	1.00	
9.wage	.48	.88	-.36	.27	-.51	.63	.70	.48	1.00
Variance/Covariance matrix									
1.gender	0.26								
2.age	2.84	80.85							
3.educ_d1	0.00	-1.31	0.17						
4.educ_d2	0.08	0.84	-0.03	0.13					
5.educ_d3	-0.18	-2.47	-0.07	-0.06	0.24				
6.educ_d4	0.11	2.94	-0.06	-0.05	-0.11	0.22			
7.marital	0.11	3.42	-0.05	0.08	-0.08	0.05	0.26		
8.workh	0.01	8.77	0.05	0.21	-0.14	-0.11	0.65	4.38	
9.wage	3.23	102.79	-1.90	1.29	-3.23	3.84	4.68	13.06	169.8
Mean	0.50	34.70	0.20	0.15	0.35	0.30	0.50	8.53	40.02
Std.	0.51	8.99	0.41	0.37	0.49	0.47	0.51	2.09	13.03

對數），此時也是要仰賴一個完整乾淨的原始資料庫。第三，當資料具有遺漏值時，原始資料庫是作為估計補漏程序的主要依據。

為了提高資料分析的品質，落實資料篩檢與查核工作是重要的工作，此時，研究者往往必須對於原始資料庫進行反覆的檢查，確認資料的完整與堪用。許多資料查核的程序，都是基於原始資料庫的檢查（參見邱皓政，2010），因此，保留原始資料庫來進行統計分析，有其實質的意義與重要性。

2.3 多層次資料格式

2.3.1 多層次的嵌套結構

對於單一層次的觀察資料，n 個受測者都是獨立的個體，但是在帶有嵌套結構的多層次資料中，受測者爲個體層次（L1）的抽樣單位，各組則爲總體層次（L2）的抽樣單位，個體嵌套在各組之內。如果 L2 有 m 觀察單位（組），而且每組內的受測者皆爲 n 人，總觀察數爲 $N = m \times n$。其資料格式如圖 2.5 所示，各組的個別受測者依序往下排列，因此屬於帶有組別特徵的個體編碼格式，當 L2 的組數越多，資料檔案長度越長，又稱爲*長格式資料*（long format data）。

	組別 L2	個體 L1	變數 1	變數 2	變數 …	變數 p	
組間測量（m 組）	1	1	y_{111}	y_{211}		y_{p11}	第 1 組 個體間測量（n個受測者）
	1	2	y_{112}	y_{212}		y_{p12}	
	1	3	y_{113}	y_{213}		y_{p13}	
	⋮	⋮	⋮	⋮		⋮	
	1	n	y_{11n}	y_{21n}		y_{p1n}	
	2	1	y_{121}	y_{221}		y_{p21}	第 2 組 個體間測量（n個受測者）
	2	2	y_{122}	y_{222}		y_{p22}	
	2	3	y_{123}	y_{223}		y_{p23}	
	⋮	⋮	⋮	⋮		⋮	
	2	n	y_{12n}	y_{22n}		y_{p2n}	
	⋮	⋮	⋮	⋮		⋮	
	m	1	y_{1m1}	y_{2m1}		y_{pm1}	第 m 組 個體間測量（n個受測者）
	m	2	y_{1m2}	y_{2m2}		y_{pm2}	
	m	3	y_{1m3}	y_{2m3}		y_{pm3}	
	⋮	⋮	⋮	⋮		⋮	
	m	n	y_{1mn}	y_{2mn}	…	y_{pmn}	

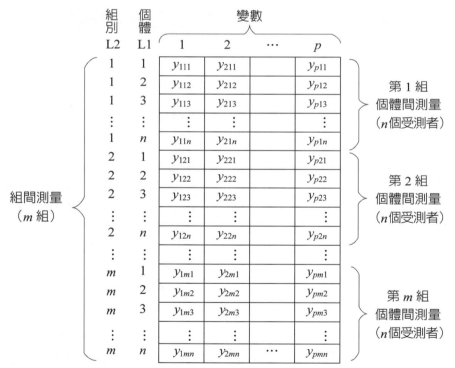

圖 2.5　各組人數相等的多層次嵌套資料結構

2.3.2 多層次嵌套結構範例

圖 2.6 是一個帶有嵌套特徵的研究數據範例。資料表當中有三個反映序號的變數：id、cid、sid；第一個序號變數 id 標示全體受測者的編號，第二個序號變數 cid 的 c 表示 cluster，cid 標示了 L2 抽樣單位的編號，亦即第幾組[2]，第三個序號變數 sid 的 s 表示 subject，sid 標示了 L1 抽樣單位的編號，亦即第幾個受測者。在多層次分析中，最關鍵的分組變數是 cid 變數，藉由該 cid 變數，得以分離不同 L2 測量單位下的個別受測者。

在三個序號變數之後的各欄位爲 L1 的測量變數，包括了受測者的性別（gender）（男性爲 1, 女性爲 0）、年齡（age）、婚姻狀態（marital）（已婚爲 1，未婚爲 0）、工時（workh）與薪資（wage）（測量單位爲千元），這些變數當中的數值反映的是個別差異。

L1 測量變數之後的各欄位則爲 L2 測量變數，包括產業別（industry）、性

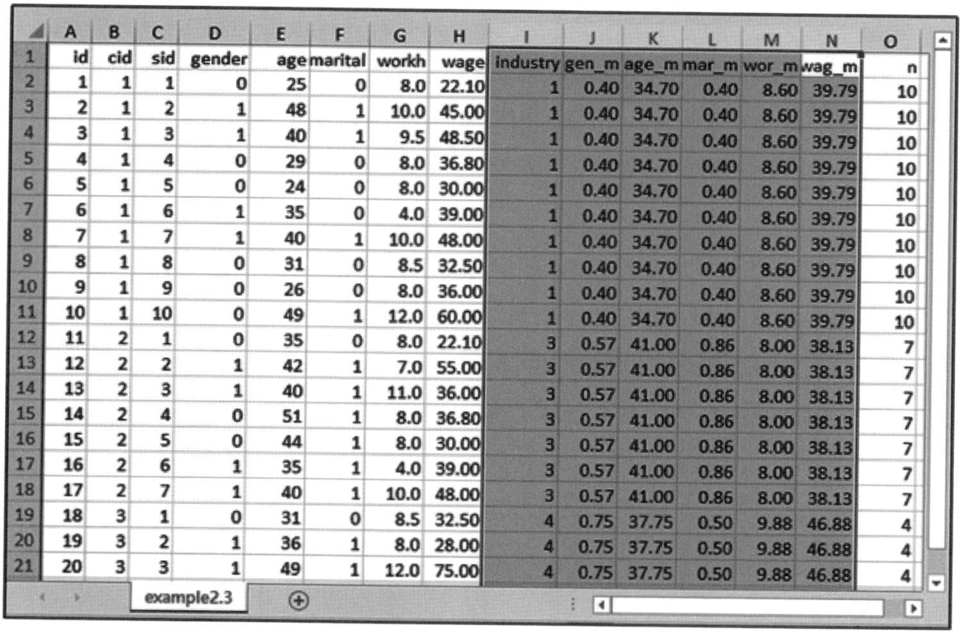

	A	B	C	D	E	F	G	H	I	J	K	L	M	N	O
1	id	cid	sid	gender	age	marital	workh	wage	industry	gen_m	age_m	mar_m	wor_m	wag_m	n
2	1	1	1	0	25	0	8.0	22.10	1	0.40	34.70	0.40	8.60	39.79	10
3	2	1	2	1	48	1	10.0	45.00	1	0.40	34.70	0.40	8.60	39.79	10
4	3	1	3	1	40	1	9.5	48.50	1	0.40	34.70	0.40	8.60	39.79	10
5	4	1	4	0	29	0	8.0	36.80	1	0.40	34.70	0.40	8.60	39.79	10
6	5	1	5	0	24	0	8.0	30.00	1	0.40	34.70	0.40	8.60	39.79	10
7	6	1	6	1	35	0	4.0	39.00	1	0.40	34.70	0.40	8.60	39.79	10
8	7	1	7	1	40	1	10.0	48.00	1	0.40	34.70	0.40	8.60	39.79	10
9	8	1	8	0	31	0	8.5	32.50	1	0.40	34.70	0.40	8.60	39.79	10
10	9	1	9	0	26	0	8.0	36.00	1	0.40	34.70	0.40	8.60	39.79	10
11	10	1	10	0	49	1	12.0	60.00	1	0.40	34.70	0.40	8.60	39.79	10
12	11	2	1	0	35	0	8.0	22.10	3	0.57	41.00	0.86	8.00	38.13	7
13	12	2	2	1	42	1	7.0	55.00	3	0.57	41.00	0.86	8.00	38.13	7
14	13	2	3	1	40	1	11.0	36.00	3	0.57	41.00	0.86	8.00	38.13	7
15	14	2	4	0	51	1	8.0	36.80	3	0.57	41.00	0.86	8.00	38.13	7
16	15	2	5	0	44	1	8.0	30.00	3	0.57	41.00	0.86	8.00	38.13	7
17	16	2	6	1	35	1	4.0	39.00	3	0.57	41.00	0.86	8.00	38.13	7
18	17	2	7	1	40	1	10.0	48.00	3	0.57	41.00	0.86	8.00	38.13	7
19	18	3	1	0	31	0	8.5	32.50	4	0.75	37.75	0.50	9.88	46.88	4
20	19	3	2	1	36	1	8.0	28.00	4	0.75	37.75	0.50	9.88	46.88	4
21	20	3	3	1	49	1	12.0	75.00	4	0.75	37.75	0.50	9.88	46.88	4

example2.3

圖 2.6　多層次嵌套資料

[2] 在本書當中，若無說明，嵌套資料當中作爲辨識組別的變數均稱之爲 CID。

別平均（gen_m）、年齡平均（age_m）、婚姻狀態平均（mar_m）、工時平均（wor_m）、薪資平均（wag_m）與各組抽樣人數（n）。這些變數的數值在同一組內維持恆定，顯示這些變數數值反映了組間差異。各變數名稱當中有外加 _m 標示者，表示是由各組內的受測者彙總（aggregate）得來的組平均數。例如第 1 組有 10 個受測者，平均年齡 age_m = 34.7 歲，平均工時 wor_m = 8.6 小時，平均薪資 wag_m = 39.79 千元，有 40% 是男性（gen_m = .40），40% 是已婚（mar_m = .40）。第 2 組僅有 7 個受測者，平均年齡 41 歲，平均工時 8 小時，平均薪資 38.13 千元，有 57% 是男性而且 86% 是已婚。

2.4 縱貫資料格式

2.4.1 縱橫資料的嵌套結構

針對 m 個觀察對象的某個變數隨著時間進展重複進行 n 次測量所得到的 $m \times n$ 筆觀察資料，可稱爲混合時橫或縱橫面資料（panel data）。由於觀察對象重複被測量或記錄，因此所蒐集到的變數資料具有「縱」貫性的延宕特徵，在此同時，被重複觀測的這一群 m 個觀察對象，在任何單一一次測量時所得到的資料，也可以進行相互間的比較，也就是「橫」斷面的分析，因而稱爲「縱」「橫」面資料。

就如同第一章所提及，重複測量得到的縱橫資料具有嵌套特性。如果今天對 m 個受測者的某一特徵（y）進行多波次（multiple-wave）重複觀測，各波次當中 m 個受測者在 y 變數上的個別差異稱爲個體間（between-subject）測量，y 變數的 n 次重複觀測則是嵌套在 m 個受測者之內的個體內（within-subject）測量。將兩者加以組合，y 變數將構成一個 $m \times n$ 的資料矩陣，如圖 2.7 所示。

依此邏輯，如果同時針對 p 個變數進行重複測量，將會產生帶有二層嵌套的 $p \times n \times m$ 的三維資料矩陣，如圖 2.8 所示。圖 2.8 當中所存在的 p 個變數，在特定一波測量時點下，可進行橫斷面的分析（例如相關與迴歸分析），如果該特定橫斷面的資料具有抽樣結構的特徵。但是圖 2.8 的珍貴之處在於資料帶有重複測量的縱貫特徵，因此分析的重點應在於圖 2.7 的 $m \times n$ 矩陣的資料分析。

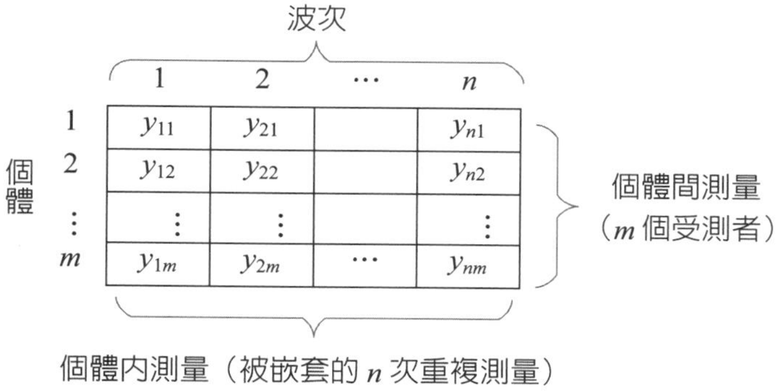

圖 2.7　單一變數的縱橫資料格式

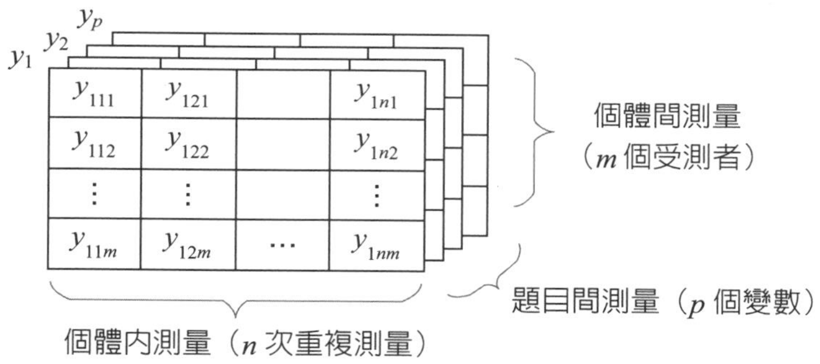

圖 2.8　*p* 個變數的縱橫資料格式

2.4.2 縱貫數據的資料格式：單變量與多變量

圖 2.8 的資料結構同時帶有橫斷與縱貫面特性，在進行資料整理時有兩種不同格式：以時間爲主軸的單變量時間編碼格式（person-period dataset），以個體爲主軸的多變量個體編碼格式（person-level dataset）（Singer & Willett, 2003）。介紹如下：

2.4.2.1 時間編碼格式

時間編碼格式的結構原理，是以測量時段爲排序基準，基於「波次」嵌套於「個體」的嵌套結構特性，依照全體觀察次序來排列重複觀測資料。資料檔案當中的每一橫列（每一筆）資料是第 i 位受測者的第 t 次測量，對於一個總數爲 $N = m \times n$ 的資料矩陣，資料檔案的長度即爲 N 橫列（N 筆觀察值）。

由於重複測量在資料檔中以單一變數形式儲存，因此被稱爲單變量格式（univariate format）。當受測者人數（*m*）或重複觀測波次（*n*）越多，檔案長度越長，因此又稱爲長格式（long-format），如表 2.3 所示。

表 2.3 的資料是取自 *N*2700 薪資資料庫的前兩位（SID = 1 與 2）的薪資（萬元）、每週工時（小時）與個人背景的原始資料。其中第一個欄位 SID 用來辨識被抽樣的受測者，作爲第二層抽樣單位的分組變數，第二個欄位則是被觀測的波次（wave），嵌套在 SID 之下。值得注意的，wave 變數不僅作爲波次的編號，也作爲時間序列的數值，在進行分析時多會轉換成以 0 爲起始值的順序變數，以使截距項能反映第一波的測量數據。

時間編碼格式與前一節所介紹的橫斷面嵌套資料格式相同，比較不同的是，在橫斷面研究中，同一個抽樣單位下的組內樣本數多半不會相同，稱爲非平衡樣本（unbalanced sample），相對之下，重複觀測資料中的每一個人被重複觀測的

表 2.3　時間編碼格式（長格式）的資料範例（$m = 2, n = 6$）

SID	Wave	Wage	Hour	IDW	Gender	DOY	Educ
1	**1**	**6.19**	60	F	1	58	2
1	**2**	**8.00**	70	F	1	58	2
1	**3**	**7.59**	70	F	1	58	2
1	**4**	**.**	.	F	1	58	2
1	**5**	**.**	.	F	1	58	2
1	**6**	**8.00**	60	F	1	58	2
2	**1**	**3.00**	44	S	2	62	3
2	**2**	**3.20**	44	S	2	62	3
2	**3**	**2.50**	44	S	2	62	3
2	**4**	**2.80**	44	S	2	62	3
2	**5**	**3.00**	.	S	2	62	3
2	**6**	**3.00**	44	S	2	62	3
…							

註：SID = 受測者序，Wave = 波次，Wage = 薪資，Hour = 每週工時，IDW = 身份證字號首碼，Gender = 性別（1：男，2：女），DOY = 出生年次，Educ = 教育程度。

次數皆相同，$n_j = n$，因此資料結構本身為平衡樣本設計。如果有發生資料流失（attrition），例如表 2.3 當中有五個缺漏數據的細格，MLM 會利用有效數據進行分析，遺漏細格會被忽略，存在遺漏值的受測者不會被完全排除。

2.4.2.2 個體編碼格式

個體編碼格式的編排方式，是以個別觀察者為單位，每一個受測者為一筆資料，資料檔案中的每一橫列（每一筆）資料是第 i 位受測者的數據，受測者人數為 m，資料檔的總長度就是 m 橫列。事實上，個體編碼格式就是將前一節的時間編碼格式由縱轉橫加以轉置，重複測量數據變成以多變量資料形式儲存，稱為多變量格式（multivariate format），也就是經過 n 次重複測量的某單一變數，轉置成以 n 個變數儲存，在資料檔案中佔據 n 縱欄。被重複測量的變數越多，或是重複次數越多，檔案寬度越寬，因此又稱為寬格式（wide-format）。表 2.3 的資料以寬格式重組後，如表 2.4 所示。

個體編碼格式最適合用來檢視個別受測者在所有測量數據的整體狀態，由於每一個縱欄單獨列出每一個變數在每一波的原始數據，除了可以輕易計算得出每一個變數在每一波的描述統計，更可以直接估計共變數與變異數矩陣，因此適合於需要共變數矩陣的 SEM 取向的 LGM 縱貫分析。但是此種格式的缺點是受到遺漏值影響甚大，任何一個受測者如果在任何一波出現遺漏，除非事先進行插補估計，有缺漏者即無法計算變數間的共變矩陣，產生樣本流失的窘境。例如表

表 2.4　個體編碼格式（寬格式）的資料範例（$m = 5, n = 6$）

SID	W1	W2	W3	W4	W5	W6	H1	H2	H3	H4	H5	H6	IDW	Gen	DOY	Edu
1	**6.19**	**8.00**	**7.59**	.	.	**8.00**	**60**	**70**	**70**	.	.	.	F	1	58	2
2	**3.00**	**3.20**	**2.50**	**2.80**	**3.00**	**3.00**	**44**	**44**	**44**	**44**	**44**	**44**	S	2	57	3
3	**5.17**	**4.33**	**3.38**	**2.20**	**2.80**	**3.70**	**40**	**40**	**40**	**40**	**40**	**40**	J	1	62	1
4	**6.00**	**7.63**	**6.16**	**5.50**	**5.60**	.	**56**	**84**	**48**	**40**	**70**	**60**	J	2	50	4
5	.	.	.	**7.20**	**7.80**	**8.00**	.	.	.	**45**	**55**	**48**	A	2	49	5
…																

註：SID = 受測者序，W1~W6 = 六波薪資數據，H1~H6 = 六波工時數據。IDW = 身份證字號首碼，Gen = 性別（1：男，2：女），DOY = 出生年次，Edu = 教育程度。

2.4 當中有三位受測者（SID = 1,4,5）在六波薪資測量（W1 至 W6）中存在遺漏，有兩位受測者（SID = 1,5）在六波工時測量（H1 至 H6）中存在遺漏，如果要計算這 12 個變數的共變矩陣，有效觀察筆數只有完全沒有發生遺漏的那兩筆。

對於遺漏資料的處理，除了放棄或刪除之外，近來被重視的作法是進行多重插補，我們將在本章最後一節介紹插補原理，並利用Mplus進行多重插補的示範。

2.4.3 變數特性：隨時間而變或不變

在表 2.3 與表 2.4 示範縱橫資料的結構格式時，不論是單變量的縱置資料或多變量的橫置資料，我們可以觀察到有些變數的數值會隨著不同的波次發生變化，但有些變數不會變動，顯示縱橫面資料的變數有兩種與時間有關的不同形式，介紹如下。

2.4.3.1 隨時間變動（Tvar）

隨時間變動（time-varying; Tvar）的變數，會隨著各波次的不同而不同，例如表 2.3 當中的薪資（Wage）、每週工時（Hour），同一個受測者在不同調查年度所報告的資料可能會有所不同。由於隨時間而變的變數嵌套在個體之下而會隨時間而變動，因此屬於 L1 的個體內變數（within-person variable），變數反映的是時間差異（temporal differences）。

隨時間變動的 Tvar 變數是構成縱橫資料跨時變動（change over time）的成長軌跡與趨勢估計來源，因此是分析主要焦點所在，尤其是作為 DV 的 y 變數，必然是隨時間變動的 Tvar 變數。當重複測量的次數越多，越能夠反映 DV 變動的趨勢與軌跡的特徵，模式設定的彈性越大。如果只有兩波測量，只能估計線性趨勢，如果有三波測量，就可以估計二次曲線軌跡。因此如果可行性、預算經費與時間許可，研究者應盡可能的提高重複測量的波次數。

2.4.3.2 不隨時間變動（Tinv）

不隨時間變動（time-invariant; Tinv）的變數，對於同一個受測者是恆定的常數，不會隨著各波次的不同而不同，因此並不帶有時間的資訊，而是反映受測者的個別差異，例如表 2.3 當中的性別、出生年次、教育程度等，對於每一個 SID 都是固定數值，屬於 L2 的個體間變數（between-person variable），變數數值反映的是個別差異（individual differences）。

不隨時間變動的變數有兩種不同的測量方式與來源：以直接測量法從受測者身上蒐集獲得，例如性別、出生年次。另一種方式是從隨時間變動的變數彙總（取平均值、中位數或離散量數）而得，例如各波調查的年齡取平均值，反映 *m* 位受測者在整個測量期間的年齡個別差異，或如每位受測者所報告的每週工時取各波次平均數，可作爲該位受測者平均工作負荷量，作爲個別差異比較之用。如果重複測量的波次數目越多，彙總變數的平均值信度就會越高。

2.4.3.3 時間變動與否的決策

某一個變數是屬於 Tvar 或 Tinv 並沒有固定的定義，除了約定俗成（例如一般人均同意性別是固定不變、反映出生地的身份證字號第一碼也不變），一般而言皆須考量研究的問題與需要由研究者加以定義。例如教育程度變數，在表 2.3 與表 2.4 被視爲不隨時間變動的 Tinv 變數，因此在寬格式當中僅占一縱欄。但是教育程度可能會隨時間的遞延而發生改變，例如某位受測者在某一波次測量時，突然告知終於獲得碩士學位，此時研究者可能被迫將所有受測者的教育程度變數改爲 Tvar 格式，或是不處理這位受測者的教育程度所發生的變化，因爲研究者可以宣稱教育程度的定義是取首波測量時的教育程度，因此得以 Tinv 形式來處理，只是如此一來就限制了教育程度變數的應用與推論。

此種 Tvar 與 Tinv 的格式不定性常造成資料處理的困擾，研究者除了必須事前評估變數的性質，同時也必須仔細檢視實際蒐集到的資料狀況，針對不尋常的狀況進行適當的處理。例如針對 30 歲以下的受測者進行的縱貫追蹤研究，教育程度最好是以 Tvar 格式處理，如果是 30 歲以上者，教育程度可以 Tinv 處理，即使遇到教育程度發生變動的少數受測者，也可以加以忽略。

年齡（age）是另一個常涉及 Tvar 或 Tinv 格式如何選擇的變數，以表 2.3 的資料爲例，出生年次可以轉換受測者的年齡，因此常作爲年齡的代表。如果是以出生年次來進行研究，每一位受測者在各波次測量時點（period）所報告的出生年次都是固定數值，不隨時間變動，又稱爲世代（cohort），三者具有 Age = Period-Cohort 的轉換關係，又稱爲 APC 現象[3]。例如第一位受測者的數值是 58、58、58、58、58、58，亦即這位受測者是民國 58 世代的受測者。但是如果將出

3 關於 APC 數據的嵌套資料分析原理與方法，我們將在第八章介紹。

生年次轉換成年齡，那麼每一波測量時就成為隨時間變動的 Tvar 變數，SID = 1 的受測者年齡即為 48、49、50、51、52、53，Tvar 格式的年齡必須採用多變量格式，或在單變量格式當中增加一列帶有時間序列的變數，在進行分析時，也就從反映個別差異的個體間變數，降階成為反映時間資訊的個體內變數。

2.5 遺漏值處理

2.5.1 遺漏值問題

遺漏值（missing data）或不完全資料（incomplete data）可以說是縱貫資料處理當中最容易出現的問題之一。遺漏值發生的原因很多，最可能的原因是樣本流失，尤其是縱貫研究，由於必須持續追蹤同一個受測者，隨著時間的進展將會發生自然流失或受測者退出而造成資料中斷。其他造成資料遺漏的原因則包括作答過程當中的疏忽、因題意不明漏答、拒絕作答等因素。

基本上，遺漏的數量與研究樣本的大小有關，一般情況下，隨機遺漏在 5% 至 10% 之間是可以接受的（Cohen & Cohen, 1983）。但由於遺漏的型態（pattern）比遺漏的量（amount）來得更重要，因此遺漏值處理的重要工作是辨識遺漏型態。

就遺漏型態來看，遺漏有可能是有規則的系統性遺漏（systematic missing）或非隨機性遺漏（not missing at random; NMAR），也可能是無特定規律的非系統性或隨機性遺漏（missing at random; MAR）。基本上，隨機性遺漏所造成的影響純粹只是樣本數的多寡問題，遺漏的影響可以忽略，研究者可直接加以刪除，或利用估計方法來插補，遺漏數據的影響可以視為隨機變異而為可忽略的遺漏。

相對之下，如果是有規則的系統性遺漏，必須進行檢驗，辨識系統問題的成因，並做一些必要的處理。Little（1993）提出兩類遺漏機制：當遺漏值是受到某特定外在因素影響時（例如不同性別者的遺漏比率不同），稱為選擇模型（selection model），反映遺漏是一種外在選擇的結果；相對的，遺漏型態也可能與外在變數產生交互作用，造成特定的遺漏現象，稱為組型混合模型（pattern mixture model）（Little & Rubin, 2002）。如果出現這些特定型態的遺漏，研究者可能必須回去檢視抽樣設計的合理性，或是針對造成系統變動的變數進行額外的分析比較，以避免錯誤或偏頗的結論。

2.5.2 遺漏值處理

2.5.2.1 刪除法

一旦發生遺漏資料時，最直接的作法是採取刪除法（deletion），將具有遺漏的資料直接去除。如果任何一個變數出現遺漏，即將與該受測者有關的資料整筆刪除，稱爲完全刪除法或全列刪除法（listwise deletion method），經過此一程序所保留的資料庫，沒有任何一個遺漏值，而爲完整的資料庫，因此又稱爲完全資料分析（complete-case analysis）。

如果資料的刪除是針對分析時所牽涉的變數具有遺漏時才加以排除，稱爲配對刪除法（pairwise deletion method），此一程序通常不會在分析之前進行任何刪除動作，直到分析的指令下達之後，針對統計分析所牽涉的變數，挑選具有完整資料的樣本來進行分析，因此又稱爲有效樣本分析（available-case analysis）。

很明顯的，採取全列刪除法將會大量的刪除資料，但是卻能夠保留最完整的資料，在所有的分析當中，都具有相同數目的樣本數，整個研究的檢定力保持固定；相對的，採取配對刪除法時，分析的樣本數會大於全列刪除法，但是每一次分析所涉及的樣本數都可能有所不同，整個研究的檢定力也就產生變動。但是無論哪一種刪除法，都將造成統計檢定力的降低。

2.5.2.2 取代與插補

第二種遺漏資料處理策略是取代法（substitution），將遺漏資料加以取代置換成有效資料，繼續進行分析，又稱爲插補（imputation）。傳統上的插補法有下列幾種選擇：第一，中間數取代法。當無法研判答案時，塡補數值最簡單的方法，是採用量尺中最爲中性的數值，例如 4 點量尺時，補入中間數值 2.5，五點量尺時，補入中間值 3（沒有意見）。第二是平均數取代法，其原理是以遺漏發生的該變數的平均值來充作該名受測者的答案，稱爲直接平均數取代法，此一方法運用全體樣本的所有數值來進行估計，可反映該題特殊的集中情形，較中間值估計法精確。

更精確的一種估計法是按受試者所屬的類別，取該類別的平均數作爲插補值，如此不僅反應該題的集中情形，更能反映該名受試者所屬的族群特性，稱爲分層平均數取代法。最後，相對較為繁瑣的方法是迴歸估計法。此法運用統計迴歸預測的原理，以其他變數為預測變數，遺漏變數為被預測變數，進行 logisitc 迴歸分析，建立一套預測方程式，然後代入具有遺漏資料的預測變數數值，即可求出遺漏變數的數值。

2.5.2.3 多重插補法

多重插補（multiple imputation）是單一插補法的擴展，是目前使用最廣的插補技術，最早由 Rubin（1978）所提出，適用於隨機遺漏的插補。由於許多高階模型（例如本書所討論的 MLM 與 SEM）都是以最大概似法進行參數估計，因此早期常以*最大期望法*（expectation maximization; EM）來進行多重插捕估計。

EM 法是一種疊代法，每一次疊代分成兩個步驟，第一個步驟稱為 E 步驟，目的在找出遺漏資料的條件化期望值。也就是利用完整資料來建立對於遺漏資料相關參數的估計值，這個參數可能是變數間的相關係數或其他參數。第二個步驟是最大化，亦即利用 E 步驟所建立遺漏資料期望值代入，反覆進行估計，一旦疊代程序達成收斂，所得到的最後資料即為遺漏插補值（McLachlan, Krishnan, 1997; Little & Rubin, 2002）。

在實務上，多重插補須經過幾個步驟。首先研究者須挑選一組參考變數，利用邏吉斯迴歸預測具遺漏與不具遺漏值的兩組資料，一旦迴歸模型確立後，即獲得估計遺漏值的估計方程式。然後從完整資料中選取一個隨機樣本來確認遺漏資料估計的適切性。接著研究者從帶有遺漏值的樣本中，重複前述步驟建立 m 個隨機樣本進行插補（因此稱為多重插補），補足資料之後的資料庫型態來重新估計參數，最後求取 m 個樣本的參數估計平均值，作為參數的最終估計解。一般而言，多重插補的樣本數量 m 介於 3 至 10 即可，因為超過 10 次之後再增加插補次數的相對效率已經不會有所提升。

目前在市面上許多商業軟體皆可進行 EM 程序來進行遺漏估計，Mplus 與 SPSS 等軟體則使用基於馬可夫鏈蒙地卡羅（Markov Chain Monte Carlo; MCMC）抽樣技術的貝氏演算法來進行遺漏資料多重插補，雖然耗費大量的電腦效能進行運算，但對於插補值的估計有效性與敏感性更高（廖培珊等，2011），可說是未來多重插補的主流技術。

2.5.3 多重插補的 Mplus 範例

爲了示範如何以 Mplus 進行多重插補，我們將前述所列舉的帶有遺漏數值的縱貫資料庫（檔名爲 **ch02missing.csv**，N = 100）進行示範。爲了能夠比較插補前與插補後的差異，我們將插補前的資料檔案列於圖 2.9(a)。由圖 2.9(a) 可知，除了 id 與 age 沒有任何遺漏值之外，其他變數均發生遺漏，遺漏之處均標示爲 999。其中 gen 與 co 兩者爲類別變數，在進行插補時必須指明爲類別變數，否則將被補入帶有小數點的數值而非整數。插補語法列於 Syn2.5a。

由 Mplus 語法可知，帶有遺漏數據的檔案名爲 **ch02missing.csv**，總計包含 16 個變數，**USEVARIABLES = gen co wage1-wage6** 指令說明共有 8 個變數納入處理，不納入插補處理但是要寫入插補後的資料檔案則由 **AUXILIARY**

	A	B	C	D	E	F	G	H	I	J	K	L	M	N	O	P
1	id	gen	co	age	wage1	wage2	wage3	wage4	wage5	wage6	wh1	wh2	wh3	wh4	wh5	wh6
2	1	1	2	46	6.19	8	7.59	999	999	8	60	60	70	999	999	999
3	2	1	3	47	3	3.2	2.5	2.8	3	3	44	44	44	44	44	44
4	3	1	1	46	5.17	4.33	3.38	2.2	2.8	3.7	40	40	40	40	40	40
5	4	1	4	33	6	7.63	6.16	5.5	5.6	999	56	84	48	40	70	60
6	5	0	5	38	999	999	999	7.2	7.8	8	999	999	999	45	55	48
7	6	999	999	41	5	5.83	6.67	6	6	5.5	40	40	40	40	40	40
8	7	1	4	46	6	7.33	8.83	7	7	7	50	68	56	70	70	66
9	8	0	3	28	2.71	2	2.04	2.1	2	2	57	40	40	40	40	42
10	9	0	1	46	1.78	1.73	2.15	2	2	2.05	56	44	44	48	44	44
11	10	1	4	43	8.58	8.93	9.33	999	7	7.5	40	40	40	40	40	40

(a) 插補前

	A	B	C	D	E	F	G	H	I	J	K	L	M	N	O	P
1	gen	co	wage1	wage2	wage3	wage4	wage5	wage6	id	wh1	wh2	wh3	wh4	wh5	wh6	
2	1	2	6.19	8	7.59	9.207	8.165	8	1	60	60	70	*	*	*	
3	1	3	3	3.2	2.5	2.8	3	3	2	44	44	44	44	44	44	
4	1	1	5.17	4.33	3.38	2.2	2.8	3.7	3	40	40	40	40	40	40	
5	1	4	6	7.63	6.16	5.5	5.6	6.341	4	56	84	48	40	70	60	
6	0	5	3.177	5.826	5.942	7.2	7.8	8	5	*	*	*	45	55	48	
7	1	4	5	5.83	6.67	6	6	5.5	6	40	40	40	40	40	40	
8	1	4	6	7.33	8.83	7	7	7	7	50	68	56	70	70	66	
9	0	3	2.71	2	2.04	2.1	2	2	8	57	40	40	40	40	42	
10	0	1	1.78	1.73	2.15	2	2	2.05	9	56	44	44	48	44	44	
11	1	4	8.58	8.93	9.33	6.84	7	7.5	10	40	40	40	40	40	40	

(b) 插補後

圖 2.9　多重插補範例的檔案內容（以前 10 筆資料為例）

Syn2.5a：多重插補語法

```
TITLE:       Example of multiple imputation
DATA:        FILE = ch02missing.csv;
VARIABLE:    NAMES = id gen co age wage1-wage6 wh1-wh6;
             USEVARIABLES = gen co wage1-wage6;
             AUXILIARY = id wh1-wh6;
             MISSING = ALL (999);
DATA IMPUTATION:
             IMPUTE = wage1-wage6 gen(c) co(c);
             NDATASETS = 5;
             SAVE = ch02missimp*.dat;
ANALYSIS:    TYPE = BASIC;
OUTPUT:      TECH1;
```

= id wh1-wh6 指令指定之，**MISSING = ALL (999)** 指出發生遺漏的數值皆以 999 標示。

Mplus的多重插補係以**DATA IMPUTATION**指令進行指定[4]，共有八個變數進行多重插補，除了 wage1 至 wage6 爲連續變數，**gen(c) co(c)** 指定 gen 與 co 兩者爲類別變數。**NDATASETS = 5** 指令指出多重插補程序將產生 5 個插補檔案，檔名爲 **ch02missimp*.dat**，其中的 * 爲檔案的順序。插補後的第一個檔案 **ch02missimp1.dat** 呈現於圖 2.9(b)。

由圖 2.9(b) 可以看出，gen、co、wage1 至 wage6 等八個變數已經不再包含 999 之數值，id = 6 的受測者的 gen 與 co 的插補數值爲 1 與 4，id = 5 的薪資資料則被補入 3.177 與 5.826 兩個數值。在檔案的後半部則爲未參與插補的原始變數，wh1 至 wh6 這六個變數的遺漏值原來標示爲 999，在插補後的檔案則標示爲 *。至於 age 變數並未寫回檔案，因爲 **AUXILIARY** 指令當中並未納入 age 變數。

事實上，在進行插補之前，可以先行檢視遺漏狀態。具體作法僅需在 **DATA IMPUTATION** 各指令前加上一個驚嘆號 !，要求 Mplus 不執行該指令，Mplus 將

[4] 在 Mplus 當中的多重插補係利用貝氏方法來進行數值估計，詳細操作請參考 Mplus 指導手冊第 11 章的介紹。

會把遺漏值的狀態列出，如下所示：

```
SUMMARY OF DATA

     Number of missing data patterns            11

SUMMARY OF MISSING DATA PATTERNS

     MISSING DATA PATTERNS (x = not missing)
                 1  2  3  4  5  6  7  8  9 10 11
 GEN             x  x  x  x  x  x  x  x  x  x
 CO              x  x  x  x  x  x  x  x  x  x
 WAGE1           x  x  x  x  x  x  x  x  x     x
 WAGE2           x  x  x  x  x  x  x           x
 WAGE3           x  x  x  x  x                 x
 WAGE4           x  x           x     x     x  x
 WAGE5           x  x  x        x     x  x  x  x
 WAGE6           x     x  x     x     x  x  x  x

   MISSING DATA PATTERN FREQUENCIES

  Pattern   Frequency     Pattern   Frequency     Pattern   Frequency
        1          85           5           1           9           1
        2           2           6           3          10           3
        3           1           7           1          11           1
        4           1           8           1

COVARIANCE COVERAGE OF DATA

Minimum covariance coverage value   0.100

     PROPORTION OF DATA PRESENT

           Covariance Coverage
              GEN           CO            WAGE1         WAGE2         WAGE3
              ________      ________      ________      ________      ________
 GEN            0.990
 CO             0.990         0.990
 WAGE1          0.960         0.960         0.970
 WAGE2          0.940         0.940         0.950         0.950
 WAGE3          0.900         0.900         0.910         0.910         0.910
 WAGE4          0.940         0.940         0.920         0.910         0.880
 WAGE5          0.960         0.960         0.940         0.920         0.890
 WAGE6          0.950         0.950         0.930         0.910         0.880

           Covariance Coverage
              WAGE4         WAGE5         WAGE6
              ________      ________      ________
 WAGE4          0.950
 WAGE5          0.950         0.970
 WAGE6          0.930         0.950         0.960
```

由前述報表可知，在插補前共有 11 種遺漏狀態，第一種狀態是完整資料，共有 85 筆，最後一種則是 gen 與 co 兩個類別變數發生遺漏，僅有一筆，也就是 id = 6 的資料。也正因爲 gen 與 co 兩變數僅有一筆遺漏，因此排除遺漏資料所能夠產生的共變結構估計值覆蓋率達 99%。覆蓋率最低者則與 wage3 有關，因爲該變數的遺漏值最多。

進一步延伸閱讀書目

邱皓政（2006）。《量化研究法(一)：研究設計與資料處理》。臺北：雙葉圖書公司。

廖培珊、江振東、林定香、李隆安、翁宏明、左宗光（2011）。〈葛特曼量表之拒答處理：簡易、多重與最鄰近插補法的比較〉。《臺灣社會學刊》，47: 143-178。

Little, Roderick J. A., and Rubin, Donald B. 2002. *Statistical Analysis with Missing Data* (2nd ed.). New York: John Wiley & Sons.

第二篇
從迴歸到多層次模式

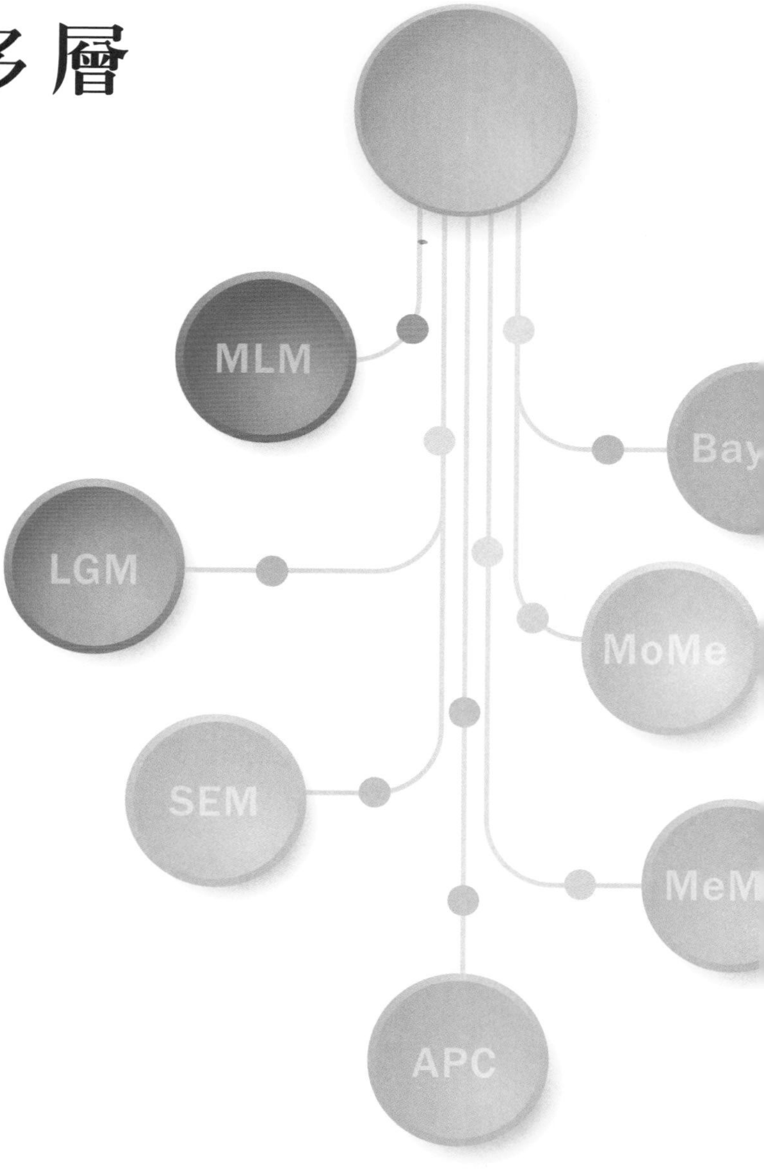

Chapter 3 線性迴歸原理

3.1 前言

在第一章當中我們曾將 MLM 描述成迴歸的迴歸，顯示 MLM 是從傳統的一般線性模式（general linear model; GLM）之中的線性迴歸擴展而來。基本上，GLM 可以說是統計學上最常見的線性模式，可利用一組矩陣形式的方程式來表現兩組變數 Y 與 X 之間的關係：

$$Y = BX + E \tag{3-1}$$

其中 Y 為包含一個或多個依變數的變數矩陣，X 為包含一個或多個自變數的變數矩陣。兩組變數之間的關係由 B 矩陣所反映，B 矩陣中的各向量是可藉由數學程序來加以估計的參數，Y 矩陣的各變數的變異無法充分被 X 解釋的部分則歸屬於 E 矩陣，亦即誤差矩陣。一般常用的迴歸分析（regression analysis）與變異數分析（analysis of variance; ANOVA），都是 GLM 的一種特例，其中迴歸分析的 X 矩陣向量通常是連續變數，而 ANOVA 的 X 矩陣各向量則通常是類別變數，兩者的 Y 矩陣向量均為連續變數，因此可計算 Y 矩陣變異能夠被 X 矩陣所解釋的比例大小，作為 X 矩陣解釋效力強弱的評估指標。

3.1.1 迴歸分析

假設今天某位校長十分關心學生的數學成績，並且認為學生回家做作業時數多寡是影響數學成績高低的重要關鍵，此時以 GLM 來表示做作業時數（x）對於數學成績（y）的解釋模型如下：

$$y_i = \beta_0 + \beta_1 x_i + [\varepsilon_i] \tag{3-2}$$

方程式 (3-2) 的截距（β_0）與斜率（β_1）均爲單一數值之固定係數。若代入特定的 x 數值可得到 y 的線性投射值（或稱爲 y 的估計值，以 $\hat{y}$ 表示），亦即在特定的自變數（IV）條件下的依變數（DV）期望值，$E(y_i|x_i)$：

$$E(y_i \mid x_i) = \hat{y}_i = \beta_0 + \beta_1 x_i \tag{3-3}$$

將方程式 (3-2) 與 (3-3) 相減得到 $y_i - \hat{y}_i = \varepsilon_i$，爲估計值與實際觀察值的差距，因此 ε_i 爲估計誤差，亦即方程式 (3-2) 當中標示於 [] 當中者，估計誤差的分配服從以 0 爲平均數、σ_ε^2 爲變異數的常態分配，$\varepsilon_i \sim N(0, \sigma_\varepsilon^2)$，且 ε_i 具有獨立與等分散性，稱爲 IID 假設（identical independent distributed assumption），亦即在 x 的不同條件下，ε_i 的分布離散情形皆相同，且平均數均爲 0。

$$E(\varepsilon_i \mid x_i) = E(\varepsilon_i) = E(\varepsilon) = 0 \tag{3-4}$$

$$V(\varepsilon_i \mid x_i) = V(\varepsilon_i) = V(\varepsilon) = \sigma_\varepsilon^2 \tag{3-5}$$

3.1.2 變異數分析

如果校長改用學生的家庭背景類型來解釋數學成績的高低，由於家庭類型爲質性的類別變數，此時即爲變異數分析（Analysis of Variance; ANOVA）模型：

$$y_{ij} = \mu + \alpha_j + [\varepsilon_{ij}] \tag{3-6}$$

方程式 (3-6) 的 y_{ij} 爲家庭類型第 j 個水準下的第 i 個學生的數學成績，每個學生的家庭類型屬於且僅屬於 j 個水準中的一個，家庭類型各水準對數學成績的影響以 α_j 來表示，ε_{ij} 爲誤差。ε_{ij} 仍服從以 0 爲平均數、σ_ε^2 爲變異數的常態分配，亦即 $\varepsilon_{ij} \sim N(0, \sigma_\varepsilon^2)$，也必須具備 IID 性質。

由方程式 (3-2) 與 (3-6) 可知，X 矩陣中的各變數不論是連續或類別變數，在 GLM 模型中都有類似的組成要素：常數、自變數效果與誤差。在 ANOVA 中的常數是指沒有 IV 時的 DV 期望值 μ，在迴歸分析中的常數則是指 IV 爲 0 時 DV 的狀態，亦即方程式的截距 β_0，誤差是 DV 的變異無法由 IV 解釋的部分。

3.2 變異與共變

3.2.1 線性關係的強弱

基本上，線性迴歸是用來分析連續變數彼此之間線性關係的統計方法。從描述統計的角度來看，對於兩個連續變數 x 與 y，各自可計算兩者的平均數與變異數之外，兩者間可能存在特定的共變關係，其中最簡單也是最常見的共變型態是呈現直線般的線性關係，亦即兩個變數的關係呈現直線般的共同變化，此時數據的分布可以被一條最具代表性的直線來呈現兩個變數的關聯情形，如圖 3.1 所示。

兩個連續變數的數據分布情形，可以由兩個變異數（variance）與一個共變數（covariance）來描述：對於 x 與 y 兩者各可以計算出一個變異數 $V(x)$ 與 $V(y)$，兩者間的共同變動則可計算出共變數 $C(x,y)$：

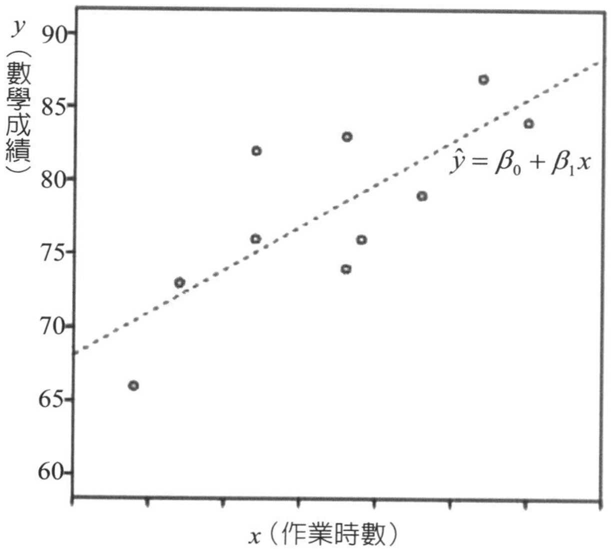

圖 3.1　作業時數與數學成績的散佈圖

$$V(x)=\frac{\Sigma(x_i-\bar{x})^2}{n-1}=\frac{SS_x}{n-1} \tag{3-7}$$

$$V(y)=\frac{\Sigma(y_i-\bar{y})^2}{n-1}=\frac{SS_y}{n-1} \tag{3-8}$$

$$C(x,y)=\frac{\Sigma(x_i-\bar{x})(y_i-\bar{y})}{n-1}=\frac{SP_{xy}}{n-1} \tag{3-9}$$

如果將共變數除以兩個變數的標準差，亦即將共變數標準化，或是先將兩個變數進行標準化求得 z 分數後計算出共變數，即得到標準化的**相關係數**（coefficient of correlation）。

$$r=\frac{C(x,y)}{s_x s_y}=\frac{\Sigma z_x z_y}{n-1} \tag{3-10}$$

相關係數是否具有統計上的意義，亦即係數數值是否顯著不爲 0，可透過 t 檢定進行**顯著性檢定**（test for significance）來判斷（ρ_0 設定爲 0）：

$$t_{(df)}=\frac{r-\rho_0}{s_r}=\frac{r-\rho_0}{\sqrt{\frac{1-r^2}{n-2}}} \tag{3-11}$$

3.2.2 變異數與共變數矩陣

連續變數的共變關係，可以用矩陣形式來呈現。由於連續變數自身的變異稱爲變異數，連續變數之間的共變稱爲共變數，如果以矩陣形式來呈現連續變數之間的變異特徵時，對角線上爲變異數，對角線以外爲共變數，因此又稱爲**變異數與共變數矩陣**（variance and covariance matrix），同時由於矩陣上下三角區域爲對稱相同數值，因此通常會省略上三角（或下三角），如表 3.1 所示。

表 3.1 的資料係取自於美國國家教育統計中心於 1988 年所啓動的長期縱貫調查 National Education Longitudinal Study of 1988（簡稱 NELS88）的部分資料。該調查的第一波測量是從近四萬所學校的八年級學生（母體約三百萬人），以多階段抽樣方式，抽取一千多所學校的兩萬多名學生。本書所使用的資料爲其中 10 所學校 260 名學生的小樣本資料（*N*260 資料庫），資料庫中的變數包含了學生性別、做作業時數、數學成績表現，也納入若干總體層次變數（例如公私立別、學校生師比），因此這是一種學生嵌套於學校內的二層嵌套結構的資料（基

表 3.1 **學生性別、作業時數與數學成績描述統計與矩陣資料（$n = 260$）**

	平均數	標準差	變異數共變數矩陣			相關係數矩陣		
			g	x	y	g	x	y
性別 g	0.51	0.50	0.25			1.00		
作業時數 x	2.02	1.55	-0.04	2.40		-.05	1.00	
數學成績 y	51.30	11.14	0.09	8.58	124.00	.02	.50	1.00

於解釋示範的目的，本章以單層次資料格式來進行說明分析）。

如果以矩陣方式來呈現標準化的相關係數數值，由於各變數經過標準化，因此變異數爲 1，對角線數值成爲 1，此時稱爲相關係數矩陣（correlation matrix）。如表 3.1 當中作業時數與數學成績的共變數爲 8.58，相關係數爲 .50。

若以文氏圖（Venn diagram）的面積概念來表示相關強度，則如圖 3.2 所示。其中兩個圓形範圍可視爲 x 與 y 變數的變異數，重疊區域即爲共同變化的部分。經過標準化後兩個連續變數的變異數均爲 1，重疊區域即爲相關係數的平方 r^2，此一區域可解釋爲兩者共變部分佔 X 變數的變異的百分比，或是兩者共變部分佔 Y 變數的變異的百分比；換言之，r^2 決定各變數被另一個變數解釋的比例，因此 r^2 又稱爲決定係數（coefficient of determination）。以表 3.1 的數據爲例，作業時數與數學成績彼此間有 $.5^2 = .25$ 的比例可被另一個變數所解釋。

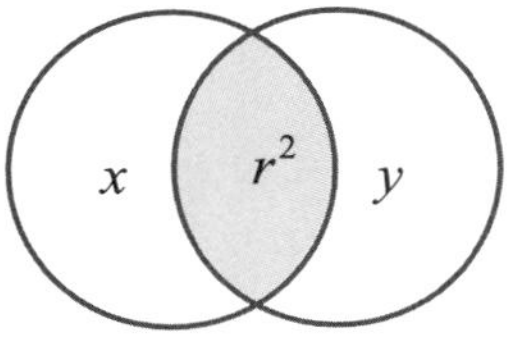

圖 3.2 **以文氏圖反映相關強度的示意圖**

3.3 迴歸方程式與迴歸係數

3.3.1 迴歸係數估計數

對於方程式 (3-2) 的簡單迴歸方程式，截距 β_0 與斜率 β_1 定義如下：

$$\beta_1 = \frac{\Delta y}{\Delta x} = \frac{C(x,y)}{V(x)} = \frac{SP_{xy}}{SS_x} \tag{3-12}$$

$$\beta_0 = \bar{y} - \beta_1 \bar{x} \tag{3-13}$$

斜率 β_1 被定義為 x 每變化一個測量單位時 y 發生變化的數量，亦即 x 與 y 的共變佔 x 變數的變異比例。以表 3.1 的數據為例，迴歸方程式估計如下：

$$\beta_1 = \frac{C(x,y)}{V(x)} = \frac{8.57}{2.40} = 3.572$$

$$\beta_0 = \bar{y} - \beta_1 \bar{x} = 51.30 - 3.572 \times 2.02 = 44.074$$

$$\hat{y}_i = 44.074 + 3.572 x_i$$

3.3.2 迴歸係數的顯著性檢定

截距與斜率係數的數值大小是否顯著不為零的顯著性檢定，亦可利用 t-test 來檢驗，檢定量公式如下：

$$t_{(df)} = \frac{\beta}{SE_\beta} \tag{3-14}$$

其中 SE_β 為迴歸係數的標準誤，表示迴歸係數受到抽樣誤差影響所產生的波動（誤差）。截距與斜率係數的標準誤分別定義如下：

$$SE_{\beta_0} = s_{\beta_1} \sqrt{\frac{\Sigma x_i^2}{n}} \tag{3-15}$$

$$SE_{\beta_1} = \frac{s_e}{\sqrt{SS_x}} \tag{3-16}$$

前述迴歸係數估計值，進行截距與斜率的顯著性檢定結果均得到尾機率小於 $\alpha = .05$ 型一誤差（亦即 $p < .05$），亦即兩者均顯著不為 0：

$$t_{\beta_0}=\frac{\beta_0}{SE_{\beta_0}}=\frac{44.074}{0.989}=44.58 \qquad t_{\beta_1}=\frac{\beta_1}{SE_{\beta_1}}=\frac{3.572}{0.388}=9.20$$

3.3.3 標準化迴歸係數

由於斜率 β_1 的數值帶有 x 與 y 兩變數的尺度單位，因此 β_1 並非標準化的係數。如果將 β_1 乘以 x 的標準差再除以 y 的標準差，即得到標準化迴歸係數（standardized regression coefficient），以β_1'表示。

$$\beta_1'=\beta_1\frac{s_x}{s_y} \tag{3-17}$$

標準化的β_1'數值反映了 x 每變化一個標準差時在 y 變動了幾個標準差。在僅有一個 IV 的簡單迴歸中，標準化後的β_1'即等於相關係數 r_{xy}，數值範圍介於 ±1 之間，其絕對值越大表示 x 對 y 的解釋力越強，正負號則代表 x 對 y 的解釋是同方向（正向迴歸）或反方向（負向迴歸）。以表 3.1 的數據爲例，標準化迴歸係數爲 .497，恰等於相關係數：

$$\beta_1'=\beta_1\frac{s_x}{s_y}=3.572\times\frac{1.55}{11.14}=.497\approx.50$$

3.3.4 誤差估計

對於誤差的估計，若以一般最小平方法（ordinary least square; OLS）來求得估計誤差變異的最小化，並藉以導出截距與斜率係數，又稱爲動差估計值（moment estimators）。簡單迴歸的誤差變異數的 OLS 估計式如下：

$$V(\varepsilon)=s_e^2=\frac{\sum_{i=1}^{n}\varepsilon_i^2}{df}=\frac{\sum_{i=1}^{n}(y_i-\hat{y}_i)^2}{n-p-1}=\frac{SS_e}{n-2} \tag{3-18}$$

另一種常用的估計法，則是基於參數分布情形的特定假設，以樣本資訊來進行估計參數分配的最大概似法（maximal likelihood method; ML）。由前述可知，GLM 的基本假設是誤差呈常態分配，因此在 x 的不同條件下，依變數 y 的出現情形若以機率密度形式表示，可以常態分配函數來推導之：

$$P(y_i \mid x_i)=\frac{1}{\sigma_\varepsilon\sqrt{2\pi}}\varepsilon^{-\frac{(y_i-\hat{y}_i)^2}{2\sigma_\varepsilon^2}} \tag{3-19}$$

基於樣本獨立假設，每一個觀察值均爲獨立抽樣取得，因此分配當中各觀察值的期望聯合機率可基於乘法律直接連乘得出，個別觀察值的概似值取對數後累加得到 *LL* 值：

$$LogL=\sum\log(y_i \mid x_i) \tag{3-20}$$

迴歸模型的截距與斜率等參數，可藉由將方程式 (3-20) 的 LL 最大化來估計之，亦即取 LL 值的一次微分值爲 0 的估計數，因此稱爲**最大概似估計數**（ML estimators）。各參數的 ML 估計值的標準誤，可以由二階微分期望值求得，例如 β_1 標準誤計算如方程式 (3-21)，因而得以 z 檢定來檢驗參數的統計顯著性，但是如果是 OLS 迴歸，參數檢定則爲自由度爲 $n-2$ 的 t 檢定（Muthén, Muthén & Asparouhov, 2016, p.6）。

$$SE_{\beta_1}=\sqrt{\frac{\hat{V}(\varepsilon)}{n\times s_{xx}}} \tag{3-21}$$

3.4 自變數中心化（平減）

3.4.1 平減原理

在簡單迴歸中，截距是指當 IV 爲 0 的 DV 數值，亦即 $x=0$ 時，$\hat{y}=\beta_0$。如果 x 沒有經過任何處理，β_0 並沒有特別的意義。因此一般研究實務上在迴歸分析前可能會先對 x 進行轉換而不以 x 的原始數值進行分析，例如以標準分數 z_x 做爲 IV，此種設計稱爲標準化迴歸分析，此時截距項爲 $\bar{y}$，有利於截距的理解與解釋。但其缺點是同時將 IV 的變異數固定爲 1，當 x 的數目多於 1 且模式複雜時（例如包括交互作用項時），自變數標準化會改變資料的相對位置而影響斜率的估計與解釋，因此替代作法是將 x 進行平移來改變截距的位置，提高截距可解釋性，但不影響資料的相對位置，稱爲**中心化**（centering）。

最常見的中心化平移是將 IV 的原點移至平均數 $\bar{x}$，亦即將 x 求取離均差分數，$x-\bar{x}$，作爲迴歸分析的 IV，在本書稱爲平減（因爲是減去平均數之故），

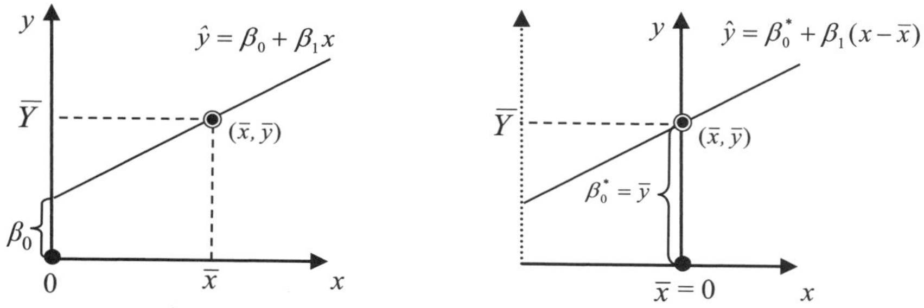

(a) x 未平減　　(b) x 減去平均數

圖 3.3　自變數中心化（平減）前後的截距變動圖示

此時迴歸方程式 (3-2) 可轉換成下式：

$$y_i = \beta_0^* + \beta_1 (x_i - \bar{x}) + [\varepsilon_i] = (\beta_0^* - \beta_1 \bar{x}) + \beta_1 x_i + [\varepsilon_i] \tag{3-22}$$

因為迴歸方程式通過（$\bar{x}$, $\bar{y}$），因此新的截距恰等於$\bar{y}$，亦即：

$$\bar{y} = (\beta_0^* - \beta_1 \bar{x}) + \beta_1 \bar{x} = \beta_0^* \tag{3-23}$$

x 平減前與平減後的截距位置如圖 3.3 所示。在未進行 IV 中心化之前，原點 (0,0) 位於圖 3.3(a) 當中●的位置，截距 β_0 是指當 $x = 0$ 時 y 的數值。如果以 x 離均差進行迴歸分析，原點 (0,0) 移至圖 3.3(b) 當中$\bar{x} = 0$ 的位置，斜率仍為 β_1，斜率不受平減的影響，但$\beta_0^* = \bar{y}$。

3.4.2 平減範例說明

表 3.2 列出了以 260 位學生做作業時數 (x) 去解釋數學成績 (y) 的簡單迴歸分析結果，在未平減的情況下，截距為 44.074，斜率為 3.572；如果將 x 進行標準化（y 無標準化），截距與斜率分別為 51.30 與 5.535；若將 x 進行平減，截距與斜率分別為 51.30 與 3.572。三者的標準化後的斜率係數皆為$\beta_1' = .497$（等於相關係數 r_{xy}）。

表 3.2　三種不同中心化程序的 OLS 簡單迴歸分析結果摘要表

		*x*為原始數據		*x*經過標準化		*x*經過平減	
		Coef.	*SE*	*Coef.*	*SE*	*Coef.*	*SE*
截距	β_0	44.074	.989	**51.300**	.600	**51.300**	.600
斜率（未標準化）	β_1	**3.572**	.388	5.535	.602	**3.572**	.388
斜率（標準化）	β_1'	0.497		0.497		0.497	

由於$\bar{y}$ = 51.30，顯示經過標準化與平減轉換後的 IV 進行迴歸分析，所得到的截距恰能反映 DV 的平均數，但是取 z_x 進行迴歸分析的斜率將會改變，只有當 x 進行平減時所進行的迴歸分析可以保有原來的斜率估計值，並使截距反映 DV 的平均數，有利於截距意義的解釋。換言之，自變數平減的主要影響，是將截距轉換成$\bar{y}$且其他參數（斜率與誤差）維持不變。

3.5 多元迴歸

3.5.1 多元迴歸方程式

當 IV 數目不只一個時，迴歸分析就可能包含多種不同的效果項，每一個效果項的影響力由斜率參數所反映。對於帶有 p 個 IV（以 $x_1, ..., x_p$ 表示）的多元迴歸模型可由方程式 (3-24) 表示：

$$y_i = \beta_0 + \beta_1 x_{1i} + ... + \beta_p x_{pi} + [\varepsilon_i] \tag{3-24}$$

多個 x 對 y 的影響由迴歸係數 β_1 至 β_p 反映。透過 β_1 至 β_p 這一組迴歸係數，可將 p 個 x 進行線性整合得出 y 的投射值：

$$\hat{y}_i = \beta_0 + \beta_1 x_{1i} + ... + \beta_p x_{pi} \tag{3-25}$$

簡單迴歸的模型中只有一個 IV，斜率 β_1 的估計不受截距與誤差項的影響，此時 β_1 是一種零階估計數（zero-order estimator），對其解釋不必考慮其他因素。但是如果模型中有一個以上的解釋項，β_1 是指當其他解釋項對 DV 的影響力被估計完畢之後，x_1 對 y 的邊際解釋力（marginal effect），而非該解釋項原始的零階影響力。換言之，多元迴歸方程式中的某個 x 的斜率參數是指當其他 $p-1$ 個 IV 的效果維持固定時的淨解釋力，此時「其他 $p-1$ 個 IV」的混淆或干擾效果（confounding effect）係透過統計方法排除（partial-out），使得某特定個 x 對 y 的解釋不受其他 $p-1$ 個 IV 的干擾，因此又被稱爲非零階的淨效果（partial effect），此時「其他 $p-1$ 個 IV」又可被稱爲控制變數（control variable），因爲他們的效果被「控制」住了。

以 *N*260 資料庫當中的四個變數（性別、社經地位、生師比、作業時數）來解釋數學成績的描述統計與多元迴歸分析結果列於表 3.3 與表 3.4，多元迴歸方程式如下：

$$\hat{y}_i = 57.327 + 0.290x_{1i} + 4.529x_{2i} - 0.672x_{3i} + 1.939x_{4i}$$

表 3.3　以四個 IV 解釋數學成績的描述統計與相關矩陣（n = 260）

	Mean	Std.	y	$x1$	x_2	$x3$	$x4$
y數學成績	51.300	11.136	**1.000**				
x_1性別	.508	.501	**.017**	1.000			
x_2社經地位	-.073	.970	**.621****	.033	1.000		
x_3生師比	14.535	3.948	**-.512****	-.013	-.494**	1.000	
x_4作業時數	2.023	1.550	**.497****	-.045	.402**	-.290**	1.000

*p < .05 **p < .01 性別爲二分變數（女：0，男：1）

表 3.4　以四個 IV 解釋數學成績的 OLS 多元迴歸分析摘要表（n = 260）

迴歸項	β	SE	β'	t	p	允差	VIF
截距	57.327	2.395		23.931	<.001		
x_1性別	0.290	0.986	0.013	0.294	.769	.995	1.005
x_2社經地位	4.529	0.615	0.395	7.368	<.001	.682	1.467
x_3生師比	-0.672	0.144	-0.238	-4.652	<.001	.746	1.340
x_4作業時數	1.939	0.350	0.270	5.539	<.001	.824	1.214

註：本表數據由 SPSS 的 OLS 迴歸功能求得。允差與 VIF 爲共線性指標。

由於模型中帶有四個 IV，IV 之間的統計控制作用使得作業時數對於數學成績的迴歸係數由簡單迴歸的 3.572 降至多元迴歸的 1.939，換言之，在控制了性別、社經地位與生師比這三個 IV 的情況下，每增加一小時的作業時數，會「淨增加」或「額外增加」數學成績 1.939 分。標準化迴歸係數 beta 也從 .497 降至 .270，顯示在其他 IV 納入方程式一起估計的情況下，各 IV 的解釋力會發生稀釋弱化的現象，這是因爲 IV 之間具有相當程度的共變所導致，我們將在多元共線性一節當中詳細討論。

3.5.2 多元相關與迴歸解釋力（R^2）

多元迴歸的主要關鍵在於透過迴歸係數將 p 個 IV 進行線性整合得出 DV 預測值 $\hat{y}$。如果將 y 與 $\hat{y}$ 求相關，稱爲多元相關（multiple correlation; 以 R 表示），反映了預測值與觀察值的線性關聯強度。

$$R = \rho_{y\hat{y}} = \frac{Cov(y,\hat{y})}{\sqrt{Var(y)Var(\hat{y})}} \tag{3-26}$$

由於 R 爲 IV 線性整合分數與 DV 的積差相關，基於決定係數的概念，可求出多元相關平方（R^2），藉以反映 DV 的變異當中能被 IV 線性整合分數所「決定」的部分。R^2 的運算，可由估計誤差占 DV 變異的剩餘比例求得（亦即削減誤差比例），亦可由標準化迴歸係數與相關係數的乘積累加獲得（Green, Carroll, & DeSarbo, 1978; Thompson, 1995）：

$$R^2 = \rho_{\hat{y}y}^2 = 1 - \frac{SS_e}{SS_y} = \beta_1' r_{yx_1} + \beta_2' r_{yx_2} + \ldots + \beta_p' r_{yx_p} \tag{3-27}$$

進一步的，R^2 的統計意義可利用 F 檢定來決定：

$$F_{(df1,df2)} = \frac{(SS_y - SS_e)/df_1}{SS_e/df_2} = \frac{SS_{\hat{y}}/p}{SS_e/n-p-1} \tag{3-28}$$

方程式 (3-27) 當中標準化迴歸係數與積差相關係數的乘積，又稱爲乘積係數（product measure）（Green, Carroll, & DeSarbo, 1978; Thompson, 1995），反映特定 IV 對於 DV 變異的解釋比例，由於此一指數可對 R^2 進行完全拆解，亦即 $\sum\beta' r = R^2$，因此許多學者認爲此一指數可作爲評估個別自變數的獨特貢獻或相對重要性的策略（溫福星，2013; Field, 2003; Nimon & Oswald, 2013; Pratt,

1987）。但是當相關係數與迴歸係數符號方向相反時，乘積係數將發生負數之非正定的不適當解（non-positive definite improper solution），不僅破壞總體解釋力拆解可加性，同時也造成乘積係數失效，在使用上要特別謹慎（邱皓政，2017）。

此外，由於 R^2 並未考慮自由度的影響，所以不是而非母體的不偏估計值，因此當樣本數偏低時（例如低於 30）或 IV 數目太高時，較佳的模式解釋力指標是調整後 R^2（adjusted R^2, R^2_{adj}）：

$$R^2_{adj} = 1-(1-R^2)\frac{n-1}{n-p-1} \tag{3-29}$$

以前述的性別、社經地位、生師比、作業時數四個變數來解釋數學成績的多元迴歸分析解釋力，R^2 與R^2_{adj}分別爲 .501 與 .494，F 檢定結果列於表 3.5。

$$R^2 = 1-\frac{16015.272}{32116.6} = .501$$

$$R^2_{adj} = 1-(1-.501)\frac{259}{255} = .494$$

在本範例當中，R^2 與R^2_{adj}相差不大，主要是因爲樣本規模已經到達 260，而且 IV 數目不多，因此解釋變異的程度不受樣本規模與模型簡效性太大的影響。

表 3.5 以四個 IV 解釋數學成績的 OLS 多元迴歸變異數檢定（n = 260）

變異源	*SS*	*df*	*MS*	*F*	*P*
迴歸 regression	16101.328	4	4025.332	64.093	<.001
殘差 residual	16015.272	255	62.805		
總和 total	32116.600	259			

3.6 多元迴歸的共線性問題

3.6.1 自變數共線性

當迴歸分析納入了多個 IV 來解釋或預測 DV 時，IV 之間的共變關係對於迴歸分析所造成的影響稱為**共線性**（collinearity）問題。當多個 IV 之間具有高相關（例如 $r > .85$）（Dillon & Goldstein, 1984），稱為 IV 之間具有**多元共線性**（multicollinearity）。

為了簡化說明，我們以僅帶有兩個 IV：x_1 與 x_2 的多元迴歸為例。如果 x_1 與 x_2 與依變項 y 的相關很強，亦即 r_{y1} 與 r_{y2} 顯著不為零，此時兩個 IV 對於 DV 的解釋，會因為 x_1 與 x_2 彼此的相關（以 r_{12} 表示）而造成影響，稱為共線性威脅。其中的關鍵在於 r_{12}，r_{12} 的強度會發生以下兩種狀況：

狀況一：$r_{12} = 0$（x_1 與 x_2 獨立），$R^2_{y.12} = (r^2_{y1} + r^2_{y2})$

狀況二：$r_{12} \neq 0$（x_1 與 x_2 相依），$R^2_{y.12} \neq (r^2_{y1} + r^2_{y2})$

當存在 x_1 與 x_2 獨立的狀況一時（$r_{12} = 0$），此時多元相關平方為 r_{y1} 與 r_{y2} 兩個相關的平方和，整體迴歸模型的解釋力為個別 IV 解釋力的總和，如圖 3.4(a) 所示。

當 x_1 與 x_2 不獨立時（$r_{12} \neq 0$），整體迴歸模型的解釋力不再是個別 IV 解釋力的總和，而是必須扣減 x_1 與 x_2 相互重疊的部分，如圖 3.4(b) 所示。此時 x_1 與 x_2 個別能夠額外解釋的部分，將小於原來個別 IV 對於 DV 的解釋力。

更極端的一個例子如圖 3.4(c) 所示，x_2 對 y 的解釋幾乎完全被 x_1 所涵蓋，即使 r_{y2} 很大，在多元迴歸分析時的淨解釋力可能會未達統計顯著水準而被視為沒有解釋力、不重要的 IV。很明顯的，IV 之間的共變情形會導致 IV 對於 DV 有無意義的不同結論。

值得注意的是，IV 間共線性所造成的影響未必一定會使個別 IV 的迴歸係數（淨解釋力）縮小，使得標準化迴歸係數的估計數小於相關係數，亦即 $|\hat{\beta}_{y1}| < |r_{y1}|$，也可能會發生放大的現象，亦即 $|\hat{\beta}_{y1}| > |r_{y1}|$。因此將造成 IV 解釋的不穩定性（邱皓政，2017）。此外，除了影響個別 IV 的淨解釋力，多元共線性更會影響迴歸係數標準誤的估計，造成參數變異 $V(\hat{\beta}_i)$ 膨脹，進而導致顯著性檢定與

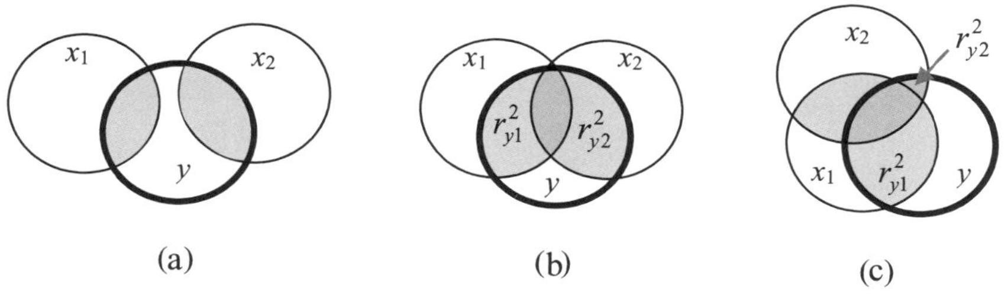

圖 3.4 三種不同共線性關係的概念圖示

區間估計的失真問題（Cohen et al., 2003; Friedman and Wall; 2005）。例如在僅有兩個 IV 的情況下，迴歸係數變異數估計數（反映迴歸係數的波動性）定義如下：

$$V(\hat{\beta}_i)=\sigma_e^2\left(\frac{1}{1-\rho_{12}^2}\right) \tag{3-30}$$

方程式 (3-30) 當中的ρ_{12}為母體中 x_1 與 x_2 兩個 IV 的相關，當ρ_{12}越高，共線性越強，迴歸係數的標準誤即隨之放大。在樣本中進行迴歸係數變異數估計的公式如下（Cohen et al., 2003, p.86）：

$$s_{\hat{\beta}_i}^2=\left(\frac{1-R^2}{n-3}\right)\left(\frac{1}{1-r_{12}^2}\right) \tag{3-31}$$

在實務上，如果我們觀察到迴歸係數標準誤不尋常的變得很大時，亦即 IV 間存在高相關，此時即反映了共線性問題的存在，將使參數顯著性檢定不穩定。

多元共線性問題源自於學者對於壓抑效果（suppression effect）的關注。Horst（1941）最早發現，某個與 DV 無關的 IV_1，會因為後來投入的其他 IV 而發生整體效果量（R^2）提升且係數放大（$|\hat{\beta}_{y1}|>|r_{y1}|$）的現象，因而將之定義為壓抑變數（suppressor），因為後來投入的 IV「壓抑」了原先 IV_1 對 DV 解釋後的殘差，使得原來的迴歸效果產生變化。自此之後，許多學者對於 IV 之間的共變情形如何對於個別 IV 解釋力與整體解釋力（R^2）造成影響進行深入討論。Friedman 與 Wall（2005）整合不同學者的概念後，就 IV 間共線性的不同強度，將壓抑效果區分成增強（enhancement）、壓抑（suppression）與重疊（redundancy）三種型態，這三種狀態的發生條件如表 3.6 所示。

表 3.6　不同類型的共線性效果與發生條件

效果類型	定義		發生條件
增強效果	$\lvert\hat{\beta}_{y1}\rvert > \lvert r_{y1}\rvert$且	R^2放大	$\boldsymbol{r_{12}} < 0$
重疊效果	$\lvert\hat{\beta}_{y1}\rvert \leq \lvert r_{y1}\rvert$且	R^2縮小	$0 \leq \boldsymbol{r_{12}} < r_{y2}/r_{y1}$
壓抑效果	$\lvert\hat{\beta}_{y1}\rvert > \lvert r_{y1}\rvert$且	R^2縮小	$r_{y2}/r_{y1} \leq \boldsymbol{r_{12}} < 2r_{y2}r_{y1}/(r^2y_2 + r^2y_1)$
增強效果	$\lvert\hat{\beta}_{y1}\rvert > \lvert r_{y1}\rvert$且	R^2放大	$2r_{y2}r_{y1}/(r^2{}_{y2} + r^2y_1) \leq \boldsymbol{r_{12}}$

3.6.2 共線性診斷與估計

共線性問題可以說是影響多元迴歸分析最重要的因素之一。一般的統計軟體，提供了容忍值（tolerance）（或稱爲允差）或變異數膨脹因子（variance inflation factor, VIF）來評估共線性的影響。

$$VIF = \frac{1}{Tolerance} = \frac{1}{(1-R_i^2)} \tag{3-32}$$

其中 R_i^2 爲某一個 IV 被其他 IV 當作依變數來預測時，該 IV 可以被解釋的比例。$1–R_i^2$（容忍值）爲該 IV 被其他 IV 無法解釋的殘差比例，R_i^2 比例越高，容忍值越小，代表 IV 不可解釋的殘差比低，VIF 越大，即自變數迴歸係數的變異數增加，共線性越明顯。容忍值 .40，VIF 值爲 3.5 之變數，較容忍值 .80，VIF 值爲 1.25 之變數的多元共線性嚴重，因此容忍值越大越好。Cohen 等（2003, p. 423）認爲當 VIF > 10 爲嚴重共線性，Sellin（1990）則主張 VIF > 2 以上即不能忽略共線性威脅。

除了個別 IV 的共線性檢驗之外，整體迴歸模型的共線性診斷也可以透過特徵值（eigenvalue; λ）與條件指數（conditional index; CI）來判斷。一般所謂的特徵值是指效果變異與誤差變異的比值，特徵值越大，表示效果越強。在共線性診斷中，特徵值爲 p 個 IV 與 1 個常數項所能夠提供的總變異量 p + 1 中，分別以各 IV 爲中心所計算出的自變數線性組合的變異量比值。

特徵值越小，表示 IV 間具有共線性，當特徵值爲 0 時，表示 IV 之間有完全線性相依性（linear dependency）。當特徵值計算出來之後，取最大的特徵值除以特定特徵值的開方值，即爲條件指數。CI 值越高，表示共線性嚴重，當 CI

值低於 30，表示共線性問題緩和，30 至 100 間，表示迴歸模型具有中至高度共線性，100 以上則表示嚴重的共線性（Belsley, 1991；Belsley, Kuh, &Welsch, 1980）。最大特徵值除以最小特徵值開根號，稱爲條件值（condition number；CN），也就是最後一個線性整合的 CI 值，反映了整個迴歸模型受到共線性問題影響的嚴重程度。

3.7 迴歸分析的 Mplus 範例

前面各節概述迴歸分析的基本原理，並以 *N*260 的學生數學成績資料庫爲例進行示範說明。爲了配合後續各章節的應用，本節將以 Mplus 進行簡單迴歸與多元迴歸分析，介紹 Mplus 分析語法與結果報表。

3.7.1 簡單迴歸範例

簡單迴歸範例的 Mplus 語法列於 Syn3.7a 當中，其中最重要的指令是在 **MODEL** 主指令下達 **y on x** 命令即可，在本範例中，*y* 爲數學成績（MAch），*x* 爲作業時數（HW），因此語法指令寫作 **MAch on HW**。方程式如下：

$$y_{(MAch)i} = \beta_0 + \beta_1 x_{(HW)i} + [\varepsilon_i] \tag{3-33}$$

Syn3.7a：簡單迴歸分析語法

```
TITLE:      Simple regression example
DATA:       FILE = Ch03N260.dat;
VARIABLE:   NAMES = ID CID SID Gender Race HW Public SES Educ
            MAch Ratio;
            Usevariables = HW MAch;     ! 選擇用於分析的變數
MODEL:      MAch on HW;                 ! 設定 IV 與 DV；on 表示 regress on
OUTPUT:     SAMPSTAT STDYX;             ! 列出描述統計量與標準化係數
```

在 Mplus 語法中，資料檔案所有的變數都必須被讀入並賦予一個名稱（由 **NAMES** 指令指定），當所有被讀入的變數只有部分被使用時，可利用 **USEVARIABLES** 指定之（或縮寫爲 USEV）。如果某一個指令不需要被執行，可以在指令前方加上！符號，在執行分析時就不會進行該指令的動作。Mplus 分析所得到的描述統計量、共變數與變異數矩陣、相關係數矩陣如下：

```
           Means
              MACH              HW
              ________          ________
     1         51.300            2.023

           Covariances
              MACH              HW
              ________          ________
MACH          123.525
HW              8.543            2.392

           Correlations
              MACH              HW
              ________          ________
MACH            1.000
HW              0.497            1.000
```

緊接著 Mplus 提供了模型是否適配觀察資料的相關資訊，包括模型所估計的參數數目 = 3（截距、斜率與殘差變異），概似函數值爲 −958.177，乘以 −2 得到 $-2LL$ = 1916.354。AIC = 1922.354、BIC = 1933.036、SABIC = 1923.525，這些資訊可以用來進行模式間的適配比較，我們將在後續討論這些指標的意義與使用時機。

```
MODEL FIT INFORMATION

Number of Free Parameters                        3

Loglikelihood

          H0 Value                        -958.177
          H1 Value                        -958.177


Information Criteria

          Akaike (AIC)                    1922.354
          Bayesian (BIC)                  1933.036
          Sample-Size Adjusted BIC        1923.525
            (n* = (n + 2) / 24)
```

由接續列出的模型估計結果可知，迴歸方程式的截距 $\beta_0 = 44.074$ ($z = 44.753$, $p < .001$) 與斜率 $\beta_1 = 3.572$ ($z = 9.236, p < .001$) 均達 .001 顯著水準。

	Estimate	S.E.	Est./S.E.	Two-Tailed P-Value
MACH ON				
HW	3.572	0.387	9.236	0.000
Intercepts				
MACH	44.074	0.985	44.753	0.000
Residual Variances				
MACH	93.011	8.158	11.402	0.000

由於指令中下達了標準化係數的指令（**OUTPUT： STDYX;**），分析結果將得到標準化係數與顯著性檢定結果：斜率 $\beta'_1 = 0.497$ ($z = 10.644, p < .001$)，亦達到 .001 顯著水準。

STDYX Standardization

	Estimate	S.E.	Est./S.E.	Two-Tailed P-Value
MACH ON				
HW	0.497	0.047	10.644	0.000
Intercepts				
MACH	3.966	0.230	17.221	0.000
Residual Variances				
MACH	0.753	0.046	16.221	0.000

最後，Mplus 將報告迴歸模型解釋力 $R^2 = .247$，亦即數學成績的變異有 24.7% 可以被 HW 所解釋。

Observed Variable	Estimate	S.E.	Est./S.E.	Two-Tailed P-Value
MACH	**0.247**	**0.046**	**5.322**	**0.000**

如果 IV 進行中心化，使截距回到 DV 平均數的位置，僅需在 Mplus 語法中增加下列指令，令每一筆資料的 HW 變數均減去 HW 的總平均數（完整語法列於 Syn3.7c.inp 檔案中）：

```
DEFINE: CENTER HW(GRANDMEAN);
```

由下列的估計結果可知，模型解釋力、斜率估計值（非標準化與標準化係數）與斜率顯著性檢定的結果都未發生改變，僅有截距數值由原來未中心化的 44.074 變成 51.3，亦即等於 DV 的平均數。

```
                                                    Two-Tailed
                    Estimate       S.E.  Est./S.E.    P-Value
MACH       ON
   HW                  3.572      0.387      9.236      0.000

Intercepts
   MACH               51.300      0.598     85.770      0.000

Residual Variances
   MACH               93.012      8.158     11.402      0.000
```

3.7.2 多元迴歸範例

延續前一節的範例，多元迴歸僅需要在 **MODEL** 主指令下達 **y on $\mathbf{x_1 \ldots x_p}$** 納入 p 個 IV 來對依變數進行解釋即可，在本範例中，DV 仍為數學成績 Mach，IV 則有性別（Gender）、社經地位（SES）、生師比（Ratio）與做作業時數（HW）四個變數，Mplus 語法列於 Syn3.7b。方程式如下：

$$y_{(MAch)i} = \beta_0 + \beta_1 x_{(Gender)i} + \beta_2 x_{(SES)i} + \beta_3 x_{(Ratio)i} + \beta_4 x_{(HW)i} + [\varepsilon_i] \tag{3-34}$$

Syn3.7b：多元迴歸分析語法

```
TITLE:       Multiple regression example
DATA:        FILE = Ch03N260.dat;
VARIABLE:    NAMES = ID CID SID Gender Race HW Public SES Educ
             MAch Ratio;
             USEV = Gender SES Ratio HW MAch ;          ! 選擇變數
MODEL:       MAch on Gender SES Ratio HW;               ! 指定 IV 與 DV
OUTPUT:      SAMPSTAT STDYX;
```

Mplus 分析所得到的共變數與變異數矩陣與相關係數矩陣如下：

Covariances

	MACH	GENDER	SES	RATIO	HW
MACH	123.525				
GENDER	0.094	0.250			
SES	6.687	0.016	0.938		
RATIO	-22.407	-0.025	-1.885	15.526	
HW	8.543	-0.035	0.602	-1.770	2.392

Correlations

	MACH	GENDER	SES	RATIO	HW
MACH	1.000				
GENDER	0.017	1.000			
SES	0.621	0.033	1.000		
RATIO	-0.512	-0.013	-0.494	1.000	
HW	0.497	-0.045	0.402	-0.290	1.000

模式適配指標顯示，多元迴歸模型總共估計了 6 個參數（一個截距、四個斜率、一個殘差變異），概似函數值為 –904.604，$-2LL$ = 1809.208，AIC = 1821.208、BIC = 1842.572、SABIC = 1823.550，這些適配指標都比簡單迴歸模型下降了許多，顯示模型增加 IV 改善了整體模型的適配度。

```
Loglikelihood

          H0 Value                              -904.604
          H1 Value                              -904.604

Information Criteria

          Akaike (AIC)                          1821.208
          Bayesian (BIC)                        1842.572
          Sample-Size Adjusted BIC              1823.550
            (n* = (n + 2) / 24)

MODEL RESULTS
                                                           Two-Tailed
                    Estimate       S.E.  Est./S.E.    P-Value

 MACH     ON
    GENDER             0.290      0.976      0.297      0.766
    SES                4.529      0.609      7.439      0.000
    RATIO             -0.672      0.143     -4.698      0.000
    HW                 1.939      0.347      5.593      0.000

 Intercepts
    MACH              57.328      2.372     24.165      0.000

 Residual Variances
    MACH              61.597      5.402     11.402      0.000
STANDARDIZED MODEL RESULTS

STDYX Standardization
                                                           Two-Tailed
                    Estimate       S.E.  Est./S.E.    P-Value

 MACH     ON
    GENDER             0.013      0.044      0.297      0.766
    SES                0.395      0.051      7.763      0.000
    RATIO             -0.238      0.050     -4.750      0.000
    HW                 0.270      0.048      5.677      0.000

 Intercepts
    MACH               5.158      0.293     17.589      0.000

 Residual Variances
    MACH               0.499      0.044     11.387      0.000

R-SQUARE

    Observed                                               Two-Tailed
    Variable        Estimate       S.E.  Est./S.E.    P-Value

    MACH               0.501      0.044     11.448      0.000
```

最後，從模型估計結果報表可知，模型整體解釋力 $R^2 = .501$ ($z = 11.448$, $p < .001$)，亦即四個 IV 可以解釋數學成績 50.1% 的變異。比起僅納入一個 IV（HW）的簡單迴歸解釋力 $R^2 = .247$，後來所增加的三個 IV 使模型解釋力增加了 .254。除了性別變數不顯著之外，其他三個 IV 的迴歸係數均顯著不爲零。以標準化迴歸係數來看，淨解釋力最強者爲社經地位（SES），$\beta'_2 = .395$ ($z = 7.763$, $p < .001$)，其次爲作業時數（HW），$\beta'_4 = .270$ ($z = 5.677$, $p < .001$)。

四個 IV 當中，比較特殊的是生師比，$\beta'_3 = -.238$ ($z = -4.75$, $p < .001$)，表示當其他 IV 維持不變的情況下，學校生師比每增加一個標準差，學生成績下降 .238 個標準差。然而之所以比較特殊，並非因爲具有負向解釋力，而是「生師比」這個變數的高低並非反映個人的狀態，而是學校的特徵。將此變數比照其他反映個人狀態的變數一起投入迴歸方程式顯然存在疑義，但是如果一定要去檢驗這個變數對於學生成績的影響，又該如何處理？我們將在第四章討論 MLM 原理時說明。

進一步延伸閱讀書目

邱皓政（2017）。〈多元迴歸的自變數比較與多元共線性之影響：效果量、優勢性與相對權數指標的估計與應用〉。《臺大管理論叢》，27 卷 3 期。

林新沛（2005）。〈標準化迴歸係數的正確解釋〉。《中山管理評論》，13 卷 2 期：533-54。

溫福星（2013）。〈社會科學研究中使用迴歸分析的五個重要觀念〉。《管理學報》，30 卷 2 期：169-190。

Cohen, J., Cohen, P., West, S. G., & Aiken, L. S. (2003). *Applied multiple regression/correlation analysis for the behavioral sciences* (3rd Ed.). Mahwah, NJ: Erlbaum.

Pedhazur, E. J. (1997). *Multiple regression in behavior research: Explanation and prediction.* Forth Worth, TA: Harcourt.

Muthén, B., Muthén, L. & Asparouhov, T. (2016). *Regression and mediation analysis using Mplus.* CA: Muthén & Muthén.

Chapter 4

多層次迴歸模式

4.1 前言

在傳統 GLM 的迴歸分析當中，每一個個別觀察值均假定為獨立抽取獲得的隨機樣本，藉由獨立觀察所得的測量資料，可檢視變數間的共變關係，進而利用迴歸模型探討自變數對於依變數的解釋或預測關係。例如在前一章中，我們以 260 位學生的觀察資料進行「作業時數」（x）對「數學成績」（y）的迴歸分析，建立$\hat{y}_i = 44.074 + 3.572x_i$迴歸方程式，這便是基於樣本獨立假設所進行的 $N = 260$ 的 GLM 分析。

事實上，前述資料庫中的 260 位學生其實是來自 10 個學校而非 260 個不同的學校，同一個學校的學生可能具有一定程度的相似性（例如類似的社經地位背景）而非完全獨立，因而存在著樣本獨立性假設違反的疑慮。尤其是測量資料帶有特殊的總體層次變數，例如「生師比」，其觀察數目並非 $N = 260$ 而是 $N = 10$，因為同一個學校的學生在報告「生師比」時數值相同，是一個常數而非變數，因此「生師比」是一個以學校為單位的獨立測量而非學生層次的隨機變數，無法滿足樣本須有獨立性的 GLM 分析，本章的主要目的即在介紹 MLM 的基本原理與相關議題。

現在若取「作業時數」與「數學成績」兩個變數，以 *N*260 資料庫當中全體 260 位學生的數據進行相關與迴歸分析，可以得到一個相關係數（0.500）與一個 $x \rightarrow y$ 簡單迴歸方程式（截距為 44.074，斜率為 3.572），此即第三章曾進行的相關與迴歸分析結果，稱為總體迴歸。現在，考量到全體樣本來自 10 個學校，將學生就其所屬的 10 所學校加以分離，分別進行相關與迴歸分析，可得到 10 個

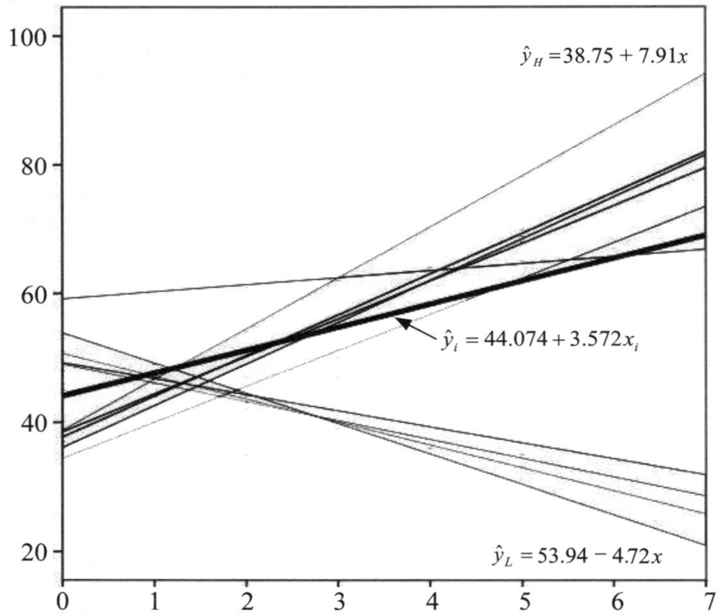

圖 4.1　十所學校學生「作業時數」與「數學成績」的迴歸圖示

（修改自 Kreft & De Leeuw, 1998, figure 3.7）

相關係數（介於 −.52 至 .80）與 10 個 $x \rightarrow y$ 簡單迴歸分析結果（截距介於 34.39 至 59.21，平均爲 44.753；斜率最低爲 −4.72，最高爲 7.91，平均爲 1.961），這 10 組迴歸分析稱爲分組迴歸，參見表 4.1 與圖 4.1。

在圖 4.1 中，可看出每個學校的迴歸線（細直線）的截距與斜率均不相同。以全體資料進行的整體迴歸（粗直線）斜率幾乎是各校迴歸斜率平均值 1.961 的兩倍，顯示兩者是迥然不同的迴歸效果。

在表 4.1 當中有兩個特別之處：第一，各迴歸線的樣本數不同。總體迴歸的總樣本數 $N = 260$ 人，分組迴歸的各組樣本數（n_j）介於 20 至 67 人，平均爲$\bar{n} = 26$ 人。第二，迴歸係數不同。整體迴歸的斜率（整體斜率）$\beta_1 = 3.572$，10 所學校的分組迴歸斜率平均值，$\overline{\beta}_{1j} = 1.961$，稱爲組內斜率，$\beta_1$ 與$\overline{\beta}_{1j}$兩者相差將近一倍，迴歸方程式列於下方：

整體迴歸　$\hat{y}_i = \beta_0 + \beta_1 x_i = 44.074 + 3.572x_i$

個別迴歸平均　$\hat{y}_{ij} = \overline{\beta}_{0j} + \overline{\beta}_{1j} x_{ij} = 44.753 + 1.961x_{ij}$

表 4.1　*N*260 資料庫 10 所學校 260 名學生的描述統計與分析摘要

		數學成績y		作業時數x			迴歸分析	
學校	n	平均數	變異數	平均數	變異數	相關	截距	斜率
全體	**260**	**51.300**	**124.00**	**2.023**	**2.401**	**0.500**	**44.074**	**3.572**
1	23	45.74	56.75	1.39	1.25	-0.52	50.68	-3.55
2	20	42.15	69.19	2.35	1.71	-0.45	49.01	-2.92
3	24	53.25	132.8	1.83	1.28	0.77	38.75	7.91
4	22	43.55	100.16	1.64	2.24	0.84	34.39	5.59
5	22	49.86	71.27	0.86	0.6	-0.43	53.94	-4.72
6	20	46.40	18.67	1.15	0.66	-0.48	49.26	-2.49
7	67	62.82	32.21	3.30	2.97	0.34	59.21	1.09
8	21	49.67	106.83	2.10	1.29	0.71	36.06	6.50
9	21	46.33	91.23	1.33	0.83	0.56	38.52	5.86
10	20	47.85	127.71	1.60	2.04	0.80	37.71	6.34
平均	**26**	**48.762**	**80.682**	**1.755**	**1.487**	**0.214**	**44.753**	**1.961**

整體迴歸斜率可標示爲 β_T = 3.572（足標 T 爲全體 Total 的簡稱），反映全體資料 $x_i \rightarrow y_i$ 的解釋力，個別學校迴歸斜率發生於各抽樣單位之內，反映各校 $x_{ij} \rightarrow y_{ij}$ 的平均解釋力，可標示爲 β_W（足標 W 爲組內 Within cluster 的簡稱），各校斜率平均數爲 1.961。至於反映$\bar{x}_j \rightarrow \bar{y}_j$解釋力的組間迴歸效果 β_B（足標 B 爲組間 Between cluster 的簡稱），並未在圖 4.1 當中呈現。

4.2 嵌套資料的特性

4.2.1 多重足標的特殊結構

一般而言，在圖 4.1 的雙連續變數散佈圖中，X 軸與 Y 軸所對應的每一個配對觀察值 (x_i, y_i)，代表以隨機抽樣過程所獲得之獨立的個別觀察數據，觀察值的次序可以只用一個足標 i 來表述。例如表 4.2 所列出的 N260 資料庫原始資料當中，「作業時數」（HW）作爲 X 軸數據，「數學成績」（MA）作爲 Y 軸數據

的每一個配對點 (1,48), (0,48), (0, 53)⋯。事實上，表 4.2 當中的原始數據並非以隨機取樣獲得，而是多階段隨機集群抽樣（multi-stage random cluster sampling）的抽樣結果，某一群學生都屬於同一個學校，所有 N 個觀察值是嵌套在 m 個上一層抽樣單位之下。此時，第二個足標 j 表述抽樣單位的次序（表 4.2 中的 CID），每一個抽樣單位之下各有 n_j 個可能具有相當程度同質性的個別觀察值（表 4.2 中的 SID），所以散佈圖當中的配對觀察值應標示爲 (x_{ij}, y_{ij})。

表 4.2　*N*260 資料庫的部分原始資料

CID	SID	Gender	SES	HW(x)	HWm	MA(y)	MAm	Public	Ratio
1	**1**	0	-0.1	**1**	1.39	**48**	45.74	1	**19**
1	**2**	1	-0.4	**0**	1.39	**48**	45.74	1	**19**
1	**3**	1	-0.8	**0**	1.39	**53**	45.74	1	**19**
…									
2	**1**	0	-1.2	**2**	2.35	**58**	42.15	1	**18**
2	**2**	1	-1.5	**2**	2.35	**43**	42.15	1	**18**
2	**3**	1	-1.1	**1**	2.35	**49**	42.15	1	**18**
…									

註：本表列出 N260 資料庫中的前兩所學校各三名學生的原始數據。

從表 4.2 的變數內容來看，嵌套資料有兩種不同型態：第一種是帶有 ij 兩個足標的個體層次變數，例如學生的性別、SES（社經地位）、作業時數、數學成績等，這些變數的數值隨學生而變，因此反映了個體層次的變數特徵。第二種變數則是僅帶有 j 一個足標的總體層次變數，例如學校的生師比、公私立別、平均作業時數、平均數學成績等。這些變數的數值不隨學生而變，僅隨學校而變，反映總體層次的變數特徵。其中比較特別的是「平均作業時數」（HWm），是取同一個學校學生的「作業時數」的平均數，又稱爲脈絡變數（contextual variable），相同學校的學生在此一變數的數值均相同。

如果某研究人員假設「學生作業時數 (x) 會影響學生數學成績 (y)」，然後學生也因爲受到學校的資源條件多寡（例如生師比）而對學生成績產生影響，亦即假設「學校生師比 (z) 會影響學生數學成績 (y)」。將這兩組假設整合在同一個線性方程式之下，如方程式 (4-1) 所示。

$$y_{ij} = \beta_0 + \beta_1 x_{ij} + \beta_2 z_j + [\varepsilon_{ij}] \tag{4-1}$$

雖然上式看起來像是一個帶有 x 與 z 兩個 IV 的多元迴歸方程式，但是由於觀察資料帶有多層次嵌套特徵，因此方程式當中的變數與誤差項已經帶有 i 與 j 兩個足標。其中 x 是個體層次自變數或層一自變數（IV@L1），z 是總體層次自變數或層二自變數（IV@L2）。足標 i 表示個體的次序，足標 j 表示不同的抽樣單位（組別），凡是同時帶有 ij 兩足標的測量即爲嵌套資料。如果將方程式 (4-1) 重新組織，可得到方程式 (4-2)。

$$\begin{aligned} y_{ij} &= \beta_0 + \beta_1 x_{ij} + \beta_2 z_j + [\varepsilon_{ij}] \\ &= (\beta_0 + \beta_2 z_j) + \beta_1 x_{ij} + [\varepsilon_{ij}] \\ &= \beta_{0j} + \beta_1 x_{ij} + [\varepsilon_{ij}] \end{aligned} \tag{4-2}$$

由前式可知，m 個抽樣單位的 $x_{ij} \rightarrow y_{ij}$ 迴歸方程式具有相同的斜率 β_1，但是截距會隨著 z_j 的不同而改變：

$$\beta_{0j} = \beta_0 + \beta_2 z_j \tag{4-3}$$

當 z_j 增減一個單位，各組截距會增減 β_2 個單位，當 $z_j = 0$ 時，迴歸方程式的截距爲 β_0，這即是嵌套結構才會觀察到的變動截距模型。

事實上，由圖 4.1 的散佈圖可知，當資料帶有嵌套結構時，個別抽樣單位的迴歸分析係數除了截距會隨 j 變動，斜率也可能會隨不同抽樣單位而變動，而非 β_1 單一數值。圖 4.1 當中有四所學校的斜率是負的，六所學校的斜率爲正值，顯示各校斜率係數差異也很大，將 β_1 設定爲單一數值並不合理，而且截距的變動也無法在方程式 (4-1) 與 (4-2) 當中加以估計，凸顯出不僅是 GLM 形式的迴歸方程式，甚至方程式 (4-1) 與 (4-2)，均無法有效反映嵌套資料的迴歸效果。

4.2.2 統計量的組間與組內分割

嵌套資料的特色在於資料可被分割成不同的層次，因此如果是一個兩層結構的階層資料，隨機變數的平均數可以區分成總平均（grand-mean）與組平均（group-mean），隨機變數的變異數與共變數也可以被切割成組間與組內兩個部分。例如今天有一個抽樣單位爲 m 而總樣本數爲 N 的資料庫，每組有 n_j 個樣本。對於 x_{ij} 與 y_{ij} 兩變數，其總平均與組平均數計算如下：

$$\bar{\bar{x}} = \frac{1}{N}\sum_{j=1}^{m}\sum_{i=1}^{n_j} x_{ij} = \frac{1}{N}\sum_{j=1}^{m} n_j \bar{x}_j \qquad \bar{\bar{y}} = \frac{1}{N}\sum_{j=1}^{m}\sum_{i=1}^{n_j} y_{ij} = \frac{1}{N}\sum_{j=1}^{m} n_j \bar{y}_j$$

$$\bar{x}_j = \frac{1}{n_j}\sum_{i=1}^{n_j} x_{ij} \qquad \bar{y}_j = \frac{1}{n_j}\sum_{i=1}^{n_j} y_{ij}$$

x 與 y 兩變數的總變異數與各組內的組內變異數如下：

$$V_T(x) = s_x^2 = \frac{1}{N-1}\sum_{j=1}^{m}\sum_{i=1}^{n_j}(x_{ij} - \bar{\bar{x}})^2 \qquad V_T(y) = s_y^2 = \frac{1}{N-1}\sum_{j=1}^{m}\sum_{i=1}^{n_j}(y_{ij} - \bar{\bar{y}})^2$$

$$V_j(x) = s_{xj}^2 = \frac{1}{n_j - 1}\sum_{i=1}^{n_j}(x_{ij} - \bar{x}_j)^2 \qquad V_j(y) = s_{yj}^2 = \frac{1}{n_j - 1}\sum_{i=1}^{n_j}(y_{ij} - \bar{y}_j)^2$$

x 與 y 兩變數在各組內的變異數可以加以綜合後得到組內變異數 $V_W(x)$ 與 $V_W(y)$：

$$V_W(x) = \frac{1}{N-m}\sum_{j=1}^{m}(n_j - 1)s_{xj}^2 \qquad V_W(y) = \frac{1}{N-m}\sum_{j=1}^{m}(n_j - 1)s_{yj}^2$$

在組間層次，可以估計組間變異數 $V_B(x)$ 與 $V_B(y)$：

$$V_B(x) = \frac{1}{m-1}\sum_{j=1}^{m}(\bar{x}_j - \bar{\bar{x}})^2 \qquad V_B(y) = \frac{1}{m-1}\sum_{j=1}^{m}(\bar{y}_j - \bar{\bar{y}})^2$$

基於變異拆解原理，總變異與組內及組間變異具有下列加成性：

$$V_T(x) = V_B(x) + V_W(x) \qquad V_T(y) = V_B(y) + V_W(y)$$

4.2.3 組內相關係數 ICC

基本上，將某一變數的總變異分割成組間與組內兩部分，是一個典型的變異拆解議題。實驗設計當中常使用的變異數分析（ANOVA），即是將依變數的 N 個總觀察值分成 m 組，每一組樣本數爲 n_j，同一個組內的觀察值變動是抽樣導致的隨機變異（抽樣誤差），組間的變動則是系統的變動（亦即不同的實驗操弄所造成）。由於同一組的觀察值是從某一個特定母體中抽出，存在於某一種共同的環境或脈絡之下，具有組內同質性（group homogeneity），如果抽樣誤差越小則同質性越高，抽樣誤差越大則同質性越低。同質性高低可由組內相關係數（intra-class correlation coefficient; ICC）反映，又稱爲相關比（correlation ratio, η^2）：

$$ICC = \eta^2 = \frac{\tau^2}{\tau^2 + \sigma^2} \tag{4-4}$$

方程式 (4-4) 當中的 τ^2 爲組間變異數，σ^2 爲組內（誤差）變異數，因此 ICC 反映了組間變異佔全體變異（組間加組內變異）的比例。如果今天有 x 與 y 兩變數，ICCx 與 ICCy 可以下式估計：

$$ICCx = \eta_x^2 = \frac{V_B(x)}{V_T(x)} = \frac{\tau_x^2}{\tau_x^2 + \sigma_x^2} \tag{4-5}$$

$$ICCy = \eta_y^2 = \frac{V_B(y)}{V_T(y)} = \frac{\tau_y^2}{\tau_y^2 + \sigma_y^2} \tag{4-6}$$

以方程式(4-5)爲例，ICCx的計算需要由樣本估計組內變異數與組間變異數：

$$V_W(x) = \sigma_x^2 = \frac{\sum_{j=1}^{m}(n_j - 1)S_j^2}{n_j - m} \tag{4-7}$$

$$V_B(x) = \tau_x^2 = S_B^2 - \frac{\sigma_x^2}{n^*} = \left[\frac{\sum_{j=1}^{m} n_j(\bar{x}_j - \bar{\bar{x}})^2}{n^*(m-1)}\right] - \frac{\sigma_x^2}{n^*} \tag{4-8}$$

其中S_B^2爲組間加權變異數，n^* 爲各組樣本數的加權平均估計數：

$$n^* = \frac{1}{m-1}\left(N - \frac{\sum_{j=1}^{m} n_j^2}{N}\right) \tag{4-9}$$

ICC 係數介於 0 至 1 之間，係數越高表示組間變異所佔的比例越高。從相關的角度來看，ICC 是組內任兩個觀察值的測量數值之間相關的期望值，也就是指從同一個抽樣單位下隨機抽取兩個觀察值的相關強度，因此 ICC 數值也可用來反映組內資料的同質、相似性或是資料的非獨立性。ICC 越接近 1，表示組間變動越大，組內越同質，資料違反獨立性程度越高，需要以 MLM 代替 GLM。

在調查研究中也有類似的抽樣同質性的概念，並且發展出設計效果（design effect）指標（Kish, 1965）：

$$\text{deff} = 1 + \text{ICC}(n - 1) \tag{4-10}$$

方程式 (4-10) 中的 n 是集群抽樣時各抽樣單位的樣本數，當組內相關為 0，deff = 1，樣本完全獨立異質，集群抽樣的每一個樣本擁有一個獨立單位的效力，但如果組內完全同質，ICC = 1，deff = n，表示研究者必須放大樣本數至 N 倍，才能達到原來樣本規模的效果。基於設計效果的觀念，過高的 ICC 會使 GLM 分析的組內變異變小，參數標準誤低估，提高犯型一誤差的機率，低估程度最強時會達到忽略組內同質性的標準誤的 n 倍。

在實驗研究中，ICC 或 η^2 反映實驗操弄（IV）對於 DV 影響的效果量（effect size），η^2 越大表示 DV 的平均數差異越大，實驗操弄越有效果。Cohen（1988）以模擬研究發現，當 η^2 小於 0.059 時的效果量相當小，DV 的組間差異可以略而不計，當 η^2 介於 0.059 與 0.138 之間則為中度效果量（中度組內相關），如果 η^2 高於 0.138 則算是高度的效果量，表示組間效果甚強不可忽略。引用此一標準，我們可以得到三個不同水準的 ICC 強度判定法則：

$.059 > \eta^2$	低度組間異質
$.138 > \eta^2 \geq .059$	中度組間異質
$\eta^2 \geq .138$	高度組間異質

在 MLM 當中，也沿用了實驗設計當中的 η^2 概念來描述組間變異與組內變異的消長關係，並以 ICC 是否達到一定程度作為是否應進行多層次分析的判斷基準，例如 Hoffman（1997, p. 731）具體指出，依變數 ICC（$\bar{y}_j$的組間變異）是否夠強且具有顯著性，是多層次分析的基本要件。在整理了 MLM 的實徵研究後，Bliese（2000）發現 ICC 多介於 .05 與 .20，James（1982）的整理發現一般 MLM 研究的 ICC 中位數落在 .12，這些數據也經常被 MLM 研究作為判定 ICC 是否足夠大的標準。

表 4.3 *N*260 資料庫分層描述統計量與變異成分估計結果

	n	作業時數 x		數學成績 y	
		平均數	變異數	平均數	變異數
樣本資料					
第一層：個體	**260**	**2.023**	2.401	**51.300**	**124.002**
第二層：總體	**10**	**1.755**	0.485	**48.762**	**34.689**
估計資料					
組內 σ^2			1.752		72.235
組間 τ^2			0.412		30.559
合計 $\sigma^2+\tau^2$			2.164		102.794
ICC			.190		.297

以 *N*260 資料庫的數據爲例，作業時數與數學成績兩變數在個體層次與總體層次的描述統計量，以及 ICC 的運算過程列於表 4.3。由於作業時數的 $\sigma_x^2 = 1.752$，$\tau_x^2 = 0.412$，因此 ICCx = .190。計算過程如下：

$$V_W(x)=\sigma_x^2=\frac{(23-1)1.25+(20-1)1.71+\ldots+(20-1)2.04}{260-10}=\frac{438.79}{250}=1.752$$

$$V_B(x)=\tau_x^2=\frac{23(1.39-2.023)^2+\ldots+20(1.6-2.023)^2}{25.19(10-1)}-\frac{1.752}{25.19}$$
$$=0.485-0.073=0.412$$

$$\text{ICC}x=\frac{\tau_x^2}{\tau_x^2+\sigma_x^2}=\frac{0.412}{0.412+1.752}=.190$$

同理可推得 DV（數學成績）的 ICCy = .297。顯示這兩個變數都屬於高度組間異質的狀態。其中又以數學成績的組間變異較大，數學成績在 10 校之間的變異數佔全體變異的 29.7%，相對之下，10 校學生平均作業時數的變異佔全體變異的 19%。也就是說，涉及這兩個變數的迴歸分析都適合使用 MLM。

4.2.4 共變結構與斜率拆解

爲了說明嵌套資料迴歸分析的組間斜率與組內斜率的拆解原理，我們除了依照先前提供的變異拆解原則，進一步的也需要將 x 與 y 兩變數的總共變數（C_T）拆解成組間與組內兩部分：

$$C_T(x, y) = C_B(x, y) + C_W(x, y) \tag{4-11}$$

在嵌套結構下的 $x \rightarrow y$ 簡單迴歸分析，也可分割成整體迴歸、組間迴歸、組內迴歸三個部分。以所有樣本計算出來的整體迴歸斜率爲 β_T，以組內資料所計算出來的組內斜率爲 β_W，這兩個迴歸係數均是以樣本數爲 N 求得。以組爲觀察單位所計算出來的組間迴歸係數爲 β_B，樣本數爲 m，也就是利用各抽樣單位下的組平均數配對觀察值$(\bar{x}_j, \bar{y}_j)$所估計得到的迴歸係數。這三個迴歸係數（斜率）的定義如下：

$$\beta_T = \frac{C_T(x, y)}{V_T(x)} \tag{4-12}$$

$$\beta_B = \frac{C_B(x, y)}{V_B(x)} \tag{4-13}$$

$$\beta_W = \frac{C_W(x, y)}{V_W(x)} \tag{4-14}$$

若以全體樣本進行迴歸分析，斜率的最佳估計值是 β_T，因爲此時不涉及組間比較，亦即圖 4.1 當中的全體樣本迴歸線（粗直線）的斜率。進一步的，由於 β_T 具有組間迴歸係數 β_B 與組內迴歸係數 β_W 的加權組合的特性，Duncan et al（1966）與後來的 Boyd 與 Iversen（1979）以及 Burstein（1980）整理出相關比加權法則，可快速且直觀的分離 β_B 與 β_W，如方程式 (4-15) 所示。

$$\beta_T = \eta_x^2 \beta_B + (1 - \eta_x^2)\beta_W \tag{4-15}$$

如果今天以作業時數 (x) 來解釋數學成績 (y)，以 $N260$ 資料庫的數據進行 β_B 與 β_W 的 Duncan 共變分解，結果如下：

$$V_T(x) = V_B(x) + V_W(x) = 2.164 = 0.412 + 1.752$$

$$V_T(y) = V_B(y) + V_W(y) = 102.794 = 30.559 + 72.235$$

$$C_T(x, y) = C_B(x, y) + C_W(x, y) = 5.896 = 2.152 + 3.744$$

$$\beta_B = \frac{C_B(x,y)}{V_B(x)} = \frac{2.151}{0.412} = 5.220$$

$$\beta_W = \frac{C_W(x,y)}{V_W(x)} = \frac{3.744}{1.752} = 2.137$$

$$\beta_T = .190 \times 5.220 + (1 - .190) \times 2.137 = 2.752$$

將迴歸係數的拆解結果重新繪製於圖 4.2，可以看出 10 個學校的 x 與 y 兩變數平均數配對點（圖中的 10 個小圓點）所估計得出的組間斜率強度最強，β_B = 5.220，由 10 個學校內個別迴歸線所組合的組內迴歸斜率最弱，β_W = 2.137，全體 260 筆觀察值所估計得出的總體迴歸係數則居中，β_T = 2.752。

Duncan 的加權法則反映了兩個重點：第一，組間斜率與組內斜率的消長，主要取決於 IV 的組間變異，亦即η_x^2，而非 DV 的組間變異η_y^2。第二，組間變異決定了資料獨立與否的影響：當資料爲完全獨立（組內完全異質）而組間變異爲 0 時（ICC = 0），整體斜率即等於組內斜率，$\beta_T = \beta_W$。相對的，當資料爲組內完全同質而組間變異完全等於總體變異時（ICC = 1），整體斜率即等於組間斜率，$\beta_T = \beta_B$。

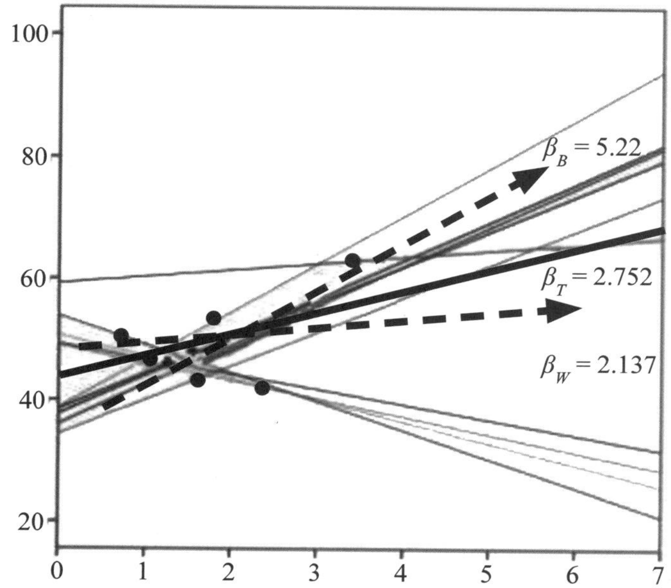

圖 4.2　十所學校學生作業時數與數學成績的迴歸圖示

由此可知，IV 與 DV 的 ICC 大小皆可能影響 MLM 的參數估計，如果研究者特別關心組間斜率的影響時，例如在探討組平均數的解釋力（脈絡效果）時，應特別重視 ICC*x*，但是如果研究者所重視的是 DV 被解釋的程度，或是組內迴歸係數的意義，此時 ICC*y* 即成爲是否應執行 MLM 分析的重要判斷指標，因爲 ICC*y* 越大，截距與斜率的組間變異更趨明顯而有更充分的檢驗空間。以下，我們將介紹更完整的嵌套資料迴歸模型，使其可以一般化到其他的研究情境中。

4.3 階層線性模式

4.3.1 多層次迴歸方程式

基於嵌套資料的特性，變數之間的關係無法單就某一層次來討論，此時必須導入多層次迴歸方程式來表達不同層次 IV 與 DV 的關係。首先，我們必須先討論一個最簡單的二階層 MLM 模型：零模型（null model）或空模型（empty model），然後才能擴展到其他更複雜的模型。

4.3.1.1 零模型

MLM 當中的零模型，是指迴歸模型當中並未帶有任何 IV，僅有一個 DV（y_{ij}）的嵌套資料模型。由於 y_{ij} 帶有二層嵌套特徵，因此與其有關的迴歸方程式也可以區分成不同層次：組內層次（L1）與組間層次（L2），如果嵌套資料有三個或更多層次，那麼組間層次就可能存在第三層（L3）或更多層次（L4、L5…）。

由於零模型只有 DV 而沒有 IV，因此其組內與組間的變數關係非常簡單，可由下列這一組階層線性方程式來表達零模型變數結構特性：

L1 $$y_{ij}=\beta_{0j}+[\varepsilon_{ij}] \tag{4-16}$$

L2 $$\beta_{0j}=\gamma_{00}+[u_{0j}] \tag{4-17}$$

Mixed $$y_{ij}=\gamma_{00}+[u_{0j}+\varepsilon_{ij}] \tag{4-18}$$

線性方程式 (4-16) 至 (4-18) 其實就是一組迴歸方程式，只是其中不存在任何 IV。其中方程式 (4-16) 反映個體層次的變數狀態；方程式 (4-17) 反映總體層次的變數狀態。將 L2 方程式代入 L1 方程式，得到混合方程式（mixed equation）（方程式 (4-18)）。

層一方程式 (4-16) 的 DV 是 y_{ij}，沒有任何 IV@L1，因此 y_{ij} 僅可分解爲一個反映平均數的截距項（β_{0j}）與一個反映變異情形的誤差項 $[\varepsilon_{ij}]$。由於各抽樣單位的截距不同，因此 m 個組就會有 m 個截距數值，因此 β_{0j} 反映各組平均數 $\bar{y}_j$，誤差項變異數就是 y_{ij} 在各組內的變異總和（σ_ε^2）。

層二方程式 (4-17) 爲了反映總體層次的變數特性，因此將個體層次線性方程式 (4-16) 當中的截距項 β_{0j} 作爲層二的 DV 進行解釋，此時由於第二層也沒有 IV@L2，因此作爲 DV 的 β_{0j} 也僅能分解成一個截距項（γ_{00}）與一個誤差項 $[u_{0j}]$，此時 γ_{00} 是 m 個各組截距（β_{0j}）的平均值，而且因爲 $\beta_{0j} = \bar{y}_j$，因此 $\gamma_{00} = \bar{\bar{y}}$。誤差項 $[u_{0j}]$ 反映 $\bar{y}_j$ 的組間變異，其變異數以 τ_{00}^2 表示，稱爲截距組間變異。

零模型是 MLM 當中最簡單的模型，多作爲 MLM 的模式比較的基準模型，或用以評估 DV 的組間變異 τ_{00}^2 與組內變異 σ_ε^2 的相對消長，亦即計算 ICC 之用。

4.3.1.2 擴展模型

在零模型的個體層次或總體層次加入 IV，可對 DV 或截距變異進行解釋。以先前提及的「學生作業時數 (x) 會影響學生數學成績 (y)」與「學校生師比 (z) 會影響學生數學成績 (y)」兩個假設爲例。影響「數學成績」的 IV 涉及兩個不同層次：「作業時數」在層一（IV@L1），「生師比」在層二（IV@L2），因此必須在 L1 與 L2 方程式置入 x_{ij} 與 z_j。如方程式 (4-19) 至 (4-21) 所示：

$$\text{L1} \quad y_{ij} = \beta_{0j} + \beta_{1j}x_{ij} + [\varepsilon_{ij}] \tag{4-19}$$

$$\text{L2} \quad \beta_{0j} = \gamma_{00} + \gamma_{01}z_j + [u_{0j}] \tag{4-20}$$

$$\beta_{1j} = \gamma_{10} + [u_{1j}] \tag{4-21}$$

$$\text{Mixed} \quad y_{ij} = \gamma_{00} + \gamma_{10}x_{ij} + \gamma_{01}z_j + [u_{0j} + u_{1j}x_{ij} + \varepsilon_{ij}] \tag{4-22}$$

方程式 (4-19) 是以 x_{ij} 對 y_{ij} 進行解釋的個體層次迴歸方程式，除了得到一個截距項（β_{0j}），同時也會得到一個斜率項（β_{1j}），兩者均帶有足標 j，表示 m 個抽樣單位都可能存在各自的截距與斜率值。因此兩者都可作爲總體層次的 DV 來加以探討其特性或納入 IV 來進行解釋。

方程式 (4-20) 是以個體層次的截距項（β_{0j}）爲 DV，稱爲截距方程式

（intercept-as-outcome equation），方程式 (4-21) 是以個體層次的斜率項（β_{1j}）爲 DV，稱爲斜率方程式（slope-as-outcome equation），兩者都是總體層次方程式，因此所反映的都是總體層次的變數特性與迴歸關係。

在納入 IV@L1 後的擴展模型，總體層次會另外增加一個以各組斜率爲 DV 的斜率方程式，此時將使總體層次的誤差結構產生變化：$[u_{0j}]$ 是截距方程式的誤差項，$[u_{1j}]$ 是斜率方程式的誤差項，其變異數爲τ_{00}^2與τ_{11}^2，$[u_{0j}]$ 與 $[u_{1j}]$ 的共變數爲τ_{01}。這三者所反映的都是層一迴歸方程式所得到的參數的組間變異程度：τ_{00}^2反映截距的組間變異，τ_{11}^2反映斜率的組間變異，τ_{01}反映截距與斜率的共變。

值得注意的是，在方程式 (4-20) 當中納入總體層次 IV@L2（亦即 z_j），但方程式 (4-21) 當中並沒有納入 z_j。現在，如果在方程式 (4-21) 當中也加入 z_j 來解釋各抽樣單位的斜率（β_{1j}）的變動情形，在混合方程式中將會增加一個 $x_{ij}z_j$ 交互作用項，反映「學校生師比 (*z*) 與作業時數 (*x*) 兩者對學生數學成績 (*y*) 有交互作用」的一組新的假設，如此一來各階層方程式都納入至少一個 IV，稱爲完整模型（full model），如方程式 (4-23) 至 (4-26) 所示，有助於我們完整介紹 MLM 當中的各種參數。

$$\text{L1} \quad y_{ij} = \beta_{0j} + \beta_{1j}x_{ij} + [\varepsilon_{ij}] \tag{4-23}$$

$$\text{L2} \quad \beta_{0j} = \gamma_{00} + \gamma_{01}z_j + [u_{0j}] \tag{4-24}$$

$$\beta_{1j} = \gamma_{10} + \gamma_{11}z_j + [u_{1j}] \tag{4-25}$$

$$\text{Mixed} \quad y_{ij} = \gamma_{00} + \gamma_{10}x_{ij} + \gamma_{01}z_j + \gamma_{11}x_{ij}z_j + [u_{0j} + u_{1j}x_{ij} + \varepsilon_{ij}] \tag{4-26}$$

4.3.2 隨機效果與固定效果

在前述階層線性模式當中，$[\varepsilon_{ij}]$ 爲 L1 方程式的誤差項，服從以 0 爲平均數、以σ_ε^2爲變異數的常態分配。$[u_{0j}]$ 與 $[u_{1j}]$ 爲 L2 方程式的誤差項，其分配假設服從以 0 爲平均數、以τ_{00}^2與τ_{11}^2爲變異數的二元常態分配。

$$\begin{pmatrix} u_{0j} \\ u_{1j} \end{pmatrix} \sim N\left[\begin{pmatrix} 0 \\ 0 \end{pmatrix}, \begin{pmatrix} \tau_{00}^2 & \\ \tau_{01} & \tau_{11}^2 \end{pmatrix}\right] \tag{4-27}$$

值得注意的是，雖然 $[u_{0j}]$ 與 $[u_{1j}]$ 各自估計出τ_{00}^2與τ_{11}^2兩個變異數，估計過程中在兩個誤差項之間還會估計得到一個共變數τ_{01}，雖然並非影響結果變數的主要變異源，但整個模型所估計的參數數目中仍會佔據一個參數的位置。

這些組間變異與組內變異等誤差項在混合方程式加以整合後，即爲 $[u_{0j} + u_{1j}x_{ij} + \varepsilon_{ij}]$，亦即不同層次誤差項的組合項。由於各誤差項均假設呈常態分配，因此所導出的變異數與共變數σ_{ε}^2、τ_{00}^2、τ_{11}^2、τ_{01}統稱爲隨機效果（random effect）。

在階層線性模式當中，γ 係數表示個體與總體混合後的迴歸係數，也即是研究者所關心的迴歸效力之所在，因爲其性質爲單一係數，因此稱爲固定效果（fixed effect）。在兩層結構的階層線性模式，γ 係數帶有兩個足標，足標數字代表 IV 順序，第一個足標代表個體層次 IV@L1 序號，第二個足標代表總體層次 IV@L2 序號，其意義整理於表 4.4。

γ_{10} 是指第一個個體層次解釋變數 IV@L1 的個別解釋效果，γ_{01} 是指第一個總體層次解釋變數 IV@L2 的個別解釋效果，γ_{11} 同時帶有兩個足標 11，表示第一個 IV@L2 與第一個 IV@L1 的交互作用，又稱爲跨層次交互作用（cross-level interaction）。最後，γ_{00} 的兩個足標均爲 0，表示與任何 IV 均無關，反映了以 β_{0j} 爲 DV 進行總體層次迴歸分析的截距，性質類似總平均數。

如果帶有三層結構，γ 係數即有三個足標，分別代表 L1、L2、L3 的 IV 順序：當三個足標均爲 0 時，表示與 IV 無關的總截距，有一個非 0 足標表示各 IV 的主要效果（一階效果），有兩個非 0 足標表示二階跨層次交互作用，三個足標均非 0 時表示三階跨層次交互作用，依此類推。

總結前述的討論，階層線性模式的模式設定方式考量到資料嵌套特徵，也可將誤差項區分成不同層次來分別估計，同時 IV 也可以區分成不同層次來視需要納入方程式，進行不同層次的迴歸效果分割，甚至得以進行跨層次交互作用，這都是傳統 GLM 中所無法處理的部分。

表 4.4　二層嵌套資料的固定效果符號標示

符號	性質	IV所屬層次	效果類型	足標數值意義
γ_{00}	截距	-	平均水準	兩個足標均為0，表示與IV無關
γ_{10}	斜率	個體層次	個別效果	第一足標數值為個體層次IV序號
γ_{01}	斜率	總體層次	個別效果	第二足標數值為總體層次IV序號
γ_{11}	斜率	跨層次	交互作用	各足標均有非0數值，表示IV同時涉及各個層次

4.4 多層次模式的變數平減

在一般的單層次迴歸中，將 IV 進行平減是爲了使迴歸方程式的截距便於解釋。在 MLM 中，IV 的平均數有全體樣本的總平均數與各組組平均數，因此平減操作有兩種策略：減去總平均數的總平減（centering at the grand mean; x_{ij}^{CGM}）與減去組平均數的組平減（centering within cluster; x_{ij}^{CWC}）。使用不同的平減操作，對於 MLM 分析結果會有不同的影響，可以說是 MLM 分析最重要的基本議題之一。

4.4.1 平減原理

由於模型中至少要納入一個 IV@L1 才能討論平減議題。其階層線性模式如下：

$$\text{L1} \quad y_{ij} = \beta_{0j} + \beta_{1j}x_{ij} + [\varepsilon_{ij}] \tag{4-28}$$

$$\text{L2} \quad \beta_{0j} = \gamma_{00} + [u_{0j}] \tag{4-29}$$

$$\beta_{1j} = \gamma_{10} + [u_{1j}] \tag{4-30}$$

$$\text{Mixed} \quad y_{ij} = \gamma_{00} + \gamma_{10}x_{ij} + [u_{0j} + u_{1j}x_{ij} + \varepsilon_{ij}] \tag{4-31}$$

L1 方程式 (4-28) 中，x_{ij} 尚未經過平減，因此可標示爲x_{ij}^{NoC}。總平減是把 x_{ij} 減去總平均數（$x_{ij} - \bar{\bar{x}}$）得到x_{ij}^{CGM}。組平減是把 IV@L1 減去所屬的該組平均數（$x_{ij} - \bar{x}_j$），得到x_{ij}^{CWC}。三種平減狀態描述於下：

$$\text{未平減} \quad x_{ij}^{NoC} = x_{ij} \tag{4-32}$$

$$\text{總平減} \quad x_{ij}^{CGM} = (x_{ij} - \bar{\bar{x}}) \tag{4-33}$$

$$\text{組平減} \quad x_{ij}^{CWC} = (x_{ij} - \bar{x}_j) \tag{4-34}$$

4.4.2 平減對固定效果的影響

將x與y的關係以散佈圖表示，並繪製$x_{ij} \rightarrow y_{ij}$的總體迴歸線，如圖 4.3 所示。如果 IV@L1 未平減，原點 (0,0) 位於圖 4.3(a) 當中●的位置。此時 γ_{00} 爲當 $x_{ij} = 0$ 時 y_{ij} 的起始值。如果以總平減後的x_{ij}^{CGM}進行迴歸，原點 (0,0) 移至圖 4.3(b) 當中

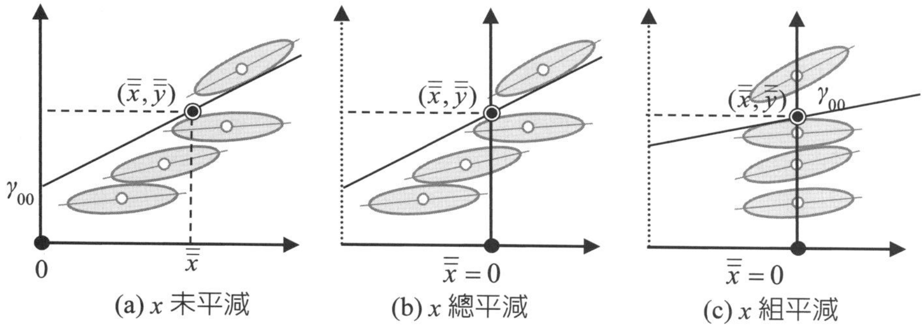

圖 4.3　不同平減程序後的截距意義變化圖示

$\bar{\bar{x}}=0$ 的位置，此時 γ_{00} 移至 $(\bar{\bar{x}},\bar{\bar{y}})$，亦即雙同心圓點◉的位置，此時所有配對觀察值 (x_{ij}, y_{ij}) 與各配對組平均數 $(\bar{x}_j,\bar{y}_j)$ 的相對位置維持不變，各組內迴歸方程式的重心 $(\bar{x}_j,\bar{y}_j)$ 未改變，僅有原點平移。

如果以組平減後的 x_{ij}^{CWC} 進行迴歸，不僅原點平移，各組配對平均數的相對位置也發生變化，組內迴歸方程式的重心 $(\bar{x}_j,\bar{y}_j)$ 移至 $(0,\bar{y}_j)$，如圖 4.3(c) 當中的空心圓點○呈現一直線的狀態，此時散佈圖當中關於 $\bar{x}_j$ 的差異不復存在，$\bar{x}_j=\bar{\bar{x}}=0$。

由圖 4.3 可以看出，未平減與總平減時，所有數據的相對位置都相同，因為總平減將每一個 x_{ij} 都減去同一個數值 $\bar{\bar{x}}$，全體數值平移，因此 $x_{ij}^{CGM}\to y_{ij}$ 迴歸分析所得到的斜率與未平減時相同，$\gamma_{10}^{NoC}=\gamma_{10}^{CGM}$，但截距 γ_{00}^{CGM} 發生改變，$\gamma_{00}^{NoC}\neq\gamma_{00}^{CGM}$。

4.4.3 平減對隨機效果的影響

以總平減進行分析，截距 γ_{00}^{CGM} 改變但斜率 γ_{10}^{CGM} 與未平減模型相同，因為觀察值相對位置並未改變，此時組內變異不會變動，各組斜率維持不變，因此斜率的組間變異不變，$\tau_{11}^{2\,NoC}=\tau_{11}^{2\,CGM}$，但各組組內迴歸方程式的截距發生變化，因此除非我們假設各組斜率不變（不估計 $[u_{1j}]$），截距組間變異勢必發生變化，$\tau_{00}^{2\,NoC}\neq\tau_{00}^{2\,CGM}$。

以組平減的 $x_{ij}^{CWC}\to y_{ij}$ 進行迴歸分析，由於觀察值的相對位置發生變化，因此組內變異維持不變 $\sigma_{\varepsilon}^{2\,NoC}=\sigma_{\varepsilon}^{2\,CWC}$，但截距與斜率的組間變異均可能發生改變，$\tau_{00}^{2\,NoC}\neq\tau_{00}^{2\,CWC}$ 且 $\tau_{11}^{2\,NoC}\neq\tau_{11}^{2\,CWC}$。

基本上，斜率組間變異（τ_{11}^2）在簡單的模型（例如本節所舉出的僅有一個自變數 x 的 MLM 模型）所發生的改變並不會很明顯，這是因爲不論將 x 減去總平均或組平均，均不會對於組內迴歸方程式的斜率係數造成影響，儘管組平減模式改變了不同組別之間觀察資料的相對位置，也不會干擾到組內斜率的估計。但是如果是複雜模型（例如帶有跨層次交互作用或非線性模型），不同的平減策略也將影響τ_{11}^2的估計。相對的，截距組間變異（τ_{00}^2）所發生的改變，對於不同平減程序的意義就有著明顯不同。對於總平減模式而言，τ_{00}^2反映各組內迴歸方程式截距項能夠用以估計依變數 y_{ij} 在各組的調整平均數$\bar{y}'_j$的變異情形。對於組平減模式而言，τ_{00}^2則是反映各組內迴歸方程式截距項能夠用以估計依變數 y_{ij} 在各組的原始平均數$\bar{y}_j$的變異情形。對於未平減模型，各組內迴歸方程式截距項只能反映當 $x_{ij}=0$ 時的依變數起始值，除非 $x_{ij}=0$ 在 x_{ij} 變數的量尺上有著測量上的特定意義（例如在縱貫資料分析中，$x_{ij}=0$ 表示第一波測量之起始點），否則其組間變異數估計值τ_{00}^2並沒有解釋價值。

4.4.4 組平減後組平均數置回問題

由前述的討論可知，IV@L1 經過組平減將使所有數據相對位置發生改變，斜率發生變化，$\gamma_{10}^{CWC} \neq \gamma_{10}^{NoC}$且$\gamma_{10}^{CWC} \neq \gamma_{10}^{CGM}$，這是因爲$\bar{x}_j$的組間差異被組平減扣除掉了，$\bar{x}_j \rightarrow \bar{y}_j$的組間迴歸效果被排除了。

以圖示來看，如果各組內的配對觀察值 (x_{ij}, y_{ij}) 成正相關，而組平均數配對觀察值 $(\bar{x}_j, \bar{y}_j)$ 亦爲正相關，或兩者均爲負相關，$\bar{x}_j$ 組間差異被消除後所進行的迴歸估計，將使組間變異數τ_{00}^2放大，如圖 4.4(a) 所示。相對之下，如果組內效果與組間效果相反，例如各組內配對觀察值 (x_{ij}, y_{ij}) 呈正相關，但組平均數配對觀察值 $(\bar{x}_j, \bar{y}_j)$ 呈負相關，$\bar{x}_j$ 組間差異被消除後所進行的迴歸估計，將使組間變異數τ_{00}^2縮小，如圖 4.4(b) 所示。

因此，組平減雖然能夠使得各組截距忠實反映各組的 DV 平均數$\bar{y}_j$，得到眞實的 DV 組間變異，但是將會損失 IV 組間迴歸效果，因此在 MLM 實務上，如採組平減多會將組平均數置回截距方程式（Algina & Swaminathan, 2011; Enders & Tofighi, 2007; Kreft et al., 1995）。因爲如果把$\bar{x}_j$放入總體層次截距方程式，藉以估計γ_{01}^{CWC}，即可回復被扣除掉的組間迴歸效果。

在一般 MLM 分析中，組平減的各組間變異多會大於總平減的組間變異，因

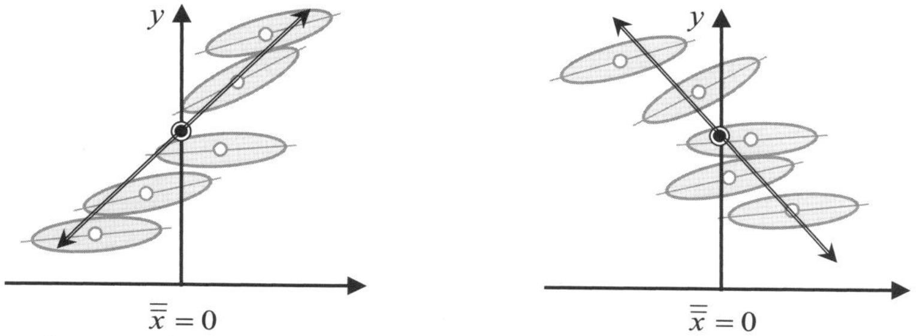

(a) x_{ij} 與 $\bar{x}_j$ 的迴歸效果為同方向　　(b) x_{ij} 與 $\bar{x}_j$ 的迴歸效果為異方向

圖 4.4　不同組間趨勢對於隨機效果影響的圖示

爲在大多數的情況下，同一組變數 x_{ij} 與 y_{ij} 在組內與組間的效果多爲同方向，例如每一個學校之內，社經地位 x_{ij} 越高的學生，學業表現 y_{ij} 越好（此時組內效果爲正值），在此同時，平均社經地位$\bar{x}_j$ 越高的學校，學生平均學業表現$\bar{y}_j$也會越好（此時組間效果亦爲正值）。

組間與組內斜率正負異方向的最著名例子，是教育領域的大魚小池效果（big-fish-little-pond effect）研究（Marsh et al., 2008; Marsh & Parker, 1984），研究者發現，對於個別學校內而言，學業成就越好的學生自尊越高（組內效果爲正值），但是學業成就平均水準越高的學校，學生的自尊平均相對較低（組間效果爲負值），此時若以組平減來估計學業成就對於學生自尊的影響，得到的組間變異就會被低估（因爲組間變異估計數會縮小），除非我們把學業成績的組平均數（脈絡變數）也納入模型中來估計，才能還原原始組間差異的效果，我們將在下一章詳細介紹。

4.4.5 平減策略的實徵資料比較

以下我們以 *N*260 資料庫的「作業時數」作爲 IV@L1，「數學成績」作爲 DV，依照方程式 (4-28) 至 (4-30) 的設定進行分析，藉以討論不同平減策略對於固定效果與隨機效果的影響。我們將進行下列四種模型的分析，估計結果整理於表 4.5：

M^{NoC}　以「作業時數」爲個體層次 IV 的無平減模型

M^{CGM}　以「作業時數」爲個體層次 IV 的總平減模型

M^{CWC}　以「作業時數」爲個體層次 IV 的組平減模型

M^{CWC+C}　以「作業時數」爲個體層次 IV 經組平減且加上組平均置回截距方程式

首先，平減對於固定效果的影響，可以從四個模型 γ_{00} 與 γ_{10} 的變化情形來觀察。由 M^{NoC} 與 M^{CGM} 數據可知，$\gamma_{10}^{NoC} = \gamma_{10}^{CGM} = 2.050$，SE = 1.491，表示總平減不影響斜率參數的估計，但截距則改變明顯：$\gamma_{00}^{NoC} = 44.773$，$\gamma_{00}^{CGM} = 48.920$。至於組平減模型 M^{CWC}，斜率參數雖降至$\gamma_{10}^{CWC} = 2.034$，但是截距係數$\gamma_{00}^{CWC} = 48.83$ 仍與總平減的$\gamma_{00}^{CGM} = 48.92$ 相當，M^{CWC+C}的總截距雖略微偏高，$\gamma_{00}^{CWC+C} = 50.179$，顯示組平減會改變資料的相對關係，但總截距仍會回到 DV 總平均數。三者均接近零模型的$\gamma_{00} = 48.872$，顯示只要採取平減，總截距γ_{00}具有合理的解釋性（接近 DV 總平均$\bar{\bar{y}}$）。

未平減模型的γ_{00}^{NoC}一般皆無解釋上的意義，除非當資料具有時間特性的縱貫追蹤性質時，未平減的 IV@L1 反映變數的起始狀態，或是 IV 爲二分虛擬變數時，未平減的 IV@L1 以 0 作爲參照組。

在隨機效果部分，各模型的組內變異均相當，σ_{ε}^2介於 43.070 至 43.111，標準誤也相近，顯示不同的平減方式對於組內變異影響不大。此外，對於斜率的組

表 4.5　作業時數對數學成績不同平減策略 MLM 分析結果整理表

	M^{NoC} 未平減x_{ij}^{NoC}		M^{CGM} 總平減x_{ij}^{CGM}		M^{CWC} 組平減x_{ij}^{CWC}		M^{CWC+C} 組平減x_{ij}^{CWC}	
	Coef.	*SE*	*Coef.*	*SE*	*Coef.*	*SE*	*Coef.*	*SE*
固定效果								
γ_{00}	**44.773**	2.60	**48.920**	1.77	**48.830**	1.77	**50.179**	1.95
γ_{10}	**2.050**	1.49	**2.050**	1.49	**2.034**	1.48	**2.046**	1.48
γ_{01}							**5.086**	2.96
隨機效果								
σ^2	**43.070**	5.28	**43.071**	5.28	**43.070**	5.31	**43.111**	5.33
τ_{00}^2	**61.736**	16.97	**29.207**	13.85	**30.872**	18.13	**18.723**	8.88
τ_{11}^2	**19.941**	3.80	**19.943**	3.80	**19.961**	3.55	**19.911**	3.55

間變異的估計τ_{11}^2影響也非常小，τ_{11}^2介於 19.911 至 19.961，顯示平減由於不影響組內迴歸係數的估計，也就不會影響組內迴歸係數組間變異的估計。

相對於組內變異與斜率組間變異的穩定性，截距的組間變異估計數τ_{00}^2就有非常大的不同，其估計數與意義如下：

M^{NoC}	$\tau_{00}^2 = 61.736$	作業時數爲 0 的各校學生數學成績校間變異
M^{CGM}	$\tau_{00}^2 = 29.207$	各校學生數學成績調整平均數$\bar{y}'_j$之校間變異，「調整」係針對各校學生作業時數平均數差異進行調整
M^{CWC}	$\tau_{00}^2 = 30.872$	各校學生數學成績原始平均數$\bar{y}_j$之校間變異
M^{CWC+C}	$\tau_{00}^2 = 18.723$	各校學生數學成績原始平均數$\bar{y}_j$之校間變異，且$\bar{x}_j \to \bar{y}_j$脈絡變數迴歸效果由 γ_{01} 估計

組平減的誤差變異結構雖然發生改變，但其優勢是使各組截距 β_{0j} 恰等於各組平均數$\bar{y}_j$，因此組間變異數τ_{00}^2忠實反映各組原始平均數$\bar{y}_j$的變異情形，如果研究者所關心的是組平均數$\bar{y}_j$的變異在理論或實務上的意涵，應使用組平減策略。

相對的，如果研究者認爲在討論組平均數$\bar{y}_j$的變異時，必須將 IV@L1 的組平均數變異考慮在內，此時有兩種處理方式：第一，直接使用總平減策略，使各組截距 β_{0j} 反映的是經過$\bar{x}_j$組間差異調整後的調整平均數$\bar{y}'_j$，因爲總平減得到的組間變異數估計數τ_{00}^2並非各組平均數$\bar{y}_j$的組間變異數，而是調整平均數$\bar{y}'_j$的組間變異數。第二，較複雜的作法是將組平減後再將組平均數置入截距方程式，亦即 M^{CWC+C}，此時將另外估計組間斜率 β_B 效果，亦即表 4.5 的$\gamma_{01}^{CWC} = 5.086$ ($z = 1.72$, $p = .086$)，此一固定效果雖然未達統計顯著水準，但影響截距組間變異估計（τ_{00}^2大幅降至 18.723），也使模式適配估計獲得改善。因此，從隨機效果的角度來看，除非因爲研究者的特殊考量（例如爲了簡化模型，僅關注組內迴歸效果），被扣減掉的組平均數的脈絡效果不應被排除在組平減模型之外，而應置回截距方程式。

4.5 多層次模式的 Mplus 範例

圖 4.1 的散佈圖資料顯示，以「作業時數」來解釋「數學成績」的簡單迴歸分析存在著組間變異，亦即不同抽樣單位可能會有截距與斜率的不同。以下我們將比照方程式 (4-23) 至 (4-26) 的完整模型，進行 Mplus 分析示範，同時檢驗「作業時數」(x_{ij})、「生師比」(z_j) 與兩者交互作用 ($x_{ij}\ z_j$) 對「數學成績」(y_{ij}) 三個效果的影響，混合方程式如下：

$$y_{(MAch)ij} = \gamma_{00} + \gamma_{10}x_{(\text{作業時數})ij} + \gamma_{01}z_{(\text{生師比})j} + \gamma_{11}x_{ij}z_j + [u_{0j} + u_{1j}x_{ij} + \varepsilon_{ij}]$$

4.5.1 多層次模式的 Mplus 圖示法

以 Mplus 的變數關係圖示法，上述混合方程式可以表示如圖 4.5。其中虛線將整個模型區分成組內（虛線以上）與組間層次（虛線以下）。方形圖示表示該變數爲可以直接觀察所得或以數學運算得到的*外顯變數*（manifest variable）（例如第一層的 x 與 y，第二層的 z）；圓形圖示表示該變數爲無法直接觀察得到的*潛在變數*（latent variable），例如第二層的 y 與 s，這兩者是由模型估計得到的各組截距與各組斜率。

潛在變數的估計來源，特別標示在 L1 當中 $x \rightarrow y$ 影響路徑的中間與終點的兩個實心圓點●之上：第一個位於中間的實心圓點表示 $x \rightarrow y$ 的斜率具有隨機效果，該隨機斜率可作爲 L2 被解釋的隨機變數，以 s 表示，第二個位於終點的實心圓點表示 $x \rightarrow y$ 的截距具有隨機效果，而且隨機截距可作爲 L2 被解釋的隨機

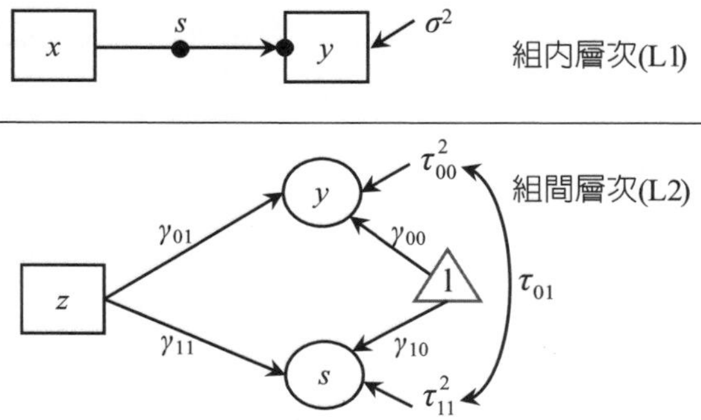

圖 4.5　範例模型的 Mplus 變數關係圖示

變數，因為其性質與 L1 的 y 相同，因此仍以 y 表示。這兩個隨機效果在 L2 被 z 解釋之後的誤差項就是 u_{0j} 與 u_{1j}，其變異數（τ_{00}^2與τ_{11}^2）與共變數（τ_{01}）都必需加以估計。y 在 L1 被 x 解釋之後的誤差項是 ε_{ij}，變異數是 σ^2。

最後，四個 L2 的迴歸係數 γ_{00}、γ_{10}、γ_{01}、γ_{11} 標示在組間層次的三角形圖示（截距）或迴歸路徑（斜率）之上：$z \rightarrow y$ 是 L2 的 IV 對於隨機截距的解釋路徑，其斜率即是 z 的影響力 γ_{01}，其截距即是截距方程式的截距 γ_{00}。$z \rightarrow s$ 是 L2 的 z 對於隨機斜率的解釋路徑，其斜率即是 xz 跨層次交互作用 γ_{11}，其截距即是斜率方程式的截距 γ_{10}，反映了第一層的 $x \rightarrow y$ 組內迴歸係數，是 x 的影響力的平均傾向。

4.5.2 多層次模式的 Mplus 語法

Mplus 的 MLM 分析語法列於 Syn4.5a。在 Mplus 當中執行 MLM 主要由指令 **ANALYSIS:TYPE = TWOLEVEL RANDOM** 下達，如果移除 **RANDOM** 則表示斜率並沒有隨機效果（u_{1j} 不需估計），只有截距會有隨機效果（只有 u_{0j} 必須估計）。

如果斜率要估計隨機效果，除了必須使用 **RANDOM** 指令，另外必須在組內模型（亦即 **%WITHIN%**）當中增加 **S | MAch on HW** 指令，此時 S 即為隨機斜率，並可作為 L2 的 DV，在 **%BETWEEN%** 當中增加 **S on HW** 指令，如此將定義出跨層次交互作用項 **HW×Ratio**。如果隨機斜率不只一個，可以利用 S1、S2…來表述不同 L1 的 IV 的隨機斜率。

為了執行 MLM，Mplus 語法在變數定義時，必須指定抽樣單位變數（**CLUSTER = CID**）、組間層次 IV（**BETWEEN = Ratio**）與組內層次 IV（**WITHIN = HW**）。值得注意的是，u_{0j} 與 u_{1j} 的共變數（τ_{01}）必須在模型設定時加以指定 **MAch WITH S**，如果沒有加以設定，L2 隨機效果的共變數參數將不會估計（在 HLM 軟體則是強制估計無法移除）。

至於 MLM 的平減設定，在 Mplus 當中是以 DEFINE 指令來設定，例如 **DEFINE: CENTER HW Ratio (GRANDMEAN)** 將使 L1 的 IV（HW）與 L2 的 IV（Ratio）均進行總平減，如果是組平減則改為 **GROUPMEAN** 即可。

Syn4.5a：*N*260的MLM完整模型分析語法

```
TITLE:      Random coefficient model
DATA:       FILE = N260.dat;
VARIABLE:   NAMES = ID CID SID Gender Race HW Public SES Educ
            MAch ClassStr SchSize Urban Region Minority Ratio
            MAchMean HWMean;
            Usev = HW MAch Ratio;                ! 指定用於分析的變數
            CLUSTER = CID;                       ! 設定嵌套分組變數
            WITHIN = HW;                         ! 指定 L1 變數
            BETWEEN = Ratio;                     ! 指定 L2 變數
DEFINE:     CENTER HW Ratio (GRANDMEAN);         ! 設定變數平減
ANALYSIS:   TYPE = TWOLEVEL RANDOM;              ! 設定分析方法
MODEL:
%WITHIN%
            S | MAch on HW;          ! 設定 L1 迴歸模型
%BETWEEN%
            MAch S on Ratio;         ! 設定 L2 迴歸模型
            MAch WITH S;             ! 設定 L2 誤差項共變
OUTPUT:     TECH1 SAMPSTAT;
```

4.5.3 多層次模式的 Mplus 分析結果

基於 Syn4.5a，Mplus 將會輸出模式設定（TECH1）、樣本統計量（SAMPSTAT），以及模型分析的結果。爲了簡化報表，以下僅就部分的樣本統計量、固定效果係數與隨機效果的 Mplus 分析結果加以介紹說明。

首先，Mplus 列出了抽樣單位數（$m = 10$）、平均組樣本數（$\bar{n}_j = 26$）與 DV 的 ICC（.228）等資訊，並分別就組內與組間列舉各變數的平均數、變異數與共變數矩陣、相關係數矩陣等數據：

```
SUMMARY OF DATA

     Number of clusters                              10

     Average cluster size        26.000

     Estimated Intraclass Correlations for the Y Variables

                  Intraclass                  Intraclass
     Variable     Correlation     Variable    Correlation

     MACH            0.228

     ESTIMATED SAMPLE STATISTICS FOR WITHIN

           Means
             MACH            HW           RATIO
           ________      ________      ________
 1           0.000         0.000         0.000

           Covariances
             MACH            HW           RATIO
           ________      ________      ________
 MACH       76.060
 HW          5.307         2.392
 RATIO       0.000         0.000         0.000

           Correlations
             MACH            HW           RATIO
           ________      ________      ________
 MACH        1.000
 HW          0.393         1.000
 RATIO       0.000         0.000         0.000

 ESTIMATED SAMPLE STATISTICS FOR BETWEEN
           Means
             MACH            HW           RATIO
           ________      ________      ________
 1          49.472         0.000         0.000

           Covariances
             MACH            HW           RATIO
           ________      ________      ________
 MACH       22.504
 HW          0.000         0.000
 RATIO     -12.752         0.000        13.650

           Correlations
             MACH            HW           RATIO
           ________      ________      ________
 MACH        1.000
 HW          0.000         0.000
 RATIO      -0.728         0.000         1.000
```

在固定效果與隨機效果的估計，Mplus 報表詳列了組內與組間參數的估計數、標準誤、檢定量與尾機率值。

```
MODEL RESULTS
                                                            Two-Tailed
                    Estimate       S.E.    Est./S.E.     P-Value

Within Level

 Residual Variances
   MACH               43.108      5.303       8.129       0.000

Between Level

 S          ON
   RATIO               0.265      0.310       0.855       0.393

MACH    ON
   RATIO              -0.591      0.554      -1.066       0.286

MACH WITH
   S                  14.116      4.393       3.213       0.001

Intercepts
   MACH               48.938      1.649      29.684       0.000
   S                   2.060      1.443       1.428       0.153

Residual Variances
   MACH               24.443      8.208       2.978       0.003
   S                  18.504      4.429       4.178       0.000
```

由結果可知，四個 L2 的迴歸係數（固定效果）與顯著性檢定結果發現，僅有總截距項 γ_{00} = 49.938 (z = 29.684, p<.001) 顯著不為零，兩個層次的 IV 與跨層次交互作用皆無統計意義，此一結果與第二章當中以簡單迴歸或多元迴歸所得到的作業時數能對於數學成績有正向解釋力結論有所不同，顯示以 MLM 來分析改變了 GLM 的分析結果。

最後，Mplus 報表中也報告了隨機效果的估計值，L1 的隨機效果（組內變異數）σ_ε^2 = 43.108 (z = 8.129, p<.01)，表示數學成績的組內個別差異顯著不為零。至於 L2 的隨機效果 τ_{00}^2 = 24.443 (z = 2.978, p<.01)、τ_{11}^2 = 18.504 (z = 4.178, p<.01)、τ_{01} = 14.116 (z = 3.213, p<.01)，三者都達顯著水準，表示斜率與截距及其共變的組間差異具有顯著意義，而且此一結果是 L2 的截距與斜率方程式都納入了生師

比進行解釋之後的結果，顯示置入這些解釋效果並未有效增加模式的解釋力，後續的模型可以藉由增加組間 IV 來解釋更多的斜率與截距組間差異。

值得注意的是，前述模型的 IV 均進行了總平減，使得總截距能夠迴歸到 DV 的總平均數的位置，並且有效估計截距與斜率的組間變異。

爲了凸顯自變數平減的重要性，我們將前述模型總平減設定不予執行（在 DEFINE 指令前加上一個 ! 即可），亦即另外估計無平減的 MLM 模型，兩種模型的分析結果對照列表於表 4.6。

如果比較兩者的隨機效果，確實發現總平減因爲將各抽樣單位的 IV 數值減去 IV 總平均數產生平移，導致截距位置的改變，使得截距變異數τ_{00}^2由未平減的 43.174 大幅減少到 24.443，相對之下，σ_ε^2與τ_{11}^2幾乎沒有改變。也正因爲各組截距發生變動，在固定效果也發生了變化：未平減模型的總截距（$\gamma_{00}^{NoC} = 62.239$）明顯偏離 DV 的總平均數（51.3），IV@L1「作業時數」的迴歸係數雖然不顯著（$\gamma_{10}^{NoC} = -2.054, z = -.420, p = .675$），但產生了不尋常的正負號逆轉。

最明顯的差別在於，未平減模型中的總體層次解釋變數「生師比」對 DV 的影響顯著不爲零，$\gamma_{01}^{NoC} = -1.127$ ($z = -2.216, p<.05$)，依此結論，應解釋爲「當生

表 4.6　不同平減程序的模式估計結果對照表

	總平減			無平減		
	Coef.	*z*	*p*	*Coef.*	*z*	*p*
固定效果						
γ_{00}	49.508	25.209	<.001	62.239	7.580	<.001
γ_{10}	1.804	1.247	.212	– 2.054	– 0.420	.675
γ_{01}	**– 0.591**	**– 1.066**	**.286**	**– 1.127**	**– 2.216**	**.027**
γ_{11}	0.265	0.855	.393	0.265	0.856	.392
隨機效果						
σ^2	43.107	8.129	<.001	43.102	8.131	<.001
τ_{00}^2	24.443	2.978	<.001	43.174	4.090	<.001
τ_{11}^2	18.504	4.178	<.001	18.542	4.170	<.001
τ_{01}	14.115	3.213	<.001	– 23.378	– 3.309	<.001

師比增加一個單位，學生數學成績平均減少 1.127 分」，但是在總平減模型下，此一顯著結論並不存在，表示如果沒有經過平減，截距位置並非反映 DV 的平均數，因而對於截距變異數與固定效果的分析得到不同結果，同時由於帶有交互作用，平移與否將使斜率參數發生變化，進而可能造成錯誤結論，不可不慎。

進一步延伸閱讀書目

林鉦棽、彭台光（2006）。〈多層次管理研究：分析層次的概念、理論和方法〉。《管理學報》，12 卷，649-675。

溫福星、邱皓政（2012）。《多層次模式方法論：階層線性模式的關鍵問題與試解》。臺北：前程文化。

Raudenbush, S. W., & Bryk, A. (2002). *Hierarchical linear models: Applications and data analysis methods* (2nd Ed.). Newbury Park, CA: Sage.

Snijders, T., & Bosker, R. (2012). *Multilevel Analysis: An Introduction to Basic and Advanced Multilevel Modelling*(2nd Ed.). Thousand Oaks, CA: Sage Publications.

Chapter 5

MLM模式發展與評估

5.1 前言

在前一章當中，我們介紹了嵌套資料的特性與 MLM 的基本原理，並討論 IV 進行平減的影響。然而在實際操作 MLM 分析時，研究者必須依據研究的需要與待檢驗的假設，進行模式設定（model specification），包括模型當中的變數安排、參數估計與隨機效果的設定方式等，藉由不同的模型來檢驗研究者所關心的議題或假設是否成立，不同模型的優劣比較必須仰賴模式適配比較技術來評估，至於不同模型的分析順序如何安排，對於 MLM 模型評估與選擇以及分析結果的解讀也有影響，本章將逐一討論這些關於模式發展（model development）的議題。但是為了簡化討論的內容，本章僅針對最常見的兩階層 MLM 模型進行討論。

5.1.1 MLM 的變數

與傳統單一階層的GLM迴歸相比，MLM對於變數的運用方式有明顯不同。雖然 GLM 迴歸與 MLM 分析都帶有自變數（IV）與依變數（DV），但是 MLM 當中可能同時包含不同層次的 IV：個體層次自變數（IV@L1），以 x_{ij} 表示，總體層次自變數（IV@L2）以 z_j 表示。在 GLM 迴歸中，至少要納入一個 IV，但是 MLM 可能完全沒有 IV，仍可進行嵌套資料分析，這是因為 MLM 當中除了 DV 之外，還有另一個必須存在的變數：嵌套變數（以 c_j 表示），用來將全體 N 個觀察值區分成 m 組，因此，即使模型中沒有納入 IV 仍可以進行 MLM 分析，亦即零模型。

嵌套變數的測量性質是質性分類變數，在 MLM 當中是無法被研究者加以設定更動的隱藏變數，因此方程式不會出現 c_j 這個變數，不同分組的狀態僅隱身在足標 j 之內。在 Mplus 語法中，嵌套變數必須利用資料設定中的 **CLUSTER** 指令指定，少了這個變數，即無法辨認嵌套結構，也就無法執行 MLM 分析。

MLM 所涉及的變數列於表 5.1，其中 L1 變數（不論是 IV 或 DV）的統計量同時涉及兩個層次，相對之下，L2 變數僅有總體層次的統計量。很特別的是，IV@L1（x_{ij}）的組間變異 $\bar{x}_j$ 不僅是樣本統計量，同時也可以作爲 IV@L2，稱爲脈絡變數，是 MLM 最特殊的變數，我們將在下一章當中介紹脈絡變數的特性與分析方式。

表 5.1　二層嵌套結構 MLM 模型所涉及的變數與統計量

層次	名稱	性質	代號	數目	觀察數
變數					
L1個體層次	依變數	隨機變數	y_{ij}	1	N
	自變數(IV@L1)	隨機變數	x_{ij}	0~p	N
L2總體層次	嵌套變數	名義變數	c_j	1	m
	自變數(IV@L2)	隨機變數	z_j	0~q	m
統計量					
L1個體層次	依變數組平均數	隨機變數	$\bar{y}_j$	1	m
	依變數組變異數	隨機變數	$s^2_{y_j}$	1	m
	依變數總平均數	固定數值	$\bar{\bar{y}}$	1	1
	依變數總變異數	固定數值	s^2_y	1	1
	自變數組平均數	隨機變數	$\bar{x}_j$	0~p	m
	自變數組變異數	隨機變數	$s^2_{x_j}$	0~p	m
	自變數總平均數	固定數值	$\bar{\bar{x}}$	0~p	1
	自變數總變異數	固定數值	s^2_x	0~p	1
L2總體層次	自變數平均數	固定數值	$\bar{z}$	0~q	1
	自變數變異數	固定數值	s^2_z	0~q	1

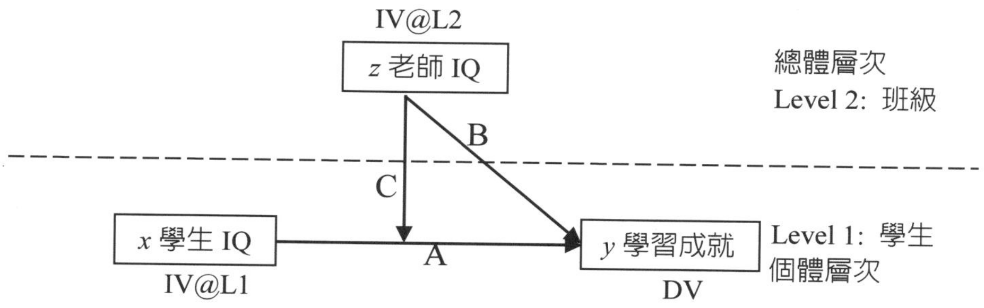

圖 5.1 二層嵌套結構的 MLM 變數型態與關係示意圖

以圖 5.1 的學業成就研究爲例，若研究者關心師生 IQ 對於學生學習成就的影響時，資料結構爲多位學生嵌套在一個老師之中，「師生 IQ」一詞涉及了不同層次不同分析單位的三種變數：在 L1 層次，「學生 IQ」是 IV@L1（對於 DV 的影響以箭頭 A 表示），「老師 IQ」則是 L2 層次的 IV@L2（對於 DV 的影響以箭頭 B 表示）

此外，在 MLM 當中還有一種特殊的效果，亦即 IV@L2 與 IV@L1 的交乘項，亦即 $x_{ij}z_j$，稱爲跨層次交互作用（以 C 箭頭表示），當此一效果具有統計意義，表示 IV@L1 對於 DV 的影響（A 箭頭）被 IV@L2 調節。

5.1.2 MLM 的參數

除了變數的特殊形式，MLM 的參數也有多種型態，包括截距、斜率與變異數，這些參數皆可能存在不同層次而需加以估計，各參數的性質與條件列於表 5.2。

一旦 IV@L1 納入 L1 方程式，研究者可以討論兩種 L1 的迴歸參數：截距（β_{0j}）與斜率（β_{pj}，足標 p 表示第 p 個 IV@L1），這兩者在樣本資料上都是隨各組而變的變動係數，因此到了 L2 可以設定爲固定或隨機效果：如果是固定效果，L1 截距與斜率到了 L2 會以單一固定數值的形式存在，如果是隨機效果，L1 截距與斜率到了 L2 會有一個單一固定數值（平均數或截距，反映集中性）再加上一個隨機成分（變異數，反映該係數隨機效果的強弱）。

正因爲 MLM 將誤差項分割成組內與組間兩個獨立的變異成分，在組間層次又可區分成截距組間變異、斜率組間變異、以及截距與斜率共變數，這些誤差變

表 5.2　二層嵌套結構的 MLM 所涉及的參數

層次	參數名稱	性質	代號	數目	觀察數
L1個體層次	組內截距	變動係數	β_{0j}	1	m
	組內斜率	變動係數	β_{pj}	0~p	m
	組內誤差變異數	隨機變數	σ_{ε}^{2}	1	N
L2總體層次	截距方程式截距	固定係數	γ^{2}_{00}	1	1
	截距方程式斜率	固定係數	γ_{0q}	0~q	1
	截距組間變異數	隨機變數	τ_{00}^{2}	0~1	m
	斜率方程式截距	固定係數	γ_{p0}	0~p	1
	斜率方程式斜率（跨層次交互作用）	固定係數	γ_{pq}	0~q	1
	斜率組間變異數	隨機變數	τ_{pp}^{2}	0~p	m
	截距斜率共變數	隨機變數	τ_{0p}	0~p	m
	斜率之間共變數	隨機變數	$\tau_{(p-1)p}$	0~$p(p$-1)/2	m

異的分割提升參數標準誤的估計正確性，進而提升統計檢定力，使得 MLM 研究結果所提供的訊息更豐富、具有實務意涵，也使推論更加完善。

5.2 MLM 的模式設定

根據前面所整理的 MLM 變數類型與參數型態，研究者可以視其所需加以安排組合，設定不同的 MLM，據以檢驗所提出的研究假設。以下，我們將逐一介紹 MLM 常使用的幾種模型，並利用 *N*260 資料庫的數據來進行說明，各模型的設定方式整理於表 5.3。

表 5.3　各種常見的 MLM 模式設定整理表

	固定效果				隨機效果			
參數	γ_{00}	γ_{10}	γ_{01}	γ_{11}	σ_{ε}^2	τ_0^2	τ_1^2	τ_{01}
變數		x	z	xz				
M0隨機效果ANOVA模型（零模型）	●	-	-	-	●	○	-	-
M1隨機效果ANCOVA模型	●	○	-	-	●	○	-	-
M2隨機係數模型	●	○	-	-	●	○	○	○
M3截距結果模型	●	-	○	-	●	○	-	-
M4斜率結果模型	●	○	-	○	●	○	○	○
M5a截距與斜率結果模型（控制模型）	●	○	○	-	●	○	○	○
M5b截距與斜率結果模型（完整模型）	●	○	○	○	●	○	○	○

註：●表示必須存在的參數，○表示可視需要設定或移除的參數。各層僅列舉一個 IV 討論。

5.2.1 隨機效果變異數分析模型（零模型）

前一章曾提及，不帶有任何 IV 的零模型是最簡單的 MLM 模型，混合方程式中僅帶有一個總截距（γ_{00}）以及兩個變異成分：截距組間變異 $[u_{oj}]$ 與組內變異 $[\varepsilon_{ij}]$。由於 y_{ij} 被區分成 m 組，截距反映各組平均數，$\beta_{0j} = \bar{y}_j$，各組平均數的平均數為 γ_{00}，各組平均數的組間變異被假設呈常態分配，因此零模型的本質是隨機效果 ANOVA 分析（random-effect ANOVA model），也被稱為原始截距模型（intercept-only model）。除了可用來計算 ICC，也作為其他後續模型的比較基準，是 MLM 第一個被檢測的 Step1 模型（Hox, 2010, p.56），模式設定如下：

$$\text{L1} \qquad y_{ij} = \beta_{0j} + [\varepsilon_{ij}] \tag{5-1}$$

$$\text{L2} \qquad \beta_{0j} = \gamma_{00} + [u_{0j}] \tag{5-2}$$

$$\text{Mixed} \qquad y_{ij} = \gamma_{00} + [u_{0j} + \varepsilon_{ij}] \tag{5-3}$$

若以 *N*260 中的數學成績為 DV，零模型的混合方程式與各參數數值、標準誤（括弧內數值）與誤差變異數（加底線數值）估計結果如下：

$$M_0: y_{數學成績ij} = \gamma_{00} + [u_{0j} + \varepsilon_{ij}]$$
$$= 48.872 + [\underline{30.559} + \underline{72.235}]$$
$$(1.777)\ (18.290)\ (13.861)$$

總截距（$\gamma_{00} = 48.872, z = 27.498, p<.001$）與組內變異（$\sigma_{\varepsilon}^2 = 72.235, z = 5.212, p<.001$）顯著不爲零。比較重要的是截距組間變異（$\tau_{00}^2 = 30.559, z = 1.671, p = .095$），也未達 .05 顯著水準，表示各校學生數學成績平均差異並無統計意義。ICC 計算如下：

$$ICCy = \frac{\hat{\tau}_{00}^2}{\hat{\tau}_{00}^2 + \hat{\sigma}_{\varepsilon}^2} = \frac{30.559}{30.559 + 72.235} = .297$$

由 ICCy 數值可知，數學成績的十校變異數佔全體變異的 29.7%。ICC 高但截距組間變異不顯著，主要是受到組數僅有 10 組的小樣本限制。

5.2.2 隨機效果共變數分析模型

如果讓模型稍微複雜一些，將 x_{ij} 加入 L1 方程式，此時 L2 除了有截距方程式 (5-5)，另增加了斜率方程式 (5-6)。若 L1 截距設爲隨機效果（帶有誤差項 $[u_{0j}]$）、L1 斜率爲固定效果（沒有誤差項 $[u_{1j}]$），亦即 m 個抽樣單位下 $x_{ij} \rightarrow y_{ij}$ 影響力均相同，此時 x_{ij} 的角色等同於 ANOVA 當中增加了共變項，因此稱爲**隨機效果共變數分析模型**（random effect ANCOVA model），模式設定如下：

L1	$y_{ij} = \beta_{0j} + \beta_{1j}x_{ij} + [\varepsilon_{ij}]$	(5-4)
L2	$\beta_{0j} = \gamma_{00} + [u_{0j}]$	(5-5)
	$\beta_{1j} = \gamma_{10}$	(5-6)
Mixed	$y_{ij} = \gamma_{00} + \gamma_{10}x_{ij} + [u_{0j} + \varepsilon_{ij}]$	(5-7)

方程式 (5-6) 當中的 β_{1j} 被設定爲固定係數（在 m 個抽樣單位中斜率相同），因此 β_{1j} 雖有足標 j，但在模型中僅有單一固定數值 γ_{10}。相對之下，截距 β_{0j} 假設呈隨機常態分布，因此方程式 (5-5) 具有 $[u_{0j}]$，又稱爲**隨機截距模型**（random intercept model）。

以 N260 範例資料爲例，若在 L1 方程式放入一個 IV@L1「作業時數」經總平減來解釋「數學成績」，模式設定與估計結果如下：

$$M_1\text{:}\ y_{ij} = \gamma_{00} + \gamma_{10} x^{CGM}_{作業時數ij} + [u_{0j} + \varepsilon_{ij}]$$
$$= \underset{(1.554)}{49.455} + \underset{(1.014)}{2.212} x^{CGM}_{ij} + [\underset{(13.163)}{\underline{22.534}} + \underset{(10.191)}{\underline{64.255}}]$$

估計結果得到 $\gamma_{00} = 49.455$（$z = 31.818, p<.001$）與 $\gamma_{10} = 2.212$（$z = 2.182, p<.05$）均顯著不爲 0。γ_{10} 的估計值顯示，學生每增加一單位作業時數，數學成績增加 2.212 分。

在隨機效果部分，截距組間變異並不顯著（$\tau^2_{00} = 22.534, z = 1.712, p = .087$），組內變異顯著不爲零（$\sigma^2_\varepsilon = 64.255, z = 6.305, p<.001$），此一結論雖與零模型相同，但是從變異數估計值雙雙下降的情況來看，可知投入 IV@L1 同時降低了組內變異與截距組間變異。

5.2.3 隨機係數模型

在不增減任何 IV 的前提下，比隨機效果 ANCOVA 模型更複雜一點的模型，是假設各組斜率不同，亦即斜率方程式增加隨機效果項 $[u_{1j}]$，此時各組截距與各組斜率均爲隨機變數，稱爲隨機係數模型（random coefficient model）。模式設定如下：

$$\text{L1}\quad y_{ij} = \beta_{0j} + \beta_{1j} x_{ij} + [\varepsilon_{ij}] \tag{5-8}$$
$$\text{L2}\quad \beta_{0j} = \gamma_{00} + [u_{0j}] \tag{5-9}$$
$$\beta_{1j} = \gamma_{10} + [u_{1j}] \tag{5-10}$$
$$\text{Mixed}\quad y_{ij} = \gamma_{00} + \gamma_{10} x_{ij} + [u_{0j} + u_{1j} x_{ij} + \varepsilon_{ij}] \tag{5-11}$$

此一模型是 MLM 當中最常使用的模型之一，主要是因爲各組迴歸方程式的截距與斜率通常都不會完全相同，利用此一模型與前一個模型相比較，可以檢驗隨機斜率（斜率的組間變異）是否具有統計意義。

以範例資料爲例，從前一章的散佈圖 4.1，即可看出 m 個學校學生做作業時數對數學成績的解釋力各校有所不同，以隨機係數模型進行分析的結果如下：

$$M_2\text{:}\ y_{ij} = \gamma_{00} + \gamma_{10} x^{CGM}_{作業時數ij} + [u_{0j} + u_{1j} x^{CGM}_{ij} + \varepsilon_{ij}]$$
$$= \underset{(1.771)}{48.920} + \underset{(1.491)}{2.050} x^{CGM}_{ij} + [\underset{(13.845)}{\underline{29.207}} + \underset{(3.805)}{\underline{19.943}} + \underset{(5.284)}{\underline{43.071}}]$$

M_2 與 M_1 兩個模型的截距與斜率參數平均值 γ_{00} 與 γ_{10} 數值均相近，但隨機效果的估計值則有相當大的不同。隨機係數模型增加了一個統計上顯著的斜率組間變異數τ_{11}^2 = 19.943 (z = 5.242, p<.001)，截距的組間變異亦具有統計顯著性τ_{00}^2 = 29.207 (z = 2.110, p<.05)，但是數值比 M_1 模型的τ_{00}^2 = 22.534 還要大。更有趣的是，組內變異也由 M_1 的 64.255 下降到 M_2 的 43.071，顯示將斜率設定爲隨機效果不僅改變總體層次誤差的估計，也影響組內變異的估計。

基本上，隨機係數模型所增加的總體層次斜率隨機效果，理應不至於對組內變異有何實質影響，但是本模型的估計數值發生相當程度的下降，顯示隨機係數的有無是 MLM 當中影響誤差變異估計與研究結論的重要模式設定，同時也與 IV@L1 的平減方式或樣本數大小關係密切。

5.2.4 截距結果模型

在零模型中，由於不存在 IV@L1，截距 $\beta_{0j} = \bar{y}_j$ 且呈常態隨機分配。此時若在 L2 截距方程式放入一個或多個 z_j 來對解釋截距 β_{0j} 的組間變異，稱爲截距結果模型（intercept-as-outcome model）（Bryk & Raudenbush, 1992），模式設定如下：

$$\text{L1} \quad y_{ij} = \beta_{0j} + [\varepsilon_{ij}] \tag{5-12}$$

$$\text{L2} \quad \beta_{0j} = \gamma_{00} + \gamma_{01} z_j + [u_{0j}] \tag{5-13}$$

$$\text{Mixed} \quad y_{ij} = \gamma_{00} + \gamma_{01} z_j + [u_{0j} + \varepsilon_{ij}] \tag{5-14}$$

在範例資料中，學生所屬的學校生師比就是一個理想的 IV@L2，因爲生師比高低反映了學校資源的多寡，同一學校的學生在相同生師比的校園學習，該校學生學習成果受到一致性的影響。將「生師比」納入 L2 截距方程式並進行總平減（使總截距反映$\bar{y}_j$），模式設定與結果如下：

$$\begin{aligned} M_3\text{:}\ y_{ij} &= \gamma_{00} + \gamma_{01} z^{CGM}_{\text{生師比}j} + [u_{0j} + \varepsilon_{ij}] \\ &= \underset{(1.341)}{48.886} - \underset{(0.472)}{1.043} z_j^{CGM} + [\underset{(7.354)}{\underline{15.954}} + \underset{(13.841)}{\underline{72.234}}] \end{aligned}$$

L2 納入 IV@L2 後，生師比的影響具有統計意義，γ_{01} = – 1.043, z = – 2.208（p<.05），當學校的生師比每增加一人，學生數學成績平均顯著降低 1.043 分。

有趣的是，本模型估計得到的截距組間變異雖然比前一個模型來得低，但具有統計顯著性：$\tau_{00}^2 = 15.954$ ($z = 2.169$, $p<.05$)，顯示移除 IV@L1 的 x_{ij}，改以 IV@L2 的 z_j 來解釋截距 β_{0j}，影響了誤差結構的估計，並使標準誤降低，進而改變了顯著性檢定結果。

5.2.5 斜率結果模型

截距結果模型是取 IV@L2 來解釋截距的組間變異，但如果 IV@L2 解釋的是斜率的組間變異，即成爲斜率結果模型（slopes-as-outcomes model）（Bryk & Raudenbush, 1992）。換言之，如果在隨機係數模型當中，L2 斜率方程式放入一個或多個 z_j 來解釋斜率 β_{1j} 的組間變異，但是 L2 截距方程式沒有 IV@L2，即爲斜率結果模型，其目的在瞭解斜率的組間變異是否能被 IV@L2 所解釋。模式設定如下：

L1 $$y_{ij} = \beta_{0j} + \beta_{1j}x_{ij} + [\varepsilon_{ij}] \quad (5\text{-}15)$$

L2 $$\beta_{0j} = \gamma_{00} + [u_{0j}] \quad (5\text{-}16)$$

$$\beta_{1j} = \gamma_{10} + \gamma_{11}z_j + [u_{1j}] \quad (5\text{-}17)$$

Mixed $$y_{ij} = \gamma_{00} + \gamma_{10}x_{ij} + \gamma_{11}x_{ij}z_j + [u_{0j} + u_{1j}x_{ij} + \varepsilon_{ij}] \quad (5\text{-}18)$$

方程式 (5-17) 當中的 z_j 所解釋的是斜率變異而非截距變異，將會產生一個跨層次交互作用 γ_{11}。誤差結構$[u_{0j} + u_{1j}x_{ij} + \varepsilon_{ij}]$則與隨機係數模型相似，但由於斜率被 IV@L2 解釋，勢必將使斜率組間變異數降低。

在實務上，如果研究者關心的是各組斜率（例如縱貫資料當中的線性成長趨勢）如何被 IV@L2 解釋，通常會將截距加以固定，亦即將方程式 (5-16) 當中的誤差項 $[u_{0j}]$ 移除，除了可使模型簡化，更重要的是讓各組截距限定在同一個起點，以利比較各組斜率的變化。

特別在此提醒，斜率結果模型當中雖然納入跨層次交互作用，但是構成交互作用應有兩個主要效果，但斜率結果模型中僅有 IV@L1，另一個主要效果 IV@L2 並不存在，顯示這是一個不完整的交互作用模式。除非有特殊的理由（例如在縱貫資料分析當中僅重視變化率而不重視起點差異），這種模型並不適合作爲 MLM 次模型（Hox, 2010）。

現在若取範例資料，將先前納入作業時數來解釋數學成績的隨機係數模型（M_2），在斜率方程式再納入生師比來解釋斜率的隨機變異，IV@L1 與 IV@L2 均經過總平減，模式設定與估計結果如下：

$$
\begin{aligned}
M_{4a}\colon y_{ij} &= \gamma_{00} + \gamma_{10}x^{CGM}_{\text{作業時數}ij} + \gamma_{11}x^{CGM}_{ij}z^{CGM}_{\text{生師比}j} + [u_{0j} + u_{1j}x^{CGM}_{ij} + \varepsilon_{ij}] \\
&= \underset{(1.771)}{48.889} + \underset{(1.499)}{2.021}x^{CGM}_{ij} + \underset{(0.195)}{0.605}x^{CGM}_{ij}z^{CGM}_{j} + [\underset{(14.189)}{\underline{29.972}} + \underset{(5.652)}{\underline{20.442}} + \underset{(5.291)}{\underline{43.053}}]
\end{aligned}
$$

跨層次交互作用效果 $\gamma_{11} = 0.605$（$z = 3.094, p<.01$）具有統計顯著性，表示生師比每增加一個單位，作業時數對於數學成績影響的斜率就會增加 .605 個單位，但是模型中並沒有反映 IV@L2 的主要效果的 γ_{01} 參數，因此無從討論生師比的完整影響。

如果將各組截距的隨機效果移除，僅讓各組斜率具有隨機變異，模式設定與估計得到的結果如下：

$$
\begin{aligned}
M_{4b}\colon y_{ij} &= \gamma_{00} + \gamma_{10}x^{CGM}_{\text{作業時數}ij} + \gamma_{11}x^{CGM}_{ij}z^{CGM}_{\text{生師比}j} + [u_{1j}x^{CGM}_{ij} + \varepsilon_{ij}] \\
&= \underset{(2.691)}{51.300} + \underset{(1.496)}{3.348}x^{CGM}_{ij} + \underset{(0.459)}{0.037}x^{CGM}_{ij}z^{CGM}_{j} + [\underset{(6.959)}{\underline{12.396}} + \underset{(9.055)}{\underline{75.497}}]
\end{aligned}
$$

M_{4b} 雖然只是將截距變異數設定為 0，但參數估計與顯著性檢定結果大幅變動，組內變異明顯增加：$\sigma^2_{\varepsilon} = 75.497$（$z = 8.338, p<.001$），各組斜率隨機變異甚至不再顯著（$\tau^2_{11} = 12.396, z = 1.781, p = .075$），跨層次交互作用降低也不具有統計顯著性（$\gamma_{11} = 0.037, z = 0.081, p = .935$），顯示截距設定方式的改變對於 MLM 分析影響甚大。

5.2.6 截距與斜率結果模型

前面幾節已經列出了各種可能的多層次模型，但各模型當中並未同時納入兩個層次的 IV，如果 L1 納入了 IV@L1，而且 L2 的截距與斜率方程式皆有 IV@L2 且均設定有隨機效果，表示各組截距與各組斜率都已作為總體層次方程式的結果變數，因此稱為截距與斜率結果模型（intercept-and-slope-as-outcome model）或完整模型（full model），因為混合方程式中已經完整包含各主要效果與跨層次交互作用，就如同實驗設計的二因子變異數分析，當存在 A 與 B 兩因子時，同時也需估計 A×B 交互作用，完整納入各效果項，對於整個模型效果估計與誤差變異分割最為完整，又稱為*飽和模型*（saturated model）。模式設定如下：

$$\text{L1} \quad y_{ij} = \beta_{0j} + \beta_{1j}x_{ij} + [\varepsilon_{ij}] \tag{5-19}$$

$$\text{L2} \quad \beta_{0j} = \gamma_{00} + \gamma_{01}z_j + [u_{0j}] \tag{5-20}$$

$$\beta_{1j} = \gamma_{10} + \gamma_{11}z_j + [u_{1j}] \tag{5-21}$$

$$\text{Mixed} \quad y_{ij} = \gamma_{00} + \gamma_{10}x_{ij} + \gamma_{01}z_j + \gamma_{11}x_{ij}z_j + [u_{0j} + u_{1j}x_{ij} + \varepsilon_{ij}] \tag{5-22}$$

截距與斜率結果模型有一種特例，是當跨層次交互作用 γ_{11} 如果不具統計顯著性，或者是研究者認為 γ_{11} 不需要估計，方程式 (5-21) 當中的 z_j 可被移除，此時 L2 模型中仍存在著一個 IV@L2 來解釋各組截距變異（方程式 (5-20)），隨機效果組成元素沒有改變，仍為$[u_{0j} + u_{1j}x_{ij} + \varepsilon_{ij}]$，但固定效果部分已經不夠「完整」。因為此時模型中帶有兩個 γ_{10} 與 γ_{01} 主要效果但無跨層次交互作用，基於多元迴歸原理，兩個主要效果反映 x_{ij} 與 z_j 兩者相互控制下對 DV 的影響力，因此可以視為是一種*控制效果模型*（control-effect model）。模式設定如下：

$$\text{L1} \quad y_{ij} = \beta_{0j} + \beta_{1j}x_{ij} + [\varepsilon_{ij}] \tag{5-23}$$

$$\text{L2} \quad \beta_{0j} = \gamma_{00} + \gamma_{01}z_j + [u_{0j}] \tag{5-24}$$

$$\beta_{1j} = \gamma_{10} + [u_{1j}] \tag{5-25}$$

$$\text{Mixed} \quad y_{ij} = \gamma_{00} + \gamma_{10}x_{ij} + \gamma_{01}z_j + [u_{0j} + u_{1j}x_{ij} + \varepsilon_{ij}] \tag{5-26}$$

在表 5.4 當中，為了配合模式複雜度逐漸增加的呈現方式，因此我們把控制模型列為截距與斜率結果模型的第一種形式（M_{5a}），把完整模型列為截距與斜率結果模型的第二種形式（M_{5b}）。

現以範例數據來說明並比較 M_{5a} 與 M_{5b} 兩者：若把生師比加入截距結果模型當中的斜率方程式，並且把生師比加入斜率結果模型當中的截距方程式，可以獲得完整的截距與斜率結果模型（M_{5b}），M_{5b} 估計結果如下：

表 5.4　**各種模型的估計結果整理表**

		固定效果				隨機效果		
		總截距	作業時數	生師比	交互作用			
		γ_{00}	γ_{10}	γ_{01}	γ_{11}	σ_ε^2	τ_{00}^2	τ_{11}^2
M_0隨機效果**ANOVA**模型（零模型）								
	係數	**48.872**				**72.235**	**30.599**	
	SE	1.777				13.861	10.290	
	z	27.498				5.212	1.671	
	p	<.001				<.001	.095	
M_1隨機效果**ANCOVA**模型								
	係數	**49.455**	**2.212**			**64.255**	**22.534**	
	SE	1.554	1.014			10.191	13.163	
	z	31.817	2.182			6.305	1.712	
	p	<.001	.029			<.001	.087	
M_2隨機係數模型								
	係數	**48.920**	**2.050**			**43.071**	**29.207**	**19.943**
	SE	1.771	1.491			5.284	13.845	3.805
	z	27.616	1.375			8.152	2.110	5.242
	p	<.001	<.001			<.001	.035	<.001
M_3截距結果模型								
	係數	**49.886**		**-1.043**		**72.234**	**15.954**	
	SE	1.637		0.472		13.841	7.354	
	z	36.457		-2.208		5.219	2.169	
	p	<.001		.027		<.001	.030	
M_{4a}斜率結果模型（截距為隨機效果）								
	係數	**48.889**	**2.021**		**0.605**	**43.053**	**29.972**	**20.442**
	SE	1.771	1.499		0.195	5.291	14.189	5.652
	z	27.607	1.348		3.094	8.137	2.112	3.617
	p	<.001	.178		.002	<.001	.035	<.001
M_{4b}斜率結果模型（截距為固定效果）								
	係數	**51.300**	**3.348**		**0.037**	**75.497**		**12.396**
	SE	2.691	1.496		0.459	9.055		6.959
	z	19.061	2.238		0.081	8.338		1.781
	p	<.001	.025		.935	<.001		.075
M_{5a}截距與斜率結果模型（控制模型）								
	係數	**48.946**	**2.062**	**-0.787**		**43.131**	**24.377**	**19.270**
	SE	1.651	1.471	0.437		5.311	8.520	3.594
	z	29.639	1.402	-1.801		8.121	2.861	5.362
	p	<.001	.161	.072		<.001	.004	<.001
M_{5b}截距與斜率結果模型（完整模型）								
	係數	**48.938**	**2.060**	**-0.591**	**0.265**	**43.108**	**24.443**	**18.504**
	SE	1.964	1.443	0.554	0.310	5.303	8.208	4.429
	z	25.209	1.248	-1.066	0.855	8.129	2.978	4.178
	p	<.001	.153	.286	.393	<.001	.003	<.001

$$M_{5b}: y_{ij} = \gamma_{00} + \gamma_{10}x^{CGM}_{作業時數ij} + \gamma_{01}z^{CGM}_{生師比ij} + \gamma_{11}x^{CGM}_{ij}z^{CGM}_{j} + [u_{0j} + u_{1j}x^{CGM}_{ij} + \varepsilon_{ij}]$$

$$= \underset{(1.649)}{48.938} + \underset{(1.443)}{2.060}x^{CGM}_{ij} - \underset{(0.554)}{0.591}z^{CGM}_{j} + \underset{(0.310)}{0.265}x^{CGM}_{ij}z^{CGM}_{j}$$

$$+ [\underset{(8.208)}{\underline{24.443}} + \underset{(4.429)}{\underline{18.504}} + \underset{(5.303)}{\underline{43.108}}]$$

但若將跨層次交互作用移除，完整模型就降階成爲控制效果模型（M_{5a}），表示兩個主要效果互相控制。M_{5a} 估計結果如下：

$$M_{5a}: y_{ij} = \gamma_{00} + \gamma_{10}x^{CGM}_{作業時數ij} + \gamma_{01}z^{CGM}_{生師比ij} + [u_{0j} + u_{1j}x^{CGM}_{ij} + \varepsilon_{ij}]$$

$$= \underset{(1.651)}{48.946} + \underset{(1.471)}{2.062}x^{CGM}_{ij} - \underset{(0.437)}{0.787}z^{CGM}_{j} + [\underset{(8.520)}{\underline{24.377}} + \underset{(3.594)}{\underline{19.270}} + \underset{(5.311)}{\underline{43.131}}]$$

由完整模型（M_{5b}）的估計結果可知，跨層次交互效果（$\gamma_{11} = 0.265, z = 0.855, p = .286$）與兩個主要效果（$\gamma_{10} = 2.060, z = 1.428, p = 10.153; \gamma_{01} = -.591, z = -1.066, p = .286$）皆未達統計顯著水準。因此執行控制效果模型是可接受的一個替代方案。由控制效果模型（M_{5a}）的估計結果顯示，兩個主要效果在彼此控制下仍未達顯著水準（$\gamma_{10} = 2.062, z = 1.402, p = .161$ 與 $\gamma_{01} = -0.787, z = -1.801, p = .072$），但生師比的顯著性檢定已經接近 .05 顯著水準，如果 L2 抽樣單位數放大，很可能得到顯著結果。再一次說明 MLM 模型估計結果可能會受到模式設定的影響，或是因爲樣本數太小（尤其是總體層次抽樣單位數）而產生參數的波動或分析結論的改變。

最後，我們將前述六種模型的八種分析結果彙整於表 5.4，以利讀者參閱與比對。其中零模型最簡單，固定效果參數只有一個（γ_{00}），隨機效果參數兩個（σ^2_ε、τ^2_{00}），完整模型最爲複雜，所需估計的固定效果參數有四個（γ_{00}、γ_{10}、γ_{01}、γ_{11}），隨機效果參數除了σ^2_ε、τ^2_{00}、τ^2_{11}，還有斜率與截距隨機效果的共變數（τ_{01}）。因此除了零模型以外，各模型都是嵌套在完整模型之下的一種特例。研究者必須視研究所需，選定不同的模型來評估變數的解釋力或是檢視不同類型隨機效果的意義。

5.2.7 隨機效果估計與否對固定效果的影響

基本上，是否納入 IV 決定了哪些固定效果需要估計，但是隨機效果是否估計是決定固定效果參數估計數的高低與顯著性檢定是否顯著的主要原因。以前一節的各模型分析示範結果來看，γ_{00}、γ_{10}、γ_{01}、γ_{11} 四種固定效果在不同模型當中的結果都有相當程度的差異，顯著性檢定的結果也不同，顯示模式設定（尤其是總體層次的變異數結構）會影響固定效果的估計與檢定。以下，我們就以圖示的方法，來說明隨機效果設定方式的不同，對於固定效果參數所帶來的影響。

當個體層次存在一個 IV@L1，總體層次即同時有截距與斜率方程式，此時，誤差項 [u_{0j}] 與 [u_{1j}] 是否加以估計會發生四種不同狀況，如表 5.5 所示。

如果研究者假設各抽樣單位的個別迴歸方程式均相同，亦即有相同的截距與斜率，[u_{0j}] 與 [u_{1j}] 兩者都不需加以估計，此時即爲一般的迴歸分析，並未考慮嵌套特性，模型中僅有一個斜率與一個截距數值，如圖 5.2(a) 當中的單一直線所示。由於分析過程等於是把所有的樣本全部放在一起進行總體迴歸分析，又稱爲綜合迴歸模型（pooled regression model）。由於此種模型忽略組別差異，無法反映資料的嵌套特性，因此在 MLM 幾乎不會使用。

如果研究者假設各抽樣單位的截距與斜率均不相同且呈常態分配，即必須同時估計 [u_{0j}] 與 [u_{1j}] 兩個誤差項。此時若對 m 組迴歸線進行繪圖，將呈現交錯的直線，如圖 5.2(d) 所示。以前一章的圖 4.1 中，10 個學校學生的迴歸方程式不僅截距不同，斜率也不同，因此觀察資料的狀況最接近此一模型。此時由於各抽樣單位的截距與斜率均假設爲隨機常態分配，因此是隨機係數模型。

如果 [u_{0j}] 加以估計而 [u_{1j}] 不估計，表示截距項在各組之間隨機變動，截距不只一個，但是斜率爲一固定數值，如圖 5.2(b) 所示，此一模型等同於變異數分析當中帶有共變數的 ANCOVA，但截距假設呈隨機常態分配，因此是隨機效果共變數分析模型。是一個較爲簡化的限定模型，需要有較強的理論作爲基礎（藉以支持斜率爲恆定數值）。

最後，如果 [u_{0j}] 不加以估計但對 [u_{1j}] 加以估計，表示總體層次截距項都一樣爲固定效果，斜率不只一個且呈現隨機常態分布，又可稱爲隨機斜率模型（random slope model），如圖 5.2(c) 所示，由於截距項爲固定時多表示起點相同，因此多應用在縱貫資料分析，橫斷面資料的多層次模式較少使用此種模型。

表 5.9 *N*260 與 *N*21580 資料庫在各模型參數估計結果整理表

	固定效果				隨機效果		
	γ_{00}	γ_{10}	γ_{01}	γ_{11}	σ_e^2	τ_{00}^2	τ_{11}^2
*N*21580							
M0	50.80**				76.62**	26.57**	
M1	50.83**	1.49**			72.77**	22.54**	
M2	50.82**	1.48**			71.74**	22.74**	0.51**
M3	50.81**		-0.23**		76.62**	25.32**	
M4	50.82**	1.48**		-0.00	71.74**	22.73**	0.51**
M5a	50.81**	1.48**	-0.21**		71.74**	21.72**	0.52**
M5b	50.81**	1.48**	-0.21**	0.11	71.74**	21.70**	0.52**
*N*260							
M0	48.87**				72.24**	30.60	
M1	49.46**	2.21*			64.26**	22.54**	
M2	48.92**	2.05**			43.07**	29.21*	18.94**
M3	49.89**		-1.04*		72.23**	15.95*	
M4	48.89**	1.44		0.61*	43.05**	29.97*	20.44**
M5a	49.71**	2.06	-0.21**		43.13**	24.38**	19.27**
M5b	49.51**	1.80	-0.59	0.27	43.11**	24.44**	18.50**

註：M0 零模型，M1 隨機效果 ANCOVA 模型，M2 隨機係數模型，M3 截距結果模型，M4 斜率結果模型，M5a 控制效果模型，M5b 完整模型。*p<.05 **p<.01

與學校生師比對於學生數學成績的影響之下，數學成績的校間差異仍具有統計顯著性（$\tau_{00}^2 = 21.72, z = 19.00, p<.001$），顯示除了生師比之外，研究者仍可以納入其他 IV@L2 來解釋此一校間差異，藉以降低τ_{00}^2。第四，做作業時數對於學生數學成績的影響也存在顯著的校間差異（$\tau_{11}^2 = 0.52, z = 4.96, p<.001$），此時可納入其他 IV@L2 來解釋斜率校間差異，藉以降低τ_1^2。

先前我們從參數估計的角度選擇了 M5a（控制效果模型）為最適模型，事實上，模式選擇應從模式適配的角度來評估，從表 5.10 可得知，M5a 模型確實

表 5.10　各模型模式適配指標整理表

	#P	$-2LL$	LR	Δdf	Wald	p	AIC	BIC	SABIC
			模型嵌套比較						
M0	3	156965					156971	156995	156986
M1	4	155757	1208	1	884.95	<.001	155765	155797	155784
M2	6	155717	1248	3	912.51	<.001	155729	155777	155758
M3	4	156925					156933	156965	156952
M4	7	155717					155731	155787	155765
M5a	7	155678.9	38	1	30.67	<.001	155693	155749	155727
M5b	8	155678.8	0.07	1	0.079	.779	155695	155759	155733

註：M0 零模型，M1 隨機效果 ANCOVA 模型，M2 隨機係數模型，M3 截距結果模型，M4 斜率結果模型，M5a 控制效果模型，M5b 完整模型。模式比較係以後一個模型與嵌套模型相比較：M1vs.M0，M2vs.M0，M5avs.M02，M5bvs.M5a。

是模式適配最佳的模型，其 BIC = 155749 與 SABIC = 155727 均爲各模型當中的最小者，嵌套模型的 Wald 檢定發現 M5a 顯著優於 M2 隨機係數模型（Wald = 30.67, $df = 1$, $p < .001$），表示 M5a 的模型設定能夠有效改善模式適配，但是 M5b 並未顯著優於 M5a（Wald = 0.079, $df = 1$, $p = .779$），這些模型適配的評估結果得出相同的結論：控制效果模型 M5a 爲最適模型，M5a 模型的各項參數估計與隨機效果可作爲本範例的最終結論。

進一步延伸閱讀書目

Enders, C. K., & Tofighi, D. (2007). Centering predictor variables in cross-sectional multilevel models: A new look at an old issue. *Psychological Methods, 12*(2), 121-138.

Raudenbush, S. W., & Bryk, A. (2002). *Hierarchical linear models: Applications and data analysis methods* (2nd Ed.). Newbury Park, CA: Sage.

Satorra, A., & Bentler, P.M. (2010). Ensuring positiveness of the scaled difference chi-square test statistic. *Psychometrika*, 75, 243-248.

Snijders T. & Bosker, R. (1994). Modeled variance in two-level models. *Sociological Methods & Research*, 22(3), 342-363.

附錄：本章第 5.4 節之 Mplus 範例語法

Syn5.4a-5.4g：*N*21580的MLM六個主要模型分析語法

```
!M0 Null Model
DATA:        FILE = Ch05N21580.dat;
VARIABLE:    NAMES = CID SID Y X Z XMean;
             USEV = Y;
             CLUSTER = CID;
ANALYSIS:    TYPE = TWOLEVEL;

!M1 Random Effect Model
VARIABLE:    NAMES = CID SID Y X Z XMean;
             USEV = Y X;
             CLUSTER = CID;
             WITHIN = X;
DEFINE:      CENTER X (GRANDMEAN);
ANALYSIS:    TYPE = TWOLEVEL;
MODEL:       %WITHIN%
             Y on X (beta);
MODEL TEST:
             0=beta;

!M2 Random Coefficient Model
VARIABLE:    NAMES = CID SID Y X Z XMean;
             USEV  = Y X;
             CLUSTER = CID;
             WITHIN = X;
DEFINE:      CENTER X (GRANDMEAN);
ANALYSIS:    TYPE = TWOLEVEL RANDOM;
MODEL:       %WITHIN%
             S|MAch on HW;
             %BETWEEN%
             [S*]         (slopemean);
             S*           (slopevar);
             S with MAch (IScovariance);
MODEL TEST:
             0=slopemean;
```

```
            0=slopevar;
            0=IScovariance;

!M3 Intercept-as-outcome Model
VARIABLE:   NAMES = CID SID Y X Z XMean;
            USEV = Y Z;
            CLUSTER = CID;
            BETWEEN = Z;
DEFINE:     CENTER Z (GRANDMEAN);
ANALYSIS:   TYPE = TWOLEVEL;
MODEL:      %BETWEEN%
            Y on Z;

!M4 Slope-as-outcome Model
VARIABLE:   NAMES = CID SID Y X Z XMean;
            USEV  = Y X Z;
            CLUSTER = CID;
            WITHIN = X;
            BETWEEN = Z;
DEFINE:     CENTER X (GRANDMEAN);
ANALYSIS:   TYPE = TWOLEVEL RANDOM;
MODEL:      %WITHIN%
            S | Y on X;
            %BETWEEN%
            S ON Z;
            S WITH Y;

!M5a Control Effect Model
VARIABLE:   NAMES = CID SID Y X Z XMean;
            USEV  = Y X Z;
            CLUSTER = CID;
            WITHIN = X;
            BETWEEN = Z;
DEFINE:     CENTER X (GRANDMEAN);
            CENTER Z (GRANDMEAN);
ANALYSIS:   TYPE = TWOLEVEL RANDOM;
MODEL:      %WITHIN%
```

```
            S | Y on X;
            %BETWEEN%
            [S*]       (slopemean);
            S*         (slopevar);
            S with Y   (IScovariance);
            Y on Z     (beta1);
MODEL TEST:
            0=beta1;

!M5b Full Model
VARIABLE:   NAMES = CID SID Y X Z XMean;
            USEV   = Y X Z;
            CLUSTER = CID;
            WITHIN = X;
            BETWEEN = Z;
DEFINE:     CENTER X (GRANDMEAN);
            CENTER Z (GRANDMEAN);
ANALYSIS:   TYPE = TWOLEVEL RANDOM;
MODEL:      %WITHIN%
            S | Y on X;
            %BETWEEN%
            [S*]       (slopemean);
            S*         (slopevar);
            S with Y   (IScovariance);
            Y on Z     (beta1);
            S on Z     (beta2);
MODE LTEST:
            0=beta2;
```

Chapter 6

脈絡分析與交叉嵌套模式

6.1 前言

在前兩章中，我們介紹了 MLM 的基本原理與各種不同的模型，MLM 模型之所以會產生各種變異，主要是因爲影響結果變數 y 的原因可能來自於個體層次，亦即 IV@L1，也可能來自於總體層次，亦即 IV@L2，因此，是否納入以及如何設定不同層次的 IV 來解釋 DV，成爲 MLM 分析的重要考量。

一般而言，個體層次的 IV@L1 是研究者最關心的解釋變數，因爲結果變數 y_{ij} 也是屬於個體層次的測量。然而很特別的是，某 IV@L1（例如 x_{ij}）的組間變異 $\bar{x}_j$ 不僅是樣本統計量，同時也可以作爲 IV@L2 來解釋 y_{ij}，此時組間變異 $\bar{x}_j$ 稱爲脈絡變數（contextual variable），不僅可作爲解釋 y_{ij} 之用，同時也反映了 x_{ij} 經過組平減後在 L1 所削減掉的組間效果。

在多數情況下，如果 x_{ij} 經過組平減後，必須在 L2 納入 $\bar{x}_j$（x_{ij} 的組間變異）來估計 x_{ij} 對於結果變數 y_{ij} 的組間效果，稱爲脈絡分析（contextual analysis）。我們曾在第四章當中，討論組平減與組平均數（脈絡變數）置回模型的技術問題，但是對於脈絡變數本身的意義並未詳加討論，本章將就實務上關於脈絡變數的定義（例如 ICC(1)、ICC(2)、r_{wg} 等指標原理及應用）與脈絡效果的分析方式，進行更完整的說明。

另一個關於 MLM 分析的進階議題，是交叉嵌套（cross-classification）的資料分析，亦即個體層次的觀察數據嵌套在兩個嵌套結構之下。例如在學校教育中，影響學生的來源可能是班級，也可能是社團，學生除了嵌套在班級之內，也嵌套在社團之中，此時即爲交互嵌套的現象。

在 MLM 當中，對於交互嵌套的資料結構必須透過第二個分組變數來將個體層次進行分割，再進行多層次迴歸。在參數部分，也因爲交互嵌套造成組間層次的隨機效果必須分就不同嵌套結構加以估計，而且當模型中有兩種嵌套結構，如何在 L2 放入解釋變數，也將更趨複雜，我們將在本章進行說明與示範。

6.2 脈絡變數與脈絡模型

MLM 的優勢之一是能夠納入不同層次的 IV 來解釋 DV。例如影響學生學業成就的原因有可能是學生自己的 IQ，也與老師的教學能力有關，因此老師的 IQ 也可能是一個有意義的解釋變數，更有趣的是，我們經常可以觀察到某些班級的學生特別聰明（可能是能力分班的結果），也因此該班的同學表現得特別好，此時，從 MLM 的角度來看，同一個班級的學生同屬一抽樣單位，因此學生的 IQ 在 L2 可以計算出一個「班級 IQ」，不僅可以用來反映該班學生 IQ 的整體狀態，更可以作爲影響學生成績的解釋變數，如圖 6.1 所示。

「班級 IQ」是由同一個班級的學生 IQ 取平均值而形成的總體層次變數（亦即聚合程序，如圖 6.1 中的虛線箭頭），反映該班整體 IQ 高低。「班級 IQ」與「學生 IQ」系出同源，但其所代表的意義與觀察單位的數目發生改變。「班級 IQ」對於 DV 的影響即爲脈絡效果，亦即當「學生 IQ」存在於模型當中時，「班級 IQ」對於 DV 的影響。

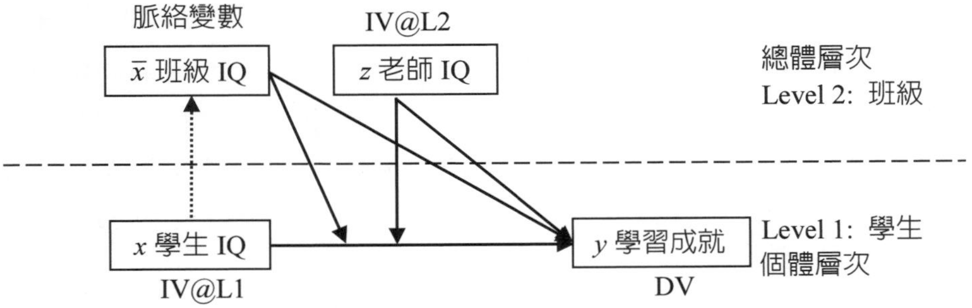

圖 6.1　帶有脈絡變數的 MLM 模式示意圖

6.2.1 脈絡變數與脈絡效果

如果研究者將 IV@L1（x_{ij}）求取組平均數$\bar{x}_j$，亦即將學生 IQ 進行彙總（aggregation）成爲總體層次的組織變數（亦即班級平均 IQ），納入 L2 方程式，與原來置於 L1 方程式的 IV@L1 一起來解釋學習成就，即得以估計脈絡效果（contextual effect）。此時由 IV@L1 所形成的組平均數（$\bar{x}_j$）反映個體層次解釋變數在總體層次所存在的組間差異，而不再反映個別差異，因而稱之爲「脈絡」變數（Duncan, Curzort, & Duncan, 1966; Robinson, 1950）。

以圖 6.1 來看，「學生 IQ」既存在於學生（個體）層次，同時也存在於班級（總體）層次，圖 6.1 當中的班級 IQ 可說是一種集體性的背景脈絡，由個體層次彙總而得。IV@L1 對 DV 的影響可標示爲組內迴歸係數（β_W），脈絡變數對 DV 的影響可標示爲組間迴歸係數（β_B）。

個體層次彙總得到的脈絡變數，是 L2 層次變數當中的一種特殊形式。在文獻上，學者們曾對總體層次變數的特性、功能與定義進行了深入討論（例如 Chan, 1998; Chen, Mathieu & Bliese, 2004; Kozlowski & Klein, 2000）。國內學者林鉦棽與彭台光（2006）將其進行整合後提出了總體層次變數的四種分類架構：共通單位（global unit）、共享單位（shared unit）、共構單位（configural unit）與共塑單位（formative unit）變數。其中共通變數是指客觀、具體、易觀察的總體特徵（例如班級或組織規模、組織類型、地點位置等），共塑變數則是指必須透過總體層次的調查或觀察所得到抽象特徵（例如領導者本身的看法與理念），無法由個體層次推知，因此共通與共塑變數與脈絡變數無關。

與脈絡變數有關的總體層次變數是共構變數與共享變數兩者。共構變數是指個體層次觀察單位（員工或學生）個人特質經數學運算（例如取平均、總數或中位數、變異數）所形成的總體層次特徵。例如班級當中的性別比例，或組織當中成員的平均年齡。至於共享變數是由個體所知覺到的總體層次特徵，透過變數彙總聚合而成的總體層次變數，例如前面提及的主管支持知覺，或是在教育研究中常測量的班級文化感受，此種變數的建立必須基於一定的理論支持或邏輯推理陳述其定義，並透過個體測量（例如填答問卷或接受訪談），計算出一個統計量（平均數）間接形成總體層次變數。而當共構與共享變數以個體層次測量彙總平均數來表現時，就是一種脈絡變數的形式。

從統計的觀點來看，脈絡效果的定義，是排除了 IV@L1 對於 DV 的影響之後的脈絡變數對於 DV 的淨影響力。脈絡效果的強弱有兩種估計方式：第一是總平減取向。亦即將 x_{ij} 進行總平減後，在層二截距方程式置入脈絡變數對依變數進行解釋，得到組間斜率（$\bar{x}_j \rightarrow y_{ij}$）來估計。第二是組平減取向，由組平減後的 x_{ij} 對 y_{ij} 進行解釋所得到的組間斜率（$\bar{x}_j \rightarrow y_{ij}$）與組內斜率（$x_{ij}^{CWC} \rightarrow y_{ij}$）兩個固定效果係數估計值的差距。

脈絡效果分析之所以重要且複雜，除了與平減議題有關，從技術面來說，脈絡變數本身是組平減後所消失的一項影響源，必須在模型當中妥善加以處理，第三，也是更重要的一點，是脈絡變數的實務意義，反映了特殊的組織背景與環境的影響，如果將脈絡變數與 IV@L1 在個體層次與總體層次同時加以檢視，將使研究議題本身可以大幅擴展其理論與實務意義。例如班級當中每一個學生的「性別」反映的是生理性別，但是班級的性別平均數（性別比例）則反映各班的性別異質性（例如 Bell, Towler, & Fisher, 2011），當各班的性別平均數差異越大，表示各班的性別異質性越大。

6.2.2 ICC(1)、ICC(2) 與 r_{wg}

前面曾經提及，共構與共享變數若從個體層次的測量數據彙總得到平均數來表現，就是脈絡變數。但共構與共享變數兩者的不同，在於個體層次的測量是否應具有同質性：對於一個公司的員工平均年齡或一個班級當中的性別平均數（性別比例）這些共構變數而言，單純只是個體層次數據的彙總，只要被觀察的個體觀察數目足夠並具有代表性，並不需假設個體層次的測量數據必須具有同質性。相對之下，共享變數假設個體受到同一個總體環境的影響，在個體層次進行測量時，除了平均數要有一定的代表性之外，應具有相當程度的同質性，因此必須評估組內共識性（within group agreement）（Cohen, Doveh & Eric, 2001; Klein, Conn, Smith & Sorra, 2001; James, Demaree & Wolf, 1984, 1993）。在 MLM 當中，組平均數的代表性是由 ICC(2) 來衡量，共識程度則有 r_{wg} 與 a_{wg} 等指標可以加以評估，茲介紹於後。

6.2.2.1 ICC(1)與ICC(2)

在 MLM 當中，$\bar{y}_j$作為主要的分析單位（L2 截距方程式當中的 DV），因此$\bar{y}_j$必須具備一定的代表性，同時不受抽樣誤差的影響，需要蒐集相當數量的組內樣本數（n_j）來進行測量，才能具備一定程度的平均數信度（reliability of the group means）（Bliese, 2000）。MLM 當中，平均數信度可由 ICC(2) 衡量。另外，就 IV@L1 來看，不論是共構或共享變數，由於脈絡效果必須透過組平均數$\bar{x}_j$來反映總體層次的組間變異，因此$\bar{x}_j$也必須具有代表性與平均數信度。

由於平均數信度牽涉到組間與組內變異的估計，因此我們必須把 ICC 擴展成 ICC(1) 與 ICC(2) 兩種：ICC(1) 反映組平均數在總體層次的組間變異，ICC(2) 反映組平均數的信度。

$$ICC(1)=\frac{\tau_{00}^2}{\tau_{00}^2+\sigma_e^2} \tag{6-1}$$

$$ICC(2)_j=\frac{\tau_{00}^2}{\tau_{00}^2+\sigma^2/n_j}=\frac{n_j\times ICC(1)}{1+(n_j-1)ICC(1)} \tag{6-2}$$

由方程式 (6-1) 可以清楚看出，在一個 MLM 模型中，每一個個體層次變數的 ICC(1) 只有單一一個數值，但 ICC(2) 則有 m 個（$n_j = 1, ...m$），也就是每一個抽樣單位可以計算出某變數在該組當中的平均數信度，因此方程式 (6-2) 當中的 ICC(2)$_j$ 帶有足標 j。將 m 個 ICC(2)$_j$ 求平均，可得到一個該變數的單一 ICC(2) 估計值，亦即該變數的平均數信度平均值。

熟悉初等統計的讀者應可看出，ICC(2) 的演算原理係基於中央極限定理對於抽樣誤差的定義，在方程式 (6-2) 的分母項所納入的誤差變異 σ^2/n_j 是平均數抽樣變異誤（error variance of the sample means），當樣本規模越大，抽樣誤差越小。如果各組當中的樣本數（n_j）過低，抽樣誤差將會很大。在 MLM 實務上，ICC(2) 比照一般的測量信度的判準，亦即必須達到 .70 以上才屬合宜水準（溫福星、邱皓政，2012）。

一般 MLM 當中所計算的 ICC(1) 與 ICC(2)，主要是在評估 DV 的組間變異強弱與平均值信度高低，亦即皆是針對 y_{ij} 而來，因此可標示為 ICC(1)$_y$ 與 ICC(2)$_y$。對於脈絡效果的分析，則必須評估脈絡變數的組間變異強弱（由 ICC(1)$_x$ 反映），以及形成脈絡變數過程受到抽樣誤差影響的程度（由 ICC(2)$_x$ 反映）（Brennan, 2001; Ludtke et al., 2008; Shin & Raudenbush, 2010）。當 m 個抽樣單位內的樣本數 n_j 越大，脈絡變數的抽樣誤差越小，一致性越高。如果各抽樣單位內平均樣本數$\bar{n}$越小，ICC(2)$_x$ 越低，而且如果 ICC(1)$_x$ 也很小，組間迴歸係數和脈絡效果的估計偏誤都會擴大。因此，MLM 抽樣結構帶有足夠的組內樣本數 n_j，是確保變數平均值不受抽樣誤差影響的關鍵要素。

6.2.2.2 r_{wg}與a_{wg}

前一節所介紹的 ICC(2) 在評估抽樣誤差對於組平均的影響，並非反映個體間作答的一致性，如果要計算作答的一致與同質程度，則需計算組內變異數或共識指標 r_{wg} 與 a_{wg}。

共識評估的使用有下列特殊考量。第一，在 MLM 當中，DV 的組平均數雖然需要具備一定程度的信度（ICC(2) 必須夠高），但一般而言並不需要具備作答同質性，因此 DV 多不需計算共識指標，僅有 IV@L1 需要計算共識指標。其次，當 IV@L2 由個體層次彙總得到平均數來反映，而且是基於共享單位定義而得時，才必須計算共識性指標。最後，通常 IV@L1 不只有一個題目，如果是使用量表或測驗，將牽涉到多重指標的概念，因此共識指標除了各組可以分別計算，m 個抽樣單位就有 m 個 r_{wg} 與 a_{wg}，如果有 k 個題目，每一抽樣單位下還可以估計 k 個題目的共識性指標，通常為了簡化指標內容，皆會將 m 個抽樣單位下的 k 個題目求取平均，以單一數值來評估自變數的共識程度。

對於各抽樣單位下共識程度的評估，最簡單的方法是計算各變數在組內的變異數，當個體測量的組內變異越小，表示大家的意見越趨於一致。相對的，如果個體測量組內變異越大，表示同質性越低。如果自變數的測量是二分尺度測量（例如回答有無的二分測量），或是以 Likert-type 的多點量尺（例如從非常不同意到非常同意的五點量尺），可利用 r_{wg} 來評估作答一致性，公式如下：

$$r_{wg} = 1 - \frac{S^2}{\sigma^2_{EU}} \tag{6-3}$$

方程式 (6-3) 當中的σ^2_{EU}是假設個體隨機作答下服從均等分配的變異數（共識最低的均等分配變異數）。若題目評量尺度點數為 A（例如五點量尺 $A = 5$），S^2為各組各題項變異數，σ^2_{EU}計算如下：

$$\sigma_{EU}^2 = \frac{(A^2 - 1)}{12} \tag{6-4}$$

如果 IV@L1 是量表形式（例如包含 k 個題目的量表）測得，可利用$\overline{S}^2$（個體回答 k 題的變異數平均值）來取代 S^2：

$$r^*_{wg(k)} = 1 - \frac{\overline{S}^2}{\sigma_{EU}^2} \tag{6-5}$$

一般而言，共識的強弱均以均等分配爲「共識最低」的假設分配，因此 r_{wg} 以σ_{EU}^2作爲演算基礎，但是σ_{EU}^2並非共識最低的最大變異數，同時在實務上，個體的答案可能會發生兩極化的現象，導致 $S^2 > \sigma_{EU}^2$，造成 r_{wg} 小於 0 的特殊狀況，因此學者提出共識最低基準的修正式，得到 a_{wg}（Brown & Hauenstein, 2005）：

$$a_{wg} = 1 - \frac{2S^2}{((H+L)Me - Me^2 - H \times L) \times \left(\frac{n}{n-1}\right)} \tag{6-6}$$

方程式 (6-6) 的分子爲個體回答某題項的變異數，L 與 H 爲題目的選項最小值與最大值，Me 爲題項平均值，n 爲組內樣本數。如果 IV 得分由量表組成，可比照方程式 (6-5) 以 $\overline{S}^2$ 代替 S^2 來求取 k 題的 $a_{wg(k)}$。

除了前述 r_{wg} 與 a_{wg}，學者也建議計算組織內組織成員所回答選項的平均絕對差來作爲共識程度的指標，例如 AD 指標（Burke & Dunlap, 2002; Dunlap, Burke& Smith-Crowe, 2003），有興趣瞭解的讀者可以參考這些文獻，本節將不再深入討論。

6.2.3 脈絡效果的估計

6.2.3.1 組平減取向的脈絡效果估計

由前述的討論可以得知，組平減將造成 IV@L1 的組間平均數差異消失，如果要回復組平均數的組間效果納入模型，可在組平減模型中將$\overline{x}_j$納入截距模型，如此即可估計$\overline{x}_j \rightarrow \overline{y}_j$的影響力，此種模型稱爲脈絡模型（contextual model），方程式 (6-8) 當中增加了一個$\overline{x}_j$來解釋截距，此即脈絡模型的特殊設定。

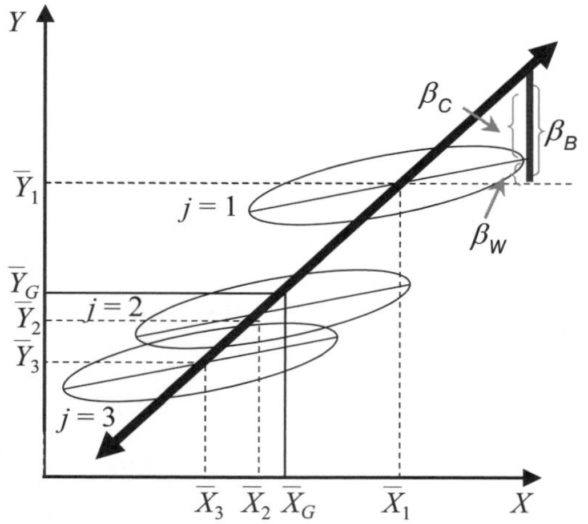

圖 6.2 脈絡效果 (β_C) 與組間迴歸係數 (β_B) 及組內迴歸係數 (β_W) 的關係圖示

L1 $$y_{ij}=\beta_{0j}+\beta_{1j}(x_{ij}-\bar{x}_j)+[\varepsilon_{ij}] \quad (6\text{-}7)$$

L2 $$\beta_{0j}=\gamma_{00}+\gamma_{01}(\bar{x}_j-\bar{\bar{x}})+[u_{0j}] \quad (6\text{-}8)$$

$$\beta_{1j}=\gamma_{10}+[u_{1j}] \quad (6\text{-}9)$$

Mixed $$y_{ij}=(\gamma_{00}-\gamma_{01}\bar{\bar{x}})+\gamma_{10}x_{ij}+(\gamma_{01}-\gamma_{10})\bar{x}_j+[u_{0j}+u_{1j}(x_{ij}-\bar{x}_j)+\varepsilon_{ij}] \quad (6\text{-}10)$$

脈絡效果 $$\beta_C=\gamma_{01}-\gamma_{10} \quad (6\text{-}11)$$

爲了維持總截距的穩定，$\bar{x}_j$導入截距方程式來還原組平減所消除的$\bar{x}_j$組間效果時，$\bar{x}_j$仍須進行總平減，亦即方程式 (6-8) 所投入的$\bar{x}_j-\bar{\bar{x}}$。此時 x_{ij} 對於 y_{ij} 的影響被分割爲正交的兩部分：IV@L1 的固定效果 γ_{10}（反映組內迴歸係數 β_W）與 IV@L2 脈絡變數$\bar{x}_j$固定效果 γ_{01}（反映組間迴歸係數 β_B），兩者相減後得到脈絡效果，以 β_C 表示，如方程式 (6-11) 與示意圖 6.2 所示。

換言之，$\bar{x}_j$置回截距方程式的統計意義是將 x_{ij} 變數的變異進行正交切割，並得以分別估計兩者對依變數的影響。由於x_{ij}^{CWC}與$\bar{x}_j$之間爲正交關係（零相關），兩個變數之間不會發生共線性問題。

6.2.3.2 總平減取向的脈絡效果估計

另一種估計脈絡效果的方式是採總平減。當 x_{ij} 經過總平減，每一個受測者的 x_{ij} 減去一個固定常數$\bar{\bar{x}}$，此時 IV@L1（x_{ij}^{CGM}）仍保有 x_{ij} 的組間差異訊息，

$x_{ij}-\bar{\bar{x}}$與$\bar{x}_j-\bar{\bar{x}}$兩者並非正交關係：

$$\text{L1} \quad y_{ij}=\beta_{0j}+\beta_{1j}(x_{ij}-\bar{\bar{x}})+[\varepsilon_{ij}] \tag{6-12}$$

$$\text{L2} \quad \beta_{0j}=\gamma_{00}+\gamma_{01}(\bar{x}_j-\bar{\bar{x}})+[u_{0j}] \tag{6-13}$$

$$\beta_{1j}=\gamma_{10}+[u_{1j}] \tag{6-14}$$

$$\text{Mixed} \quad y_{ij}=(\gamma_{00}-\gamma_{01}\bar{\bar{x}})+\gamma_{10}x_{ij}+(\gamma_{01}-\gamma_{10})\bar{\bar{x}}+[u_{0j}+u_{1j}(x_{ij}-\bar{\bar{x}})+\varepsilon_{ij}] \tag{6-15}$$

$$\text{脈絡效果} \quad \beta_C=\gamma_{01} \tag{6-16}$$

混合方程式 (6-15) 中的 γ_{10} 雖仍為組內迴歸效果（$\gamma_{10}=\beta_W$），但總體層次的 γ_{01} 則排除了$\bar{x}_j$在 L1 組間變異之後的估計值，因此 γ_{01} 本身即為脈絡效果（$\gamma_{01}=\beta_C$），γ_{10} 與 γ_{01} 相減即為組間迴歸係數 β_B。

由表 6.1 可知，雖然兩種平減方式對於脈絡效果的估算程序不同，但是結果相同，換言之，兩種取向對於脈絡效果為等價估計，因此採取何種方式都會有相同的結果。一般在實務上，對於一個兩層的 MLM，均將總體層次解釋變數進行總平減，使截距方程式的截距 γ_{00} 恰反映結果變數的總平均$\bar{y}$，有利於 γ_{00} 的解釋。而個體層次解釋變數則建議進行組平減，並將組平均數（脈絡變數）置入截距方程式（Dalal & Zickar, 2012; Enders & Tofighi, 2007; Kreft & de Leeuw, 1998; Kreft et al., 1995; Raudenbush, 1989; Raudenbush & Bryk, 2002）。

表 6.1　脈絡效果的組平減與總平減取向比較表

	組平減取向	總平減取向
組內斜率	$\beta_W=\gamma_{10}$	$\beta_W=\gamma_{10}$
組間斜率	$\beta_B=\gamma_{01}$	$\beta_B=\gamma_{01}+\gamma_{10}=\beta_C+\beta_W$
脈絡效果	$\beta_C=\gamma_{01}-\gamma_{10}=\beta_B-\beta_W$	$\beta_C=\gamma_{01}$

6.2.4 脈絡變數置入斜率方程式

先前所提及的脈絡效果平減策略雖都主張組平減後應將$\bar{x}_j$置回 L2 截距方程式來對截距 β_{0j} 進行更精確的估計，但卻沒有關注$\bar{x}_j$置回斜率方程式對斜率 β_{1j} 的影響。從方法學的角度來看，截距與斜率的組間變異都是研究的重要焦點，如果$\bar{x}_j$置回斜率方程式，可產生一個 1×2 跨層次交互作用項 $x_{ij}\bar{x}_j$，反映了$\bar{x}_j$可能調

節 $x_{ij} \rightarrow y_{ij}$ 的影響關係，稱爲脈絡交互作用（contextual interaction）（邱皓政、溫福星，2015），其強度由方程式 (6-19) 中的 γ_{11} 反映。如果 γ_{11} 具有統計意義，表示$\bar{x}_j$ 會調節 $x_{ij} \rightarrow y_{ij}$ 的影響力。

$$\text{L1} \quad y_{ij} = \beta_{0j} + \beta_{1j}(x_{ij} - \bar{x}_j) + [\varepsilon_{ij}] \tag{6-17}$$

$$\text{L2} \quad \beta_{0j} = \gamma_{00} + \gamma_{01}(\bar{x}_j - \bar{\bar{x}}) + [u_{0j}] \tag{6-18}$$

$$\beta_{1j} = \gamma_{10} + \gamma_{11}(\bar{x}_j - \bar{\bar{x}}) + [u_{1j}] \tag{6-19}$$

$$\text{Mixed} \quad y_{ij} = (\gamma_{00} - \gamma_{01}\bar{\bar{x}}) + \gamma_{10}x_{ij} + (\gamma_{01} - \gamma_{10})\bar{x}_j + \gamma_{11}x_{ij}\bar{x}_j + [u_{0j} + u_{1j}x_{ij}^{CWC} + \varepsilon_{ij}] \tag{6-20}$$

脈絡變數置入截距方程式可降低截距隨機效果τ_{00}^2（將$\bar{x}_j$置入截距方程式，如方程式 (6-18)），脈絡變數也透過置入斜率方程式來影響斜率估計，從而降低斜率的隨機效果τ_{11}^2（將$\bar{x}_j$置入斜率方程式，如方程式 (6-19)），如此一來將包含所有關於 x 的效果項，是一個更完整的置入。

6.3 脈絡分析的 Mplus 示範

6.3.1 脈絡模型的定義

本節所進行的示範，是延續前一章的 1,003 所學校 21,580 名學生的大型資料庫（*N*21580 資料庫），進行脈絡效果分析。依變數爲「數學成績」（y_{ij}），IV@L1 爲「作業時數」（x_{ij}），脈絡變數則爲 x_{ij} 的組平均數，亦即$\bar{x}_j$。

傳統上的脈絡效果，是指將 x_{ij} 與$\bar{x}_j$同時納入方程式來解釋 y_{ij} 的變異，本節稱之爲截距脈絡效果模型。此時 x_{ij} 須進行組平減，並令 $x_{ij} \rightarrow y_{ij}$ 的斜率設定爲固定效果。若以 Mplus 的圖示法列於圖 6.3(a)。

另一種延伸的脈絡效果，是指不僅$\bar{x}_j$會影響 y_{ij}，同時也會影響 $x_{ij} \rightarrow y_{ij}$ 的斜率，本節稱之爲斜率調節脈絡效果模型。此時模型中須增加一項跨層次交互作用項，$x_{ij}\bar{x}_j$，斜率也需改爲隨機係數，亦即方程式 (6-17) 至 (6-20) 如圖 6.3(b) 所示。

圖 6.3 當中，位於組間層次圓形變數分別爲 x_{ij} 與 y_{ij} 的組間差異，亦即$\bar{x}_j$與$\bar{y}_j$。τ_{00}^2爲隨機截距的組間變異，τ_{11}^2爲隨機斜率的組間變異，兩者之間還有一個共變數τ_{01}。

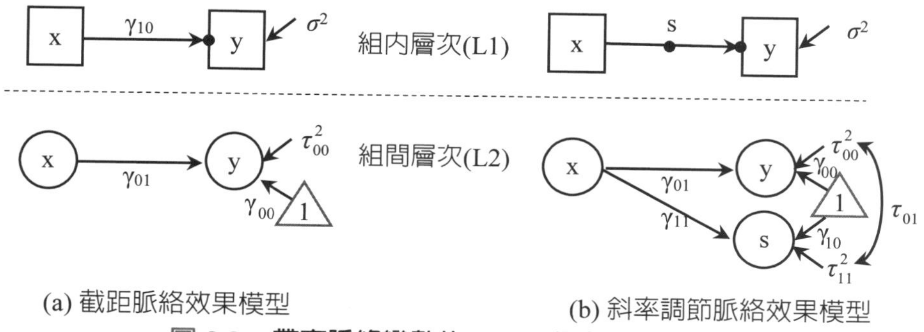

圖 6.3　帶有脈絡變數的 Mplus 變數關係圖示

6.3.2 截距脈絡效果模型

圖 6.3(a) 的脈絡效果分析 Mplus 語法如 Syn6.3a 所示，其中脈絡變數為 **XM**。由於脈絡效果 $\beta_c = \gamma_{01} - \gamma_{10}$，因此，在 **%WITHIN%** 指令中，我們設定了 **Y on X(g10)**，藉以標示 $x_{ij} \rightarrow y_{ij}$ 的影響力為 g10。在 **%BETWEEN%** 指令中，我們設定了 **Y on XM (g01)**，藉以標示$\bar{x}_{j} \rightarrow y_{ij}$ 的影響力為 g01。最後以 **MODEL CONSTRAINT** 設定脈絡效果 **betac = g01-g10**。

Syn6.3a：帶有脈絡變數的MLM分析語法

```
DATA:        FILE = Ch06N21580.dat;
VARIABLE:    NAMES = CID SID Y X Z XM;
             USEV = Y X XM;
             CLUSTER = CID;
             WITHIN = X;
             BETWEEB =  XM
DEFINE:      CENTER X  (GROUPMEAN);      ! 設定 IV@L1 組平減
             CENTER XM (GRANDMEAN);      ! 設定 IV@L2 總平減
ANALYSIS:    TYPE = TWOLEVEL;
MODEL:   %WITHIN%
             Y on X (g10);          ! 設定 L1 變數並標示為 g10
         %BETWEEN%
             Y ON XM(g01);          ! 設定脈絡變數並標示為 g01
MODEL CONSTRAINT:                   ! 設定新參數
             NEW(betac);            ! 命名新參數
             betac = g01-g10;       ! 脈絡效果
OUTPUT:      TECH1 SAMPSTAT;
```

```
Results
                                                           Two-Tailed
                    Estimate       S.E.  Est./S.E.    P-Value
Within Level
 Y          ON
   X                   1.409      0.051     27.862      0.000

 Residual Variances
   Y                  72.792      0.827     88.034      0.000

Between Level
 Y          ON
   XM                  5.075      0.274     18.504      0.000

 Intercepts
   Y                  50.789      0.148    343.260      0.000

Residual Variances
   Y                  18.148      0.983     18.467      0.000

New/Additional Parameters
   BETAC               3.666      0.283     12.959      0.000
```

由結果可知，$x_{ij} \to y_{ij}$ 的影響力 $\gamma_{10} = 1.409, z = 27.86, p<.001$，$\bar{x}_j \to y_{ij}$ 的影響力 $\gamma_{01} = 5.075, z = 18.50, p<.001$，兩者相減得到脈絡效果 $\beta_c = 3.666, z = 12.96, p<.001$，三者均具有統計意義。換言之，當學生個人作業時數每增加一單位，成績將提高 1.409 分，至於各校平均做作業時數每增加一單位，學生成績平均則增加 5.075 分。如果排除了學生個人作業的效果後，作業時數的學校淨效果將為 3.666 分，此一數值即為脈絡效果。

為了證明總平減與組平減下的脈絡效果對應關係（如表 6.1），我們將語法當中 IV@L1 的平減方式改為總平減，亦即 **CENTER X (GRANDMEAN)**，此時脈絡效果 $\beta_c = \gamma_{01}$，而非 $\gamma_{01} - \gamma_{10}$。將兩種取向的估計結果整理於表 6.2。

表 6.2　不同平減程序的脈絡效果估計結果比較表

	總平減			組平減		
	Coef.	*z*	*p*	*Coef.*	*z*	*p*
固定效果						
γ_{00}	50.82	343.49	<.001	50.789	343.26	<.001
γ_{10}	1.408	27.86	<.001	1.409	27.86	<.001
γ_{01}	**3.668**	**12.97**	<.001	**5.075**	**18.50**	<.001
$\boldsymbol{\beta_c}$				**3.666**	**12.96**	**<.001**
隨機效果						
σ^2	72.793	88.03	<.001	72.792	88.03	<.001
τ_{00}^2	18.134	18.47	<.001	18.148	18.47	<.001
-2LL	155582			155582		
AIC	155590			155590		
BIC	155630			155630		

6.3.3 斜率調節脈絡效果模型

脈絡變數的影響除了針對截距之外，也可能影響斜率，因此，我們基於圖 6.3(b) 的模式設定，進行斜率調節的脈絡效果分析，Mplus 語法如 Syn6.3b 所示。

Syn6.3b：斜率調節脈絡效果分析的MLM分析語法

```
DATA:        FILE = Ch06N21580.dat;
VARIABLE:    NAMES = CID SID Y X Z XM;
             USEV = Y X XM;
             CLUSTER = CID;
             WITHIN = X;
             BETWEEB =  XM;
DEFINE:      CENTER X  (GROUPMEAN);      ! 設定 IV@L1 組平減
             CENTER XM (GRANDMEAN);      ! 設定 IV@L2 總平減
ANALYSIS:    TYPE = TWOLEVEL RANDOM;
MODEL:   %WITHIN%
             S | Y on X;             ! 設定 IV@L1 變數的迴歸模型
         %BETWEEN%
             [S] (g10);              ! 將 IV@L1 迴歸係數標示爲 g10
             Y ON XM (g01);          ! 設定脈絡變數迴歸模型並標示爲 g01
             S ON XM (g11);          ! 設定跨層次調節效果並標示爲 g11
             Y WITH S;               ! 估計截距與斜率共變
MODEL CONSTRAINT:                    ! 設定新參數
             NEW(betac);             ! 命名新參數
             betac = g01-g10;        ! 脈絡效果
OUTPUT:      TECH1 SAMPSTAT;
```

語法當中對於脈絡效果的估計不變，仍爲 $\beta_c = \gamma_{01} - \gamma_{10}$，但增加了 XM → S 的調節作用。爲了將各組斜率改成隨機係數，因此分析方法改爲 **`TYPE = TWOLEVEL RANDOM`**，並在 **`%WITHIN%`** 指令中下達 **`S|Y on X`** 指令來設定含有隨機斜率的 L1 模型，但是 $x_{ij} \rightarrow y_{ij}$ 的影響力標示必須在 **`%BETWEEN%`** 指令當中來進行，亦即 **`[S](g10)`**。其中 **`[S]`** 是指斜率平均值。另外，在 **`%BETWEEN%`** 指令中增加 **`S ON XM(g11)`** 來估計跨層次交互作用，並將係數標示爲 g11。

```
MODEL RESULTS

                                                     Two-Tailed
                    Estimate       S.E.  Est./S.E.    P-Value

Within Level

 Residual Variances
    Y                 71.619      0.857     83.575      0.000

Between Level

 S          ON
    XM                -0.018      0.090     -0.199      0.842

 Y          ON
    XM                 5.072      0.274     18.494      0.000

 Y        WITH
    S                  0.045      0.232      0.193      0.847

 Intercepts
    Y                 50.790      0.148    343.012      0.000
    S                  1.399      0.054     26.080      0.000

 Residual Variances
    Y                 18.185      0.982     18.526      0.000
    S                  0.602      0.107      5.619      0.000

New/Additional Parameters
    BETAC              3.673      0.281     13.088      0.000
```

由結果可知，γ_{10}、γ_{01} 與脈絡效果幾乎並未受到新增斜率調節參數的影響，$\gamma_{10} = 1.398, z = 26.40, p<.001$，$\gamma_{01} = 5.072, z = 18.49, p<.001$，$\beta_c = 3.673, z = 13.08, p<.001$，各係數均具有統計意義。至於脈絡變數影響斜率變動的跨層次交互作用則未具有統計意義（γ_{11} = -0.018, , z = -0.20, p = .842），表示脈絡變數僅會解釋 y_{ij} 組平均數的高低（截距脈絡效果），但不影響斜率，亦即斜率調節效果並不存在。

6.4 交叉嵌套的 MLM 分析

6.4.1 交叉嵌套的資料結構

當某一群觀察值同屬於某一個觀察單位，我們稱之為嵌套或內屬，例如一群學生嵌套在同一個班級之內，但如果某一群觀察值嵌套在兩種不同的抽樣單位之下，稱為交叉嵌套（cross-classification），例如一群學生除了嵌套班級之內，也嵌套在社團之內，或是在社會學研究當中所關心的學生嵌套在學校之內，同時也嵌套在社區之中。

交叉嵌套更常見於組織研究，例如跨部門的專案團隊人員雖然嵌套在團隊之下，同時也嵌套在原隸屬部門之下。現在越來越流行的人力派遣（labor dispatch）制度，員工眞正工作的地點是各要派公司（worksite unit），但是福利待遇津貼卻是受制於原派公司（dispatching unit），對於這些對象的研究，都是交叉嵌套的研究設計。

當資料嵌套在兩組獨立的抽樣結構下，需要兩個分組變數 a_{j_1} 與 b_{j_2} 來辨識不同組別，在 MLM 的階層方程式中並不會出現這兩個分組變數，但其效果會隱身在足標 $j_1 = 1,\cdots, m$ 與 $j_2 = 1,\cdots, k$ 之內。例如總數 N 個學生嵌套 m 個班級（a_{j_1}）之內，同時也嵌套在 k 個社團（b_{j_2}）之中，如圖 6.4 所示。

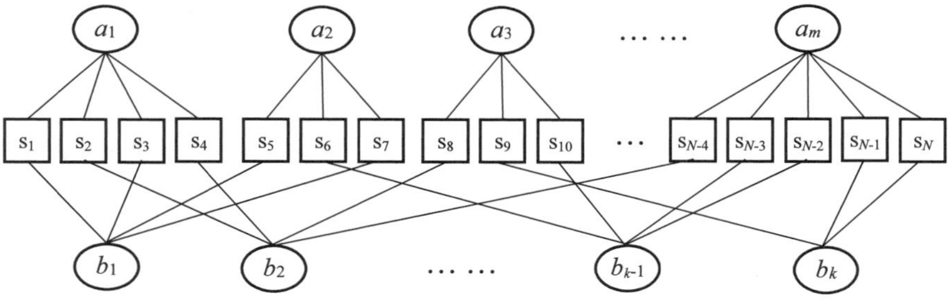

圖 6.4　交叉嵌套示意圖

6.4.2 交叉嵌套迴歸方程式

6.4.2.1 零模型與ICC

如果個體被兩個分組變數 a_{j_1} 與 b_{j_2} 所分割，在不納入任何解釋變數的零模型中，結果變數 y_{ij} 將被分割成一個固定效果（總平均數）加上四個隨機效果（變異成分），其中兩個變異成分爲分組變數 a_{j_1} 與 b_{j_2} 所造成的組間變異（between-group variation），以及一個由 $a_{j_1} \times b_{j_2}$ 所造成的細格間變異（between-cell variation），以及一個細格內變異（within-cell variation），整個零模型的定義如下：

$$\text{L1} \quad y_{ij_1j_2} = \beta_{0j_1j_2} + [\varepsilon_{ij_1j_2}] \tag{6-21}$$

$$\text{L2} \quad \beta_{0j_1j_2} = \gamma_{00} + [u_{0j_1} + u_{0j_2} + u_{0j_1j_2}] \tag{6-22}$$

$$\text{Mixed} \quad y_{ij_1j_2} = \gamma_{00} + [u_{0j_1} + u_{0j_2} + u_{0j_1j_2} + \varepsilon_{ij_1j_2}] \tag{6-23}$$

由方程式 (6-21) 可知，在 L1 的 $y_{ij_1j_2}$被分解爲一個反映雙重嵌套下的各「細格」（cell）平均數的截距項（$\beta_{0j_1j_2}$）與一個反映細格內變異情形隨機成分 [$\varepsilon_{ij_1j_2}$]，其變異數爲σ_ε^2。至於截距項（$\beta_{0j_1j_2}$）在 L2 則被分解成總平均與兩個組間變異成分：隨機成分 [u_{0j_1}] 反映在第一個分組變數（a_{j_1}）下的結果變數的組間變異（$\bar{y}_{j_1}$），隨機成分 [u_{0j_2}] 反映在第二個分組變數（b_{j_2}）下的結果變數組間變異（$\bar{y}_{j_2}$）。

值得特別注意的是，方程式 (6-22) 當中還存在一個由兩個分組變數所形成的交互作用隨機成分 [$u_{0j_1j_2}$]，亦即結果變數的細格間變異（$\bar{y}_{j_1j_2}$）。雖然此一隨機成分有可能存在，但是在大多數的研究中，會將此一變異設定爲 0。例如當分組變數 a_{j_1} 與 b_{j_2} 的組數各爲 30 時，亦即 $m = k = 30$，將產生 900 個交叉嵌套細格，這些細格當中通常不是完全沒有樣本（缺漏細格）或沒有足夠的樣本數，因此多半會加以忽略並使模型簡化。

[u_{0j_1}]、[u_{0j_2}]、[$u_{0j_1j_2}$] 三者服從以零爲平均數，以τ_{a00}^2、τ_{b00}^2、τ_{ab00}^2爲變異數的常態分配，各自反映分組變數 a_{j_1} 與 b_{j_2} 的隨機主效果與 $a_{j_1} \times b_{j_2}$ 的隨機交互效果。兩個分組變數 a_{j_1} 與 b_{j_2} 的效果強度可由 ICC(1) 反映，定義如下：

$$\text{ICC}(1)_a = \frac{\tau_{a00}^2}{\tau_{a00}^2 + \tau_{b00}^2 + \tau_{ab00}^2 + \sigma_\varepsilon^2} \tag{6-24}$$

$$\text{ICC (1)}_b = \frac{\tau_{b00}^2}{\tau_{a00}^2 + \tau_{b00}^2 + \tau_{ab00}^2 + \sigma_\varepsilon^2} \tag{6-25}$$

各細格內的組內同質性強度定義如下：

$$\text{ICC (1)}_{ab} = \frac{\tau_{a00}^2 + \tau_{b00}^2 + \tau_{ab00}^2}{\tau_{a00}^2 + \tau_{b00}^2 + \tau_{ab00}^2 + \sigma_\varepsilon^2} \tag{6-26}$$

分組變數 a_{j1} 與 b_{j2} 的各組平均數信度，必須就其中一個分組變數的不同組別下，來估計另一個分組平均數的信度：

$$\text{ICC (2)}_{a|b} = \frac{\tau_{a00}^2 + \tau_{ab00}^2}{\tau_{a00}^2 + \tau_{ab00}^2 + \sigma_\varepsilon^2 / n_{j_1 j_2}} \tag{6-27}$$

$$\text{ICC (2)}_{b|a} = \frac{\tau_{b00}^2 + \tau_{ab00}^2}{\tau_{b00}^2 + \tau_{ab00}^2 + \sigma_\varepsilon^2 / n_{j_1 j_2}} \tag{6-28}$$

由上述公式可知，如果將兩個分組變數的交互作用隨機成分設定為 0，亦即令 $\tau_{ab00}^2 = 0$，將可大幅簡化 ICC 的運算，因此本節後續各模型，即把 $[u_{j_1 j_2}]$ 予以省略。

6.4.2.2 擴展模型

相對於單一嵌套模型，交叉嵌套模型從零模型增加 IV 進行擴展的特別之處，在於 L2 有兩個分割來源，因此 IV@L2 也可能有兩種類型：分組變數 a_{j_1}（例如不同班級）當中的 IV@L2$_a$，例如班級規模、教師變數等等，分組變數 b_{j_2}（例如不同社團）當中的 IV@L2$_b$，例如社團規模、社團性質等等。

現在先僅納入一個 IV@L1（$x_{ij_1 j_2}$）來解釋 $y_{ij_1 j_2}$，而且假設為固定效果，亦即 $x_{ij_1 j_2} \rightarrow y_{ij_1 j_2}$的斜率不隨兩個分組變數而變動，得到下列方程式：

$$\text{L1} \quad y_{ij_1 j_2} = \beta_{0 j_1 j_2} + \beta_{1 j_1 j_2} x_{ij_1 j_2} + [\varepsilon_{ij_1 j_2}] \tag{6-29}$$

$$\text{L2} \quad \beta_{0 j_1 j_2} = \gamma_{00} + [u_{0 j_1} + u_{0 j_2}] \tag{6-30}$$

$$\beta_{1 j_1 j_2} = \gamma_{10} \tag{6-31}$$

$$\text{Mixed} \quad y_{ij_1 j_2} = \gamma_{00} + \gamma_{10} x_{ij_1 j_2} + [u_{0 j_1} + u_{0 j_2} + \varepsilon_{ij_1 j_2}] \tag{6-32}$$

方程式 (6-29) 至 (6-32) 所反映的是隨機效果共變數分析模型，誤差項與零模型無異，兩模型所不同的僅是增加一個 L1 的解釋變數。

同理，如果不納入 IV@L1，僅納入 IV@L2$_a$（z_{j_1}）與 IV@L2$_b$（w_{j_2}）來解釋截距$\beta_{0j_1j_2}$，此一模型當中，固定效果會增加兩項關於 z_{j_1}與 w_{j_2}的效果，但是誤差項也無變化。

L1 $$y_{ij_1j_2}=\beta_{0j_1j_2}+[\varepsilon_{ij_1j_2}] \quad (6\text{-}33)$$

L2 $$\beta_{0j_1j_2}=\gamma_{00}+\gamma_{a01}z_{j_1}+\gamma_{b01}w_{j_2}+[u_{0j_1}+u_{0j_2}] \quad (6\text{-}34)$$

Mixed $$y_{ij_1j_2}=\gamma_{00}+\gamma_{a01}z_{j_1}+\gamma_{b01}w_{j_2}+[u_{0j_1}+u_{0j_2}+\varepsilon_{ij_1j_2}] \quad (6\text{-}35)$$

換言之，單純僅增加固定的 IV@L1 或兩種 IV@L2，對於 MLM 混合模型所造成的影響不大。但如果 $x_{ij_1j_2}\rightarrow y_{ij_1j_2}$的斜率設定為隨機係數，亦即斜率會隨兩個分組變數的不同狀態而變動，誤差項將增加一組與 $x_{ij_1j_2}$有關的組間效果，混合模型將擴展成方程式 (6-36)：

$$y_{ij_1j_2}=\gamma_{00}+\gamma_{10}x_{ij_1j_2}+[u_{0j_1}+u_{0j_2}+u_{1j_1}x_{ij_1j_2}+u_{1j_2}x_{ij_1j_2}+\varepsilon_{ij_1j_2}] \quad (6\text{-}36)$$

如果在隨機化的 $x_{ij_1j_2}\rightarrow y_{ij_1j_2}$效果之外再納入 IV@L2$_c$（$z_{j_1}$）與 IV@L2$_d$（$w_{j_2}$）來解釋截距$\beta_{0j_1j_2}$與斜率$\beta_{1j_1j_2}$，不僅固定效果也會大幅擴展，隨機效果部分的結構也仍是十分複雜。L1、L2 與混合方程式如下：

L1 $$y_{ij_1j_2}=\beta_{0j_1j_2}+\beta_{1j_1j_2}x_{ij_1j_2}+[\varepsilon_{ij_1j_2}] \quad (6\text{-}37)$$

L2 $$\beta_{0j_1j_2}=\gamma_{00}+\gamma_{a01}z_{j_1}+\gamma_{b01}w_{j_2}+[u_{0j_1}+u_{0j_2}] \quad (6\text{-}38)$$

$$\beta_{1j_1j_2}=\gamma_{10}+\gamma_{a11}z_{j_1}+\gamma_{b11}w_{j_2}+[u_{1j_1}+u_{1j_2}] \quad (6\text{-}39)$$

Mixed $$y_{ij_1j_2}=\gamma_{00}+\gamma_{10}x_{ij_1j_2}+\gamma_{a01}z_{j_1}+\gamma_{b01}w_{j_2}+\gamma_{a11}x_{ij_1j_2}z_{j_1}+\gamma_{b11}x_{ij_1j_2}w_{j_2}+ [u_{0j_1}+u_{0j_2}+u_{1j_1}x_{ij_1j_2}+u_{1j_2}x_{ij_1j_2}+\varepsilon_{ij_1j_2}] \quad (6\text{-}40)$$

混合模型 (6-40) 當中包含五個隨機效果，但是估計過程當中將會產生七個變異數，因為每一組 L2 方程式的誤差項 [u_{0j_1}] 與 [u_{1j_1}]、[u_{0j_2}] 與 [u_{1j_2}] 均服從以 0 為平均數、以τ_{00}^2與τ_{11}^2為變異數的二元常態分配，但兩個誤差項之間還會估計得到一個共變數 τ_{01}：

$$\begin{pmatrix}u_{0j_1}\\u_{1j_1}\end{pmatrix}\sim N\left[\begin{pmatrix}0\\0\end{pmatrix},\begin{pmatrix}\tau_{a00}^2 & \\ \tau_{a01} & \tau_{a11}^2\end{pmatrix}\right] \quad (6\text{-}41)$$

$$\begin{pmatrix}u_{0j_2}\\u_{1j_2}\end{pmatrix}\sim N\left[\begin{pmatrix}0\\0\end{pmatrix},\begin{pmatrix}\tau_{b00}^2 & \\ \tau_{b01} & \tau_{b11}^2\end{pmatrix}\right] \quad (6\text{-}42)$$

因此，完整模型雖然可以將各種可能效果納入分析，但是參數估計結果並不利於解釋，因此可透過兩種程序來簡化模型：第一，簡化誤差項。也就是將 IV@L1 的斜率設定為固定效果，使誤差項僅保留兩個組間變異 [u_{0j_1}] 與 [u_{0j_2}] 與一個細格內隨機效果 [$\varepsilon_{ij_1j_2}$]，兩個分層的交集細格變異 [$u_{0j_1j_2}$] 也予以忽略移除。第二，簡化固定效果。亦即僅納入必要解釋變數，如果解釋變數不顯著，即從模型中移除，保留最簡效的模型（Bryk & Raudenbush, 2002）。

6.5 交叉嵌套模式的 Mplus 範例

為了示範交叉嵌套模型的分析程序，我們以 Mplus 手冊當中所提供的 ex9.24 範例（Muthén & Muthén, 1998-2017, p.339）加以修改成 Ch06a.dat 後來進行示範。Ch06a.dat 資料庫中共有 3,000 筆模擬產生的觀察值，分別嵌套在 L2a 與 L2b 兩變數下：L2a 的抽樣單位數（組數）m = 30，每組有 100 人，L2b 的抽樣單位數（組數）k = 50，每組有 60 人。資料庫中的變數為 y、x、z、w，其中 x 為 IV@L1，z 與 w 分別為 IV@L2a 與 IV@L2b，因此 z 僅在 L2a 的抽樣單位中具有變異，在 L2b 的抽樣單位變異為 0；w 僅在 L2b 的抽樣單位中具有變異，而在 L2a 的抽樣單位變異為 0。各變數的描述統計量與相關係數列於表 6.3。

6.5.1 零模型

首先進行零模型的分析，模型中僅有一個 y 變數，分別被 L2a 與 L2b 分割成組數為 30 及 50 的嵌套資料。語法列於 Syn6.5a。由語法可知，區分組別的分層變數共有兩個：**CLUSTER = L2a L2b**。嵌套模型分析的主要指令則由 **ANALYSIS:TYPE = CROSSCLASSIFIED** 下達，Mplus 對於交叉嵌套資料所使用的估計方法為貝氏方法。

表 6.3　交叉嵌套的範例資料庫的描述統計與相關係數矩陣

	Mean	Std	y	x	z	w
全體資料（N = 3000）						
y	1.938	2.758	1.000			
x	0.018	1.014	.364**	1.000		
z	0.135	1.081	.254**	.014	1.000	
w	0.160	1.015	.250**	.003	.000	1.000
L2a分層（m = 30）						
y	1.938	1.299	1.000			
x	0.018	0.136	.143	1.000		
z	0.135	1.099	.548**	.108	1.000	
w	0.160	0.000	-	-	-	-
L2b分層（k = 50）						
y	1.938	1.065	1.000			
x	0.018	0.115	-.015	1.000		
z	0.135	0.000	-	-	-	
w	0.160	1.025	.655**	.022	-	1.000

**p*<.05　***p*<.01

Syn6.5a：交叉嵌套資料的零模型分析語法

```
TITLE:      Cross-classified model: Null model
DATA:       FILE = Ch06a.dat;
VARIABLE:   NAMES = L2a L2b y x z w xma xmb;
            USEVARIABLES = y;
            CLUSTER = L2b L2a;                 ! 指定嵌套變數
ANALYSIS:   TYPE    = CROSSCLASSIFIED;         ! 設定分析方法
            ESTIMATOR = BAYES;                 ! 設定估計方法
            PROCESSORS = 2;     BITER = (5000);
```

分析結果報表中，Mplus 首先分別就 L2a 與 L2b 兩個嵌套結構列出讀取狀態，L2a 嵌套單位數爲 $m = 30$，每一組有 100 個受測者。L2b 嵌套單位數爲 $k = 50$，每一組有 60 個受測者，因此總樣本數爲 3,000。

```
SUMMARY OF DATA

    Cluster information for L2A

      Number of clusters                              30

      Size (s)     Cluster ID with Size s

       100  1 2 3 4 5 6 7 8 9 10 11 12 13 14 15 16 17 18 19 20 21
            22 23 24 25 26 27 28 29 30

    Cluster information for L2B

      Number of clusters                              50

      Size (s)     Cluster ID with Size s

       60   1 2 3 4 5 6 7 8 9 10 11 12 13 14 15 16 17 18 19 20 21
            22 23 24 25 26 27 28 29 30 31 32 33 34 35 36 37 38 39
            40 41 42 43 44 45 46 47 48 49 50

MODEL RESULTS

                              Posterior  One-Tailed         95% C.I.
              Estimate   S.D.   P-Value  Lower 2.5%  Upper 2.5% Significance

Within Level

 Variances
    Y  4.991    0.131    0.000        4.748          5.260          *

Between L2A Level

 Variances
    Y  1.804    0.581    0.000        1.096          3.371          *

Between L2B Level

 Means
    Y  1.876    0.321    0.000        1.246          2.538          *

 Variances
    Y  1.113    0.262    0.000        0.742          1.756          *
```

參數估計結果可知，$\gamma_{00} = 1.876$ [1.246,2.538]，組內變異$\sigma_{\varepsilon}^{2} = 4.991$ [4.748,5.260]，這兩者反映交叉嵌套下，全體觀察值在結果變數的平均數與變異數，兩個參數估計值的貝氏 .95CI 均不涵蓋 0，顯示具有統計意義。至於 L2a 分組下的組間變異$\tau_{a00}^{2} = 1.804$ [1.096,3.371]，L2b 分組下的組間變異$\tau_{b00}^{2} = 1.113$

[0.742,1.756]，兩者 .95CI 也不涵蓋 0，表示結果變數在兩個嵌套結構下的組間變異均有統計意義。ICC(1)$_a$ 與 ICC(1)$_b$ 計算如下：

$$ICC\,(1)_a=\frac{\tau_{a00}^2}{\tau_{a00}^2+\tau_{b00}^2+\sigma_\varepsilon^2}=\frac{1.804}{1.804+1.113+4.991}=.228$$

$$ICC\,(1)_b=\frac{\tau_{b00}^2}{\tau_{a00}^2+\tau_{b00}^2+\sigma_\varepsilon^2}=\frac{1.113}{1.804+1.113+4.991}=.141$$

兩種嵌套下的平均數信度估計如下：

$$ICC\,(2)_{a|b}=\frac{\tau_{a00}^2}{\tau_{a00}^2+\sigma_\varepsilon^2/n_{j_1}}=\frac{1.804}{1.804+4.991/100}=.973$$

$$ICC\,(2)_{b|a}=\frac{\tau_{b00}^2}{\tau_{b00}^2+\sigma_\varepsilon^2/n_{j_2}}=\frac{1.113}{1.113+4.991/60}=.930$$

6.5.2 擴展模型

在前述零模型的基礎之上，進一步納入 IV@L1 與 IV@L2a 及 IV@L2b 的擴展模型以 Mplus 變數關係圖示法列於圖 6.5 中。在 L2 中，結果變數 y 的隨機截距與隨機斜率 S 皆為隨機效果，性質等同於潛在變數，因此以圓圈表示，並作為 A 與 B 兩個嵌套分層下的被解釋變數。

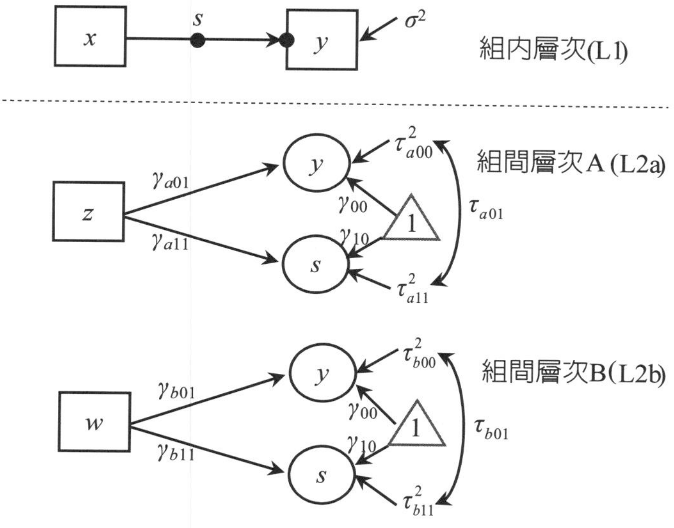

圖 6.5　交互嵌套的 Mplus 變數關係圖示

Mplus 的交叉嵌套語法列於 Syn6.5b。由於模型中 IV@L1 對結果變數的迴歸係數具有隨機效果，因此必須進行帶有隨機效果的嵌套模型，主要指令則由 **ANALYSIS:TYPE = CROSSCLASSIFIED RANDOM**下達。至於IV@L1的平減，必須就特定嵌套變數加以指定進行總平減或組平減，指令為 **DEFINE: CENTER x (GROUPMEAN L2a L2b)**，表示 *x* 變數在 L2a 與 L2b 嵌套中均進行組平減。設定模型時，由於組間有兩個分層變數，因此必須區分為 **%BETWEEN L2a%** 與 **%BETWEEN L2b%**，分別設定 L2 模型。

Syn6.5b：交叉嵌套模型的分析語法

```
TITLE:       Cross-classified model: Full model
DATA:        FILE = Ch06a.dat;
VARIABLE:    NAMES   =  L2a L2b y x z w xma xmb;
             USEVARIABLES = y x z w;
             CLUSTER = L2b L2a;                  ! 指定嵌套變數
             WITHIN  =  x;                       ! 指定組內變數
             BETWEEN =  (L2a) z (L2b) w;         ! 指定組間變數
ANALYSIS:    TYPE    = CROSSCLASSIFIED RANDOM;   ! 設定分析方法
             ESTIMATOR = BAYES;
             PROCESSORS = 2; BITER = (5000);
DEFINE:      CENTER x (GROUPMEAN L2a L2b);       ! 設定組平減
MODEL:    %WITHIN%                    ! 設定組內模型
             s | y ON x;              ! 設定隨機斜率
          %BETWEEN L2a%               ! 設定 L2a 嵌套的組間模型
             y s ON z;                ! 設定 z 對截距與斜率的影響
             y WITH s;                ! 估計層二截距與斜率共變
          %BETWEEN L2b%               ! 設定 L2b 嵌套的組間模型
             y s ON w;                ! 設定 w 對截距與斜率的影響
             y WITH s;                ! 估計層二截距與斜率共變
OUTPUT:      TECH1 TECH8;
```

```
MODEL RESULTS
                 Posterior One-Tailed      95% C.I.
         Estimate   S.D.  P-Value  Lower 2.5%  Upper 2.5% Significance
Within Level

 Residual Variances
    Y  2.958    0.079    0.000     2.812      3.122      *

Between L2A Level

 S      ON
    Z  0.494    0.135    0.000     0.225      0.762      *

 Y      ON
    Z  0.647    0.207    0.003     0.230      1.049      *

 Y        WITH
    S -0.019    0.218    0.459    -0.455      0.430

 Residual Variances
    Y  1.425    0.499    0.000     0.829      2.732      *
    S  0.565    0.203    0.000     0.323      1.095      *

Between L2B Level

 S      ON
    W  0.345    0.066    0.000     0.212      0.472      *

 Y      ON
    W  0.688    0.119    0.000     0.455      0.922      *

 Y        WITH
    S  0.012    0.064    0.417    -0.117      0.141

 Intercepts
    Y  1.722    0.280    0.000     1.183      2.282      *
    S  0.908    0.165    0.000     0.586      1.249      *

 Residual Variances
    Y  0.681    0.167    0.000     0.443      1.094      *
    S  0.165    0.050    0.000     0.094      0.292      *
```

參數估計結果可知，γ_{00} = 1.722 [1.183,2.282]，與零模型結果相近，但是組內變異大幅縮減至σ_{ε}^2 = 2.958 [2.812,3.122]，表示投入 IV@L1 解釋了大量的組內變異。兩個嵌套變數下的截距組間變異也下降到τ_{a00}^2 = 1.425 [0.829,2.732] 與τ_{b00}^2 = 0.681[0.443,1.094]，表示投入 IV@L2 也解釋了相當程度各組平均數的組間變異。至於新增加的斜率組間變異分別爲τ_{a11}^2 = 0.565 [0.323,1.095] 與τ_{b11}^2 = 0.165

[0.094,0.292]，表示即使投入 IV@L2 雖然能夠解釋斜率的組間變異，但是所剩餘的斜率組間變異仍具有統計意義，此時研究者可再投入其他的 IV@L2 來解釋斜率組間變異。

在迴歸係數部分，γ_{10} = 0.908 [0.586,1.249]，.95CI 並未涵蓋 0，表示整體而言，$x \rightarrow y$ 的解釋力具有顯著意義。但是在兩個嵌套結構下，y 的平均數與斜率均受到各自的 IV@L2 的影響：在 L2a 嵌套結構中，z 變數對於截距的影響力 γ_{a01} = 0.647[0.230,1.049]，表示 z 每增加一個單位，各組的$\bar{y}_{j_1}$增加 0.647 個單位；z 變數對於斜率的影響力 γ_{a11} = 0.494[0.225,0.762]，表示 z 每增加一個單位，$x \rightarrow y$ 的影響力將增加 0.494 個單位，各參數的 .95CI 並未涵蓋 0，顯示 z 具有跨層次的調節效果。

在 L2b 的嵌套結構中也有類似發現：w 變數對於截距的影響力 γ_{b01} = 0.688 [0.455, 0.922]，表示 w 每增加一個單位，各組的$\bar{y}_{j_2}$增加 0.688 個單位；w 變數對於斜率的影響力 γ_{b11} = 0.345[0.212, 0.472]，各參數 .95CI 並未涵蓋 0，顯示 w 也具有跨層次調節效果。

6.5.3 脈絡效果模型

前述的擴展模型中，雖然 IV@L1 的 x 變數經過雙重嵌套的組平減，但是 x 變數在 L2a 與 L2b 兩個嵌套架構下並未將組平均數置回 L2 方程式，可能會發生前述第 6.2 節所討論的因組平減導致組間效果消除，造成參數估計的波動的問題，因此本節將示範將組平均數置回 L2 的截距方程式，並計算脈絡效果的分析過程。

在本範例中，x 的脈絡變數分別存在於 L2a 與 L2b 兩個嵌套結構中，亦即$\bar{x}_{j_1}$與$\bar{x}_{j_2}$。如果作爲 IV@L1 的 x 變數經過雙重組平減（如方程式 (6-43) 當中的 $x_{ij_1j_2}^{CWC}$），亦即在 L2a 與 L2b 下均同時進行以 x 減去細格平均數，此時$\bar{x}_{j_1}$與$\bar{x}_{j_2}$置入截距方程式 (6-44)，可利用脈絡變數效果來估計被組平減掉的組間效果，亦即 γ_{a02} 與 γ_{b02}。

$$\text{L1} \quad y_{ij_1j_2} = \beta_{0j_1j_2} + \beta_{1j_1j_2} x_{ij_1j_2}^{CWC} + [\varepsilon_{ij_1j_2}] \tag{6-43}$$

$$\text{L2} \quad \beta_{0j_1j_2} = \gamma_{00} + \gamma_{a01} z_{j_1} + \gamma_{b01} w_{j_2} + \gamma_{a02} \bar{x}_{j_1} + \gamma_{b02} \bar{x}_{j_2} + [u_{0j_1} + u_{0j_2}] \tag{6-44}$$

$$\beta_{1j_1j_2} = \gamma_{10} + \gamma_{a11} z_{j_1} + \gamma_{b11} w_{j_2} + [u_{1j_1} + u_{1j_2}] \tag{6-45}$$

在交叉嵌套模型中估計脈絡效果語法如 Syn6.5c 所示。在交叉嵌套模型中，脈絡變數可分別存在於不同的嵌套結構下，本範例同時在 L2a 與 L2b 兩個嵌套結構加入 *x* 的組平均數作爲解釋變數：在 L2a 下，對 *y* 的解釋變數除了 *z* 還有 *xma*（亦即 *x* 在 L2a 下的組平均數），同時將 *xma* 置於新的一列藉以標示脈絡變數的影響力（g02a）；在 L2b 下，對 *y* 的解釋變數除了 *w* 還有 *xmb*（亦即 *x* 在 L2b 下的組平均數），*xmb* 對於 *y* 的影響力標示爲 g02b。

Syn6.5c：帶有脈絡變數的交叉嵌套模型分析語法

```
TITLE:       Cross-classified data: Full model with
             contextual variable
DATA:        FILE = Ch06a.dat;
VARIABLE:    NAMES    = L2a L2b y x z w xma xmb;
             CLUSTER = L2b L2a;
             WITHIN   = x;
             BETWEEN = (L2a) z xma (L2b) w xmb;
ANALYSIS:    TYPE     = CROSSCLASSIFIED RANDOM;
             ESTIMATOR = BAYES;
             PROCESSORS = 2; BITER = (5000);! 設定貝氏疊代值
DEFINE:      CENTER x (GROUPMEAN L2a L2b);   ! 設定組平減
MODEL:    %WITHIN%                          ! 設定組內模型
             s | y ON x;                    ! 設定隨機斜率
          %BETWEEN L2a%                     ! 設定 L2a 嵌套的組間模型
             y ON z                         ! 設定 z 對截距的影響
                   xma (g02a);              ! 設定脈絡變數並標示爲 g02a
             s ON z;                        ! 設定 z 對斜率的影響
             y WITH s;                      ! 估計層二截距與斜率共變
           %BETWEEN L2b%                    ! 設定 L2a 嵌套的組間模型
             y ON w                         ! 設定 w 對截距的影響
                    xmb (g02b);             ! 設定脈絡變數並標示爲 g02b
             s ON w;                        ! 設定 w 對斜率的影響
             y WITH s;                      ! 估計層二截距與斜率共變
             [s] (g10);                     ! 標示斜率平均並標示爲 g10
MODEL CONSTRAINT:                           ! 設定新參數
          NEW(betac_a betac_b);             ! 命名新參數
          betac_a = g02a - g10;             !L2a 嵌套下的脈絡效果
          betac_b = g02b - g10;             !L2b 嵌套下的脈絡效果
```

```
MODEL RESULTS
                    Posterior One-Tailed       95% C.I.
     Estimate    S.D.     P-Value  Lower2.5% Upper2.5%  Significance

Within Level

 Residual Variances
    Y  2.960    0.079      0.000       2.815      3.120          *

Between L2A Level

 S      ON
    Z  0.488    0.131      0.001       0.229      0.749          *

 Y      ON
    Z  0.637    0.217      0.003       0.200      1.055          *
  XMA  0.828    1.725      0.310      -2.455      4.260


 Y          WITH
    S -0.017    0.220      0.467      -0.467      0.408

 Residual Variances
    Y  1.475    0.512      0.000       0.859      2.842          *
    S  0.557    0.200      0.000       0.319      1.080          *

Between L2B Level

 S      ON
    W  0.348    0.066      0.000       0.212      0.471          *

 Y      ON
    W  0.691    0.119      0.000       0.453      0.925          *
  XMB -1.217    1.092      0.124      -3.427      0.936


 Y          WITH
    S  0.002    0.065      0.486      -0.127      0.138

 Intercepts
    Y  1.701    0.277      0.000       1.193      2.269          *
    S  0.919    0.162      0.000       0.601      1.223          *

 Residual Variances
    Y  0.675    0.174      0.000       0.430      1.111          *
    S  0.163    0.050      0.000       0.093      0.290          *

New/Additional Parameters

BETAC_A -0.074 1.736       0.478      -3.407      3.371

BETAC_B -2.140 1.105       0.027      -4.353      0.035
```

表 6.4　各交叉嵌套模型估計結果比較表

		零模型			擴展模型 (不含脈絡變數)			擴展模型 (含脈絡變數)		
		Coef.	*LL*	*UL*	*Coef.*	*LL*	*UL*	*Coef.*	*LL*	*UL*
固定效果										
	γ_{00}	**1.876**	1.25	2.54	**1.722**	1.18	2.28	**1.701**	1.19	2.27
	γ_{10}				**0.908**	0.59	1.25	**0.919**	0.60	1.22
L2a	γ_{a01}				**0.647**	0.23	1.05	**0.637**	0.20	1.06
	γ_{a11}				**0.494**	0.23	0.76	**0.488**	0.23	0.75
	γ_{a02}							**0.828**	-2.46	4.26
	β_{ca}							**-0.074**	-3.41	3.37
L2b	γ_{b01}				**0.688**	0.46	0.92	**0.691**	0.45	0.93
	γ_{b11}				**0.345**	0.21	0.47	**0.348**	0.21	0.47
	γ_{b02}							**-1.217**	-3.43	0.94
	β_{cb}							**-2.140**	-4.35	0.04
隨機效果										
L1	σ^2	**4.991**	4.75	5.26	**2.958**	2.81	3.12	**2.960**	2.82	3.12
L2a	τ^2_{a00}	**1.804**	1.10	3.37	**1.425**	0.83	2.73	**1.475**	0.86	2.84
	τ^2_{a11}				**0.565**	0.32	1.10	**0.557**	0.32	1.08
	τ_{a01}				**-0.019**	-0.46	0.43	**-0.017**	-0.47	0.41
L2b	τ^2_{b00}	**1.113**	2.74	1.76	**0.681**	0.44	1.09	**0.675**	0.43	1.11
	τ^2_{b11}				**0.165**	0.09	0.29	**0.163**	0.09	0.29
	τ_{b01}				**0.012**	-0.12	0.14	**0.002**	-0.13	0.14
DIC		13414			11906			11910		

註：LL 表示貝氏估計的 .95CI 的下限，UL 表示貝氏估計的 .95CI 的上限。

由於脈絡效果 $\beta_c = \gamma_{01} - \gamma_{10}$，為了標示出 γ_{10}，語法中必須將 L1 的 $x \rightarrow y$ 隨機斜率的平均數加以標示，語法為 **[s](g10)**。最後得以 **MODEL CONSTRAINT** 設定脈絡效果：L2a 與 L2b 的脈絡效果分別命名為 **betac_a** 與 **betac_b**。**betac_a = g02a-g10**，而 **betac_b = g02b-g10**。

由估計結果可知，脈絡變數的解釋力，在 L2a 的 $\gamma_{a02} = 0.828$ [-2.455,4.260]，在 L2b 的 $\gamma_{b02} = -1.217$ [-3.427,0.936]，兩者 .95CI 均涵蓋 0，表示並未顯著，但 x 的斜率平均值具有顯著意義 $\gamma_{10} = 0.919$ [0.601,1.223]，估計得出的脈絡效果 BETAC_A = -0.074 [-3.407,3.371] 與 BETAC_B = -2.140 [-4.353,0.035]，.95CI 均涵蓋 0，顯示 x 變數的脈絡效果（控制了 $x \rightarrow y$ 個體層次影響力之後的 x 組平均數的淨解釋力）均未具有統計意義。

進一步延伸閱讀書目

林鉦棽、彭台光（2006）。〈多層次管理研究：分析層次的概念、理論和方法〉。《管理學報》，12 卷，649-675。

邱皓政、溫福星（2015）。〈多層次模式的交互作用與脈絡變數的飽和模式分析：以組織氣氛知覺對工作滿意的影響為例〉。《人力資源管理學報》，15 卷 2 期，67-94。

LeBreton, J. M., James, L. R., & Lindell, M. K. (2005). Recent issues regarding r_{WG}, r^*_{WG}, $r_{WG(J)}$ and $r^*_{WG(J)}$. *Organizational Research Methods*, 8(1), 128-138.

第三篇
縱貫性多層次模式

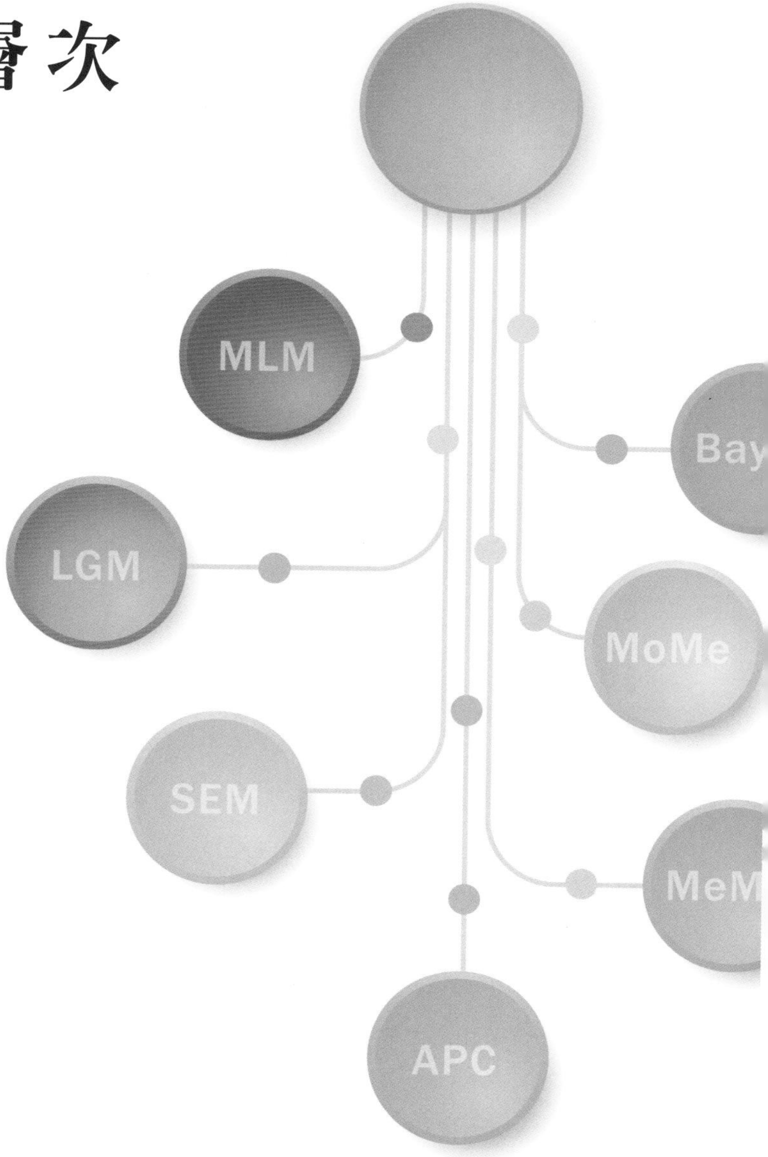

Chapter 7

多層次縱貫模式

7.1 前言

在到目前爲止，本書所討論的嵌套資料並未帶有時間資訊，亦即研究者所觀察到的資料都是在特定時間點下所蒐集獲得，亦即橫斷面數據。當研究者隨著時間的發展而持續重複蒐集某個（或某些）變數的資料，亦即縱貫面資料（longitudinal data），其主要特徵在於時間的延續，因此分析模式多牽涉到變化（change）或軌跡（trajectory），如圖 7.1 中的薪資（Y 軸）隨年齡（X 軸）增

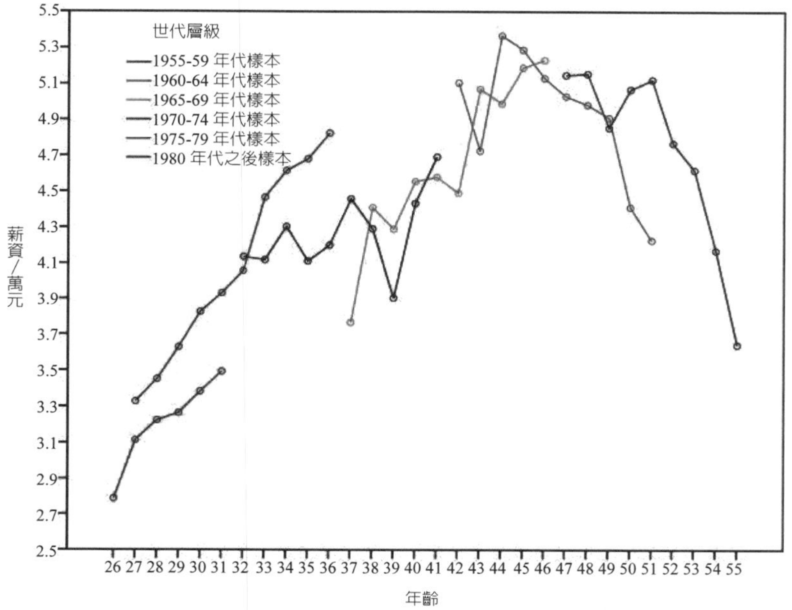

圖 7.1　隨年齡變動的薪資成長軌跡圖示

加而發生變化的成長軌跡。這種隨時間而變的資料分析方法有多種不同型態，例如重複量數變異數分析、時間序列分析、多層次模式、潛在變數模式等。爲延續前面各章的討論，本章與下一章先將焦點放在 MLM 取向的分析觀點來處理縱貫資料數據，第九章再從 LGM 的觀點來討論。

7.2 縱貫資料的特性與狀態

在第二章當中，我們曾經討論縱貫研究的資料有兩種格式：隨時間變動（Tvar）與不隨時間變動（Tinv）。到了本章，爲了要配合 MLM 的模式設定，我們必須進一步區辨這兩種變數存在於何種層次，以及在模型中所扮演的功能。

若利用 MLM 來分析帶有時間資訊的縱貫數據，結果變數 y_{ti} 必然是隨時間變動的層一變數。至於解釋變數可能是不隨時間而變的 x_i（例如受測者的性別），也可能是帶有時間資訊隨時間而變的自變數 x_{ti}。如果是隨時間變動的自變數，又可區分成不同類型：反映測量時間點的波數（*wave*），以及隨時序變動而變化的變數，例如受測者受調查時的年齡，這兩者均爲隨時序增減的 Tvar 變數。另一類則是不隨時序而有次序增減的 Tvar 變數，例如受測當時的心情狀況等。

7.2.1 變數編碼與量尺特性

對於隨時間變動的自變數 x_{ti}，其足標 i 表示受測者的序號，$i = 1, \cdots, m$, t 表示時間序號，$t = 1, \cdots, n$，因此時間 t 嵌套於個體 i 之內。對於第 i 個體，受觀察的 y 變數的變動即爲 x 隨 t 而變動的函數，$y_{t|i} = f(x_{t|i})$。利用函數來描述 IV 與 DV 的關係時，IV 的尺度作爲函數的*定義域*（domain of function），亦即 IV 所有可能值的集合，定義域的不同編碼定義方式將影響函數估計與參數意義的解釋。

爲了說明時間編碼的複雜性，我們改編 Singer 與 Willett（2003）（p.182）所引述的一項實驗研究（Tomarken et al., 1997）的時間編碼方式，加入其他可能會發生於社會科學研究的編碼格式，一併列於表 7.1。基本上，表 7.1 是某一位受測者在各變數上模擬進行 14 次測量所得到的數據，雖然每一個變數的性質皆不相同，但均可作爲隨時間變動的 IV@L1。

表 7.1 的數據，其編碼格式的實驗設計原理描述如下：假設今天有一個爲期一週（七天）關於憂鬱症患者治療效果研究，治療效果由心情指數量表數值

表 7.1　**隨時間變動的 IV@L1 尺度不同編碼格式的模擬數據**（$m = 1$）

	A：具時間序列特徵					B：無時間序列特徵			
	Wave	Day	Clock	Time1	Time2	Time3	Time4	Man	Rela
序號	第幾次測	第幾天測	幾點測	從第一次測延宕時間	離最後一次發作時間	前一小時內說話時間	距離起床時間	與人互動數目	與人關係自評
	(次)	(天)	(鐘點)	(1/2天)	(分鐘)	(分鐘)	(小時)	(人)	(分)
1	1	0	10am	0.00	72.0	25	4.0	10	5
2	2	0	10pm	0.50	72.5	10	16.0	1	1
3	3	1	10am	1.00	73.0	40	4.0	10	5
4	4	1	10pm	1.50	73.5	10	16.0	0	1
5	5	2	10am	2.00	74.0	15	5.0	7	5
6	6	2	10pm	2.50	74.5	5	18.0	2	1
7	7	3	10am	3.00	75.0	30	3.5	5	3
8	8	3	10pm	3.50	75.5	10	15.5	1	1
9	9	4	10am	4.00	76.0	15	2.0	4	4
10	10	4	10pm	4.50	76.5	0	14.0	1	1
11	11	5	10am	5.00	77.0	45	1.5	4	2
12	12	5	10pm	5.50	77.5	30	13.5	3	4
13	13	6	10am	6.00	78.0	25	3.0	4	4
14	14	6	10pm	6.50	78.5	20	15.0	4	5
Min	1	0	10am	0.00	**72.00***	**0***	**1.5***	**1***	**1**
Max	14	6	10pm	6.50	**78.50***	**35***	**17.0***	**10***	**5**
Mean	7.5	3.00	-	3.25	**75.25***	**20.0***	**9.29***	**4.0***	**3.00***
Var	17.5	4.31	-	4.38	**4.38**	**173.1***	**40.14***	**10.0***	**3.08***

註：標示 * 者爲具有個別差異的數值。Min 爲最小值，Max 爲最大值，Mean 爲平均數，Var 爲變異數。

（y_{ti}）來反映。某患者被要求每天（Day）蒐集心情指數兩次（上午 10 點與下午 10 點）（Clock），此外並要求回憶測量心情指數之前的一個小時說了多少分鐘的話（Time3）、與多少人互動（Man）、與他人關係好壞（Rela）。

表 7.1 當中的每一個變數均隨時間變動，但分成兩大類：（A）具有時間序列與（B）不具時間序列者，前者包括波次（Wave）、日數（Day）、時點（Clock）、延宕時間（Time1）、離最後一次發作時間（Time2），這些變數的數值雖然都是具有時間先後次序不可任意改變，但除了離最後一次發作時間（Time2）之外，其他各變數對於每一位受測者均有相同的起點、終點、平均數、變異數等描述統計量，換言之，這些變數雖然意義不同，但是心理計量特徵相同，而且沒有個別差異。至於最特別的離最後一次發作時間（Time2），則是每一個受測者在起終點的定義域有所不同、平均數不同，但是變異數則相同。

相對之下，不具時間序列特徵的變數：與人談話時間（Time3）、距離起床時間（Time4）、與人互動數目（Man）、與人關係自評（Rela），不僅變數數值沒有先後次序，變數意義與心理計量特徵均不相同，而且還可區分爲具有個別差異（表 7.1 當中標示 * 符號者）與不具個別差異者。如果隨時間變動的 Tvar_IV@L1 的平均數具有個別差異，即存在個人（組）平均與全體平均（總平均）兩種平均數，稱爲帶有平均數結構自變數（IV with mean structure）。如果隨時間變動的 Tvar_IV@L1 的定義域（量尺）具有個別差異，每一個受測者在該 Tvar_IV@L1 的起點或終點有所不同（例如表 7.1 當中的 Time2、Time3、Time4、Man 等變數），稱爲帶有量尺結構自變數（IV with scale structure）。

以「與人關係自評」爲例，受測者如果被要求以 1（非常不好）至 5（非常好）的五點 Likert 量尺評估測量當時他／她與周邊人員的互動關係品質，此時每一個受測者在該變數的定義域（變數量尺）均相同，但是描述統計量則可能不同。至於與人談話時間（Time3）、距離起床時間（Time4）及與人互動數目（Man）兩者，變數定義域與平均值均不相同。

很明顯的，前述所介紹的各個變數雖然都隨時間變動，甚至有四個變數都與時間進程（標示爲 Time）有關，但每一個變數的意義與計量性質都有不同程度的差異，將影響變數平移決策與定錨效果（我們將在下一章討論），凸顯出縱貫資料分析在 IV@L1 的設定與安排必須非常小心。

7.2.2 軌跡檢視與視覺化

縱橫面資料的主要特徵是資料會隨時間而變。因此，針對所蒐集得到的資料進行資料檢查，除了掌握整體資料變動的趨勢之外，並偵測極端傾向的數據或特殊個案，檢視變數的關係形式是否符合預期或假設，以作為資料清理的依據或模式設定的參考。

最直觀的變數關係檢查，是逐一檢視 *m* 個受測者的變數軌跡散佈圖。如果受測者人數很多，可以隨機或立意選取部分受測者來檢視 Tvar 變數的變動情形。圖 7.2 列舉的八個單一軌跡圖，是取 450 位民眾當中的前八位，描繪其六波薪資變動的軌跡狀態，其中圖 7.2(a) 是以測量波次作為 X 軸，以薪資為 Y 軸，藉以瞭解測量時段的遞增與薪資軌跡的關係。圖 7.2(b) 則是以每週工時作為影響

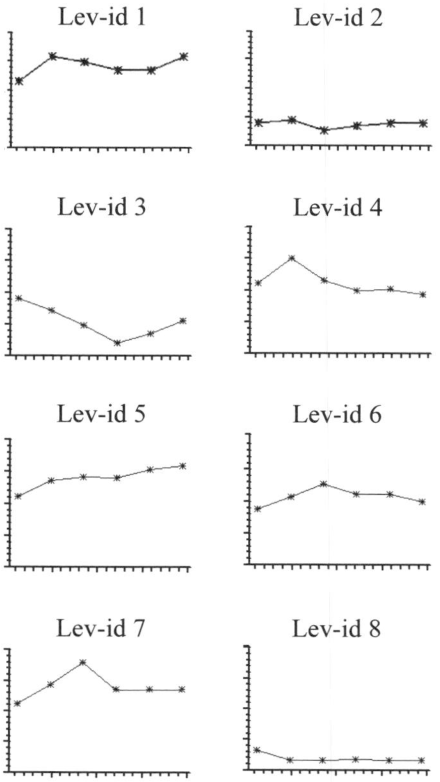

(a) 測量波次遞增的薪資軌跡

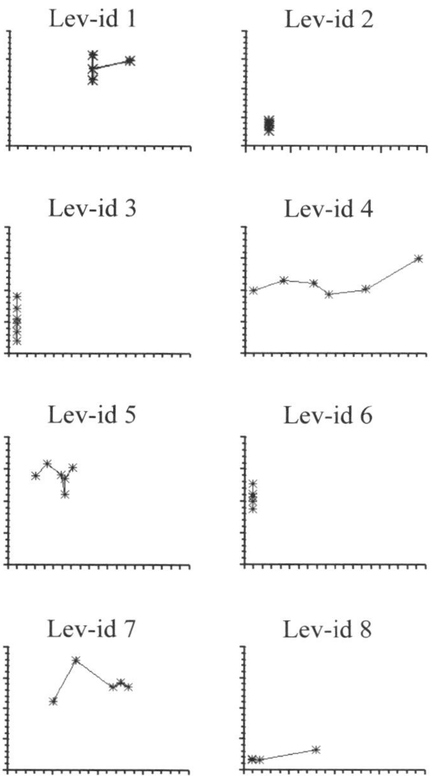

(b) 每週工時與薪資關係

圖 7.2　個別受測者的薪資軌跡與散佈圖

薪資的解釋變數，用以判斷工時越高而薪資越高的趨勢是否存在。

由圖 7.2 的軌跡圖可以看出，並非每一位受測者的薪資軌跡都有相同的變動趨勢。在圖 7.2(a) 當中，部分受測者的薪資數據並沒有隨著時間的進展而有明顯變動（ID = 2,8），即使有變動者，時而先上後下（ID = 4,7），時而先下後上（ID = 3），甚至呈現上下循環波動（ID = 1）的變動趨勢。

圖 7.2(b) 的 X 軸是受測者所報告的每週工時，其數值順序並非時間序列，而是工時多寡，因此圖中的變動折線並非時間遞變軌跡，而是反映工時多寡與薪資高低的共變關係。由 X 軸的數值範疇可以看出，每一個受測者所報告的工時數據的變異情形大小不一，甚至有幾位受測者的每週工時呈現常數（ID = 2,3,6），但是其他受測者的每週工時在六波次的調查期間多少都有變化，因此仍須將此一變數設定爲 Tvar 變數，否則即無法檢視每週工時與薪資變動之間的共變關係。

在圖 7.2(b) 的八個分列圖示中，每週工時呈常數者，資料散佈圖呈現垂直直線，其他受測者多呈線性成長趨勢，亦即當受測者每週工時越長，薪資也將越高。比較特別的是 ID = 7，如果排除某一筆偏高的薪資，其每週工時與薪資高低應爲線性關係，顯然該筆偏高薪資是異常極端值。

事實上，如果要檢視異常資料，最好的方式是將所有的資料放在一起檢視，如圖 7.3 的多重受測者散佈圖所示。八個受測者堆疊起來檢視 X 軸與 Y 軸兩變數的散佈關係如圖 7.3(a)，甚至可以將全部的 *m* 位受測者的軌跡或共變關係堆疊起來一起檢視，更能夠看出異常軌跡或異常極端值的發生狀況（如圖 7.3(b)）。

7.2.3 軌跡圖示原則

一般在慣例上，Y 軸所放置的變數是 DV，X 軸所放置的變數則是用來解釋 DV 的 IV，這兩者都是隨時間變動的 Tvar 變數，亦即 L1 個體內層次的數據，如果是不隨時間變動的 L2 個體間層次的 Tinv 變數，則可以作爲折線圖的特殊標示，以利判讀。例如受測者的性別是個體層次變數，我們可以把男女生標示成不同顏色來進行不同性別的軌跡比較。

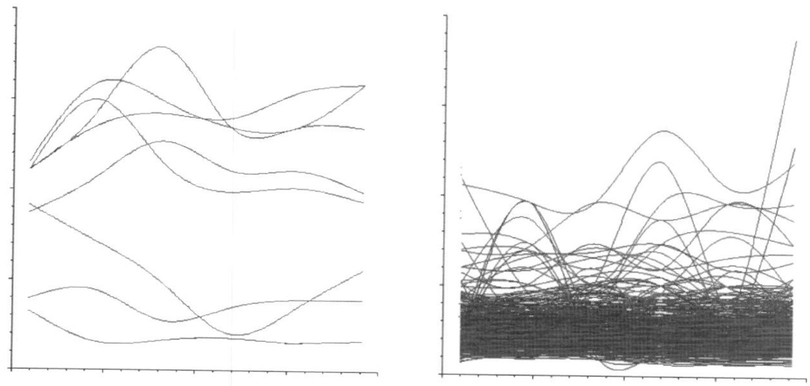

(a) 部分樣本薪資軌跡（$m = 8$） (b) 全體樣本薪資軌跡（$m = 450$）

圖 7.3 多重受測者的參數化軌跡圖

至於散佈點連線的繪製，則有幾種不同的作法。第一是以樣本數據的連線所繪製得到實徵資料散佈圖（empirical plot），亦即將所有的配對觀察值加以標示後直接以直線連接即可，此時散佈圖當中的折線雖然呈現不規則狀，但最能夠忠實地反映數據軌跡的原始狀態。

另一種作法則是平滑圖示（smoothing plot），亦即將各配對觀察值不規則連線改以圓滑曲線來反映軌跡或共變關係，例如圖 7.3 所示。折線平滑如果是直接在原始折線進行數學運算所進行的平滑化，未採用任何統計模型來估計參數，稱爲非參數平滑（non-parametric smoothing），例如移動平均（moving average）、指數平滑法（exponential smoothing），或以樣條函數（splines function）來拉成平滑線。

相對的，如果平滑過程利用統計模型（例如線性或多項式迴歸）來表現折線的變化趨勢，則稱爲參數平滑（parametric smoothing），此時除了數據折線呈現圓滑曲線，也可以得到曲線的統計參數（例如截距與斜率），提供模式設定的參考。雖然統計模型的運用通常都有一定的基本假設，例如殘差隨機化，但由於平滑線的功能僅是用來進行資料檢查，並非用來檢驗研究假設做成結論，因此無須受限於統計模型使用的假設限制，只要統計軟體提供散佈圖的資料分布折線的參數平滑功能，即可用來描繪資料的共變關係與變動軌跡。

7.3 線性成長模型

7.3.1 線性成長模型的模式設定

最簡單的多層次縱貫分析，是在 MLM 中僅帶有一個波次或時間變數（w_{ti}）的線性成長模型（linear growth model）。今天若有 m 位學生的考試成績（y_{ij}）被重複蒐集 n 次，此時考試成績嵌套在學生之內，模式設定如下：

$$\text{L1} \quad y_{ti} = \pi_{0i} + \pi_{1i} w_{ti} + [\varepsilon_{ti}] \tag{7-1}$$

$$\text{L2} \quad \pi_{0i} = \beta_{00} + [u_{0i}] \tag{7-2}$$

$$\pi_{1i} = \beta_{10} + [u_{1i}] \tag{7-3}$$

$$\text{Mixed} \quad y_{ti} = \beta_{00} + \beta_{10} w_{ti} + [u_{0i} + u_{1i} w_{ti} + \varepsilon_{ti}] \tag{7-4}$$

方程式 (7-1) 爲個體內層次 (L1) 方程式，也就是隨時間變動的 DV 被時間變數所解釋的線性模型，π_{0i} 爲截距，反映 m 個個體在 $w_{ti}=0$ 時的 DV 預測值，π_{0i} 的足標 i 表示每一個個體都有不同的截距。π_{1i} 爲斜率，反映 m 個個體的 DV 隨時間增加的變動量，每一個個體都不同。

方程式 (7-2) 與 (7-3) 爲個體間層次 (L2) 方程式，截距方程式 (7-2) 以 π_{0i} 爲 DV，β_{00} 爲 L1 方程式截距的平均值，亦即 m 個個體在 $w_{ti}=0$ 時的 DV 起始值平均數，斜率方程式 (7-3) 以 π_{1i} 爲 DV，β_{10} 爲 L1 方程式的斜率平均値。方程式 (7-2) 與 (7-3) 當中皆帶有隨機效果，又稱爲線性混合效果模型（linear mixed effects model）（Fitzmaurice, Laird, & Ware, 2011），或爲前一章所定義的隨機係數模型，在本章則稱爲隨機截距隨機斜率模型。

u_{0i} 與 u_{1i} 爲分別代表截距 π_{0i} 與斜率 π_{1i} 在 m 個個體之間的變異情形，服從以 0 爲平均數、以τ_{00}^2與τ_{11}^2爲變異數的二元常態分配。事實上，對於帶有一個時間變數的線性成長模型，由於截距 π_{0i} 與斜率 π_{1i} 可設定爲固定或隨機係數，因而有四種不同的模式設定，如表 7.2 所示。這四種模型的線性軌跡說明於圖 7.4(a) 至圖 7.4(d) 當中。

線性成長模型最簡單的設定方式是僅有單一截距與斜率，m 個受測者的成長軌跡都有相同的起點與斜率，在 IV@L1 與 DV 的散佈圖上呈現單一直線，如圖 7.4(a) 所示。此一模型忽略 L2 的個別差異，所得到的結果與傳統的單一層次

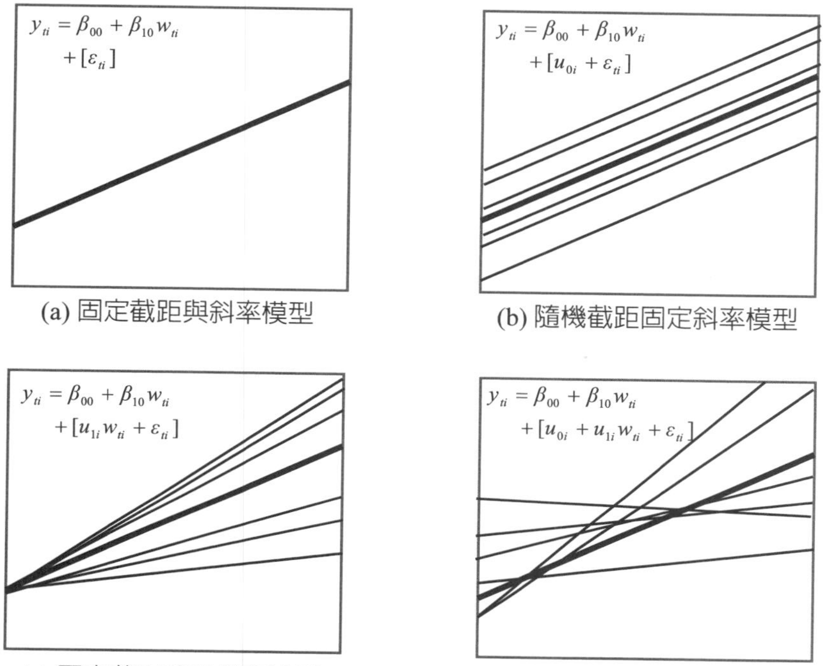

(a) 固定截距與斜率模型　(b) 隨機截距固定斜率模型

(c) 固定截距隨機斜率模型　(d) 隨機截距與斜率模型

圖 7.4　四種不同線性成長模型圖示

表 7.2　四種不同的線性成長模型設定

模型名稱		參數設定		變異數/共變數估計			
		π_{0i}	π_{1i}	σ_e^2	τ_{00}^2	τ_{11}^2	τ_{10}
M1	固定截距與斜率模型	固定	固定	有	-	-	-
M2	隨機截距固定斜率模型	隨機	固定	有	有	-	-
M3	固定截距隨機斜率模型	固定	隨機	有	-	有	-
M4	隨機截距與斜率模型	隨機	隨機	有	有	有	有

OLS 簡單迴歸相同，因此稱爲固定截距與斜率（fixed-intercept-and-slope）模型或簡單迴歸模型，混合方程式如下。

$$y_{ti} = \beta_{00} + \beta_{10} w_{ti} + [\varepsilon_{ti}] \tag{7-5}$$

如果允許每一個個體有不同的起點，但是成長的速率（斜率）相同，此時截距 π_{0i} 為隨機效果，斜率 π_{1i} 為固定效果，此時將觀察到的成長軌跡為起點相異的平行線，如圖 7.4(b) 所示。此一模型即為第四章所討論的隨機效果 ANCOVA 模型，在本章則稱為隨機截距固定斜率（random-intercept-fixed-slope）模型，混合方程式如下。

$$y_{ti} = \beta_{00} + \beta_{10} w_{ti} + [u_{0i} + \varepsilon_{ti}] \tag{7-6}$$

如果每一個個體起點狀態相同（例如皆從 DV = 0 開始），但成長速率不同，此時截距為單一固定數值但斜率不同，如圖 7.4(c)，稱為固定截距隨機斜率（fixed-intercept-random-slope）模型，如方程式 (7-7)。

$$y_{ti} = \beta_{00} + \beta_{10} w_{ti} + [u_{1i} w_{ti} + \varepsilon_{ti}] \tag{7-7}$$

最後，如果每一個個體的成長軌跡有不同的起點與成長趨勢，則為隨機截距與斜率（random-intercept-and-slope）模型，如圖 7.4(d) 所示，此即方程式 (7-1) 至 (7-3) 所設定的一種隨機係數模型特例，混合方程式即為方程式 (7-4) 所示。

7.3.2 線性成長模型的實例說明

圖 7.1 的資料是摘自臺灣家庭動態資料庫（Panel Study of Family Dynamics, PSFD; https://srda.sinica.edu.tw/group/scigview/2/5）的部分資料，本章的示範資料是取 450 位 26 至 55 歲臺灣民眾從 2006 到 2011 年的六年薪資所得（萬元），共計 2,700 筆觀測資料。資料庫當中的變數有些隨時間而變，有些則否，列舉如表 7.3，相關係數如表 7.4 所示。

示範分析將以調查波次（w_{ti}）來解釋六波薪資（y_{ti}），沒有任何 IV 的零模型與 LM1 至 LM4 四種線性成長軌跡的估計結果列於表 7.5。為了使截距便於解釋，波次變數（w_{ti}）的編碼從原來的 1 至 6 改為 0 至 5，使得 LM1 至 LM4 的 L2 截距方程式的截距 β_{00} 反映第一波測量的薪資平均預測值，也因此 w_{ti} 作為 IV@L1 無須進行平減（關於平減議題將在下一章討論）。

7.3.2.1 零模型

首先，以沒有任何時間訊息與解釋變數對六波薪資進行變異拆解估計的零模型（LM0），得到截距為 4.468，此一數值即為所有個體六次薪資數據總平均值，零模型的組間變異數$\tau_{00}^2 = 4.694$，組內變異數為 0.848。

表 7.3　薪資資料庫的主要變數

名稱	變數性質	平均數	標準差	最小值	最大值
個體內層次（隨時間變動）（$N = 2700$）					
測量時點	等距	3.500	1.708	1（2006）	6（2011）
時間	等距	2.500	1.708	0	5
薪資（萬元）	等距	4.468	2.355	0.5	25
年齡（歲）	等距	37.570	7.277	26	55
年齡平方	等距	1464.353	569.432	676	3025
年資（年）	等距	8.240	6.814	0	37
每週工時	等距	47.930	12.915	4	120
個體間層次（不隨時間變動）（$m = 450$）					
薪資（萬元）	等距	4.470	2.201	1	22
性別	二分	0.640	0.481	0（女）	1（男）
年齡（歲）	等距	37.569	7.080	28.5	52.5
年齡平方	等距	1464.353	554.762	815.17	2759.17
教育程度	順序	2.910	1.212	0（國小以下）	5（博碩士）

表 7.4　六波薪資測量的描述統計與相關係數整理表（$m = 450$）

T	y	Mean	Variance	y_1	y_2	y_3	y_4	y_5	y_6
t	y_1	4.286	4.448	1					
$t+1$	y_2	4.413	5.258	.818	1				
$t+2$	y_3	4.558	5.480	.845	.845	1			
$t+3$	y_4	4.474	6.250	.831	.833	.870	1		
$t+4$	y_5	4.431	5.794	.795	.836	.845	.913	1	
$t+5$	y_6	4.645	6.022	.793	.840	.867	.902	.920	1
Average		4.468	4.844	.901	.920	.939	.955	.948	.950

$$LM0\text{: } y_{ti} = \beta_{00} + [u_{0i} + \varepsilon_{ti}]$$
$$= 4.468 + [\underline{4.694} + \underline{0.848}]$$
$$(0.104)\ (0.866)\ (0.109)$$

依據隨機效果估計值，可計算出 ICC = 4.694/(4.694+0.848) = 0.847，表示有高達 84.7% 的薪資差異屬於個體間差異，隨著時間變動的個體內變異僅有 15.3%。

7.3.2.2 固定截距與斜率模型

忽略嵌套特徵的固定截距與斜率模型，不考慮任何的組間效果，因此 $w_{ti} \rightarrow y_{ti}$ 的迴歸模型僅有一條迴歸線，反映了全體 2,700 筆薪資觀察值的平均成長軌跡：

$$LM1\text{: } y_{ti} = \beta_{00} + \beta_{10} w_{ti} + [\varepsilon_{ti}]$$
$$= 4.342 + 0.050 w_{ti} + [\underline{5.534}]$$
$$(0.099)\ (0.013)\qquad (0.909)$$

LM1 的斜率平均值 $\beta_{10} = 0.050$（$z = 3.754, p<.001$），達 .001 顯著水準，表示隨著測量的進行，每一波次增加薪資 0.05 萬元。但由於忽略了個體間與個體內變異的分割，個體內變異數（$\sigma_e^2 = 5.534$）即等於零模型當中個體間與個體內變異數總和。從模式適配來看，此一模型的 -2*LL*（12282）遠比零模型（8808）來得差，表示此一模型所納入的IV@L1不僅無法改善模型，還使模型變得更差。

7.3.2.3 隨機截距固定斜率模型

如果考慮每一個受測者的薪資起點不同，但欲維持共同的線性成長趨勢，進行截距為隨機效果但斜率為固定效果的隨機效果 ANCOVA 模型，增加τ_{00}^2參數進行估計，分析結果得知斜率估計數不變，隨機效果分解成$\sigma^2 = .839$ 與$\tau_{00}^2 = 4.695$ 兩部分，其中τ_{00}^2與零模型完全相同，但個體內變異明顯降低，表示投入能夠有效降低個體內變異，模式適配也下降至 -2*LL* = 8784，利用 LR-test 得到 $\chi^2_{(1)} = 24$，$p<.001$，表示 LM2 顯著優於零模型。

$$LM2\text{: } y_{ti} = \beta_{00} + \beta_{10} w_{ti} + [u_{0j} + \varepsilon_{ti}]$$
$$= 4.342 + 0.050 w_{ti} + [\underline{4.695} + \underline{0.839}]$$
$$(0.099)\ (0.013)\qquad (0.867)\ (0.108)$$

表 7.5　以「波次」解釋「薪資」的零模型與四種線性成長模型估計結果

模型名稱			固定效果		隨機效果			模式適配	
			β_{00}	β_{10}	σ_{ε}^{2}	τ_{00}^{2}	τ_{11}^{2}	#P	-2*LL*
LM0	零模型	*coef*	**4.468**	-	**0.848**	**4.694**	-	**3**	**8808**
		SE	0.104	-	0.109	0.866	-		
		z	43.102	-	7.818	5.417	-		
		p	<.001	-	<.001	<.001	-		
LM1	固定截距與斜率模型	*coef*	**4.342**	**0.050**	**5.534**	-	-	**3**	**12282**
		SE	0.099	0.013	0.909	-	-		
		z	43.687	3.754	6.089	-	-		
		p	<.001	<.001	<.001	-	-		
LM2	隨機截距固定斜率模型	*coef*	**4.342**	**0.050**	**0.839**	**4.695**	-	**4**	**8784**
		SE	0.099	0.013	0.108	0.867	-		
		z	43.685	3.753	7.748	5.417	-		
		p	<.001	<.001	<.001	<.001	-		
LM3	固定截距隨機斜率模型	*coef*	**4.342**	**0.050**	**2.251**	-	**0.358**	**4**	**10878**
		SE	0.099	0.013	0.297	-	0.070		
		z	43.687	3.754	7.586	-	5.109		
		p	<.001	<.001	<.001	-	<.001		
LM4	隨機截距與斜率模型	*coef*	**4.342**	**0.050**	**0.693**	**4.081**	**0.042**	**6**	**8639**
		SE	0.099	0.013	0.094	0.691	0.011		
		z	43.687	3.754	7.406	5.910	3.770		
		p	<.001	<.001	<.001	<.001	<.001		

註：#P 爲模型估計的參數數目。波次編碼爲 0 至 5，共六波測量。

7.3.2.4 固定截距隨機斜率模型

由於 LM2 將斜率設定爲固定效果，因此無法觀察到波次對於薪資的線性影響的個別差異，因此接下來令斜率具有隨機效果，增加τ_{11}^{2}參數進行估計，此一固定截距隨機斜率模型（LM3）比照 LM1 模型令截距固定爲單一數值而無隨機效果。每一個個體的起始點都相同但成長速率具有個別差異，斜率變異數τ_{11}^{2} =

0.358（z = 5.109, p<.001），但是模式適配再次變差（10872），顯示固定截距的設定使模型無法有效適配觀察資料。

$$
\begin{aligned}
LM3:\ y_{ti} &= \beta_{00} + \beta_{10} w_{ti} + [u_{1j} w_{ti} + \varepsilon_{ti}] \\
&= \underset{(0.099)}{4.342} + \underset{(0.013)}{0.050} w_{ti} + [\underset{(0.070)}{\underline{0.358}} + \underset{(0.297)}{\underline{2.251}}]
\end{aligned}
$$

7.3.2.5 隨機截距與隨機斜率模型

最後，如果讓截距與斜率均爲隨機效果，每一個個體的成長軌跡均具有個別差異，不僅薪資隨波次增加的線性成長趨勢具有統計意義 β_{10} = 0.050，z = 3.754, p<.001，截距個體間變異數τ_{00}^2 = 4.081（z = 5.910, p<.001）與斜率個體間變異數τ_{11}^2 = 0.042（z = 3.770, p<.001），均達 .001 顯著水準。

$$
\begin{aligned}
LM4:\ y_{ti} &= \beta_{00} + \beta_{10} w_{ti} + [u_{0j} + u_{1j} w_{ti} + \varepsilon_{ti}] \\
&= \underset{(0.099)}{4.342} + \underset{(0.013)}{0.050} w_{ti} + [\underset{(0.691)}{\underline{4.081}} + \underset{(0.011)}{\underline{0.042}} + \underset{(0.094)}{\underline{0.693}}]
\end{aligned}
$$

LM4 模型的模式適配更降至最低值（-2LL = 8639），與零模型相比之 LR-test 得到 $\chi^2_{(3)}$ = 169，p<.001，模型適配顯著改善。由此可知，每一個個體的薪資水準均有不同的成長起點與增長趨勢，LM4 是四種線性成長模型當中表現最佳者。各模型估計結果整理於表 7.5。

LM4 隨機係數模型當中的 L2 存在兩個隨機效果，除了可以估計截距與斜率的個別差異變異數τ_{00}^2與τ_{11}^2，也可以估計截距與斜率的共變數 τ_{01} = 0.075（z = 1.173, p = .241），進而導出截距與斜率相關係數$\rho_{(\pi_{0i},\pi_{1i})}$ = 0.182。但是由於 τ_{01} 未達統計水準，此一相關係數可被忽視。

$$
\rho_{(\pi_{0i},\pi_{1i})} = \frac{\tau_{01}}{\sqrt{\tau_{00}^2 \times \tau_{11}^2}} = \frac{0.075}{\sqrt{4.081 \times 0.042}} = 0.181 \qquad (7\text{-}8)
$$

一般而言，截距與斜率之間的相關多爲正值，表示當截距越高（例如薪資起點越高），斜率越高（例如薪資線性成長趨勢越強），因此每一個個體的薪資軌跡將呈現扇型放射的狀態，此一現象又稱爲社會科學的馬太效應（Matthew effect）（邱皓政、林碧芳，2016; Petersen, et al, 2011; Protopapas, et al., 2011; Stanovich, 1986; Walberg & Tsai, 1983），暗諷貧者愈貧、富者愈富，贏家通吃的經濟現象（出自聖經《馬太福音》的寓言故事，基於優勢地位者可以得到更多機會的現象稱爲馬太效應（Merton, 1968, 1988）。

7.3.3 帶有共變項的線性成長模型

由方程式 (7-1) 至 (7-3) 所組成的線性成長模型定義了某一個帶有時間遞延特徵的變數 w_{ti} 與 y_{ti} 之間的線性關係。此一 w_{ti} 可爲測量波次數、時間點、年齡等具有時序遞延改變的變數。每個受測者在 y_{ti} 的起點與變動狀態，是以 π_{0i} 與 π_{1i} 所決定的個體線性增長軌跡來描述。除了 w_{ti}，方程式 (7-1) 當中沒有其他 Tvar_IV@L1，方程式 (7-2) 與 (7-3) 當中也沒有任何 Tinv_IV@L2，表示 π_{0i} 與 π_{1i} 沒有被任何變數所解釋，是一個不帶任何共變數的線性成長模型。

如果研究者假設 π_{0i} 與 π_{1i} 的數值高低受到一些個體層次特徵的影響，在方程式 (7-2) 與 (7-3) 當中納入 IV@L2(z_i) 來加以解釋，此時 z_i 並沒有時間足標 t，表示這是一個不隨時間變動的 Tinv_IV@L2。z_i 對截距 π_{0i} 的影響程度由 β_{01} 反映，對斜率 π_{1i} 的影響程度由 β_{11} 反映，而 β_{11} 就是跨層次交互作用，如果 β_{11} 具有統計意義，即表示 z_i 能對 $w_{ti} \rightarrow y_{ti}$ 的影響力進行調節，亦即成長變化軌跡受到個人因素影響而有個別差異。納入一個有意義的 z_i，對於 L2 模型可以降低τ_{00}^2與τ_{11}^2，提升模式適配。

進一步的，如果研究者認爲，每一個時間點所觀察到的 y_{ti} 除了受到時間因素的影響（因此納入 w_{ti}），同時也會受到另一個隨時間而變動的因素所影響，因而在 L1 增加一個隨時間而變的 Tvar_IV@L1，以 x_{ti} 表示，其影響係數爲 π_{2i}，在 L2 形成另一個新的斜率方程式 (7-12)。

L1 $$y_{ti} = \pi_{0i} + \pi_{1i} w_{ti} + \pi_{2i} x_{ti} + [\varepsilon_{ti}] \tag{7-9}$$

L2 $$\pi_{0i} = \beta_{00} + \beta_{01} z_i + [u_{0i}] \tag{7-10}$$

$$\pi_{1i} = \beta_{10} + \beta_{11} z_i + [u_{1i}] \tag{7-11}$$

$$\pi_{2i} = \beta_{20} + [u_{2i}] \tag{7-12}$$

Mixed $$y_{ti} = \beta_{00} + \beta_{10} w_{ti} + \beta_{20} x_{ti} + \beta_{01} z_i + \beta_{11} w_{ti} z_i + [u_{0i} + u_{1i} w_{ti} + u_{2i} x_{ti} + \varepsilon_{ti}] \tag{7-13}$$

方程式 (7-12) 具有誤差項但沒有任何的 IV@L2，顯示新增的 IV@L1 的斜率 π_{2i} 在 m 個個體之間爲自由變動的隨機係數，但沒有被任何個體層次的變數所解釋，如果有必要，研究者當然可以在方程式 (7-12) 當中納入 Tinv_IV@L2（例如性別）來解釋 π_{2i} 的個體變異。這些比較複雜的帶有共變項的模型，將在最後一節配合 Mplus 語法介紹時再行示範說明。

7.4 二次成長模型

7.4.1 二次成長模型的模式設定

在線性成長模型當中，隨時間遞增的波次變數 w_{ti} 對薪資 y_{ti} 的影響是以直線方程式來適配資料，表示隨著時間增長，薪資也將呈現等比例的增加，但是薪資成長未必隨時間呈現線性成長增加，而可能呈現二次成長，此時即須採用非線性成長模型（nonlinear growth model）來分析。

在研究實務上，二次成長模型（quadratic growth model）可以說是最常見的非線性模型，同時也是線性成長模型最簡單的一種延伸（嵌套）模型，亦即在原來的 L1 方程式當中增加一個二次項，反映 y_{ti} 隨時間增長且呈現加速或趨緩之勢，如方程式 (7-14) 所示，因而 L2 增加一個以 π_{2i} 爲 DV 的斜率方程式 (7-17)，用以描述二次項係數 π_{2i} 的平均值與個別差異：

L1 $$y_{ti} = \pi_{0i} + \pi_{1i} w_{ti} + \pi_{2i} w_{ti}^2 + [\varepsilon_{ti}] \quad (7\text{-}14)$$

L2 $$\pi_{0i} = \beta_{00} + [u_{0i}] \quad (7\text{-}15)$$

$$\pi_{1i} = \beta_{10} + [u_{1i}] \quad (7\text{-}16)$$

$$\pi_{2i} = \beta_{20} + [u_{2i}] \quad (7\text{-}17)$$

Mixed $$y_{ti} = \beta_{00} + \beta_{10} w_{ti} + \beta_{20} w_{ti}^2 + [u_{0i} + u_{1i} w_{ti} + u_{2i} w_{ti}^2 + \varepsilon_{ti}] \quad (7\text{-}18)$$

方程式 (7-14) 當中，π_{0i} 爲每一個體的二次曲線於起點時（$w_{ti}=0$）的 y_{ti} 預測值，β_{00} 爲 π_{0i} 的平均值；一次項係數 π_{1i} 表示第一層成長曲線在時間軸 w_{ti} 位於起點時（$w_{ti}=0$）的切線斜率，β_{10} 則爲其平均切線斜率；新增加的二次項的係數 π_{2i} 爲第一層成長曲線的個別曲率，β_{20} 爲曲率平均值。在解釋整個模型的成長曲線時，皆以 β_{00}、β_{10} 與 β_{20} 三個固定效果來討論軌跡型態，曲線的個別差異，亦即 π_{0i}、π_{1i}、π_{2i} 三者的個別差異隨機效果，分別爲τ_{00}^2、τ_{11}^2、τ_{22}^2三個變異數來反映。π_{0i}、π_{1i}、π_{2i} 三者之間還可求出三個共變數 τ_{01}、τ_{02}、τ_{12}，但是這些共變數一般均非研究者所關心的焦點而不予強調。

7.4.2 β_{10} 與 β_{20} 的對應關係

二次曲線方程式之所以特殊，在於增加了二次項係數的解釋，而曲率平均值 β_{20} 與一次項切線斜率平均值 β_{10} 的正負號方向則有特定對應關係，在解釋係數數值意義時必須正確說明。

從曲線的型態來看，當 $\beta_{20} > 0$，表示成長曲線整體趨勢爲向上彎曲（一次項斜率隨時間遞延而漸增），$\beta_{20}<0$ 則表示成長曲線整體趨勢爲向下彎曲（一次項斜率隨時間遞延而漸減），將混合模式對時間 w_{ti} 一次微分後（如方程式 (7-19)）令之爲 0，亦即求取切線斜率由正轉負或由負轉正的反曲點（切線斜率爲 0 處），可求出曲線高點（極大值）或低點（極小值）發生在時間軸（X 軸）的何處（w_L）（如方程式 (7-20)），將 w_L 代入混合方程式 (7-18)，或利用方程式 (7-21)，即可求得 y_{ti} 的極值（$y_{\lim}$），當 $\beta_{20}<0$ 有最高點（$y_{\max}$），當 $\beta_{20}>0$ 有最低點（$y_{\min}$）。

$$\frac{\partial y}{\partial w} = y'_{ti} = \beta_{10} + 2\beta_{20} w_{ti} \tag{7-19}$$

$$w_L = -\frac{\beta_{10}}{2\beta_{20}} \tag{7-20}$$

$$y_{\lim} = \frac{4\beta_{00}\beta_{20} - \beta_{10}^2}{4\beta_{20}} \tag{7-21}$$

一次微分方程式 (7-19) 又稱爲切線斜率方程式，y'_{ti}反映曲線切線斜率數值，β_{20} 是切線斜率的增減量，β_{10} 是 $w_{ti} = 0$ 的切線斜率。當 $\beta_{20}>0$，切線斜率由負值越過 0 而轉正放大，此時 y_{ti} 將隨著時間增加而呈現二次曲線向上加速放大，相對的，如果 $\beta_{20}<0$，切線斜率由正值越過 0 而轉負，此時 y_{ti} 將隨著時間增加而呈現二次曲線向下加速變低，各係數的相對應關係如表 7.6 所示，並以圖 7.5 說明關於二次曲線的幾個特殊現象。

表 7.6　二次曲線軌跡型態及 β_{10} 與 β_{20} 係數意義整理表

β_{20}狀態	曲線型態	y_{ti}	切線斜率 y'_{ti}	β_{10}狀態
$\beta_{20}>0$	開口向上	於w_L有極小值y_{min}	由負轉正	當$w_L>0$，則$\beta_{10}<0$ 當$w_L<0$，則$\beta_{10}>0$
$\beta_{20}<0$	開口向下	於w_L有極大值y_{max}	由正轉負	當$w_L<0$，則$\beta_{10}<0$ 當$w_L>0$，則$\beta_{10}>0$

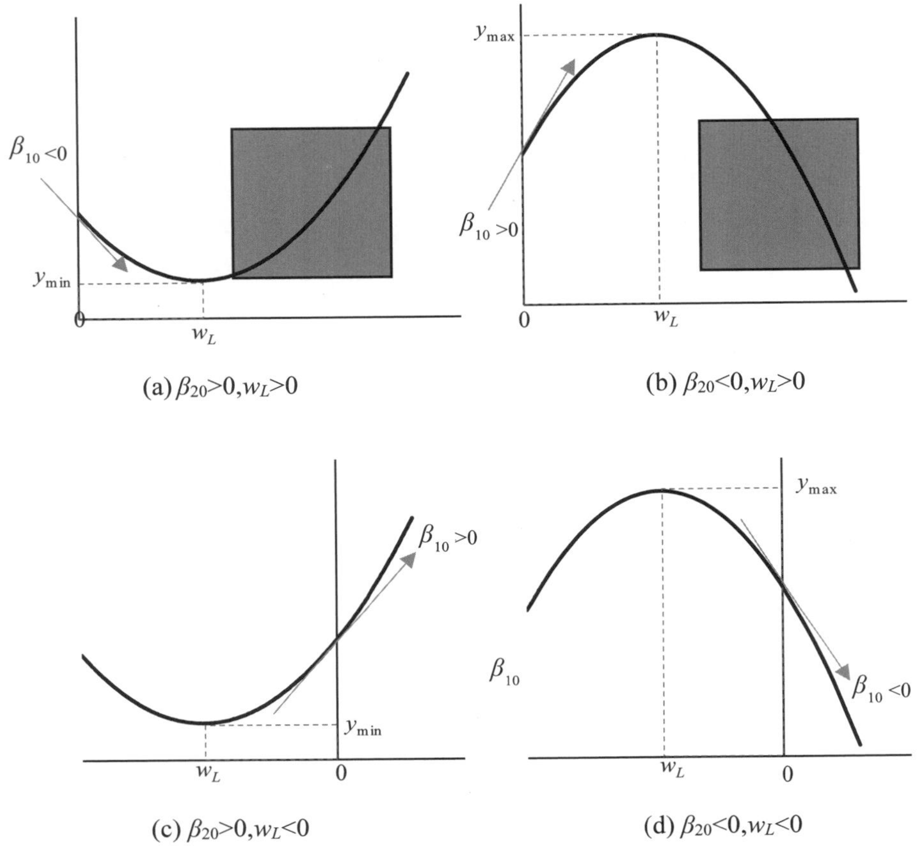

圖 7.5　不同二次曲線型態的係數相對關係圖示

7.4.3 反曲點的外顯性

由圖 7.5 當中各曲線均可觀察到一個極值，發生在切線斜率爲 0，亦即（w_L, y_{min}）（當 $\beta_{20}>0$ 時）或（w_L, y_{max}）（當 $\beta_{20}<0$ 時）的反曲點。這是因爲時間軸與依變數軸兩者的數值範圍涵蓋了二次曲線的極值，因此在圖形中可以觀察到切線斜率由正轉負或由負轉正的反曲點。

在實際研究中，經常因爲 X 軸或 Y 軸的數值範圍受限於一定範圍內（例如圖 7.5(a) 與 7.5(b) 當中框線網底部分），因而無從觀察到極值，只能看到切線斜率恆爲正値（圖 7.5(a)）或恆爲負値（圖 7.5(b)），只要將二次曲線延伸到資料範圍之外的部分，即可涵蓋反曲點，也可以利用公式計算出二次曲線的反曲點，但是即使計算出來也沒有解釋的意義，因為在有限的資料範圍內並不存在該反曲點。

由圖 7.5 可知，若要使得一個數值範圍外的反曲點以人為的方式突顯出來，一個具體的作法是將時間軸的原點加以平移來得到，顯示自變數平移對於帶有時間遞變資訊的非線性模型，是一個重要議題。以不同的方式來移動時間軸的原點，不僅會影響多項式方程式中固定效果與隨機效果的估計值，更會影響結果解釋與下結論的方式，因此在非線性成長模型的應用上，時間軸平移必須非常小心處理。我們在下一節當中詳細討論此一議題。

7.4.4 二次曲線模型的實例說明

前一節的範例是以波次（w_{ti}）來解釋六波薪資（y_{ti}）的線性成長軌跡，本節則以年齡變數為例，進行年齡變數的一次與二次方程式對於薪資軌跡的影響。在前一節的線性成長模型中，L1 僅需納入年齡一次項為 IV@L1，但是在二次成長模型中，年齡變數除了以一次項形式存在 age^1，並另外取平方後得到 age^2，將兩項進行總平減後，同時納入 L1 方程式中。同時為了簡化模型，本範例將年齡一次項與二次項均假設為固定效果，亦即除了起始點不同之外，二次曲線本身並無個別差異。定義如下：

$$\text{L1} \quad wage_{ti} = \pi_{0i} + \pi_{1i} age_{ti}^1 + \pi_{2i} age_{ti}^2 + [\varepsilon_{ti}] \tag{7-22}$$

$$\text{L2} \quad \pi_{0i} = \beta_{00} + [u_{0i}] \tag{7-23}$$

$$\pi_{1i} = \beta_{10} \tag{7-24}$$

$$\pi_{2i} = \beta_{20} \tag{7-25}$$

由表 7.7 的結果可知，在尚未投入任何 IV 時的零模型參數數目為 3，模式適配 -2LL = 8808，一旦投入年齡的一次項，參數數目為 4，模式適配 -2LL = 8760，兩者 -2LL 差異具有統計顯著性，Wald = 30.706（p<.001），顯示投入年齡一次項能顯著改善模式適配，年齡一次項的效果 β_{10} = 0.058（z = 5.511, p<.001）具統計意義，亦即當受測者與自己比較，每增加一歲，薪水將增加 0.058 萬元。

$$\begin{aligned} CM1{:}\ y_{ti} &= \beta_{00} + \beta_{10} age_{ti} + [u_{0j} + \varepsilon_{ti}] \\ &= \underset{(0.101)}{4.468} + \underset{(0.011)}{0.058} age_{ti} + [\underset{(0.807)}{\underline{4.443}} + \underset{(0.108)}{\underline{0.840}}] \end{aligned}$$

如果再投入年齡二次項，以二次曲線模型進行分析，模型參數數目爲 5，模式適配再次降低，-2LL = 8741，與零模型相較的差異檢定 Wald = 64.958（p<.001），與線性模型相較的差異檢定 Wald = 11.745（p<.001），兩者均達 .001 顯著水準，表示投入年齡二次項也能顯著改善模式適配，年齡對薪資變動的影響是呈二次曲線而非線性關係：年齡一次項的迴歸係數 β_{10} = 0.291（z = 4.463, p<.001），表示當個體處於平均年齡時（37.57 歲）的薪資增長幅度（每增加一歲薪資將增加 0.291 萬元），而年齡二次項的曲率係數爲 β_{20} = -0.0031（z = -3.427, p<.001），表示對於個體自己來說，年齡每增加一歲，年齡對於薪資的正向斜率會降低 0.0031，方程式如下：

$$CM2: y_{ti} = \beta_{00} + \beta_{10}age_{ti} + \beta_{20}age_{ti}^2 + [u_{0j} + \varepsilon_{ti}]$$
$$= \underset{(0.100)}{4.468} + \underset{(0.065)}{0.291}age_{ti} - \underset{(0.001)}{3.427}age_{ti}^2 + [\underset{(0.807)}{\underline{4.397}} + \underset{(0.108)}{\underline{0.834}}]$$

表 7.7　薪資變化的年齡影響二次曲線成長模型估計結果

	固定效果			隨機效果		模式適配	
	β_{00}	β_{10}	β_{20}	σ_ε^2	τ_0^2	#P	-2LL
CM0零模型	**4.468**			**0.848**	**4.694**	**3**	**8808**
SE	0.104			0.109	0.866		
z	43.102			7.818	5.417		
p	<.001			<.001	<.001		
CM1線性模型	**4.468**	**0.058**		**0.840**	**4.443**	**4**	**8760**
SE	0.101	0.011		0.108	0.807		
z	44.270	5.511		7.744	5.508		
p	<.001	<.001		<.001	<.001		
CM2二次模型	**4.468**	**0.291**	**-0.0031**	**0.834**	**4.397**	**5**	**8741**
SE	0.100	0.065	0.001	0.108	0.807		
z	44.499	4.463	-3.427	0.744	5.448		
p	<.001	<.001	<.001	<.001	<.001		

7.5 多層次縱貫模式的 Mplus 範例

在本章當中，帶有時間資訊的多層次嵌套數據是以 MLM 來進行分析，其基本原理與操作程序在前面兩章已經有所討論，本節則將本章當中所曾經示範的成長模型再擴充到比較複雜的模型，並就 Mplus 語法環境與結果報表進行說明。

7.5.1 帶有共變項的線性成長模型範例

在第 7.3 節當中，我們曾經針對波次對薪資的影響進行線性成長模型分析，確認 LM4 隨機截距與斜率模型適配狀況最佳。以下，我們就以 LM4 為基礎，另外在個體內層次納入「每週工時」，在個體間層次納入「性別」，增加兩個共變項來對於薪資變動進行解釋。模型如下：

$$\text{L1} \quad wage_{ti} = \pi_{0i} + \pi_{1i} w_{ti} + \pi_{2i} hour_{ti} + [\varepsilon_{ti}] \tag{7-26}$$

$$\text{L2} \quad \pi_{0i} = \beta_{00} + \beta_{01} sex_i + [u_{0i}] \tag{7-27}$$

$$\pi_{1i} = \beta_{10} + \beta_{11} sex_i + [u_{1i}] \tag{7-28}$$

$$\pi_{2i} = \beta_{20} + \beta_{21} sex_i + [u_{2i}] \tag{7-29}$$

由方程式 (7-26) 至 (7-29) 可知，性別變數不僅用來解釋薪資截距的個別差異（影響效果由 β_{01} 反映，解釋剩餘的截距組間變異為τ_{00}^2），也被用來解釋波次的斜率個別差異（影響效果由 β_{11} 反映，解釋剩餘的截距組間變異為τ_{11}^2），以及每週工時的斜率個別差異（影響效果由 β_{21} 反映，解釋剩餘的斜率組間變異為τ_{22}^2）。其中 β_{11} 與 β_{21} 皆為跨層次交互作用，表示 IV@L1 對 DV 的影響力會被 IV@L2 所調節，且由於性別為二分變數（0: 女 ,1: 男），如果 β_{11} 與 β_{21} 具有統計顯著性，可以很容易的代入 sex = 0 或 sex = 1 求得不同性別條件下的單純效果。

方程式 (7-26) 至 (7-29) 所定義的帶有共變項的線性成長模型，以 Mplus 模式設定圖示整理於圖 7.6。由於個體內層次帶有 w 與 hour 兩個隨時間變動的 Tvar_IV@L1（實心圓點●所示），因此在個體間層次即有兩個反映隨機斜率的潛在變數 S1 與 S2。個體間層次共有三個潛在變數，被 Tinv_IV@L2 的 Sex 解釋之後的殘差變異數分別為τ_{00}^2、τ_{11}^2、τ_{22}^2，以及三個共變數 τ_{01}、τ_{12}、τ_{02}，因此隨機效果總共有 7 個有待估計的參數。

在反映各 IV 影響力的固定效果部分，w 與 hour 對於薪資成長的影響由 β_{10}

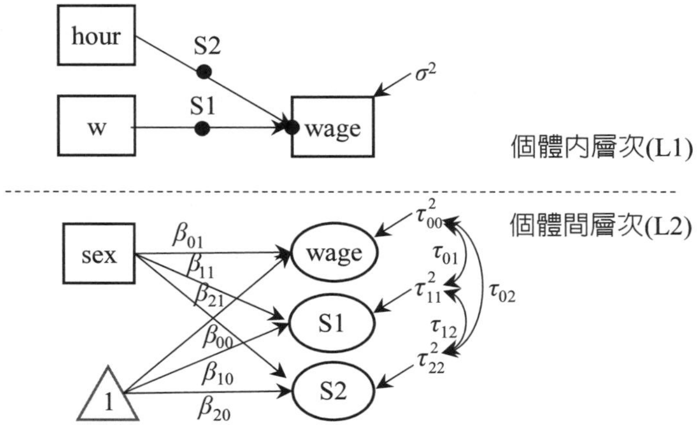

圖 7.6　帶有共變項的線性成長模型的 Mplus 變數關係圖示

與 β_{20} 反映，sex 對於六波薪資平均值的影響由 β_{01} 反映，最後 sex 對於 w 與 hour 的調節效果由 β_{11} 與 β_{12} 反映，加上總截距 β_{00}，總計有 6 個固定效果必須估計，合計本模型共需估計 13 個參數。Mplus 語法列於 Syn7.5a 中。

Syn7.5a：帶共變項的線性成長模型Mplus分析語法

```
TITLE:       Linear Growth Model with covariates
DATA:        FILE = N2700.csv;
VARIABLE:    NAMES = SID w Time1 Time2 wage age1 age2
             hour sex age1m age2m co1-co8 edu1-edu5;
             USEVARIABLES = wage w hour sex;
             CLUSTER = SID;
             WITHIN = w hour;
             BETWEEN = sex;
ANALYSIS:    TYPE = TWOLEVEL RANDOM;
DEFINE:      CENTER hour (GRANDMEAN) ;
MODEL:       %WITHIN%
             S1 | wage on w;
             S2 | wage on hour;
             %BETWEEN%
             wage S1 S2 on sex;
             S1 with wage; S2 with wage; S1 with S2;
OUTPUT:      TECH1 SAMPSTAT;
```

基於圖 7.6 的假設模型，由於斜率具隨機效果，因此分析方法設定為 **ANALYSIS:TYPE = TWOLEVEL RANDOM;**，同時在 L1 模型（亦即 **%WITHIN%**）當中增加 **S1 | wage on w** 與 **S2 | wage on hour** 兩個指令來設定兩個隨機斜率，並在 **%BETWEEN%** 當中增加 **S1 WITH wage, S2 WITH wage, S1 WITH S2** 指令來估計隨機效果的三個共變數。最後，IV@L2 的性別對於六年薪資平均、S1 與 S2 的影響以 **wage S1 S2 on sex** 指令定義。經過總平減的 IV 僅有 hour 變數，指令為 **DEFINE: CENTER hour (GRANDMEAN)**，至於波次變數的 0 有意義（第一波薪資調查），因此不需平減。以下僅就報表內容進行說明：

首先，Mplus 列出抽樣單位數（$m = 450$）、每抽樣單位下的平均觀察數（$n = 6$）、組內相關係數（ICCy = .845），以及所有使用變數的描述統計量資訊。

由報表數據可知，除了兩個跨層次交互作用未達顯著水準，其他固定效果與隨機效果均具有統計意義，顯示各主要效果均獲得支持：在 L1 層次，測量波次越後期薪資越高（$\beta_{10} = 0.052, z = 3.712, p<.001$），每週工時越高者薪資越高（$\beta_{20} = 0.012, z = 2.424, p<.05$），在 L2 層次，性別也能解釋薪資平均（$\beta_{01} = 1.191, z = 6.277, p<.001$），由於男性編碼為 1，女性為 0，表示當其他變數的條件維持不變時，男性平均薪資高於女性 1.191 萬元。

與未帶共變項的 LM4 模型相比，各參數的變動並不大，顯示所增加的 IV 並不影響其他參數的估計，但是新增加的 IV 提供了更多關於薪資變動的解釋來源，讓研究內容更加豐富，同時也降低了殘差變異，尤其是薪資平均的個體間差異變化最為明顯，由 LM4 的 4.081 降至 3.682，薪資是因為在 L2 的截距方程式所增加的 IV@L2 性別變數解釋了薪資在個體間的差異。

從模式適配來看，帶有共變項的隨機係數模型不論在 -2LL、AIC、BIC、SABIC 指標均優於不帶共變項的線性成長模型，顯示增加共變項能夠有效提高模式適配。但是三個個體間變異數仍具有統計顯著性，表示研究者仍可以繼續投入 IV@LI 或 IV@L2，藉以解釋截距與斜率的個體間變異。

```
SUMMARY OF DATA

     Number of clusters                          450

     Average cluster size          6.000

     Estimated Intraclass Correlations for the Y Variables

              Intraclass             Intraclass            Intraclass
     Variable Correlation Variable Correlation Variable Correlation

     WAGE        0.845

MODEL RESULTS
                                                            Two-Tailed
                      Estimate         S.E.  Est./S.E.        P-Value

Within Level
 Residual Variances
    WAGE                 0.627        0.087      7.227          0.000

Between Level

 S1          ON
    SEX                 -0.001        0.024     -0.035          0.972

 S2          ON
    SEX                 -0.003        0.006     -0.475          0.635

 WAGE        ON
    SEX                  1.191        0.190      6.277          0.000

 S1        WITH
    WAGE                 0.077        0.059      1.313          0.189
    S2                   0.002        0.002      0.759          0.448

 S2        WITH
    WAGE                -0.004        0.009     -0.467          0.641

 Intercepts
    WAGE                 3.593        0.140     25.583          0.000
    S1                   0.052        0.014      3.712          0.000
    S2                   0.012        0.005      2.424          0.015

 Residual Variances
    WAGE                 3.682        0.664      5.542          0.000
    S1                   0.042        0.015      2.745          0.006
    S2                   0.001        0.000      2.545          0.011
```

7.5.2 二次成長模型範例

爲了便於比較，對於二次成長模型的示範由前一個範例進行擴展，亦即加入年齡二次曲線，檢驗各參數的估計結果是否發生變化，以及年齡對於薪資的固定曲線模型（CM2）的曲線參數是否仍然具有統計意義。模型圖示於圖 7.7，方程式定義如下：

L1 $wage_{ti} = \pi_{0i} + \pi_{1i}w_{ti} + \pi_{2i}hour_{ti} + \pi_{3i}age_{ti} + \pi_{4i}age_{ti}^2 + [\varepsilon_{ti}]$ (7-30)

L2 $\pi_{0i} = \beta_{00} + \beta_{01}sex_i + [u_{0i}]$ (7-31)

$\pi_{1i} = \beta_{10} + \beta_{11}sex_i + [u_{1i}]$ (7-32)

$\pi_{2i} = \beta_{20} + \beta_{21}sex_i + [u_{2i}]$ (7-33)

$\pi_{3i} = \beta_{30}$ (7-34)

$\pi_{4i} = \beta_{40}$ (7-35)

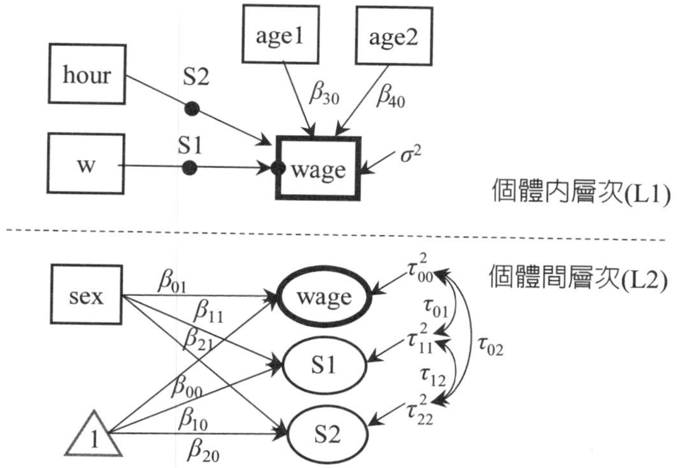

圖 7.7 帶有共變項的年齡二次成長模型的 Mplus 變數關係圖示

本模型所加入的年齡曲線由方程式 (7-34) 與 (7-35) 定義，由於沒有納入 $[u_{3i}]$ 與 $[u_{4i}]$，表示年齡一次項與二次項均爲固定效果。在分析時，工時與年齡這兩個連續性的 IV@L1 均經過總平減以利截距項的解釋。語法列於 Syn7.5b，其中粗體字爲年齡曲線語法。

Syn7.5b：帶共變項年齡曲線成長模型Mplus分析語法

```
TITLE:      Quadratic Growth Model with covariates
DATA:       FILE = N2700.csv;
VARIABLE:   NAMES = SID w Time1 Time2 wage age1 age2
            hour sex age1m age2m co1-co8 edu1-edu5;
            USEVARIABLES = wage w hour sex age1 age2;
            CLUSTER = SID;
            WITHIN = w hour age1 age2;
            BETWEEN = sex;
ANALYSIS:   TYPE = TWOLEVEL RANDOM;
DEFINE:     CENTER hour age1 age2 (GRANDMEAN);
MODEL:      %WITHIN%
            S1 | wage on w;
            S2 | wage on hour;
            wage on age1 (beta3)
                    age2 (beta4);
            %BETWEEN%
            wage S1 S2 on sex;
            S1 with wage; S2 with wage; S1 with S2;
MODEL TEST: 0 = beta3; 0 = beta4;
OUTPUT:     TECH1 SAMPSTAT;
```

爲了檢驗加入兩個參數之後的模式適配是否顯著改善，我們在語法中特別增加了 **MODEL TEST: 0 = beta3; 0 = beta4;** 指令，此一指令將會在模式適配估計當中列出年齡一次項（註記爲 beta3）與年齡二次項（註記爲 beta4）兩個參數若爲零，模式適配增減的 Wald 檢定結果。結果如下：

```
MODEL FIT INFORMATION

Number of Free Parameters                              15

Loglikelihood
          H0 Value                              -4242.439
          H0 Scaling Correction Factor             3.4659
            for MLR

Information Criteria
          Akaike (AIC)                           8514.877
          Bayesian (BIC)                         8603.393
          Sample-Size Adjusted BIC               8555.733
            (n* = (n + 2) / 24)

Wald Test of Parameter Constraints
          Value                                    49.385
          Degrees of Freedom                            2
          P-Value                                  0.0000
```

報表當中顯示，加入年齡二次曲線的模型估計參數數目為 15，比先前未加入年齡曲線的線性模型增加了兩個參數。增加兩個參數的 Wald = 49.385 (p<.001)，表示投入年齡曲線效果後能夠顯著改善模式適配。

```
MODEL RESULTS
                                                           Two-Tailed
                    Estimate       S.E.  Est./S.E.        P-Value
Within Level
 WAGE        ON
    AGE1               0.276      0.057      4.799          0.000
    AGE2              -0.003      0.001     -3.330          0.001

 Residual Variances
    WAGE               0.629      0.087      7.210          0.000

Between Level
 S1          ON
    SEX               -0.003      0.024     -0.119          0.905

 S2          ON
    SEX               -0.003      0.006     -0.409          0.683

 WAGE        ON
    SEX                1.198      0.185      6.482          0.000

 S1        WITH
    WAGE               0.096      0.054      1.771          0.076
    S2                 0.001      0.002      0.732          0.464

 S2        WITH
    WAGE              -0.004      0.008     -0.449          0.653
```

從上述的參數估計結果可知，年齡一次項的未標準化迴歸係數 β_{30} = 0.276（z = 4.799, p<.001），年齡二次項曲率係數為 β_{40} = -0.003（z = -3.330, p<.001），兩者皆達 .001 顯著水準，與先前 CM2（請參閱表 7.7）的結果無異。

兩個模型的估計結果一起整理於表 7.8 當中。從模式適配的比較來看，加入年齡二次曲線之後，-2LL、AIC、BIC、SABIC 指標均更加理想，顯示增加年齡二次曲線能夠有效提高模式適配。

表 7.8　帶有共變項的線性與二次曲線模型參數估計結果比較表

	無年齡效果			加入年齡二次曲線		
	Coef.	*SE*	*z*	*Coef.*	*SE*	*z*
固定效果						
薪資平均 β_{00}	**3.593**	**0.140**	**25.583****	**3.798**	**0.158**	**24.075****
測量波次 β_{10}	**0.052**	**0.014**	**3.712****	**0.041**	**0.015**	**2.703****
每週工時 β_{20}	**0.012**	**0.005**	**2.424***	**0.012**	**0.005**	**2.330***
年齡一次 β_{30}				**0.276**	**0.057**	**4.799****
年齡二次 β_{40}				**-0.003**	**0.001**	**-3.330***
性別 β_{01}	**1.191**	**0.190**	**6.277****	**1.198**	**0.185**	**6.482****
性別×波次 β_{11}	-0.001	0.024	-0.035	-0.003	0.024	-0.119
性別×工時 β_{21}	-0.003	0.003	-0.475	-0.003	0.006	-0.409
隨機效果						
薪資個體內變異 σ^2	**0.627**	**0.087**	**7.227****	**0.629**	**0.057**	**7.210****
薪資個體間變異 τ_0^2	**3.682**	**0.664**	**5.542****	**3.267**	**0.583**	**5.605****
波次效果變異 τ_1^2	**0.042**	**0.015**	**2.745****	**0.041**	**0.015**	**2.703****
工時效果變異 τ_2^2	**0.001**	**0.000**	**2.545***	**0.001**	**0.000**	**2.549***
模式適配						
參數數目	13			15		
-2LL	8539			8485		
AIC	8565			8515		
BIC	8642			8603		
SABIC	8600			8556		

*p<.05 **p<.01

進一步延伸閱讀書目

許碧純、邱皓政（2015）。〈照顧子女的代價？母職對臺灣女性薪資影響的貫時性分析〉。《臺灣社會學刊》，56，55-115。

Hox, J. (2010). *Multilevel Analysis: Techniques and Applications* (2nd Ed.). Mahwah, NJ: Erlbaum.

Chapter 8

縱貫脈絡模式與APC分析

8.1 前言

在第四章當中，我們曾經指出由於嵌套資料涉及不同層次，平均數區分為組平均數與總平均數，此時影響 DV 的 IV@L1 與 IV@L2 使用不同的平減方式，尤其是 IV@L1 是減去總平均（CGM）或組平均（CWC）將對參數估計（包括固定效果與隨機效果）產生不同的影響。到了第七章，我們將 MLM 應用於涉及時間資訊的重複測量多層次分析，同時也討論到線性成長與二次曲線的不同模型，此時成長軌跡的零點位置為何，對於參數意義的解釋以及隨機效果的估計，也有直接影響，尤其當時間資料嵌套在個體發生時序上的變動，自變數位置的移動不再只是組平均或總平均的平減方式的選擇，還包括定錨點的選定，也就是平移議題。

正因為時間性的嵌套資料是把時間資訊嵌套於個體之內，處於受測者內的 IV 除了扮演 L1 的解釋變數的角色之外，還可以把 n 次重複測量的數據計算組平均數來反映個別差異，此時 IV@L1 經過彙總程序所求得的平均數仍稱為脈絡變數，所不同的是此一脈絡變數是由 L1 帶有時間特徵的資料所求得，反映不同受測者的個人狀態資訊，也就是一種個別差異的脈絡，而非橫斷面資料當中的總體性脈絡。雖然縱貫面與橫斷面的脈絡變數有相類似的計量特徵，但是由於個體脈絡建立在帶有時間變動特徵的 L1 測量基礎之上，當 L1 時序資料帶有複雜的軌跡函數之時（例如線性或曲線函數），L2 的脈絡變數也必須以函數形式來進行分析，本章將討論時間序列資料的縱貫性脈絡效果分析。

最後，在縱貫資料當中，年齡變數通常具有顯著的影響力，而且年齡變數對

於結果變數的影響不僅可能具有線性趨勢，同時也可能是二次曲線的效果，但年齡效果（Age）可能是發生於特定時間點下（Period）的一種衝擊，也可能是特定出生世代（Cohort）的集體效果，因此年齡效果與世代及時代並存而無法分離，近來學者逐漸提倡以 MLM 分析 APC 資料，本章將在最後兩節來介紹橫斷設計與縱貫設計下的 APC 分析。

8.2 時序資料的平移與定錨

8.2.1 層一自變數的平移策略

如同在第四章所提到的平減議題，隨時間變動的 IV@L1，亦即 w_{ti} 的中心點應置於何處，其原點如何平移（如方程式 (8-1) 所示），也是縱貫資料的 MLM 分析必須優先考慮的議題。

$$y_{ti} = \beta_{00} + \beta_{10}(w_{ti} - C_{ti}) + [\varepsilon_{ti}] \tag{8-1}$$

與橫斷資料不同的是，在縱貫資料中，自變數平移的位置 C_{ti} 不僅限於平均數，任何一個位置均可能是平移點（定錨點），也就是說，平減（centering）只是平移（anchoring）的一種特例，亦即 $C_{ti} = \overline{w}_i$（組平減）或 $C_{ti} = \overline{\overline{w}}$（總平減）。

時序資料的平移方式主要受到兩個因素的影響，第一是變數的尺度（scale）或分配（distribution），第二是平移的位置（location），亦即**定錨點**（anchor point）。首先，我們將先討論尺度問題，下一節再就平移位置的影響進行詳細說明。

依循先前關於 MLM 的平減設定原則來看，如果隨時間變動的 Tvar_IV@L1 的平均數具有個別差異，亦即帶有平均數結構，即存在個人（組）平均與全體平均（總平均）兩種平均數。例如以前一章的表 7.1 的數據來看，具有時間序列的 Time2（距離上一次發作時間），以及不具時間序列特徵但隨時間變動的變數，除了可以計算全體 m 位受測者的總平均數，也可以個別計算每一個受測者的個人平均數，因此若要進行平減操作，就會有組平減（或稱為**個體內平減**，within-person centering）與總平減（或稱為**個體間平減**，between-person centering））兩種不同模式。當個人平均 ≠ 全體總平均時，表示個體內的集中情形與個體間的集中情形不同，採不同的平均數進行平移將造成資料結構改變。

依照相同的邏輯，如果隨時間變動的 Tvar_IV@L1 的定義域（量尺）具有個別差異，每一個受測者在該 Tvar_IV@L1 的起點或終點有所不同，亦即帶有量尺結構自變數，此時即使是平移到特定的位置，例如每一個人的起始值，將會影響分析的結果與解釋方式。

當 IV@L1 的組平均 ≠ 總平均，或是組定義域 ≠ 總定義域，研究者必須審慎選擇使用總平減（總平移）或組平減（組平移），尤其是組平減（移）的使用要特別小心，因爲組平減（移）將使每一個受測者在該 IV@L1 減去不同的數值，平移程度皆不相同，因而造成資料相對位置的改變，同時也完全打消平減值（例如組平均數）對 DV 的影響。相對之下，總平減（移）策略下每一個受測者在該 IV@L1 都是減去同一個數值，每一個受測者均有相同程度的平移，僅影響總截距而不影響各參數估計與模式適配。

一般在實務慣例與 MLM 文獻建議，不論遇到哪一種 Tvar_IV@L1，執行多層次縱貫資料模式時多傾向以總平減（移）爲主要處理策略（例如 Fitzmaurice, Laird, & Ware, 2003, p.197），這是基於以下三個原因：第一，總平減（移）容易操作且不改變資料結構，可簡化對於 IV 影響力的解釋，第二，強調整體軌跡特性。因爲縱貫研究多以母體軌跡狀態的討論爲焦點，因此不是很重視個體間的差異，即使重視個體間的差異，也僅是納入隨機效果去估計變異成分。第三，縱貫資料的 Tvar_IV@L1 如何平移，比起如何平減更爲重要，因爲 Tvar_IV@L1 移動到不同的位置均有不同的意義，平均數僅是其中的一種特例，與其關注於平均數的個別差異，不如審慎思考 Tvar_IV@L1 原點的不同位置（location）對於分析結果的影響，因此當遇到組平均 ≠ 總平均的 IV@L1 時，研究者應仔細研判是否有必要使用較複雜的組平減或組平移程序，而非固著於某一種平移方法。

另外一個相關的議題，是如果進行組平減（移）之後，被削減掉的組平均數或各組常數，是否應置回 L2 的截距方程式或斜率方程式，此一議題在文獻上或學者之間並未進行深入的討論。在最近溫福星（2015）的研究中主張，對於重複測量的縱貫資料分析，IV@L1 的平減策略以組平減且將組平均數置回 L2 截距方程式爲佳，事實上，其研究也發現，如果是不帶平均數結構的 IV@L1（例如固定定義域與平均值的時間變數），各種平減方式將得到一致的結果。換言之，只有當 IV@L1 帶有多重結構時，才需要注意組平移的使用，此時對於組平移數值的置回策略，均建議至少必須置回 L2 的截距方程式，才能正確估計 IV@L1 的影響（邱皓政、溫福星，2015; Algina & Swaminathan, 2011）。

另一個值得提醒之處，是縱貫資料的關鍵在於軌跡本身的探討與解釋，例如軌跡是否具有多項式特徵（二次、三次或 S 型函數），因此 IV@L1 要平移到哪個位置（Location）或許更是值得討論的重點，而非討論是在個體內平移或個體間平移。另外，也正因爲多層次縱貫模式分析具有多層次嵌套特徵，IV@L1 與 IV@L2 都會有平移問題，如果 IV@L2 只有總平移與不平移兩種選擇，爲使研究者可以專注於軌跡變動的討論，將 IV@L1 與 IV@L2 都進行總平減或總平移，或許是較爲有效率的方式。

本書的建議是，如果個體內的個人隨時間變動軌跡狀態「不是」研究者所關注的焦點，而且 IV@L1 也未帶有特殊平均數結構或量尺結構，應避免採取組平減（移），而是將 IV@L1 與 IV@L2 採取不平減（移）或總平減（移）的處理。如果個體內的隨時間變動軌跡狀態「是」研究者所關注的焦點，或是 IV@L1 帶有特殊平均數結構或量尺結構，此時 IV@L2 可採行不平減（移）或總平減（移），至於 IV@L1 應審慎考慮採取不平減（移）、總平減（移）或組平減（移），並說明採行各種平減（移）的理由。如果研究者決定採行組平減（移），應將組平均數或各組平移常數置回 L2 截距方程式，藉以估計眞實的個體間效果 β_B。

8.2.2 不同定錨的影響

前一節的主要焦點在討論隨時間變動的 IV@L1 的不同計量特徵與量尺結構對於平移方式的影響，另一個更攸關縱貫數據分析的議題則在於平移的位置，亦即定錨點的選擇。不同於橫斷研究的自變數平移策略，縱貫資料成長模式的自變數平移不僅限於平均數，而有多種不同的選擇與考量。例如平移至起點、終點、或任意點，不同定錨點的平移不僅對於固定效果參數會產生影響，也可能會對誤差結構（隨機效果）發生明顯作用。更進一步的，如同前一節所言，如果 IV@L1 存在特殊的平均數結構或量尺結構，也可能要對定錨點如何在個體內與個體間進行安排加以說明，凸顯定錨點問題更値得研究者的關注。

以下，我們將以圖解方式來說明線性成長與二次成長模型的定錨點位置的不同所發生的幾種可能狀況。今天若針對線性成長與二次曲線的 IV@L1 時間軸以

C 進行平移，亦即在 L1 方程式進行下列定義：

$$\text{Linear} \quad y_{ti} = \pi_{0i} + \pi_{1i}(w_{ti} - C) + [\varepsilon_{ti}] \tag{8-2}$$

$$\text{Quadic} \quad y_{tj} = \pi_{0i} + \pi_{1i}(w_{ti} - C) + \pi_{2i}(w_{ti} - C)^2 + [\varepsilon_{ti}] \tag{8-3}$$

其中時間軸平移值有三種最可能發生的情況：平移至起點（例如最小值）（Lower limit）、平移至中間值（例如平均數）（Midpoint）、平移至終點（例如最大值）（Upper limit），這三個平移值分別以 C_L、C_M、C_U 表示。

如果今天有兩個相對特殊的線性成長模型：隨機截距固定斜率模型，如圖 8.1(a)，以及固定截距與隨機斜率模型，如圖 8.1(b)。在圖 8.1(a) 中，由於假設斜率相同，因此每一條隨著時間增加的增長趨勢相互平行，截距項 π_{0i} 呈隨機變動，全體 m 條線性方程式的截距以 β_{00} 爲平均數（圖中居中的粗直線），以τ_{00}^2

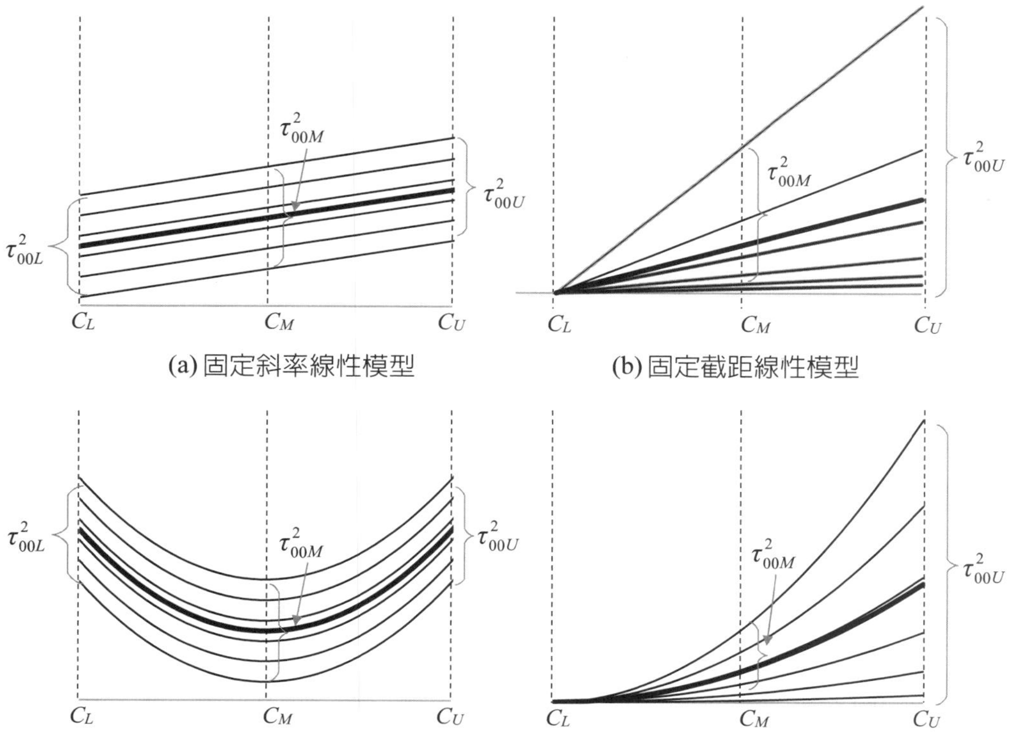

(a) 固定斜率線性模型　(b) 固定截距線性模型

(c) 固定曲率二項式模型　(d) 固定截距二項式模型

圖 8.1　兩種不同二次曲線成長模型的時間軸自變數平移效果圖示

爲變異數，斜率項爲單一數值 $\pi_{1i}=\beta_{10}$，斜率變異數$\tau_{11}^2=0$。此時如果時間軸（X軸）的原點位於 C_L、C_M、C_H，對於各固定效果係數與變異數的估計完全沒有影響，誤差結構完全相同。

但如果是圖 8.1(b)，每一條線性方程式的起點相同但斜率不同，因此斜率項 π_{1i} 呈隨機變動，全體 m 條線性方程式的斜率以 β_{10} 爲平均數（圖中居中的粗直線），以τ_{11}^2爲變異數，截距項則爲單一數值 $\pi_{0i}=\beta_{00}$，截距變異數$\tau_{00}^2=0$。此時如果時間軸（X 軸）原點位於 C_L、C_M、C_U 三個不同的位置，斜率平均值 β_{10} 與變異數τ_{11}^2均維持不變，亦即 $\beta_{10L}=\beta_{10M}=\beta_{10U}$ 且$\tau_{11L}^2=\tau_{11M}^2=\tau_{11U}^2$，但截距平均值將逐漸提高，$\beta_{00L}<\beta_{00M}<\beta_{00U}$ 且截距變異數從$\tau_{00L}^2=0$ 逐漸放大至τ_{00U}^2 有最大值，顯示同一個資料結構，會因爲定錨點的不同，而造成參數估計結果的顯著變化。

8.2.3 不同定錨在二次曲線上的影響

由前述的討論可知，在線性模型當中，不同定錨的顯著影響最容易發生在變動斜率模型上，但是影響相對單純。如果是二次曲線模型，不同定錨的影響就相對複雜許多。

假設今天亦有兩個相對極端的二次曲線模型，圖 8.1(c) 爲開口向上（二次項係數 $\beta_{20}>0$）的隨機截距固定斜率與曲率模型，每一個受測者的變化軌跡呈現垂直距離相等的平行二次曲線，亦即每一個體的一次與二次項係數 π_{1i} 與 π_{2i} 均相同，但是截距項 π_{0i} 則呈隨機變動。各條細曲線爲每一個單獨個體的二次曲線軌跡，因此其零次、一次、二次項的係數值分別爲 π_{0i}、π_{1i}、π_{2i}；圖中加粗曲線爲各曲線的平均值，其零次、一次、二次項的係數值分別爲 β_{00}、β_{10}、β_{20}。此時，如果時間軸（X 軸）的原點平移至 C_L、C_M、C_U 三個不同的位置，各固定效果係數的位置與正負方向如下：

Case 1：平移至 C_L　β_{00} 位於高點　$\beta_{10}<0$　$\beta_{20}>0$
Case 2：平移至 C_M　β_{00} 位於低點　$\beta_{10}=0$　$\beta_{20}>0$
Case 3：平移至 C_U　β_{00} 位於高點　$\beta_{10}>0$　$\beta_{20}>0$

如果是開口向下的二次曲線（二次項係數 $\beta_{20}<0$），各固定效果係數的位置與正負方向如下：

Case 4：平移至 C_L　β_{00} 位於高點　$\beta_{10}>0$　$\beta_{20}<0$
Case 5：平移至 C_M　β_{00} 位於低點　$\beta_{10}=0$　$\beta_{20}<0$
Case 6：平移至 C_U　β_{00} 位於高點　$\beta_{10}<0$　$\beta_{20}<0$

前述六種狀況下，雖然固定效果係數會產生很大變化，但是誤差結構則完全相同，亦即 π_{0i}、π_{1i}、π_{2i} 三者的變異數τ_{00}^2、τ_{11}^2、τ_{22}^2完全不變。

如果今天二次曲線模型的設定方式為固定截距但隨機斜率與曲率模型，如圖 8.1(d)，每一個個體的二次曲線將有一個共同的起點（截距項 π_{0i} 相同），但是每一個個體的成長速率將會不同，亦即每一個體的一次與二次項係數 π_{1i} 與 π_{2i} 均會不同。此時將時間軸原點平移至 C_L、C_M、C_U 三個不同的位置雖不會發生 β_{00}、β_{10}、β_{20} 正負方向為同方向（如 case3 與 case6）或異方向（如 case1 與 case4）的現象，但是誤差結構則明顯不同。

由圖 8.1(d) 可知，當原點平移至起點 C_L 時，$\tau_{00}^2=0$，亦即曲線起點個別差異為 0，但如果原點平移至終點 C_U，τ_{00}^2 將會最大化，曲線終點將存在著最大的個別差異。由於τ_{00}^2、τ_{11}^2、τ_{22}^2三個變異數成分的大小會影響 L2 模型的設定，例如是否需要投入 IV@L2 來解釋 π_{0i}、π_{1i}、π_{2i} 三者的個別差異，或是涉及 L1 與 L2 的跨層次交互作用效果的檢驗，因此，原點平移的不同策略，將是決定分析重點與研究結果的重要決策。

8.2.4 不同定錨的實例分析

為了示範不同定錨策略對於線性成長模型與二次曲線模型的影響，我們利用前一章所使用的薪資數據來進行示範。所使用的 Tvar_IV@L1 為測量的波數 w_{ti}，依變數則為六波薪資（萬元）。線性成長與二次曲線模型的混合方程式如下：

$$y_{ti}=\beta_{00}+\beta_{10}w_{ti}+[u_{0i}+u_{1i}w_{ti}+\varepsilon_{ti}] \tag{8-4}$$

$$y_{ti}=\beta_{00}+\beta_{10}w_{ti}+\beta_{20}w_{ti}^2+[u_{0i}+u_{1i}w_{ti}+u_{2i}w_{ti}^2+\varepsilon_{ti}] \tag{8-5}$$

由方程式 (8-4) 與 (8-5) 可知，不論是線性或二次曲線方程式，截距、斜率、曲率均帶有隨機效果，因此除了各係數的個體間變異數需要估計之外，還有誤差項的共變數需要估計。

線性方程式的平移方式分別為平移至起點、中間點（平均數）與平移至終點，定錨點分別標記為 C_L、C_M、C_U。由於波數的編碼是 {1,2,3,4,5,6}，因此利用三個定錨點平移後的模型代號與波數編碼分別如下：

M_C_L WCL = {0,1,2,3,4,5}

M_C_M WCM = {-2.5,-1.5,-0.5,0.5,1.5,2.5}

M_C_U WCU = {-5,-4,-3,-2,-1,0}

不論是哪一種平移方式，每一個受測者的波數均為六波，因此都有相同的起始值與終點值，因此每一個受測者的組平均數與總平均數均相同。因此以中間點為定錨點的平移模型可以利用組平減或總平減的方式來獲得，至於平移至起點與終點則必須利用指令來定義。在語法 Syn8.2a 中，列舉二次曲線模型平移至終點的指令。線性成長模型與二次曲線模型的三種平移策略分析結果整理於表 8.1。

Syn8.2a：二次曲線模型平移至終點的分析語法

```
TITLE:      Anchoring example M2_CU
DATA:       FILE =  Ch08a.csv;
VARIABLE:   NAMES = ID Sex Cohort W Age Y WCL1 WCM1 WCU1;
            USEV = Y WCU1 WCU2;
            CLUSTER =  ID;
            WITHIN =  WCU1 WCU2;
DEFINE:     WCU2 = WCU1*WCU1;            ! 定義二次項
ANALYSIS:   TYPE =  TWOLEVEL RANDOM;
MODEL:    %WITHIN%
            S1 | Y ON WCU1;              ! 設定隨機一次項
            S2 | Y ON WCU2;              ! 設定隨機二次項
          %BETWEEN%
            Y with S1; Y with S2; S1 with S2;! 設定誤差共變
OUTPUT:     SAMPSTAT;
```

表 8.1　線性成長模型的不同平移程序估計結果

	M_C$_L$			M_C$_M$			M_C$_U$		
	平移至起點			平移至中點（平均）			平移至終點		
	Coef	*SE*	*z*	*Coef*	*SE*	*z*	*Coef*	*SE*	*z*
線性成長模型									
固定效果									
β_{00}	**4.34**	0.10	43.69*	**4.47**	0.10	43.10*	**4.59**	0.11	39.00*
β_{10}	**0.05**	0.01	3.75*	**0.05**	0.01	3.75*	**0.05**	0.01	3.75*
隨機效果									
σ^2	**0.69**	0.09	7.41*	**0.69**	0.09	7.41*	**0.69**	0.09	7.41*
τ_{00}^2	**4.08**	0.69	5.91*	**4.72**	0.86	5.43*	**5.88**	1.18	4.99*
τ_{11}^2	**0.04**	0.01	3.77*	**0.04**	0.01	3.77*	**0.04**	0.01	3.77*
τ_{01}	**0.08**	0.06	1.17	**0.18**	0.07	2.46*	**0.28**	0.09	3.17*
-2LL	8639			8639			8639		
AIC	8651			8651			8651		
BIC	8686			8686			8686		
二次曲線成長模型									
固定效果									
β_{00}	**4.32**	0.10	44.15*	**4.47**	0.10	43.10*	**4.58**	0.12	39.94*
β_{10}	**0.08**	0.01	2.27*	**0.08**	0.01	2.27*	**0.02**	0.03	0.73
β_{20}	**-.006**	0.01	-0.95	**-.006**	0.01	-0.95	**-.006**	0.01	-0.95
隨機效果									
σ^2	**0.68**	0.10	6.69*	**0.68**	0.10	6.69*	**0.68**	0.10	6.69*
τ_{00}^2	**3.78**	0.68	5.56*	**4.72**	0.87	5.43*	**5.40**	1.14	4.74*
τ_{11}^2	**0.13**	0.10	1.28	**0.13**	0.10	1.28	**0.02**	0.09	0.22
τ_{22}^2	**0.04**	0.01	3.77*	**0.00**	0.00	0.39	**0.00**	0.00	0.39
τ_{01}	**0.27**	0.17	1.61	**0.49**	0.16	3.13*	**-0.09**	0.14	-0.61
τ_{02}	**-0.04**	0.03	1.58	**-0.06**	0.03	-2.45*	**-0.07**	0.03	-2.52*
τ_{12}	**-0.01**	0.02	-0.67	**-0.01**	0.02	-0.67	**0.00**	0.02	0.05
-2LL	8616			8616			8616		
AIC	8636			8636			8636		
BIC	8695			8695			8695		

由表 8.1 線性成長模型的分析結果可知，不論是平移至起點、中間點或終點，波數的斜率平均顯著不爲零：$\beta_{10} = 0.05, z = 3.75, p<.001$, 顯示隨著波數的增加，薪資呈現上升。三種平移方式並不會影響斜率的固定效果，但是卻會改變截距的位置。由於波數越高薪水越高，因此若將波數平移至起點、中點、終點，截距平均數將會逐漸提高：分別爲 4.34、4.47、4.59。

在隨機效果部分，個體內變異與斜率的變異並不受平移的影響，σ_e^2均爲 0.69 ($z = 7.41, p<.001$)，τ_{11}^2均爲 0.04 ($z = 3.77, p<.001$)，但是截距τ_{00}^2的個別差異則逐漸增加：分別爲 4.08、4.72、5.88，顯示隨著波數的增加，個體之間的變異逐漸增加。

有趣的是，不論是哪一種平移方式，模式的適配狀態均無改變，-2LL、AIC、BIC 均相同，表示平移策略並不會改變資料結構，僅會影響到固定效果與隨機效果的估計。主要是因爲本範例的波數變數是一個不帶平均數結構與量尺結構的時序變數，因此平移的方式不會影響資料的相對關係。

同樣的結果也發生在二次曲線模型，不同平移方式的模式適配狀態均無改變，僅有在部分的固定效果與隨機效果估計結果發生改變，但是由於二次曲線的曲率並未具有統計意義，$\beta_{20} = -.006, z = -0.95, p = .340$, 因此與二次項有關的固定效果與隨機效果的差異並不明顯。

平移策略對於二次曲線模型的影響，主要會發生在截距與切線斜率的固定效果與隨機效果。例如截距參數 β_{00} 逐漸上升：4.32、4.47、4.58，截距變異數τ_{00}^2也也逐漸放大：3.78、4.72、5.40。至於切線斜率主要由一次項 β_{10} 所反映，當波數平移至起點與中間點時，β_{10} 皆爲 0.08 ($z = 2.27, p<.05$)，但是當波數平移到終點時，β_{10} 變小至 0.02 ($z = -0.95, p = .340$)，顯示在起點與中間點時的切線斜率均爲顯著正值，但是到了第六波時，斜率已經轉成平緩。此一變化趨勢符合先前所討論的當曲線開口向下（$\beta_{20}<0$）的 Case4 至 Case6，當波數平移至終點時，β_{00} 位於最高點。

正因爲截距估計值的變化明顯，使得 L2 誤差項的共變結構也發生改變，但是這些變化並不影響模式適配，也非研究者所關心的焦點，因此在不同的平移策略下，無須特別加以討論。

8.3 縱貫資料的脈絡分析

8.3.1 脈絡效果的意義

在平移議題的討論當中，我們曾經提及，如果是帶有平均數結構的 Tvar_IV@L1，而且研究者關心的是個體內的軌跡狀態，應可對 Tvar_IV@L1 採取組平減，並將削減掉的 Tvar_IV@L1 個體間差異置入 L2 的截距方程式，藉以還原 Tvar_IV@L1 的個體間差異，得到眞實的個體間效果 β_B。

在第四章時，我們亦曾提及，如果 Tvar_IV@L1 採取未平減或總平減，但仍把 Tvar_IV@L1 的個體間差異（組平均數）置入 L2 的截距方程式，此時所得到的 β_B 將是排除了 β_W 的影響力之後的脈絡效果，亦即 $\beta_B = \beta_C$，這些討論顯示，如果縱貫資料的時間軸平均值具有個別差異，Tvar_IV@L1 帶有特殊平均數結構時，採行組平減或總平減將對參數估計產生不同的影響，造成不同的結論。

尤其是 Tvar_IV@L1 的組平均數是否納入 L2 的截距方程式來估計組平減所消除的組間變異，還必須考慮線性成長模型與二次曲線模型的差異。以年齡變數對於薪資重複測量的影響爲例，若爲線性成長模型，年齡（age）經過組平減後，必須把組平均數置入 L2 的截距方程式，並進行總平減，如方程式 (8-6) 至 (8-8) 所示，才能有效還原年齡的個別差異對於薪資影響的效果。

L1 $$wage_{ti} = \pi_{0i} + \pi_{1i}age_{ti}^{CWC} + [\varepsilon_{ti}] \quad (8\text{-}6)$$

L2 $$\pi_{0i} = \beta_{00} + \beta_{01}age_{i}^{CGM} + [u_{0i}] \quad (8\text{-}7)$$

$$\pi_{1i} = \beta_{10} + [u_{1i}] \quad (8\text{-}8)$$

若爲二次曲線模型，年齡（age）與年齡二次項（age^2）兩者必須一起經過組平減，然後必須把兩者的組平均數同時置入 L2 的截距方程式，並進行總平減，如方程式 (8-9) 至 (8-12) 所示，才能有效還原年齡的個別差異對於薪資影響的效果。

L1 $$wage_{ti} = \pi_{0i} + \pi_{1i}age_{ti}^{CWC} + \pi_{2i}age^{2}{}_{ti}^{CWC} + [\varepsilon_{ti}] \quad (8\text{-}9)$$

L2 $$\pi_{0i} = \beta_{00} + \beta_{01}age_{i}^{CGM} + \beta_{02}age^{2}{}_{i}^{CGM} + [u_{0i}] \quad (8\text{-}10)$$

$$\pi_{1i} = \beta_{10} + [u_{1i}] \quad (8\text{-}11)$$

$$\pi_{2i} = \beta_{20} + [u_{2i}] \quad (8\text{-}12)$$

以下，我們即以薪資資料庫中的年齡變數爲例，進行不同平減方式下的年齡對薪資變動的二次成長模型在 L1、L2 與脈絡效果的估計差異，因爲年齡變數在薪資資料庫屬於帶有平均數結構的 IV@L1，也就是說，*m* 位受測者在六波調查薪資調查的年齡起點與終點並不相同，導致每一個受測者的平均年齡均不同，此時若要詳細進行年齡對於薪資影響的二次函數軌跡，就必須詳細檢視組平減與總平減的差異，同時年齡二次曲線的脈絡變數（每個受測者的年齡一次項平均值與二次項平均值），如何計算出脈絡效果，也會因爲不同平減方式而有不同的計算方式。

8.3.2 脈絡分析的 Mplus 範例

所謂脈絡變數，是指 IV@L1 的組平均數，若將脈絡變數納入 L2 的截距方程式，可解釋截距的個體間差異，還原 IV@L1 組平減後的組間效果，如果是二次方程式，Age 變數的一次項與二次項不僅要存在於 L1，標示爲 Age1（影響效果爲 β_{10}）與 Age2（影響效果爲 β_{20}），兩者的組平均數也必須納入 L2，標示爲 Agem1（影響效果爲 β_{01}）與 Agem2（影響效果爲 β_{02}），總截距爲 γ_{00}，共有五個待估的固定效果。

爲了使模型簡化，L1 層次的年齡一次項與二次項間均設定爲固定效果而無個別差異，個體間層次僅有一個潛在變數 wage 反映薪資的組間變異，隨機效果僅有截距組間變異τ_0^2與個體內變異，因此隨機效果總有 2 個待估參數，總計有 7 個參數需要估計，如圖 8.2 所示。

爲了比較年齡一次項與二次項在 L1 經過組平減或總平減處理的差異，Mplus 語法僅需進行下列設定：

```
組平減 CWC    DEFINE: CENTER age1 age2 (GROUPMEAN);
總平減 CGM    DEFINE: CENTER age1 age2 (GRANDMEAN);
```

在 L2 的年齡一次項平均數與二次項平均數則經過總平減

```
總平減 CGM    DEFINE: CENTER age1m age2m (GRANDMEAN);
```

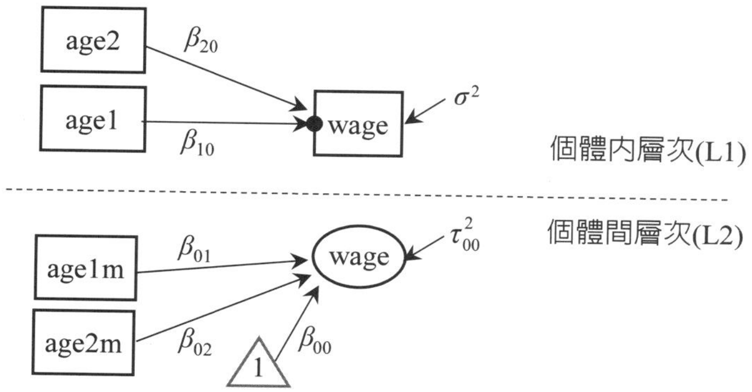

圖 8.2　帶有脈絡變數的年齡二次曲線模型 Mplus 變數關係圖示

同時爲了比較 L2 是否納入脈絡變數的差異，我們將 CWC 與 CGM 模型再區分成三個模型，共計六個模型，事實上，CWC(b) 與 CGM(b) 不帶有 IV@L1，因此兩者完全相同。Syn8.3a 列出 CWC(c) 的完整語法作爲示範。

CWC(a)　L1 納入組平減的 age1 與 age2

CWC(b)　L2 納入總平減的 agem1 與 agem2

CWC(c)　L1 納入組平減的 age1 與 age2、L2 納入總平減的 agem1 與 agem2

CGM(a)　L1 納入總平減的 age1 與 age2

CGM(b)　L2 納入總平減的 agem1 與 agem2

CGM(c)　L1 納入總平減的 age1 與 age2、L2 納入總平減的 agem1 與 agem2

由表 8.2 可知，組平減與總平減模型的差異，僅發生在脈絡變數的固定效果係數：如果年齡一次與二次項在 L1 經過組平減，在 L2 的脈絡變數一次項（β_{01} = 0.578，z = 3.453, p<.001）與二次項（β_{01} = – 0.0065，z = – 2.956, p<.001）均具有統計顯著性。

相對的，如果年齡一次與二次項在 L1 經過總平減，在 L2 的脈絡變數一次項（β_{01} = 0.311，z = 1.662, p = .097）與二次項（β_{01} = – 0.0036，z = – 1.446, p = .148）則未具統計意義，兩者方程式如下：

$$\text{CWC}：\hat{y}_{ti} = 4.468 + 0.267age_{ti}^{1} - 0.0029age_{ti}^{2} + 0.578age_{i}^{1} - 0.0065age_{i}^{2}$$

$$\text{CGM}：\hat{y}_{ti} = 4.468 + 0.267age_{ti}^{1} - 0.0029age_{ti}^{2} + 0.311age_{i}^{1} - 0.0036age_{i}^{2}$$

Syn8.3a：*N*2700資料庫的脈絡效果Mplus分析語法（以CWC(c)為例）

```
TITLE:       Analysis of contextual effect CWC(c)
DATA:        FILE = N2700.csv;
VARIABLE:    NAMES = SID wave Time1 Time2 wage age1 age2
             Hour sex age1m age2m co1-co8 edu1-edu5;
             USEV = wage age1 age2 age1m age2m;
             CLUSTER = SID;
             WITHIN = age1 age2;
             BETWEEN = age1m age2m;
ANALYSIS:    TYPE = TWOLEVEL;
DEFINE:      CENTER age1  age2 (GROUPMEAN);
             CENTER age1m age2m (GRANDMEAN);
MODEL:       %WITHIN%
             wage on age1 age2;
             %BETWEEN%
             wage on age1m age2m;
OUTPUT:      TECH1 SAMPSTAT;
```

在組平減模型中，CWC(c) 所估計得到的 L2 二次曲線方程式估計結果，其實就是完整的個體間年齡對於薪資個別差異影響的二次曲線方程式，亦即 CWC(b) 的結果，換言之，此時脈絡變數反映的是 β_B，脈絡效果為 $\beta_C = \beta_B - \beta_W$，由於本模型是二次曲線模型，脈絡效果亦有兩項：

表 8.2 不同平減方式對於脈絡效果的估計結果

	固定效果					隨機效果	
	β_{00}	β_{10}	β_{20}	β_{01}	β_{02}	σ_e^2	τ_0^2
		Age1	Age2	Agem1	Agem2		
L1組平減							
CWC(a)	**4.468**	**0.267**	**-.0031**			**0.834**	**4.696**
SE	(0.104)	(0.070)	(0.001)			(0.108)	(0.867)
z	43.102	3.840	-2.970			7.750	5.419
p	<.001	<.001	.003			<.001	<.001
CWC(b)	**4.468**			**0.578**	**-.0065**	**0.848**	**4.352**
SE	(0.100)			(0.167)	(0.002)	(0.109)	(0.794)
z	44.710			3.453	-2.956	7.818	5.482
p	<.001			.001	.003	<.001	<.001
CWC(c)	**4.468**	**0.267**	**-.0029**	**0.578**	**-.0065**	**0.834**	**4.354**
SE	(0.100)	(0.070)	(0.001)	(0.167)	(0.002)	(0.108)	(0.794)
z	44.710	3.840	-2.970	3.453	-2.956	7.750	5.484
p	<.001	<.001	.003	.001	.003	<.001	<.001
L1總平減							
CGM(a)	**4.468**	**0.291**	**-.0031**			**0.834**	**4.397**
SE	(0.100)	(0.065)	(0.001)			(0.108)	(0.807)
z	44.499	4.463	-3.427			7.744	5.448
p	<.001	<.001	<.001			<.001	<.001
CGM(b)	**4.468**			**0.578**	**-.0065**	**0.848**	**4.352**
SE	(0.100)			(0.167)	(0.002)	(0.109)	(0.794)
z	44.710			3.453	-2.956	7.818	5.482
p	<.001			.001	.003	<.001	<.001
CGM(c)	**4.468**	**0.267**	**-.0029**	**0.311**	**-.0036**	**0.834**	**4.354**
SE	(0.100)	(0.070)	(0.001)	(0.187)	(0.002)	(0.108)	(0.794)
z	44.710	3.840	-2.970	1.662	-1.446	7.750	5.484
p	<.001	<.001	.003	.097	.148	<.001	<.001

一次項：$\beta_{01C} = \beta_{01} - \beta_{10} = 0.578 - 0.267 = 0.311$

二次項：$\beta_{02C} = \beta_{02} - \beta_{20} = (-0.0065) - (-0.0029) = -0.0036$

因此，年齡二次曲線的脈絡效果可整理如下，事實上，此一脈絡效果就是 CGM(c) 模型中的 L2 二次曲線固定效果係數，不論是一次項或二次項均未具有統計意義。

$$\text{Contextual effect: } \hat{y}_{ti} = 4.468 + 0.311ageC_i^1 - 0.0036ageC_i^2$$

經過前述的分析，我們得到的結論是：年齡對於薪資的影響，在個體內層次是顯著的二次曲線（如圖 8.3(a) 所示），在個體間層次也是顯著的二次曲線（如圖 8.3(b) 所示），但是年齡二次方程式的脈絡效果則未顯著，換言之，如果排除了個體內的年齡效果後，純粹基於個體間的年齡對薪資的效果並沒有解釋力，個體間的年齡二次曲線效果之所以有顯著，主要是由於個體內所存在的年齡效果所反映。

二次曲線的重要性在於可以計算極值，本範例的結果發現，年齡效果在個體內與個體間都是開口向下的二次曲線，因此可計算出兩個極值：在 L1，$\beta_{20} = -0.0031$（$z = -3.427$, $p<.001$），表示對於個體自己來說，年齡每增加一歲，年齡對於薪資的正向斜率會降低 0.0031，極值發生在 (46.235, 4.849)；在 L2，$\beta_{02} =$

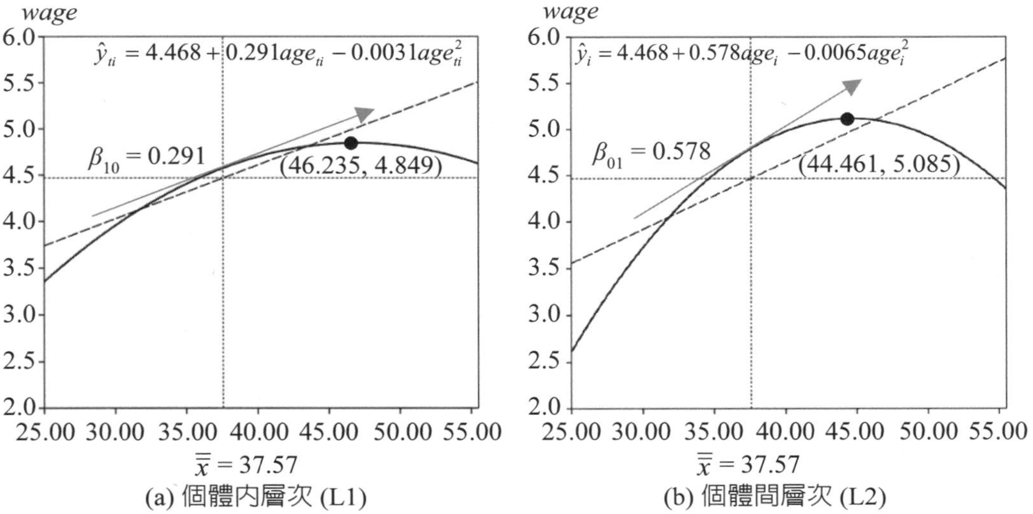

圖 8.3　年齡二次曲線在個體內與個體間的效果圖示

– 0.0065（$z = -2.956$, $p<.001$），表示當進行個體間比較，年齡每增加一歲，年齡對於薪資的正向斜率會降低 0.0065，極值發生在 (44.461, 5.085)。極值計算過程如下：

$$L1：Lim\ (age_{ti}, wage_{ti}) = (-\frac{\beta_{10}}{2\beta_{20}}, \frac{4\beta^*_{00}\beta_{20} - \beta^2_{10}}{4\beta_{20}}) = (46.235, 4.849)$$

$$L2：Lim\ (age_{i}, wage_{i}) = (-\frac{\beta_{01}}{2\beta_{02}}, \frac{4\beta^*_{00}\beta_{02} - \beta^2_{01}}{4\beta_{02}}) = (44.461, 5.085)$$

由於 IV 經過總平減，因此前兩式計算薪資極大值時所使用的 β_{00} 必須使用未平減時的原始截距：在 M2(a) 時 $\beta^*_{00} = -1.990$，在 M2(b) 時 $\beta^*_{00} = -7.773$。

從個人薪資軌跡的發展來看，平均薪資最高可以達到 4.849 萬元，發生在 46.235 歲時。但從個體間的人與人比較來看，當年齡爲 44.461 歲時，平均薪資最高可以達到 5.085 萬元。

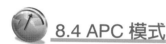

8.4 APC 模式

8.4.1 時序中的年齡、世代與時代

隨著時間的遞延，社會科學研究者所關心的議題往往會有各種不同形式的變化，例如近年來國內的熱門話題之一薪資凍漲：

> 「民國 70 年民眾的實質薪資 16,641 元，80 年升至 34,829 元，90 年再升至 43,672 元，至 100 年反而降至 42,664 元。與前兩個十年的榮景相比，近十年薪資停滯、倒退，自然要引來廣大的民怨。」（陳金福，2015，p.26[1]）

然而，薪資凍漲似乎也不是臺灣獨有的問題：

[1] 台灣勞工季刊第 41 卷。「工資工時相關規定與勞動生產力的提升：從企業加薪減稅的政策方向思考」。p.22-29。https://labor-elearning.mol.gov.tw/base/10001/door/%B4%C1%A5Z%C0%C9%AE%D7%B0%CF/106_41.pdf

>「華府智庫美國進步中心（Center for American Progress）的經濟學家 Brendan Duke 根據從事的相關研究指出，經過通膨調整後，目前美國 30 歲族群領取的薪資，竟無異於 1984 年的水準。但相較下，受過大學教育的千禧世代，卻遠高於當時的年輕人。」（鉅亨網，2016[2]）

雖然前面引述的文字僅有區區幾行，但其中不僅提及薪資與「時代」的關係（無異於 1984 年水準），談到了「年齡」的比較（30 歲族群領取的薪資），也提到「世代」（受過大學教育的千禧世代）。顯然薪資的起伏變化，不單單只是單一面向的問題。

基本上，薪資所得會因為年齡的增長而增加，稱為年齡效果（age effect），但是身處特定時代下的每一個人，其薪資所得會因為特定社會經濟條件而影響，稱為時代效果（period effect），例如 2009 年所發生的金融風暴，2017 年實施的重大勞動政策「一例一休」，衝擊每一個人。然而，不同出生年代者，經歷不同的時代背景與經驗而有其共同命運，例如四五年級年次屬於臺灣經濟發展的起點，薪資水準偏低，到了六七年級生則步入了經濟起飛的繁榮期，薪資所得達到最高峰，到了八年級生又面臨經濟衰退而呈現薪資下滑的衝擊，同一個世代受到特定時代脈絡的影響，此即世代效果（cohort effect）。

在人口學、流行病學、教育發展、社會學與生產經濟等許多重視變遷研究的社會科學研究，經常可見年齡（A）、時代（P）與世代（C）效果相互交錯，因此稱為 APC 議題（Bell & Jones, 2016; Feinberg & Mason 1985; Yang & Land, 2008, 2013），例如圖 8.4 就是包含年齡與世代的薪資軌跡。圖中的整體趨勢反映了年齡的二次曲線效應，個別世代樣本的薪資軌跡也略呈曲線趨勢，但不同世代者的薪資水平卻高低有別，很顯然的存在著年齡與世代的交互作用。至於時代效果，為何在圖 8.4 當中消失了呢？難道時代因子不存在於這些薪資軌跡當中嗎？

---

[2] 鉅亨網：失落的千禧世代　薪資水準倒退回 1984 年（2016/03/24）http://news.cnyes.com/news/id/725933

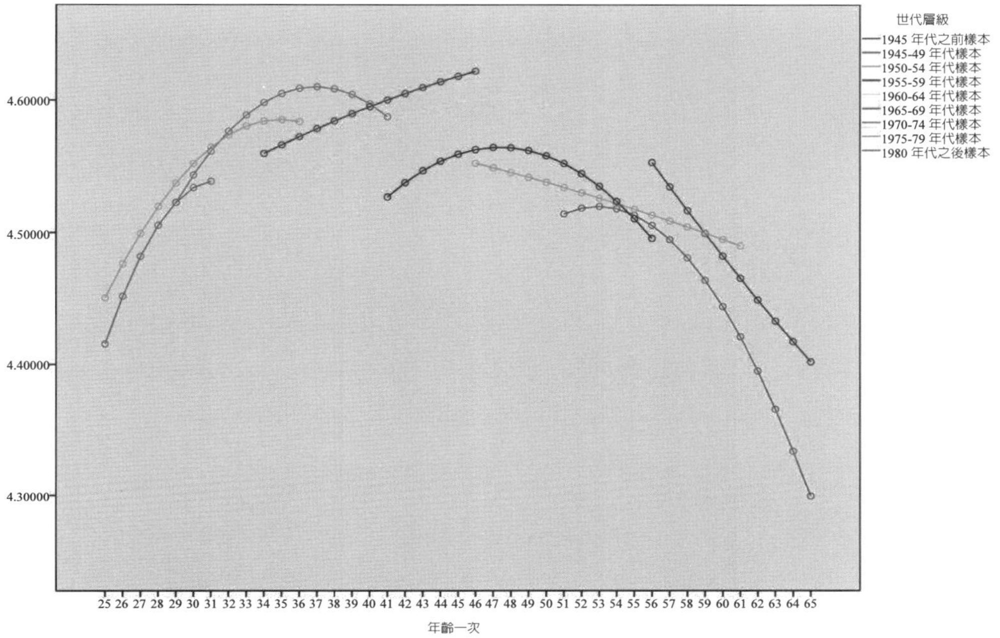

圖 8.4　包含年齡與世代層級薪資輪廓曲線

8.4.2 APC 資料格式

圖 8.4 當中的薪資軌跡資料，可能是政府部門整理不同年度下的不同世代受薪者的年齡遞變軌跡圖。圖中每一個圓點代表每一個年齡層在特定時點與特定世代（亦即某一個 APC）的平均薪資。在社會科學研究中，經常會針對某一個問題每隔一段時間隨機抽取一些受訪者進行調查。例如每一年抽訪民眾對於經濟景氣的看法，或是每年調查政府的施政滿意度。由於每一次接受調查的對象是不同的受訪者，因此每一次調查所得都是一次橫斷面數據，調查所得也具有類似的變動特徵。而 APC 資料的最大特色，是年齡、時代與世代三者存在著完全線性相依的特徵（方程式 (8-13)）。

$$\text{Age} = \text{Period} - \text{Cohort} \tag{8-13}$$

假設從 2010 至 2019 年，針對 1980 至 1989 年的十個出生世代受訪者進行 10 次調查測量，所形成的 10×10 個年齡細格如表 8.3 所示。各次調查（縱欄）

表 8.3　不同時代下不同世代的年齡矩陣資料格式

	世代 Cohort	時代Period									
		1	2	3	4	5	6	7	8	9	10
		2010	2011	2012	2013	2014	2015	2016	2017	2018	2019
1	1980	30	31	32	33	34	35	36	37	38	39
2	1981	29	30	31	32	33	34	35	36	37	38
3	1982	28	29	30	31	32	33	34	35	36	37
4	1983	27	28	29	30	31	32	33	34	35	36
5	1984	26	27	28	29	30	31	32	33	34	35
6	1985	25	26	27	28	29	30	31	32	33	34
7	1986	24	25	26	27	28	29	30	31	32	33
8	1987	23	24	25	26	27	28	29	30	31	32
9	1988	22	23	24	25	26	27	28	29	30	31
10	1989	21	22	23	24	25	26	27	28	29	30

當中的年齡即等於時代（Period）減去世代（Cohort），例如 2010 年的調查中，1980 年出生世代者的年齡為 30 歲，1989 年出生者則為 21 歲。到了 2019 年，1980 至 1989 年出生者年齡已經成為 30 至 39 歲。

在表 8.3 的資料格式中，每一個細格（cell）代表同一 P×C 的個體族群。雖然不同世代在不同時代皆有調查數據可以進行分析，但是受訪者的年齡逐漸老化，換言之，不同世代者在不同時代的狀況混淆了年齡的差異而無法分離，如果納入年齡變數則會與時代及世代細格發生完全線性相依的估計問題。

相對之下，如果研究者想要探討特定年齡層的議題，例如 21 至 29 歲的青年時期狀態，只有在第一波（2010）有完整的 21 至 29 歲的年齡層樣本。隨著時間的遞延，所能夠提供的焦點年齡層將逐漸減少，到了 2019 年，這十個世代的受訪者將沒有任何人仍是二十來歲的青年，此時也將發生缺失細格問題而必須增加世代抽樣藉以獲得足夠的年齡樣本。

前述特殊的 APC 線性結構，使得 APC 三者在一般線性模型中無法同時並存，因為當其中兩者已知的情況下，第三個因子即被確定，此一限制在分析時會發生辨識問題（identification problem），而使統計模型無法有效運作。在分析實務上，一般作法是將個人依年齡與時期重新區分（Ryder, 1965），其內涵是指歷經共同歷史事件的一群人所受到的共同影響，反映出連續年齡群在連續時期的不同經歷（Robertson, Gandini, & Boyle 1999; Glenn 2003），藉以估計世代或時代的影響，如果要同時納入 APC 三者，則必須採取參數限定來解決辨識問題，例如設定 intrinsic estimator (IE)（Fu, 2000, 2008; Yang, Fu, & Land, 2004; Yang, Schulhofer-Wohl, Fu, & Land, 2008; Yang, 2008），才能得到估計結果，但無論何種作法都僅是一種權宜作法，並無從解決 APC 三者線性相依的資料結構本質（Bell & Jones, 2015; Luo, 2013）。

隨著 MLM 技術的成熟，Yang 與其同事（Yang 2006; Yang and Land 2006, 2013）提出了以 MLM 來處理非固定樣本的重複變項橫斷式調查資料的 APC 分析，稱為 Age-Period-Cohort Analysis of Repeated Cross-Section Surveys，是一種交叉嵌套隨機效果模型（Cross-Classified Random-Effect Model; CCREM）。另外，對於 Panel data 的 APC 分析，Yang 與 Land（2013）也發展出能兼顧個人隨時間變化之 HAPC 模式（hierarchical Age-Period-Cohort model），已經具體應用在公衛健康的縱貫研究（例如 Yang, 2007; Zheng, Yang, & Land, 2011)。此一模式使用個人多個時間點的資料，以 MLM 來檢視個人持續發展與變遷的歷程，稱為多層次 APC 分析（Multilevel APC modeling, MAPC）（Bell & Jones, 2015）。

8.4.3 多波段橫斷設計的 CCREM 分析

在調查研究中，經常會針對某一個問題每隔一段時間隨機抽取一些受訪者進行調查。例如每一年抽訪民眾對於經濟景氣的看法，或是每年調查政府的施政滿意度。由於每一次接受調查的對象是不同的受訪者，因此每一次調查所得都是一次橫斷面數據，而無縱貫追蹤的特徵。如果針對此種橫斷資料進行不同出生世代受訪者在不同年度下的意見差異與變化趨勢，可稱之為橫斷世代設計，在此種調查資料格式下來分析年齡（隨時間而變動）變數的狀態，具有交叉嵌套的資料結構（Browne et al. 2001）。

以 MLM 的術語來看，帶有 APC 特徵的資料格式，是將受訪者的個人資訊（例如年齡）分別嵌套在 P 與 C 兩個層二總體單位（macro-level units）之下來進行 MLM 分析，若以分組變數 p_{j1} 與 c_{j2} 分別作為時代（P）與世代（C）的雙重嵌套結構，即表示受訪者 S_i，$i = 1,\cdots,n$ 嵌套在足標 $j_1 = 1, \cdots, m$ 與 $j_2 = 1, \cdots, k$ 的 $m \times k$ 個 PC 細格中，如圖 8.5 所示。

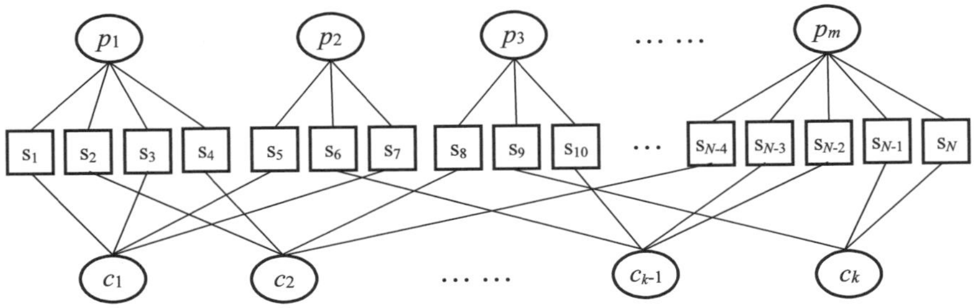

圖 8.5　APC 資料的交叉嵌套示意圖

若今天對某一結果變數 y 進行解釋（例如薪資），其中個體層次將年齡（A）的影響以二次函數形式納入估計，此一帶有 APC 特徵的 CCREM 模型（Yang & Land, 2013）定義如下：

L1　$y_{i(j_1j_2)} = \beta_{0(j_1j_2)} + \beta_{1(j_1j_2)}A_{i(j_1j_2)} + \beta_{2j_1j_2}A^2_{i(j_1j_2)} + [\varepsilon_{i(j_1j_2)}]$　(8-14)

L2　$\beta_{0(j_1j_2)} = \gamma_{00} + [u_{0(j_1)} + u_{0(j_2)} + u_{0(j_1j_2)}]$　(8-15)

$\beta_{1(j_1j_2)} = \gamma_{10}$　(8-16)

$\beta_{2(j_1j_2)} = \gamma_{20}$　(8-17)

Mixed　$y_{i(j_1j_2)} = \gamma_{00} + \gamma_{10(j_1j_2)}A_{i(j_1j_2)} + \gamma_{20(j_1j_2)}A^2_{i(j_1j_2)} + [u_{0(j_1)} + u_{0(j_2)} + u_{0(j_1j_2)}]$　(8-18)

結果變數在 PC 雙重嵌套下細格平均數（截距項 $\beta_{0(j_1j_2)}$），在 L2 則被分解成總平均與兩個組間變異成分：隨機成分 $[u_{0j_1}]$ 反映在 P 時代嵌套下的結果變數的組間變異（$\bar{y}_{j_1}$），隨機成分 $[u_{0j_2}]$ 反映在 C 世代嵌套下的結果變數組間變異（$\bar{y}_{j_2}$）。$[u_{0j_1}]$ 與 $[u_{0j_2}]$ 服從以零爲平均數，以 τ^2_{p00}、τ^2_{c00} 爲變異數的常態分配。

Yang 與 Lord（2013）所提出的 CCREM 模式，是將 P 與 C 作爲脈絡因素，然後把 Age 與結果變數 Y 的關係放在個體層次，以階層嵌套結構進行迴歸分析，因此能夠解決辨識困境而得到參數解。但是 Bell 與 Jones（2014）的模擬研究發現，CCREM 模式雖然分離了 APC 三者來估計 Age 效果，但是在總體層次的雙重嵌套結構仍無法有效處理 P 或 C 的特殊趨勢（例如呈現線性成長的時代或世代變異），使得個體層次的參數估計產生偏誤。

爲解決前述困境，Bell 與 Jones（2014, 2016）建議將 P 或 C 其中之一的變動趨勢納入總體層次截距方程式，例如將隨時代遞增的線性成長趨勢納入估計（如方程式 (8-19)），但假定不同世代並無特定趨勢，藉以改善年齡參數的偏誤問題。

$$\text{L2} \qquad \beta_{0(j_1 j_2)} = \gamma_{00} + \gamma_{01} Period_{j_1} + [u_{0(j_1)} + u_{0(j_2)} + u_{0(j_1 j_2)}] \qquad (8\text{-}19)$$

相對的，如果方程式 (8-19) 的 Period_{j1} 改爲 Cohort_{j2}，則是假定時代效果並無特定趨勢，而是估計隨世代遞增的線性趨勢效果，如方程式 (8-20) 所示。

$$\text{L2} \qquad \beta_{0(j_1 j_2)} = \gamma_{00} + \gamma_{01} Cohort_{j_2} + [u_{0(j_1)} + u_{0(j_2)} + u_{0(j_1 j_2)}] \qquad (8\text{-}20)$$

如果 P 或 C 在納入 L2 方程式中時帶有二次項，表示 P 或 C 的遞增對於結果變數平均值的影響是非線性的二次函數方程式。

以下，我們利用先前所使用的薪資資料庫爲例，假設六波薪資測量均爲不同的受訪者，以非追蹤性的 APC 資料格式來示範 CCREM 模型的分析程序。首先，第一個模型 M1 在個體層次納入年齡二次曲線效果，總體層次無任何趨勢效果，也就是方程式 (8-4) 至 (8-8) 所定義的模型，語法如 Syn8.4a 所示。第二個模型 M2 則是在總體層次額外納入世代變數的線性趨勢效果，也就是將方程式 (8-5) 改成方程式 (8-9) 的交叉嵌套模型，語法如 Syn8.4b 所示。第三個模型 M3 則是在總體層次額外納入世代變數的線性趨勢效果，也就是將方程式 (8-5) 改成方程式 (8-10) 的交叉嵌套模型，語法如 Syn8.4c 所示。

由語法可知，三個模型都是帶有 P 與 C 雙重嵌套的二層 MLM 模型，兩個嵌套變數分別是 P 與 C，P 就是測量時點，C 就是出生年代。雙重嵌套由指令 `CLUSTER = P C` 指定之。

爲了要在 L2 納入 Period 或 Cohort 的線性趨勢，必須重複使用 P 或 C 這兩個分組變數，因爲原來讀取進來的 P 或 C 變數已經用於嵌套分割組別之用，因此必須在語法中另以 `DEFINE: PERIOD = P` 與 `DEFINE: COHORT = C` 來分別創造兩個總體層次變數，以便納入 L2 截距方程式中。

Syn8.4a：APC分析語法（無總體層次趨勢變數）

```
TITLE:       APC Model 1 No L2 Trend
DATA:        FILE = Ch08APC.csv;
VARIABLE:    NAMES = ID C P A1 Wage;
             USEV = C P A1 Wage A2;
             CLUSTER = P C;
             WITHIN = A1 A2;
DEFINE:      A2 = A1*A1;
             CENTER A1 A2 (GRANDMEAN);
ANALYSIS:    TYPE = CROSSCLASSIFIED;
             ESTIMATOR = BAYES; PROCESSORS = 2; BITER = (5000);
MODEL:       %WITHIN%
             Wage ON A1 A2;
```

Syn8.4b：APC分析語法（總體層次納入P時代線性趨勢）

```
TITLE:       APC Model 2 with L2 Period Trend
DATA:        FILE = Ch08APC.csv;
VARIABLE:    NAMES = ID C P A1 Wage;
             USEV =  Wage C P A1 A2 PERIOD;
             CLUSTER = P C;
             WITHIN = A1 A2;
             BETWEEN = (P) PERIOD ;
DEFINE:      A2 = A1*A1;
             PERIOD = P;
             CENTER A1 A2 PERIOD (GRANDMEAN);
ANALYSIS:    TYPE = CROSSCLASSIFIED;
             ESTIMATOR = BAYES; PROCESSORS = 2; BITER = (5000);
MODEL:   %WITHIN%
             Wage ON A1 A2;
         %BETWEEN P%
             Wage ON PERIOD;
```

Syn8.4c：APC分析語法（總體層次納入C世代線性趨勢）

```
TITLE:        APC Model 3 with L2 Cohort Trend
DATA:         FILE = Ch08APC.csv;
VARIABLE:     NAMES = ID C P A1 Wage;
              USEV =  Wage C P A1 A2 COHORT;
              CLUSTER = P C;
              WITHIN = A1 A2;
              BETWEEN = (C) COHORT;
DEFINE:       A2 = A1*A1;
              COHORT = C;
              CENTER A1 A2 COHORT (GRANDMEAN);
ANALYSIS:     TYPE =  CROSSCLASSIFIED;
              ESTIMATOR = BAYES; PROCESSORS = 2; BITER = (8-5000);
MODEL:    %WITHIN%
              Wage ON A1 A2;
          %BETWEEN C%
              Wage ON COHORT;
```

不論是 L1 或 L2 的解釋變數均進行總平減，使模型的截距與組間變異具有較佳的可解釋性。三個模型的估計結果列於表 8.4。

報表顯示以 C 爲分組變數的嵌套結構下，共有 25 個世代，最年老的世代是 45 年次，共有 24 次觀察資料，觀察次數最多的世代是 68 年次，有 276 筆觀察值。相對之下，以 P 爲分組變數的嵌套結構下只被分割成 6 個時代，標示爲 1 至 6，每個時代（調查年份）下各有 450 位受訪者，因此總受訪者人數爲 2,700 人。

最後，由表 8.4 的結果可知，不論是有無 L2 的 Period 或 Cohort 線性趨勢，在個體層次的薪資年齡二次曲線皆具有統計意義，此一結果與先前關於年齡變數的 MLM 分析結果相同。所不同的是本節也將世代效果與時代效果納入分析。

```
SUMMARY OF DATA

     Cluster information for C

       Number of clusters                                    25

       Size (s)     Cluster ID with Size s

         18         66
         24         45
         48         53 46
         54         51
         66         48
         72         59 47
         78         52 61
         84         56
         90         60 49
         96         55
        102         58 57 50
        114         64
        126         54
        150         62
        162         65
        186         63
        216         69
        246         67
        276         68

     Cluster information for P

       Number of clusters                                     6

       Size (s)     Cluster ID with Size s

        450         1 2 3 4 5 6
```

如果在 L2 納入線性趨勢，可以發現不論是納入時代趨勢的 M2 或納入世代趨勢的 M3 模型，兩種線性趨勢雖然都是負值，Period 的線性趨勢 = -0.017 [-0.158,0.126]、Cohort 的線性趨勢 = -0.014 [-0.145,0.081]，但兩者的 .95CI 並未涵蓋零，表示薪資雖隨時代與世代的增加而降低，但是並沒有統計意義。

至於不同時代與不同世代的薪資平均差異均具有統計意義：τ_{p00}^2 = 0.016 [0.001,0.237]，τ_{c00}^2 = 0.495 [0.231,1.082]，從數值來看，世代差異又比時代差異來得大，顯示雙重嵌套 MLM 模型可將 APC 三者效果予以分離。

表 8.4　APC 資料庫的交叉嵌套模型估計結果

	M1無高階線性			M2: P線性趨勢			M3: C線性趨勢		
	Coef	LL	UL	Coef	LL	UL	Coef	LL	UL
	4.571*	4.215	4.885	**4.580***	4.226	4.968	**4.606***	4.120	5.110
Age1	**0.347***	0.110	0.580	**0.347***	0.079	0.588	**0.325***	0.060	0.573
Age2	**-0.004***	-0.007	-0.001	**-0.004***	-0.007	-0.001	**-0.004***	-0.007	-0.000
Period				**-0.017**	-0.158	0.126			
Cohort							**-0.014**	-0.145	0.081
σ_e^2	**4.984***	4.719	5.256	**4.983***	4.720	5.256	**4.983***	4.718	5.256
τ_{p00}^2	**0.016***	0.001	0.237	**0.022***	0.001	0.589	**0.019***	0.001	0.407
τ_{c00}^2	**0.495***	0.231	1.082	**0.505***	0.239	1.120	**0.506***	0.237	1.125

註：P 爲時代變數，C 爲世代變數。* 表示貝氏估計的 .95 置信區間不涵蓋 0。

8.4.4 多波段縱貫設計的 MAPC 分析

8.4.4.1 單一世代與多重世代設計

前面所介紹的交叉嵌套多層次 APC 分析，每一個 P×C 的嵌套細格當中的觀察對象是不同的個體，隨著時間的遞延所檢驗的年齡對於結果變數的影響效果，是不同世代在不同時代下的平均數的變化，換言之，在橫斷設計下的 CCREM 中，不論是年齡效果、世代效果、或是時代效果，都是集體性的比較而非個人之間的個別差異。

然而，在許多帶有時序的研究中，研究者所關切的是某一個結果變數隨著時間而變化的個體變動軌跡，因此同一個受訪者會持續進行多波次關於某結果變數 *Y* 的測量數據，此時，多波次的時間點反映時代的影響，但受影響的並非結果變數 *Y*，而是 *Y* 隨著時間遞延的變動狀態，也就是 *Y* 的軌跡，此時，如果受訪者屬於同一個年齡世代，這 *m* 位受訪者隨著時間遞延進行重複測量，稱爲單一世代設計（single cohort design），如果重複測量的次數夠多，即足以對年齡效果進行完整分析，因此又稱爲眞縱貫設計（true longitudinal design）。例如若對於 2000 年出生的單一世代樣本，從 2010 年（10 歲）起追蹤測量 12 次，即可分析從 10

表 8.5　不同世代數量的縱貫設計資料結構

世代	年齡（AGE）											
Cohort	10	11	12	13	14	15	16	17	18	19	20	21
(a)單一世代												
2000	P1	P2	P3	P4	P5	P6	P7	P8	P9	P10	P11	P12
(b)三個世代												
1990									P1	P2	P3	P4
1995					P1	P2	P3	P4				
2000	P1	P2	P3	P4								
(c)九個世代												
1992									P1	P2	P3	P4
1993								P1	P2	P3	P4	
1994							P1	P2	P3	P4		
1995						P1	P2	P3	P4			
1996					P1	P2	P3	P4				
1997				P1	P2	P3	P4					
1998			P1	P2	P3	P4						
1999		P1	P2	P3	P4							
2000	P1	P2	P3	P4								

註：P 表示測量時點。P1 = 2010, P2 = 2011, ... , P12 = 2021

歲到 21 歲的年齡變化效果，如表 8.5 當中的 (a) 列所示。

單一世代設計下所進行的重複測量追蹤調查，主要優點是可以進行穩定追蹤一定長度的年齡遞變效果。然而此時所有受訪者在各波次的年齡相同，往後各波次測量時的年齡也相同，使得年齡效果無法與時代效果分離。此外，基於成本的考量，縱貫研究通常無法進行過多的重複測量，前述舉出的例子中，要研究單一世代從 10 至 21 歲的年齡變化，必須重複測量 12 次，整個研究時程必須延宕 12 年之久。但如果 2010 年開始針對 2000（10 歲）、1995（15 歲）、1990（20 歲出生）的受訪者進行重複測量，只要 4 年即可構成 10 歲至 21 歲的完整年齡光譜資料。此種針對多個世代的受訪者進行重複測量的縱貫設計，稱為多重世代設計（multiple cohort design）。

由表 8.5 當中的 (b) 列可知，三個世代的四次重複測量雖然可構成 10 至 21 歲的年齡光譜，但是每個年齡層的數據僅出現在某特定單一世代當中，此時年齡效果將會發生 Age×Cohort 的交互作用，因應之道就是增加世代數量，使得各年齡層不會僅存在某特定世代（Galbraith, Bowden, & Mander, 2017; Moerbeek, 2011），例如從 2010 年起對於 1992 至 2000 年出生的九個世代受訪者進行四次重複調查，就可以組成最完整的 10 至 21 歲的年齡光譜資料，如表 8.5(c) 列所示。

在表 8.5(b) 與 (c) 列中的多重世代設計下，年齡效果的資料連結係由不同時點下的不同世代樣本蒐集而得，從資料結構中可看到逐漸遞增，因此又稱為加速縱貫設計（accelerated longitudinal design）（Bell, 1953）。此時所蒐集到的資料，不僅在第一波時的起始點年齡不同，在後續的歷次延宕時點下測量時的年齡也不同，此時不僅可以進行不同世代間的變動軌跡研究，也可以將年齡效果從時代效果中分離。而且更重要的優點在於可以縮短追蹤時程，降低樣本流失。

基本上，本章與前一章所探討的重複測量縱貫設計分析模式，並未強調受訪者是來自單一或多重世代，而且在每一波測量時的受訪者年齡並不相同，因此本質上就是多重世代設計，只是在先前的範例分析時並未特別考量世代的效果，本節則著重於世代變數的影響效果分析。

8.4.4.2 多重世代設計的MLM模型

從 MLM 的角度來看，不同世代樣本持續接受多次的調查測量，每一個個體都會有多次測量數據，此時年齡效果隨著受訪者接受多次測量而發生，因此年齡效果存在於個體內層次（L1），世代的變化則是個體間的比較，因此存在於個體間層次（L2）。

同一個受訪者的重複觀測數據在第一層可連結得出一個變動軌跡，例如方程式 (8-21) 當中的二次方程式模型。至於世代的影響，則可置入 L2 的截距方程式（方程式 (8-22)）來解釋薪資的高低，如果世代對於年齡軌跡的影響被假定為二次曲線，則必須在方程式 (8-22) 當中納入世代二次項 $Cohort^2_j$ 來估計截距高低，此時薪資的年齡軌跡與世代影響都是二次軌跡，稱為世代效果成長曲線模型（growth curve model of individual change with cohort effect）。

$$\text{L1}\quad y_{ti} = \pi_{0i} + \pi_{1i}A_{ti} + \pi_{2i}A_{ti}^2 + Period_{ti} + [\varepsilon_{ti}] \tag{8-21}$$

$$\text{L2}\quad \pi_{0i} = \beta_{00} + \beta_{01}Cohort_j + \beta_{02}Cohort_j^2 + [u_{0i}] \tag{8-22}$$

$$\pi_{1i} = \beta_{10} + [u_{1i}] \tag{8-23}$$

$$\pi_{2i} = \beta_{20} + [u_{2i}] \tag{8-24}$$

$$\pi_{3i} = \beta_{30} + [u_{3i}] \tag{8-25}$$

除了年齡與世代效果，如果研究者想要探討特定時間點對於結果變數的影響，可以把時間效果放入 L1 當中加以估計。例如方程式 (8-21) 中的時代變數 Period_{ti}，此時將是一個完整涵蓋 APC 三種變數的 MLM 模型。

如果研究者認爲年齡軌跡也具有世代差異，此時可將世代納入年齡的一次項方程式（方程式 (8-23)）與二次項方程式（方程式 (8-24)），檢視軌跡變動的世代差異，如果隨著世代增加而年齡軌跡的一次與二次項呈現線性增加或降低，方程式 (8-23) 與 (8-24) 僅需納入 Cohort_j 的一次項，如果世代對於年齡軌跡的影響也是二次曲線，則必須納入世代二次項 $\text{Cohort}^2{}_j$ 來估計世代效果對年齡軌跡的曲率。由於年齡的一次項與二次項均被世代變數所解釋，表示年齡軌跡會因爲不同世代而改變，因此稱爲*世代交互作用成長曲線模型*（growth curve model of individual change with cohort interactions）（Moerbeek, 2011; Yang & Land, 2013），如方程式 (8-26) 至 (8-30) 所示。

$$\text{L1}\quad y_{ti} = \pi_{0i} + \pi_{1i}A_{ti} + \pi_{2i}A_{ti}^2 + Period_{ti} + [\varepsilon_{ti}] \tag{8-26}$$

$$\text{L2}\quad \pi_{0i} = \beta_{00} + \beta_{01}Cohort_j + \beta_{02}Cohort_j^2 + [u_{0i}] \tag{8-27}$$

$$\pi_{1i} = \beta_{10} + \beta_{11}Cohort_j + \beta_{12}Cohort_j^2 + [u_{1i}] \tag{8-28}$$

$$\pi_{2i} = \beta_{20} + \beta_{21}Cohort_j + \beta_{22}Cohort_j^2 + [u_{2i}] \tag{8-29}$$

$$\pi_{3i} = \beta_{30} + [u_{3i}] \tag{8-30}$$

但是一般在實務上，Cohort 對於年齡軌跡的解釋並不會設定爲二次方程式，否則 Age 的二次曲線被 Cohort 的二次曲線解釋，不僅不易解釋，也容易發生無法有效收斂的窘境。

最後，年齡效果被世代變數解釋完畢之後的個別差異則由 $[u_{0i}]$、$[u_{1i}]$、$[u_{2i}]$、$[u_{3i}]$ 四個誤差項反映，隨機效果以變異數與共變數矩陣形式表示如方程式 (8-31)。

$$Cov\begin{bmatrix}u_{0i}\\u_{1i}\\u_{2i}\\u_{3i}\end{bmatrix}=\begin{bmatrix}\tau_{00}^2 & & & \\ \tau_{01} & \tau_{11}^2 & & \\ \tau_{02} & \tau_{12} & \tau_{22}^2 & \\ \tau_{03} & \tau_{13} & \tau_{23} & \tau_{33}^2\end{bmatrix} \quad (8\text{-}31)$$

值得提醒之處，雖然 Period_{ti} 與 Age_{ti} 間隔相同的時距（例如每增加一年，年齡增加一歲），但是爲了簡化模型並降低年齡與時代變數的線性相依影響，建議將 Period_{ti} 進行簡化，例如虛擬化成爲兩個時點或三個時點，來探討特定時點的衝擊，而非以原始的 Period_{ti} 變數來估計時代的連續性影響（例如 Jaspers & Pieters, 2016）。

另外，如果研究者認爲 k 個世代效果對於 Y 與年齡軌跡的影響是非線性模型，此時可改以虛擬變數形式來將世代效果納入 L2 方程式：如果有 k 個世代必須納入 $k-1$ 個 Cohort 虛擬變數（以某一個世代作爲參照組），來估計世代對於軌跡變動的線性趨勢（Miyazkai & Raudenbush, 2000），如方程式 (8-33) 至 (8-36) 中的 $\sum_{j=2}^{k}\beta_{0j}Cohort_j$、$\sum_{j=2}^{k}\beta_{1j}Cohort_j$、$\sum_{j=2}^{k}\beta_{2j}Cohort_j$。

L1 $$y_{ti}=\pi_{0i}+\pi_{1i}A_{ti}+\pi_{2i}A_{ti}^2+\pi_{3i}Period_{tj}+[\varepsilon_{ti}] \quad (8\text{-}32)$$

L2 $$\pi_{0i}=\beta_{00}+\sum_{j=2}^{k}\beta_{0j}Cohort_j+[u_{0i}] \quad (8\text{-}33)$$

$$\pi_{1i}=\beta_{10}+\sum_{j=2}^{k}\beta_{1j}Cohort_j+[u_{1i}] \quad (8\text{-}34)$$

$$\pi_{2i}=\beta_{20}+\sum_{j=2}^{k}\beta_{2j}Cohort_j+[u_{2i}] \quad (8\text{-}35)$$

$$\pi_{3i}=\beta_{30}+\sum_{j=2}^{k}\beta_{3j}Cohort_j+[u_{3i}] \quad (8\text{-}36)$$

最近的一篇研究中，Jaspers 與 Pieters（2016）即利用前述 MLM 模型探討人們一生當中物質主義的變動趨勢，超過 4,200 位受訪者被區分成 13 個五年世代，這些受訪者接受了關於物質主義、金錢價值、健康狀況的八波重複測量，爲了估計 2008 年所發生的金融風暴對於美國民眾物質主義的影響，模型中特別納入了一個時代變數 Period_{ti}\{1:2008 以前 ;0:2008 之後\}，來估計不同時代條件下的軌跡變化。

研究結果不僅證實時代效果會影響受訪者的物質價值，在金融風暴後，人們對於物質上所得到的快樂變得較無感，而且 Age×Period 交互作用也具有統計顯著性：年輕受訪者比年長者更明顯地受到時代因素（金融風暴）的影響而更重視財產的擁有與實質性的成功，尤其是當結果變數為財產擁有時，Period×Age^2 的迴歸係數也具有顯著意義，其係數值為負值，表示金融風暴前的年齡二次方程式的正向曲率會較平緩，亦即年齡越高越重視物質主義的二次趨勢會趨向於線性趨勢，但是金融風暴後，年齡對於財產擁有的重視呈現加速的情形。

8.4.4.3 多重世代設計的MLM範例

在前一節的示範當中，我們將原本是重複測量的薪資資料改以橫斷資料的形式來進行示範，事實上，同一個受訪者接受了六波的測量，因此應以縱貫方式進行估計才符合資料的特性。本節即依照方程式 (8-21) 至 (8-25) 的設定方式，來估計薪資軌跡的年齡二次方程式效果，並估計薪資如何受到世代與時代變數的影響。由於六波測量發生於 2006 至 2011，其中恰好遇到 2008 年底的金融風暴，因此將時代變數設定為金融風暴前 {0}（2006、2007、2008）與金融風暴後 {1}（2009、2010、2011）之 L1 的二分虛擬變數。語法列於 Syn8.4d。

語法中的主要特點在於時代變數的虛擬化設定以 **`Define: IF (P LT 4) THEN Period = 0`** 與 **`IF (P GE 4) THEN Period = 1`** 兩個指令完成。然後將 Period 變數納入 **`%WITHIN%`** 中的組內方程式去解釋結果變數 Wage。

語法中的組間層次 **`%BETWEEN%`**，存在 **`!S1 S2 ON C1 C2`** 指令，但前方加註 **!**，表示不執行該指令，如果把 **!** 移除，則將進行軌跡被世代解釋的跨層級交互作用。由於估計結果不理想，因此建議不要納入該指令。

Syn8.4d：縱貫設計APC分析語法

```
TITLE:      Longitudinal APC
DATA:       FILE = Ch08APC.csv;
VARIABLE:   NAMES = ID Sex C1 P A1 Wage;
            USEV = A1 C1 Wage A2 C2 Period;
            CLUSTER = ID;
            WITHIN = A1 A2 Period;
            BETWEEN = C1 C2;
DEFINE:     A2 = A1*A1;                    ! 定義年齡變數二次項
            C2 = C1*C1;                    ! 定義世代變數二次項
            IF (P LT 4) THEN Period = 0;      ! 定義時代虛擬變數
            IF (P GE 4) THEN Period = 1;      ! 定義時代虛擬變數
            CENTER A1 A2 (GROUPMEAN);
            CENTER C1 C2 (GROUPMEAN);
ANALYSIS:   TYPE = TWOLEVEL RANDOM;
MODEL:   %WITHIN%
            S1 | Wage ON A1;       ! 納入年齡隨機一次項
            S2 | Wage ON A2;       ! 納入年齡隨機二次項
            S3 | Wage ON Period; ! 納入時代隨機效果
         %BETWEEN%
            Wage ON C1 C2;         ! 納入世代對薪資解釋
            !S1 S2 ON C1 C2;       ! 納入世代對軌跡解釋
            Wage with S1; Wage with S2; S1 with S2;
            Wage with S3; S1 with S3; S2 with S3;
```

另外，值得注意的是，由於新增加了 A2、C2、Period 三個變數，在挑選變數指令 **USEV** 的最後要將這三個新定義變數納入，同時原來的時代變數 P 則不納入，如此才不會發生執行錯誤。估計結果如下：

```
MODEL RESULTS
                                                     Two-Tailed
                    Estimate       S.E.  Est./S.E.    P-Value

Within Level

 Residual Variances
    WAGE               0.653      0.097      6.738      0.000

Between Level

 WAGE       ON
    C1                 0.650      0.248      2.627      0.009
    C2                -0.006      0.002     -2.979      0.003

 WAGE      WITH
    S1                 0.893      0.298      2.994      0.003
    S2                -0.009      0.003     -2.681      0.007
    S3                 0.014      0.280      0.051      0.960

 S1        WITH
    S2                -0.004      0.004     -0.937      0.349
    S3                -0.202      0.288     -0.701      0.483

 S2        WITH
    S3                 0.002      0.004      0.651      0.515

 Means
    S1                 0.311      0.069      4.507      0.000
    S2                -0.003      0.001     -3.024      0.002
    S3                -0.234      0.071     -3.293      0.001

 Intercepts
    WAGE               4.585      0.104     44.139      0.000

 Variances
    S1                 0.348      0.324      1.072      0.284
    S2                 0.000      0.000      0.868      0.385
    S3                 0.384      0.359      1.070      0.284

 Residual Variances
    WAGE               4.275      0.793      5.391      0.000
```

從上述的估計結果可知，在固定效果部分，年齡的二次方程式具有統計意義，一次項的未標準化迴歸係數 $\beta_{10} = 0.311$（$z = 4.507, p<.001$），年齡二次項曲率係數為 $\beta_{20} = -0.003$（$z = -3.024, p<.01$），兩者皆達統計顯著水準：當年齡處於平均數時，每增加一歲，薪資增加 0.311 萬元，但隨著年齡增加，薪資的正向斜率會逐年降低 0.003，換言之，年齡曲線是一個開口向下（斜率遞減）的二次曲

線，此一結果與前一章的示範結果相同。

本章的示範與前一章的不同之處，在於納入了 Period 與 Cohort 效果的檢驗。其中時代效果 β_{30} = -0.234（z = -3.293, p<.001），表示金融風暴後的平均薪資顯著降低 0.234 萬元。

在 L2 的世代效果部分，世代變數的一次項未標準化迴歸係數 β_{01} = 0.650（z = 2.627, p<.01），二次項曲率係數為 β_{02} = -0.006（z = -2.979, p<.001），兩者亦達統計顯著水準，表示隨著出生世代的延後（越年輕的世代），薪資平均水準呈現先升後降的趨勢。至於 L2 的三個斜率誤差項的變異數（隨機效果）均未達統計顯著水準，表示薪資的年齡二次軌跡與時代變數的影響，其個別差異均不明顯，顯示個體間的差異絕大程度都可以被世代變數所解釋。從這些估計結果顯示，縱貫設計的 APC 資料，可藉由 MLM 模型來分別估計年齡、世代與時代效果，可說是解決 APC 辨識問題的一個有效解決策略。

進一步延伸閱讀書目

Galbraith, S., Bowden,. J., & Mander, A. (2017). Accelerated longitudinal designs: An overview of modelling, power, costs and handling missing data. *Statistical Methods in Medical Research, 26*(1), 374-398.

Miyazaki, Y., & Raudenbush, S. W. (2000). Tests for linkage of multiple cohorts in an accelerated longitudinal design. *Psychological Methods, 5*(1), 44-63.

Yang, Y., & Land K. C. (2013). *Age-Period-Cohort analysis: New models, methods, and empirical application.* Boca Raton, FL: CRC Press.

Burton-Jeangros, C., Cullati, S., Sacker, A., & Blane, D. (Eds.) (2015). *A life course perspective on health trajectories and transitions.* Springer Link: Download via https://link.springer.com/book/10.1007%2F978-3-319-20484-0

第四篇
縱貫性結構方程模式

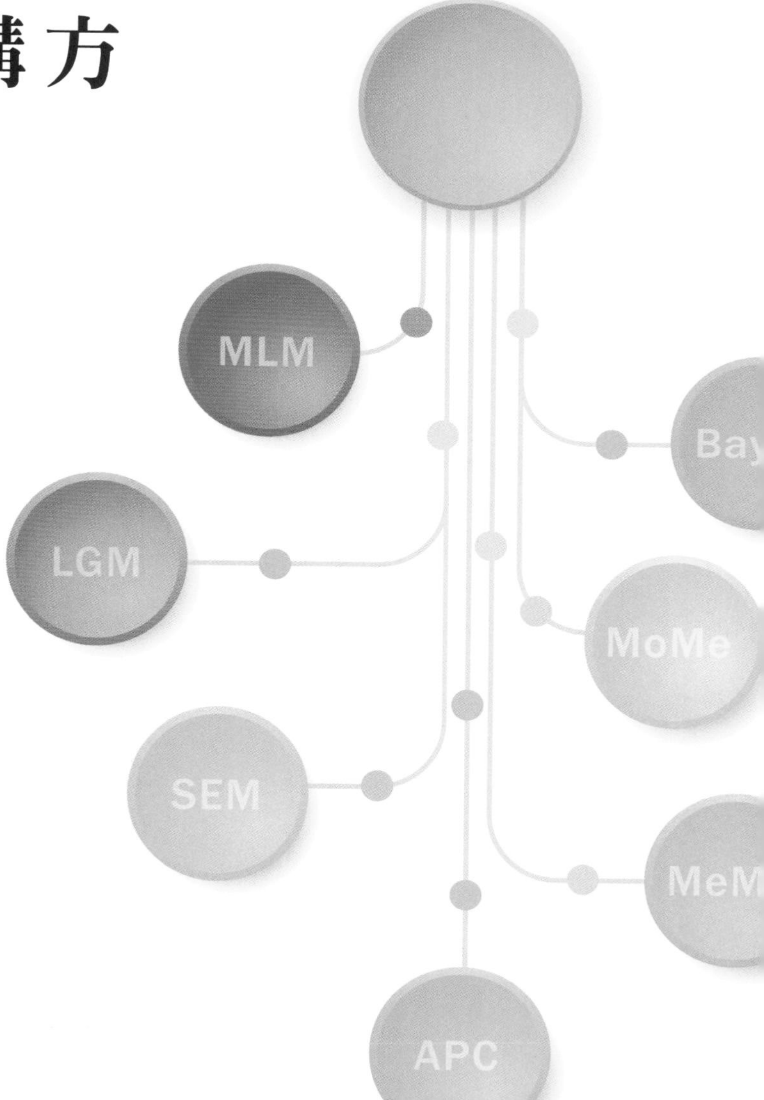

Chapter 9

潛在成長模式

9.1 前言

在第七章當中曾經提到，當研究者所測量的數據具有時間的資訊時，所使用的分析方法必須考慮到時間的特徵，藉以捕捉到成長變動的趨勢或軌跡。然而第七章的分析策略是將時間資料視爲嵌套在個體內的重複測量，並沿用多層次迴歸分析，以混合方程式來進行歸屬於不同層次的參數估計，可以稱爲 MLM 取向的縱貫資料分析模型。本章則將進一步導入結構方程模式（structural equation modeling; SEM）來分析帶有時間資訊的縱貫資料，因此可稱爲 SEM 取向的縱貫資料分析。

SEM 應用於縱貫數據的分析，可以以多種不同的方式來進行，基本上可以概分爲兩種類型：*潛在成長模式*（latent growth modeling; LGM）與*多波次結構方程模式*（multi-wave structural equation modeling; MWSEM）。LGM 的目的是在估計觀察資料的成長曲線或軌跡，因此早期又稱爲*潛在曲線分析*（latent curve analysis）（Meredith & Tisak, 1984, 1990），然而其與 MLM 不同之處在於 SEM 是基於共變結構的分析，以潛在變數來定義成長曲線或軌跡的截距與斜率等主要參數，個體間的差異由潛在變數的平均值反映，個體內的變異則由潛在變數的變異數反映。更重要的是，LGM 的模式設定允許重複測量時距有其彈性，不同時點下的測量數據未必要有相等時間間隔的限制，同時對於誤差項的關係也可以視研究者的需要加以估計，因此可以發展出更多替代模型，更適配於觀察資料。

至於 MWSEM 則是將不同時間點所蒐集的資料，直接作爲影響機制當中的研究變數，例如第一波測量入學時的學習態度，第二波則測量一年後的學習成果，第三波則蒐集畢業後的薪資或工作績效表現，分析時直接以結構模型的各參數來估計變數間的影響關係。此時模型分析並不涉及多層次的嵌套結構，直接以單一層次的 SEM 模型估計即可，因此可以直接套用傳統的 SEM 模式設定與分析方式，我們將在後續章節中討論，本章先聚焦於 LGM 的基本原理與應用。

9.2 SEM 的基本原理

一個典型的結構方程模型係由測量模型（measurement model）與結構模型（structure model）兩個部分所組成，測量模型處理潛在變數的估計，也就是傳統因素分析所涉及的潛在構念萃取與估計；結構模型則處理潛在變數之間影響機制的探究，原理與迴歸分析相同。如果 SEM 模型中僅有測量模型而無結構模型時，特別稱爲驗證性因素分析（confirmatory factor analysis; CFA）。相對的，如果只有測量變數沒有潛在變數的 SEM 則爲路徑分析（path analysis）。以下，僅就 SEM 的測量與結構兩種次模型的特性與統計原理介紹於後（關於 SEM 所使用的參數符號可參見附錄 B 的介紹）。

9.2.1 測量模型

基於古典測量理論，研究者所觀測到的測量得分由兩個部分所組成：眞分數（true score）與測量誤差（measurement error）。受測者們在眞分數上的變異，反映的是研究者所關注的抽象特質或構念（construct）的個別差異，測量誤差（以 ε 表示）是隨機發生，服從以 0 爲平均數，以σ_e^2爲變異數的常態分配，$\varepsilon \sim N(0, \sigma_e^2)$。因爲受到測量誤差的影響，我們無法從單一測量得到眞分數，因此需要多重測量來進行共同部分的萃取，多重測量的共同變異就被視爲是眞分數的變異，稱爲因素（factor），因素無法直接測量，必須由外顯變數（manifest variable）估計，因此因素是一種潛在變數（latent variable），用來估計潛在變數的模型即爲測量模型，如方程式 (9-1) 所示。

$$y = \Lambda_y \eta + \varepsilon \tag{9-1}$$

方程式 (9-1) 中的 η 即是潛在變數，係由外顯測量變數 y 估計而得。從形式來看，方程式 (9-1) 其實就是一個截距爲 0 的迴歸方程式，連貫 DV（測量變數）

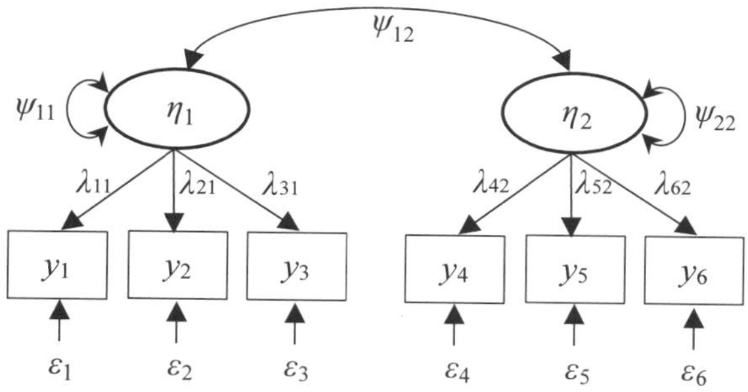

圖 9.1　帶有六個測量變數的二因素測量模型

與 IV（潛在變數）的迴歸係數以 Λ_y（Lambda）矩陣中的 λ 係數表示，稱爲因素負荷量（factor loading），反映潛在變數對測量變數的影響程度。若以方形表示測量變數，以圓形表示潛在變數，兩者之間的關係以單向箭頭表示，即可繪製出測量模型的因素結構圖，如圖 9.1 所示。

圖 9.1 中共有六個測量變數，y_1 至 y_3 三個測量變數被第一個潛在變數 η_1 所決定，y_4 至 y_6 三個測量變數被第二個潛在變數 η_2 所決定，因此圖 9.1 是一個帶有兩個因素的測量模型，而且由於每一個測量變數都只被某一個因素所影響，不被其他因素所影響，而且每個測量變數無法被潛在變數所解釋的部分（亦即測量誤差）彼此相互獨立，因此圖 9.1 是一個符合簡單結構（simple structure）原則的二因素測量模型。以矩陣形式來呈現圖 9.1 的測量模型如方程式 (9-2) 所示。

$$y = \Lambda_y \eta + \varepsilon = \begin{bmatrix} y_1 \\ y_2 \\ y_3 \\ y_4 \\ y_5 \\ y_6 \end{bmatrix} = \begin{bmatrix} \lambda_{11} & 0 \\ \lambda_{21} & 0 \\ \lambda_{31} & 0 \\ 0 & \lambda_{12} \\ 0 & \lambda_{22} \\ 0 & \lambda_{32} \end{bmatrix} \begin{bmatrix} \eta_1 \\ \eta_2 \end{bmatrix} + \begin{bmatrix} \varepsilon_1 \\ \varepsilon_2 \\ \varepsilon_3 \\ \varepsilon_4 \\ \varepsilon_5 \\ \varepsilon_6 \end{bmatrix} \tag{9-2}$$

雖然 Λ 是一個 2×6 的完整矩陣（full matrix），圖 9.1 的模式設定僅有六個因素負荷量參數用來描述測量變數與潛在變數的關係，另外六個 0 表示該向量不予估計。

由於外顯變數被拆解成潛在變數與測量誤差兩部分，因此有兩組變異參數需要估計，第一是潛在變數的變異數與共變數，亦即 Ψ 矩陣（psi matrix）：

$$\Psi = \begin{bmatrix} \psi_{11} & \\ \psi_{12} & \psi_{22} \end{bmatrix} \tag{9-3}$$

另一組變異參數是測量誤差的變異數與共變數，亦即Θ_ε矩陣（theta-epsilon matrix）：

$$\Theta_\varepsilon = \begin{bmatrix} \varepsilon_{11} & & & & & \\ \varepsilon_{12} & \varepsilon_{22} & & & & \\ \varepsilon_{13} & \varepsilon_{23} & \varepsilon_{33} & & & \\ \varepsilon_{14} & \varepsilon_{24} & \varepsilon_{34} & \varepsilon_{44} & & \\ \varepsilon_{15} & \varepsilon_{25} & \varepsilon_{35} & \varepsilon_{45} & \varepsilon_{55} & \\ \varepsilon_{16} & \varepsilon_{26} & \varepsilon_{36} & \varepsilon_{46} & \varepsilon_{56} & \varepsilon_{66} \end{bmatrix} \tag{9-4}$$

不論 Ψ 矩陣或Θ_ε矩陣，這些變異數皆建立在隨機常態分配的假設之下，尤其Θ_ε矩陣中的誤差變異應相互獨立，因此在沒有特別理由的情況下，Θ_ε矩陣中的共變數均設定為 0 而不予估計，亦即Θ_ε矩陣僅進行對角線上的參數估計。

此外，為了讓測量模型的各參數具有可比較性，會令潛在變數變異數為 1.0（令 Ψ 矩陣對角線參數為 1），亦即進行標準化，此時潛在變數共變數 ψ_{12} 即為相關係數。另一種作法則是讓各潛在變數的某一個因素負荷量設定為 1，例如 $\lambda_{11}=1$ 與 $\lambda_{12}=1$，以作其他參數的參照，其原理也是標準化，但優點是可估計潛在變數的變異成分 ψ_{11}、ψ_{22}、ψ_{12} 並檢定其顯著性。

9.2.2 結構模型

SEM 的另一個次模型是關於 IV 與 DV 之間解釋與影響關係的設定，稱為結構模型。一般而言，SEM 的結構模型多在探討潛在變數之間的解釋與影響關係，因此必須建立在良好的測量模型基礎之上。至於不帶有潛在變數，完全利用外顯測量變數來進行變數結構關係探討的路徑分析，則為 SEM 結構模型的一種特例。

現在若有 q 個潛在變數 η 作為依變數，被 p 個潛在變數 ξ 解釋，η 與 ξ 之間的關係可由方程式 (9-5) 表示。

$$\eta = \alpha + \mathrm{B}\eta + \Gamma\xi + \varsigma \tag{9-5}$$

方程式 (9-5) 當中的潛在變數 ξ 僅作為自變數，ξ 本身的變異不被任何其他變數所解釋，因此稱為外生潛在變數（exogenous latent variable），相對之下，潛在變數 η 雖然可作為影響他人的自變數，但其主要角色是作為被他人影響的依變數，η 的變異必然會被其他變數所解釋，因此稱為內生潛在變數（endogenous latent variable）。如果某個 SEM 模型帶有兩個內生潛在變數與兩個外生潛在變數，其結構模型的矩陣式表述如方程式 (9-6)，路徑圖則如圖 9.2 所示。

$$\begin{bmatrix}\eta_1\\ \eta_2\end{bmatrix}=\begin{bmatrix}\alpha_1\\ \alpha_2\end{bmatrix}+\begin{bmatrix}0 & \beta_{21}\\ 0 & 0\end{bmatrix}\begin{bmatrix}\eta_1\\ \eta_2\end{bmatrix}+\begin{bmatrix}\gamma_{11} & \gamma_{21}\\ \gamma_{12} & \gamma_{22}\end{bmatrix}\begin{bmatrix}\xi_1\\ \xi_2\end{bmatrix}+\begin{bmatrix}\varsigma_1\\ \varsigma_2\end{bmatrix} \tag{9-6}$$

由圖 9.2 可看出，ξ 對 η 的影響力可由 Γ（gamma）矩陣當中的 γ 係數反映。不同的 η 之間也可設定特定方向的影響關係，由 B（beta）矩陣當中的 β 係數反映影響力的大小，因此 β 與 γ 係數皆稱為結構係數，用來反映潛在變數間的關係與影響力。通常結構係數是研究者最關心的研究假設所在，因此若 β 與 γ 係數顯著不為 0，表示研究者所關心的研究假設獲得支持。

由於結構模型也是由迴歸模式組成，因此每一個依變數 η 均存在一個相對應的截距項，亦即 A（alpha）矩陣當中的 α 參數，如圖 9.2 當中的三角形圖示。由於潛在變數的分數型態均為平均數為 0 的標準分數，因此依變數 η 被 ξ 解釋之後的截距項（α 參數）反映的仍是依變數 η 的平均數。

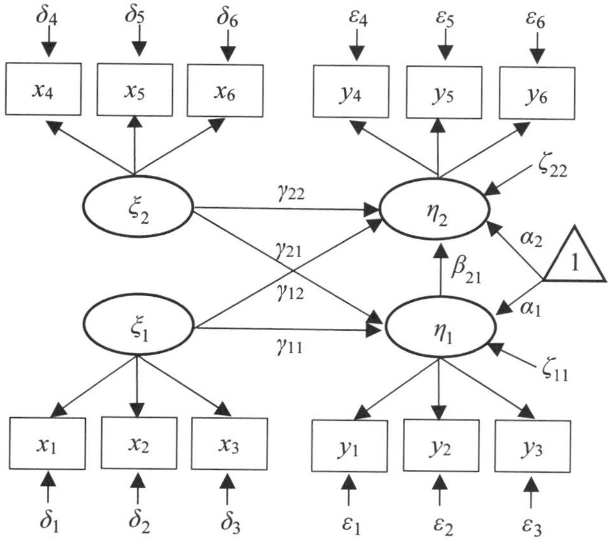

圖 9.2 帶有結構模型的 SEM 模型示意圖

外生潛在變數 ξ 的變異數與共變數可由 Φ 矩陣當中的參數 ϕ 表示（如方程式 (9-7)），內生潛在變數 η 的變異無法被解釋的部分則爲估計誤差，以 ς 表示，每一個 η 除了有一個殘差變異數，不同的 η 之間也可能存在殘差共變數，殘差變異數與共變數由 ψ 矩陣當中的參數 ψ 係數表示（如方程式 (9-8)）。如果方程式 (9-7) 與 (9-8) 當中的對角線參數設定為 1.00（變異數設定爲 1），下三角形當中的參數ϕ_{12}與ψ_{12}即爲標準化係數（相關係數）。

$$Cov\begin{bmatrix}\xi_1\\ \xi_2\end{bmatrix}=\begin{bmatrix}\phi_{11} & \\ \phi_{12} & \phi_{22}\end{bmatrix} \tag{9-7}$$

$$Cov\begin{bmatrix}\varsigma_1\\ \varsigma_2\end{bmatrix}=\begin{bmatrix}\psi_{11} & \\ \psi_{12} & \psi_{22}\end{bmatrix} \tag{9-8}$$

如果基於誤差獨立假設，估計誤差不應存在共變，因此ψ_{12}不應納入估計。尤其是當 η_1 與 η_2 之間的關係已經納入估計（亦即 β_{21} 係數），ψ_{12}更不易具有統計意義。但如果在某些特殊情況下（例如帶有時序性的資料），ψ_{12}納入估計可吸收內生潛在變數間未被估計的共變關係，進而提升模式適配。

基於前述測量模型與結構模型的設定，一個 SEM 模型可同時包涵測量誤差與估計誤差，再加上基於抽樣理論之下，樣本規模爲 N 的參數估計存在一定的抽樣誤差，因此得以估計各參數的標準誤，這些誤差均建立在常態假設之上，因此可利用最大概似法來估計各項參數。

9.2.3 SEM 的模式適配評鑑

如同 MLM 分析的模式發展程序（第五章），SEM 分析當中的一項重要工作也是進行模型優劣好壞的評估。然而 SEM 當中參數類型眾多，模型相對複雜，對於研究者所提出的假設模型是否能夠有效描述實際觀察到的變數關係，是進行參數意義解釋之前必須進行的工作，亦即模式適配（goodness-of-fit）評估。

假設模型是否適配觀察資料，最直接的評估方法是檢驗估計得出的參數矩陣與觀察到的資料矩陣之間的差距，兩個矩陣所有元素的差距即爲殘差矩陣，將殘差矩陣各元素綜合之後即可得到最小適配函數值（F_{min}），F_{min} 乘以 $N-1$ 的統計量服從χ^2_{df}分配，因此可利用χ^2檢定來判定模式殘差是否顯著不爲零，藉以推知理論模式是否適配觀察資料。

基於顯著性檢定的決策原理，當χ^2_{df}顯著不為 0，表示模式殘差過大，適配度不佳；反之，當χ^2_{df}值未達顯著水準，代表適配度良好。但是χ^2_{df}是樣本數的函數，當研究樣本數越大，χ^2_{df}值越大，或是當模型變數越多，df 越大，χ^2_{df}值也會放大。因此，以χ^2_{df}值來判定模式適配良好與否通常會有過度拒絕的情形發生，因此學者建議使用卡方自由度比（χ^2/df），又稱為規範卡方（normed chi-square）（Jöreskog, 1973），來進行模型適配的評估，若規範卡方值介於 1 至 3 之間，表示模型具有理想的適配度。

儘管規範卡方值考慮了模型複雜度，但仍受到樣本數的威脅。為了解決χ^2_{df}值或規範卡方來進行模式適配決策的限制，學者們提出一些替代性的模式適配指標，使模式適配狀況能夠被有效反映。最常見的模式適配指標有 RMSEA、GFI、CFI、NNFI、SRMR 等幾種，簡單介紹如下。

首先，SEM 當中最常用的指標之一是平均概似平方誤根係數（root mean square error of approximation; RMSEA）（Browne & Cudeck, 1993），定義如下：

$$RMSEA = \sqrt{\frac{\hat{F}_0}{df_T}} \tag{9-9}$$

方程式 (9-9) 當中的$\hat{F}_0$是待測模型的卡方值（χ^2_T）減去待測模型的自由度 df_T 除以樣本數而得：

$$\hat{F}_0 = \frac{\chi^2_T - df_T}{N} \tag{9-10}$$

由 RMSEA 的定義式可知，RMSEA 係數不受樣本數與模型複雜度的影響，當模型趨近完美適配時，$\hat{F}_0$接近 0，RMSEA 係數也就接近 0。RMSEA 係數越小表示模式適配度越理想。若採寬鬆一點的標準，RMSEA 低於 .06 可視為適配良好，.08 之內為可接受，大於 .10 表示模型不理想（Hu & Bentler, 1999; Browne & Cudeck, 1993）。但在稍晚的一篇論文中，McDonald 與 Ho（2002）建議以 .05 為良好適配，.08 為可接受的模式適配門檻。

另一個與 RMSEA 相近者是殘差均方根指標（root mean square residual; RMR）與標準化殘差均方根指標（standardized root mean square residual; SRMR）：

$$RMR = \sqrt{2\sum_{i=1}^{q}\sum_{j=1}^{i}\frac{(s_{ij}-\hat{\sigma}_{ij})^2}{q(q+1)}} \tag{9-11}$$

方程式 (9-11) 當中的$s_{ij}-\hat{\sigma}_{ij}$即是觀察與估計變異數共變數的殘差，若將殘差標準化之後再計算 RMR，即得到 SRMR。RMR 與 SRMR 數值介於 0 至 1 之間，係數越小代表模型越能適配觀察值，一般建議係數值低於 .08，表示模式適配度理想（Hu & Bentler, 1999）。

另一組常用來評估 SEM 模型好壞的指標與模型本身的參數估計結果有關。其中 GFI（goodness-of-fit index）類似於削減誤差比例（R^2）（Tanaka & Huba, 1989），反映假設模型可以解釋觀察資料的變異數與共變數的比例。

$$GFI = \frac{tr(\hat{\sigma}'\mathbf{W}\hat{\sigma})}{tr(s'\mathbf{W}s)} \tag{9-12}$$

方程式 (9-12) 中，分子是待測模型的共變數所導出加權變異數和，分母是樣本實際觀察所得到的共變數導出的加權變異數和，**W** 是加權矩陣。由於模型導出值會小於實際觀測值，因此 GFI 數值越大（越接近 1）表示適配度越佳，越接近 0，表示適配度越差。學者建議 GFI>.90 才可以視爲具有理想的適配度（Hu & Bentler, 1999）。

TLI 指標（Tucker Lewis Index）（Tucker & Lewis, 1973）又稱爲非規範適配指標（non-normed fit index; NNFI）（Bentler & Bonnet, 1980），是利用嵌套模型的比較原理，計算假設模型的χ^2_T比毫無任何參數的獨立模型的χ^2_I間的改善程度，計算時必須以自由度進行修正。

$$TLI = \frac{\chi^2_T - \frac{df_I}{df_T}\chi^2_T}{\chi^2_T - df_I} \tag{9-13}$$

另一個類似 TLI 者是 CFI（comparative-fit index; CFI）（Bentler, 1992）。CFI 指標基於非中央性改善比（the ratio of improvement in noncentrality；假設模型距離中央卡方分配距離的移動情形），利用非中央性參數（noncentrality parameter, τ_i）來評估模型好壞。

$$CFI = 1 - \frac{\tau_T}{\tau_I} \tag{9-14}$$

TLI 與 CFI 指標的數值也是越接近 1 越理想，一般是以 .90 爲通用的門檻。在樣本偏低時，CFI 仍可有效評估模式適配，但判定標準建議需達 .95 以上（Bentler, 1995）。

前述所介紹的各指標性質、適用情形與評估標準整理於表 9.1，這些指標通常適用於 SEM 模型本身適配狀況的評估，但不適合用於模型間的適配優劣比較。如果要進行模式之間的哪一個模型較佳，建議採用第五章所介紹的一些訊息指標，例如 AIC、BIC、-2LL 等，才能在兼顧各種比較條件使之一致的前提之下來做出判定。

如果兩個 SEM 模型存在著嵌套關係，亦即其中一個模型是由另一個模型額外增加一個或多個參數而得，因此自由度較小是屬於自由度較大者的一個特例，此時兩模型的優劣，可利用兩模型的卡方差異量（$\Delta\chi^2$）是否達到自由度爲兩個模型自由度差異量（Δdf）下的統計顯著水準，來檢驗兩者適配是有否有別（亦即額外增加的參數是否能夠改善模式適配性），稱爲*卡方差異檢定*（chi-square difference test）。當差異達到顯著水準時，或是兩模型 CFI 差異大於 .01（Cheung & Rensvold, 2002），表示被嵌套的模型較佳。或利用第五章介紹的 Wald 檢定來評估嵌套模型的統計顯著性。

表 9.1　常用的 SEM 適配指標整理表

指標名稱與性質	標準	適用情形
χ^2 test		
理論模型與觀察資料的適配程度	p>.05	評估模型整體適配
χ^2/df		
考慮模式複雜度（自由度）的卡方值	1-3	不受模式複雜度影響
GFI		
假設模型可以解釋觀察資料的變異比例	>.90	說明模型解釋力
TLI或NNFI		
假設模型從獨立模型的卡方改善比	>.90	不受模式複雜度影響
CFI		
假設模型與獨立模型的非中央性差異	>.95	評估模型較基準模型的改善程度
RMSEA		
假設模型與完美適配模式的差距	<.05	不受樣本數與模式複雜度影響
SRMR		
模型估計得到的整體標準化殘差總和	<.08	瞭解整體模型殘差的多寡狀態

9.3 LGM 的基本原理

LGM 主要是利用前述所介紹的 SEM 測量模型，估計某測量變數重複測量多次的變動軌跡。假設今天有 m 個受試者接受 n 次的單一個 y 變數測量，觀察數據 Y 矩陣爲一個 $n \times m$ 的矩陣，這些觀察數據背後可能存在一個假設的變動趨勢（軌跡），測量模型所設定的潛在變數當中的各類參數，即可用來反映此一軌跡的特徵。至於潛在成長曲線（軌跡）的定義方式，可能有單因子、雙因子、多因子等不同的模型，茲介紹如後：

9.3.1 單因子 LGM

由於 SEM 的測量模型是用來估計潛在變數，至少要有一個潛在變數才得以形成一個測量模型，因此最簡單的 LGM 模型是僅帶有一個潛在變數的單因子 LGM 模型（one-factor LGM），例如 y 變數重複測量六次（$n = 6$）之單因子測量模型如圖 9.3 所示。

圖 9.3 當中，作爲 n 次重複測量的共同變異的潛在變數 η，反映了 n 次重複測量的變異情形，而無法反映任何成長趨勢或軌跡資訊，η 的平均數即爲全體受測者重複測量的總平均值，因此稱爲水準因子（level factor），反映總體測量的平均水準。

爲估計 m 個受測者的多次重複測量平均值，圖 9.3 的單因子 LGM 模型中，每一個因素負荷皆需設定爲相等權重（皆爲 1），三角形的符號代表模型中納入潛在變數的平均數的估計，將反映潛在變數平均數的截距參數 α 納入估計。此一單因子模型多作爲與其他更複雜的模型比較之用，亦即基線模型（baseline

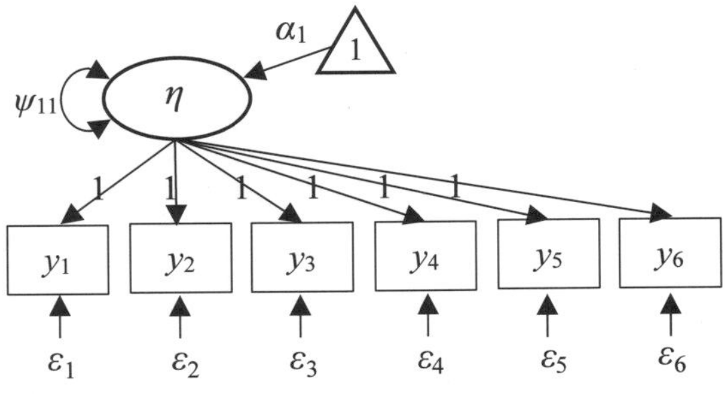

圖 9.3　帶有六次重複測量的單因子模式圖示

model）或 MLM 的零模型，測量模型的矩陣式如方程式 (9-15) 所示。

$$y = \alpha + \Lambda_y \eta + \varepsilon = \begin{bmatrix} y_1 \\ y_2 \\ y_3 \\ y_4 \\ y_5 \\ y_6 \end{bmatrix} = \alpha_1 + \begin{bmatrix} 1 \\ 1 \\ 1 \\ 1 \\ 1 \\ 1 \end{bmatrix} [\eta] + \begin{bmatrix} \varepsilon_1 \\ \varepsilon_2 \\ \varepsilon_3 \\ \varepsilon_4 \\ \varepsilon_5 \\ \varepsilon_6 \end{bmatrix} \tag{9-15}$$

方程式 (9-15) 當中的截距參數 α_1 爲 $n \times m$ 個觀察值的總平均值，潛在變數的變異數共變數矩陣 Ψ 僅有一個向量 ψ_{11}，爲 m 位受測者在 n 次測量平均的變異數估計值，反映個別差異。即等同於 MLM 的零模型的τ_{00}^2（誤差項 μ_{0j} 的變異數）。

在誤差變異部分，基於誤差獨立性假設，誤差共變設定爲 0，但每一次重複觀測都有各自的誤差變異（亦即 ε_1 至 ε_6）。如果基於各波測量具有相等變異的變異同質假設，可將誤差變異設定爲相等，亦即 $\varepsilon_1 = \varepsilon_2 = \cdots = \varepsilon_6 = \varepsilon$，此時模式自由度將會增加，隨機效果的估計結果也將與 MLM 的零模型結果完全相同，得以計算 ICC(1) 與 ICC(2) 數值。

9.3.2 單因子 LGM 模式範例

爲了示範單因子 LGM 的分析程序與結果，並能與 MLM 的設定方式進行比較，本節以前述所使用的薪資資料爲例，示範 $m = 450$ 的六波薪資測量的單因子 LGM 與 MLM 的估計結果。單因子 LGM 模型的圖示即如圖 9.3 所示，以 Mplus 進行分析的語法如 Syn9.3aLGM。若進行第七章所介紹的 MLM 縱貫模式則如 Syn9.3aMLM。

Syn9.3aLGM：單因子LGM模式語法

```
TITLE:      One factor LGM
DATA:       FILE  = Ch09wide.dat;
VARIABLE:   NAMES = ID y1-y6;
MODEL:      I | y1@1 y2@1 y3@1 y4@1 y5@1 y6@1;
            y1-y6(Eq);  !令測量變數殘差變異相等
```

Syn9.3aMLM：多層次縱貫模式MLM語法

```
TITLE:       MLM longitudinal model
DATA:        FILE = Ch09long.csv;
VARIABLE:    NAMES = ID w y;
             USEV = y;
             CLUSTER = ID;
ANALYSIS:    TYPE = TWOLEVEL;
```

以 Syn9.3aLGM 估計得到的單因子 LGM 結果如下：

```
MODEL RESULTS
                                                     Two-Tailed
                    Estimate       S.E.  Est./S.E.    P-Value
 I         |
    Y1                 1.000      0.000    999.000    999.000
    Y2                 1.000      0.000    999.000    999.000
    Y3                 1.000      0.000    999.000    999.000
    Y4                 1.000      0.000    999.000    999.000
    Y5                 1.000      0.000    999.000    999.000
    Y6                 1.000      0.000    999.000    999.000

 Means
    I                  4.468      0.104     43.101      0.000

 Intercepts
    Y1                 0.000      0.000    999.000    999.000
    Y2                 0.000      0.000    999.000    999.000
    Y3                 0.000      0.000    999.000    999.000
    Y4                 0.000      0.000    999.000    999.000
    Y5                 0.000      0.000    999.000    999.000
    Y6                 0.000      0.000    999.000    999.000

 Variances
    I                  4.694      0.322     14.560      0.000

 Residual Variances
    Y1                 0.848      0.025     33.541      0.000
    Y2                 0.848      0.025     33.541      0.000
    Y3                 0.848      0.025     33.541      0.000
    Y4                 0.848      0.025     33.541      0.000
    Y5                 0.848      0.025     33.541      0.000
    Y6                 0.848      0.025     33.541      0.000
```

值得注意的是，LGM 分析所讀取的資料格式是 *n* 波資料橫置的寬格式，而 MLM 取向的成長曲線分析的資料格式則是 *n* 波測量視爲同一個變數的長格式，並由一個 cluster 指令來區辨 *m* 個抽樣單位（受測者）。此外，MLM 所讀取的長

表 9.2　單因子 LGM 模型與 MLM 零模型參數估計比較表

	MLM				LGM			
	係數	SE	z	p	係數	SE	z	p
固定效果／平均數								
α_1	**4.468**	0.104	43.10	<.001	**4.468**	0.104	43.10	<.001
隨機效果／變異數								
σ^2	**0.848**	0.109	7.82	<.001	**0.848**	0.025	33.54	<.001
ψ_{11}	**4.694**	0.866	5.42	<.001	**4.694**	0.322	14.56	<.001

資料格式中，還需要一個反映時序的時間變數 w_{ti}，用以指定 n 次重複測量的時序。

表 9.2 列出分別以 MLM 零模型與單因子 LGM 模型的估計結果，兩者在固定效果與隨機效果的參數估計結果完全相同，但隨機效果的標準誤則有明顯差異。不論是兩層次 MLM 模型或單一因子 LGM 模型，估計得到的固定效果（在 MLM 當中爲 γ_{00}，在 LGM 則爲潛在變數的平均數）數值皆爲 4.468，爲全體數據的總平均值。

在變異數估計值（隨機效果）部分，個體間變異（每位受測者六次薪資平均個別差異）由水準因子的變異數反映，亦即 MLM 當中的τ_{00}^2或 LGM 當中的潛在變數的變異數，數值爲 4.694，此一數值的顯著性檢定具有統計意義，z = 14.56, p<.001，表示每位受測者的六次平均值顯著不同，個別差異的效果明顯。但 MLM 估計的標準誤放大一倍有餘，造成檢定量數值不同，z = 5.42，p<.001，但結論維持相同，亦即薪資的個別差異顯著。

至於受測者在六次測量的變異情形 σ^2 = 0.848，z = 35.54, p<.001，具有統計意義，表示受測者內的重複測量具有顯著不同，n 次重複測量存在明顯變動。若以 MLM 取向估計，由於六波測量的組內變異視爲相同個體誤差源，因此標準誤爲綜合標準誤，比 LGM 分別估計各波次下的個體內誤差的標準誤放大將近五倍，檢定量的數值不同，z = 7.82，p<.001，但結論維持相同，亦即薪資的個體內變異顯著。

在模型適配部分，單因子 LGM 模式適配爲 $\chi^2_{(24)}$ = 312.317, p<.001, RMSEA

= .163, CFI = .923, TLI = .952, SRMR = .073; AIC = 8813, BIC = 8826, -2LL = 8495.5，顯示適配情形並不理想。MLM 的零模型 AIC = 8814, BIC = 8831, -2LL = 8808，結果與 LGM 模型相近。

9.3.3 二因子 LGM 模式

圖 9.3 的模式設定雖然可以估計每一個受測者的 n 次測量平均值的個別差異（變異數），但是並無法捕捉到 n 次測量的變化趨勢，因此當 n 次重複測量存在特定成長變動趨勢時，以圖 9.3 來進行估計的模式必然無法適配觀察資料。此時可擴展成**二因子 LGM 模式**（two-factor LGM）來進行線性成長變動趨勢的估計，如圖 9.4 所示。

m 位受測者在 n 次測量的起點水準，在圖 9.4 當中以第一個潛在變數 η_1 反映，爲線性成長趨勢的**截距因子**（intercept factor），簡稱爲 I 因子。第二個潛在變數（η_2）的因素負荷量爲 0、1、2、3、4、5，用以估計六次測量的線性增加趨勢，亦即 η_2 表示隨著測量波次每增加一個單位，測量變數由起點水準逐次增加的幅度，因此稱爲**斜率因子**（slope factor），簡稱爲 S 因子。

一般在 LGM 中，η_2 的因素負荷量稱爲**時間分數**（time score），藉以定義每一波測量之間的間隔情形，以圖 9.4 爲例，0 至 5 的六個時間分數，等同於 MLM 當中納入一個時間變數 w_{ti}，對於斜率增幅以 0, 1, 2, …, n 的等距增加之設定方式。以矩陣式表示如下：

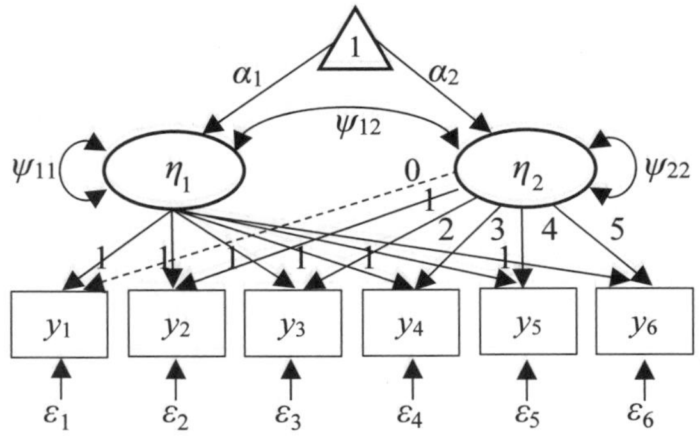

圖 9.4　帶有六個重複測量的二因子模式圖示

$$y=\alpha+\Lambda_y\eta+\varepsilon=\begin{bmatrix}y_1\\y_2\\y_3\\y_4\\y_5\\y_6\end{bmatrix}=\begin{bmatrix}\alpha_1\\\alpha_2\end{bmatrix}+\begin{bmatrix}1&0\\1&1\\1&2\\1&3\\1&4\\1&5\end{bmatrix}\begin{bmatrix}\eta_1\\\eta_2\end{bmatrix}+\begin{bmatrix}\varepsilon_1\\\varepsilon_2\\\varepsilon_3\\\varepsilon_4\\\varepsilon_5\\\varepsilon_6\end{bmatrix} \tag{9-16}$$

由於二因子 LGM 模型當中有兩個潛在變數 η_1 與 η_2，其變異數與共變數矩陣 Ψ 當中有三個元素 ψ_{11}、ψ_{22}、ψ_{12}，分別表示 η_1 與 η_2 的變異數與共變數。

一般而言，二因子 LGM 模型的 ψ_{11}、ψ_{22}、ψ_{12} 皆會納入估計，表示每一位受測者的起點與斜率都可以自由隨機變動，而且起點水準與斜率之間具有共變，如此一來可讓模式更適配於資料，並檢驗是否每一個個體的起點與斜率的個別差異顯著不爲 0。如果再加入誤差變異相等設限，亦即 $\varepsilon_1=\varepsilon_2=\cdots=\varepsilon_6=\varepsilon$，等同於 MLM 當中在個體層次納入一個時間變數 w_{ti} 的線性成長隨機係數模型。

9.3.4 二因子 LGM 模式範例

爲了示範二因子 LGM 分析，我們將前一節的單因子 LGM 模型加以擴充，成爲帶有截距與斜率兩個潛在變數的二因子 LGM 模型，並利用六波薪資重複測量的數據來進行分析。同樣的，我們同時列舉了 LGM 語法（Syn9.3bLGM）與 MLM 語法（Syn9.3bMLM），並比較兩種模型的結果（表 9.3）。

Syn9.3bLGM：二因子LGM模式語法

```
TITLE:       Two factor LGM (Linear Growth Model)
DATA:        FILE  = Ch09wide.dat;
VARIABLE:    NAMES = ID y1-y6;
MODEL:       I S | y1@0 y2@1 y3@2 y4@3 y5@4 y6@5;
             y1-y6 (Eq);
```

Syn9.3bMLM：多層次縱貫模式MLM語法

```
TITLE:        MLM random coefficient model
DATA:         FILE = Ch09long.csv;
VARIABLE:     NAMES = ID w y;
              USEV = w y;
              WITHIN = w;
              CLUSTER = ID;
ANALYSIS:     TYPE = TWOLEVEL random;
MODEL:        %WITHIN%
              S | y on w;
              %BETWEEN%
              S with y;
```

以 Syn9.3aLGM 估計得到的二因子 LGM 結果如下：

```
MODEL RESULTS
                                                              Two-Tailed
                         Estimate       S.E.  Est./S.E.        P-Value
 I          |
    Y1                      1.000      0.000    999.000        999.000
    Y2                      1.000      0.000    999.000        999.000
    Y3                      1.000      0.000    999.000        999.000
    Y4                      1.000      0.000    999.000        999.000
    Y5                      1.000      0.000    999.000        999.000
    Y6                      1.000      0.000    999.000        999.000

 S          |
    Y1                      0.000      0.000    999.000        999.000
    Y2                      1.000      0.000    999.000        999.000
    Y3                      2.000      0.000    999.000        999.000
    Y4                      3.000      0.000    999.000        999.000
    Y5                      4.000      0.000    999.000        999.000
    Y6                      5.000      0.000    999.000        999.000

 S        WITH
    I                       0.076      0.029      2.644          0.008

 Means
    I                       4.342      0.099     43.687          0.000
    S                       0.050      0.013      3.754          0.000

 Intercepts
    Y1                      0.000      0.000    999.000        999.000
    Y2                      0.000      0.000    999.000        999.000
    Y3                      0.000      0.000    999.000        999.000
    Y4                      0.000      0.000    999.000        999.000
    Y5                      0.000      0.000    999.000        999.000
    Y6                      0.000      0.000    999.000        999.000

 Variances
    I                       4.081      0.297     13.763          0.000
    S                       0.042      0.006      7.477          0.000

 Residual Variances
    Y1                      0.693      0.023     30.000          0.000
    Y2                      0.693      0.023     30.000          0.000
    Y3                      0.693      0.023     30.000          0.000
    Y4                      0.693      0.023     30.000          0.000
    Y5                      0.693      0.023     30.000          0.000
    Y6                      0.693      0.023     30.000          0.000
```

二因子 LGM 模式適配得到 $\chi^2_{(21)}$ = 143.498, p<.001, RMSEA = .114, CFI = .967, TLI = .977, SRMR = .049; AIC = 8651, BIC = 8676, LL = -4247.76。比起單因子 LGM 模型的適配情形已大幅改善，χ^2 值下降了一半，SRMR 也進入良好適配的範圍，訊息指標 AIC、BIC 也較單因子 LGM 模型為低，顯示納入斜率項是一個重要的設定。

在參數估計部分，由表 9.3 的資料可知，MLM 模型與雙因子 LGM 模型的固定係數與顯著性檢定結果完全相同，截距因子的固定效果（η_1 的平均數）皆為 4.342（z = 43.69, p<.001），亦即全體受測者在第一波測量的總平均值。斜率因子的固定效果（η_2 的平均數）則為 0.050（z = 3.75, p<.001），亦即全體受測者在六波測量的平均線性成長率，每增加一次測量，y 變數增加 0.05 萬元。但隨機效果估計值相同但是標準誤不同，與先前單因子模型情形相似。

在隨機效果部分，二因子 LGM 模型估計得到的 η_1 與 η_2 變異數分別為 4.081 (z = 13.76, p<.001) 與 0.042 (z = 7.48, p<.001)，兩者均有統計意義，表示每位受測者不僅在第一波起點測量具有顯著不同，線性增長趨勢亦有顯著差異，個別差異效果明顯。至於受測者六次測量內的變異情形，σ^2 數值由 0.848 降至 0.693，顯示增加斜率因子的估計後，受測者內的重複測量的波動被吸收了不少。

表 9.3　MLM 與 LGM 的線性成長模式比較表

	MLM				LGM			
	係數	SE	z	p	係數	SE	z	p
固定效果／平均值								
I (α_1)	**4.342**	0.099	43.69	<.001	**4.342**	0.099	43.69	<.001
S (α_2)	**0.050**	0.013	3.75	<.001	**0.050**	0.013	3.75	<.001
隨機效果／變異數								
σ^2	**0.693**	0.094	7.41	<.001	**0.693**	0.023	30.00	<.001
I (ψ_{11})	**4.081**	0.691	5.91	<.001	**4.081**	0.297	13.76	<.001
S (ψ_{22})	**0.042**	0.011	3.77	<.001	**0.042**	0.006	7.48	<.001

9.4 非線性 LGM 模式

在圖 9.4 當中的兩個潛在變數 η_1 與 η_2 反映了線性趨勢的起點與斜率，可以估計受測者在 y 變數的線性增減趨勢，但是如果 y 變數的變動呈現非線性的函數關係，以雙因子線性模型就不足以適配觀察資料，而必須以非線性模型（non-linear model）來進行 LGM 分析。

9.4.1 三因子 LGM 模式

最常見的非線性模式爲二次曲線 LGM 模式，亦即設定第三個潛在變數 η_3 來反映斜率的漸增或漸減，亦即曲率（curvature），以多項式的觀點來看就是納入了一個二次項因子（quadratic factor），成爲一個三因子 LGM 模式（three-factor LGM），如圖 9.5 所示。測量模型的定義式如方程式 (9-17)。

$$y = \alpha + \Lambda_y \eta + \varepsilon = \begin{bmatrix} y_1 \\ y_2 \\ y_3 \\ y_4 \\ y_5 \\ y_6 \end{bmatrix} = \begin{bmatrix} \alpha_1 \\ \alpha_2 \\ \alpha_3 \end{bmatrix} + \begin{bmatrix} 1 & 0 & 0 \\ 1 & 1 & 1 \\ 1 & 2 & 4 \\ 1 & 3 & 9 \\ 1 & 4 & 16 \\ 1 & 5 & 25 \end{bmatrix} \begin{bmatrix} \eta_1 \\ \eta_2 \\ \eta_3 \end{bmatrix} + \begin{bmatrix} \varepsilon_1 \\ \varepsilon_2 \\ \varepsilon_3 \\ \varepsilon_4 \\ \varepsilon_5 \\ \varepsilon_6 \end{bmatrix} \tag{9-17}$$

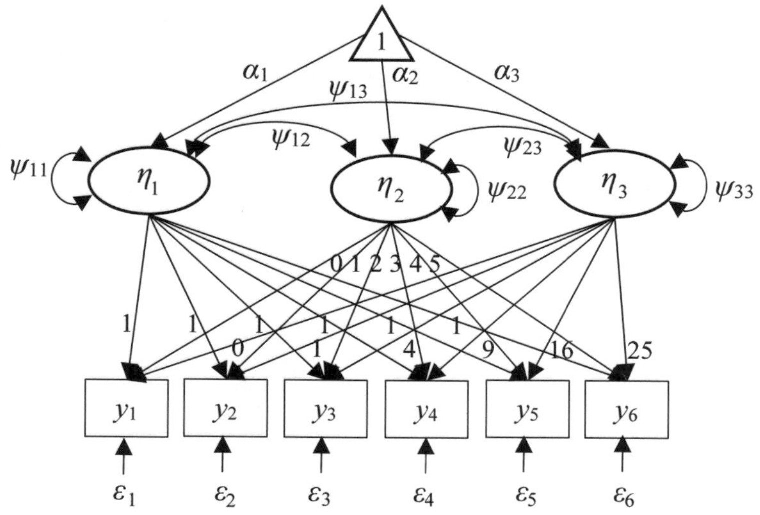

圖 9.5　帶有六個重複測量的二次曲線 LGM 模式圖示

三因子模式中所增加的二次項潛在變數（η_3）的因素負荷量 {0,1,4,9,16,25} 就是 MLM 模型中的波次變數的平方項w_{ti}^2，此時所配合的一次項潛在變數（η_2）的因素負荷量，即爲 MLM 模型中的時間間隔 {0,1,2,3,4,5}，亦即 w_{ti}。

水準因子（η_1）的平均數所反映的是第一波測量的起始水準。由於測量模型中有三個潛在變數，Ψ 矩陣當中即有六個元素，分別表示 η_1、η_2 與 η_3 的變異數（ψ_{11}、ψ_{22}、ψ_{33}）與三個因子間的兩兩共變數（ψ_{21}、ψ_{31}、ψ_{32}）。

$$\Psi = \begin{bmatrix} \psi_{11} & & \\ \psi_{21} & \psi_{22} & \\ \psi_{31} & \psi_{32} & \psi_{33} \end{bmatrix} \tag{9-18}$$

一般而言，這六個變異數共變數參數雖然都會納入估計，可提高模式適配。但是從實務上來說，每一位受測者的起始值、斜率、曲率是否具有顯著差異，亦即 ψ_{11}、ψ_{22}、ψ_{33} 三個變異成分是否顯著不等於 0，多半是研究者所關注的焦點。但是 ψ_{21}、ψ_{31}、ψ_{32} 三個共變數的數值高低並沒有實務上的意義，即使估計也不易解釋，因此可不納入估計。

9.4.2 三因子 LGM 模式範例

本節對於三因子 LGM 分析的示範，也是利用先前的薪資重複測量數據，從一因子、二因子，擴充到三個因子，成爲帶有截距、斜率與曲率三個潛在變數的 LGM 模型。本節同樣列出 LGM 語法（Syn9.4aLGM）與 MLM 語法（Syn9.4aMLM），並且比較兩種模型估計得出結果，結果列於表 9.4。

三因子 LGM 估計結果得到 $\chi^2_{(17)}$ = 107.403, p<.001, RMSEA = .109, CFI = .976, TLI = .979, SRMR = .028; AIC = 8622, BIC = 8664。較二因子模型的 χ^2 值下降了 36，AIC、BIC 也較低，顯示三因子模式適配較佳。但如果從參數估計的結果來看，新增加的二次項潛在變數平均值（α_2 = -.006）並未具有顯著意義，z = -0.95, p = .340，變異數（ψ_{22} = -.004）更出現負值之非正定現象。

Syn9.4aLGM：三因子LGM模式語法

```
TITLE:      Three factor LGM (Quadratic Growth Model)
DATA:       FILE = Ch09wide.csv;
VARIABLE:   NAMES = ID y1-y6;
MODEL:      I S Q | y1@0 y2@1 y3@2 y4@3 y5@4 y6@5;
            y1-y6 (Eq);
```

Syn9.4aMLM：多層次縱貫模式MLM語法

```
TITLE:      MLM longitudinal model
DATA:       FILE = Ch09long.csv;
VARIABLE:   NAMES =  ID w y;
            USEVARIABLES = y w1 w2;
            WITHIN = w1 w2;
            CLUSTER = ID;
DEFINE:     w1 = w-1;      ! 令波次以 0 爲起點並作爲一次項
            w2 = w*w;      ! 定義二次項
ANALYSIS:   TYPE = TWOLEVEL RANDOM;
MODEL:      %WITHIN%
            s1 | y on w1;
            s2 | y on w2;
            %BETWEEN%
            s1 with y; s2 with y; s1 with s2;
```

	Estimate	S.E.	Est./S.E.	Two-Tailed P-Value
Means				
I	4.323	0.098	44.152	0.000
S	0.079	0.035	2.274	0.023
Q	**-0.006**	**0.006**	**-0.954**	**0.340**
Variances				
I	3.717	0.288	12.885	0.000
S	0.014	0.041	0.333	0.739
Q	**-0.004**	**0.001**	**-2.707**	**0.007**

表 9.4　MLM 與 LGM 的二次曲線模式比較表

	MLM				LGM			
	係數	SE	t	p	係數	SE	t	p
固定效果／平均數								
I (α_1)	**4.323**	0.098	44.15	<.001	**4.323**	0.098	44.15	<.001
S (α_2)	**.079**	0.035	2.27	.023	**.079**	0.035	2.27	.023
Q (α_3)	**-.006**	0.006	-0.95	.340	**-.006**	0.006	-0.95	.340
隨機效果／變異數								
σ^2	**.681**	0.102	6.69	<.001	**.726**	0.028	25.98	<.001
I (ψ_{11})	**3.784**	0.681	5.56	<.001	**3.717**	0.288	12.89	<.001
S (ψ_{22})	**.129**	0.101	1.28	.202	**.014**	0.041	0.33	.739
Q (ψ_{33})	**.001**	0.003	0.39	.700	**-.004**[a]	0.001	-2.71	.007

註 a：變異數爲負值屬於非正定參數估計解。

同樣的，以 MLM 估計帶有隨機效果的二次方程式模型的結果，在固定效果部分與 LGM 模式相同，變異數相近但是標準誤不同，導致隨機效果的顯著性檢定結果會發生不一致的現象。原因仍是因爲測量變數殘差拆解方式不同，使得 LGM 估計得到的標準誤較低，較易得到各潛在變數估計值的個別差異顯著不爲零的結論。

9.4.3 四因子 LGM 模式

前述三因子 LGM 模型是將成長軌跡設定爲二次曲線，如果增加三次項，則得到三次成長模型（cubic growth model），此即四因子 LGM 模式（four-factor LGM）。模型中有截距（η_1）、一次項（η_2）、二次項（η_3）與三次項（η_4）四個潛在變數，反映三次項（曲率變化率）的 η_4 因素負荷量設定爲 {0,1,8,27,64,125}，也就是波次變數的三次項 w_{ti}^3，測量模型的定義式如方程式 (9-19) 所示。

$$y=\alpha+\Lambda_y\eta+\varepsilon=\begin{bmatrix}y_1\\y_2\\y_3\\y_4\\y_5\\y_6\end{bmatrix}=\begin{bmatrix}\alpha_1\\\alpha_2\\\alpha_3\\\alpha_4\end{bmatrix}+\begin{bmatrix}1&0&0&0\\1&1&1&1\\1&2&4&8\\1&3&9&27\\1&4&16&64\\1&5&25&125\end{bmatrix}\begin{bmatrix}\eta_1\\\eta_2\\\eta_3\\\eta_4\end{bmatrix}+\begin{bmatrix}\varepsilon_1\\\varepsilon_2\\\varepsilon_3\\\varepsilon_4\\\varepsilon_5\\\varepsilon_6\end{bmatrix} \tag{9-19}$$

由於測量模型中有四個潛在變數，Ψ 矩陣將從二項式的六個元素增加到 10 個元素，所需估計的參數隨之增加。

$$\Psi=\begin{bmatrix}\psi_{11}&&&\\\psi_{21}&\psi_{22}&&\\\psi_{31}&\psi_{32}&\psi_{33}&\\\psi_{41}&\psi_{42}&\psi_{43}&\psi_{44}\end{bmatrix} \tag{9-20}$$

理論上，如果重複測量的次數（m）越多，LGM 的潛在變數個數就可以增加，例如當 $m\geq2$，可以估計線性成長的截距與斜率兩因子，當 $m\geq3$，可以估計二次曲線的截距、斜率與曲率三個因子，當 $m\geq4$，就可以估計 S 曲線的四個因子模型。但是值得注意的是，如果變動軌跡的冪次太高，實務上的解釋意義就越趨有限，因此一般建議是採行二次多項式的模型即可，除非研究者可以從資料散佈圖檢視得出 S 曲線存在可能性，或是重複觀測次數夠多（例如 $m\geq6$），才建議使用更多因子的 LGM 模式。

9.4.4 四因子 LGM 模式範例

對於薪資重複測量數據，設定一個帶有截距、斜率、曲率與曲率變化率四個潛在變數的LGM模型，LGM語法（Syn9.4bLGM）與MLM語法（Syn9.4bMLM）列舉如下，結果列於表 9.5。

Syn9.4bLGM：四因子LGM模式語法

```
TITLE:      Four factor LGM (Cubic growth model)
DATA:       FILE = Ch09wide.csv;
VARIABLE:   NAMES = ID y1-y6;
            USEV = y1-y6;
MODEL:      I S Q C | y1@0 y2@1 y3@2 y4@3 y5@4 y6@5;
            y1-y6 (Eq);
```

Syn9.4bMLM：多層次縱貫模式MLM語法

```
TITLE:        MLM longitudinal model
DATA:         FILE = Ch09long.csv;
VARIABLE:     NAMES = ID w y;
              USEVARIABLES = y w1 w2 w3;
              WITHIN = w1 w2 w3;
              CLUSTER = ID;
DEFINE:       w1 = w-1;               !將起點編碼爲 0
              w2 = w1*w1;             !定義二次項
              w3 = w1*w1*w1;          !定義三次項
ANALYSIS:     TYPE = TWOLEVEL RANDOM;
MODEL:   %WITHIN%
              s1 | y on w1;
              s2 | y on w2;
              s3 | y on w3;
         %BETWEEN%
              s1 with y; s2 with y; s1 with s2;
              s3 with y; s3 with s2; s3 with s1;
```

由表 9.5 的結果可知，增加了三次項的 S 曲線模型自由度更低而適配更佳，$\chi^2_{(12)} = 78.201$, $p<.001$, RMSEA = .111, CFI = .982, TLI = .978, SRMR = .027; AIC = 8604, BIC = 8665。雖然 χ^2 值下降了許多，但可能是歸因於估計參數的增加，因爲 AIC 雖有降低，但 BIC 微幅增加，顯示四因子模式適配未必較佳。但如果從參數估計的結果來看，新增加的三次項潛在變數平均值（$\alpha_4 = 0.019$）達 .001 統計顯著水準，$z = 3.60$, $p = <.001$，也就是說，六波薪資的變動軌跡呈現斜率變動率漸增的趨勢，顯示 S 曲線是一個適切解，以三次方程式模型較二次方程式更適合來描述本範例的薪資軌跡。

表 9.5　MLM 與 LGM 的三次曲線模式比較表

	MLM				LGM			
	係數	SE	*z*	*p*	係數	SE	*z*	*p*
固定效果／平均數								
I (α_1)	**4.267**	0.098	43.34	<.001	**4.267**	0.098	43.34	<.001
S (α_2)	**.333**	0.079	4.20	<.001	**.333**	0.079	4.20	<.001
Q (α_3)	**-.145**	0.040	-3.66	<.001	**-.145**	0.040	-3.66	<.001
C (α_4)	**.019**	0.005	3.60	<.001	**.019**	0.005	3.60	<.001
隨機效果／變異數								
σ^2	**.634**	0.102	6.23	<.001	**.689**	0.033	21.21	<.001
I (ψ_{11})	**3.762**	0.666	5.65	<.001	**3.699**	0.292	12.65	<.001
S (ψ_{22})	**.545**	0.467	1.17	.243	**.340**	0.223	1.53	.127
Q (ψ_{33})	**.141**	0.108	1.31	.191	**.090**	0.055	1.63	.104
C (ψ_{44})	**.002**	0.002	1.26	.209	**.001**	0.001	1.42	.154

9.5 無指定軌跡模式

9.5.1 無指定軌跡模式的原理

不論是線性、二次或三次曲線的 MLM 或 LGM 模型，研究者都必須明確指出重複測量的變動成長之函數模式，賦予特定的時間變數或因素負荷量係數來估計軌跡狀態。但是在研究實務上，究竟重複觀測資料的變動軌跡之函數型態爲何，研究者多無法事前確知，或者即使可以預先指定一種或兩種函數型態，但未必適配觀察資料，因而研究者多會考慮放寬模型限制，得到更能適配觀察資料的模型。

在 LGM 當中，對於軌跡型態的模式設定有一種特殊的替代策略，是將前述二因子模式當中的斜率因子設定予以放寬，不給定負荷量特定數值，而讓模式自由估計成長的型態，如此將僅需要在起始點之水準因子之外，再設定一個表示成長狀態的型態因子（shape factor），由資料去估計變化的軌跡型態與時距間隔，藉以讓模型能適配於觀察資料，稱爲無指定軌跡模式（unspecified trajectory model; UTM）（Duncan, Duncan, Strycker, 2006; Tisak & Meredith, 1990）。

無指定軌跡模型的背後存在著一個基本假設，亦即資料重複測量的軌跡變化，不僅基於測量分數本身的變動，也存在時間效果，亦即軌跡型態也是時間累積的一種結果，在測量過程當中抽樣的時間點，僅是時間樣本中的一個隨機取樣，其眞正的時距型態必須如同測量分數的起伏變動，交由以「潛在」變數模式由資料進行估計，因此 UTM 又稱爲完全潛在模型（completely latent model）（Aber & McArdle, 1991; Curran & Hussong, 2002; McArdle, 1989）。

基本上，UTM 是一種二因子模型，前面所介紹的指定時間分數之二因子 LGM 線性成長模型只是 UTM 的一種特例。UTM 中的型態因子就是原來的斜率因子，其因素負荷量反映的是時間增長變動的時距間距，如果讓因素負荷量自由估計，表示將由資料來估計時間的間隔長度，而非由人爲指定爲 0,1,2,3,4,5 等特定數値，因此 Mplus 將 UTM 仍視爲是一種線性模型，稱爲時間分數估計模型（linear growth model with estimated time scores）（Muthén & Muthén, 1998-2017）。

9.5.1.1 限定自由編碼UTM

對於 UTM 時間資訊的估計，最常見的作法是對 η_2（shape）因素負荷量限定在 0 至 1 之間，亦即僅設定頭尾兩個參照數値 {0},{1}，其餘中間各次重複測量的成長參數則由觀察數據來自由估計，稱爲限定自由編碼模式，或中段估計法如方程式 (9-21) 所示，模型示意圖如圖 9.6 所示。

$$y=\alpha+\Lambda_y\eta+\varepsilon=\begin{bmatrix}y_1\\y_2\\y_3\\y_4\\y_5\\y_6\end{bmatrix}=\begin{bmatrix}\alpha_1\\\alpha_2\end{bmatrix}+\begin{bmatrix}1&0\\1&*\\1&*\\1&*\\1&*\\1&1\end{bmatrix}\begin{bmatrix}\eta_1\\\eta_2\end{bmatrix}+\begin{bmatrix}\varepsilon_1\\\varepsilon_2\\\varepsilon_3\\\varepsilon_4\\\varepsilon_5\\\varepsilon_6\end{bmatrix} \tag{9-21}$$

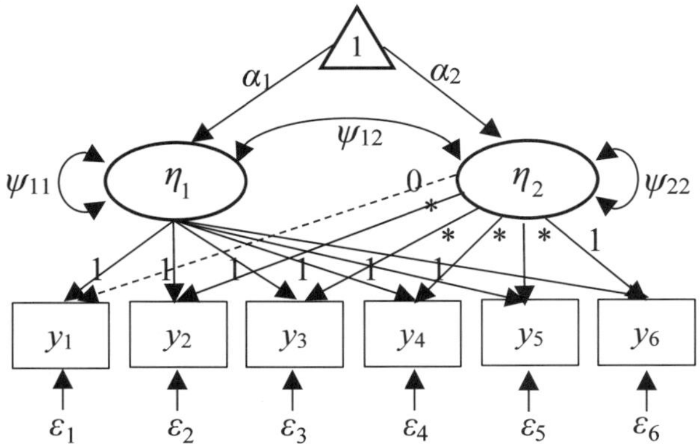

圖 9.6　帶有六個重複測量的無指定二因子模式圖示

9.5.1.2 開放自由編碼UTM

另一種非限定軌跡模型的設定方式，是將反應變動趨勢的第二個潛在變數的因素負荷，以第一波到第二波的第一次落後測量時間分數作爲參照，然後令其他各期落後的時間間隔自由估計，例如 {0,1,*,*,*,*}，藉以捕捉分數變動型態與時間分數，稱爲開放自由編碼模型或後段估計法，如方程式 (9-22) 所示。

$$y=\alpha+\Lambda_y\eta+\varepsilon=\begin{bmatrix}y_1\\y_2\\y_3\\y_4\\y_5\\y_6\end{bmatrix}=\begin{bmatrix}\alpha_1\\\alpha_2\end{bmatrix}+\begin{bmatrix}1&0\\1&1\\1&*\\1&*\\1&*\\1&*\end{bmatrix}\begin{bmatrix}\eta_1\\\eta_2\end{bmatrix}+\begin{bmatrix}\varepsilon_1\\\varepsilon_2\\\varepsilon_3\\\varepsilon_4\\\varepsilon_5\\\varepsilon_6\end{bmatrix} \tag{9-22}$$

不論是限定自由編碼或開放自由編碼 UTM，其分析程序與二因子線性成長 LGM 相同，所不同的是增加了估計參數的數目，因此模型會比線性或二次曲線模型來得複雜，簡效性較低。如果重複測量的波次數目少，可能會因爲所需估計的參數數目超過觀察資料矩陣所能夠提供的資料點數，造成模型無法辨識求解的困境，因此一般而言，無指定軌跡模式至少要有四波以上的重複觀測，從觀察共變矩陣可獲得 10 個資料點，如此才能夠提供充分的資訊來進行收斂求解的參數估計作業。

由前述的說明可知，由資料來估計時間間隔及軌跡型態而非指定時間分數，可說是 LGM 的一種特殊應用，最大的優點是讓理論模式更貼近觀察資料，因此可以大幅提升模式適配。但是相對之下，讓時間資訊由資料自由估計，容易造成解釋上的困擾，因此在使用此種未指定結構模型時，除了敘明理由，估計之後必須充分說明型態因子所反映的軌跡特徵與意義，必要時還必須尋求有利的論證或文獻來支持所得到的結論的合理性。

9.5.2 無指定型態模式範例

現以薪資資料庫爲例，示範 UTM 的分析程序。UTM 模型可直接由二因子線性成長 LGM 加以調整，釋放斜率因子的因素負荷量成爲自由估計，即爲 UTM 模型，語法列舉如 Syn9.5。

Syn9.5：無限定軌跡LGM模式語法

```
TITLE:      Unspecified trajectory model
DATA:       FILE = Ch09wide.csv;
VARIABLE:   NAMES = ID y1-y6;
MODEL:      I S | y1@0 y2*  y3* y4* y5* y6@1; ! 限定自由編碼
            I S | y1@0 y2@1 y3* y4* y5* y6@*; ! 開放自由編碼
            y1-y6 (Eq);
```

如果是限定自由編碼，指令爲 **I S | y1@0 y2* y3* y4* y5* y6@1**，如果是採開放自由編碼，指令爲 **I S | y1@0 y2@1 y3* y4* y5* y6@***，分析結果則連同前述各節所示範的 LGM 模型整理於表 9.6 當中。以下分別列出以限定自由編碼（中段時間估計）與開放自由編碼（後段時間估計）所估計得到的第二個潛在變數（型態因子）的主要參數估計結果：

限定自由編碼估計結果：

	Estimate	S.E.	Est./S.E.	Two-Tailed P-Value
I |				
Y1	1.000	0.000	999.000	999.000
Y2	1.000	0.000	999.000	999.000
Y3	1.000	0.000	999.000	999.000
Y4	1.000	0.000	999.000	999.000
Y5	1.000	0.000	999.000	999.000
Y6	1.000	0.000	999.000	999.000
S |				
Y1	**0.000**	**0.000**	**999.000**	**999.000**
Y2	**0.323**	**0.067**	**4.802**	**0.000**
Y3	**0.487**	**0.061**	**8.001**	**0.000**
Y4	**0.875**	**0.063**	**13.825**	**0.000**
Y5	**0.928**	**0.062**	**14.879**	**0.000**
Y6	**1.000**	**0.000**	**999.000**	**999.000**
S WITH				
I	0.323	0.138	2.331	0.020
Means				
I	4.335	0.100	43.515	0.000
S	0.221	0.068	3.244	0.001

開放自由編碼估計結果：

	Estimate	S.E.	Est./S.E.	Two-Tailed P-Value
I |				
Y1	1.000	0.000	999.000	999.000
Y2	1.000	0.000	999.000	999.000
Y3	1.000	0.000	999.000	999.000
Y4	1.000	0.000	999.000	999.000
Y5	1.000	0.000	999.000	999.000
Y6	1.000	0.000	999.000	999.000
S |				
Y1	**0.000**	**0.000**	**999.000**	**999.000**
Y2	**1.000**	**0.000**	**999.000**	**999.000**
Y3	**1.511**	**0.317**	**4.762**	**0.000**
Y4	**2.711**	**0.579**	**4.679**	**0.000**
Y5	**2.877**	**0.602**	**4.776**	**0.000**
Y6	**3.100**	**0.645**	**4.803**	**0.000**
S WITH				
I	0.104	0.048	2.178	0.029
Means				
I	4.335	0.100	43.515	0.000
S	0.071	0.028	2.586	0.010

由上述的限定自由編碼所得到的中段時間分數估計模型參數估計結果可知，型態因子平均值顯著不爲零（$\alpha_2 = 0.221, z = 3.244, p<0.01$），表示 y 變數隨時間增加而增加，但時間增加間隔已非相等間隔。在首波與終點測量之間的四個自由估計參數分別爲 .323、.487、.875、.928，顯示由 y_1 到 y_2 的增加量較快，但是到了後面波次的增長速率變慢。換言之，雖然二因子模式當中仍帶有反映時間增長的潛在變數，但不再是斜率，而爲特定型態的 shape，不能視爲一般的相等時距線性模型。

如果是採開放自由編碼來對於後段時間分數進行估計，前兩波的遞增參數指定爲 0 與 1，後續的六波時間參數則爲 1.511、2.711、2.877、3.100，型態因子平均值也是顯著不爲零（$\alpha_2 = 0.071, z = 2.586, p<0.01$）。由於中段估計法的第 1 波到第 2 波是由 0 增至 .323，因此後段估計法的四個自由估計參數值與中段估計參數估計值恰好爲 .323 倍：例如 1.511×.323 = .487、2.711×.323 = .877，同樣的，型態因子平均數也有相同的比率關係：0.221×.323 = 0.071。換言之，這兩種估計法具有統計上的等價性，得到相同的模式適配結果。

從表 9.6 的綜合比較可以看出，無指定軌跡的二因子 UTM 模型適配情形，若從 $\chi^2_{(17)} = 120.31$ 來看，雖然優於無成長趨勢的單因子模型（$\chi^2_{(24)} = 312.32$）與線性成長二因子 LGM 模型（$\chi^2_{(21)} = 143.50$），但不如二次曲線（三因子）模型（$\chi^2_{(17)} = 107.40$）與 S 曲線（四因子）模型（$\chi^2_{(12)} = 78.201$）。由於這些模型並非屬於嵌套模型，因此無法從 χ^2 值的消長來比較。但如果從 CFI、AIC 與 BIC 指標來看，最佳模型是四因子的 S 曲線模型。

事實上，本範例的六波薪資重複測量，從各波平均數來看，呈現先升、後降、再升的波動趨勢，因此 S 曲線模型當然較能適配觀察數據。相對之下，無指定型態模型雖然得以自由估計時間的間距，但因爲模型中僅有兩個潛在變數，其中一個潛在變數的平均數用來指定初始狀態，另一個潛在變數的平均數僅能反映各波測量的平均型態變化（各波測量的不規則時間間格的平均增減幅度），本質上也屬於線性趨勢，自然無法適配本範例的波動變化。

此外，高冪次模型（例如四因子模式）因爲納入較多的參數，因而更能夠適配觀察資料的波動性，但是前提是必須能夠提供足夠波次的重複測量來進行分析，所得到的參數才得以反映眞實母體的狀況。從統計的觀點來看，高冪次模型耗費較多自由度，模式複雜而不簡效，分析結果不易解釋，因此使用上要格外審愼。

表 9.6　各種 LGM 模式整理表

	單因子 基準模型[a]	二因子 線性成長	三因子 二次曲線	四因子 S曲線	二因子 無限制軌跡[b]
因素負荷	η_1	η_1 η_2	η_1 η_2 η_3	η_1 η_2 η_3 η_4	η_1 η_2
y1	1	1 0	1 0 0	1 0 0 0	1 0.000
y2	1	1 1	1 1 1	1 1 1 1	1 0.323
y3	1	1 2	1 2 4	1 2 4 16	1 0.487
y4	1	1 3	1 3 9	1 3 9 27	1 0.875
y5	1	1 4	1 4 16	1 4 16 196	1 0.928
y6	1	1 5	1 5 25	1 5 25 225	1 1.000
固定效果／平均數					
I (α_1)	4.468**	4.342**	4.323**	4.267**	4.335**
S (α_2)	-	0.050**	0.079*	0.333**	0.221**
Q (α_3)	-	-	-0.006	-0.145**	-
C (α_4)				0.019**	-
隨機效果／變異數					
σ^2	0.848**	0.693**	0.726**	0.689**	0.680**
I (ψ_{11})	-	4.081**	3.717**	3.699**	3.966**
S (ψ_{22})	-	0.042**	0.014	0.340	1.012**
Q (ψ_{33})	-	-	-0.004**	0.090	-
C (ψ_{44})	-	-	-	0.001	-
適配指標					
χ^2	312.32	143.50	107.40	78.201	120.310
df	24	21	17	12	17
RMSEA	.163	.114	.109	.111	.116
CFI	.923	.967	.976	.982	.972
TLI	.952	.977	.979	.978	.976
SRMR	.073	.049	.028	.027	.035
AIC	8814	8651	8623	8604	8636
BIC	8826	8675	8664	8665	8677

註 a：沒有任何成長趨勢的 LGM 模型，等同於 MLM 的零模型。

b：以限定自由編碼進行估計的 UTM 模式。

本章的範例僅有六波重複測量，即使四因子模型估計結果較佳，也僅能說明納入二次與三次項能有效改善模式適配，但要支持 S 曲線的結論顯得十分牽強，需要更多波次的重複觀察才能得到更具說服力的結果。換言之，LGM 的模式設定必須就資料本身的軌跡特徵，配合研究議題本身的理論意義與實務狀況，提出適合的模式，以及適切的研究設計來蒐集充分的數據，才能得到合理的結果。

9.6 納入共變項的 LGM 分析

一旦完成重複測量的 LGM 模型來估計成長趨勢之後，研究者即可納入其他變數來解釋 LGM 的成長軌跡，亦即納入解釋變數。另一方面，成長軌跡的變化趨勢也可能拿來解釋其他的變數，亦即納入被解釋變數，甚至只是拿其他變數或軌跡的相關參數求取相關，都可以在基本的 LGM 模型上來進行擴展，此時被納入的其他變數統稱爲共變項（covariate）。

在第七章介紹 MLM 取向的成長軌跡分析時，已經強調重複測量的縱貫資料具有個體內（隨時間而變）與個體間（不隨時間而變）兩種層次，因此在 LGM 所納入的共變項，也有隨時間而變的共變項（time-varying covariates）（如圖 9.7 當中的 x_1 至 x_6）與不隨時間而變的共變項（time-invarying covariates）（如圖 9.7 當中的 IV 與 DV）兩種型態。

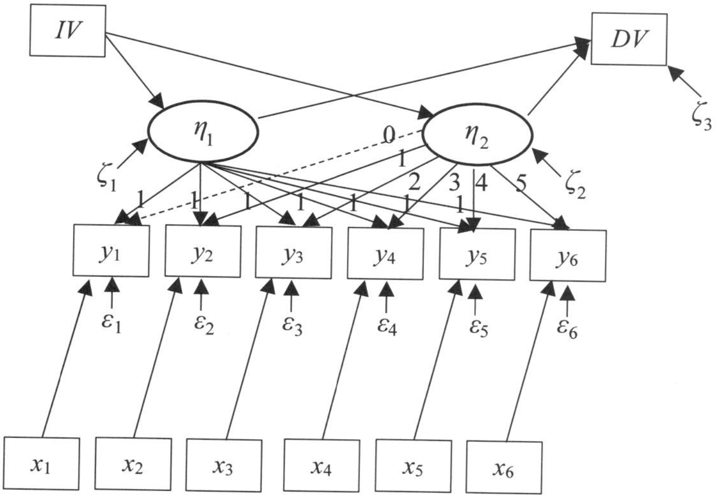

圖 9.7 帶有不同共變項的二因子 LGM 模式圖示

9.6.1 不隨時間而變的共變數

不隨時間而變的共變項並未帶有縱貫追蹤測量的性質，因此屬於橫斷面形式的變數，換言之，此種變數的數據僅具有個別差異而無個體內的變異，因此與其他個體差異變數有相同的性質。在模型設定的過程中，也正因為此類變數不隨時間而變而顯得單純許多。

在研究實務上，不隨時間變動的變數不僅可以作為影響 LGM 的起始水準（η_1）或成長趨勢（η_2）的解釋變數（亦即作為自變數 IV），也可以作為被 LGM 的潛在變數所影響的結果變數（亦即作為依變數 DV），甚至可以單獨影響某一個或某幾個隨時間而變的其他測量變數，使用的彈性很大。

例如在薪資研究的範例中，每一個受訪者的薪資起點與薪資增長幅度可能具有性別差異，此時即可將不隨時間而變的性別變數作為解釋薪資成長軌跡的自變數（IV）。另外，如果研究者手中有受訪者的教育程度變數，也可納入作為影響薪資成長軌跡的 IV，最後，如果研究者在最後一次測量時同時蒐集了受訪者的離職意圖，我們也可以將離職意圖作為被薪資軌跡影響的不隨時間而變的依變數（DV），換言之，研究者可以分析離職意圖是否被薪資軌跡的起始狀態（η_1）或增幅（η_2）高低所解釋。

一般而言，成長軌跡的參數多作為被其他共變項所解釋的 DV，因此 LGM 當中的潛在變數多為內生變數，其變異數被共變項解釋之後所剩下的殘差變異，亦即圖 9.7 當中的 ζ_1 與 ζ_2 參數：ζ_1 與表示潛在變數 η_1 被共變項解釋之後的殘差變異，ζ_2 與表示潛在變數 η_2 被共變項解釋之後的殘差變異，ζ_1 與 ζ_2 兩者間的相關仍然可以加以估計，反映了起始水準與成長趨勢的相關情形。

相對之下，如果成長軌跡的潛在變數 η 作為 IV 來解釋共變項的變異，而不會被任何變數所解釋時，此時成長軌跡的潛在變數符號應改成代表外生潛在變數的 ξ 而非 η，其變異數將不被解釋。

9.6.2 隨時間而變的共變數

當共變項會隨時間而變，表示該共變項將與構成 LGM 成長軌跡有類似的重複測量特徵，因此，對於原來的 LGM 模型中各參數的影響，亦有橫斷面與縱貫面兩種形式，如圖 9.8 所示。

圖 9.8(a) 當中的隨時間而變的共變項 x 是以橫斷面的變數形式，針對個別的時點下的個別 y 變數進行解釋，因此每一個測量時點下的 y 變數都有一個相對應的自變數 x 來加以解釋。此時每一個測量變數 y 的殘差，就不僅僅是測量誤差，也兼具估計殘差的性質。

從模式設定的可能性來看，個別測量時間點下的 y 變數也可能作爲自變數，去解釋隨時間而變的共變項，亦即 $y \rightarrow x$，但是此種設定方式比較少見，主要是因爲一般 LGM 研究是以構成成長軌跡的 y 變數作爲研究者所關心的焦點，因此

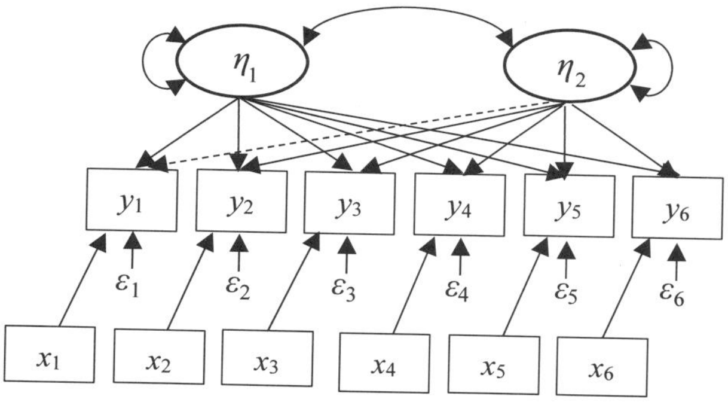

(a) 隨時間而變的共變項為橫斷面變數

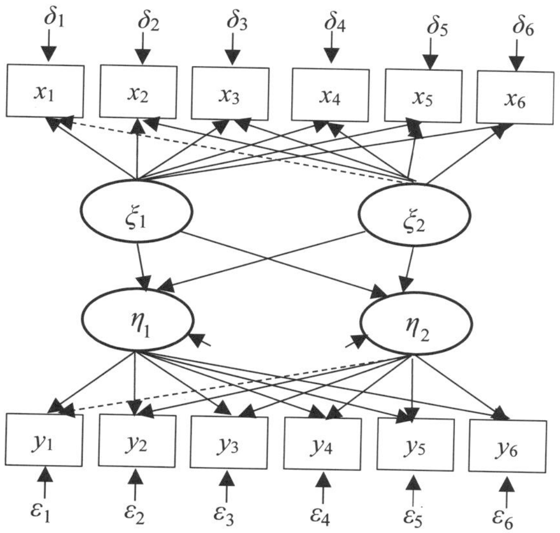

(b) 隨時間而變的共變項為成長軌跡

圖 9.8　帶有不同共變項的二因子 LGM 模式圖示

多將 y 作為被 x 解釋的 DV。

相對於前述隨時間而變的共變項 x 的橫斷面設計，圖 9.8(b) 當中的隨時間而變的重複測量共變項 x 則比照 y 變數的重複測量，分別設定兩組成長軌跡，亦即先掌握兩組變數的縱貫趨勢，然後將兩組成長軌跡的潛在變數來進行相互的影響解釋分析，又稱為雙軌跡共變模式，如果兩條軌跡皆有各自的起始水準（ξ_1 與 η_1）與各自的成長趨勢（ξ_2 與 η_2），此時即可進行四個潛在變數的影響機制的探討，檢視外生起始水準對於內生起始水準的影響（$\xi_1 \rightarrow \eta_1$）、外生成長趨勢對於內生成長趨勢的影響（$\xi_2 \rightarrow \eta_2$）、外生起始水準趨勢對於內生成長趨勢的影響（$\xi_1 \rightarrow \eta_2$）、或是外生成長趨勢對於內生起始水準的影響（$\xi_1 \rightarrow \eta_2$）等四種影響關係。

9.6.3 帶共變項的 LGM 範例

為了示範納入共變項的 LGM 分析，我們以前述的薪資研究數據的 y1 至 y6 六次測量，設定為線性二因子 LGM 模型，進一步納入其他共變項來解釋薪資軌跡的截距與斜率。

在不隨時間而變的共變項部分，將納入受訪者的性別（sex）、年齡（age）與教育水準（ed）作為解釋薪資軌跡的自變數。其中性別變數中的男性編碼為 {1}，女性編碼為 {0}。年齡變數則取第一波時的年齡。教育水準變數帶有六個類別，因此先行進行虛擬化，以最低教育水準（國小及以下）作為參照組，創造五個編碼為 {0,1} 的二分虛擬變數 ed1 至 ed5，代表國中、高中職、專科、大學、研究所五種水準來與國小及以下者進行對比。

在隨時間而變的共變項部分，由於每一次調查薪資水準時同時調查受訪者當時為已婚 {1} 還是未婚 {0}，以及當時工作時數平均每天幾小時，因此所得到的婚姻狀態（M）與工作時數（HW）都有六次重複測量，可作為隨時間而變的共變項。為了示範的目的以及變數的特性，重複測量六次的二分虛擬變數婚姻狀態將作為橫斷性質的共變項，連續性的工作時數則估計其成長軌跡，以線性成長模型來估計工作時數的起始水準（ξ_1）與增加斜率（ξ_2），藉以解釋薪資起始水準（η_1）與線性成長速率（η_2）。分析語法（Syn9.6）與結果報表如下所示：

Syn9.6：帶有共變項的LGM模型語法

```
TITLE:      LGM with covariates
DATA:       FILE = ch09wide2.dat;
VARIABLE:   NAMES =  ID sex age ed1-ed5 m1-m6 h1-h6 y1-y6;
            USEV = sex-y6;
MODEL:      IY SY | y1@0 y2@1 y3@2 y4@3 y5@4 y6@5;
            IX SX | h1@0 h2@1 h3@2 h4@3 h5@4 h6@5;
            y1 on m1;
            y2 on m2;
            y3 on m3;
            y4 on m4;
            y5 on m5;
            y6 on m6;
            IY SY on IX SX sex age ed1-ed5;
OUTPUT:     STANDARDIZED;
```

```
MODEL RESULTS
                                                        Two-Tailed
                     Estimate       S.E.  Est./S.E.     P-Value
 IY         |
    Y1                  1.000      0.000    999.000     999.000
    Y2                  1.000      0.000    999.000     999.000
    Y3                  1.000      0.000    999.000     999.000
    Y4                  1.000      0.000    999.000     999.000
    Y5                  1.000      0.000    999.000     999.000
    Y6                  1.000      0.000    999.000     999.000

 SY         |
    Y1                  0.000      0.000    999.000     999.000
    Y2                  1.000      0.000    999.000     999.000
    Y3                  2.000      0.000    999.000     999.000
    Y4                  3.000      0.000    999.000     999.000
    Y5                  4.000      0.000    999.000     999.000
    Y6                  5.000      0.000    999.000     999.000

 IX         |
    H1                  1.000      0.000    999.000     999.000
    H2                  1.000      0.000    999.000     999.000
    H3                  1.000      0.000    999.000     999.000
    H4                  1.000      0.000    999.000     999.000
    H5                  1.000      0.000    999.000     999.000
    H6                  1.000      0.000    999.000     999.000
```

```
SX       |
   H1              0.000      0.000    999.000    999.000
   H2              1.000      0.000    999.000    999.000
   H3              2.000      0.000    999.000    999.000
   H4              3.000      0.000    999.000    999.000
   H5              4.000      0.000    999.000    999.000
   H6              5.000      0.000    999.000    999.000

IY       ON
   IX              0.030      0.010      2.988      0.003
   SX             -0.103      0.088     -1.166      0.243

SY       ON
   IX              0.002      0.002      1.361      0.174
   SX              0.036      0.014      2.560      0.010

IY       ON
   AGE             0.115      0.013      9.195      0.000
   SEX             1.260      0.175      7.200      0.000
   ED1             1.012      0.580      1.744      0.081
   ED2             1.776      0.540      3.286      0.001
   ED3             2.445      0.556      4.395      0.000
   ED4             3.240      0.554      5.846      0.000
   ED5             4.393      0.597      7.361      0.000

SY       ON
   AGE            -0.002      0.002     -1.095      0.273
   SEX             0.000      0.028     -0.016      0.987
   ED1            -0.074      0.092     -0.803      0.422
   ED2            -0.012      0.085     -0.142      0.887
   ED3            -0.004      0.088     -0.041      0.968
   ED4             0.113      0.088      1.293      0.196
   ED5             0.174      0.094      1.848      0.065

Y1       ON
   M1              0.094      0.126      0.745      0.457

Y2       ON
   M2              0.142      0.117      1.212      0.225

Y3       ON
   M3              0.190      0.110      1.723      0.085

Y4       ON
   M4              0.035      0.112      0.308      0.758

Y5       ON
   M5             -0.087      0.121     -0.717      0.473

Y6       ON
   M6              0.029      0.134      0.215      0.830

SY       WITH
   IY              0.040      0.023      1.732      0.083
```

```
SX       WITH
   IX                -0.780      1.369     -0.570      0.569

Means
   IX                47.463      0.529     89.716      0.000
   SX                 0.198      0.107      1.859      0.063

Intercepts
   H1                 0.000      0.000    999.000    999.000
   …
   Y6                 0.000      0.000    999.000    999.000
   IY                -4.486      0.918     -4.885      0.000
   SY                 0.005      0.146      0.034      0.972

Variances
   IX                92.751      8.543     10.857      0.000
   SX                 2.109      0.383      5.505      0.000
```

由前述的報表可知，六波薪資的線性成長軌跡的斜率項並無統計意義，顯示薪資的線性成長假設並不成立。但是在工時部分，斜率臨界 .05 顯著水準（$\alpha_2 = 0.198$，$z = 1.859$，$p = .063$），顯示隨著測量時點增加一年，受測者的工時增加 0.198 小時，呈現微弱成長趨勢。

比較有趣的是，工時的線性成長參數對於薪資的線性成長參數具有部分解釋力：工時的起點水準（截距）每增加一小時，薪水的起點狀態增加 0.03 萬元（$\gamma = 0.030$，$z = 2.988$，$p<.01$），此外，工時的線性增長趨勢越強者，薪資的線性成長也越高（$\gamma = 0.036$，$z = 2.56$，$p<.01$），顯示如果受測者增加工時，也將提高薪資。

在共變項的影響力部分，不隨時間而變的共變項「性別」無法解釋薪資線性成長趨勢（$\gamma = .000$，$z = -.016$，$p = .987$），但能夠顯著解釋薪資起始水準（$\gamma = 1.260$，$z = 7.20$，$p<.001$），男性顯著高於女性達 1.260 萬元。同樣的，不隨時間而變的第一波測量時的「年齡」，也僅能夠顯著解釋薪資起始水準（$\gamma = 0.115$，$z = 9.195$，$p<.001$），年齡每增加一歲，起始薪資增加 0.115 萬元。

至於教育水準變數，除了 ed1 無法解釋薪資起始水準，其餘各虛擬變數均有顯著效果，顯示高中職、專科、大學與研究所學歷者的薪資起點水準顯著高於國小及以下者，但是教育水準對於薪資成長速率的解釋則無一具有顯著意義，只有最後一個教育等級（研究所及以上）者，薪資增長幅度臨界顯著水準（$\gamma = 0.174$，$z = 1.848$，$p = .065$）。

在隨時間而變的共變項部分，婚姻狀況在六個時點下，對於薪資的影響力無顯著意義，但從係數的數值偏向正值，顯示已婚者略高於未婚者，除了第五波時，婚姻變數的係數爲負值（-.087），該時期恰爲金融風暴後一年（2010），反映了已婚者受到較大的影響，這些發現均符合實務上的經驗。

進一步延伸閱讀書目

邱皓政（2010）。《結構方程模式：LISREL 的原理、技術與應用》（第二版）。臺北：雙葉圖書公司。

余民寧（2013）。《縱貫性資料分析：LGM 的應用》。臺北：心理出版社。

Duncan, T. E., Duncan, S. C., & Strycker, L. A. (2006). *An introduction to latent variable growth curve modeling: Concepts, issues, and applications* (2nd Ed.). Mahwah, NJ: Lawrence Erlbaum Associates.

Singer, J., & Willett, J. B. (2003). *Applied longitudinal data analysis: Modeling change and event occurrence.* Oxford, UK: Oxford University Press.

Bollen, K. A., & Curran, P. J. (2006). *Latent curve models: A structural equation perspective*. John Wiley & Sons.

Chapter 10

潛在成長模式設定議題

10.1 前言

在前一章當中，我們介紹了幾種基本的 LGM 模型，包括反映重複測量數據整體水平的單因子 LGM 模型、帶有截距與變動型態兩個潛在變數的二因子 LGM 模型、非線性的二次曲線或 S 曲線多因子 LGM 模型，這些模型皆是利用 SEM 的測量模型來定義潛在變數，並納入平均數結構，藉以估計測量變數背後所可能存在的軌跡。本章則進一步深入討論 LGM 模型的模式設定議題。

首先，由於 LGM 所建立的軌跡是由潛在變數的平均值所決定，而潛在變數係由外顯測量變數所定義，連結測量變數與潛在變數的因素負荷量成為定義 LGM 軌跡的首要關鍵，因此本章將先針對因素負荷量的幾種不同編碼模式（coding scheme）進行討論。

透過因素負荷量所定義得出的測量變數與潛在變數關係，是一組複雜的多變量共變結構（covariance structure），但如果要確立軌跡狀態，必須在共變結構之外，把截距參數也納入考慮，因此 LGM 的另一個關鍵設定，是如何透過適當的平均數結構（mean structure）設定，來正確估計潛在變數平均數。

進一步的，除了因素負荷量所建立的共變結構與截距所反映的平均數結構，LGM 模型中還帶有一系列的測量誤差，測量誤差之間的特殊關係所形成的誤差結構（error structure），也會影響 LGM 模型的估計，因此將在本章當中進行討論與範例說明。

此外，本章也將針對成長軌跡是否估計個別差異（亦即估計潛在變數的隨機效果），所造成參數估計與模式適配的影響進行討論。以及針對變化軌跡是連續

還是分段模式，透過逐段成長模式（piecewise growth model; PGM），將先前的範例重新分析，除了呼應本章所討論的編碼議題的重要性，說明 LGM 應用於連續軌跡與非連續軌跡的分析策略，最主要的目的是在凸顯 SEM 取向應用於縱貫數據分析的彈性。

10.2 因素負荷的編碼

在前一章中，我們介紹了兩種不同的二因子 LGM 模式：帶有截距與斜率因子的線性成長模式與帶有水準與型態因子的無指定軌跡模式。這兩種模式的主要差別在於第二個因素（反映成長變化）的因素負荷量設定方式。換言之，不同的編碼方式不僅會使參數估計結果發生變化，同時也會影響模式適配，其中無指定軌跡的二因子模式雖然所要估計的參數較多（模式相對不簡效），但適配優於線性模式，顯示因素負荷的設定方式是 LGM 分析的重要議題。

10.2.1 測量模式中的因素負荷量

LGM 的成長軌跡主要是藉由 SEM 的測量模型所定義，測量模型當中最主要的元素是反映成長曲線起點與變動狀態的潛在變數，至於潛在變數則是透過外顯的測量變數所定義。由於潛在變數可能作爲影響其他潛在變數的自變數（亦即外生變數），也可能作爲被影響的依變數（亦即內生變數）。若爲外生潛在變數 ξ，其測量變數爲 x，誤差項爲 δ，平均數爲 μ_x，測量模型如方程式 (10-1) 所示。若爲內生潛在變數 η，其測量變數爲 y，平均數爲 μ_y，誤差項爲 ε，測量模型如方程式 (10-2) 所示。

$$x_i = \mu_x + \Lambda_x \xi_i + \delta_i \tag{10-1}$$

$$y_i = \mu_y + \Lambda_y \eta_i + \varepsilon_i \tag{10-2}$$

不論是外生或內生變數，測量模型當中的變數關係，主要是由因素負荷量 Λ_x 與 Λ_y 定義。如果 LGM 僅有一個潛在變數（單因子模型），Λ_x 或 Λ_y 矩陣中的各因素負荷量皆設定爲 1，目的是在估計所有 m 個受測者在 n 次測量的平均與變異情形，因此等同於 MLM 的零模型，可以估計總平均（潛在變數平均數）、組內變異（測量變數變異數）與組間變異（潛在變數變異數），進而可以計算測量變數的 ICC。如果 LGM 有兩個或更多個潛在變數，Λ_x 或 Λ_y 矩陣中的各因素負荷量即可以有各種組合變化，藉以定義不同的模型。由此可知，LGM 的關鍵在於 Λ_x 或 Λ_y 矩陣的設定方式，其基本設定方式已於前一章介紹，本章則進一步就因素負荷矩陣設定的替代方式進行更詳細的說明。

10.2.2 二因子 LGM 的編碼模式

在 LGM 當中，最常使用的模型是二因子線性成長模式。二因子 LGM 係以兩個潛在變數來定義某個測量變數 y 進行 n 次重複測量的截距與斜率。其中截距因子（I）的因素負荷量設定為 1，藉以作為比較的基準，斜率因子（S）則可能有幾種不同的設定方式：起點編碼、終點編碼、置中編碼、限定編碼，各種編碼的設定圖示列於圖 10.1，設定的差異說明如下。

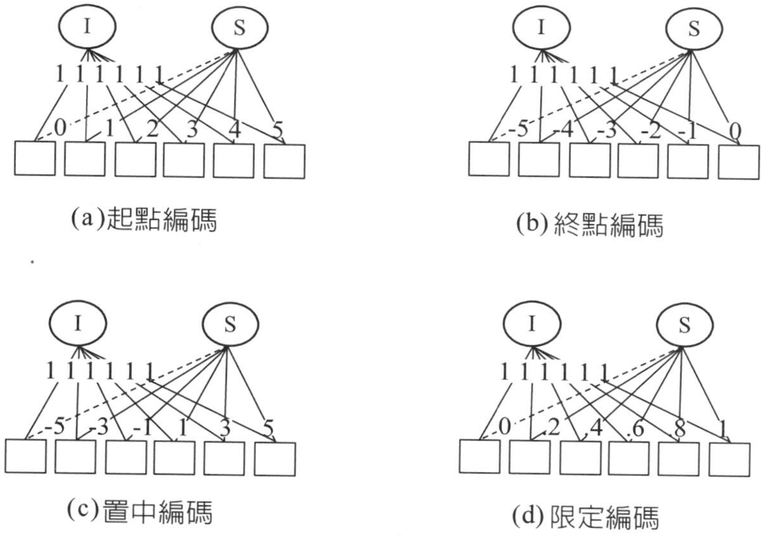

圖 10.1　四種不同的線性成長編碼模式

（註：為簡化圖表僅標示因素負荷量數值，其他參數省略）

1. 起點編碼（start-point codes）

線性成長模型斜率的起點編碼，是將斜率因子第一期測量的負荷量設定為 0，其餘各期測量設定為 {0、1、2、…、n–1}，藉以捕捉到以第一期測量為起點且依相等時距重複測量的增長情形。此時截距因子平均數與變異數分別反映 m 個受測者第一期測量的平均值與個別差異，斜率因子平均數反映了 m 個受測者從第一期到第 m 期的每增加一期的平均增加率，斜率因子變異數則反映平均增加率的個別差異。

2. 終點編碼（ended-point codes）

與起點編碼相反的作法是終點編碼，亦即將斜率因子的零點設在最後一期，因此 n 期測量的因素負荷量設定值分別為 $\{1-n、2-n、3-n、\cdots、n-n\}$，最後一期的因素負荷量為 0。如此設定並不改變線性成長趨勢的估計與參數的意義（斜率平均值與變異數不變），但是截距參數的意義與數值則將發生改變：截距因子平均值為最後一期測量的平均值，變異數則為所有受測者在最後一期的個別差異。

3. 置中編碼（centered codes）

置中編碼的處理方式與 MLM 當中的預測變數總平減的觀念相同，也就是估計 n 次重複測量中間點的線性趨勢截距與斜率，如此將使參數的意義反映各期資料與中間點進行參照的結果。

置中編碼的斜率因子負荷量可以設定為總和為 0 的任意值，但是為考量線性成長的趨勢，斜率因子置中編碼的一般作法是將負荷量由低至高排列，編成 $1-n$ 至 $n-1$ 的 n 個等距的整數值，其總和恰為 0，又稱為正交對比編碼（orthogonal contrast codes）（Kirk, 2012）。例如 $n=5$ 時設定為 $\{-2、-1、0、1、2\}$；$n=6$ 時為 $\{-5、-3、-1、1、3、5\}$，藉以令截距因子平均數與變異數分別反映 m 波重複測量的平均值與個別差異，斜率因子的數值與意義則不發生任何改變。

4. 限定編碼（constrained codes）

限定編碼的作法，是將斜率因子各期測量負荷量設定為介於 0 至 1 的 n 個等距數值，其性質近似於正規化的觀念，將因素負荷量限定在不大於 1 的有限範圍內，以利參數解釋與比較。例如可以與無限定非線性模型的 $\{0,*,*,\cdots,1\}$ 的編碼模式得到的參數估計結果進行比較。其編碼數值除了頭尾為 0 與 1 之外，其餘均為小數點，例如 $n=5$ 時設定為 $\{0、.25、.5、.75、1\}$；$n=6$ 時為 $\{0、.2、.4、.6、.8、1\}$，依此類推。此時截距因子的平均數與變異數估計值與起點編碼相同，斜率因子則因為負荷量尺度縮小成為起點編碼的 $1/n$，因此平均數將等比例縮小成為起點編碼的 $1/n$，變異數等比例縮小成為起點編碼的 $1/n^2$。

表 10.1　二因子線性成長模式編碼模式比較（以 y_1 至 y_6 六波測量為例）

編碼類型	因子	負荷量設定值	因子平均值	因子變異數
起點編碼	截距	{1 1 1 1 1 1}	y_1平均值	y_1平均值之個別差異
	斜率	{0 1 2 3 4 5}	平均增長率	平均增長率個別差異
終點編碼	截距	{1 1 1 1 1 1}	y_6平均值	y_6平均值之個別差異
	斜率	{-5 -4 -3 -2 -1 0}	平均增長率	平均增長率個別差異
置中編碼	截距	{1 1 1 1 1 1}	n期平均之平均值	n期平均之平均值的個別差異
	斜率	{-5 -3 -1 1 3 5}	平均增長率	平均增長率個別差異
限定編碼	截距	{1 1 1 1 1 1}	y_1平均值	y_1平均值之個別差異
	斜率	{0 .2 .4 .6 .8 1}	平均增長率	平均增長率個別差異

除了前述四種編碼，研究者也可能基於特定需要，將因素負荷量設定為特定數值，可稱為*立意編碼*（purposive coding）。由於立意編碼並沒有一定的規律，而是基於研究者的個別考量，本節不特別討論。留待最後一節介紹逐段成長模型（PGM）時，以具體範例說明特定形式的立意編碼的分析應用策略。

值得注意的是，表 10.1 當中的四種編碼模式的設定方式不同，將使潛在變數的參數估計結果與解釋方式發生不同程度的變化，但是由於資料的結構並未發生改變，所有觀察數據的相對位置不受影響，因此估計得到的模式適配將不發生任何變化，換言之，前述各種線性成長的編碼模式均為等價模型，各種編碼方式的特性整理於表 10.1。

10.2.3 三因子以上的 LGM 軌跡編碼

對於二次曲線或三次 S 曲線 LGM 模型，除了截距因子之外的高階潛在變數，其因素負荷量係由反映斜率的一次項潛在變數的因素負荷量取二次方或三次方而得，作法雖然直觀簡單，但是有一個特別需要注意之處，是關於負向因素負荷量的處理。

在前述四種編碼方式當中，有部分設定涉及負向因素負荷量的使用，如果對這些斜率因子的因素負荷量取平方數值時，必須注意在模型中必須維持負號的存在，以免造成錯誤的設定。

對於採起點編碼者，並不會有前述問題，因爲斜率項的因素負荷編碼爲{0,1,2,3,4,5}，取平方後的二次項因素負荷爲{0,1,4,9,16,25}，取三次方之後的三次項因素負荷爲{0,1,8,27,64,125}。但如果是採終點編碼，斜率項的因素負荷爲{-5,-4,-3,-2,-1,0}，二次項必須是{-25,-16,-9,-4,-1,0}，三次項爲{-125,-64,-27,-8,-1,0}。至於置中編碼，斜率項的因素負荷爲{-5,-3,-1,1,3,5}，二次項爲{-25,-9,-1,1,9,25}，三次項爲{-125,-27,-1,1,27,125}。在設定因素負荷量平方時，如果直接令電腦軟體取時間變數的平方，而未正確設定負號方向，將造成模式設定錯誤。

以 Mplus 的二次項設定語法爲例，對於終點編碼的三因子 LGM，預設的指令爲：

```
MODEL:      I S Q | y1@-5 y2@-4 y3@-3 y4@-2 y5@-1 y6@0;
```

如果以前述 I S Q | 設定方式來進行，所得到的估計結果將是基於錯誤的二次項因素負荷量設定，參見下列報表當中以框線標示的估計結果所示：

	Estimate	S.E.	Est./S.E.	Two-Tailed P-Value
I |				
Y1	1.000	0.000	999.000	999.000
Y2	1.000	0.000	999.000	999.000
Y3	1.000	0.000	999.000	999.000
Y4	1.000	0.000	999.000	999.000
Y5	1.000	0.000	999.000	999.000
Y6	1.000	0.000	999.000	999.000
S |				
Y1	-5.000	0.000	999.000	999.000
Y2	-4.000	0.000	999.000	999.000
Y3	-3.000	0.000	999.000	999.000
Y4	-2.000	0.000	999.000	999.000
Y5	-1.000	0.000	999.000	999.000
Y6	0.000	0.000	999.000	999.000
Q |				
Y1	25.000	0.000	999.000	999.000
Y2	16.000	0.000	999.000	999.000
Y3	9.000	0.000	999.000	999.000
Y4	4.000	0.000	999.000	999.000
Y5	1.000	0.000	999.000	999.000
Y6	0.000	0.000	999.000	999.000

正確的 Mplus 語法設定應採基本的測量模型定義語法，以人為方式逐一設定各因子的負荷量，並適當設定參數的估計狀態，如下所示：

```
MODEL:  I by y1@1 y2@1 y3@1 y4@1 y5@1 y6@1;
        S by y1@-5 y2@-4 y3@-3 y4@-2 y5@-1 y6@0;
        Q by y1@-25 y2@-16 y3@-9 y4@-4 y5@-1 y6@0;
        [y1-y6@0]; ! 令測量變數截距為 0
        [I S Q];   ! 估計潛在變數的平均數
        I S Q *;   ! 估計潛在變數的變異數
        y1-y6 *;   ! 估計殘差變異
```

以前述設定方式來進行所得到的估計結果才是正確的二次項因素負荷量設定，參見下列報表當中以框線標示的估計結果所示：

		Estimate	S.E.	Est./S.E.	Two-Tailed P-Value
I	BY				
Y1		1.000	0.000	999.000	999.000
Y2		1.000	0.000	999.000	999.000
Y3		1.000	0.000	999.000	999.000
Y4		1.000	0.000	999.000	999.000
Y5		1.000	0.000	999.000	999.000
Y6		1.000	0.000	999.000	999.000
S	BY				
Y1		-5.000	0.000	999.000	999.000
Y2		-4.000	0.000	999.000	999.000
Y3		-3.000	0.000	999.000	999.000
Y4		-2.000	0.000	999.000	999.000
Y5		-1.000	0.000	999.000	999.000
Y6		0.000	0.000	999.000	999.000
Q	BY				
Y1		-25.000	0.000	999.000	999.000
Y2		-16.000	0.000	999.000	999.000
Y3		-9.000	0.000	999.000	999.000
Y4		-4.000	0.000	999.000	999.000
Y5		-1.000	0.000	999.000	999.000
Y6		0.000	0.000	999.000	999.000

10.2.4 編碼模式的選擇

不同編碼模式的選擇，主要是依據研究者的需要，選擇適當的編碼模式來進行線性成長、二次或三次 LGM 分析。如果從時序資料的自然特性來看，最普遍的編碼策略就是以第一期測量爲起點的起點編碼，如此可以觀察到從最初始狀況，隨著時間的進展，發展到最後的變化趨勢，例如在教育研究當中的學生學習狀態的探討，醫護領域對於治療處遇成效的研究等。

相對之下，許多商管研究對於時間數列的近期狀況比較感興趣，而非遠期的資料，例如各種經濟指標（物價指數、股價指數、匯率、原物料價格等），研究者多關心過去數年來的變化到了最近一期的狀態，此時則以終點編碼才能看出當期狀態平均水準與個別差異。

如果研究者並不特別關心起始或終點狀態，最理想的編碼方式則是限定編碼，此一策略不僅可以將時序效果的關注焦點置中，有利於整體平均趨勢的成長遞變研究，同時可讓編碼限定於固定水準之內，也與其他模型（例如非線性模式）的特定編碼模式估計結果進行比較。

值得注意的是，前述關於編碼模式的討論皆是假設各期資料有相同的等距間隔（例如每隔一年、一個月、一季測量一次），因此各編碼數值均爲等距的數值，如此才能符合線性成長的分析要件。但是在研究實務上，測量變數重複測量的間隔未必等距，此時前述的等距間隔也就必須做出相對應的調整，也就是前面所提到的立意編碼的概念。

以國內學者所常用的「臺灣教育長期追蹤資料庫」（Taiwan Education Panel Survey; TEPS）爲例，其中對於學生學習成就的四波測量是在國一（2001 年上學期）、國三（2003 年上學期）、高二（2005 年上學期）以及高三（2007 年下學期）等四個時間點所分別測得的分數，時間間隔並不相等，因此若要採取線性模型的 LGM 估計，四個重複測量的間隔就必須進行調整，亦即四波調查時間分別設定爲第 0、4、8、11 學期，因而將學期除以 11，得到 0、.36、.73 與 1，作爲限定編碼的斜率因子因素負荷量設定值（邱皓政、林碧芳，2016）。礙於篇幅的限制與本書的概論性質，關於其他特殊型態的編碼模式，例如帶有遺漏數值的編碼策略，或是不同個體有不同編碼間隔的重複測量等，本章不再深入說明，有興趣的讀者可以參考 Biesanz, Deeb-Sossa, Papadakis, Bollen 與 Curran（2004）、Little（2013）等學者的著作。

10.2.5 不同編碼模式的分析範例

為了示範前述各種編碼模式對於 LGM 估計結果的影響，本節將以六波薪資重複測量數據作為範例，利用四種編碼模式進行二因子線性成長模型分析，結果列於表 10.2。至於 Mplus 對於不同編碼模式的設定語法差異，僅在發生在 Model 指令當中，列舉於 Syn10.2 當中。

由表 10.2 可知，四種編碼方式所估計得到的適配狀況完全相同，χ^2 = 143.5, *df* = 21, RMSEA = .114, CFI = .967, TLI = .977, SRMR = .049, AIC = 8651, BIC = 8675，顯示 LGM 的假設模型與觀察資料整體適配不受編碼方式的影響。

Syn10.2 不同編碼模式的Mplus語法

```
DATA:        FILE = Ch10.csv;
VARIABLE:    NAMES = ID y1-y6;
             USEVARIABLES = y1-y6;
MODEL:  IY SY |y1@0 y2@1 y3@2 y4@3 y5@4 y6@5;          !Ma1
        IY SY |y1@-5 y2@-4 y3@-3 y4@-2 y5@-1 y6@0;     !Ma2
        IY SY |y1@-5 y2@-3 y3@-1 y4@1 y5@3 y6@5;       !Ma3
        IY SY |y1@0  y2@.2 y3@.4 y4@.6 y5@.8 y6@1;     !Ma4
        y1-y6 (Eq);
```

在參數估計部分，作為線性成長模型最重要的斜率因子，其平均數與變異數的顯著性檢定也都相同，雖然斜率平均值的數值會因為因素負荷量所設定的尺度不同而改變，例如起點與終點編碼的斜率平均數 = 0.05，置中編碼為 0.025（編碼全距放大一倍而使斜率平均值降低一倍），限定編碼為 0.252（編碼全距縮小五倍而使斜率平均值放大五倍），但是四者皆有相同的 *z* 檢定量（*z* = 3.75, *p*<.01），斜率變異數均為 0.693（*z* = 30.00, *p*<.01），顯示斜率因子的參數估計的統計意義在四種編碼下結果完全相同。

在截距因子部分，由於不同編碼的起點位置不同，因此截距參數的意義與數值也就會有所不同。為了進行對照，我們再次將各測量變數的平均數與變異數列於表 10.3 以供參考。

表 10.2　線性成長 LGM 不同編碼模式的參數估計結果與模式適配比較表

	Ma1 起點編碼		Ma2 終點編碼		Ma3 置中編碼		Ma4 限定編碼	
因素負荷								
Intercept	{1,1,1,1,1,1}		{1,1,1,1,1,1}		{1,1,1,1,1,1}		{1,1,1,1,1,1}	
Slope	{0,1,2,3,4,5}		{-5,-4,-3,-2,-1,0}		{-5,-3,-1,1,3,5}		{0,.2,.4,.6,.8,1}	
	coef	*z*	**coef**	*z*	**coef**	*z*	**coef**	*z*
平均數								
I (α_1)	**4.342**	43.69**	**4.594**	39.00**	**4.468**	43.10**	**4.342**	43.69**
S (α_2)	**0.050**	3.75**	**0.050**	3.75**	**0.025**	3.75**	**0.252**	3.75**
變異數								
σ^2	**0.693**	30.00**	**0.693**	30.00**	**0.693**	30.00**	**0.693**	30.00**
I (ψ_{11})	**4.081**	13.76**	**5.880**	14.12**	**4.719**	14.64**	**4.081**	13.76**
S (ψ_{22})	**0.042**	7.48**	**0.042**	7.48**	**0.042**	7.48**	**1.044**	7.48**
共變數								
ψ_{12}	**0.076**	2.64**	**0.284**	7.42**	**0.090**	5.85**	**0.378**	2.64**
stdψ_{12} 註	**0.183**	2.54**	**0.574**	12.13**	**0.405**	6.74**	**0.183**	2.54**
模式適配								
χ^2		143.50		143.50		143.50		143.50
df		21		21		21		21
RMSEA		.114		.114		.114		.114
CFI		.967		.967		.967		.967
TLI		.977		.977		.977		.977
SRMR		.049		.049		.049		.049
AIC		8651		8651		8651		8651
BIC		8675		8675		8675		8675

註：stdψ_{12} 表示 ψ_{12} 經過標準化之後的數值，亦即相關係數。

* p<.05　** p<.01

表 10.3　六波薪資測量的描述統計與相關係數整理表 (m = 450)

	y1	y2	y3	y4	y5	y6	六波平均
平均數	4.286	4.413	4.558	4.474	4.431	4.645	4.468
變異數	4.448	5.258	5.48	6.25	5.794	6.022	4.844

由表 10.3 的描述統計量資料可知，第一波薪資平均較低、變異較小，最後一波的薪資平均較高、變異較大，因此可以推知起點與限定編碼的截距因子平均

數與變異數最低，終點編碼最高，置中編碼居中。表 10.2 的結果支持此一推論：起點與限定、置中、終點編碼截距平均數分別爲 4.342（z = 43.69, p<.01）、4.468（z = 43.10, p<.01）、4.594（z = 39.00, p<.01），截距變異數分別爲 4.081（z = 13.76, p<.01）、4.719（z = 14.64, p<.01）、5.880（z = 14.12, p<.01），呈現平均數上升與變異放大的現象。

四種編碼最明顯的變化，出現在截距與斜率因子的共變數與相關係數部分。由表 10.2 可知，起點與限定、置中、終點編碼的截距與斜率的相關係數分別爲 0.183（z = 2.54, p<.05）、0.405（z = 6.74, p<.01）、0.574（z = 12.13, p<.01），顯示線性成長模型的零點位置的不同，將使截距與斜率因子的相關情形發生改變，尤其是當每一波測量的變異情形不同時，零點處在不同位置所估計得到的相關係數也就會產生變化。

例如起點編碼的零點位於變異最小的第一波測量，因此相關最低，相對之下，終點編碼的零點位於變異最大的最後一波測量，因而相關最高。如果研究者關心截距與斜率因子的相關情形，選擇不同的編碼方式將會影響其結論。例如馬太效應的研究（Petersen, Jung, Yang, & Stanley, 2011; Protopapas, Sideridis, Mouzaki, Simos, 2011; 林碧芳，2011; 邱皓政、林碧芳，2016），研究者主張起點越高且斜率越大者，將導致差異隨時間放大，形成富者越富、貧者越貧的不公平現象，這類研究的假設涉及截距與斜率的相關情形的探討，因此選擇適當的編碼方式將會影響其結論與解釋方式。

10.3 LGM 的平均數結構

10.3.1 平均數結構的特性

由於 LGM 的主要功能是在探討重複測量的變動趨勢，測量變數估計得到的潛在變數平均數反映了變化軌跡的起點（或中點、終點）與變化型態，因此 LGM 可以說是一種特別用來分析重複測量數據平均數結構的 SEM 模式。換言之，一個理想的 LGM 模型，關鍵在於其所設定的平均數結構是否能夠適配觀測資料的平均數結構與其變動趨勢，而不僅是專注於變異數與共變數結構的估計。因此 LGM 的模式設定與參數解釋，以及估計結果是否能夠有效反映眞實世界的狀況，必須以建立一個適切的共變結構爲前提，然後進行平均數結構的設定與估計。

在 SEM 中，如果要在共變結構當中估計平均數的狀態，必須在測量模型當中增加截距項的設定，藉以估計出潛在變數的平均數，如方程式 (10-3) 所示：

$$E(y)=\mu_y=\mathrm{T}+\Lambda\mathrm{A} \tag{10-3}$$

對於各測量變數（y）的期望值 $E(y)$（測量變數母體平均數 μ_y）有兩個可能的組成成分，第一是各測量變數觀察到的平均數，亦即 T（tau）矩陣，第二是潛在變數平均數，亦即 A（alpha）矩陣。當研究者不關心軌跡的存在狀態與變動型態時，無須對 A 矩陣進行估計，但如果想要估計平均起點或變動軌跡，就必須對於 A 矩陣當中的潛在變數平均數進行估計。潛在變數平均數對於個別測量變數平均數的對應關係由因素負荷量（Λ 矩陣）反映。由於 Λ 矩陣反映的是測量變數之間的共變結構關係，因此平均數結構必須建立在一個先期提出的特定共變結構基礎之上，才能進行有效估計，換言之，平均數結構無法獨立存在。

如果潛在變數的平均數不予估計（A 矩陣各向量 α 設定為 0），T 矩陣當中的各向量即純粹為 y 變數的實際觀察到的樣本平均數，此時模式並不需要另外估計參數，因此模式適配與無平均數結構設定的測量模型相同。但如果潛在變數平均數納入估計，此時令 T 矩陣的各向量限定為 0，LGM 模型即會根據共變模式的因素負荷參數，估計最能適配觀察資料的成長軌跡潛在變數的平均數。

以二因子線性成長模式為例，模型中必須同時估計截距平均值 α_I 與斜率平均值 α_S，根據方程式 (10-4) 可求出各波次的估計平均數 $\hat{\mu}_y$，其中 Λ_I 與 Λ_S 為截距斜率潛在變數的因素負荷量。至於實際觀察到的 y 與 $\hat{\mu}_y$ 的差距即為與平均數結構有關的估計殘差，亦即 $\bar{y}-\hat{\mu}_y$。

$$\hat{\mu}_y=\mathrm{T}+\Lambda_I\alpha_I+\Lambda_S\alpha_S \tag{10-4}$$

10.3.2 平均數結構的估計

以先前所使用的薪資變動軌跡研究數據為例，y_1 至 y_6 六波薪資的平均數分別為 $\bar{y}_1=4.286$、$\bar{y}_2=4.413$、$\bar{y}_3=4.558$、$\bar{y}_4=4.474$、$\bar{y}_5=4.431$ 與 $\bar{y}_6=4.645$（見表 10.3），若假設薪資成長軌跡為線性成長模型或無指定軌跡模型，並採起點編碼方式，以不同型態平均數結構的設定方式進行分析，所得到的結果列於表 10.4。分析語法的模式設定部分列於 Syn10.3。

表 10.4　不同平均數結構設定的平均數估計拆解與比較表

	Y變數平均數				截距平均數				斜率平均數		估計平均數	殘差
	T	+	Λ_I	×	α_I	+	Λ_S	×	α_S	=	μ_y	$\bar{y}-\mu_y$
Mb1完全無平均數模型 $\chi^2_{(23)}$**= 894.62, SRMR= 1.949, AIC= 9398, BIC= 9415**												
y_1	0	+	1	×	0	+	0	×	0	=	0	4.286
y_2	0	+	1	×	0	+	1	×	0	=	0	4.413
y_3	0	+	1	×	0	+	2	×	0	=	0	4.558
y_4	0	+	1	×	0	+	3	×	0	=	0	4.474
y_5	0	+	1	×	0	+	4	×	0	=	0	4.431
y_6	0	+	1	×	0	+	5	×	0	=	0	4.645
Mb2無潛在平均數模型 $\chi^2_{(17)}$**= 122.25, SRMR= 0.049, AIC= 8638, BIC= 8647**												
y_1	4.286	+	1	×	0	+	0	×	0	=	4.286	0
y_2	4.413	+	1	×	0	+	1	×	0	=	4.413	0
y_3	4.558	+	1	×	0	+	2	×	0	=	4.558	0
y_4	4.474	+	1	×	0	+	3	×	0	=	4.474	0
y_5	4.431	+	1	×	0	+	4	×	0	=	4.431	0
y_6	4.645	+	1	×	0	+	5	×	0	=	4.645	0
Mb3線性成長模型 $\chi^2_{(10\text{-}21)}$**= 143.50, SRMR= 0.049, AIC= 8651, BIC= 8676**												
y_1	0	+	1	×	4.342	+	0	×	0.050	=	4.342	-0.056
y_2	0	+	1	×	4.342	+	1	×	0.050	=	4.392	0.021
y_3	0	+	1	×	4.342	+	2	×	0.050	=	4.442	0.116
y_4	0	+	1	×	4.342	+	3	×	0.050	=	4.492	-0.018
y_5	0	+	1	×	4.342	+	4	×	0.050	=	4.542	-0.111
y_6	0	+	1	×	4.342	+	5	×	0.050	=	4.592	0.053
Mb4未指定軌跡模型 $\chi^2_{(10\text{-}17)}$**= 120.31, SRMR= 1.949, AIC= 8636, BIC= 8677**												
y_1	0	+	1	×	4.335	+	0	×	0.221	=	4.335	-0.049
y_2	0	+	1	×	4.335	+	0.323	×	0.221	=	4.406	0.007
y_3	0	+	1	×	4.335	+	0.487	×	0.221	=	4.443	0.115
y_4	0	+	1	×	4.335	+	0.875	×	0.221	=	4.528	-0.054
y_5	0	+	1	×	4.335	+	0.928	×	0.221	=	4.540	-0.109
y_6	0	+	1	×	4.335	+	1	×	0.221	=	4.556	0.089

Syn10.3Mb1-Mb4 不同平均數結構設定語法（僅列舉Model部分）

Mb1 完全無平均數模型

```
MODEL:      I S | y1@0 y2@1 y3@2 y4@3 y5@4 y6@5;
            [y1-y6@0];      ! 測量變數平均數限定為 0
            [I@0 S@0];      ! 潛在變數平均數限定為 0
            y1-y6 (Eq);     ! 測量誤差限定為相等
```

Mb2 無潛在平均數模型

```
MODEL:      I S | y1@0 y2@1 y3@2 y4@3 y5@4 y6@5;
            [y1-y6*];       ! 測量變數平均數自由估計
            [I@0 S@0];      ! 潛在變數平均數限定為 0
            y1-y6 (Eq);
```

Mb3 二因子線性成長模型

```
MODEL:      I S | y1@0 y2@1 y3@2 y4@3 y5@4 y6@5;
            y1-y6 (Eq);
```

Mb4 無指定軌跡模型

```
MODEL:      I S | y1@0 y2* y3* y4* y5* y6@1;
            y1-y6 (Eq);
```

首先，如果模型中沒有任何平均數結構估計（Mb1），完全忽略平均數結構的存在，$\hat{\mu}_y = T = \alpha_I = \alpha_S = 0$，此時模式適配最不理想，$\chi^2_{(23)} = 894.62$, SRMR = 1.949, AIC = 9398, BIC = 9415。外顯變數的平均數將全部成為殘差。

如果線性成長模型中不進行潛在變數平均數的估計（亦即 Mb2），各測量變數平均數反映在 T 矩陣中，需消耗六個自由度來估計，此時雖無從獲悉成長軌跡的狀態（$\alpha_I = \alpha_S = 0$），但由於 LGM 模型的平均數結構完全隨六波觀察指標平均數波動，因此模式適配將會大幅改善，$\chi^2_{(17)} = 122.25$, SRMR = 0.049, AIC = 8638, BIC = 8647。

若進行二因子線性成長模型（Mb3），潛在變數平均數自由估計，但測量變數平均數不進行估計（Mplus 軟體的 LGM 語法預設狀態），此時成長趨勢才可由潛在變數平均數反映，$\alpha_I = 4.342$，$\alpha_S = 0.050$，但將存在一定程度的估計殘差。Mb3 的模式適配將較 T 矩陣參數納入估計的模型下降，$\chi^2_{(21)} = 143.50$, SRMR = 0.049, AIC = 8651, BIC = 8676。

最後，若採二因子無限定軌跡模型（Mb4），不僅時間分數得以自由估計，同時也估計截距／起點因子的潛在平均數（$\alpha_I = 4.335$）與斜率／狀態因子的潛在平均數（$\alpha_S = 0.221$），不僅共變結構最適配於觀察資料，成長趨勢亦可由潛在變數平均數反映，雖然測量變數平均數不進行估計，共變結構部分所造成的殘差更形降低，Mb4 的模式適配為各模型當中最佳者，$\chi^2_{(17)} = 120.31$, SRMR = 1.949, AIC = 8636, BIC = 8677。

綜合前述的討論可以得知，不論是何種 LGM 模型，必須對於潛在變數的平均數進行估計，方能進行軌跡狀態的有效估計。至於測量變數（各期重複測量）的截距必須限定為 0（利用 Mplus 語法中的 [y1-y6@0] 來設定），才能使平均數結構能夠充分反映測量變數背後所存在的變化軌跡狀態，並且從平均數結構的估計殘差來評估基於特定潛在變數平均數估計結果的適配狀態。

至於各測量變數的測量殘差，在前述的各範例當中均假設相等（亦即誤差變異同質假設，利用 Mplus 語法中的 y1-y6 (Eq) 來設定），但是在研究實務上，誤差的設定方式可以視不同的研究需要而改變，我們將在下一節介紹。

10.4 誤差共變結構

10.4.1 誤差結構與殘差估計

除了前述的平均數結構之外，LGM 分析還有另一個重要的模式設定議題，就是誤差共變結構的影響。這是因為重複測量帶有時序的訊息，在測量殘差當中相當可能存在著特定結構，必須以特殊的模式設定來估計其狀態，藉以提高模式對於觀察資料的解釋力。

從 SEM 的角度來看，構成 LGM 模型的主要結構是一個由 n 次重複測量所構成的測量模型，這 n 次測量就是 n 個測量變數，每一個測量變數都有一個反映測量誤差的隨機成分，因此形成一個 C_2^n+n 的誤差變異數與共變數矩陣（Θ_ε）。基於抽樣原理，Θ_ε當中的各元素必須符合一定的基本假設，但是在進行 LGM 時，Θ_ε若能有效加以設定，可以提升模式的適配與參數的解釋力。

Θ_ε矩陣的對角線上爲各測量變數的誤差變異數，下三角部分爲誤差的共變數。如果今天有六次重複測量（$n = 6$），亦即有六個測量變數，將會有 6 個誤差變異數與 $C_2^6 = 15$ 個誤差共變數：

$$\Theta_\varepsilon = \begin{bmatrix} \varepsilon_{11} & & & & & \\ \varepsilon_{12} & \varepsilon_{22} & & & & \\ \varepsilon_{13} & \varepsilon_{23} & \varepsilon_{33} & & & \\ \varepsilon_{14} & \varepsilon_{24} & \varepsilon_{34} & \varepsilon_{44} & & \\ \varepsilon_{15} & \varepsilon_{25} & \varepsilon_{35} & \varepsilon_{45} & \varepsilon_{55} & \\ \varepsilon_{16} & \varepsilon_{26} & \varepsilon_{36} & \varepsilon_{46} & \varepsilon_{46} & \varepsilon_{66} \end{bmatrix} \tag{10-5}$$

藉由 LGM 的模式設定，以樣本資料進行參數估計之同時，可透過不同的殘差結構來估計Θ_ε矩陣的各殘差變異與共變數，藉以調整整體模型的估計結果，是 LGM 縱貫資料分析不同於 MLM 的重要差異之一。

10.4.2 誤差結構設定

在 LGM 的分析程序中，對於誤差變異的估計有三種模型：誤差變異同質、誤差變異異質、誤差自我相關模型。分別說明如下：

10.4.2.1 誤差變異同質模型（E1模型）

由於 LGM 的資料組成是令相同變數進行重複測量，因此 m 個測量變數的數據均由相同題目所測量得到，此時研究者對於測量模型的誤差結構可以採行最嚴格的 IID 假設，亦即誤差符合三項要件：第一，各測量時點內的誤差相互獨立，第二，各時點間的誤差相互獨立，亦即誤差共變爲零。第三，各測量時點下的測量誤差變異同質，亦即 $\varepsilon_{11} = \varepsilon_{22} = \cdots = \varepsilon$。此時$\Theta_\varepsilon$矩陣下三角部分的各元素設定爲 0，表示各次測量的殘差相互獨立，對角線上的誤差變異則相同。

$$\Theta_\varepsilon = \begin{bmatrix} \varepsilon & & & & & \\ 0 & \varepsilon & & & & \\ 0 & 0 & \varepsilon & & & \\ 0 & 0 & 0 & \varepsilon & & \\ 0 & 0 & 0 & 0 & \varepsilon & \\ 0 & 0 & 0 & 0 & 0 & \varepsilon \end{bmatrix} \tag{10-6}$$

前面一節各模型在進行示範時，即採此一模型進行分析。其優點是模式最為單純簡效，所估計的參數最少，自由度最大，所估計得到的結果與 MLM 模型的一致性最高。

10.4.2.2 誤差變異異質模型（E2模型）

雖然採行誤差變異同質模型設定符合重複測量 ANOVA 原理，但是研究者實際獲得的數據未必能夠符合最嚴格的假設要求。其中最常發生的狀況是 n 次測量誤差變異並不相等，此時研究者可以釋放誤差變異同質的假設，讓各次測量的誤差變異自由估計，但是各測量時點內與測量時點間的誤差仍服從相互獨立的假設，如此雖然釋放了 n 個誤差變異參數，但可大幅提升觀察模式與理論模型的適配。此時Θ_ε矩陣下三角部分皆設定為 0，表示各次測量的殘差相互獨立，對角線上的誤差變異則不限定相同。

$$\Theta_\varepsilon = \begin{bmatrix} \varepsilon_{11} & & & & & \\ 0 & \varepsilon_{22} & & & & \\ 0 & 0 & \varepsilon_{33} & & & \\ 0 & 0 & 0 & \varepsilon_{44} & & \\ 0 & 0 & 0 & 0 & \varepsilon_{55} & \\ 0 & 0 & 0 & 0 & 0 & \varepsilon_{66} \end{bmatrix} \tag{10-7}$$

10.4.2.3 誤差自我相關假設（E3模型）

誤差變異異質模型雖然釋放了誤差變異必須相等的假設，但是誤差之間的相關仍然不允許具有關聯，然而對於同一個測量變數進行多次重複測量，最可能發生的一種狀況就是重複測量之間的誤差會具有相關，稱為*誤差自我相關*（error autocorrelation），為了將此一可能出現在時間序列資料的特殊相關納入估計，研究者可以令測量變數誤差共變自由估計，並以自我相關係數加以調整，此即誤差自我相關模型，在Mplus手冊當中，即以具體範例說明此一模型的操作方式[1]。

誤差自我相關模型最重要的是要估計*殘差自我相關參數*（residual autocorrelation parameter），亦即相鄰 k 期間的殘差相關$\rho^k_{e_t,e_{t-k}}$：

---

[1] 參見 Mplus7 手冊的第 142 頁。Mplus8 手冊的第 144 頁，Model8-17。

$$\rho^{k}_{e_t,e_{t-k}} = \frac{\mathrm{cov}(e_t, e_{t-k})}{\sqrt{\sigma^2_{e_t}\sigma^2_{e_{t-k}}}} \tag{10-8}$$

方程式 (10-8) 中的 k 爲兩個誤差的相隔期數，k = 1 表示相鄰的誤差相關，k = 2 爲相隔兩期的誤差相關，亦即二階殘差自我相關，依此類推。

爲使模型順利估計，自我相關殘差模型（auto-correlated residual model）也必須建立在誤差變異同質的假設之上，亦即各期測量的誤差變異數相等，同時各階自我相關亦具有同質性，亦即間隔一期、二期至 k-1 期的殘差共變必須相等，並以自我相關參數進行 ρ^k 調整：

$$\Theta_{\varepsilon} = \begin{bmatrix} \varepsilon & & & & & \\ \rho^1\varepsilon & \varepsilon & & & & \\ \rho^2\varepsilon & \rho^1\varepsilon & \varepsilon & & & \\ \rho^3\varepsilon & \rho^2\varepsilon & \rho^1\varepsilon & \varepsilon & & \\ \rho^4\varepsilon & \rho^3\varepsilon & \rho^2\varepsilon & \rho^1\varepsilon & \varepsilon & \\ \rho^5\varepsilon & \rho^4\varepsilon & \rho^3\varepsilon & \rho^2\varepsilon & \rho^1\varepsilon & \varepsilon \end{bmatrix} \tag{10-9}$$

由矩陣式 (10-9) 可知，殘差之間的相關維持一個穩定的結構，相鄰最近的兩次測量殘差共變數爲殘差變異與 ρ 的乘積，表示相關強度最強，相鄰最遠的測量殘差共變數爲殘差變異與 ρ^{k-1} 的乘積，表示相關強度最弱。

10.4.3 範例資料說明

前一章在進行線性與非線性模型分析時，y1 至 y6 六波薪資變化的 LGM 模型當中的誤差變異基於誤差變異同質假設來進行殘差估計，令 n 次重複測量的測量殘差相等，亦即 E1 模型，本節則另以 E2 模型來釋放誤差變異同質的假設，以及利用 E3 模型加入一階殘差相關設定。

E2 模型的設定方式非常簡單，只需要把語法當中設定誤差變異相等的指令（y1-y6(Eq)）移除即可，至於 E3 模型的 Mplus 的語法則複雜許多，需利用 **MODEL CONSTRAINT** 指令來定義殘差相關參數，列舉於 Syn10.4。

由表 10.5 的摘要整理可知，如果釋放了誤差變異同質的假設（E2 模型），或是帶有殘差自我相關的設定（E3 模型），均會使模式適配提升，顯示誤差變異同質假設的模型（E1 模型）是最嚴格的假設，模式適配最不理想。

Syn10.4：帶有殘差自我相關的模型語法

```
MODEL:   I S | y1@0 y2@1 y3@2 y4@3 y5@4 y6@5;
         y1-y6 (resvar);                    ！六次重複測量殘差變異相等
         y1-y5 PWITH y2-y6 (p1);            ！求取一階殘差相關並限定相等
         y1-y4 PWITH y3-y6 (p2);            ！求取二階殘差相關並限定相等
         y1-y3 PWITH y4-y6 (p3);            ！求取三階殘差相關並限定相等
         y1-y2 PWITH y5-y6 (p4);            ！求取四階殘差相關並限定相等
         y1 WITH y6 (p5);                   ！求取五階殘差相關並限定相等
MODEL CONSTRAINT:
         NEW (corr);
         p1 = resvar*corr;                  ！估計一階殘差變異
         p2 = resvar*corr**2;               ！估計二階殘差變異
         p3 = resvar*corr**3;               ！估計三階殘差變異
         p4 = resvar*corr**4;               ！估計四階殘差變異
         p5 = resvar*corr**5;               ！估計五階殘差變異
OUTPUT: TECH1; SAMPSTAT;
```

表 10.5 當中一個有趣的發現是，對於零模型而言，由於沒有任何關於成長變動的參數設定，因此如果增加了殘差自我相關之後，可以大幅提升模式適配，整體模式的卡方檢定量由 E1 模型的 312.32 降至 E3 模型的 171.53。其中自我相關參數數值達到 .185（p<.001），同時各階殘差相關均具有顯著意義，落後一期的殘差相關（.160），距離最遠的殘差相關爲顯著負相關（-.503）。顯示零模型當中的殘差共變結構當中，殘留大量相關的資訊而沒有加以估計。

到了線性或無指定軌跡模型，由於模型中已經針對重複測量觀測值的成長變化趨勢進行估計，因此在零模型當中所觀察到的殘差相關不再重要，僅有相鄰兩期的殘差仍具有微弱的相關，例如線性成長模型的一階殘差相關 .058（p<.05）仍具有統計顯著性以外，其他的各階殘差相關已經不明顯。

從這些模型的比較當中，可以得知，釋放誤差變異同質假設是提升模式適配有效的策略，但是研究者所付出的代價則是模型並不支持誤差變異同質的假設，顯示資料的品質並非十分理想，才會造成各次測量的殘差發生變異大小不一的情況。

表 10.5　帶有不同殘差變異與共變設定的 LGM 分析整理表

	Mc0（基準模型）			Mc1（線性成長模型）			Mc2（無指定軌跡模型）		
	E1	E2	E3	E1	E2	E3	E1	E2	E3
平均數									
I	4.468**	4.484**	4.462**	4.342**	4.328**	4.008**	4.335**	4.297**	4.321**
S	-	-	-	.050**	0.055**	0.036**	0.221**	0.268**	0.242**
變異數									
σ^2	0.848**	1.243**	0.862**	.693**	0.690**	.735**	.680**	0.393**	0.721**
		1.061**			0.937**			1.019**	
		0.840**			0.806**			0.829**	
		0.652**			0.688**			0.637**	
		0.622**			0.565**			0.519**	
		0.675**			0.359**			0.461**	
I	4.694**	4.877**	4.585**	4.081**	4.071**	4.008**	3.966**	4.062**	3.846**
S	-	-	-	0.042**	0.046**	0.036**	1.012**	1.452**	0.944**
ρ	-	-	.185**	-	-	.078*	-	-	.078*
殘差相關	-	-		-	-		-	-	
一階			.160**			.058*			.056
二階			.030**			.005			.004
三階			.005**			.000			.000
四階			-.196**			.000			.000
五階			-.503**			.000			.000
適配									
χ^2	312.32	265.19	171.53	143.50	**88.04**	138.72	120.31	**67.18**	116.77
df	24	19	21	21	**16**	20	17	**12**	16
χ^2/df	13.01	13.96	8.17	6.83	**5.50**	6.94	7.08	**5.60**	7.30
RMS	.163	.170	.126	.114	**.100**	.115	.116	**.101**	.118
CFI	.923	.934	.960	.967	**.981**	.968	.972	**.985**	.973
TLI	.952	.948	.971	.977	**.982**	.976	.976	**.982**	.975
SRM	.073	.101	.070	.049	**.039**	.047	.035	**.030**	.033
AIC	8814	8777	8679	8651	**8606**	8648	8636	**8593**	8634
BIC	8826	8810	8704	8675	**8651**	8677	8677	**8654**	8679

10.5 固定與隨機軌跡

10.5.1 成長軌跡的固定與隨機性

對於重複觀測的資料所進行成長軌跡研究，最主要的特徵是 m 個受測者在變數 y 重複測量 n 次的重複觀測資料，可以估計出 m 條變動軌跡。這 m 條軌跡的整體趨勢，可以利用平均數來反映，也可以利用變異數來估計個別差異。

若以 MLM 的術語來說，軌跡的整體狀態以單一係數來表示，即是一種固定效果，在 LGM 當中，即是潛在變數的平均數。相對之下，成長軌跡的個別差異，在 MLM 當中被稱爲隨機效果，因爲 m 個受測者只是無限個可能受測者的一個隨機樣本，因此參數的個別差異需服從常態分配，在 LGM 當中，成長軌跡的個別差異則是潛在變數的變異數，同樣的，參數的個別差異也必須服從常態假設。

在 MLM 的縱貫資料模型當中，我們曾經深入討論如何透過固定效果與隨機效果的安排，藉以估計成長軌跡的整體趨勢與個別差異，在 LGM 的應用當中，同樣的也可以進行類似的操弄，以滿足研究者對於成長軌跡估計的不同需求。

10.5.2 LGM 軌跡的固定與隨機設定

由於 LGM 是利用 SEM 的測量模式來估計軌跡狀態，因此軌跡參數的固定與隨機設定，須透過潛在變數的平均數與變異數來反映。以單因子 LGM 爲例，模型中僅有一個潛在變數 η_1，η_1 的平均數 α_1 反映全體 m 位受測者在 n 次測量的平均值，η_1 的變異數 ψ_{11} 反映全體 m 位受測者在 n 次測量的平均值的變異情形。如果 η_1 的變異數納入估計，即可計算個別差異，進而估計 ICC，但如果 ψ_{11} 不估計，那麼整個模型就只有估計得到一個總平均數。

如果是二因子 LGM，模型中有兩個潛在變數 η_1 與 η_2，η_1 反映起點，η_2 反映變動狀態，η_1 的平均數與變異數同樣反映全體 m 位受測者在 n 次測量的平均值與變異情形，η_2 的平均數 α_2 與變異數 ψ_{22} 則反映變動趨勢的平均值（總體趨勢）與變異情形（個別差異）。

爲了維持二因子模型的測量模式架構，二因子模型的 η_1 與 η_2 平均數必須加以估計，但變異數則可以彈性設定爲估計（以 * 表示）或不估計（設定爲 0），因而得到四種可能狀況：單一軌跡模型（ψ_{11} 與 ψ_{22} 均不估計），平行軌跡模型

表 10.6　單因子與二因子 LGM 成長軌跡的固定與隨機設定

	水準／截距因子（η_1）		型態／斜率因子（η_2）		軌跡狀態
	平均數	變異數	平均數	變異數	
單因子模型	*	0	-	-	單一總平均值
	*	*	-	-	單一總平均值 n次測量平均的個別差異
二因子模型	*	0	*	0	單一軌跡 起點與型態（斜率）均相同
	*	*	*	0	m條平行軌跡 起點不同但型態（斜率）相同
	*	0	*	*	m條非平行軌跡 起點相同但型態（斜率）不同
	*	*	*	*	m條非平行軌跡 起點與型態（斜率）均不同

註：* 表示自由估計參數，0 表示變異數參數設爲 0，- 表示該參數不存在。

（ψ_{11} 估計但 ψ_{22} 不估計），相同起點但不同變動型態的非平行軌跡模型（ψ_{11} 不估計但 ψ_{22} 估計），不同起點與不同變動型態的非平行軌跡模型（ψ_{11} 與 ψ_{22} 均估計）。這四種狀況列於表 10.6。

值得注意的是，二因子 LGM 模型的變異數 ψ_{11} 與 ψ_{22} 之外，還存在著兩個潛在變數的共變數 ψ_{12}，一般而言 ψ_{12} 會連同 ψ_{22} 一併納入估計，因此如果 ψ_{22} 被設定爲 0（單一軌跡或平行軌跡模型），ψ_{12} 也不予估計，如果 ψ_{22} 被納入估計（不同變動型態模型），爲了維持模型的一致性與適配性，ψ_{12} 也應加以估計，如果 ψ_{12} 不納入估計，研究者應說明不估計的理由。

此外，如果是三因子或更多因子的非線性 LGM 模型，除了第一個水準因子的變異數可以單獨決定是否估計，其他的型態或變動因子的變異數，如果要估計皆須一起納入估計，如果不估計則一律不予估計，藉以維持軌跡設定的一致性。

10.5.3 固定與隨機設定的比較範例

爲了示範 LGM 的固定與隨機效果設定的各種可能模型，我們將六波薪資重複測量的數據進行單因子、二因子線性成長模型、四因子 S 曲線模型等幾種主

Syn10.5 固定與隨機係數模式語法（僅列舉Model部分）

M1 單因子無變異模型

```
MODEL:    I by y1@1 y2@1 y3@1 y4@1 y5@1 y6@1;
          [y1-y6@0];        !set the indicator means to 0
          [I* S*];          !set the latent means to free
          I@0;              !set the latent variances to 0
          y1-y6 (Eq);       !set residual variances to equal
```

M2 單因子有變異模型

```
MODEL:    I by y1@1 y2@1 y3@1 y4@1 y5@1 y6@1;
          [y1-y6@0];        !set the indicator means to 0
          [I* S*];          !set the latent means to free
          I*;               !set the latent variance to free
          y1-y6 (Eq);
```

M3 二因子線性成長模型 / 單一軌跡模型

```
MODEL:    I by y1@1 y2@1 y3@1 y4@1 y5@1 y6@1;
          S by y1@0 y2@1 y3@2 y4@3 y5@4 y6@5;
          [y1-y6@0];        !set the indicator means to 0
          [I* S*];          !set the latent means to free
          I@0; S@0;         !set the latent variances to 0
          I with S @0;!set the latent covariance to 0
          y1-y6 (Eq);
```

M4 二因子線性成長模型 / 平行軌跡模型

```
MODEL:    I by y1@1 y2@1 y3@1 y4@1 y5@1 y6@1;
          S by y1@0 y2@1 y3@2 y4@3 y5@4 y6@5;
          [y1-y6@0];        !set indicator means to 0
          [I* S*];          !set latent means to free
          I*;               !set intercept variance to free
          S@0;              !set slope variance to 0
          I with S@0;       !set latent covariance to 0
          y1-y6 (Eq);
```

M5 二因子線性成長模型 / 共同起點非平行軌跡模型

```
MODEL:    I by y1@1 y2@1 y3@1 y4@1 y5@1 y6@1;
          S by y1@0 y2@1 y3@2 y4@3 y5@4 y6@5;
          [y1-y6@0];        !set indicator means to 0
          [I* S*];          !set latent means to free
```

```
         I@0; S*;         !set latent variances
         I with S *;      !set latent covariances to free
         y1-y6 (Eq);
```

M6 二因子線性成長模型 / 非平行軌跡模型

```
MODEL:   I by y1@1 y2@1 y3@1 y4@1 y5@1 y6@1;
         S by y1@0 y2@1 y3@2 y4@3 y5@4 y6@5;
         [y1-y6@0];       !set indicator means to 0
         [I* S*];         !set latent means to free
         I*; S*;          !set latent variances to free
         I with S *;      !set latent covariances to 0
         y1-y6 (Eq);
```

M8 四因子 S 曲線模型 / 平行軌跡模型

```
MODEL:   I by y1@1 y2@1 y3@1 y4@1  y5@1  y6@1;
         S by y1@0 y2@1 y3@2 y4@3  y5@4  y6@5;
         Q by y1@0 y2@1 y3@4 y4@9  y5@16 y6@25;
         C by y1@0 y2@1 y3@8 y4@27 y5@64 y6@125;
         [y1-y6@0];       !set indicator means to 0
         [I* S* Q* C*];   !set latent means to free
         I*;              !set intercept variance to free
         S@0 Q@0 C@0;!set curve variance to 0
         I with S *; I with Q *; I with C *;
         S with Q *; S with C *; Q with C *;
         y1-y6 (Eq);
```

M10 四因子 S 曲線模型 / 非平行軌跡模型

```
MODEL:   I by y1@1 y2@1 y3@1 y4@1  y5@1  y6@1;
         S by y1@0 y2@1 y3@2 y4@3  y5@4  y6@5;
         Q by y1@0 y2@1 y3@4 y4@9  y5@16 y6@25;
         C by y1@0 y2@1 y3@8 y4@27 y5@64 y6@125;
         [y1-y6@0];       !set indicator means to 0
         [I* S* Q* C*];   !set latent means to free
         I* S* Q* C*;     !set trajectory variance to free
         I with S *; I with Q *; I with C *;
         S with Q *; S with C *; Q with C *;
         y1-y6 (Eq);
```

要模型在固定與隨機等不同設定狀況下的示範比較。爲了維持比較的單純化，測量變數殘差均設定爲獨立且相等，估計結果列於表 10.7，語法如 Syn10.5 所示。

由表 10.7 的估計結果可知，模式適配最佳的模型都是同時完全釋放潛在變數的變異數加以估計的模型，亦即六波薪資測量的變動具有隨機效果的非平行軌跡的設定，包括二因子線性模型（M6）與四因子 S 曲線模型（M10），相對之下，如果有任何一個潛在變數的變異數固定爲 0，模式適配就會大幅降低，顯示本範例的軌跡狀態具有非常明顯的個別差異，有必要讓所有的潛在變數的隨機性納入估計。

另一個值得注意之處，是關於各種不同的隨機效果設定方式皆不會影響潛在變數平均數的估計，亦即變動軌跡的總體趨勢並不會受到潛在變數變異數是否納入估計的影響。換言之，本節對於成長軌跡的各參數設定爲固定或隨機，僅涉及成長軌跡個別差異的估計，而與軌跡本身的狀態無關。

以單因子模型爲例，不論潛在變數的變異數是否估計，潛在變數的平均數均爲 4.468，這個數值也恰好是表 10.3 當中所列舉的 450 位受測者在六次薪資測量平均數的總平均數。如果唯一存在的水準因子的變異數設定爲零，表示整個模型只估計一個總平均而不估計受測者們六波薪資平均數的個別差異，整個資料庫當中的 450×6 = 2700 筆薪資測量資料的變異數完全納入受測者內的變異，亦即 σ^2 = 5.542；如果水準因子的變異數納入估計，總變異就會分割成受測者內變異 σ^2 = .848 與受測者間變異 ψ_{11} = 4.694，兩者相加即等於原來的組內變異 5.542。利用 M2 模型計算 ICC 得到 4.694/(4.694+.848) = .865，表示全體變異有高達 86.5% 屬於個別差異，因此反映個別差異的潛在變數變異數是 LGM 分析不得不估計的變異源。

利用 Mplus 的繪圖功能，我們可以列出原始觀察資料在各波次觀察得到的平均數折線（以虛線表示）與 LGM 估計的軌跡（以實線表示），如圖 10.2 所示。繪圖的指令如下：

```
PLOT:        TYPE = PLOT3;
SERIES = y1-y6(*);
```

表 10.7　帶有不同殘差變異與共變設定的 LGM 分析整理表

	單因子模型		二因子模型				四因子模型			
	M1	**M2**	**M3**	**M4**	**M5**	**M6**	**M7**	**M8**	**M9**	**M10**
	$\psi_{11}=\mathbf{0}$	$\psi_{11}=*$	$\psi_{11}=\mathbf{0}$ $\psi_{22}=\mathbf{0}$ $\psi_{12}=\mathbf{0}$	$\psi_{11}=*$ $\psi_{22}=\mathbf{0}$ $\psi_{12}=\mathbf{0}$	$\psi_{11}=\mathbf{0}$ $\psi_{22}=*$ $\psi_{12}=*$	$\psi_{11}=*$ $\psi_{22}=*$ $\psi_{12}=*$	$\psi_{11}=\mathbf{0}$ $\psi_{22}=\mathbf{0}$ $\psi_{ij}=\mathbf{0}$	$\psi_{11}=*$ $\psi_{22}=\mathbf{0}$ $\psi_{ij}=\mathbf{0}$	$\psi_{11}=\mathbf{0}$ $\psi_{22}=*$ $\psi_{ij}=*$	$\psi_{11}=*$ $\psi_{22}=*$ $\psi_{ij}=*$
平均數										
I: α_1	4.468	4.468	4.342	4.342	4.342	**4.342**	4.267	4.267	4.267	**4.267**
S: α_2	-	-	.050	.050	.050	**.050**	.333	.333	.333	**.333**
Q: α_3	-	-	-	-	-	-	-.145	-.145	-.145	**-.145**
C: α_4	-	-	-	-	-	-	.019	.019	.019	**.019**
變異數										
σ^2	5.542	.848	5.535	.839	2.252	**.693**	5.531	.835	1.973	**.698**
I: ψ_{11}	-	4.694	0	4.695	0	**4.081**	0	4.696	0	**3.699**
S: ψ_{22}	-	-	0	0	-.047	**.042**	0	0	-4.337	**.340**
Q: ψ_{33}	-	-	-	-	-	-	0	0	-1.064	**.090**
C: ψ_{44}	-	-	-	-	-	-	0	0	-.019	**.001**
適配指標										
χ^2	3790.1	312.3	3786.5	288.5	1666.6	**143.5**	3784.6	275.9	649.6	**78.2**
df	25	24	24	23	22	**21**	22	21	13	**12**
RMSEA	.579	.163	.590	.160	.408	**.114**	.616	.164	.330	**.111**
CFI	.000	.952	.000	.929	.562	**.967**	.000	.932	.830	**.982**
TLI	.398	.952	.373	.954	.701	**.967**	.316	.951	.804	**.978**
AIC	12290	8814	12288	8792	10172	**8651**	12290	8783	9173	**8604**
BIC	12298	8826	12300	8808	10192	**8675**	12310	8808	9231	**8665**

註：ψ_{ij} 表示潛在變數的共變數。ψ_{ij} 的估計結果不在本表中呈現以簡化表格。

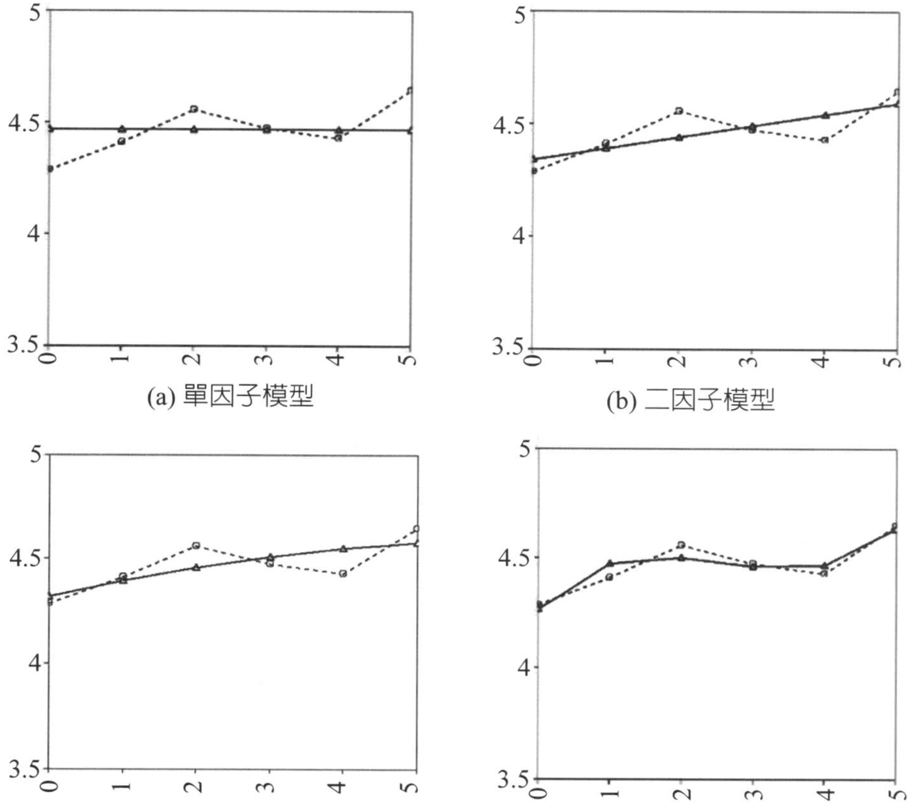

圖 10.2　不同因子數目成長軌跡估計結果圖示

圖 10.2 當中列出了 (a) 單因子、(b) 二因子、(c) 三因子與 (d) 四因子 LGM 估計得到的軌跡狀態，分別爲 $y = 4.468$ 的水平直線、線性成長直線、二次曲線與 S 曲線。其中以圖 10.2(d) 所估計得到的 S 曲線最接近實際觀察到的平均數折線，亦即四因子 LGM 模型最適配觀察資料，適配指標與訊息指標均最爲理想。

除了軌跡狀態的繪圖，Mplus 也提供了個別受測者的個別軌跡的原始狀態與估計結果。圖 10.3 就是根據四種不同隨機效果設定所得到的二因子線性成長模型估計結果，針對 450 位受測者的個別軌跡所繪成的四種圖示。其中圖 10.3(a) 雖然包括了 450 條個別軌跡，但是因爲截距與斜率均爲單一數值的固定效果，因此呈現單一直線軌跡。圖 10.3(b) 則呈現了 450 條起點不同但相互平行的線性成長軌跡（截距不同但斜率相同）。如果截距與斜率均估計其變異數，每一個受測者將有不同的截距與斜率，繪圖結果將如同圖 10.3(d) 的 450 條起點不同且斜率也不同的線性成長軌跡。

特別值得注意的是，圖 10.3(c) 理應呈現單一截距（$\alpha_1 = 4.342$）但不同斜率的個別線性成長軌跡，但是由於該模型並未合理收斂，估計結果出現了數值爲負的變異數估計值，亦即所謂的非正定解，所估計得到的軌跡也就不值得信賴。

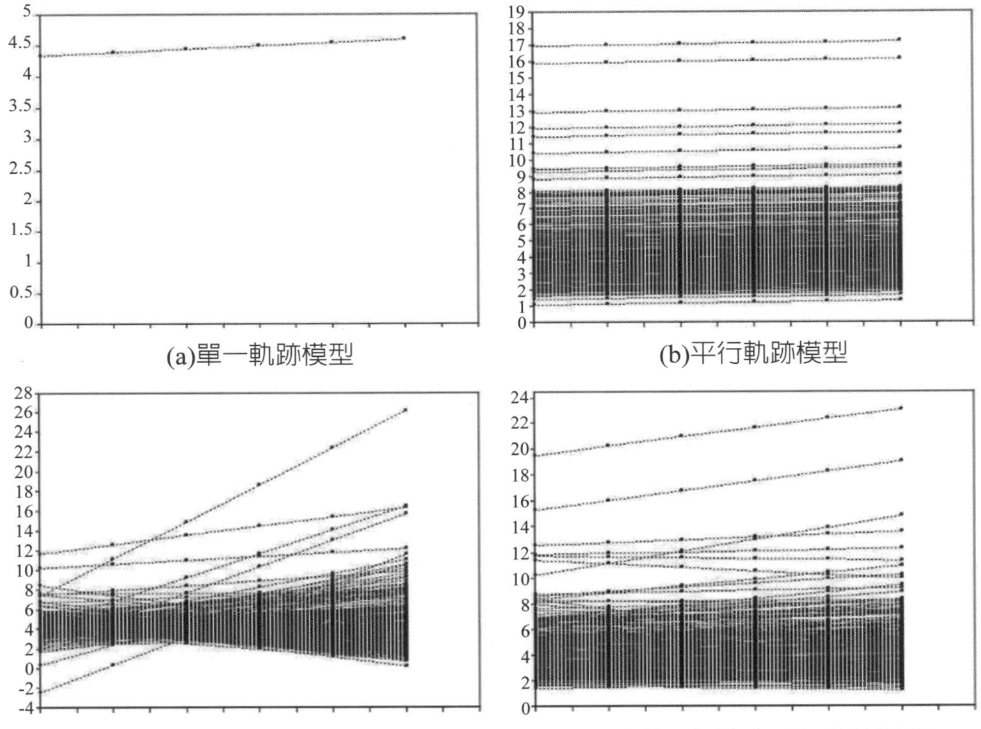

(a)單一軌跡模型　(b)平行軌跡模型　(c)共同起點非平行軌跡模型　(d)非共同起點非平行軌跡模型

圖 10.3　不同固定或隨機狀態設定下的二因子線性成長個別軌跡

10.6 連續與逐段軌跡

10.6.1 軌跡的連續與分段

前面所討論的線性、二次、三次曲線的 LGM 模型，甚至於無限制軌跡模型，都主張重複測量 n 波次的 y 變數具有「某一個」特定的變動趨勢，但是在眞實世界中，「變化」未必是連續或平滑的增減變動，而是區分成不同的階段，例如在發展研究當中，我們可以觀察到個體的生理發展在不同時期的變化速率有所不同。或是在介入研究中，當給予受測者某種訓練後，個案的身體狀況發生改變。甚至於在管理研究中，市場受到某特定事件衝擊後，發生經濟活動的趨勢或軌跡的明顯變化。

圖 10.4(a) 描繪了某觀察變數隨著時間遞增呈現二次曲線變化的平滑軌跡，但該曲線若改成兩條線性方程式，可能也可有效適配觀察資料，例如介入研究的處遇實施後，變動斜率發生改變，即可形成如圖 10.4(b) 的分段線性趨勢。在某一特定的時點下，發生特殊事件，衝擊到受測者，使得變動趨勢發生斷裂，則可能如圖 10.4(c) 所示。

對於非連續的變動趨勢，會在時間遞變過程中，發生至少一個轉折點（breaking point）（如圖 10.4(b) 與 (c) 的 D 點）造成軌跡的變動。如果研究者從資料的軌跡圖示中，觀察到此一轉折點的存在，或是基於實驗設計的操弄（例如實驗操弄的介入點），確知此一轉折點的存在時點，即可設定分段模式來評估模型與資料的適配程度。

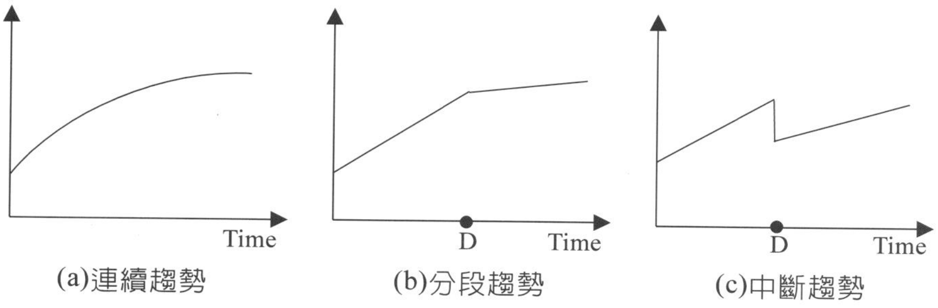

圖 10.4　連續與不連續趨勢示意圖

有別於傳統的連續軌跡，如果研究者認為軌跡呈現不連續狀態，可利用*逐段成長模式*（piecewise growth model; PGM）（Duncan et al, 2006; Sayer & Willett, 1998），以分段方式來估計觀察值的變動情形，由於變化的軌跡並非連續直線或曲線，因此又稱為*不連續設計*（discontinuity design）的 LGM 分析（Hancock & Lawrence, 2006; Ployhart & Vandenberg, 2010）。

10.6.2 逐段成長模式的模式設定

逐段成長模型也是建基於 SEM 的多因子測量模式，利用潛在變數來估計不同階段的變動趨勢，至於不同階段的發生時點，則藉由因素負荷量來設定。假設今天有一個六波次的調查數據，在 D 點前後為兩段線性成長模型（如圖 10.4(b)），可由方程式 (10-10) 定義之。

$$y = \alpha + \Lambda_y \eta + \varepsilon = \begin{bmatrix} y_1 \\ y_2 \\ y_3 \\ y_4 \\ y_5 \\ y_6 \end{bmatrix} = \begin{bmatrix} \alpha_1 \\ \alpha_2 \\ \alpha_3 \end{bmatrix} + \begin{bmatrix} 1 & 0 & 0 \\ 1 & 1 & 0 \\ 1 & 2 & 0 \\ 1 & 3 & 1 \\ 1 & 3 & 2 \\ 1 & 3 & 3 \end{bmatrix} \begin{bmatrix} \eta_1 \\ \eta_2 \\ \eta_3 \end{bmatrix} + \begin{bmatrix} \varepsilon_1 \\ \varepsilon_2 \\ \varepsilon_3 \\ \varepsilon_4 \\ \varepsilon_5 \\ \varepsilon_6 \end{bmatrix} \tag{10-10}$$

從結構來看，方程式 (10-10) 即是一個三因子 LGM 模型，適合用於估計圖 10.4(b) 的分段模式。方程式 (10-10) 中的第一個潛在變數 η_1 反映的是起點狀態，第二個潛在變數 η_2 反映第一段的線性成長斜率，第三個潛在變數 η_3 反映第一段線性成長趨勢到了第四波之後所存在的新斜率。定義 η_3 的因素負荷量為 {0,0,0,1,2,3}，前三個 0 表示前三波無關第二段斜率的估計，後面的 1,2,3 則用來估計第四波之後的新斜率，亦即 η_3 的平均值 α_3。

前述編碼模式是將起點狀態定錨於第一波測量，因此第一個潛在變數的平均數 α_1 反映的是第一段成長軌跡的起點，又可稱為*起點定錨*（anchor at start point）。另一種替代的分段編碼，是將 η_2 的因素負荷量設定為 {-3,-2,-1,0,0,0}，η_3 的因素負荷量設定為 {0,0,0,1,2,3}，藉以將截距移動到分段點，然後去估計第一段與第二段線性成長斜率，如圖 10.5(b) 所示。此種編碼的優點是可以估計分段點的分數狀態，因為 η_1 的平均數 α_1，即反映分段點的分數高低，又可稱為*折點定錨*（anchor at breaking point）。

$$\begin{bmatrix}1&0&0\\1&1&0\\1&2&0\\1&3&1\\1&3&2\\1&3&3\end{bmatrix}\begin{bmatrix}\eta_1\\\eta_2\\\eta_3\end{bmatrix}\quad\begin{bmatrix}1&-3&0\\1&-2&0\\1&-1&0\\1&0&1\\1&0&2\\1&0&3\end{bmatrix}\begin{bmatrix}\eta_1\\\eta_2\\\eta_3\end{bmatrix}\quad\begin{bmatrix}1&0&0\\1&1&0\\1&2&0\\1&3&1\\1&4&2\\1&5&3\end{bmatrix}\begin{bmatrix}\eta_1\\\eta_2\\\eta_3\end{bmatrix}\quad\begin{bmatrix}1&0&0&0\\1&1&0&0\\1&2&0&0\\1&3&1&1\\1&3&1&2\\1&3&1&3\end{bmatrix}\begin{bmatrix}\eta_1\\\eta_2\\\eta_3\\\eta_4\end{bmatrix}$$

(a) 起點定錨　(b) 折點定錨　(c) 增效編碼　(d) 斷點編碼

圖 10.5　四種分段編碼模式

另一種也常見的編碼方式，是將 η_2 的因素負荷量設定爲 {0,1,2,3,4,5}，η_3 的因素負荷量設定爲 {0,0,0,1,2,3}，如圖 10.5(c) 所示。換言之，η_2 反映第一波到最後一波的線性成長，η_2 的平均值 α_2 即爲全期的斜率值，η_3 則用來估計轉折點後的斜率「額外的」增減狀況，亦即 η_3 的平均值 α_3，又可稱爲增效編碼（anchor with incremental effect）。

值得注意的是，前述三種編碼方式雖然都可估計出兩段斜率，但僅有一個起始狀態參數（η_1 的平均數），意味著兩條線性趨勢在 D 點相互串接而無中斷。如果在轉折點 D 發生截距點的改變，即必須納入另一個潛在變數來估計起點的落差程度，亦即圖 10.5(d)，如方程式 (10-11) 所定義。

$$y=\alpha+\Lambda_y\eta+\varepsilon=\begin{bmatrix}y_1\\y_2\\y_3\\y_4\\y_5\\y_6\end{bmatrix}=\begin{bmatrix}\alpha_1\\\alpha_2\\\alpha_3\\\alpha_4\end{bmatrix}+\begin{bmatrix}1&0&0&0\\1&1&0&0\\1&2&0&0\\1&3&1&1\\1&3&1&2\\1&3&1&3\end{bmatrix}\begin{bmatrix}\eta_1\\\eta_2\\\eta_3\\\eta_4\end{bmatrix}+\begin{bmatrix}\varepsilon_1\\\varepsilon_2\\\varepsilon_3\\\varepsilon_4\\\varepsilon_5\\\varepsilon_6\end{bmatrix} \tag{10-11}$$

方程式 (10-11) 適合用於估計圖 10.4(c) 的中斷成長模型，因爲 η_3 與 η_4 的可估計第四波之後的起點與斜率增減幅度：η_3 的平均數 α_3 反映第二段線性趨勢在起點增減，η_4 的平均數 α_4 反映第二段線性趨勢的斜率增減。η_3 與 η_4 的變異數則反映第二段趨勢的個別差異，可稱爲斷點編碼（anchor with split point）。

10.6.3 逐段成長模式的分析範例

在先前的薪資範例中，全體 450 位受測者的六波薪資測量平均數並非呈現線性增長的趨勢，四因子的 S 曲線模型適配情形良好，顯示薪資水準呈現先增後降再增的變化軌跡。事實上，先增、後降、再增的變化趨勢可建立三段線性模式來進行分析，如圖 10.6 所示。

爲了示範逐段成長模式，並且比較不同編碼策略的影響，本節將同時示範四種編碼模式，四個潛在變數的因素負荷量設定方式如表 10.8 所示，分析語法僅列出第一個起點定錨（Syn10.6f1）與第四種斷點編碼（Syn10.6f4）作爲參考。

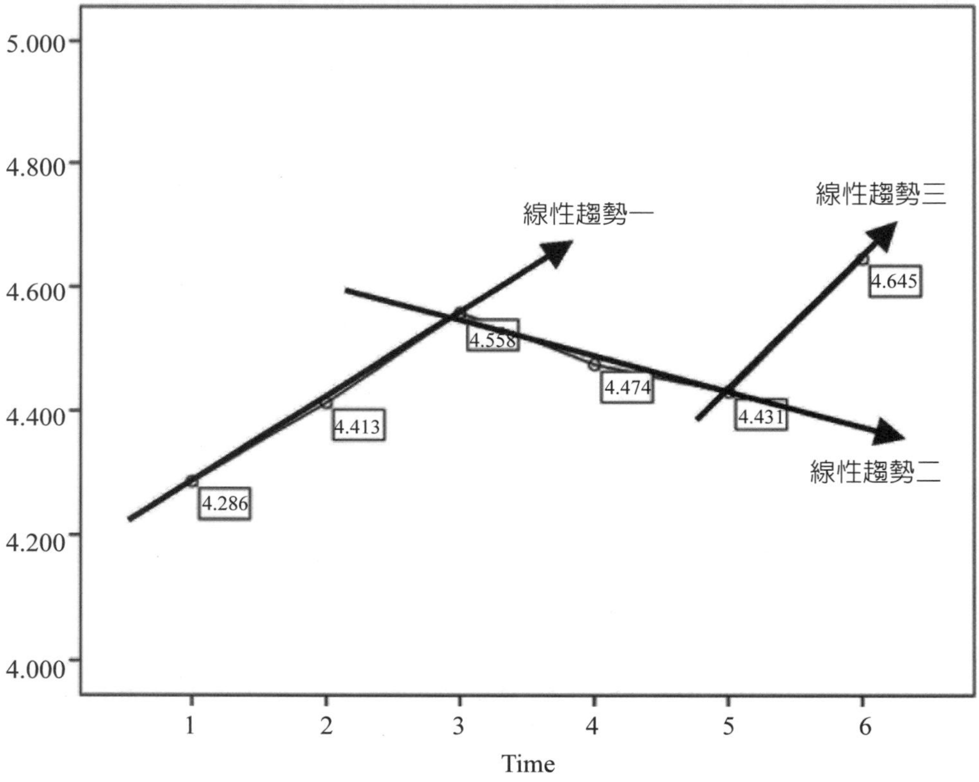

圖 10.6　以分段成長模式進行薪資範例 PGM 分析示意圖

表 10.8　四種不同 PGM 因素負荷量的編碼設定

	Mf1 起點定錨	Mf2 折點定錨	Mf3 增效編碼	Mf4 斷點編碼
η_1	{1,1,1,1,1,1}	{1,1,1,1,1,1}	{1,1,1,1,1,1}	{1,1,1,1,1,1}
η_2	{0,1,2,2,2,2}	{-2,-1,0,0,0,0}	{0,1,2,3,4,5}	{0,1,2,2,2,2}
η_3	{0,0,0,1,2,2}	{0,0,0,1,2,2}	{0,0,0,1,2,3}	{0,0,0,1,1,1}
η_4	{0,0,0,0,0,1}	{0,0,0,0,0,1}	{0,0,0,0,0,1}	{0,0,0,1,2,2}
η_5				{0,0,0,0,0,1}

Syn10.6f1：起點定錨PGM的Mplus語法

```
TITLE:      MF1 Piecewise model CodeA
DATA:       FILE = LGM450.csv;
VARIABLE:   NAMES =  ID y1-y6;
            USEV  = y1-y6;
MODEL:      ETA1 BY  y1@1 y2@1 y3@1 y4@1 y5@1 y6@1;
            ETA2 BY  y1@0 y2@1 y3@2 y4@2 y5@2 y6@2;
            ETA3 BY  y1@0 y2@0 y3@0 y4@1 y5@2 y6@2;
            ETA4 BY  y1@0 y2@0 y3@0 y4@0 y5@0 y6@1;
            [y1-y6@0 ETA1-ETA4];
            ETA2-ETA4@0;
            ETA1 with ETA2 @0; ETA1 with ETA3 @0;
            ETA1 with ETA4 @0; ETA2 with ETA3 @0;
            ETA2 with ETA4 @0; ETA3 with ETA4 @0;
```

語法 Syn10.6f1 中的 **[y1-y6@0 ETA1-ETA4]** 指令目的在限定觀察變數的截距爲 0，藉以估計潛在變數的平均數。此外，由於在四因子 LGM 模型的估計結果得知，S 曲線除了起始點具有個別差異之外（ψ_{11} 具有統計意義），其他各潛在變數的變異數並不顯著，因此爲了簡化模型，本節的示範僅估計第一個潛在變數的變異數，其他各潛在變數的變異數均設定爲 0，此一限定由 Syn10.6f1 當中的 **ETA2-ETA4@0** 指令宣告，同時也必須設定各潛在變數的共變數爲 0，亦即語法當中的後面三行。Syn10.6f1 的起點定錨的四個潛在變數平均數與變異數估計如下：

```
Means
    ETA1              4.284       0.114      37.597       0.000
    ETA2              0.132       0.032       4.167       0.000
    ETA3             -0.062       0.027      -2.271       0.023
    ETA4              0.220       0.051       4.341       0.000

Variances
    ETA1              4.877       0.335      14.560       0.000
    ETA2              0.000       0.000     999.000     999.000
    ETA3              0.000       0.000     999.000     999.000
    ETA4              0.000       0.000     999.000     999.000
```

對於起點定錨模型，由於 η_2、η_3、η_4 三個反映斜率的潛在變數的平均值均具有統計意義，$\alpha_2 = .132, z = 4.167, p<.001; \alpha_3 = -.062, z = -2.271, p<.05; \alpha_4 = .220, z = 4.341, p<.001$，三個平均數爲正、負、正，符合了先增、後降、再增的線性變化趨勢假設。

若是斷點編碼模式，則假設各段線性成長的起點不同，此時需要額外增加一個估計截距變動的潛在變數，因此共有五個潛在變數，設定方式與結果如下，語法當中的 Model 設定方式如 Syn10.6f4 所示。

ETA1（η_1）	反映第一段起始狀態	因素負荷：{1,1,1,1,1,1}
ETA2（η_2）	反映第一段斜率	因素負荷：{0,1,2,2,2,2}
ETA3（η_3）	反映第二段起始狀態	因素負荷：{0,0,0,1,1,1}
ETA4（η_4）	反映第二段斜率	因素負荷：{0,0,0,1,2,2}
ETA5（η_5）	反映第三段斜率	因素負荷：{0,0,0,0,0,1}

Syn10.6f4：斷點編碼PGM的Mplus語法

```
MODEL:  ETA1 BY  y1@1 y2@1 y3@1 y4@1 y5@1 y6@1;
        ETA2 BY  y1@0 y2@1 y3@2 y4@2 y5@2 y6@2;
        ETA3 BY  y1@0 y2@0 y3@0 y4@1 y5@1 y6@1;
        ETA4 BY  y1@0 y2@0 y3@0 y4@1 y5@2 y6@2;
        ETA5 BY  y1@0 y2@0 y3@0 y4@0 y5@0 y6@1;
        [y1-y6@0 ETA1-ETA5];
        ETA2@0 ETA4@0 ETA5@0;
        ETA1 with ETA2 @0; ETA1 with ETA3 @0;
        ETA1 with ETA4 @0; ETA2 with ETA3 @0;
        ETA2 with ETA4 @0; ETA3 with ETA4 @0;
        ETA1 with ETA5 @0; ETA2 with ETA5 @0;
        ETA3 with ETA5 @0; ETA4 with ETA5 @0;
```

斷點編碼模型的五個潛在變數平均數與變異數估計如下：

```
Means
    ETA1             4.283      0.108     39.816      0.000
    ETA2             0.136      0.030      4.617      0.000
    ETA3            -0.173      0.106     -1.642      0.101
    ETA4            -0.044      0.049     -0.898      0.369
    ETA5             0.215      0.047      4.603      0.000

Variances
    ETA1             4.463      0.312     14.308      0.000
    ETA2             0.000      0.000    999.000    999.000
    ETA3             0.504      0.071      7.134      0.000
    ETA4             0.000      0.000    999.000    999.000
    ETA5             0.000      0.000    999.000    999.000
```

由 $\alpha_2 = 0.136, z = 4.617, p<.001$ 可知，第一段斜率具有統計意義，薪資在前三波呈現線性增長，但是 η_3 平均值 $\alpha_3 = -0.173, z = -1.642, p = .101$，未具統計意義，$\eta_4$ 的平均值 $\alpha_4 = -.044, z = -0.898, p = .369$，顯示第二段的起點雖然下降了 0.173 萬元，斜率也呈現下降，但是均不顯著，沒有統計意義。最後第三段的增長則仍具有統計意義，$\alpha_5 = 0.215, z = 4.603, p<.01$，顯示後面兩波的薪資也呈現成長。

四種不同編碼模式的 PGM 分析結果整理於表 10.9。其中起點定錨、折點定錨與增效編碼三者模式適配完全相同，表示這三種模式屬於等價模型。起點與折點定錨兩者的唯一不同之處，僅發生在第一個潛在變數的平均數，在起點定錨模型中，$\alpha_1 = 4.284$，表示前三波資料所形成的第一段線性成長軌跡的起點估計值爲 4.284 萬元，但是在折點定錨模型中，$\alpha_1 = 4.549$，表示折點所在第三波起始點的平均薪資預測值爲 4.549 萬元。這兩個模型的第一段、第二段與第三段的斜率分別是 $\alpha_2 = 0.132$ ($z = 4.167, p<.001$)、$\alpha_3 = -0.062$ ($z = -2.271, p<.05$)、$\alpha_4 = 0.220$ ($z = 4.341, p<.001$)，三段線性成長趨勢的斜率均相同。

至於增效編碼的起點與增效編碼模型相同，均落於 4.284。增效編碼的六波薪資線性成長趨勢斜率 $\alpha_2 = 0.132$ ($z = 4.166, p<.001$) 與先前兩個模型的第一段斜率均相同，但從第三波開始額外線性成長趨勢爲負值，$\alpha_3 = -.194$ ($z = -3.734, p<.001$)，表示第二段的線性增長會比整起上升趨勢的 0.132 下降 0.194 萬元，相減之後即爲 -.062，表示單純屬於第二段的下降斜率也就是先前起點定錨與折點定錨所估計的第二條線性趨勢斜率值。至於第三段的「額外」線性成長則爲 .088 ($z = 1.536, p = .125$)，雖然不顯著，但是如果加上整體趨勢 0.088+0.132 = 0.220，即等於起點定錨與折點定錨所估計的第三條線性趨勢斜率值，顯示這三個模型是統計等價模型。

總結本章與前章的 LGM 介紹與範例說明，可以得知不論是哪一種模型，所估計得到的統計「軌跡」都是人爲的產物，模式設定方式決定了估計的結果，而結果則作爲推論與應用的依據，因此在研究設計階段，必須翔實檢視理論與文獻，作爲模式發展的基礎。尤其是 SEM 的模式設定涉及不同變數與參數的使用，雖然使得 LGM 擁有更大的應用彈性，但也凸顯執行 LGM 過程當中，對於變數間關係的安排、參數是否納入估計或固定爲特定數值，必須要更審慎處理。

表 10.9　不同編碼 PGM 模式整理表

	Mf1	Mf2	Mf3	Mf4
	起點定錨	折點定錨	增效編碼	斷點編碼
平均數				
η_1 (α_1)	4.284**	4.549**	4.284**	4.283**
η_2 (α_2)	0.132**	0.132**	0.132**	0.136**
η_3(α_3)	-0.062*	-0.062*	-0.194**	-0.173
η_4 (α_4)	0.220**	0.220**	0.088	-0.044
η_5 (α_5)				0.215**
變異數				
ψ_{11}	4.877**	4.877**	4.877**	4.464**
ψ_{22}	0	0	0	0
ψ_{33}	0	0	0	0.503**
ψ_{44}	0	0	0	0
ψ_{55}				0
適配指標				
χ^2	225.886	225.886	225.886	84.777
df	16	16	16	13
RMSEA	.171	.171	.171	.111
CFI	.944	.944	.944	.981
TLI	.948	.948	.948	.978
SRMR	.108	.108	.108	.070
AIC	8743	8743	8743	8608
BIC	8789	8789	8789	8666

進一步延伸閱讀書目

邱皓政、林碧芳（2016）。〈孰優、孰弱？臺灣青少年學生學習成就軌跡之異質性分析〉。《當代教育研究季刊》，24(1), 1-30.

Little, T. D. (2013). *Longitudinal structural equation modeling*. NY: Guilford Press.

Jackson, D. L. (2010). Reporting Results of Latent Growth Modeling and Multilevel Modeling Analyses: Some Recommendations for Rehabilitation Psychology. *Rehabilitation Psychology, 55*(3), 272–285.

Ployhart, R. E., & Vandenberg, R. J. (2010). Longitudinal research: The theory, design, and analysis of change. *Journal of Management, 36*, 94-120.

Chapter 11

自我迴歸與狀態變動模式

11.1 前言

重複觀察的縱貫資料，因為隨時間軸線的延續進行測量，因此資料存在著自然的秩序。除了受測者在各時點下的觀察值可能會隨時間增減之外（例如薪水逐年增加），另一個重要特徵是觀察值具有跨時間的相關（例如第一年薪資越高者第二年薪資也越高）。基本上，某一變數的觀察值隨時間如何增減變動，可利用該變數在各波次的平均數高低來評估其變化趨勢，也正是前兩章所討論的成長趨勢的分析，可視為廣義的移動平均（moving average; MA）模型；至於觀察值跨時間的相關，則涉及各波次測量之間共變關係的討論，以時間序列分析的術語來說，就是關於自我相關（autocorrelation）與自我迴歸（autoregression; AR）的分析。如果前兩章所介紹的 LGM 模型能夠納入變數共變結構的自我迴歸效應，將能使 SEM 取向的縱貫模式分析效能更加提升。

雖然本章將 AR 的概念導入重複測量縱貫資料分析，但主要目的是取其能夠有效處理殘差相關的優勢，聚焦於自我迴歸潛在軌跡模型（autoregressive latent trajectory; ALT）（Bollen & Curran, 2004; Curran & Bollen, 2001）的介紹與應用，而非完整深入討論 AR 背後的時間序列方法論。另外一個更重要的理由，是本書所設定的讀者背景與應用領域所面對的資料通常是波次有限（wave<10）的非密集縱貫資料（non-intensive longitudinal data），因此不需套用過於複雜的時間序列模型。相對之下，傳統經濟計量領域所處理的時間序列數據通常追縱數十次甚至數百上千波次，因此必須使用複雜模型來處理密集縱貫資料（intensive longitudinal data; ILD），如果研究涉及長序列資料，例如生態瞬

間評估（ecological momentary assessment; EMA）、經驗取樣資料（experience sampling method; ESM）、日記紀錄測量（daily diary measurements）、流動評量（ambulatory assessment）等，建議參閱時間序列分析或以 ILD 為主題的相關專書（例如 Bolger & Laurenceau, 2013; Walls & Schafer, 2006）。

11.2 自我迴歸與交叉延宕

11.2.1 自我相關

在進入自我迴歸模式的介紹之前，我們必須先來瞭解縱貫數據的自我相關現象。一般在橫斷面所蒐集的觀察資料皆為隨機抽樣而得，同一個變數的不同觀察值之間由於沒有時間的自然秩序，因此通常是獨立而無自我相關，例如甲君與乙君的薪資之間不會互相影響，相對之下，重複測量某位受測者在某個變數的狀態，由於是從同一個人身上獲得數據，因此具有共變關係，例如甲君在 A 與 B 兩個時間點下的薪資水準都比別人來得高，這種同一個觀察單位不同時點下的測量數據之間所具有的相關即稱為自我相關。

假設今天針對 m 個受測者的某一個變數 y 從第 t 期開始重複觀察六次，中間會有五次的時間間隔，每一個間隔稱為一期的*時間落差*（time lag），而六波次觀察資料之間將可能具有 $C_2^6 = 15$ 個相關，如圖 11.1 當中的雙箭頭曲線所示。對於任何間隔 k 期的測量之間的自我相關係數表示如下：

$$\rho^k_{y_t, y_{t-k}} = \frac{C(y_t, y_{t-k})}{\sqrt{\sigma^2_{y_t}\sigma^2_{y_{t-k}}}} \tag{11-1}$$

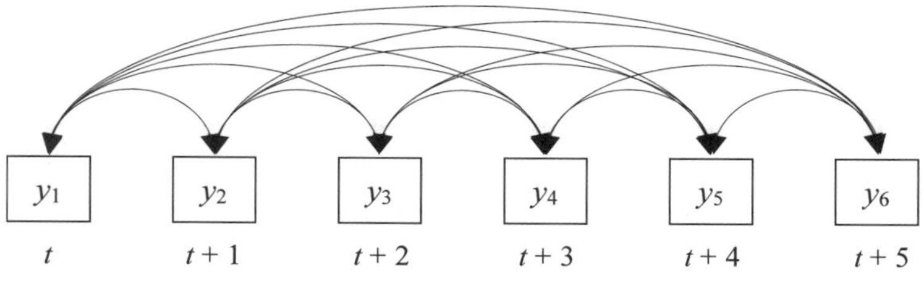

圖 11.1　單變量六波重複測量的相關結構圖示

前式當中相關係數的冪次方 k，表示測量之間落後期數。當 $k = 1$ 爲落後一期，此時兩次測量的相關爲 $\rho^1_{y_t, y_{t-1}}$，當 $k = 2$ 爲落後二期，兩次測量的相關爲 $\rho^2_{y_t, y_{t-2}}$。依此定義，ρ^k 爲落後 k 期的自我相關，落後一期的自我相關爲 ρ^1，落後兩期的自我相關爲落後一期自我相關的連乘，$\rho^1 \times \rho^1 = \rho^2$，落後三期的自我相關爲落後一期自我相關的連乘三次，$\rho^1 \times \rho^1 \times \rho^1 = \rho^3$，依此類推。

由於相關係數介於 ±1 之間，亦即 $-1 \le \rho \le 1$，因此理論上落後 k 期的自我相關絕對值恆不小於落後 $k + 1$ 期的自我相關，亦即 $|\rho^{k+1}| \le |\rho^k|$。其中最大的自我相關發生於 $k = 1$，相隔期數越多，自我相關係數越小，最終可被忽略。

11.2.2 自我迴歸

由於重複觀測的序列資料帶有自我相關的特性，因此如果利用迴歸分析的原理，以前一期的資料來解釋落後一期的資料，稱爲一階自我迴歸模型（first-order auto-regression, AR(1)），或馬可夫簡單模式（Markov simplex model）如圖 11.2 所示。以迴歸方程式表示如下：

$$y_t = \alpha + \theta_{t,t-1} y_{t-1} + \varepsilon_{yt} \tag{11-2}$$

其中 α 爲截距，θ 爲自我迴歸係數（auto-regressive coefficient），ε_{yt} 爲誤差項，$\varepsilon_{yt} \sim N(0, \sigma^2_e)$。在 SEM 中是以資料的共變矩陣來進行估計，因此如果有六波測量，AR(1) 模型以結構方程矩陣表示各參數如下：

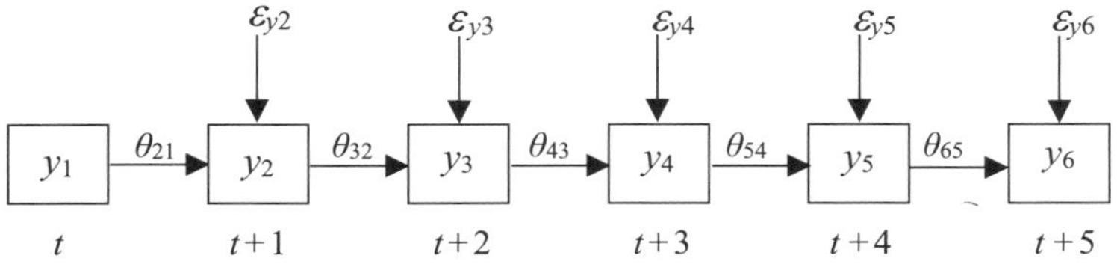

圖 11.2 六波重複測量的單變量自我迴歸圖示

$$\begin{bmatrix} y_1 \\ y_2 \\ y_3 \\ y_4 \\ y_5 \\ y_6 \end{bmatrix} = \begin{bmatrix} 0 \\ \alpha_2 \\ \alpha_3 \\ \alpha_4 \\ \alpha_5 \\ \alpha_6 \end{bmatrix} + \begin{bmatrix} 0 & 0 & 0 & 0 & 0 & 0 \\ \theta_{21} & 0 & 0 & 0 & 0 & 0 \\ 0 & \theta_{32} & 0 & 0 & 0 & 0 \\ 0 & 0 & \theta_{43} & 0 & 0 & 0 \\ 0 & 0 & 0 & \theta_{54} & 0 & 0 \\ 0 & 0 & 0 & 0 & \theta_{65} & 0 \end{bmatrix} \begin{bmatrix} y_1 \\ y_2 \\ y_3 \\ y_4 \\ y_5 \\ y_6 \end{bmatrix} + \begin{bmatrix} 0 \\ \varepsilon_{y2} \\ \varepsilon_{y3} \\ \varepsilon_{y4} \\ \varepsilon_{y5} \\ \varepsilon_{y6} \end{bmatrix} \tag{11-3}$$

如果對於落後 p 期最後一期資料以各期資料作爲 IV 進行解釋，則稱爲 p 階自我迴歸模型，以 AR(p) 表示，定義如下：

$$y_t = \alpha_y + \theta_{y_{t,t-1}} y_{t-1} + \theta_{y_{t,t-2}} y_{t-2} + \ldots + \theta_{y_{t,t-p}} y_{1-p} + \varepsilon_{yt} \tag{11-4}$$

六波測量的 AR(p) 模型，若以結構方程矩陣形式之各參數表示如下：

$$\begin{bmatrix} y_1 \\ y_2 \\ y_3 \\ y_4 \\ y_5 \\ y_6 \end{bmatrix} = \begin{bmatrix} 0 \\ \alpha_2 \\ \alpha_3 \\ \alpha_4 \\ \alpha_5 \\ \alpha_6 \end{bmatrix} + \begin{bmatrix} 0 & 0 & 0 & 0 & 0 & 0 \\ \theta_{21} & 0 & 0 & 0 & 0 & 0 \\ \theta_{31} & \theta_{32} & 0 & 0 & 0 & 0 \\ \theta_{41} & \theta_{42} & \theta_{43} & 0 & 0 & 0 \\ \theta_{51} & \theta_{52} & \theta_{53} & \theta_{54} & 0 & 0 \\ \theta_{61} & \theta_{62} & \theta_{63} & \theta_{64} & \theta_{65} & 0 \end{bmatrix} \begin{bmatrix} y_1 \\ y_2 \\ y_3 \\ y_4 \\ y_5 \\ y_6 \end{bmatrix} + \begin{bmatrix} 0 \\ \varepsilon_{y2} \\ \varepsilon_{y3} \\ \varepsilon_{y4} \\ \varepsilon_{y5} \\ \varepsilon_{y6} \end{bmatrix} \tag{11-5}$$

值得注意的是，方程式 (11-4) 當中僅涉及單一變數的自我迴歸，因此又稱爲單變量系列縱橫資料（univariate series panel data）。其價值在於能夠掌握特定變數重複觀測的動態特質。但是社會科學研究通常不會只關注單一變數的變化趨勢，而會納入其他變數來探討變數間的動態關係，以利未發生資料的預測。例如員工在某一年度的薪資 y_t，與歷年薪資（y_{t-1}、$y_{t-2}\cdots$）具有自我相關，先前薪資越高者，後來的薪資也越高。此外，當年度的薪資 y_t 同時也受到教育訓練時數 x_t 的影響，如果當年度的教育訓練時數越高者，當年度的薪資也將越高。如果研究者想要納入教育訓練時數來解釋同一期的薪資水準，稱爲帶有共變項的一階自我迴歸模型。以圖 11.3 所示。

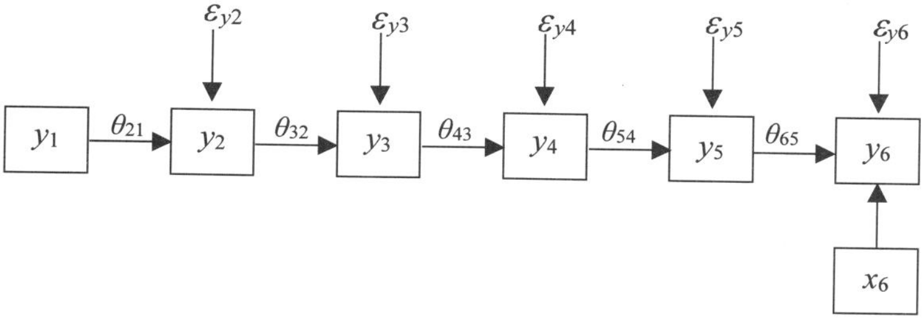

圖 11.3　帶有共變項的單變量自我迴歸圖示

11.2.3 交叉延宕模式

在實務上，能夠影響 DV 的 IV 本身也可能是隨時間變動的變數，亦即教育訓練時數本身也可能是一個時間序列變數，可以比照薪資變數 y 的 AR(p) 馬可夫鏈（方程式 (11-4)），得到另一個 p 階自我迴歸模型（方程式 (11-6)），此時稱爲雙變量系列縱橫資料（bivariate series panel data）：

$$x_t = \alpha_x + \theta_{x_{t,t-1}} x_{t-1} + \theta_{x_{t,t-2}} x_{t-2} + ... + \theta_{x_{t,t-p}} x_{t-p} + [\varepsilon_{xt}] \quad (11\text{-}6)$$

在未賦予任何關聯假設之前，方程式 (11-4) 與 (11-6) 兩系列 AR(p) 自我迴歸方程式相互獨立（平行），各有一組自我迴歸係數，誤差亦相互獨立，$COV(\varepsilon_{xt}, \varepsilon_{yt}) = 0$。但如果今天假設兩個系列之間具有相互影響力，其中一個系列可作爲 IV 來解釋另一個系列，例如教育訓練對於薪資的影響未必在當下立即實現，而是需要一定時間落後下才發揮作用。

當資料結構當中存在著兩個時間序列，可將落後一期測量對另一個變數的前一期測量作迴歸，亦即把兩個變量前後各期分別作爲彼此的 IV 與 DV，將呈現交錯的迴歸模式，稱爲交叉延宕模式（cross-lag model; CLM），如圖 11.4 所示。圖 11.4 中的兩條時間序列的交叉影響稱爲交叉延宕效果（cross-lag effect），由 θ_{y2x1}、θ_{x2y1}、…等係數反映其強度。如方程式 (11-7) 與 (11-8)。

$$y_t = \alpha_y + \theta_{y_t x_{t-1}} x_{t-1} + [\varepsilon_{yt}] \quad (11\text{-}7)$$

$$x_t = \alpha_x + \theta_{x_t y_{t-1}} y_{t-1} + [\varepsilon_{xt}] \quad (11\text{-}8)$$

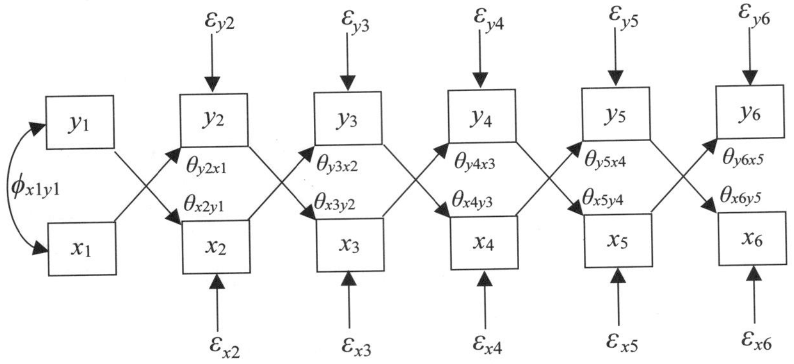

圖 11.4　交叉延宕（CLM）模式圖示

如果將 CL 模式與 AR(1) 模式整合，亦即在 CL 模型中增加各期序列的一階自我迴歸，稱為一階自我迴歸交叉延宕模式（first-order auto-regression cross-lag model; AR(1)CLM），如圖 11.5 所示。定義如下：

$$y_t = \alpha_y + \theta_{y_{t,t-1}} y_{t-1} + \theta_{y_t x_{t-1}} x_{t-1} + [\varepsilon_{yt}] \quad (11\text{-}9)$$

$$x_t = \alpha_x + \theta_{x_{t,t-1}} x_{t-1} + \theta_{x_t y_{t-1}} y_{t-1} + [\varepsilon_{xt}] \quad (11\text{-}10)$$

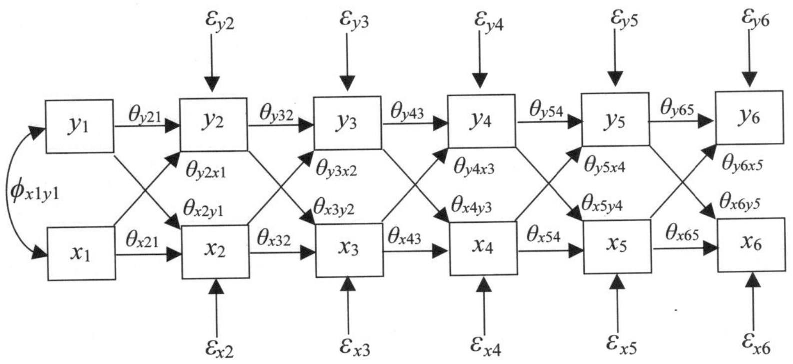

圖 11.5　自我迴歸交叉延宕模式（AR(1)CLM）圖示

如果有兩個變數 x 與 y 各重複測量三波，各有 x_1、x_2、x_3 與 y_1、y_2、y_3 三個變數，進行 AR(1)CLM，矩陣組合後如方程式 (11-11) 所示：

$$\begin{bmatrix} y_1 \\ y_2 \\ y_3 \\ x_1 \\ x_2 \\ x_3 \end{bmatrix} = \begin{bmatrix} 0 \\ \alpha_{y_2} \\ \alpha_{y_3} \\ 0 \\ \alpha_{x_2} \\ \alpha_{x_3} \end{bmatrix} + \begin{bmatrix} 0 & 0 & 0 & 0 & 0 & 0 \\ \theta_{y_2y_1} & 0 & 0 & \theta_{y_2x_1} & 0 & 0 \\ 0 & \theta_{y_3y_2} & 0 & 0 & \theta_{y_3x_2} & 0 \\ 0 & 0 & 0 & 0 & 0 & 0 \\ \theta_{x_2y_1} & 0 & 0 & \theta_{x_2x_1} & 0 & 0 \\ 0 & \theta_{x_3y_2} & 0 & 0 & \theta_{x_3x_2} & 0 \end{bmatrix} \begin{bmatrix} y_1 \\ y_2 \\ y_3 \\ x_1 \\ x_2 \\ x_3 \end{bmatrix} + \begin{bmatrix} \varepsilon_{y_1} \\ \varepsilon_{y_2} \\ \varepsilon_{y_3} \\ \varepsilon_{x_1} \\ \varepsilon_{x_2} \\ \varepsilon_{x_3} \end{bmatrix} \quad (11\text{-}11)$$

如果延宕交叉係數顯著，表示各期測量除了被自我相關因素所影響之外，同時受到另一個時間序列的前一期測量所影響。値得注意的是，由於時間序列資料存在特殊的效果遞延現象，當各期測量的變異被前期資料解釋之後僅剩下殘差變異，作爲下一期的自變數，稱爲殘差化（residualized），各次延宕的自我迴歸，並非以原變數所進行的迴歸，而是以殘差變異來進行延宕迴歸，因此又稱爲殘差變動模型（residual change model）。

11.2.4 分析範例

爲了示範自我迴歸與延宕交叉效果的分析程序，我們利用一項由 Cole 等學者所蒐集的 586 位具有憂鬱困擾學童的追蹤資料來進行示範說明。研究者除了每隔半年以兒童憂鬱量表（child depression inventory）評估一次學童的憂鬱狀況，同時也蒐集他們的課業表現數據，N586 資料的基本資料列於表 11.1。

表 11.1　學童憂鬱症狀與課業表現的描述統計與相關係數 (N = 586)

		mean	std	x_1	x_2	x_3	y_1	y_2	y_3
x_1	憂鬱症狀1	0.307	0.320	1.000					
x_2	憂鬱症狀2	0.274	0.317	.610	1.000				
x_3	憂鬱症狀3	0.282	0.313	.530	.668	1.000			
y_1	課業表現1	2.070	0.584	-.504	-.424	-.376	1.000		
y_2	課業表現2	2.088	0.560	-.446	-.547	-.453	.553	1.000	
y_3	課業表現3	2.080	0.600	-.430	-.507	-.582	.492	.590	1.000

註：本資料取自 Geiser（2013, p.128）整理自 Cole, Martin, Power, & Truglio（1996）的學童身心狀況縱貫調查的部分資料。每個變數調查三波，每一波間隔六個月。各相關係數均達 .01 顯著水準。

11.2.4.1 AR 模型

對於憂鬱症狀與學業表現兩個重複測量時間序列，如果要進行自我迴歸分析，可進行落後一期的一階自我迴歸效果模型（AR(1)M）（語法 Syn11.2a）與落後二期的二階自我迴歸效果模型（AR(2)M）（語法 Syn11.2b）。

語法當中最值得注意的是殘差相關必須設定為 0，亦即 x3 with y3@0;，否則將會估計最後一期的殘差相關。

Syn11.2a：*N*586資料庫的自我迴歸模型AR(1)M語法

```
TITLE:      AR(1) MODEL
DATA:       FILE=N586.dat; TYPE=MEANS STD CORR; NOBS=586;
VARI:       NAME= x1-x3 y1-y3;
MODEL:      x2 on x1; x3 on x2;          !x 變數自我迴歸設定
            y2 on y1; y3 on y2;          !y 變數自我迴歸設定
            x3 with y3@0;                ! 殘差相關不估計
OUTPUT: SAMPSTAT STDYX;
```

Syn11.2b：*N*586資料庫的自我迴歸模型AR(2)M語法

```
TITLE:      AR(2) MODEL
DATA:       FILE=N586.dat; TYPE=MEANS STD CORR; NOBS=586;
VARI:       NAME= x1-x3 y1-y3;
MODEL:      x2 on x1; x3 on x1 x2;       !x 變數自我迴歸設定
            y2 on y1; y3 on y1 y2;       !y 變數自我迴歸設定
            x3 with y3@0;                ! 殘差相關不估計
OUTPUT: SAMPSTAT STDYX;
```

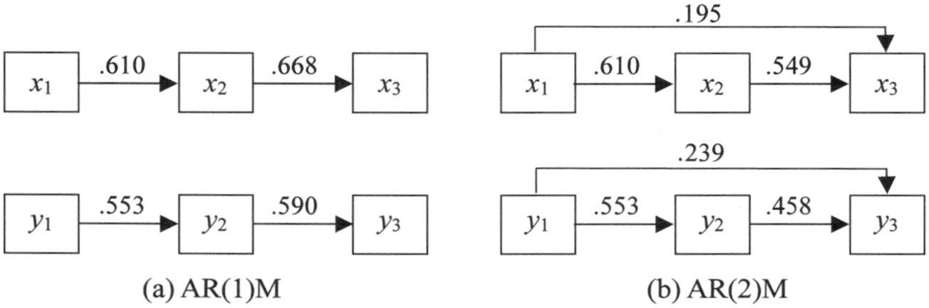

圖 11.6　憂鬱症狀與學業表現自我迴歸 ARM 結果圖示

（註：圖中各係數為標準化迴歸係數，省略估計殘差，各係數均達 .01 顯著水準）

分析結果發現，對於 AR(1)M，憂鬱症狀的 $x_1 \to x_2$ 與 $x_2 \to x_3$ 的未標準化係數為 $\theta x_{21} = .604$（$z = 18.635, p < .001$）與 $\theta x_{32} = .660$（$z = 21.73, p < .001$），標準化係數為 $\theta' x_{21} = .610$ 與 $\theta' x_{32} = .668$。課業表現的 $y_1 \to y_2$ 與 $y_2 \to y_3$ 的未標準化係數為 $\theta y_{21} = .530$（$z = 16.067, p < .001$）與 $\theta y_{32} = .632$（$z = 17.689, p < .001$），標準化係數為 $\theta' y_{21} = .553$ 與 $\theta' y_{32} = .590$，如圖 11.6(a)。值得注意的是，由於模型當中的每一個迴歸方程式都是簡單迴歸，因此 AR(1)M 的標準化係數其實就是表 11.1 當中的相關係數。

如果是 AR(2)M，在憂鬱症狀部分必須增加落後二期的 $x_1 \to x_3$，此時對第三波憂鬱症狀的影響分別為 $x_1 \to x_3$ 的 $\theta' x_{31} = .195$ 與 $\theta' x_{32} = .549$，兩者仍達 .001 顯著水準，但是因為納入 $\theta' x_{31}$ 而使 $\theta' x_{32}$ 下降。至於課業表現也有同樣的現象，納入 $\theta' y_{31} = .239$ 使 $\theta' y_{32}$ 下降至 .458，如圖 11.6(b) 所示。

綜合前述的分析結果，憂鬱症狀與課業表現的追蹤測量確實帶有相當程度的自我迴歸效果，而且不僅是延宕一期，也會延宕兩期。

11.2.4.2 CL 模型

從臨床實務來看，憂鬱症狀對於課業表現的影響並非即時效應而為延宕效果，也就是說，如果憂鬱患者一旦發病，對於課業的影響可能在幾週或幾個月之後逐漸明顯。在此同時，正由於課業逐漸變差，卻又讓患者的憂鬱病情加重。此時，研究者可進行交叉延宕模型來檢驗前述的假設是否成立，如 Syn11.2c 所示。

Syn11.2c：*N*586資料庫的交叉延宕模型CLM語法

```
TITLE:      CL MODEL
DATA:       FILE=N586.dat; TYPE=MEANS STD CORR; NOBS=586;
VARI:       NAME= x1-x3 y1-y3;
MODEL:      y2 on x1; y3 on x2;          ！交叉延宕迴歸設定
            x2 on y1; x3 on y2;          ！交叉延宕迴歸設定
            x3 with y3@0;                ！殘差相關不估計
OUTPUT: SAMPSTAT STDYX;
```

由圖 11.7(a) 的資料可知，憂鬱症狀對課業成績的延宕影響 $x_1 \to y_2$ 與 $x_2 \to y_3$ 的標準化係數為 $\theta' y_2 x_1 = -.446$ 與 $\theta' y_3 x_2 = -.507$，均達 .001 顯著水準。課業表現對憂鬱症狀的延宕影響 $y_1 \to x_2$ 與 $y_2 \to x_3$ 的標準化係數為 $\theta' x_2 y_1 = -.424$

與 $\theta'x_3y_2 = -.453$，也達 .001 顯著水準，顯示前述的交叉延宕影響假設均獲支持。同樣的，由於模型當中的迴歸方程式是簡單迴歸，因此 CLM 的各係數其實就是表 11.1 當中的相關係數。

由於 AR(1) 與 CL 模型的估計結果均獲得顯著結果，表示不但重複測量資料具有明顯的自我相關，同時也會以落後一期的方式相互影響，因而我們可以將 AR(1) 與 CL 模型加以整合，進行一階自我迴歸交叉延宕分析，AR(1)CLM 如 Syn11.2d 所示，各項效果的標準化係數標示於圖 11.7(b)。

Syn11.2d：*N*586資料庫的自我迴歸延宕交叉模型AR(1)CLM語法

```
TITLE:    AUTOGRESSIVE CROSS-LAGGED MODEL AR(1)CLM
DATA:     FILE=N586.dat; TYPE=MEANS STD CORR; NOBS=586;
VARI:     NAME= x1-x3 y1-y3;
MODEL:    x2 on y1 x1;  x3 on y2 x2;    ! 交叉延宕 + 自我迴歸設定
          y2 on x1 y1;  y3 on x2 y2;    ! 交叉延宕 + 自我迴歸設定
          x3 with y3@0;                 ! 殘差相關不估計
OUTPUT: SAMPSTAT STDYX;
```

由圖 11.7(b) 的資料可知，納入自我迴歸效果之後，原本顯著的交叉延宕影響 $x_1 \rightarrow y_2$ 與 $x_2 \rightarrow y_3$ 的標準化係數降至 $\theta'y_2x_1 = -.156$ 與 $\theta'y_3x_2 = -.127$，另外，$y_1 \rightarrow x_2$ 與 $y_2 \rightarrow x_3$ 的標準化係數也降至 $\theta'x_2y_1 = -.224$ 與 $\theta'x_3y_2 = -.270$，各係數雖仍具有統計意義，但是係數強度降幅幾達一半。顯示自我迴歸的影響甚大。

在同時納入自我迴歸與交叉延宕效果的模型中，各係數已非簡單迴歸方程式的迴歸係數，而是帶有兩個 IV 的多元迴歸，因此各係數已非表 11.1 當中的相關係數。

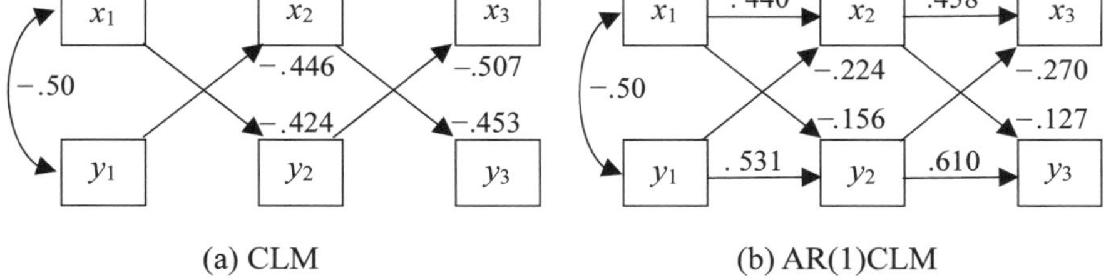

圖 11.7　交叉延宕模式（CLM）圖示

（註：圖中各係數爲標準化迴歸係數，省略估計殘差，各係數均達 .01 顯著水準）

11.3 縱貫測量模型與變異模式

前面各節在介紹 ARM 與 CLM 的原理與應用時，我們所討論的變數都是可直接測量觀察的外顯變數，例如教育訓練時數或薪資水準，但是如果研究者所追蹤測量的內容涉及抽象的心理特質或構念，例如前面一節範例資料中涉及的憂鬱症狀與課業表現，可能都是利用心理測驗所評估得到的分數，此時重複測量得到的數據並非外顯變數而是潛在變數，ARM 或 CLM 就不再適用，必須擴展到潛在變數形式來進行分析。

在第七章介紹 SEM 之時，我們曾經介紹如何利用測量模型來定義並估計潛在變數，本節我們將基於測量模型的基礎之上，進一步討論潛在變數的縱貫測量模型與潛在自我相關（latent autocorrelation）現象，探討如何使用潛在狀態與特質模型（latent state and trait model; LSTM）（Steyer et al, 1992, 1999）來檢驗潛在變數的波動狀態，進一步才能導入 ARM 與 CRM 的原理來進行潛在自我迴歸模式（latent autoregressive model; LARM）與潛在交叉延宕模式（latent cross-lag model; LCLM）（Hertzog & Nesselroade, 1987）。

11.3.1 縱貫測量模型

在本章一開始，我們曾經將某變數 y 重複觀察六次所具有的 15 個相關定義成自我相關係數，如圖 11.1。如果將六個外顯變數 y 改以六個潛在變數 η 表示，每一個 η 由相同的三個觀察變數 y_1、y_2、y_3 估計得出，我們仍然可以觀察到 15 個自我相關係數，只是此時自我相關係數不再是由外顯變數的共變數推導得出，而是必須先從重複出現六次的六個測量模型當中估計出 η_t，再由 η_t 估計潛在變數的共變數 Ψ 矩陣（psi matrix），進而估計出標準化後的潛在變數間相關係數，如圖 11.8 所示。

由圖 11.8 可知，雖然只是把圖 11.1 的六個 y 改成六個 η，但是如果要估計潛在變數之間的相關，必須建立六次縱貫測量模型（longitudinal measurement model），每一個單獨的測量模型都包含有因素負荷量（Λ）、潛在變數變異數與共變數（Ψ）、測量誤差變異數與共變數（Θ）三大矩陣參數，如果要估計潛在變數平均數則需納入測量變數截距（T）來進行估計，稱爲縱貫驗證性因素分析（longitudinal confirmatory factor analysis; LCFA）（Little, 2013; Marsh & Grayson 1994; Steyer, et al., 1992）。

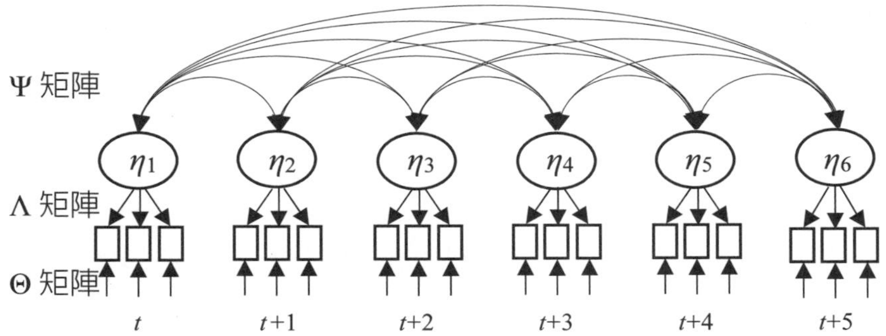

圖 11.8　六波潛在重複測量的測量模型圖示

11.3.1.1 潛在自我相關

假設今天有 m 個題目，$i = 1, \cdots, m$，接受 n 次的重複測量，$t = 1, \cdots, n$，觀察得到的分數爲 y_{it}，此時最簡單的縱貫測量模型定義如下：

$$y_{it} = \alpha_{it} + \lambda_{it}\eta_t + [\varepsilon_{it}] \tag{11-12}$$

觀察變數的變異可分解成測量誤差變異（Θ_ε）與潛在變數的變異數共變數矩陣（Ψ_η）兩部分：

$$Var(y_{it}) = \lambda_{it}^2 Var(\eta_t) + Var(\varepsilon_{it}) \tag{11-13}$$

由 n 個潛在變數（η_t）可估計得到 $n \times n$ 變異數共變數矩陣（Ψ），若經過標準化，即可得到跨時間潛在自我相關（latent autocorrelation）。

$$\Psi = \begin{bmatrix} \psi_{11} & & & \\ \psi_{21} & \psi_{22} & & \\ \cdots & \cdots & \cdots & \\ \psi_{n1} & \psi_{n2} & \cdots & \psi_{nn} \end{bmatrix} \tag{11-14}$$

11.3.1.2 指標殊化效果與誤差結構

一般而言，若基於誤差獨立假設，測量誤差矩陣（Θ 矩陣）僅需估計對角線上的誤差變異數 $\sigma_{\varepsilon_i}^2$。但是在縱貫測量模型中，雖然共有 $m \times n$ 個測量變數，但是卻是由同一組 m 個題目重複實施 n 次所得，而非個別的 $m \times n$ 個題目，因此縱貫測量模型與一般橫斷面測量模型在測量誤差結構上有相當大的不同。

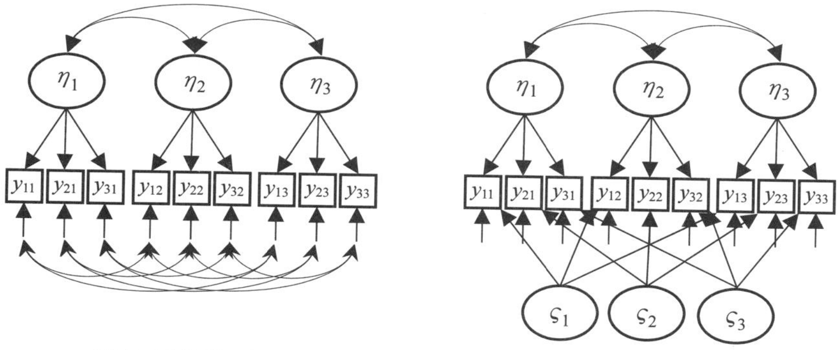

(a) 殘差相關模型　　(b) 殘差因素模型

圖 11.9　兩種不同測量誤差結構的測量模型圖示

（註：截距項的標示省略）

縱貫測量模型的測量誤差矩陣（Θ_ε）當中，存在特殊的指標殊化效果（indicator-specific effect），亦即相同的測量指標本身具有誤差自我相關（error autocorrelation），如圖 11.9(a) 所示，如果測量模型中沒有設定殘差誤差相關，將造成模式適配不佳。

在圖 11.9(a) 的測量誤差結構中，加入了 m 組殘差相關參數，亦即釋放了誤差獨立假設，允許相同指標在 n 次測量當中與落後 p 期的測量誤差具有誤差自我相關，稱爲殘差相關模型（correlated uniqueness model）（Cole & Maxwell, 2003; Lance, Noble, & Scullen, 2002 ）。由於同一個指標在不同落後期數的兩兩殘差相關未必相同，因此可視爲多向度的誤差相關結構，對於誤差結構的要求比較鬆散，估計時較容易收斂。但是缺點是變異分割無法分離指標因素，導致信度低估（Geiser & Lockhart, 2012）。

Raffalovich 與 Bohrnstedt（1987）提出另一種估計指標殊化效果的作法，是將相同指標跨時測量以另一組相互獨立的潛在變數（ς）來加以估計稱爲指標殊化因素（indicator-specific factor; ς），如圖 11.9(b) 所示，測量模型定義如下：

$$y_{it} = \alpha_{it} + \lambda_{it}\eta_t + \delta_{it}\varsigma_i + [\varepsilon_{it}] \tag{11-15}$$

如果測量誤差結構估計特定指標的效果，每一個指標因素（ς）反映個別題目跨時狀態，在不同時點下同一個題目的測量誤差受同一個來源的影響，因此因素負荷 δ_{it} 必須限定爲跨時等值，亦即 $\delta_{i1}=\delta_{i2}=\cdots=\delta_{im}$，可視爲單向度的誤差相關結構，指標因素（$\varsigma$）反映的是指標造成的變異，因此又稱爲*方法效應*（method effects）（參見 Geiser & Lockhart, 2012）。雖然此時對於測量誤差的要求相對嚴格，但其優點是可以對於變異結構進行更清楚的分割，減輕信度低估的問題：

$$Var(y_{it})=\lambda_{it}^2 Var(\eta_t)+\delta_{it}^2 Var(\varsigma_i)+Var(\varepsilon_{it}) \qquad (11\text{-}16)$$

值得注意的是，圖 11.9(b) 當中的各指標因素（ς）相互獨立而無相關，但測量相同構念的不同題目之間可能具有方法之間的共同變異，因此學者主張可以讓 ξ_i 之間的潛在相關自由估計，甚至可以在一階的 ς 抽背後抽出更高階的*共同方法因素*（common method factor），如此可以更進一步的提升模式適配（Eid, 1995; Marsh & Grayson, 1994）。

11.3.1.3 縱貫測量恆等性

雖然縱貫測量模型當中具有多個潛在變數 η_t，但這六 n 個 η_t 是由同一組 y 進行多次測量所估計得到的「同一個」潛在構念，因此 LCFA 所關注的是此一構念在不同時間點之下的狀態是否穩定，如果同一個潛在變數在不同測驗情境下波動越少、變異越小，表示測量品質越佳，亦即具有*測量恆等性*（measurement invariance）（Meredith, 1964, 1993），此種分析策略稱爲*變異模型*（variability model），常用於測驗工具發展的研究，此時所計算得到的潛在變數自我相關係數越高，表示潛在變數越趨穩定，因此又可視爲重測信度。

相對之下，如果研究者關心同一個潛在變數如何隨時間遞延而發生變動，則稱爲*變動模型*（change model）（Eid, Courvoisier & Lischetzke, 2011），自我迴歸模型與延宕交叉模型即屬此類模型，常見於教育訓練、生理成熟、認知發展研究。此時所計算得到的潛在變數自我相關係數越高，表示潛在變數的時序延宕影響非常明顯，成長趨勢值得進一步探討。

在探討測量穩定性的變異模型中，評估測量模型是否具有*縱貫性因素恆等性*（longitudinal factor invariance），是確保構念具有測量恆等性、可互相比較的重要前提。綜合過去的文獻（邱皓政 , 2003; 黃芳銘 , 2003; Horn & McArdle, 1992;

Little, Card, Slegers, et al, 2007; Meredith, 1993; Millsap, 1997; Widaman & Reise, 1997），因素恆等性由寬鬆到嚴格可區分成不同層次，Little（2013, p.140）與 Geiser（2013）等學者將其延伸至縱貫測量模型，區分成四個層次：

(a) 形貌恆等（configural invariance）是指各測量模型只有相同的結構，但所有的參數均可各自估計而有所不同，這是最寬鬆的恆等狀態。

(b) 弱恆等（weak invariance）是指在相同形貌的前提下，各測量模型的因素負荷必須相等（Λ 矩陣相等），又稱爲度量恆等（metric invariance），也就是圖 11.8 當中，連貫 η 與 y 的 λ 參數在不同波次下數值相等，其他參數則自由估計。

(c) 強恆等（strong invariance）是指在弱恆等的前提下，測量變數的截距在不同時點下必須相等（α_{it} 相等），又稱爲純量恆等（scalar invariance）。

(d) 嚴格恆等（strict invariance）是指在強恆等的前提下，測量殘差變異與共變必須恆等。

由於前述各個層次的恆等性都是循序漸進，越嚴格的設定必須是較寬鬆的設限能夠獲得確認的前提下才能進行檢驗，因此可以利用嵌套模型的比較策略，將較嚴格的模型卡方值減去較不嚴格模型的卡方值，如果 $\Delta\chi^2$ 具有統計意義，表示較嚴格的恆等設限不成立。但是 $\Delta\chi^2$ 受到樣本規模與模式複雜度的影響，容易造成過度拒絕的結論，Cheung 與 Rensvold（2007）建議使用兩個嵌套模型的 ΔCFI<.01 作爲兩個模型沒有顯著差異的標準，Meade, Johnson, & Braddy（2008）基於檢定力與型一錯誤率的考量，建議採更嚴格的 ΔCFI<.002 爲恆等是否成立的標準。

由前述的各層次恆等設限來看，在最嚴格的恆等設限下，潛在變數的平均數、變異數與共變數並沒有被要求必須恆等，使得各波測量下的自我相關不會完全相等，而得以進行自我迴歸模式或交叉延宕模式分析，同時潛在變數截距自由估計則得以進行平均數結構的潛在成長分析。基本上，潛在變數的截距、變異數與共變數參數屬於結構參數（structural parameters）並非測量模型的參數。換言之，測量恆等性是指形貌、因素負荷、測量變數截距或殘差變異是否恆等，潛在變數的截距、變異數與共變數在不同波次下恆等則是另屬於結構恆等性（structural invariance）的議題，無須在測量恆等階層比較當中被納入檢驗。

11.3.2 潛在狀態與特質模型

11.3.2.1 潛在狀態與特質的分離

基於前述所討論 LCFA 的概念，同一個潛在變數經過重複測量，其跨時波動的幅度應越小越好，自我相關越高表示重測信度越高，受測特質越穩定。但由於潛在變數必須藉由多重指標來估計，因此 m 個題目經過 n 次重複測量的觀察值（y_{it}）在每一個時點下估計得到的潛在變數，反映共變結構的跨時變異，稱為潛在狀態因素（latent state factor）或情況殊化因素（occasion-specific factor）（為了與先前 LCFA 的概念維持一致仍以 η_t 表示），反映被測量的特質在不同狀態下的狀況。然而相同的構念即使經過多次測量，如果其為穩定不變的特質，應具有不隨時間而變動的部分，稱為潛在特質因素（latent trait factor）。在文獻上，學者將潛在狀態與潛在特質納入縱貫測量模型所進行的變異模式分析，稱為潛在狀態與特質模型（latent state and trait model; LSTM）（Schmitt & Steyer, 1993; Steyer, Mayer, Geiser, & Cole, 2015; Steyer, Schwenkmezger, & Auer, 1990; Kenny & Zautra, 1995, Cole, Martin, & Steiger, 2005）。

現以圖示來說明，如果模型中僅關注不同時間點之下的狀態估計，而無不隨時間變動的潛在特質設定，稱為潛在狀態模型（latent state model; LSM），如圖 11.10(a) 所示。由於潛在狀態的變異數矩陣（Ψ 矩陣）包含 η_t 之間的共變數，亦即狀態間的自我相關得以估計。

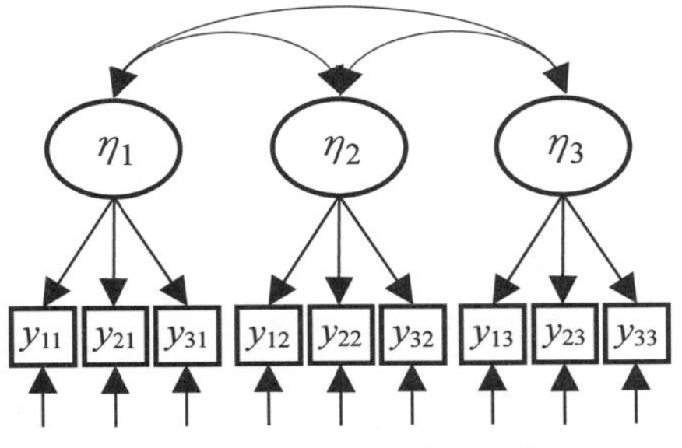

(a) 潛在狀態模型（LSM）

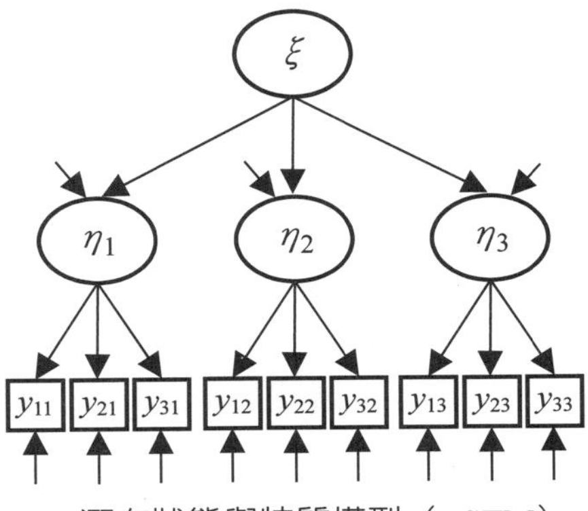

(b) 潛在狀態與特質模型（LSTM）

圖 11.10　兩種不同的 LSTM 模型圖示

在 LSM 模型當中，不同時點下僅有一個反映狀態的潛在變數，潛在變數之間即使具有高度自我相關，也僅能解釋所測量的特質具有高度的穩定性，但無從估計是否存在一個跨越時點的穩定特質，此時如果在各狀態潛在變數之上，指定一個二階潛在變數 ξ，藉以估計不同狀態下的共同變異，亦即不隨時間而變的特質成分，即為潛在狀態與特質模型（latent state and trait model; LSTM），如圖 11.10(b) 所示。

LSTM 把隨時間變動的狀態變異以及不隨時間變動的特質變異加以分離，主要是透過高階測量因素來完成，亦即在 LSM（方程式 (11-17)）的基礎上，增加方程式 (11-18) 的二階因素設定：

$$y_{it} = \alpha_i + \lambda_{it}\eta_t + [\varepsilon_{it}] \tag{11-17}$$

$$\eta_t = \gamma_0 + \gamma_t\xi + [\varsigma_t] \tag{11-18}$$

其中 ξ 為潛在特質因素，γ_t 為二階因素負荷量，$[\varsigma_t]$ 為二階測量殘差。為了使高階模型獲得有效收斂，其中一個二階因素負荷量應設定為 1.0 作為參照，或是將 ξ 的變異數設為 1.0。此外，重複測量至少要有三波，否則無法提供有效的資訊進行高階因素的估計。

特別值得注意的是，在圖 11.10 的兩種模型中，誤差結構並未標示殘差相關或指標殊化因素來估計指標殊化效果。一般實務上，為了提高模式適配，進行 LSM 或 LSTM 分析均會釋放誤差獨立假設，以先前我們所介紹的殘差相關模型或方法因素模型進行估計。但是納入殘差相關進行估計的前提，是每一個潛在變數至少要有三個測量變數，才能夠提供足夠的資訊（資料點）進行估計，如果研究者只有兩個測量變數，可以只估計落後一期的相鄰殘差相關（參考 Geiser, 2013, p.88 的討論）。

11.3.2.2 平均數結構的估計

測量模型主要是利用測量指標的共變結構來估計潛在變數，在一般的 SEM 分析中，如果沒有特殊的需要，並不會針對截距進行估計。然而在 LSM 模型中，不同時間點下的潛在狀態反映了測量的波動，因此除了共變結構的穩定性之外，更重要的是在檢測不同時間點下的潛在狀態平均數是否相同。此時即必須在 LCFA 模型當中加入平均數結構的估計。

另一方面，在 LSTM 中，除了隨時間而變動的潛在狀態之外，還必須估計不隨時間變動的潛在特質，如果模型當中有多個潛在特質，納入平均數結構，可以估計不同潛在特質的平均水準。換言之，在 LSM 與 LSTM 當中，與平均數結構有關的參數通常都會納入模式設定當中，如方程式 (11-19) 所示：

$$E(y_{it}) = \mu_{y_{it}} = \mathrm{T} + \Lambda \mathrm{A}_t \tag{11-19}$$

重複觀察的 i 個 y 變數的期望值 $E(y_{it})$ 爲模型估計的測量指標平均數 $\mu_{y_{it}}$，可由 y_i 在特定波次下的樣本平均數（亦即 α_{it}）加上潛在變數的平均數（亦即 A_t 矩陣當中的各向量）以因素負荷量（Λ 矩陣）來進行加權後估計得出。當研究者不關心潛在變數平均數時，A 矩陣各向量爲 0，T 矩陣的各向量即爲 y_{it} 實際觀察到的樣本平均數。但如果 LSM 當中，特定時間點下的潛在狀態平均數要加以估計，藉以進行 t 波測量下各潛在狀態平均水準的比較，必須令 T 矩陣在每一個波次下某一個截距向量限定爲 0，因素負荷設定爲 1，藉以估計潛在狀態平均數，

$$E(y_{1t}) = \alpha_{1t} + \lambda_{1t} E(\eta_t) = 0 + 1E(\eta_t) = E(\eta_t) \tag{11-20}$$

被用來作爲設限指標的測量變數被作爲參照之用，又稱爲標示變數（marker variable），爲使估計有效達到收斂，通常會建議選擇各題目當中題意最能反映該潛在變數的題目，或是因素負荷量最高者，作爲標示變數。

11.3.2.3 因素恆等檢驗

前述進行 LSM 或 LSTM 這兩種變異模型分析的目的，是在確認重複測量的潛在變數是否維持恆定不變，也就是說，測量模型的任何參數的變異越小越好。事實上，潛在變數能夠跨時點進行比較，必須是因素恆等性必須存在作爲前提，因爲測量模型在不同時點或不同情境下能夠維持相當程度的穩定性，才能視爲同一個構念的重現，也才能夠進行任何其他形式的比較。因此，在執行 LSM 或 LSTM 的過程中，均需一併進行因素恆等性的檢驗，一來可以確認構念的重現性，另一個優點則是可以將跨時點下的參數設定爲相等，減少參數估計數目，使模型更加簡效。

關於因素恆等性的檢驗，由於涉及不同類型的參數估計，因此恆等的程度由寬鬆到嚴格有多重層次，在實務上的建議是：如果重複測量的特質是抽象構念而

非具體的外顯變數，研究者必須透過測量模型來估計潛在變數，評估測量模型受到時間因素的影響爲何，重測信度是否合理。如果平均數呈現一定的系統變化，或是自我相關不高，欲使用 ARM、CLM 或 LGM 來探討隨時間變動的軌跡與狀態，也必須是在具有一定程度恆等性的前提下才能進行。在建立測量模型之時，爲使潛在變數具有可比性，強恆等（因素負荷量恆等與測量變數截距恆等）最好能夠維繫，亦即令各測量模型中，相同測量變數的因素負荷量（Λ 矩陣）與截距（T 矩陣）設定爲等值，才進行後續的變動模式或成長模式分析。如果平均數的變動明顯，則至少要能基於弱恆等的前提，來進行後續模型的估計，亦即因素負荷量必須加上跨時等值的設限。

11.3.3 分析範例

在一個關於青少年的研究中，Espelage 等學者（2013）於 2008 年至 2010 年期間每隔半年以量表蒐集了 1132 位 11 至 15 歲青少年的家庭經驗、藥物濫用與學校霸凌的自陳報告資料。其中三題取自家庭衝突與敵意量表（family conflict and hostility）（Thornberry, Krohn, Lizotte, Smith, & Tobin, 2003），Little（2013）提供了這三個題目四次重複測量的資料，本章將之稱爲 N1132 資料庫。

11.3.3.1 LSM 與 LSTM 分析

首先，我們將示範以三個「家庭衝突」的測量指標重複測量三次的潛在狀態模型 LSM 與潛在狀態與特質模型 LSTM。在 LSM 模型中，各波次存在一個反映測量狀態的一階因素（Eta1 至 Eta3），其測量模型即如圖 11.10(a) 所示，LSM 的 Mplus 語法列於 Syn11.3。如果在模型中的三個一階因素之上，增加一個二階的共同因素（Ksi）來估計不隨時間變動的潛在特質，只需要增加 **`Model: Ksi by Eta1-Eta3;`** 指令即可，其測量模型即爲圖 11.10(b)，LSTM 的 Mplus 語法列於 Syn11.3b。這兩個模型的參數估計結果列於表 11.2。

Syn11.3a：LSM語法

```
TITLE:    Four wave of family conflict of adolescents
DATA:     FILE = Ch11N1132.cor; TYPE = MEANS STD CORR;
          NOBS = 1132;
VARI:     NAME = y11 y21 y31 y12 y22 y32 y13 y23 y33;
MODEL:    Eta1 by y11 y21 y31;
          Eta2 by y12 y22 y32;
          Eta3 by y13 y23 y33;
          [y11@0 y12@0 y13@0];   ！將各波第一題截距設爲 0 以估計潛在平均數
          [Eta1 Eta2 Eta3];      ！估計各波潛在狀態的潛在平均數
          y11 WITH y12; y11 WITH y13; y12 WITH y13;  ！殘差自我相關
          y21 WITH y22; y21 WITH y23; y22 WITH y23;  ！殘差自我相關
          y31 WITH y32; y31 WITH y33; y32 WITH y33;  ！殘差自我相關
OUTPUT:   SAMPSTAT STDYX;
```

Syn11.3b：LSTM語法

```
TITLE:    Four wave of family conflict of adolescents
DATA:     FILE = Ch11N1132.cor; TYPE = MEANS STD CORR;
          NOBS = 1132;
VARI:     NAME = y11 y21 y31 y12 y22 y32 y13 y23 y33;
MODEL:    Eta1 by y11 y21 y31;
          Eta2 by y12 y22 y32;
          Eta3 by y13 y23 y33;
          Ksi by Eta1-Eta3;      ！設定潛在特質因素
          [y11@0 y12@0 y13@0];   ！將各波第一題截距設爲 0 以估計潛在平均數
          [Eta1@0]; ！將第一個潛在狀態截距設爲 0 以估計二階因素潛在平均數
          [Eta2 Eta3 KSI];       ！估計一階與二階因素的潛在平均數
          y11 WITH y12; y11 WITH y13; y12 WITH y13;  ！殘差自我相關
          y21 WITH y22; y21 WITH y23; y22 WITH y23;  ！殘差自我相關
          y31 WITH y32; y31 WITH y33; y32 WITH y33;  ！殘差自我相關
OUTPUT:   SAMPSTAT STDYX;
```

表 11.2 LSM 與 LSTM 參數估計結果

		LSM					LSTM				
		λ	SE	z	p	Std. λ	λ	SE	z	p	Std. λ
ETA1	Y11	**1.000**	-	-	-	**0.806**	**1.000**	-	-	-	**0.806**
(wave = 1)	Y21	**1.152**	0.058	19.887	<.001	**0.906**	**1.152**	0.058	19.887	<.001	**0.906**
	Y31	**0.531**	0.039	13.760	<.001	**0.406**	**0.531**	0.039	13.760	<.001	**0.406**
ETA2	Y12	**1.000**	-	-	-	**0.838**	**1.000**	-	-	-	**0.838**
(wave = 2)	Y22	**1.006**	0.048	21.119	<.001	**0.857**	**1.006**	0.048	21.119	<.001	**0.857**
	Y32	**0.485**	0.034	14.445	<.001	**0.425**	**0.485**	0.034	14.445	<.001	**0.425**
ETA3	Y13	**1.000**	-	-	-	**0.807**	**1.000**	-	-	-	**0.807**
(wave = 3)	Y23	**1.123**	0.056	19.887	<.001	**0.845**	**1.123**	0.056	19.887	<.001	**0.845**
	Y33	**0.608**	0.039	15.714	<.001	**0.475**	**0.608**	0.039	15.713	<.001	**0.475**
KSI	ETA1						**1.000**	-	-	-	**0.673**
(trait = 1)	ETA2						**1.819**	0.121	15.036	<.001	**0.969**
	ETA3						**1.163**	0.076	15.267	<.001	**0.722**
Intercepts/	Y11	**0.000**	-	-	-	**0.000**	**0.000**	-	-	-	**0.000**
Means	Y21	**-0.095**	0.100	-0.953	.341	**-0.125**	**-0.095**	0.100	-0.953	.341	**-0.125**
	Y31	**1.381**	0.069	19.948	<.001	**1.760**	**1.381**	0.069	19.947	<.001	**1.760**
	Y12	**0.000**	-	-	-	**0.000**	**0.000**	-	-	-	**0.000**
	Y22	**0.163**	0.083	1.951	.051	**0.183**	**0.163**	0.083	1.951	.051	**0.183**
	Y32	**1.315**	0.062	21.216	<.001	**1.520**	**1.315**	0.062	21.216	<.001	**1.520**
	Y13	**0.000**	-	-	-	**0.000**	**0.000**	-	-	-	**0.000**
	Y23	**0.048**	0.094	0.509	.610	**0.055**	**0.048**	0.094	0.509	.611	**0.055**
	Y33	**1.119**	0.067	16.767	<.001	**1.345**	**1.119**	0.067	16.767	<.001	**1.345**
	ETA1	**1.698**	0.022	76.774	<.001	**2.831**	**0.000**	-	-	-	**0.000**
	ETA2	**1.699**	0.027	63.172	<.001	**2.242**	**-1.389**	0.208	-6.671	<.001	**-1.833**
	ETA3	**1.616**	0.024	67.487	<.001	**2.484**	**-0.359**	0.132	-2.715	.007	**-0.552**
	KSI						**1.698**	0.022	76.774	<.001	**4.205**
Variances/	ETA1	**0.360**	0.027	13.272	<.001	**1.000**					
Covariance	ETA2	**0.574**	0.041	14.167	<.001	**1.000**					
	ETA3	**0.423**	0.031	13.445	<.001	**1.000**					
ETA1	ETA2	**0.297**	0.023	12.860	<.001	**0.652**					
ETA2	ETA3	**0.345**	0.026	13.250	<.001	**0.700**					
ETA1	ETA3	**0.190**	0.018	11.782	<.001	**0.486**					
	KSI						**0.163**	0.019	8.545	<.001	**1.000**

由分析結果得知，LSM 與 LSTM 兩模型適配度完全相等（$\chi^2_{(39)} = 148.807$, $\chi^2/df = 3.80$, RMSEA = .089, CFI = .975, -2LL = 20017, BIC = 20291），顯示兩模型為適配等價的模型，因此兩者無法直接比較其優劣，因此直接就兩個模型的參數估計意義進行討論。

LSM 模型的重要價值可以觀察到不同波次下的狀態測量的自我相關，由表 11.2 可知，兩個相鄰狀態的相關係數分別為 $\psi_{12} = .652$ 與 $\psi_{23} = .700$，均高於落後兩期的狀態相關 $\psi_{13} = .486$，符合自我相關的特性。事實上，不僅「家庭衝突」的跨時狀態具有自我相關，同一個指標在三個波次下的殘差相關，也呈現落後一期自我相關高於落後兩期自我相關的趨勢：

$$
\Theta = \begin{array}{c} y_{11} \\ y_{12} \\ y_{13} \\ y_{21} \\ y_{22} \\ y_{23} \\ y_{31} \\ y_{32} \\ y_{33} \end{array}
\left[\begin{array}{ccccccccc}
1 & & & & & & & & \\
0 & 1 & & & & & & & \\
0 & 0 & 1 & & & & & & \\
.276 & 0 & 0 & 1 & & & & & \\
0 & .583 & 0 & 0 & 1 & & & & \\
0 & 0 & .363 & 0 & 0 & 1 & & & \\
.210 & 0 & 0 & .321 & 0 & 0 & 1 & & \\
0 & .185 & 0 & 0 & .421 & 0 & 0 & 1 & \\
0 & 0 & .320 & 0 & 0 & .475 & 0 & 0 & 1
\end{array}\right]
$$

至於 LSTM 的特點在於可以觀察跨波次之間的穩定特質是否存在。在 LSTM 所增加的二階特質因素，二階因素負荷完全標準化係數值分別為 .673、.969、.722，表示跨越三期的特質估計主要受到第二波測量的影響。由 LSM 或 LSTM 的數據可知，隨著不同的波次，關於「家庭衝突」構念測量存在著相當程度的自我相關性的隨機波動。

最後，由潛在平均數的估計可知，LSM 的三波潛在狀態因素平均數分別為 1.698、1.699、1.616，表示除了第三波較低之外，前兩波的平均數相近。如果增加了潛在特質因素，LSTM 的跨時間特質因素的總平均為 1.698，但因為沒有其他特質分數足以比較，此二階因素的潛在平均數無法進行比較。

11.3.3.2 因素恆等性分析

爲了瞭解「家庭衝突」測量模型是否具有跨時間點的測量恆等性，以下將以潛在狀態模型（LSM）爲範例，進行 (a) 形貌恆等（M1）、(b) 因素負荷恆等（弱恆等）（M2）、(c) 因素負荷 + 測量截距恆等（強恆等）（M3）與 (d) 因素負荷 + 測量截距 + 測量殘差恆等（嚴格恆等）（M4）四個相互嵌套模型，語法設定列於 Syn11.3c 當中。估計結果列於表 11.3。

(a) M1 形貌恆等模型：沒有設定任何參數跨時間相等，僅在不同時間點之下保持測量模型的數目與結構相同。

(b) M2 弱恆等模型：在因素負荷量後增加設限標示：例如 **`Eta1 by y11 (L1)`**，亦即只要被標示 L1 者的因素負荷量的跨時間估計值相等。

(c) M3 強恆等模型：除了 M2 設限之外，另外對於測量指標截距增加設限標示：例如 **`[y21 y22 y23] (Alpha2);`**，亦即只要被標示 Alpha2 者的測量指標截距跨時間估計值相等。第一個測量變數的截距設定爲 0，因此無須設定相等設限。

(d) M4 嚴格恆等模型：除了 M3 設限之外，另外對於殘差變異數增加設限標示：例如 **`y11 y12 y13 (Ev1);`**，亦即只要被標示 Ev1 者的測量殘差跨時間估計值相等。

由表 11.3 的結果可知，除了 M1 形貌恆等模型並無跨時設限之外，其他各模型中，當各目標參數被設定爲跨時點等值之時，其未標準化估計值將會相等。由形貌恆等模型來看，模式適配尙稱理想，表示以相同的模式結構（相同形貌）進行估計可以維持一定的適配水準。

四個模型中，以弱恆等的 BIC 值最小，表示弱恆等模型相對較爲理想，從卡方差異檢定來看，M1 與 M0 兩者的 $\Delta\chi^2_4 = 18.09$ $(p<.01)$ 雖達統計顯著水準，但若以 $\Delta CFI = .003<.01$ 來看，令因素負荷量跨時相等的弱恆等模型可視爲穩定適配的模型。至於測量截距與測量殘差的跨時相等設限所造成的模式不適配明顯嚴重許多，因此，根據本節分析結果，可以基於 BIC 最小與 $\Delta CFI<.01$ 的標準，接受弱恆等模型爲較佳模型。

表 11.3　因素恆等性檢測結果

		M1形貌恆等			M2弱恆等			M3強恆等			M4嚴格恆等		
		$\eta1$	$\eta2$	$\eta3$	$\eta1$	$\eta2$	$\eta3$	$\eta1$	$\eta2$	$\eta3$	$\eta1$	$\eta2$	$\eta3$
因素負荷	y1	1.000	1.000	1.000	**1.000**	**1.000**	**1.000**	**1.000**	**1.000**	**1.000**	**1.000**	**1.000**	**1.000**
	y2	1.152	1.006	1.123	**1.101**	**1.101**	**1.101**	**1.076**	**1.076**	**1.076**	**1.081**	**1.081**	**1.081**
	y3	0.531	0.485	0.608	**0.546**	**0.546**	**0.546**	**0.549**	**0.549**	**0.549**	**0.556**	**0.556**	**0.556**
測量截距	y1	0.000	0.000	0.000	0.000	0.000	0.000	**0.000**	**0.000**	**0.000**	**0.000**	**0.000**	**0.000**
	y2	-0.095	0.163	0.048	-0.008	0.001	0.084	**0.063**	**0.063**	**0.063**	**0.062**	**0.062**	**0.062**
	y3	1.381	1.315	1.119	1.356	1.211	1.219	**1.270**	**1.270**	**1.270**	**1.251**	**1.251**	**1.251**
殘差變異	y1	0.194	0.104	0.515	0.184	0.119	0.508	0.177	0.129	0.515	**0.255**	**0.255**	**0.255**
	y2	0.244	0.210	0.614	0.276	0.185	0.607	0.267	0.196	0.608	**0.177**	**0.177**	**0.177**
	y3	0.226	0.214	0.536	0.222	0.213	0.545	0.214	0.227	0.548	**0.552**	**0.552**	**0.552**
因素變異	$\eta1$	0.360			0.380			0.388			0.366		
	$\eta2$	0.297	0.574		0.287	0.508		0.293	0.519		0.302	0.531	
	$\eta3$	0.190	0.345	0.423	0.200	0.331	0.441	0.206	0.339	0.449	0.202	0.344	0.460
因素平均		1.698	1.699	1.616	1.698	1.699	1.616	1.689	1.684	1.637	1.690	1.683	1.639
適配指標													
	$-2LL$	20017			20035			20097			20175		
	AIC	20095			20105			20159			20225		
	BIC	20291			20281			20315			20351		
	χ^2	148.81 **			166.90 **			228.54 **			307.03 **		
	#Para	39			35			31			25		
	$\Delta\chi^2$	-			18.09 **			61.69 **			78.46 **		
	Δdf	-			4			4			6		
	CFI	.975			.972			.961			.947		
	ΔCFI	-			.003			.011			.014		
	TLI	.939			.947			.939			.934		
	RMSEA	.089			.083			.089			.092		
	SRMR	.071			.072			.073			.074		

註：所有參數均爲未標準之估計數。標示加粗之數值爲設定恆等後的結果 ** $p<.01$

Syn11.3c：*N*1132資料庫的LSM因素恆等性檢測語法（僅列出MODEL部分）

M1 形貌恆等模型模式指令

```
MODEL:   Eta1 by y11 y21 y31;
         Eta2 by y12 y22 y32;
         Eta3 by y13 y23 y33;
         [y11@0 y12@0 y13@0]; [Eta1 Eta2 Eta3];
         y11 WITH y12; y11 WITH y13; y12 WITH y13;
         y21 WITH y22; y21 WITH y23; y22 WITH y23;
         y31 WITH y32; y31 WITH y33; y32 WITH y33;
```

M2 弱恆等模式指令

```
MODEL:   Eta1 by y11 (L1); Eta1 by y21 (L2); Eta1 by y31 (L3);
         Eta2 by y12 (L1); Eta2 by y22 (L2); Eta2 by y32 (L3);
         Eta3 by y13 (L1); Eta3 by y23 (L2); Eta3 by y33 (L3);
         [y11@0 y12@0 y13@0]; [Eta1 Eta2 Eta3];
         y11 WITH y12; y11 WITH y13; y12 WITH y13;
         y21 WITH y22; y21 WITH y23; y22 WITH y23;
         y31 WITH y32; y31 WITH y33; y32 WITH y33;
```

M3 強恆等模式指令

```
MODEL:   Eta1 by y11 (L1); Eta1 by y21 (L2); Eta1 by y31 (L3);
         Eta2 by y12 (L1); Eta2 by y22 (L2); Eta2 by y32 (L3);
         Eta3 by y13 (L1); Eta3 by y23 (L2); Eta3 by y33 (L3);
         [y11@0 y12@0 y13@0]; [Eta1 Eta2 Eta3];
         [y21 y22 y23] (Alpha2);
         [y31 y32 y33] (Alpha3);
         y11 WITH y12; y11 WITH y13; y12 WITH y13;
         y21 WITH y22; y21 WITH y23; y22 WITH y23;
         y31 WITH y32; y31 WITH y33; y32 WITH y33;
```

M4 嚴格恆等模式指令

```
MODEL:   Eta1 by y11 (L1); Eta1 by y21 (L2); Eta1 by y31 (L3);
         Eta2 by y12 (L1); Eta2 by y22 (L2); Eta2 by y32 (L3);
         Eta3 by y13 (L1); Eta3 by y23 (L2); Eta3 by y33 (L3);
         [y11@0 y12@0 y13@0]; [Eta1 Eta2 Eta3];
         [y21 y22 y23] (Alpha2);
         [y31 y32 y33] (Alpha3);
         y11 y12 y13 (Ev1); y21 y22 y23 (Ev2); y31 y32 y33 (Ev3);
         y11 WITH y12; y11 WITH y13; y12 WITH y13;
         y21 WITH y22; y21 WITH y23; y22 WITH y23;
         y31 WITH y32; y31 WITH y33; y32 WITH y33;
```

11.4 潛在自我迴歸與交叉延宕

在第 11.2 節介紹自我迴歸模型與交叉延宕模型時，所有的變數皆為外顯變數，因此無須套用測量模型來估計潛在變數，可直接以前期資料（作為 IV）來解釋落後資料（作為 DV）。但是如果 IV 與 DV 均為潛在變數時，就必須利用前一節介紹的縱貫測量模型來估計各期潛在變數之後，再套用自我迴歸與交叉延宕模式，進行潛在自我迴歸模型（latent autoregressive model; LARM）與潛在交叉延宕模型（latent cross-lag model; LCLM）。以下我們即分別介紹這兩種模型的原理與應用。

11.4.1 潛在自我迴歸模型

假設今天有某個潛在變數重複測量 n 次，這 n 個潛在變數之間可估計得到 C_2^n 個自我相關。從結構方程模式的角度來看，這組自我相關屬於測量模型的一部分，但是由於潛在變數隨著時間的遞延而具有發生先後的時序特徵，因此可以前一期的潛在變數 η_t 來解釋落後一期的潛在變數 η_{t+1}，稱為一階潛在自我迴歸模型（first-order latent auto-regression, LAR(1)M）。事實上，LAR(1)M 可以視為前一節所討論的潛在狀態模型（LSM）的進一步延伸，因此我們可以將圖 11.9 的自我相關改成迴歸參數，即可估計潛在自我迴歸效果（latent auto-regression effect），如圖 11.11 當中的 θ 係數，估計剩餘的殘差則分別由兩個誤差參數 ς 來估計。

圖 11.11 當中的測量誤差係以殘差相關來估計指標殊化效果，藉以估計殘差的自我相關。研究者也可以視需要改以指標因素來估計方法效應，皆可達到提高模式適配的目的。

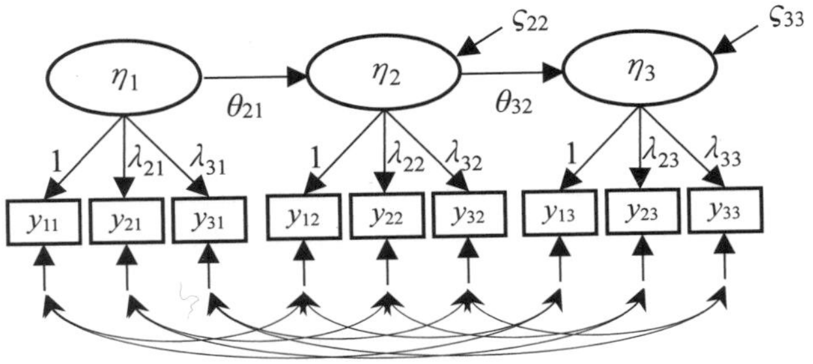

圖 11.11　一階潛在自我迴歸模型圖示

此外，依據先前所討論的縱貫因素恆等性原理，構成各期潛在變數的因素負荷量，除了作爲基準參照的負荷量設定爲 1.0（$\lambda_{11} = \lambda_{12} = \lambda_{13} = 1$）之外，其他自由估計的因素負荷量也應具有跨時恆等性，亦即 $\lambda_{21} = \lambda_{22} = \lambda_{23}$ 與 $\lambda_{31} = \lambda_{32} = \lambda_{33}$ 才能確保潛在構念的可比較性。

最後，圖 11.11 當中雖然沒有標示測量變數截距與潛在變數平均數，亦未納入不隨時間變動的潛在特質因素，這是因爲多數自我迴歸的研究者所關注的問題在於自我迴歸效果（θ 係數）是否顯著，而非平均數結構所代表的意義。但如果研究者想要在強恆等的前提下來進行 LAR(1)M，此時就必須納入平均數結構。因此，建議研究者在進行 LARM 時可將平均數結構納入估計，將可提供因素恆等性檢驗之所需。

進一步的，如果研究者想要兼顧穩定特質的評估，模型中可在 n 個一階潛在變數 η_n 之上，加入一個二階的潛在特質因素，同時處理潛在狀態與潛在特質跨越不同情境的 TSO 模型（trait-state-occasion model; Cole, 2012; Cole et al, 2005），將可得到更完整的平均數結構估計與變異數拆解，但所付出的代價就是模式變得更加複雜，需要題目至少三題且重複測量次數不能少於三次。

11.4.2 潛在交叉延宕模型

如果研究者除了進行 n 次潛在變數 η 的重複測量，也同時進行 n 次另一個潛在變數 ξ 的重複測量，這兩個平行的潛在變數時序重複測量可以套用交叉延宕模型來進行潛在交叉延宕模型分析，如圖 11.12 所示。

圖 11.12 所呈現的交叉延宕模型同時帶有自我迴歸參數，因此是一階潛在自我迴歸交叉延宕模式（first-order latent auto-regression cross-lag model; LAR(1)CLM），此時不僅可以估計 η 與 ξ 的自我迴歸效果，$\theta\eta_{21}$、$\theta\eta_{32}$、$\theta\xi_{21}$、$\theta\xi_{32}$，同時也可估計潛在交叉延宕效果（latent cross-lag effect），$\theta\eta_2\xi_1$、$\theta\xi_2\eta_1$、$\theta\eta_3\xi_2$、$\theta\xi_3\eta_2$。

由圖 11.12 可知，LAR(1)CLM 的測量誤差結構也是以殘差相關來估計指標殊化效果。但須注意的是，由於同一個波次下的兩個潛在變數 η 與 ξ 彼此之間並沒有設定任何參數，使得兩個同期下的潛在變數關係沒有被估計而殘留在殘差變異當中，因此應將 $\varsigma\eta_2\xi_2$ 與 $\varsigma\eta_3\xi_3$ 納入估計（圖 11.12 當中的虛弧線所示），藉以提高模式適配，並能估計同期構念的關係強弱。

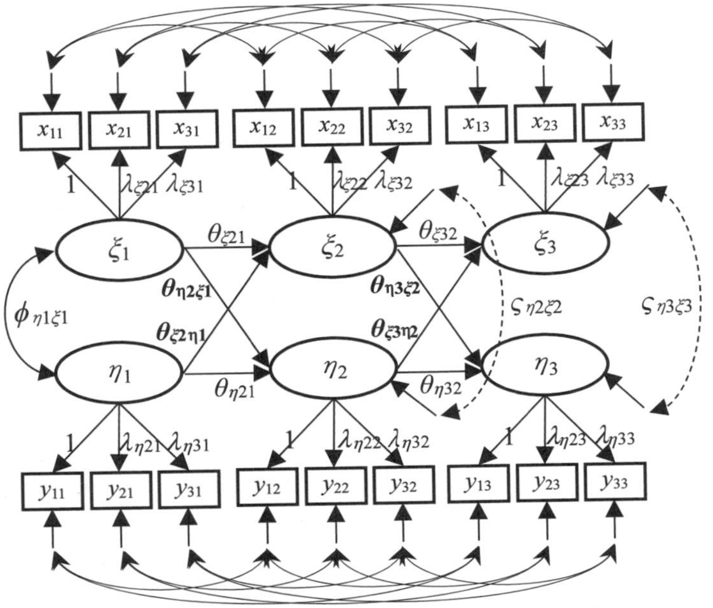

圖 11.12　一階潛在自我迴歸交叉延宕模型圖示

進一步延伸閱讀書目

Geiser, C. (2013). *Data Analysis with Mplus*. New York: Guilford Press.

Little, T. D. (2013). *Longitudinal structural equation modeling*. New York: Guilford Press.

McArdle, J. J., & Nesselroade, J. R. (2014). *Longitudinal data analysis using structural equation models*. Washington, D.C.: APA.

Newsom, J. T. (2015). *Longitudinal structural equation modeling: A comprehensive introduction*. New York: Routledge.

第五篇
中介與調節

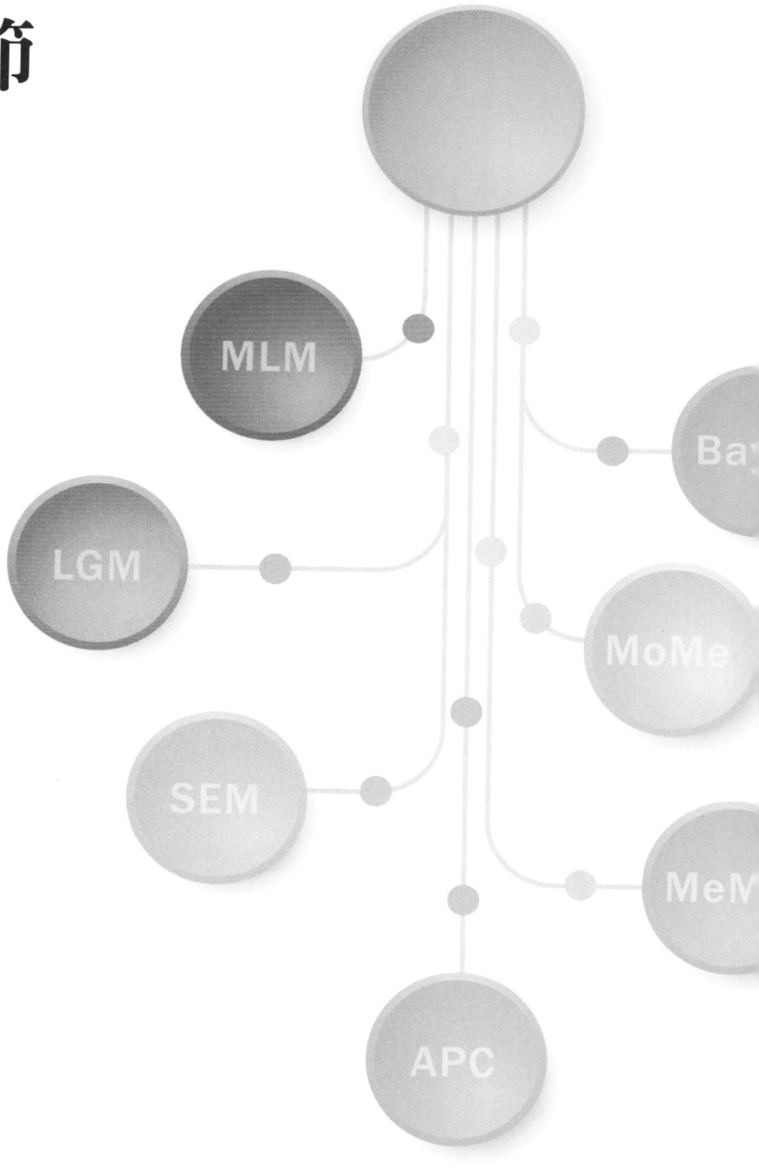

Chapter 12

中介與調節效果分析

12.1 前言

12.1.1 從相關到因果

不論是學術研究或日常生活，人們對於事情的因果（causation）不僅關心好奇，更影響人們的行爲與決策。例如人們常說，現代人的疾病與身心問題多半與缺乏運動有關，因此要運動，多運動會常保好心情與身體健康。在這句話當中，隱含相當多的因果議題，例如運動（x）是否爲疾病與身心問題的「因」，此外，運動是否就一定會引發正向情緒並確保健康這個「果」（y），在這些所謂的因果之間，是否存在什麼中間因素（z），例如體適能狀態，也就是說，運動提升體適能，體適能提升身心安適。甚至於，對於前述提到的「因」、「果」與中間歷程，在不同的狀況下，例如青少年學齡階段學生、上班族或銀髮族，是否有不同的意義，以及，這些條件化因果是否應該有一定的發生時序先後的要件，最後，或許更關鍵的問題是，統計模型是否可以估計因果、確知因果？

再舉一個管理議題來說明，人們常說幸福企業帶來快樂員工，但是其中的影響機制究竟爲何？如果今天以「組織氣氛」的優劣來反映幸福與否，員工的「工作滿意」得分作爲快樂員工的指標，當我們觀察到「組織氣氛」與「工作滿意」之間存在高度正相關時，似乎就可支持「組織氣氛」影響「工作滿意」的假設，但是眞正造成員工們滿意工作環境的原因可能是因爲經過了一個組織認同的過程，也就是「組織承諾」的中介作用，因此我們可以得到另一個假設：「組織氣氛」影響「組織承諾」進而影響「工作滿意」，同時我們也可以檢驗一下，是否

此一假設對於不同性別或職務位階的員工有不同的意義，亦即「性別」與「主管職」是否調節了前述的中介歷程。進一步的，如果將「組織氣氛」區分成員工個人的知覺（個體層次）與組織整體的現象（總體層次），前述假設的討論就提升到多層次分析的層次了。

事實上，從一般的調查研究或資料庫所獲得的資料都只是相關性的數據，而不是實驗操作得到的因果證據。凡是受過統計訓練者皆曾被殷殷告誡：「相關」不等於「因果」，從變數間的高度共變並無法確知因果關係，因爲變數共變存在著許多混淆變數的影響，也缺乏因果時序關係，然而變數之間的高相關隱涵了因果機制存在的可能性，藉由變數的安排與統計模型的檢定，研究者得以針對其所感興趣的假設進行檢證，使得我們雖然不能透過相關確知因果，但是仍能針對變數間的影響機制進行學術性的探討，進而應用到實務工作上。

本書對於影響機制的探詢，主要是針對變數間的關係進行「統計上」的分析，而不涉及研究設計如何進行的討論，但是爲了使統計結果能夠更符合事實，更能解釋方程式背後所存在的邏輯網絡（nomological network），本章特別就中介（mediation）與調節（moderation）的概念與分析方法加以討論，以便與後續的多層次及縱貫面中介式調節議題銜接，並利用 Mplus 來進行分析示範，擴展迴歸方法的應用，使研究者能提供更妥適的研究結論，更貼近眞實世界的推論與應用建議。

12.1.2 x、y、z 的三角關係

中介與調節是社會科學研究中重要的方法學概念，近年來受到研究者相當程度的重視。主要原因是研究者經常遇到第三變項的混淆與干擾而影響變數間的解釋關係。假設今天要以 x 解釋 y，可利用簡單迴歸原理取 y 對 x 做迴歸（regress y on x），得到斜率係數 c 來表示 x 對 y 的影響力如圖 12.1 所示。

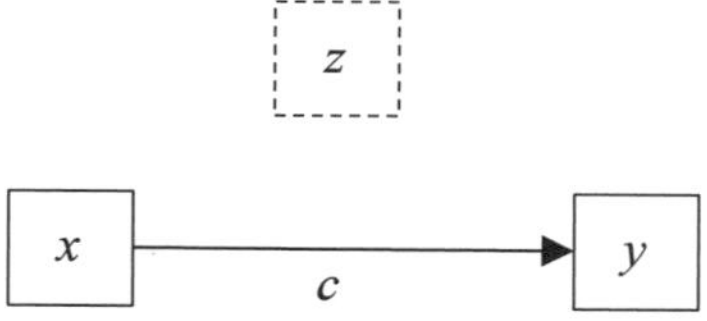

圖 12.1　兩個變數的簡單迴歸圖示

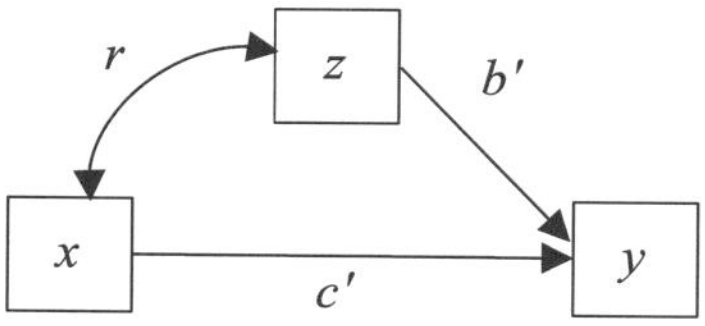

(a) 第三變數 z 為控制變數

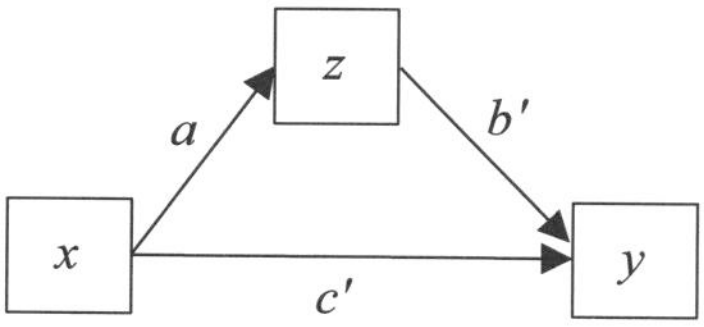

(b) 第三變數 z 為中介變數

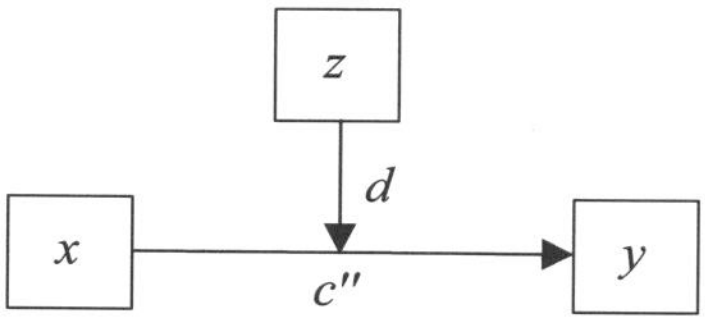

(c) 第三變數 z 為調節變數

圖 12.2　三種第三變數關係圖示

很明顯的，在眞實世界中，除了 x 與 y 之外，還可能存在一個或多個可能對於 $x \rightarrow y$ 的關係發生影響的第三變數。對於一個重要的第三變項，例如圖 12.1 當中的 z 變數，雖然存在附近，但如果沒有正確的納入控制或分析，不僅可能會造成係數估計的偏誤（高估或低估），也可能忽略第三變項可能與解釋變項所存在的交互作用，從而無法掌握第三變項對變項解釋關係的條件化作用。

在研究實務上，如果研究者對於兩變數的關係 $x \rightarrow y$ 可能受到第三變數 z 的影響時，最簡單的處理方式是採取多元迴歸策略，將 x 與 z 皆作為預測變數一併投入迴歸模型，透過 x 與 z 之間的統計控制來去除 z 對於 $x \rightarrow y$ 的干擾，此時第三變數 z 被稱爲控制變數（control variable）或干擾變數（confunding variable），如圖 12.2(a) 所示。圖 12.2(a) 當中 $x \rightarrow y$ 的迴歸係數改以 c' 表示，反映 x 對 y 的影響關係因爲 z 納入模型而發生改變：如果 $x \rightarrow y$ 的關係受到 z 的干擾呈現減弱或弱化時，原始所觀察到 $x \rightarrow y$ 的關係 c 稱爲虛假關係（spurious relationship）。相反的，$x \rightarrow y$ 的關係可能 z 的存在而提升時，干擾變數稱為壓抑項（suppressor），表示殘差變異因為納入 z 被「壓抑」而減少。

將 z 納入模型將使 $x \rightarrow y$ 的關係發生變化，主要是因為 x 與 z 之間存在一定的共變關係，以 r 表示（如圖 12.2(a) 當中的雙箭頭弧線所示），亦即第三章所討論的共線性問題。但在第三章當中，多元迴歸模型把共線性視為威脅而欲予以去除，但事實上，x 與 z 之間所存在的共變很可能反映了特殊的影響關係，如果加以正視，可能成為重要的發現。

例如，運動提升體適能（$x \rightarrow z$），然後，體適能提升後疾病不來（$z \rightarrow y$），形成一個 $x \rightarrow z \rightarrow y$ 影響路徑，又稱為中介關係，如圖 12.2(b) 所示。此時，第三變數 z 稱為中介者（mediator），扮演 x 與 y 中繼的角色。當 z 以中介變數處理時，$x \rightarrow y$ 的關係也將從 c 變成 c'，因此圖 12.2(b) 中 $x \rightarrow y$ 的關係與圖 12.2(a) 相同。

然而，體適能（z）被視為中介者，只是運動（x）與體適能（z）兩個預測變數之間存在關係的一種解釋與處理方式。另一種可能性則是體適能（z）扮演調節者（moderator）的角色：亦即 $x \rightarrow y$ 關係在不同的體適能狀況下會有不同的效果，換言之，運動量與體適能兩者可能一起聯合對於健康發生作用，亦即 x 與 z 對 y 存在交互作用（interaction effect），$x \rightarrow y$ 的效果必須就 z 的不同狀態發生條件性的變化，如圖 12.2(c) 所示。調節效果的強弱以 d 表示。

12.1.3 三角關係的迴歸方程式

若以線性迴歸模型來整理圖 12.2 當中的三種第三變數角色，可由預測方程式 (12-1) 至 (12-5) 來表述。

$$\hat{y} = \beta_{0c} + cx \tag{12-1}$$

$$\hat{y} = \beta_{0b} + bz \tag{12-2}$$

$$\hat{z} = \beta_{0a} + ax \tag{12-3}$$

$$\hat{y} = \beta_{0bc} + c'x + b'z \tag{12-4}$$

$$\hat{y} = \beta_{0bcd} + c''x + b''z + dxz \tag{12-5}$$

首先，方程式 (12-1) 至 (12-3) 是三個簡單迴歸方程式，藉以表現 $x \rightarrow y$、$z \rightarrow y$、$x \rightarrow z$ 三種關係，方程式當中的迴歸係數都是單獨只有一個解釋變數的零階係數。方程式 (12-4) 則將 x 與 z 一起納入作爲解釋變數，$(x+z) \rightarrow y$ 當中的兩個迴歸係數 b' 與 c' 是控制了另一個解釋變數下的淨效果。

由於圖 12.2(b) 當中 z 與 y 均作爲結果變數，因此可說是從方程式 (12-1)、(12-2)、(12-3) 延伸到方程式 (12-4) 的串連，而得到圖 12.2(b) 的中介關係；相對之下，圖 12.2(c) 當中僅有 y 作爲結果變數，但 x 與 z 之間具有交互作用，因此可視爲由方程式 (12-1)+(12-2) → (12-4) → (12-5) 的複雜化，最後得以討論變數如何發生調節的作用。以下，我們將提供中介與調節正式的定義，並以範例來進行說明。

12.2 中介效果

12.2.1 中介效果的定義與估計

根據韋伯字典的定義，中介（mediate）一詞是指位居中間的位置（to be in an intermediate position or sides），或是聯繫兩個人或物的中間傳遞者（to be an intermediary or conciliator between persons or sides），因此。中介效果（mediation effect）可定義成第三變數 z 在 x 與 y 兩變數當中所存在的傳遞效果，此時第三變數 z 作爲中介者，因此標示爲 Me。Me 的中介作用有兩種途徑：$x \rightarrow$ Me $\rightarrow y$ 與 $y \rightarrow$ Me $\rightarrow x$，但一般均以 y 作爲最後的結果（outcome），x 作爲最前面的前因（antecedence），因此在沒有特別說明的情況下，中介效果是指的 $x \rightarrow$ Me $\rightarrow y$ 影響歷程，以下，我們將介紹常用於中介效果評估的幾種方法。

12.2.1.1 多階段因果關係拆解法

由於中介效果涉及多個變數之間的影響關係，因此最務實的作法就是逐一檢視各係數的狀況，來判定中介效果是否存在。最經典的作法是依據 Baron 與 Kenny（1986）所建議的三步驟四條件原則，說明於後。

首先，第一個步驟是檢驗 $x \rightarrow y$ 解釋力，亦即迴歸係數 c 必須具有統計顯著性，如圖 12.3(a) 所示。其次，第二個步驟是檢驗 $x \rightarrow$ Me 的解釋力，亦即 a 必須具有統計顯著性，如圖 12.3(b) 所示。第三個步驟，若同時考慮 x 與 Me 對結

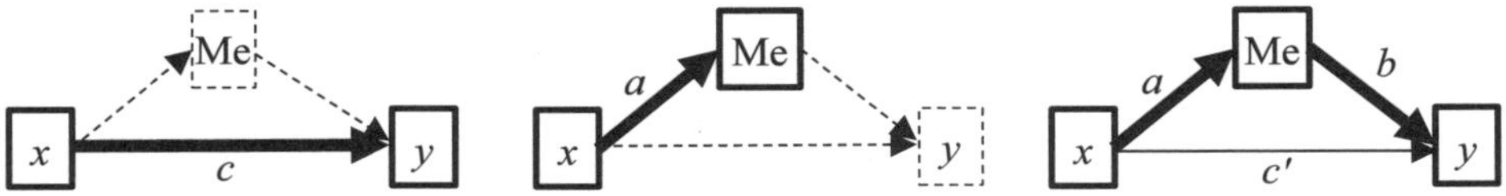

(a) 步驟一　　(b) 步驟二　　(c) 步驟三

圖 12.3　單一中介變數的步驟檢驗法圖示

果變數 y 的影響，Me → y 的效果 b 必須具有統計顯著性，但是 x 對 y 的解釋力 c 消失，即證實 x → y 的關係是經由 Me 傳遞所造成，如圖 12.3(c) 所示，稱爲完全中介效果（completed mediation effect）；如果 x 對 y 的解釋力 c 沒有完全消失，亦即 c 雖有明顯下降成 c'，但 c' 仍具有統計顯著性，則稱爲部分中介效果（partial mediation effect）。

12.2.1.2 間接效果估計法

另一種評估中介效果的策略，是計算間接效果（indirect effect）並進行顯著性檢定。在僅有 x、y、Me 三個變數存在的情況下，x → Me → y 的間接效果可由 x → Me 與 Me → y 兩個迴歸係數的乘積，或是由 x → y 的 c 到 c' 遞減量求得（MacKinnon, Warsi, & Dwyer, 1995），如方程式 (12-6)。

$$\text{indirect effect} = c - c' = a \times b \tag{12-6}$$

從效果拆解的關係來看，方程式 (12-1) 當中 x → y 的零階迴歸係數 c 稱爲總效果（total effect），由於 x 與 y 之間沒有任何中介變數，因此又可稱爲直接效果（direct effect）。當中介變數納入模型後，總效果被拆解成兩個部分：方程式 (12-4) 當中 x → y 的影響力 c' 係排除 z 的影響力後的淨效果，x → z 與 z → y 兩個直接效果迴歸係數乘積反映中介變數 z 的間接作用，這些效果具有加成性而可表述如下：

$$\text{總效果} = \text{直接效果} + \text{間接效果} = c' + a \times b \tag{12-7}$$

如果間接效果的顯著性檢定達到顯著水準，或是 c 到 c' 遞減量具有統計意義，即可作爲中介效果的證據。

12.2.2 間接效果的顯著性檢定

對於 $x \rightarrow y$ 納入單一中介變數 Me 的間接效果可由 a 與 b 的乘積來估計，如果可以找出 $a \times b$ 的抽樣分配，估計其標準誤，即可進行間接效果是否顯著不爲 0 的考驗或 .95 信賴區間的建立。最常用的檢驗公式是基於 Sobel（1982）所導出的 $a \times b$ 樣本估計數的標準誤，利用 z 檢定或 t 檢定來評估，稱爲 Sobel 檢定，Sobel 檢定公式如方程式 (12-8) 所示。

$$t = \frac{ab}{\sqrt{s_b^2 a^2 + s_a^2 b^2}} \tag{12-8}$$

方程式 (12-8) 的分母爲聯合標準誤，可由 a 與 b 的標準誤求得，並利用傳統 OLS 迴歸分析或 ML 估計，但由於 a 與 b 兩個非標準化迴歸係數的抽樣分配雖符合常態分配，但 a 與 b 的聯合機率分配（迴歸係數相乘）並不服從常態分配，而爲峰度爲 6 的高狹峰分配（Lomnicki, 1967; Springer & Thompson, 1966），同時如果解釋變數的平均數不爲零，還有非對稱的偏態問題，使得 Sobel（1982）所導出的標準誤爲偏估計值（biased estimator）且不符合常態要求，因此 Sampson 與 Breunig（1971）將標準誤進行修正：

$$s'_{ab} = \sqrt{s_b^2 a^2 + s_a^2 b^2 - s_b^2 s_a^2} \tag{12-9}$$

雖然方程式 (12-9) 修正了非常態問題，但是當樣本數太小時（少於 200）常會發生估計數爲負值的非正定問題而無法有效估計。Bobko 與 Rieck（1980）建議在進行中介效果分析前，先將 x、y、Me 進行標準化，並利用三者的相關係數來計算標準誤。

除了檢驗 ab 的顯著性，$c\text{-}c'$ 的標準誤也可以由個別係數標準誤求得，藉以進行 t 檢定或 .95 信賴區間的建立（Freedman & Schatzkin, 1992）。

$$t_{(N-2)} = \frac{c - c'}{\sqrt{s_c^2 + s_{c'}^2 - 2 s_c s_{c'} \sqrt{1 - r_{xz}^2}}} \tag{12-10}$$

雖然檢定方法與標準誤公式相繼被提出，但經過模擬研究發現，Sobel（1982）所提出的原始公式仍是效率最佳的間接效果標準誤（Mackinnon,

2008），這也是爲何多數軟體（例如 LISREL、EQS、Mplus）仍以 Sobel（1982）作爲間接效果的顯著性檢定方法。

12.2.3 拔靴標準誤的檢定方法

近年來，由於統計模擬技術的進步與電腦運算速度的提升，對於間接效果標準誤的估計，得以利用重複取樣技術來建立參數分配，求得參數的拔靴標準誤（boostraping standard error）（Efron & Tibshirani, 1993），用以建立 .95 信賴區間（.95CI）。其計算原理是以研究者所獲得之觀察數目爲 N 的資料爲母體，從中反覆進行 k 次（例如 k = 5000 次）的置回取樣（sampling with replacement）來獲得 k 次間接效果的參數分配，此一分配的標準差所反映即是間接效果的抽樣誤差，也就是標準誤。由於拔靴標準誤反映了「眞實的」參數抽樣分配，因此不需受限於常態機率與對稱分配的要求，因此可以利用拔靴標準誤所建立的間接效果參數分配，取其 2.5^{th} 與 97.5^{th} 百分位數數值爲上下界，檢視 .95CI 是否涵蓋 0，藉以判定間接效果是否顯著不爲 0。

基於拔靴標準誤所建立的 .95CI 雖不受分配型態的限制，但隨著所估計的參數類型不同，拔靴重抽得到的參數分配不對稱情況也各有不同，爲了改善拔靴 .95CI 上下界的對稱性，可進行偏誤校正（bias correction）（Efron & Tibshirani, 1993）。但是最近的一些模擬研究發現（例如 Biesanz et al, 2010; Falk & Biesanz, 2015），未經偏誤校正的拔靴信賴區間來評估間接效果的結果未必較差，有時反而有更理想的表現，例如在小樣本數（N < 200）時，保留正確的虛無假設的能力較佳（型一錯誤較低）。

不論是否經過偏誤校正，以拔靴法所建立的 .95CI 稱爲拔靴本位標準誤（bootstrapped-based confidence interval）（Muthén, Muthén & Asparouhov, 2016），在 Mplus 等主流軟體皆已納入拔靴功能來建立偏誤校正的拔靴信賴區間來評估間接效果的統計意義，如圖 12.4 所示，逐漸成爲檢驗間接效果的常規技術。

12.2.4 貝氏標準誤的檢定方法

除了拔靴本位 .95CI，貝氏估計標準誤也逐漸受到重視，並認爲可以取代拔靴標準誤來檢驗間接效果的統計意義（例如 Wang & Preacher, 2016）。事實上，

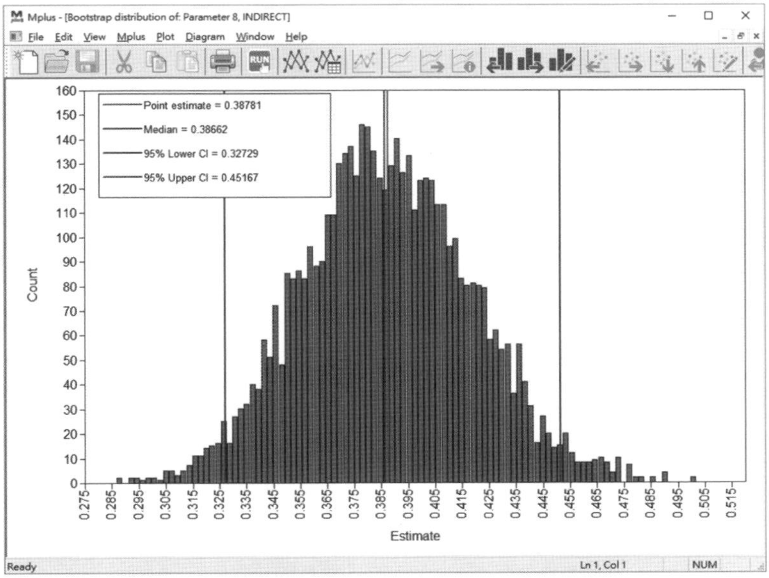

圖 12.4 間接效果 5000 次拔靴估計分配圖

貝氏估計法所建立的 .95CI 也如同拔靴法的估計程序，利用重抽技術來反覆取樣藉以獲得參數分配。貝氏方法的不同之處，是基於先驗分配資訊的導入，結合實際樣本的重抽分配，兩者加以整合之後所得到的參數後驗分配的標準差，亦即貝氏標準誤，進而建立貝氏置信區間（Baysians-based credibility interval）。以 Mplus 估計得到的貝氏後驗分配與 .95 置信區間如圖 12.5 所示。

應用貝氏方法來評估模型參數之所以具有高度優勢，主要有下列幾項原因：第一，貝氏估計能夠提供更豐富關於參數估計的資訊與模式適配評估的檢測（例如圖 12.6 列出了收斂過程的檢核圖表），其次是針對小型樣本所進行的分析有較佳的估計效率，不需要仰賴大樣本的證據。第三，在運算時可減少複雜的演算過程。第四是可以擴展到更多不同類型的模型參數估計，例如非簡單結構的因素分析模型。很明顯的，貝氏方法之所以重要，主要是其參數估計效能與運算上的優勢，而非限定於特定議題或方法上的應用。

貝氏標準誤的應用越來越容易進行，主要受惠於電腦科技效能的提升，以及馬可夫鏈蒙地卡羅（Markov Chain Monte Carlo; MCMC）演算法的應用。本書之所以選擇 Mplus 作爲多層次與縱貫資料分析的示範工具，主要的考量因素之一，

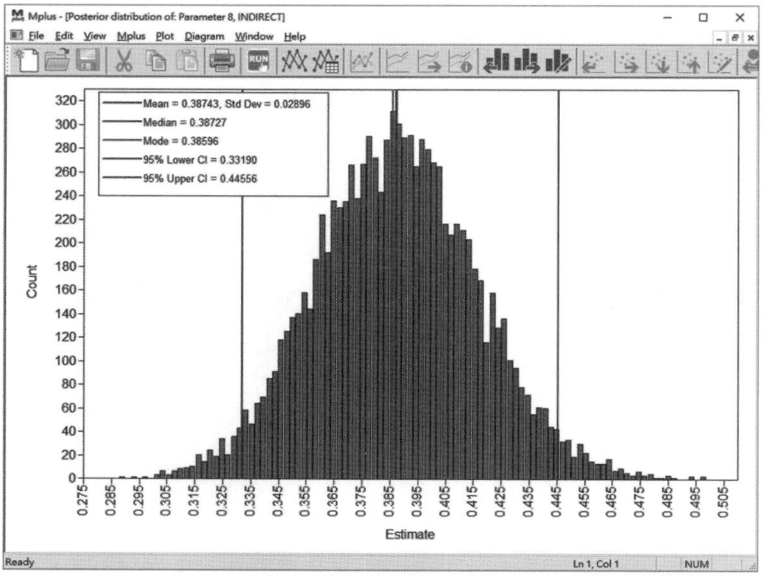

圖 12.5　間接效果 10000 疊代的貝氏估計分配圖

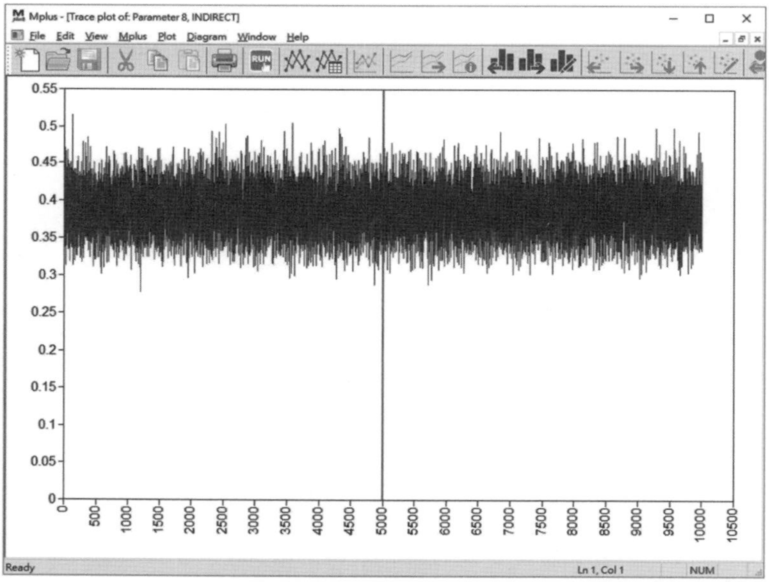

圖 12.6　間接效果貝氏估計軌跡圖

也即是因為 Mplus 將貝氏估計納入分析模組，大大簡化了貝氏估計的程式撰寫與模型設定工作。Muthén 與 Asparouhov（2012）於 *Psychological Methods* 所發表的貝氏結構方程模式（Bayesian structural equation modeling），乙文，詳細介紹結構方程模型當中的貝氏估計，並舉出實際範例以 Mplus 執行因素分析與結構方程模式分析。此外，Muthén et al（2016）專書的第九章也詳述了貝氏估計 Mplus 語法及檢驗程序，使得研究者不需再倚賴 WinBUGS（Spiegelhalter, Thomas, Best, & Lunn, 2003）或 R 軟體，直接導入迴歸為基礎的統計模式，可說是貝氏技術得以落實的重要關鍵，但是從文獻上來看，社會科學領域的實徵研究採用貝氏方法的仍屬少數。

在最近（Van de Schoot, Winter, Ryan, Zondervan-Zwijnenburg, & Depaoli, 2017）的一篇回顧 1990 至 2015 年間心理學領域的 1579 篇散見於各個心理學次領域的貝氏論文中，研究者指出貝氏方法主要是應用在迴歸方法（包括迴歸分析、變異數分析、因素分析、結構方程模式、多層次模型、項目反應理論等）（佔 47%），但所發表的論文性質則以原理討論為主，例如原理與技術（27.8%）、模擬研究（25.9%）加上教學指引（14.4%）就佔了三分之二，以人為樣本的實徵研究僅佔 22.6%。目前實徵研究會使用貝氏方法，其理由非常多元，絕大多數是因為「被迫」（forced-into），例如模型複雜無法收斂、用傳統的最大概似法（ML）或加權最小平方法（WLS）無法得解、資料違反統計假設等等，因此 Van de Schoot et al.（2017）認為貝氏方法的應用將會持續擴張而且會向社會科學各學門擴展應用議題。

12.2.5 中介效果分析範例

12.2.5.1 範例資料介紹

為了示範中介與調節效果分析，並與未來的多層次議題相連結，我們以溫福星與邱皓政（2009）所進行的一項關於組織氣氛與工作滿意的研究為基礎略做更動進行示範。本節先從單層次模型進行示範，後續再將相同的資料改以多層次模式來進行示範，讀者也可以比較兩者分析結果的差異。以下，我們先概略介紹該研究的理論背景。

從 Kurt Lewin 在三十年代提倡組織動態理論的觀點以來，組織行為研究者普遍認為組織氣氛是影響員工行為的重要原因，因為員工所知覺到的組織氣氛

（perceived organizational climate）可能會提升員工對於組織的認同感，進而影響員工的行爲表現與工作態度。至於組織承諾（organizational commitment）雖可反映員工的認同感，但學者將其內容區分成認同承諾（identical commitment）與工具承諾（intrumental commitment）兩者（Angle, 1983; Jaros et al. 1993; Wiener, 1982）：認同承諾著重於心理層次的感受與知覺，工具承諾則與管理實務當中的薪資福利有關。因此溫福星與邱皓政（2009）認爲：組織氣氛越好，員工的工作滿意越高，組織氣氛的影響透過認同承諾的提升而使工作滿意度增加；但是，組織氣氛對於工作滿意的影響則不會透過工具承諾的中介作用。前述研究假設涉及下列兩個中介效果的檢驗：

$x \rightarrow$ M1 $\rightarrow y$：組織氣氛→認同承諾（M1）→工作滿意

$x \rightarrow$ M2 $\rightarrow y$：組織氣氛→工具承諾（M2）→工作滿意

如果再增加性別與主管職作爲調節變數，整個模型就可能涉及兩個中介變數與兩個調節變數的複雜模型。本節將以中介效果爲主，下一節將納入調節變數，各變數的基本描述統計與相關係數列於表 12.1。

表 12.1　組織行為研究範例資料描述統計與相關係數（*N*=681）

	Mean	std	(1) 性別	(2) 主管職	(3) 工作 滿意	(4) 組織 氣氛	(5) 認同 承諾	(6) 工具 承諾
(1)性別(1:男)	0.530	0.500	1.00					
(2)主管職(1:主管)	0.270	0.447	.154**	1.00				
(3)工作滿意x	4.204	0.812	.007	.109**	(.718)			
(4)組織氣氛y	3.979	0.751	-.063	.075	.669**	(.886)		
(5)認同承諾m1	4.002	0.846	.025	.122**	.745**	.666**	(.776)	
(6)工具承諾m2	3.581	0.916	.018	-.145**	-.372**	-.268**	-.413**	(.653)

註：對角線上括弧內的係數爲 Cronbach's α 信度係數。性別以女性（編碼爲 0）爲參照組，主管職以非主管職（編碼爲 0）爲參照組。*p<.05 **p<.01

12.2.5.2 簡單中介模型範例

簡單中介模型（simple mediation model）是指僅具有前因、中介、結果三個變數的中介效果模型。在本範例中，因為中介變數有認同承諾與工具承諾兩者，因此本節的分析將分別針對兩個中介變數進行分析。Mplus語法如Syn12.2a所示。

Syn12.2a：組織行為研究的簡單中介模型分析（以認同承諾為例）

```
TITLE:          Syn12.2a Simple Mediation Model (M1) with
                bootrapping SE
DATA:           FILE = Ch12a.dat;
VARIABLE:       NAMES = CID y x m1 m2 gender leader;
                USEVARIABLES=y x m1;
ANALYSIS:       ESTIMATOR IS ML;
                BOOTSTRAP IS 5000;
MODEL:          y on x m1;
                m1 on x;
MODEL INDIRECT:
                y IND x;
OUTPUT:         TECH1 SAMPSTAT STDYX CINTERVAL(BCBOOTSTRAP);
PLOT:           TYPE = PLOT1 PLOT3;
```

Mplus 語法中的 **MODEL INDIRECT: y IND x** 是要求進行間接效果的估計與檢定，Mplus 除了報告各係數的檢定結果，也將會輸出效果分析的結果：

```
MODEL RESULTS

                                                      Two-Tailed
                    Estimate       S.E.    Est./S.E.    P-Value
M1   ON
  X                    0.750      0.035      21.154      0.000
Y    ON
  X                    0.336      0.039       8.594      0.000
  M1                   0.517      0.034      15.287      0.000

Intercepts
  Y                    0.797      0.116       6.875      0.000
  M1                   1.017      0.149       6.824      0.000

Residual Variances
  Y                    0.257      0.017      15.035      0.000
  M1                   0.397      0.027      14.702      0.000
```

```
TOTAL, TOTAL INDIRECT, SPECIFIC INDIRECT, AND DIRECT EFFECTS

                                                        Two-Tailed
                    Estimate       S.E.   Est./S.E.      P-Value
Effects from X to Y
  Total                0.724      0.034      21.312        0.000
  Total indirect       0.388      0.031      12.339        0.000
  Specific indirect
    Y  M1   X          0.388      0.031      12.339        0.000
  Direct
    Y  X               0.336      0.039       8.594        0.000
```

由前述報表可知，$x \rightarrow M1 \rightarrow y$ 當中三個直接效果 $x \rightarrow M1$、$M1 \rightarrow y$ 與 $x \rightarrow y$ 均具有統計意義：組織氣氛會影響認同承諾（$\beta = 0.75, z = 21.15, p < .001$）、認同承諾會影響工作滿意（$\beta = 0.517, z = 15.29, p < .001$）、組織氣氛也會影響工作滿意（$\beta = 0.336, z = 8.59, p < .001$）。$x \rightarrow M1 \rightarrow y$ 的間接效果（$0.388 = 0.75 \times 0.517$）也具有統計意義（$z = 12.34, p < .001$）。

至於總效果（0.724）即爲未放入任何中介變數時組織氣氛→工作滿意的原始效果，加入中介效果後，$x \rightarrow y$ 的迴歸係數由 0.724 降至 0.366，降幅即等於間接效果：$0.724 - 0.366 = 0.388$。

另一種間接效果檢驗的語法撰寫方式是採新參數設定法，將涉及間接效果的各參數標示代號 (a)、(b)、(c) 之後，在 **MODEL CONSTRAINT:** 指令下以新參數的方式設定各種效果，設定方法如 Syn12.2b 所示。

Syn12.2b：以新參數設定法估計中介效果

```
MODEL:        m1 on x  (a);
              y  on m1(b)
                    x(c);
MODEL CONSTRAINT:
              NEW (indirect total);
              indirect=a*b;
              total=a*b+c;
```

```
MODEL RESULTS
                                                    Two-Tailed
                    Estimate       S.E.  Est./S.E.    P-Value
 M1       ON
    X                  0.750      0.035     21.154      0.000
 Y        ON
    M1                 0.517      0.034     15.287      0.000
    X                  0.336      0.039      8.594      0.000
 Intercepts
    Y                  0.797      0.116      6.875      0.000
    M1                 1.017      0.149      6.824      0.000
 Residual Variances
    Y                  0.257      0.017     15.035      0.000
    M1                 0.397      0.027     14.702      0.000

New/Additional Parameters
    INDIRECT           0.336      0.039      8.594      0.000
    TOTAL              0.724      0.034     21.312      0.000
```

語法中的 **BOOTSTRAP IS 5000** 與 **CINTERVAL(BCBOOTSTRAP)** 指令則是要求執行 5000 次重複拔靴估計，藉以獲得間接與直接效果的信賴區間（bias-corrected bootstrap confidence intervals）。如果移除 **BOOTSTRAP** 指令，並僅以 **MODEL INDIRECT: y IND x** 搭配 **CINTERVAL** 指令，則會得出 Sobel 形式的傳統標準誤的 CI 估計。

如果比較表 12.2 當中三種 CI 估計結果，未經過拔靴抽樣估計得到的對稱信賴區間（symmetric CI）為 [0.332, 0.444]，與貝氏估計結果 [0.332, 0.446] 相近，兩者略小於拔靴抽樣的非對稱信賴區間（Non-symmetric CI）之 [0.327, 0.452]，但是兩者的差異並不大，顯示間接效果的常態性違反與偏態狀況並不嚴重，利用兩種標準誤所得到的檢定結果亦無不同，研究者可以選擇其中之一來進行結果的呈現。

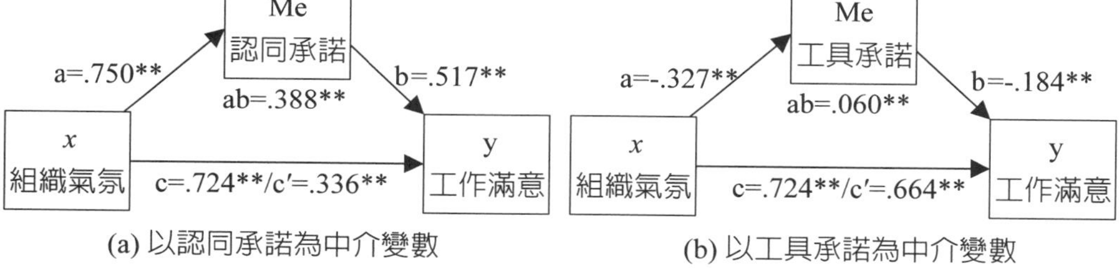

圖 12.7 簡單中介模型估計結果圖示

表 12.2　組織行為研究範例的簡單中介模型分析結果整理表

	ML估計		拔靴估計		貝氏估計	
	β(SE)	.95CI	β(SE)	.95CI	β(PSD)	.95CI
認同承諾為中介變數（M1）						
直接效果						
(a)x→Me	0.750 (0.032)	[.687,.813]	0.750 (0.035)	[.682,.819]	0.750 (0.032)	[.686,.814]
(b)Me→y	0.517 (0.031)	[.456,.577]	0.517 (0.034)	[.452,.584]	0.517 (0.031)	[.456,.577]
(c)x→y	0.336 (0.035)	[.268,.405]	0.336 (0.039)	[.259,.412]	0.337 (0.035)	[.269,.406]
間接效果	**0.388** **(0.029)**	**[.332,.444]**	**0.388** **(0.031)**	**[.327,.452]**	**0.387** **(0.029)**	**[.332,.446]**
總效果	0.724 (0.031)	[.664,.785]	0.724 (0.034)	[.657,.790]	0.724 (0.031)	[.664,.785]
工具承諾為中介變數（M2）						
直接效果						
(a)x→Me	-0.327 (0.045)	[-.416,-.239]	-0.327 (0.054)	[-.433,-.221]	-0.328 (0.045)	[-.417,-.239]
(b)Me→y	-0.184 (0.025)	[-.233,-.134]	-0.184 (0.031)	[-.245,-.125]	-0.184 (0.025)	[-.233,-.134]
(c)x→y	0.664 (0.031)	[.604,.724]	0.664 (0.035)	[.596,.731]	0.665 (0.031)	[.604,.725]
間接效果	**0.060** **(0.012)**	**[.037,.083]**	**0.060** **(0.015)**	**[.034,.092]**	**0.060** **(0.012)**	**[.038,.085]**
總效果	0.724 (0.031)	[.664,.785]	0.724 (0.034)	[.657,.790]	0.725 (0.031)	[.665,.786]

註：*x* 爲組織氣氛，*y* 爲工作滿意，Me 爲中介變數。PSD 爲後驗分配的標準差（Posterior S.D.）。

**p*<.05 ***p*<.01

12.2.6 多重中介模型範例

在本範例中，同時存在著兩個中介變數，因此除了分別進行兩個簡單中介模型，亦可將兩者合併，進行帶有多重中介變數的複雜模型。進一步的，模型中也可以將性別與主管別納入作爲控制變數，在進行中介效果分析時得以將這兩個控制變數的干擾效果加以排除。不帶與帶共變項的 Mplus 語法如 Syn12.2c 與 Syn12.2d 所示。

Syn12.2c：組織行為研究的多重中介模型分析（沒有共變項）

```
TITLE:       Multiple Mediation Model (M1+M2, No covariate)
DATA:        FILE = Ch12a.dat;
VARIABLE:    NAMES = NAMES = CID y x m1 m2 z1 z2;
             USEVARIABLES=y x m1 m2;
ANALYSIS:    ESTIMATOR IS ML;
             BOOTSTRAP IS 5000;
MODEL:       y on x m1 m2;
             m1 m2 on x;
             m1 with m2;
MODEL INDIRECT:
             y IND x;
OUTPUT:      TECH1 SAMPSTAT STDYX
             CINTERVAL(BCBOOTSTRAP);
PLOT:        TYPE = PLOT1 PLOT3;
```

Syn12.2d：組織行為研究的多重中介模型分析（納入共變項）

```
VARIABLE:    NAMES = CID y x m1 m2 z1 z2;
             USEVARIABLES=y x m1 m2 z1 z2;
ANALYSIS:    ESTIMATOR IS ML;
             BOOTSTRAP IS 5000;
MODEL:       y on x m1 m2 z1 z2;
             m1 m2 on x z1 z2;
             m1 with m2;
```

本模型特別之處在於模型中同時存在兩個平行的中介變數，而且這兩個中介變數之間可能存在一定程度的共變，但兩者關係並未納入估計而殘留在兩者的殘差當中，因此在語法當中必須增加一個 **m1 with m2** 的設定估計兩者關係，藉以吸收兩個中介變數的殘差變異，提升模型的適配度。

經由 **MODEL INDIRECT: y IND x** 指令，Mplus 將會得出兩組間接效果的估計與檢定結果。總效果仍爲未放入任何中介變數的 *x*→原始效果，因此其估計值與檢定結果不會改變。原始報表列於下方，分析結果整理於表 12.3。

```
MODEL RESULTS

TOTAL, TOTAL INDIRECT, SPECIFIC INDIRECT, AND DIRECT EFFECTS

                                                        Two-Tailed
                    Estimate       S.E.  Est./S.E.    P-Value
Effects from X to Y
  Total                0.724      0.034     21.312      0.000
  Total indirect       0.387      0.032     12.213      0.000

  Specific indirect
    Y
    M1
    X                  0.364      0.031     12.688      0.000

    Y
    M2
    X                  0.023      0.010      2.298      0.022
  Direct
    Y
    X                  0.337      0.039      8.554      0.000
```

由前述報表可知，$x \rightarrow$ M1 $\rightarrow y$ 的間接效果爲 0.364（$z = 12.69, p < .001$），$x \rightarrow$ M2 $\rightarrow y$ 的間接效果爲 0.023（$z = 2.30, p < .05$），兩者雖然均具有統計意義，但是經由工具承諾所傳遞的間接效果降低甚多，已經臨界 .05 的顯著水準，顯示工具承諾的中介效果較弱。

如果將性別與主管職效果納入控制，語法如 Syn12.2d，分析結果則一併列於表 12.3 以利比較。由數據可知，擔任主管者的認同承諾較高（$\beta = .119, z = 2.38, p < .05$），工具承諾較低（$\beta = -.265, z = -3.35, p < .001$），男性的認同承諾較女性爲高（$\beta = .097, z = 1.99, p < .05$），但是控制變數的納入對於中介效果當中的

表 12.3 組織行為研究範例的多重中介模型分析結果整理表

	無控制變數			有控制變數		
	β(SE)	Z	.95CI	β(SE)	Z	.95CI
直接效果						
(a1)x→M1	0.750(0.035)	21.15**	[.682,.819]	0.749(0.035)	21.58**	[.681,.816]
(a2)x→M2	-0.327(0.054)	-6.02**	[-.433,-.221]	-0.314(0.055)	-5.74**	[-.420,-.209]
(b1)M1→y	0.485(0.035)	13.76**	[.416,.554]	0.482(0.036)	13.46**	[.413,.551]
(b2)M2→y	-0.071(0.028)	-2.57**	[-.124,-.018]	-0.070(0.028)	-2.53**	[-.124,-.017]
(c)x→y	0.337(0.039)	8.54**	[.261,.413]	0.340(0.040)	8.56**	[.262,.416]
殘差相關	-0.181(0.039)	-7.05**	[-.233,-.131]	-0.175(0.025)	-6.88**	[-.226,-.125]
控制效果						
性別→M1				0.097(0.049)	1.99*	[.004,.192]
主管→M1				0.119(0.050)	2.38*	[.022,.216]
性別→M2				0.041(0.069)	0.59	[.259,.412]
主管→M2				-0.265(0.079)	-3.35**	[-.420,-.109]
性別→y				0.023(0.040)	0.58	[-.054,-103]
主管→y				0.020(0.043)	0.46	[-.063,.106]
效果分析						
間接效果1	**0.364(0.031)**	**11.69****	**[.304,.425]**	**0.361(0.031)**	**11.48****	**[.301,.424]**
間接效果2	**0.023(0.010)**	**2.30***	**[.005,.045]**	**0.022(0.010)**	**2.26***	**[.005,.043]**
間接效果	**0.387(0.032)**	**12.21****	**[.326,.449]**	**0.383(0.032)**	**12.04****	**[.322,.446]**
總效果	0.724(0.034)	21.31**	[.657,.790]	0.723(0.033)	21.60**	[.657,.788]

註：x 爲組織氣氛，M1 爲認同承諾，M2 爲工具承諾，y 爲工作滿意。兩個模型均使用重抽 5000 次的拔靴標準誤。*$p < .05$ **$p < .01$

兩個間接效果皆影響不大，組織氣氛對於工作滿意的直接效果雖然降低但仍然具有統計意義，因此結論仍爲部分中介效果。

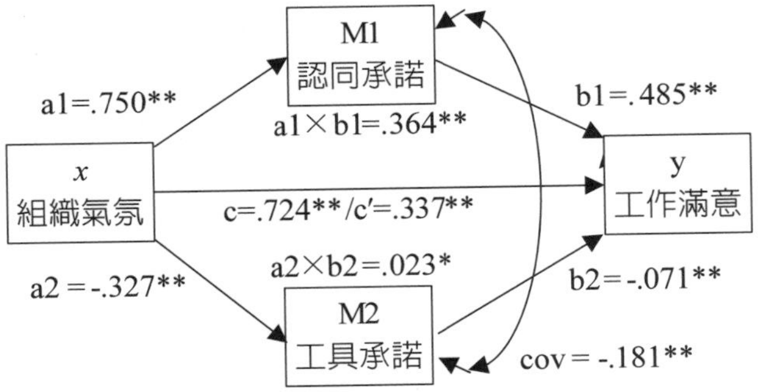

圖 12.8　**多重中介模型估計結果圖示（不帶共變項）**

12.3 調節效果

12.3.1 調節效果的定義與估計

調節效果是指某一個自變數（IV）對於依變數（DV）的解釋受到調節變數的不同狀態而發生改變。如果調節變數是類別變數，那麼 IV 對於 DV 的解釋或預測在調節變數的不同水準之下會有所不同，如果調節變數是連續變數，IV 對於 DV 的解釋或預測則會隨著調節變數的高低而發生變化。

調節效果的概念源起於二因子實驗設計中 A 與 B 兩個因子對於 DV 所發生的交互效果。當 A 與 B 兩個 IV「聯合」對於依變數 y 發生作用，此時兩個 IV 在 DV 上所造成的效果稱爲*主要效果*（main effect），兩個 IV 聯合對 y 所產生的 A×B 影響力稱爲交互作用。

在迴歸分析中，如果取 x 來對 y 進行解釋，其直接效果可由簡單迴歸估計所得到的 β_1 係數表示，如果今天要將第三變數 Mo 作爲 $x \rightarrow y$ 關係的調節者，必須增加兩項來進行非線性迴歸分析：第一項是 Mo $\rightarrow y$ 的直接效果，影響力以 β_2 表示，第二項是 x×Mo $\rightarrow y$ 的交互作用，影響力以 β_{int} 表示，此時稱爲*帶有交互作用的迴歸*（regression with interaction），如圖 12.9 的統計效果拆解圖所示。

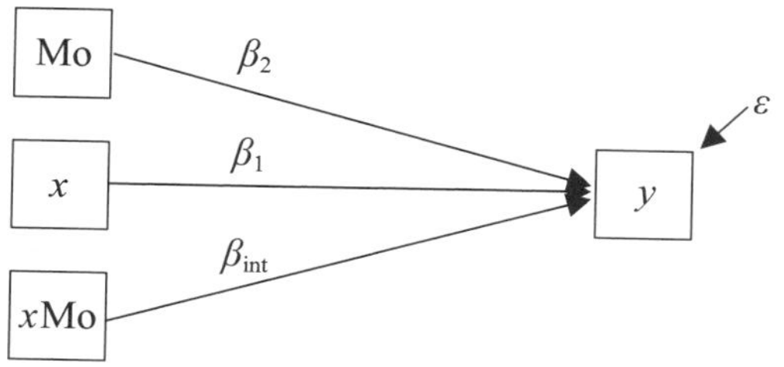

圖 12.9　帶有交互作用的迴歸分析效果拆解圖示

多元迴歸包含交互作用項，可進行調節效果分析，因此又稱爲調節迴歸（moderated multiple regression; MMR）。迴歸方程式如下：

$$y = \beta_0 + \beta_1 x + \beta_2 Mo + \beta_{int} xMo + [\varepsilon] \tag{12-11}$$

若 β_{int} 顯著不爲 0，表示交互作用存在，可據以進行 $x \rightarrow y$ 關係的調節效果分析。但如果 β_{int} 不顯著，表示 x 與 Mo 無交互作用，可將交乘項移除，僅保留 Mo 變數在模型中作爲控制變數之用。

如果對比實驗設計的交互作用分析，交互作用迴歸方程式 (12-11) 當中的係數 β_1 與 β_2 爲主要效果，但由於實驗設計當中的 IV 均爲類別變數且相互獨立，因此主要效果並非建立在線性關係的假設之上，而是以平均數變異數估計値來反映，相對之下，交互作用迴歸當中 IV 並非相互獨立，β_1 與 β_2 均爲線性關係的淨估計値，因此不宜稱爲主要效果，而應稱爲簡單效果（simple effect）（Aiken & West, 1991）。其中 β_1 爲當 Mo = 0 時 $x \rightarrow y$ 的影響力；同樣的，β_2 爲當 $x = 0$ 時 Mo $\rightarrow y$ 的影響力，兩者均爲當其他作用項均存在於模型中的淨效果的一種特例，因此這兩個效果項均爲簡單效果。

12.3.2 調節效果的解釋策略

12.3.2.1 調節效果為簡單效果

調節效果的解釋是利用簡單效果的概念來進行。當交互作用迴歸方程式 (12-11) 當中的交互作用 β_{int} 具有統計意義時，表示 $x \rightarrow y$ 的影響力在 Mo 的不同狀態有所不同。同樣的，我們也可以解釋爲 Mo $\rightarrow y$ 的影響力在 x 的不同狀態會有所變化，換言之，交互作用可能發生在 Mo 對 $x \rightarrow y$ 的效果的調節，也可能發生在

x 對 Mo → y 的效果的調節，但一般在實務上，研究者僅會指定其中一個變數作爲調節變數，不會同時檢驗 x 與 Mo 的調節效果。

交互作用迴歸的調節效果分析，可利用方程式 (12-11) 的移項重整來進行說明。如果今天令 Mo 爲 $x \rightarrow y$ 的調節變數，方程式 (12-11) 重整如下：

$$\begin{aligned} y &= \beta_0 + \beta_1 x + \beta_2 Mo + \beta_{\text{int}} xMo + [\varepsilon^y] \\ &= (\beta_0 + \beta_2 Mo) + (\beta_1 + \beta_{\text{int}} Mo)x + [\varepsilon^y] \\ &= \beta_0^* + \beta_1^* x + [\varepsilon^y] \end{aligned} \tag{12-12}$$

方程式 (12-12) 當中，$(\beta_0 + \beta_2 Mo)$ 與 $(\beta_1 + \beta_{\text{int}} Mo)$ 爲 $x \rightarrow y$ 簡單迴歸在納入調節變數後的新截距（β_0^*）與新斜率（β_1^*），這兩者均爲隨 Mo 變化的**變動係數**（varying coefficient）而非固定值：

$$\beta_0^* = \beta_0 + \beta_2 Mo \tag{12-13}$$

$$\beta_1^* = \beta_1 + \beta_{\text{int}} Mo \tag{12-14}$$

換言之，在調節迴歸當中，Mo 作爲調節變數，將透過兩個途徑影響 $x \rightarrow y$ 的迴歸方程式：β_2 調整 $x \rightarrow y$ 的截距（方程式 (12-13)），β_{int} 調整 $x \rightarrow y$ 的斜率（方程式 (12-14)），因此必須提醒讀者的是：一般所謂的調節效果多是針對 β_{int} 而來，探討 $x \rightarrow y$ 的解釋力（斜率）如何隨著 Mo 變動而改變（斜率的調節），因此 β_{int} 的統計意義是交互作用迴歸的主要核心。然而，$x \rightarrow y$ 的截距也會因爲 Mo 的改變而變動（截距的調節），截距調節的幅度由 β_2 反映。但是由於截距高低並非反映 $x \rightarrow y$ 的解釋力的強弱，使得 β_2 的顯著性並不受重視。

12.3.2.2 斜率係數的調節

由方程式 (12-14) 可知，斜率 β_1^* 會隨著 Mo 的變動而改變，β_1^* 變動程度由 β_{int} 反映。從統計的觀點來看，只有當 β_{int} 具有統計意義（顯著不爲零，$\beta_{\text{int}} \neq 0$）時，$\beta_1^*$ 係數增減才有意義，如果 β_{int} 沒有統計意義（$\beta_{\text{int}} = 0$）時，$x \rightarrow y$ 的影響力不會隨 Mo 的變動而變化，亦即 $\beta_1^* = \beta_1$。

當 β_{int} 係數具有統計意義，$x \rightarrow y$ 的斜率將被 Mo 所調節，調節的方向由 β_{int} 係數的正負向來稱呼：如果 β_{int} 爲正值，β_1^* 將隨 Mo 放大而放大，稱爲**正向調節**

表 12.4 斜率受 Mo 調節的變動方向整理表

估計值	交互作用係數的影響		
	$\beta_{int}>0$ 正向調節	$\beta_{int}=0$	$\beta_{int}<0$ 負向調節
$\beta_1>0$	β_1^*隨Mo放大正值更加趨正（正效果正調節）	$\beta_1^*=\beta_1$	β_1^*隨Mo放大正值趨緩轉負（正效果負調節）
$\beta_1<0$	β_1^*隨Mo放大負值趨緩轉正（負效果正調節）	$\beta_1^*=\beta_1$	β_1^*隨Mo放大負值更加趨負（負效果負調節）

（positive moderation），如果 β_{int} 爲負值，β_1^*將隨 Mo 放大而降低，稱爲負向調節（negative moderation）。由方程式 (12-14) 可知，若 Mo = +1，$\beta_1^*=\beta_1+\beta_{int}$，$x\rightarrow y$ 的斜率將上升 β_{int} 個單位，若 Mo = -1，$\beta_1^*=\beta_1-\beta_{int}$，$x\rightarrow y$ 的斜率將下降 β_{int} 個單位。

由於 β_1 與 β_{int} 係數均可能有正有負，當 β_{int} 係數存在不同正負號方向時，β_1^* 係數的增減也有不同的意義。斜率正負值與交互作用的正負值的配對關係，會影響係數的解釋方式，必須審慎處理，如表 12.4 所示。

當 β_1 或β_1^*爲正，表示 x 對 y 有正向影響力（正效果），β_1 或β_1^*爲負，表示 x 對 y 有負向影響力（負效果）。若有正向的調節效果（$\beta_{int}>0$）且 β_1 爲正，表示當 Mo 放大，x 對 y 的正向影響力逐漸升高，當 Mo 變小，x 對 y 的正向影響力逐漸降低甚至轉爲負向影響，顯示調節變數 Mo 對 $x\rightarrow y$ 的正向影響力有隨 Mo 向上強化及隨 Mo 向下弱化的順向效果，稱爲正效果正調節，如圖 12.10(a) 所示。相對之下，若交互作用爲負值（$\beta_{int}<0$）且 β_1 爲正，當 Mo 放大，x 對 y 的正向影響力逐漸降低甚至可能轉爲負值，當 Mo 變小，x 對 y 的正向影響力反而增加，顯示調節變數 Mo 對 $x\rightarrow y$ 的正向影響力有隨 Mo 向上弱化及隨 Mo 向下強化的逆轉效果，稱爲正效果負調節，如圖 12.10(b) 所示。

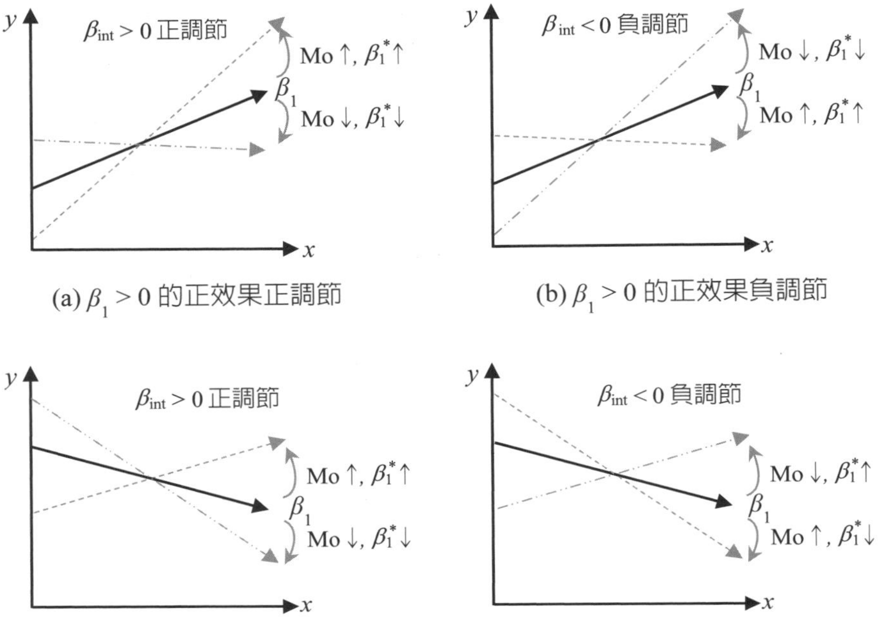

(a) $\beta_1 > 0$ 的正效果正調節　(b) $\beta_1 > 0$ 的正效果負調節

(c) $\beta_1 < 0$ 的負效果正調節　(d) $\beta_1 < 0$ 的負效果負調節

圖 12.10　不同斜率方向的正負調節效果圖示

若 β_1 爲負值，顯示 x 對 y 有負向的影響，此時若遇上 $\beta_{int}>0$，隨著 Mo 放大，x 對 y 的負向影響力逐漸降低甚至轉爲正向，當 Mo 變小，x 對 y 的負向影響力反而逐漸增強，稱爲負效果正調節，如圖 12.10(c) 所示，雖然名爲「正向」調節，但是會使原來的負向效果隨 Mo 增加變弱轉正，是一種效果方向發生隨 Mo 的逆轉現象。

當 β_1 爲負值遇上負向交互作用（$\beta_{int}<0$），表示當 Mo 放大，x 對 y 的負向影響力逐漸強化，當 Mo 變小，x 對 y 的負向影響力減弱，稱爲負效果負調節。由名稱可知：負負得正，隨 Mo 向上而負向效果強化、隨 Mo 向下負向效果變弱，如圖 12.10(d) 所示，雖然因爲 $\beta_{int}<0$ 而稱爲「負向」調節，但是卻將使原來的負向效果隨 Mo 增加變得更強，亦即 $x \rightarrow y$ 效果方向順向放大的調節效應。

12.3.2.3 截距係數的調節

由方程式 (12-13) 可知，模型納入調節變數後，$x \rightarrow y$ 的截距將發生變動：β_0^* 增減變動幅度由 β_2 決定：當 Mo = +1，$\beta_0^* = \beta_0 + \beta_2$，$x \rightarrow y$ 的截距將上升 β_2 個單位，若 Mo = -1，$\beta_0^* = \beta_0 - \beta_2$，$x \rightarrow y$ 的截距將下降 β_2 個單位。

由於截距反映 x 經迴歸方程式轉換後對 y 軸投射的垂直高度，因此不論 β_0 爲正值或負值，β_0^* 的解釋並沒有太大困難：$\beta_2 > 0$ 將使截距 β_0^* 隨 Mo 放大逐漸升高，如果 β_0 爲正則隨 Mo 而正值更高，是一種正截距正調節，如果 β_0 爲負則隨 Mo 增加使截距趨近零甚至轉正，是一種負截距的正調節；相對的，$\beta_2 < 0$ 將使截距 β_0^* 隨 Mo 放大逐漸降低，當 β_0 爲正，截距隨 Mo 增加而降低，是一種正截距負調節，當 β_0 爲負則呈現隨 Mo 增加而截距越低，是一種負截距負調節。

12.3.3 調節效果的分析與檢定

從分析的先後次序來看，調節效果是當交互作用具有統計顯著性之後的事後檢驗（post hoc test）。換言之，交互作用是一個整體考驗，檢驗兩個 IV 是否會一起聯合對 DV 產生影響。調節效果則是交互作用下的一種特例，反映某一個 IV 作爲調節變數的情況下，其不同水準或程度高低下的另一個 IV 對 DV 的影響力是否發生改變。從操作的角度來看，調節效果分析會因爲調節變數是類別或連續變數而有所不同，但原理則相同。

12.3.3.1 調節變數為類別變數

基本上，類別調節變數由於變數數值相對較少（水準數爲 k），調節效果的分析相對單純。首先，研究者必須先將類別調節變數轉換成 k-1 個虛擬變數，並創造 k-1 個交互作用項，然後就帶有交互作用項的多元迴歸進行整體考驗，檢視 k-1 個交互作用項是否顯著，如果交互作用顯著，研究者僅需分別就調節變數的不同水準，進行 k 次的 $x \rightarrow y$ 的簡單迴歸分析，即可得知在調節變數的不同水準下，$x \rightarrow y$ 的影響力分別爲何，稱爲分組迴歸（separated regression）。

例如當調節變數 Mo 有兩個水準時，需進行兩個分組迴歸，如果有 k 組，則進行 k 次分組迴歸。如果調節變數編碼爲 {0,1} 的二分變數，更直接的作法是估計含交互作用項的調節迴歸方程式（如方程式 (12-11)），令 Mo = 0 與 Mo = 1，即可導出兩組簡單迴歸方程式。作圖時，僅需繪製出各水準下的迴歸線，$x \rightarrow y$ 的解釋力的差異將反應在迴歸線的斜率差異。

特別值得注意的是，在進行分組迴歸係數的顯著性檢定時，必須留意標準誤的計算，並且顯著水準 α 需除以 k，使型一誤差維持在恆定的 α 水準之下。一般而言，坊間統計軟體（例如 Mplus）皆會直接套用正確的標準誤公式，求得正確的檢定量。

12.3.3.2 調節變數為連續變數

如果調節變數與 x 都是連續變數時，調節效果分析就相對複雜。這是由於連續調節變數的數值範圍爲連續光譜，並沒有特定的固定狀態，研究者必須自行定義調節變數的不同「水準」，來討論 $x \rightarrow y$ 關係的變化。

如果 Mo 與 x 都是連續變數，且交互作用顯著不爲 0，研究者必須指定其中一個爲調節變數，另一個爲被調節的變數。然後尋找反映調節變數高低水準的分割點（例如在調節變數平均數以上及以下一個或兩個標準差的位置），此時將可得到調節變數（以 z 表示）的平均數（z_M）、加一個（或兩個）標準差得到高限（upper limit; z_H）與減一個（或兩個）標準差得到低限（lower limit; z_L）等三個條件值（conditional value; CV），據以進行 $x \rightarrow y$ 簡單迴歸。此一程序類似於把 z 變數區分成高、中、低三個強度，建立三組條件迴歸方程式來檢視 $x \rightarrow y$ 的影響力。亦即：

$$y^{z_H} = \beta_0^{z_H} + \beta_1^{z_H} x + [\varepsilon^{z_H}] \tag{12-15}$$

$$y^{z_M} = \beta_0^{z_M} + \beta_1^{z_M} x + [\varepsilon^{z_M}] \tag{12-16}$$

$$y^{z_L} = \beta_0^{z_L} + \beta_1^{z_L} x + [\varepsilon^{z_L}] \tag{12-17}$$

這三組迴歸的截距與斜率稱爲簡單斜率（simple slope）與簡單截距（simple intercept），其各自的顯著性可以利用調整標準誤 s_b^* 來進行 t 檢定，s_b^* 算式如下（Aiken & West, 1991, p.16）：

$$s_b^* = \sqrt{s_{11} + 2Zs_{13} + Z^2 s_{33}} \tag{12-18}$$

其中 s_{11} 與 s_{33} 是迴歸係數 β_1（x 的直接效果）與 β_{int}（x 與 z 的交互效果）的變異數，可經由 OLS 迴歸係數的變異數與共變項矩陣中獲得。

12.3.3.3 變數中心化

爲了便於結果解釋與交互作用圖的繪製，一般在進行交互作用迴歸之前，多會先將連續變數以總平均數進行中心化，使連續變數的平均數設定爲 0，亦即進行總平減，利用離均差來進行主要效果或交互作用的估計（Aiken & West, 1991）。至於交互作用項亦是利用平減後的變數進行相乘，使交乘項也具有離均差的性質。

値得注意的是，兩個平均數爲零的變數相乘後所得到的交乘項平均數爲兩個變數的共變數（Bohrnstedt & Gikdberger, 1969; Hays, 1988）：

$$E((x-\bar{x})(Mo-\overline{Mo}))=\text{cov}(x,Mo) \tag{12-19}$$

換言之，除非兩個變數的共變爲 0，否則交乘項平均並非爲零。如果方程式截距要回到 $\bar{Y}$ 的位置，交乘項還必須再進行一次平減，亦即進行共變數中心化（減去交互作用項的平均數）。

12.3.4 類別化調節效果分析範例

在先前的中介效果分析範例中，我們使用了溫福星與邱皓政（2009）的多層次組織氣氛與工作滿意研究數據，進行單層次中介效果分析方法的示範，目的在使讀者瞭解分析的程序與資料解讀方法。同樣的，本節則繼續利用該資料庫當中的變數來進行調節效果分析示範，雖然檢驗的內容未必符合理論或經驗上的合理性，但希望能使讀者瞭解分析方法與步驟。

延續前面的中介效果分析範例，本節仍以組織氣氛（x）來解釋員工的工作滿意（y），另外選擇主管別（類別變數）與工具承諾（連續變數）作爲調節變數，以呈現兩種不同類型的調節變數的分析方式。爲了示範的目的，本節試著提出以下的研究假設：

假設一：組織氣氛對於工作滿意的影響，受到主管別的調節。擔任主管者的組織氣氛對於工作滿意的影響關係較強，非主管的組織氣氛對於工作滿意的影響關係較弱。（類別化調節變數假設）

假設二：組織氣氛對於工作滿意的影響，受到工具承諾高低的調節。當工具承諾越高，組織氣氛對於工作滿意的影響關係越弱，當工具承諾越低，組織氣氛對於工作滿意的影響關係越強。（連續性調節變數假設）

在假設一中，組織氣氛對於工作滿意的影響受到類別化的主管別變數所調節，因此模型當中除了「組織氣氛」（*x*）作爲解釋變數之外，還必須加入「主管別」（*leader*）與「組織氣氛」×「主管別」（INTER1）兩項，Mplus 語法如 Syn12.3a 所示。

Syn12.3a：組織行為研究的基本調節模型分析（類別化調節變數）

```
TITLE:          Basic moderation model (categorial moderator)
DATA:           FILE = Ch12a.dat;
VARIABLE:       NAMES = CID y x m1 m2 gender leader;
                USEVARIABLES=y x leader INTER1;
DEFINE:         CENTER x (GRANDMEAN);
                INTER1=x*leader;
ANALYSIS:       ESTIMATOR IS ML;
MODEL:          y on x leader
                INTER1 (interaction);
MODEL TEST:     0 = interaction;
```

爲了使結果易於解釋，我們先利用 DEFINE 指令下的 CENTER 將組織氣氛變數進行平減，使其平均數爲 0，然後再與調節變數進行相乘得到交互作用項 INTER1。最後在 MODEL 指令中，同時投入 x、leader、INTER1 三項以進行帶有交互作用的迴歸分析，參數估計結果如下：

```
MODEL RESULTS
                                                         Two-Tailed
                    Estimate       S.E.  Est./S.E.    P-Value
Y    ON
  X                    0.710      0.034     20.693      0.000
  LEADER               0.105      0.052      2.012      0.044
  INTER1               0.049      0.078      0.633      0.527

Intercepts
  Y                    4.174      0.027    154.289      0.000

Residual Variances
  Y                    0.361      0.020     18.453      0.000

R-SQUARE

  Observed                                               Two-Tailed
  Variable          Estimate       S.E.  Est./S.E.    P-Value

  Y                    0.452      0.028     16.010      0.000
```

由前述的結果可知，交互作用項並未具有統計意義（$\beta = 0.049, z = 0.63, p = .527$），但是兩個主要效果組織氣氛（$\beta = 0.71, z = 20.69, p < .001$）與主管職（$\beta = 0.105, z = 2.01, p < .05$）皆會顯著正向影響工作滿意。顯示假設一並未獲得支持。

在 Mplus 中，可利用 MODEL 指令下的交互作用參數賦予 (interaction) 爲其標籤，使得可以利用 **MODEL TEST: 0=interaction** 來檢驗交互作用項估計值是否顯著不爲 0。分析結果如下：

```
Wald Test of Parameter Constraints

   Value                                 0.400
   Degrees of Freedom                        1
   P-Value                              0.5270
```

由於 Wald = 0.400 表示額外釋放一個參數將使模式適配變差，χ^2 數值增加 0.400，此一增幅經 Wald-test 檢定並未達顯著水準（$p = .527$），與參數估計當中交互作用項的 z-test 結果相同。

經由前述的交互作用迴歸可知，主管別無法調節組織氣氛對於工作滿意的影響，整體迴歸方程式如下：

$$\hat{y} = \beta_0 + \beta_1 x + \beta_2 Leader + \beta_{\text{int}} x \times Leader \\ = 4.174 + 0.710x + 0.105Leader + 0.049x \times Leader \tag{12-20}$$

將 Leader 代入 1 與 0 將分別得到擔任主管職與非主管職的 $x \rightarrow y$ 簡單迴歸方程式如下：

$$\hat{y}_{Leader=1} = (4.174 + 0.105) + (0.710 + 0.049)x = 4.279 + 0.759x \tag{12-21}$$

$$\hat{y}_{Leader=0} = 4.174 + 0.710x \tag{12-22}$$

兩者斜率與截距相當，若以交互作用圖來表現，兩者幾乎為平行直線，如圖 12.11 所示。

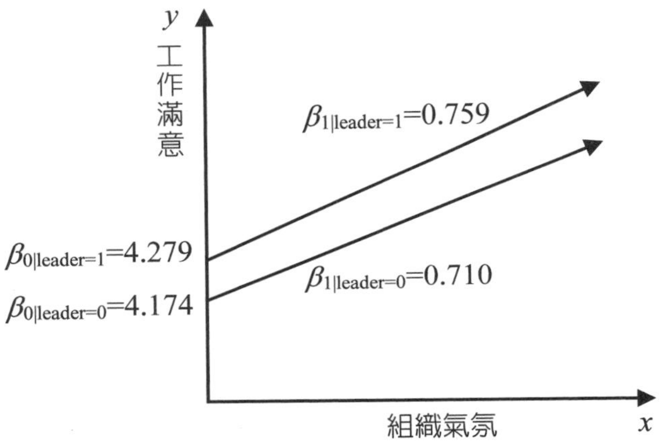

圖 12.11　類別化調節變數的交互作用圖

12.3.5 連續性調節效果分析範例

假設二所使用的調節變數為工具承諾，因此調節效果分析模型將把「組織氣氛」（x）與工具承諾同時作為解釋變數，並加入兩者平減後的交互作用項，其他各項設定與先前類別調節變數相同。Mplus 語法如 Syn12.3b 所示。

Syn12.3b：組織行為研究的基本調節模型分析（連續性調節變數）

```
TITLE:        Basic moderation model (continuour Mo)
DATA:         FILE = Ch12a.dat;
VARIABLE:     NAMES = CID y x m1 m2 gender leader;
              USEVARIABLES=y x m2 INTER2;
DEFINE:       CENTER x m2 (GRANDMEAN);
              INTER2=x*m2;
ANALYSIS:     ESTIMATOR IS ML;
MODEL:        y on x   (b1)
                m2     (b2)
                INTER2 (int);
MODEL TEST: 0 = int;
MODEL CONSTRAINT:
              PLOT(main);
              LOOP(m2,-1.832,1.832,0.1);
              main = (b1+int*m2);
```

同樣的，兩個連續變數均先經過平減後再相乘得到交互作用項 **INTER2 = x×m2**。**MODEL** 指令中同時投入 x、$m2$、INTER2 三項以進行帶有交互作用的迴歸分析。各參數均配合迴歸方程式標定標籤以利繪圖，其中 x、$m2$、INTER2 三者所估計得到的參數分別標籤爲 b1、b2、int。並利用 **MODEL TEST: 0=int** 檢驗納入交互作用項的模式適配變動是否顯著不爲 0。估計結果如下：

```
Wald Test of Parameter Constraints

          Value                          5.388
          Degrees of Freedom             1
          P-Value                        0.0203

MODEL RESULTS
                                                          Two-Tailed
                    Estimate      S.E.    Est./S.E.        P-Value
 Y    ON
  X                    0.665     0.031       21.673          0.000
  M2                  -0.188     0.025       -7.460          0.000
  INTER2               0.063     0.027        2.321          0.020
```

```
Intercepts
  Y                  4.215      0.023     185.590          0.000

Residual Variances
  Y                  0.334      0.018      18.453          0.000
```

由於 Wald=5.388(p<.05)，表示納入交互作用項的模式適配顯著改善。以迴歸方程式表示結果如下：

$$\begin{aligned}\hat{y} &= \beta_0 + \beta_1 x + \beta_2 m2 + \beta_{int} xm2 \\ &= 4.215 + 0.665x - 0.188m2 + 0.063xm2 \\ &= (4.215 - 0.188m2) + (0.665 + 0.063m2)x\end{aligned}$$

由於 β_{int} 係數具有統計意義（$\beta = 0.063$, SE = .027, $z = 2.321$, $p < .05$），表示工具承諾與組織氣氛兩者對於工作滿意的影響會有交互作用，由於工具承諾作爲調節變數，且交互作用係數爲正值，表示此一模型爲正向調節模型。$\beta_{\text{int}} = 0.063$ 表示當工具承諾每增加一個單位，組織氣氛的影響力（斜率）會增加 0.063 個單位，當工具承諾每減少一個單位，組織氣氛的影響力（斜率）會降低 0.063 個單位，顯示組織氣氛的影響會隨著工具承諾的增減而發生增減，假設二獲得支持。

爲了描繪 $x \rightarrow y$ 的影響力如何受到調節變數的影響，可利用 Mplus 的 **MODEL CONSTRAINT** 當中的 **PLOT**、**LOOP** 指令，x 軸標示調節變數的不同數值，縱軸則爲 $x \rightarrow y$ 斜率隨著調節變數增減所發生的變化，如圖 12.12 所示。指令中的 PLOT(main) 表示縱軸所欲表現的效果爲何，**LOOP(m2,-1.832,1.832,0.1)** 則是指定横軸所放置的變數名稱（亦即調節變數）與所標示的數值範圍，-1.832 與 +1.832 恰爲調節變數平均數以下及以上 2 個標準差的位置，0.1 表示每隔 0.1 個單位繪點一次。最後，用來定義縱軸效果如何隨 x 軸變數（調節變數）增減變化的定義式如下：

$$\text{main} = (\text{b1} + \text{int3*m2}) \qquad (12\text{-}23)$$

main 的數値（$x \rightarrow y$ 斜率）將由原來估計所得之 b1 = 0.665 隨著調節變數增減而增減，由於 int 爲正値，因此 main 數値（$x \rightarrow y$ 斜率）呈現正向增加，如圖 12.12 中的粗直線反映，上下兩條細曲線則爲 $x \rightarrow y$ 斜率的 .95CI。

兩個主要效果的係數：組織氣氛（$\beta = 0.665$）與工具承諾（$\beta = -.188$）表示當另一個變數位於平均數時的該變數的影響力。例如當工具承諾爲平均數時，組織氣氛對於工作滿意的影響力爲 0.665，當組織氣氛爲平均數時，工具承諾對於工作滿意的影響力爲 -.188。

由於調節變數 m2 的平均數爲 0，因此加減一個標準差所得到的高低限下的 $x \rightarrow y$ 簡單迴歸如下，若以交互作用圖來表現如圖 12.13 所示。

$$\hat{y}^{z_H} = (4.215 - 0.188 \times .912) + (.665 + .063 \times .912)x = 4.044 + .722x$$

$$\hat{y}^{z_L} = (4.215 - (-0.188) \times (-.912)) + (.665 + .063 \times (-.912))x = 4.386 + .608x$$

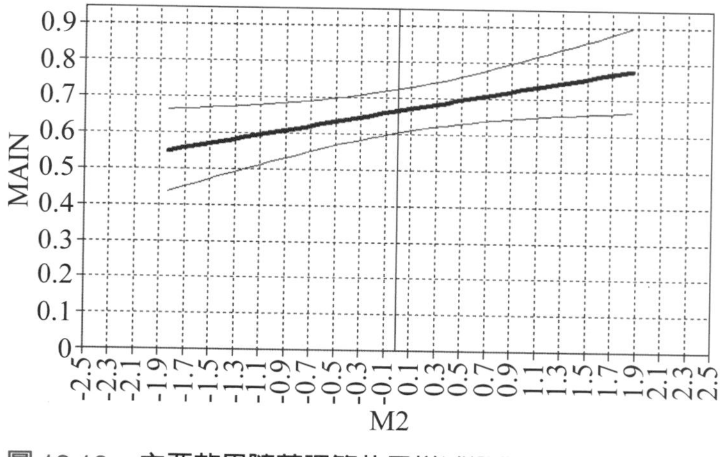

圖 12.12　主要效果隨著調節效果增減變化的效果變動圖示

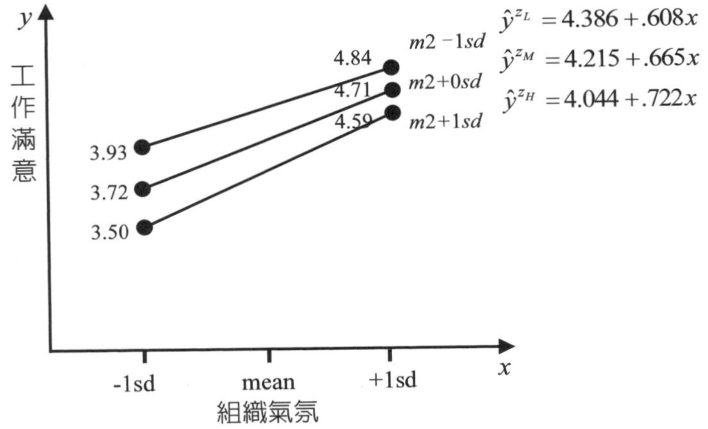

圖 12.13　連續性調節變數的交互作用圖

12.4 調節式中介與中介式調節

雖然中介與調節是兩個截然不同的方法學概念，但是在研究實務上，兩者可能會一起發生。在 Baron 和 Kenny（1986）及 James 和 Brett（1984）關於中介與調節效果分析的經典論文中，他們除了指出中介與調節效果的意義與檢測原理之外，也提出了中介與調節的組合效果的概念雛形，亦即調節式中介（moderated mediation; MoMe）與中介式調節（mediated moderation; MeMo）。後來的學者（例如 Edward & Lambert, 2007；Muller, Tudd & Yzerbyt, 2005; Preacher, Rucker, & Hayes, 2007）則詳細解釋了這兩個名詞的異同與統計原理，甚至發展出專屬的分析模組（例如 PROCESS, Hayes, 2013）來簡化其分析流程，使得調節與中介的組合效果更容易應用於實際研究當中。

顧名思義，MoMe 是指某一中介效果被特定調節變數 Mo 所調節，主要名詞是 Me（因此加底線），Mo 則是形容詞，因此中介效果是研究分析的重點，中介效果必須先於調節效果成立，再進行中介效果當中的路徑，例如直接效果與間接效果，如何受到 Mo 影響而發生條件化的變動。相對之下，MeMo 一詞是以調節效果爲核心，Mo 先於 Me 存在，Me 用來形容 Mo，表示調節效果在中介關係中扮演特定的角色。

Muller 與 Judd（2007）在一篇名爲「何時中介會被調節？何時調節會發生中介？」的專文中，提出 MoMe 與 MeMo 的七種分析方法，但他們所提出的分析架構僅涵蓋單一調節變數，Preacher, Rucker 和 Hayes（2007）則擴展到多個調節變數的分析情境，並且將調節變數作爲預測變數，擴展了 MoMe 與 MeMo 的應用範疇。

12.4.1 調節式中介（MoMe）

如果研究者所關心的是中介效果如何被 Mo 所調節，首先必須檢視中介效果是否成立，亦即間接效果當中的各項效果（間接與直接效果）是否具有統計意義，進一步才檢驗間接效果是否會隨 Mo 的不同狀況而變化，因此 MoMe 又可稱爲條件化間接效果（conditional indirect effect）（Hayes, 2013; Preacher, Rucker, & Hayes, 2007），如果從傳統迴歸路徑分析或 SEM 觀點來看，多個相連的直接效果的乘積可稱爲路徑係數，因此間接效果 $a \times b$ 只是路徑係數的一種特例，因而 MoMe 也被稱爲調節性路徑分析（moderated path analysis）（Edwards & Lambert, 2007）。

如果 $x \rightarrow y$ 的簡單迴歸受到一個中介變數（Me）與一個調節變數（Mo）的影響，此一 Mo 可能對於三個直接效果產生調節作用，如圖 12.14 中的 int_a、int_b、int_c。

値得注意的是，圖 12.14(a) 是從研究設計的觀點來陳述各變數的影響方向，也就是用來表述研究者所關心的「效果」或「機制」爲何，因此稱爲「假設概念圖」，圖中的係數符號僅作爲各效果標示之用，不重要的係數並未被標示出來。相對之下，圖 12.14(b) 則完整表示統計方程式的成分拆解，因此可稱爲「參數效果圖」。

由於本節討論的是 MoMe，因此圖 12.14(a) 當中的 $x \rightarrow$ Me 與 Me $\rightarrow y$ 兩個直接效果皆以粗單箭頭聯繫，目的在凸顯中介效果必須先行成立。至於圖 12.14 當中的 Mo 同時對 $x \rightarrow$ Me、Me $\rightarrow y$、$x \rightarrow y$ 三個直接效果發生調節作用，所有的效果都被調節，亦即 Edwards 與 Lambert（2007, p.4）圖 1 當中 Model-E 的總效果調節模型（total effect moderation moedel），也等於 Preacher, Rucker, & Hayes（2007, p.194）的 Model5 模型。

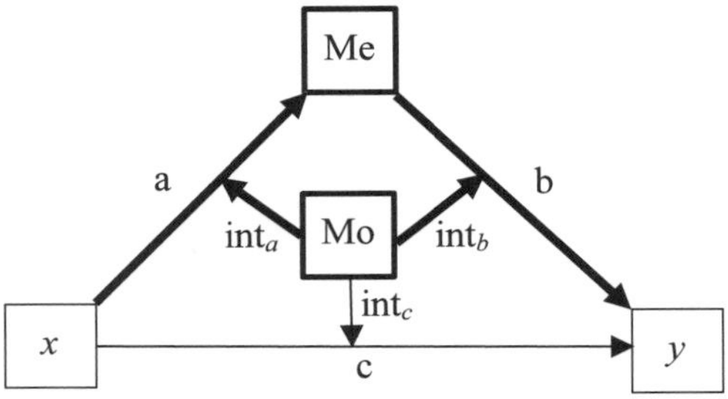

(a) 假設概念圖

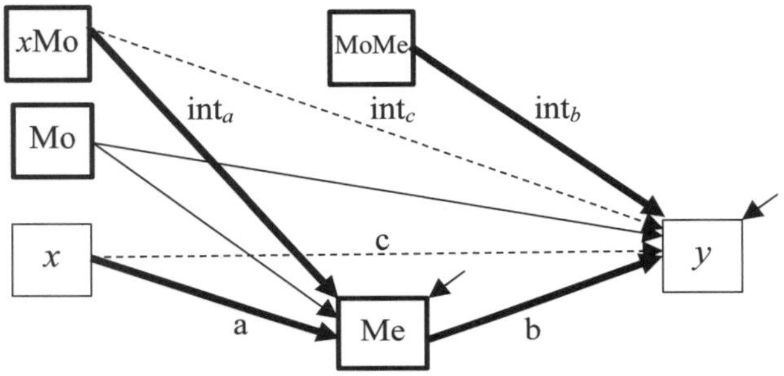

(b) 參數效果圖

圖 12.14　兩種 MoMe 效果圖示

從 MoMe 的觀點來看，圖 12.14 最重要的調節應該發生在 x → Me 與 Me → y 兩個直接效果之上，因此圖 12.14(a) 當中 Mo 對於這兩個直接效果 a 與 b 均以粗單箭頭進行指向。相對之下，Mo 對 x → y 直接效果 c 的調節並非重點（因爲中介效果並不在乎 x → y 直接效果的統計意義），因此圖 12.14 當中對於 int_a 與 int_b 標以粗單箭頭，至於 int_c 並非關心的重點。在執行 MoMe 的時，甚至可以把 int_c 項移除，進行較簡化的 MoMe 分析。

12.4.2 中介式調節（MeMo）

相對於 MoMe 把重點放在間接效果如何被調節，MeMo 則是在檢驗 xMo → y 的交互作用是否會因爲納入 Me 之後其效果消失或顯著減弱，即可檢測帶有調節效果的 xMo → Me → y 中介歷程是否成立。換言之，MeMo 先必須有一個顯著 Mo 調節 x → y 的 int_c 交互作用，其次估計同時納入其他直接效果與交互作用後的新的 Mo 對 $x \to y$ 影響的交互作用項 int_c'，最後檢測 $\text{int}_c - \text{int}_c'$ 差異是否具有顯著意義（Muller et al., 2005），亦即圖 12.14 當中的 int_c 是否從顯著變成不顯著，或是顯著降低到 int_c'。若以方程式的形式來說明，如方程式 (12-24) 至 (12-26) 所示。

$$\begin{aligned} y &= \beta_0 + \beta_c x + \beta_{d(y.\text{Mo})}\text{Mo} + \beta_{intc} x\text{Mo} + [\varepsilon] \\ &= (\beta_0 + \beta_{d(y.\text{Mo})}\text{Mo}) + (\beta_c + \beta_{intc}\text{Mo})x + [\varepsilon] \end{aligned} \quad (12\text{-}24)$$

$$\begin{aligned} \text{Me} &= \beta_0 + \beta_a x + \beta_{d(\text{Me.Mo})}\text{Mo} + \beta_{inta} x\text{Mo} + [\varepsilon] \\ &= (\beta_0 + \beta_{d(\text{Me.Mo})}\text{Mo}) + (\beta_a + \beta_{inta}\text{Mo})x + [\varepsilon] \end{aligned} \quad (12\text{-}25)$$

$$\begin{aligned} y &= \beta_0' + \beta_c' x + \beta_{d(y.\text{Mo})}'\text{Mo} + \beta_{intc}' x\text{Mo} + \beta_b' \text{Me} + \beta_{intb}'\text{MoMe} + [\varepsilon'] \\ &= (\beta_0' + \beta_{d(y.\text{Mo})}'\text{Mo}) + (\beta_c' + \beta_{intc}'\text{Mo})x + (\beta_b' + \beta_{intb}'\text{Mo})\text{Me} + [\varepsilon'] \end{aligned} \quad (12\text{-}26)$$

第一個步驟是檢驗 int_c 係數的統計意義，因此 $(x + \text{Mo} + x\text{Mo}) \to y$ 的交互作用迴歸（方程式 (12-24)）必須先行檢測，β_{intc} 必須具有統計意義，此時 $x \to y$ 的總效果爲 a + int_c。第二步驟則是以 Me 爲結果變數，建立 $(x + \text{Mo} + x\text{Mo}) \to \text{Me}$ 方程式 (12-25) 來檢測 $x\text{Mo} \to \text{Me}$ 的 $\beta_{\text{int}a}$ 是否顯著不爲零。最後，第三步驟是建立 $(x + \text{Mo} + x\text{Mo} + \text{Me} + \text{MeMo}) \to y$，如方程式 (12-26) 所示，來檢測$\beta_{\text{int}c}'$的作用是否消失。

爲了簡化 MeMo 的檢驗，Muller, Judd 與 Yzerbyt（2005）以係數降低法來檢測先期存在的調節效果減少量是否具有統計意義，如方程式 (12-27) 所示。

$$\beta_{\text{int}c} - \beta_{\text{int}c}' = \beta_b' \beta_{\text{int}a} + \beta_a \beta_{\text{int}b}' \quad (12\text{-}27)$$

事實上，MoMe 或 MeMo 的檢驗雖然概念複雜，但是統計上卻沒有差異，Hayes（2013）甚至於呼籲研究者完全拋棄 MeMo 的概念，僅就 MoMe 來檢測同時帶有 Mo 與 Me 的模型（p.389）。從研究設計的角度來看，研究者最重要的工作是清楚說明研究假設爲何，並提出理論與文獻來支持，分析時則針對研究者所關心的效果來進行檢驗，詳細說明各項效果，應可充分說明 MoMe 與 MeMo 的現象是否存在。

12.4.3 調節式中介範例

基於前述 12.2 節的中介效果與 12.3 節的調節效果的分析範例，本節將兩者加以整合，即可進行 MoMe 與 MeMo 的示範。由於 MoMe 較常被學者提出討論且經常出現在實徵研究中，因此本節將把焦點放在 MoMe 的示範，MeMo 僅做重點說明。

MoMe 的關鍵在於間接效果被調節變數所調節，因此中介效果必須先成立才能檢驗間接效果的各參數是否會隨調節變數的不同狀況而變化。本節所使用的中介效果仍以組織氣氛（x）經過認同承諾（m）作為中介變數來影響工作滿意（y）。由於 $x \rightarrow m \rightarrow y$ 的中介效果在先前的示範當中已經確立，因此本節得以進行 MoMe 的檢驗。所使用的調節變數為主管別（z），藉以檢驗 $x \rightarrow m \rightarrow y$ 的中介歷程是否受到兩種不同高低職務狀態的調節而發生效果的改變。（為了便於標示與說明，本節在示範時以 m 表示中介變數，以 z 表示調節變數）。

為了示範各種可能的 MoMe 現象，本節將逐一檢驗由 x,m,y 三個變數所構成的中介歷程當中，三個直接效果 (a)$x \rightarrow m$, (b)$m \rightarrow y$,(c) $x \rightarrow y$ 是否受到 z 的調節，共有七種不同的狀況，如圖 12.15 所示。

為了有利於對照比較，我們仍將未納入任何調節效果的模型，也就是僅有 $x \rightarrow m \rightarrow y$ 中介歷程的模型（已經在 12.2 節中進行示範），將其結果列於表 12.5 當中的 Case0。其他的七個 Case 的模式設定則配合圖 12.15 的圖示進行說明，從 Case0 到 Cases8 的八種模型分就認同承諾與工具承諾作為中介變數的估計結果列於表 12.5 中。至於各模型的 Mplus 語法相近，我們僅將最複雜的 Case7 的語法列舉於 Syn12.4a 中，結果則以圖 12.16 示意。

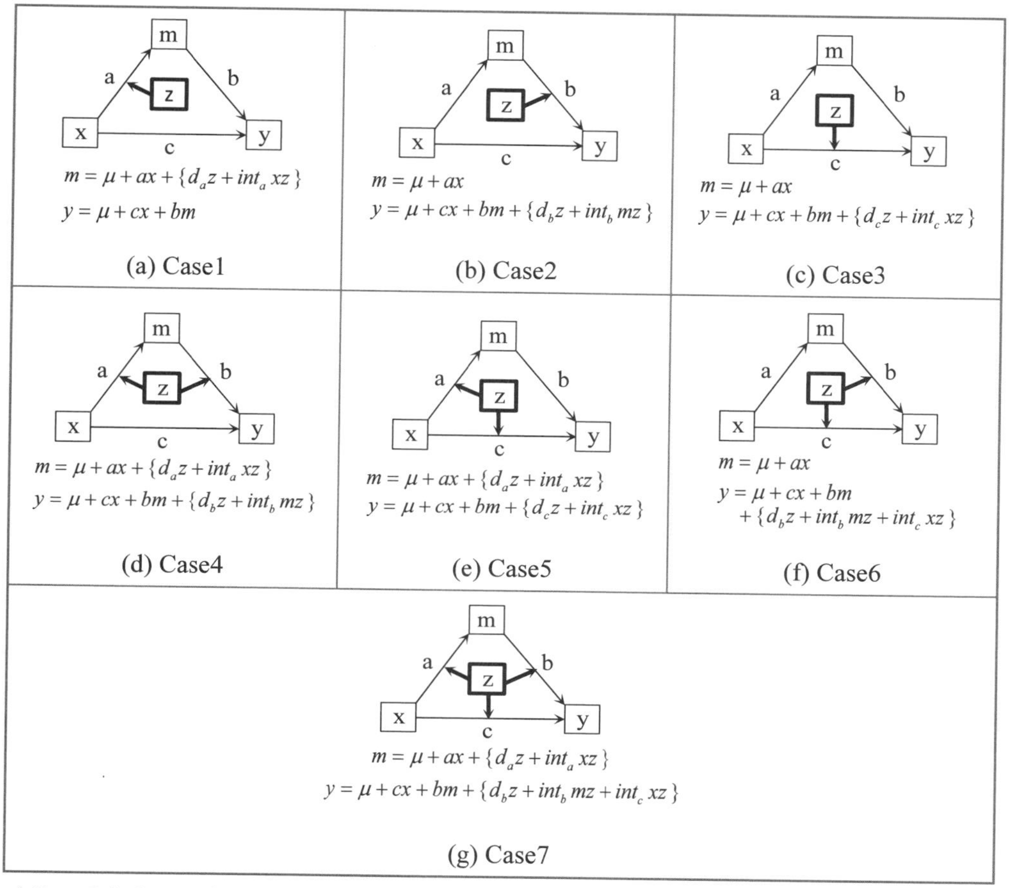

（註：圖中各方程式的誤差項省略，{} 當中爲涉及調節變數 z 的各效果項，交互作用項以 int_a、int_b 或 int_c 表示對 a、b、c 三個參數所產生的調節效果）

圖 12.15　七種不同的 MoMe 分析模式

表 12.5　組織行為研究範例的 MoMe 模型分析結果整理表

	認同承諾為中介變數（M1）							
	Case0	Case1	Case2	Case3	Case4	Case5	Case6	Case7
	無z	+inta	+intb	+intc	+inta +intb	+inta +intc	+intb +intc	+inta +intb +intc
(a)$x \rightarrow m$	.750**	.738**	.750**	.750**	.738**	.738**	.750**	.750**
(b)$m \rightarrow y$	.517**	.517**	.513**	.514**	.513**	.514**	.519**	.517**
(c)$x \rightarrow y$	.336**	.336**	.336**	.331**	.337**	.331**	.327**	.336**
(da)$z \rightarrow m$		.134**			.134**	.134**		.134**
(inta)$xz \rightarrow m$		.033			.033	.034		.033
(db)$z \rightarrow y$			.037		.037		.038	.038
(intb)$mz \rightarrow y$			.004		.004		-.026	-.026
(dc)$z \rightarrow y$				.036		.036	.038	.038
(intc)$xz \rightarrow y$				.032		.032	.051	.051
(ab)IND	.388**	.381**	.385**	.386**	.379**	.379**	.390**	.383**
(ab+c)TOT	.724**	.718**	.722**	.716**	.715**	.710**	.716**	.710**
	工具承諾為中介變數（M2）							
	Case0	Case1	Case2	Case3	Case4	Case5	Case6	Case7
	無z	+inta	+intb	+intc	+inta +intb	+inta +intc	+intb +intc	+inta +intb +intc
(a)$x \rightarrow m$	-.327**	-.346**	-.327**	-.327**	-.346**	-.345**	-.327**	-.346**
(b)$m \rightarrow y$	-.184**	-.184**	-.213**	-.181**	-.213**	-.181**	-.219**	-.219**
(c)$x \rightarrow y$	.664**	.664**	.664**	.647**	.656**	.647**	.634**	.634**
(da)$z \rightarrow m$		-.268**			-.268**	-.267**		-.268**
(inta)$xz \rightarrow m$		.152			.152	.152		.152
(db)$z \rightarrow y$			.076		.076		.070	.070
(intb)$mz \rightarrow y$			.110		.110		**.123+**	**.123+**
(dc)$z \rightarrow y$				.056		.056	.070	.070
(intc)$xz \rightarrow y$				.076		.076	.106	.106
(ab)IND	.060**	.063**	.070**	.059**	.074**	.062**	.072**	.076**
(ab+c)TOT	.724**	.728**	.726**	.707**	.730**	.710**	.706**	.710**

註：x 爲組織氣氛，y 爲工作滿意，m 爲中介變數，z 爲調節變數（主管職）。各模型當中的參數顯著性檢定均使用重抽 5000 次的拔靴標準誤。$+p = .067$ $*p < .05$ $**p < .01$

Syn12.4a：組織行為研究MoMe分析語法（以Case7為例）

```
VARIABLE:    NAMES = CID y x m z;
             USEVARIABLES=y x m z xz mz;
DEFINE:      CENTER x m (GRANDMEAN);
             xz=x*z;
             mz=m*z;
ANALYSIS:    ESTIMATOR IS ML;
             BOOTSTRAP IS 5000;
MODEL:       m on x  (a)
                  z  (da)
                  xz (inta);
             y on m  (b)
                  x  (c)
                  z  (dc)
                  xz (intc)
                  mz (intb);
MODEL CONSTRAINT:
             NEW (DIR IND TOT);
             IND=a*b;
             DIR=c;
             TOT=a*b+c;
OUTPUT:      SAMPSTAT STANDARDIZED CINTERVAL(BOOTSTRAP);
PLOT:        TYPE = PLOT3;
```

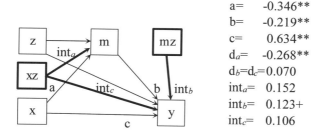

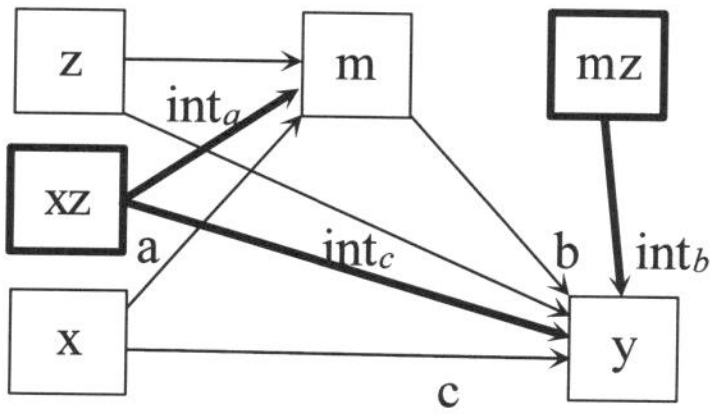

a= -0.346**
b= -0.219**
c= 0.634**
d_a= -0.268**
d_b=d_c=0.070
int_a= 0.152
int_b= 0.123+
int_c= 0.106

圖 12.16 以主管別（z）為調節變數、工具承諾（m）為中介變數的 MoMe 估計結果

（模型路徑圖爲 Case7 的統計效果圖示）

12.4.4 中介式調節分析範例

MeMo 不同於 MoMe 在於必須有一個明顯的 *xz* 交互作用，此交互作用透過中介變數影響最終的結果變數。MeMo 與 MoMe 在模式設定與數學關係上並無不同，僅有在各效果項的顯著性成立先後次序與解釋重點有所不同，因此重點在於研究論文當中明確指明 MeMo 的研究假設爲何，提出適當的論證推理，然後在結果討論中套用 MeMo 的論述方式來詮釋研究發現即可。

本節爲了透過實例示範 MeMo 的分析程序，以「主管別」（z）爲調節變數對於「組織氣氛」（x）與「認同承諾」（*m*）對「工作滿意」（y）的交互作用分析爲前提，進行 MeMo 檢驗。所需要的三個方程式中，前兩者是分別以 *m* 與 *y* 作爲結果變數的交互作用迴歸，第三個方程式是以 *y* 爲結果變數加入所有的效果的交互作用迴歸，整合之後即爲 MoMe 範例當中的 case7 模型。三個方程式的分階段估計語法列於 Syn12.4b。

Syn12.4b：組織行為研究的MeMo分析分階段語法

```
TITLE:       MeMo example equation1
VARIABLE:    NAMES = CID y x m z;
             USEVARIABLES=y x z xz;
DEFINE:      CENTER x (GRANDMEAN);
             xz=x*z;
MODEL:       y on x z xz;

Title:       MeMo example equation2
VARIABLE:    NAMES = CID y x m z;
             USEVARIABLES=x m z xz;
DEFINE:      CENTER x (GRANDMEAN);
             xz=x*z;
MODEL:       m on x z xz;

Title:       MeMo example equation3
VARIABLE:    NAMES = CID y x m z;
             USEVARIABLES=y x m z xz mz;
DEFINE:      CENTER x m (GRANDMEAN);
             xz=x*z;
             mz=m*z;
MODEL:       y on m x z xz mz;
```

$$E1: \hat{y} = 4.174 + 0.710x + 0.105z + 0.049xz$$

$$E2: \hat{m} = 3.651 - 0.346x - .268z + 0.152xz$$

$$E3: \hat{y} = 4.189 + 0.634x + 0.070z - 0.219m + 0.106xz + 0.123mz$$

事實上，方程式 E2 與 E3 的結果與先前 MoMe 的 Case7 結果完全相同，顯示 MoMe 與 MeMo 兩者爲等價模型。因此，對於 MeMo 的間接效果係數降低幅度，可利用 Case7 的 Syn12.4a 語法增加新參數來估計$\beta'_b\ \beta_{\text{int}a} + \beta_a \beta'_{\text{int}b}$，即可進行 Sobel 檢驗或以拔靴標準誤來進行顯著性檢驗，所需增加的新參數設限與估計結果如下：

Syn12.4c：估計MeMo間接效果的設限語法（附加於Case7語法中）

```
MODEL CONSTRAINT:
          NEW (MEMOIND);
          MEMOIND=b*inta+intb*a;
```

MODEL RESULTS

	Estimate	S.E.	Est./S.E.	Two-Tailed P-Value
M ON				
X	-0.346	0.059	-5.818	0.000
Z	-0.268	0.078	-11.411	0.001
XZ	0.152	0.141	1.080	0.280
Y ON				
M	-0.219	0.035	-6.204	0.000
X	0.634	0.036	17.737	0.000
Z	0.070	0.050	1.399	0.162
XZ	0.106	0.089	1.187	0.235
MZ	0.123	0.068	1.804	0.071
Intercepts				
Y	4.189	0.026	162.524	0.000
M	0.070	0.038	1.825	0.068
Residual Variances				
Y	0.333	0.022	14.897	0.000
M	0.762	0.043	17.663	0.000
New/Additional Parameters				
MEMOIND	**-0.076**	**0.048**	**-1.594**	**0.111**

前述結果中所估計得到的交互作用的間接效果（-0.076），係由方程式 (12-27) 的係數變動量原則求得：

$$0.049-0.106=(-0.219)\times 0.152+(-0.268)\times 0.123=-0.076$$

在本範例中，雖然第一個方程式（E1）的 $x\rightarrow y$ 沒有被 z 調節，β_{intc}=0.049, z=0.58, p=.562，但爲了示範，仍對 MeMo 的分析結果解釋如下：「主管別與組織氣氛的交互作用藉由工具承諾間接影響工作滿意的調節式中介並未具有統計意義，模型中的工具承諾僅被組織氣氛（β = -.346, z = -5.818, p < .001）與主管別（β = -.268, z = -3.412, p < .001）有顯著直接影響，工作滿意也僅被組織氣氛（β = .634, z = 17.736, p < .001）與工具承諾（b = -.219, z = -6.204, p < .001）有顯著直接影響，其餘各交互作用並未具有統計意義」。如果研究者能夠得到一個顯著的 int_c 交互作用，就可能會得到一個有意義的 MeMo 研究發現。

進一步延伸閱讀書目

Aiken, L. S., & West, S. G. (1991). *Multiple regression: Testing and interpreting interactions.* Newbury Park, CA: Sage.

Baron, R. M., & Kenny, D. A. (1986). The moderator-mediator variable distinction in social psychological research: Conceptual, strategic and statistical considerations. *Journal of Personality and Social Psychology,* 51, 1173–1182.

Edwards, J. R., & Lambert, L. S. (2007). Methods for integrating moderation and mediation: A general analytic framework using moderated path analysis. *Psychological Methods, 12*, 1–22.

Hayes, A. F. (2013). *An introduction to mediation, moderation, and conditional process analysis: A regression-based approach*. New York, NY: Guilford.

MacKinnon, D. P. (2008). *Introduction to statistical mediation analysis.* New York, NY: Routledge.

Muller, D., Judd, C. M., & Yzerbyt, V. Y. (2005). When moderation is mediated and mediation is moderated. *Journal of Personality and Social Psychology, 89*, 852–863.

Muthén, B., Muthén, L. & Asparouhov, T. (2016). *Regression and mediation analysis using Mplus.* CA: Muthén & Muthén.

Preacher, K. J., Rucker, D. D., & Hayes, A. F. (2007). Addressing moderated mediation hypotheses: Theory, methods, and prescriptions. *Multivariate Behavioral Research, 42,* 185–227.

Chapter 13

多層次中介與調節

13.1 前言

前面所討論的中介與調節現象，都是發生在單一層次之中，如果研究資料帶有嵌套結構，中介與調節效果就可能發生在不同層次甚至跨層次之間，稱之為*多層次中介與調節*（multilevel mediation and moderation）。

例如在前一章的範例中，我們不僅證明了「組織氣氛」→「認同承諾」→「工作滿意」的中介歷程具有統計意義，另一組中介歷程：「組織氣氛」→「工具承諾」→「工作滿意」，雖然間接效果微弱，但仍達到統計上的顯著水準。但是，如果現在告訴您這個範例資料是由叢集取樣蒐集而得，具有嵌套結構，亦即 681 位受測者來自 53 間不同的組織或部門，平均每個組織或部門有 12.85 位員工，每一個組織部門都有自己獨特的組織氣氛，「組織氣氛」的得分雖是由個別員工填答問卷測量得到，但各公司或部門下的員工在「組織氣氛」上的得分非常一致，r_{wg} 最小為 0.90、最大為 0.99，工作滿意的 ICC 為 .427，此時，您還會使用單層次模型來分析中介與調節效果嗎？

事實上，在溫福星與邱皓政（2009）的論文中，即是以俗稱為 2-1-1 模型來分析前一章的範例資料，得到顯著的多層次中介與調節效果，如圖 13.1 所示。研究者發現公司或部門的「組織氣氛」會正向影響員工的「認同承諾」進而影響「工作滿意」，亦即跨層次中介效果成立。由於「組織氣氛」是位於 L2 的組織層次變數，「認同承諾」與「工作滿意」是位於 L1 的個體層次變數，因此是一個 2-1-1 模型（圖 13.1(a)）。至於另一個 L1 個體層次變數「工具承諾」並非扮演集體性的「組織氣氛」對個人「工作滿意」的中介變數，但是卻會調節「工

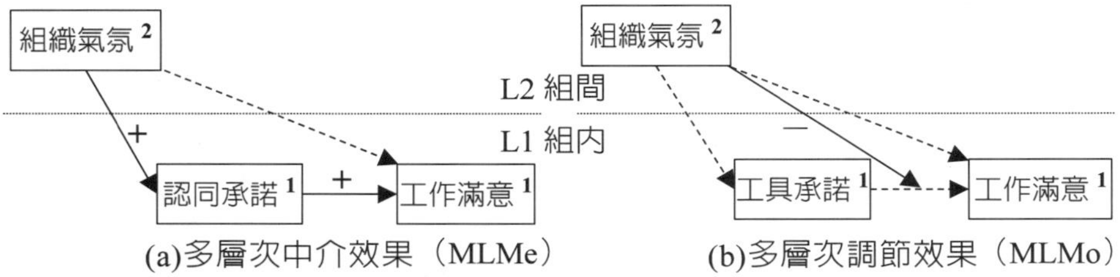

圖 13.1　溫福星與邱皓政（2009）組織氣氛研究結果圖示

（圖中的數字表示變數所在的層次）

具承諾」對於「工作滿意」的影響，亦即所謂的 2×(1 → 1) 的跨層次調節效果（Preacher, Zhang, Zyphur, 2016），如圖 13.1(b) 所示。換言之，前一章的範例分析，錯以單層次模型來分析多層次嵌套資料。

基本上，文獻上對於多層次中介調節效果的討論多以*跨層次中介*（multilevel mediation; MLMe）爲主，而非*跨層次調節*（multilevel moderation; MLMo），這是因爲跨層次調節效果原本即是多層次分析當中常見的分析效果（見第 4、5 章的討論）。跨層次調節可以直接由 L1 與 L2 的解釋變數交互作用項具有統計意義時來推導，但是當研究資料具有嵌套結構又可能存在著中介效果，就必須套用傳統的中介效果檢驗程序，逐步評估直接與間接效果的作用（El Akremi et al., 2014; Owens & Hekman, 2016; Massenberg, Spurk, & Kauffeld, 2015）。此外，由於中介與調節效果分析的複雜性，因此文獻上的討論或應用絕大多數皆僅帶有兩層結構。以下，即分別介紹多層次中介與調節效果的分析程序，並進行實徵數據分析示範。

13.2 多層次中介效果（MLMe）

13.2.1 多層次中介效果的概念

在方法學文獻上，Krull 與 Mackinnon（1999, 2001）首先使用 1-1-1、2-1-1、2-2-1 符號系統來描述多層次嵌套資料中的 $x \rightarrow m \rightarrow y$ 中介關係，這些數字表示各變數存在於 L1（以數字 1 表示）或 L2（以數字 2 表示）的狀態。由於早期學者均以 MLM 的階層線性模式觀點來分析跨層次中介效果，受到結果變數 y 僅能存在於 L1（個體／組內層次）的限制，因此早期所使用的符號系統中的最後一個結果變數（y）僅有 1 而無 2，中介效果當中的各變數的層次關係如圖 13.2 的 (a)、(c)、(d) 三個圖示。

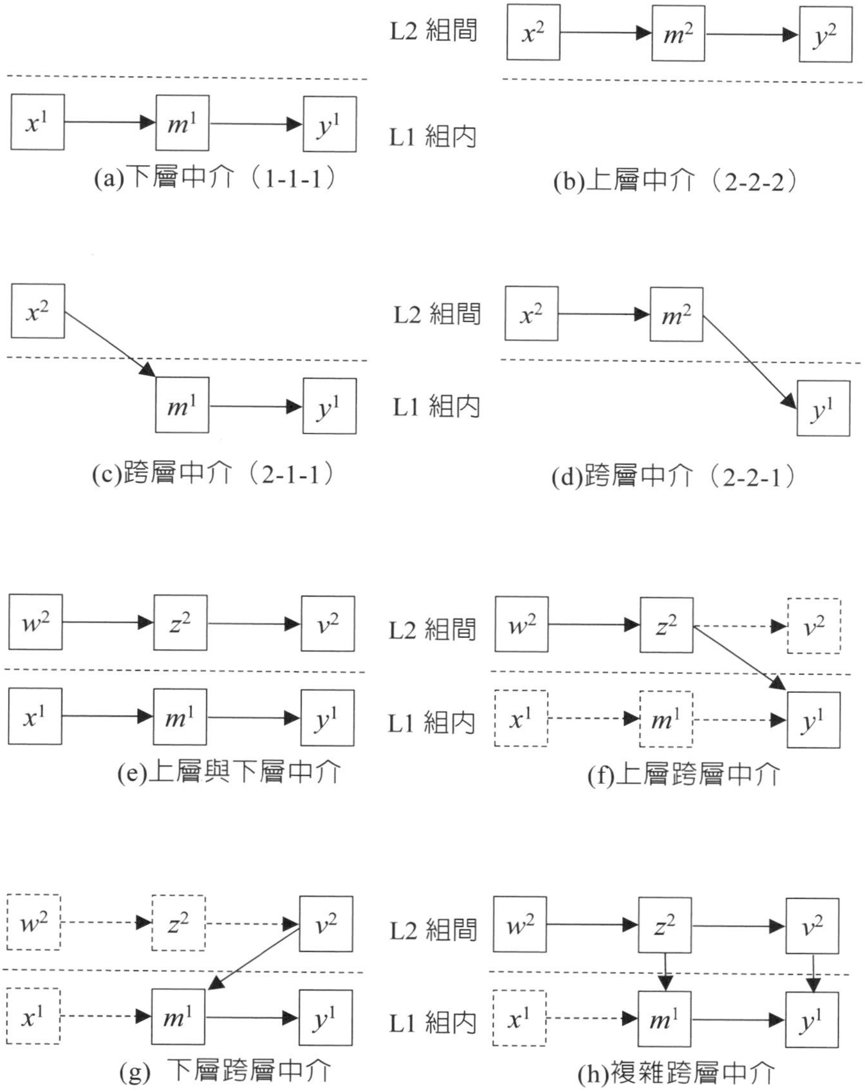

圖 13.2 多層次中介模型圖示

到了後期，學者陸續提出替代模型，並利用多層次結構方程模式（multilevel structural equation modeling; MSEM）來進行分析，L2 即可能存在中介關係的結果變數，如圖 13.2(b) 所展示的 2-2-2 模型。

另一組跨層次中介效果分析的提倡者，Mathieu 與 Tayor（2007）提出綜觀中介（meso-mediation）一詞來描述跨越不同層次的複雜中介效果，並區分出五種不同的中介效果：下層中介（lower-level mediation）與上層中介（upper-level mediation）（圖 13.2(e)）、上層中介的跨層中介（cross-level mediation-upper mediator）（圖 13.2(f)）、下層中介的跨層中介（cross-level mediation lower mediator）（圖 13.2(g)）與同時存在多個層次的複雜跨層中介（cross-level mediation-complex）（圖 13.2(h)），並在文末討論了帶有調節變數的多層次中介以及縱貫資料的中介模型等特殊狀態。

如果仔細觀察圖 13.2 當中的八個圖形，可以發現後面四個由 Mathieu 與 Tayor（2007）提出的模型主要的不同，是更詳細區分 L1 與 L2 的中介與結果變數的位置：在 L1 爲 m 與 y，在 L2 爲 z 與 v，也因此其分類方式較 Krull 與 Mackinnon（2001）更爲複雜，但基本架構相似。例如圖 13.2(e) 的上下層中介即爲 1-1-1 與 2-2-2 模型的整合，圖 13.2(f) 的上層跨層中介即爲 2-2-1 模型，下層跨層中介即爲 2-1-1 模型，Mathieu 與 Tayor（2007）僅有在最後一個複雜跨層模型，是 Krull 與 Mackinnon（2001）並未具體討論的複雜模型。因此，本章對於多層次中介模型的介紹，僅就基本模型加以討論，其他的複雜模型可據以類推其分析方法。

多層次中介效果的分析策略有 MLM 與 SEM 兩種取向。其中 MLM 取向主要是以迴歸分析爲基礎的多層次分析，套用前述所介紹的單層次中介效果分析策略，即可確認 $x \rightarrow y$ 之間是否具有中介者的作用，其分析方法與相關注意事項可參閱 Zhang, Zyphur 與 Preacher（2009）的整理。至於 SEM 取向則是利用同時帶有組間與組內層次的 MSEM 模型來進行分析（Preacher, Zyphur, & Zhang, 2010; Preacher, Zhang, & Zyphur, 2011）其最大的優勢是可以設定潛在變數，並將模型擴展成更複雜的模型。以下我們將分別介紹這兩種取向。

13.2.2 多層次中介效果的分析程序

以較常見的 MLM 跨層次中介模型爲 2-1-1 模型（如圖 13.2(c)）爲例，初

始解釋變數 x^2 存在於 L2，但中介變數 m^1 與最終的結果變數 y^1 均存在於 L1。根據 Barron 與 Kenny（1986）的中介效果檢驗程序，必須以三個步驟來求得 $x^2 \rightarrow m^1 \rightarrow y^1$ 的中介效果：

A：步驟一　檢驗 $x^2 \rightarrow y^1$ 的直接效果

跨層次中介效果的第一個步驟是檢驗 $x^2 \rightarrow y^1$ 直接效果（圖 12.3 的傳統中介效果的 c 參數）是否具有統計意義，但由於兩個變數存在於不同層次，因此必須利用 MLM 來估計 $x^2 \rightarrow y^1$ 的直接效果 γ_{01}^{c} 與其統計意義：

$$\text{L1} \quad y_{ij}^{1} = \beta_{0j} + [\varepsilon_{ij}] \tag{13-1}$$

$$\text{L2} \quad \beta_{0j} = \gamma_{00} + \gamma_{01}^{c} x_j^2 + [u_{0j}] \tag{13-2}$$

B：步驟二　檢驗 $x^2 \rightarrow m^1$ 的直接效果

跨層次中介效果檢驗程序的第二個步驟在檢驗 $x^2 \rightarrow m^1$ 的直接效果（傳統中介效果的 a 參數）是否具有統計意義。同樣的，由於 x 與 m 兩變數存在不同層次，因此必須利用 MLM 估計 $x^2 \rightarrow m^1$ 的直接效果 γ_{01}^{a}：

$$\text{L1} \quad m_{ij}^{1} = \beta_{0j} + [\varepsilon_{ij}] \tag{13-3}$$

$$\text{L2} \quad \beta_{0j} = \gamma_{00} + \gamma_{01}^{a} x_j^2 + [u_{0j}] \tag{13-4}$$

C：步驟三　$(x^2 + m^1) \rightarrow y^1$

最後，為了檢驗步驟一當中的 $x^2 \rightarrow y^1$ 直接效果 γ_{01}^{c} 是否因為納入 m 而趨弱成為不具統計意義，因此第三個步驟必須同時納入 x^2 與 m^1 來解釋 y^1，估計直接效果 $\gamma_{01}^{c'}$ 與 γ_{10}^{b}。

$$\text{L1} \quad y_{ij}^{1} = \beta_{0j} + \beta_{1j}^{b} m_{ij}^{1} + [\varepsilon_{ij}] \tag{13-5}$$

$$\text{L2} \quad \beta_{0j} = \gamma_{00} + \gamma_{01}^{c'} x_j^2 + [u_{0j}] \tag{13-6}$$

$$\beta_{1j}^{b} = \gamma_{10}^{b} \tag{13-7}$$

前述三步驟當中的 MLM 截距隨機效果 $[u_{0j}]$ 反映結果變數的組間變異，均須加以估計，但是斜率則設定為固定效果，斜率變異數不予估計，亦即斜率的組間變異假設爲 0，藉以簡化模型複雜度（Krull & Mackinnon, 2001; Zhang, Zyphur, & Preacher, 2009）。

各步驟完成之後，2-1-1 跨層中介效果可藉由間接效果 $\gamma_{01}^{a} \times \gamma_{10}^{b}$，或是 γ_{01}^{c} 與 $\gamma_{01}^{c'}$ 的差異來反映效果強弱，並利用 Sobel 檢定或 Freedman & Schatzkin 檢定來判定其統計顯著性。

13.2.3 併效與分效模型

在前一節關於 2-1-1 模型的方程式定義過程中，我們可以清楚的看出，構成間接效果的兩個迴歸係數 γ_{01}^{a} 與 γ_{10}^{b} 均爲 L2 迴歸係數，因此雖然觀察資料當中的 m^1 與 y^1 爲個體層次測量，但所估計得到的間接效果其性質卻是「組間」間接效果（between indirect effect）。

從測量的角度來看，m^1 雖爲 IV@L1，但是 m 除了具有個別差異（m_{ij}）之外，也存在著組間差異（m_j），因此步驟三當中的直接效果 γ_{10}^{b} 同時包含組內直接效果（$m^1 \rightarrow y^1$）與組間直接效果（$m^2 \rightarrow y^1$）而未加以分離，學者將此種模型稱爲併效模型（conflated model）（Preacher et al., 2010, 2011; Zhang et al., 2009），無從估計的間接效果如圖 13.3(a) 當中的虛線所示。

併效模型中的 γ_{10}^{b} 爲組內直接效果與組間直接效果的加權平均。如果 $m \rightarrow y$ 的組內直接效果與組間直接效果相同，由係數乘積推導出來的 2-1-1 間接效果就不會有偏誤，但是如果 $m \rightarrow y$ 的組內直接效果與組間直接效果不相等，兩個直接效果乘積所得之 2-1-1 間接效果將產生偏誤。

爲了克服偏誤問題，Zhang et al.（2009）提出中介變數組平減分離法來克服此一問題，亦即把 m 進行組平減，將 m 的組平均數（亦即 m^2）置入 L2 截距方程式，藉以估計 $m \rightarrow y$ 的組間效果，將組平減後的中介變數（以 m^{1CWC} 表示）

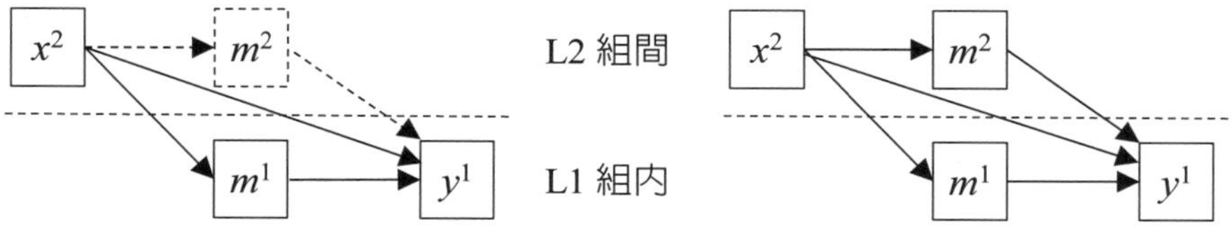

(a)併效模型　　(b)分效模型

圖 13.3　MLMe 2-1-1 併效與分效模型圖示

置於 L1 方程式來估計 $m \rightarrow y$ 的組內效果，藉以將兩者加以分離，稱為分效模型（unconflated model）（Preacher et al., 2010, 2011; Zhang et al., 2009）（如圖 13.3(b) 所示）。基本上，分效模型就是典型的脈絡模型，m 的組平均數（m^2）就是脈絡變數，分效模型可由方程式 (13-8) 至 (13-10) 定義之。

$$\text{L1} \quad y_{ij}^1 = \beta_{0j} + \beta_{1j}^{b*} m_{ij}^{1CWC} + [\varepsilon_{ij}] \tag{13-8}$$

$$\text{L2} \quad \beta_{0j} = \gamma_{00}^* + \gamma_{01}^{c\prime *} x_j^2 + \gamma_{02}^{b*} m_j^2 + [u_{0j}] \tag{13-9}$$

$$\beta_{1j}^{b*} = \gamma_{10}^{b*} \tag{13-10}$$

原來的併效模型方程式 (13-6) 當中並沒有納入 m 的組平均數（圖 13.3(a) 的虛線），因此步驟三當中對於 y^1 的解釋僅有 x^2 與 m^1 兩個來源。在分效模型的方程式 (13-9) 則將中介變數 m 的組平均數納入模型（圖 13.3(b)），迴歸係數 γ_{00}、γ_{01}、γ_{02} 上標處標示 *，顯示迴歸係數包含了納入脈絡變數 m^2 解釋後的淨效果。脈絡變數 m^2 納入後，還原了中介變數的組間效果，因此將會影響 $x^2 \rightarrow y^1$ 的迴歸係數 γ_{01}^{c*} 的估計，同時也會影響標準誤，進而影響中介效果的顯著性檢定。

進一步的，如果模型中再增加 $x^2 \rightarrow m^2$ 的 OLS 簡單迴歸分析（或由 x^2 與 m^2 的相關係數來代替迴歸係數），也就等於在原來的 2-1-1 模型中增加了關於 2-2-1 效果的檢驗，擴展了多層次中介模型的效果檢驗範疇。

誠如第四章所介紹的平減議題，由於位於第一層的解釋變數必須採取適當的平減處理，以確定截距的位置以及斜率的意義，其中組平減後將組平均數置回截距方程式來對各組截距進行解釋雖然是一個相對複雜的程序，但是卻能夠有效區分解釋變數對於結果變數的組間與組內效果，此一平減策略因此被應用於分效模型來估計 2-1-1 跨層次中介模型的分效間接效果的估計。如果 $m \rightarrow y$ 的組間與組內效果相同，僅需將 m 以總平均數進行中心化（總平減），即可使 γ_{00} 等於 y^1 的總平均數 $\bar{\bar{y}}$，斜率方程式的平均數 γ_{10} 即為 $m \rightarrow y$ 的影響力。

循著相同原則，1-1-1 模型的分析也可以多步驟法來求得 $x^1 \rightarrow m^1 \rightarrow y^1$ 的中介效果，同時應採分效模型針對 x^1 與 m^1 兩個擔任解釋變數者均進行組平減，並將兩者的組平均數納入模型，藉以還原兩個解釋變數的組間效果，獲得 $x^1 \rightarrow y^1$、$x^1 \rightarrow m^1$、$m^1 \rightarrow y^1$ 的迴歸係數與隨機效果的不偏估計，同時也可以探討 2-2-1 或 2-1-1 效果是否同時存在的可能性。

13.3 多層次中介效果 MLM 取向分析

在實務上，較常出現的多層次中介效果應用是 2-1-1 與 1-1-1 模型，至於 2-2-1 模型與 2-2-2 模型在實務上其實是同一個模型，因爲僅有 IV@L2 而沒有任何 IV@L1 的多層次模型，即是以結果變數 y 的隨機截距作爲被解釋變數，而 y 的隨機截距其實就是 y 的組平均數，亦即 y^2。進一步的，2-2-1 模型可以從 2-1-1 的分效模型中得到 $x^2 \rightarrow m^2 \rightarrow y^1$（也等於 $x^2 \rightarrow m^2 \rightarrow y^2$）的組間間接效果，因此可視爲 2-1-1 的一種擴展。

如果研究資料帶有嵌套特徵，但是研究者並未納入任何 IV@L2，此時 $x^1 \rightarrow m^1 \rightarrow y^1$ 也存在併效與分效兩種模型。而且由於 x 與 m 兩者除了存在於 L1，亦即 x^1 與 m^1，也可能以脈絡變數形式納入分析，亦即 x^2 與 m^2，使得 1-1-1 模型的操作較 2-1-1 模型複雜，但是原理相近。

本節將首先討論 2-1-1 分析程序，並擴展到 2-2-1 與 1-1-1 模型。所使用的資料仍爲前一章的溫福星與邱皓政（2009）的組織氣氛與工作滿意研究，但改以多層次模型進行分析。所涉及的變數共有下列八種，表 13.1 列出了這些個體層次與總體層次的變數描述統計與相關係數。

x^1 L1 個體層次的組織氣氛個人得分 x

x^2 L2 總體層次的組織氣氛組平均數 x_m

m^1 L1 個體層次的認同承諾個人得分 m^1

L1 個體層次的工具承諾個人得分 m^2

m^2 L2 總體層次的認同承諾組平均數 m^1_m

L2 總體層次的工具承諾組平均數 m^2_m

y^1 L1 個體層次的工作滿意個人得分 y

y^2 L2 總體層次的工作滿意組平均數 y_m

表 13.1 組織行為研究範例資料描述統計與相關係數

	個體(L1)		總體(L2)		相關係數					
	M	std	M	std	(1) 性別	(2) 年齡	(3) 工作滿意	(4) 組織氣氛	(5) 認同承諾	(6) 工具承諾
(1)性別(1:男)	.53	.50	-	-	1.00	-	-	-	-	-
(2)年齡	4.24	1.62	4.22	1.04	.34**	1.00	.15	.03	.19	-.24
(3)工作滿意*x*	4.20	.81	4.21	.56	.01	.16**	(.72)	.92**	.94**	-.68**
(4)組織氣氛*y*	3.98	.75	3.98	.66	-.06	-.03	.67**	(.89)	.92**	-.64**
(5)認同承諾m1	4.00	.85	4.02	.60	.03	.16**	.75**	.67**	(.78)	-.72**
(6)工具承諾m2	3.58	.92	3.56	.47	.02	-.15**	-.37**	-.27**	-.41**	(.65)

註：個體層次 N=681，總體層次 N=53。相關係數下三角部分為個體層次相關係數，上三角部分為總體層次相關係數。對角線上括弧內的係數為 Cronbach's α 信度係數。性別以女性（編碼為 0）為參照組，年齡變數以五歲一個等級區分為八個等級。*p < .05 **p < .01

13.3.1 2-1-1 併效模型分析程序

本節所分析的模型為圖 13.1(a) 的 2-1-1 模型（$x^2 \rightarrow m^1 \rightarrow y^1$），亦即組織氣氛 ^{2}→認同承諾 ^{1}→工作滿意 ^{1}。本節示範的是併效模型，因此 IV@L1 的組平均數並未納入 L2 截距方程式，亦即沒有脈絡變數。此外，為了估計各步驟的效果，需要執行三次 MLM 分析：第一步驟的組織氣氛 ^{2}→工作滿意 ^{1} 的影響（語法如 Syn13.3a1），第二步驟為組織氣氛 ^{2}→認同承諾 ^{1} 的影響（語法如 Syn13.3a2），第三步驟為（組織氣氛 ^{2}+ 認同承諾 ^{1}）→工作滿意 ^{1} 的影響（語法如 Syn13.3a3）。

由於步驟一與二皆為單一 IV 的簡單迴歸，語法相對簡單，步驟三則必須同時納入 IV@L1 與 IV@L2，並利用 MODEL CONSTRAINT 指令估計間接效果。在第三步驟中，為了估計 $(x^2 + m^1) \rightarrow y^1$ 的效果，正確將 $x^2 \rightarrow y^1$ 的效果排除 m^1 的影響，必須特別將 m 的組平均納入組間模型，進行 $m^2 \rightarrow y^1$ 的估計，但是將係數設定與 $m^1 \rightarrow y^1$ 的係數數值相同，亦即 Syn13.3a3 當中限定中介變數 m 對 y 的直接效果在組間與組內相同，即 **%WITHIN%** 當中的 **y ON m(b)** 與 **%BEWTEEN%** 當中的 **y ON m(b)**，括弧中的 (b) 表示該係數標示為 b 且在組內與組間相同。

值得注意的是，由於 Mplus 可以同時處理多個 DV 的迴歸分析，因此步驟二所估計的γ_{10}^{a}可以在步驟三的Mplus報表中得到（在報表中所加註的兩個框線）。換言之，步驟二其實是可以省略的模型。

由報表可知，第一步驟（$x^2 \rightarrow y^1$）的組織氣氛 2 會顯著影響工作滿意 1（γ_c = 0.780, z = 18.319, p < .001），第二步驟（$x^2 \rightarrow m^1$）的組織氣氛也會顯著影響認同承諾（γ_a = 0.836, z = 16.714, p < .001）。到了第三步驟（$x^2 + m^1 \rightarrow y^1$），三個直接效果$x^2 \rightarrow m^1$、$m^1 \rightarrow y^1$與$x^2 \rightarrow y^1$均具有統計意義：組織氣氛會影響認同承諾（$g_a$ = 0.836, z = 16.714, p < .001）、認同承諾會影響工作滿意（γ_b = 0.565, z = 14.819, p < .001）、組織氣氛 2 也會影響工作滿意（$\gamma_{c'}$ = 0. 309, z = 7.035, p < .001）。雖然 $x^2 \rightarrow y^1$ 從第一階段的 0.780 降至 0.309，但仍具有顯著性，顯示 $x^2 \rightarrow m^1 \rightarrow y^1$ 爲部分中介效果。間接效果（0.472 = 0.836×0.565）具有統計意義（z = 9.727, p < .001），整個模型的估計結果列於圖 13.4。

Syn13.3a1：MLMe 2-1-1併效模型語法STEP1

```
TITLE:       MLMe 2-1-1 conflated model Step1
DATA:        FILE  =  Ch13a.dat;
VARIABLE:    NAMES  =  CID y x m m2 y_m x_m m_m m2_m;
             USEV = y x_m; BETWEEN = x_m; CLUSTER = CID;
ANALYSIS:    TYPE IS TWOLEVEL;
MODEL:  %BETWEEN%
             y ON x_m;
```

Syn13.3a2：MLMe 2-1-1併效模型語法STEP2

```
TITLE:       MLMe 2-1-1 conflated model Step2
DATA:        FILE  =  Ch13a.dat;
VARIABLE:    NAMES  =  CID y x m m2 y_m x_m m_m m2_m;
             USEV = m x_m; BETWEEN = x_m; CLUSTER = CID;
ANALYSIS:    TYPE IS TWOLEVEL;
MODEL:  %BETWEEN%
             m ON x_m;
```

Syn13.3a3：MLMe 2-1-1併效模型語法STEP3

```
TITLE:        MLMe 2-1-1 conflated model Step3
DATA:         FILE  =  Ch13a.dat;
VARIABLE:     NAMES  =  CID y x m m2 y_m x_m m_m m2_m;
              USEV = y m x_m; BETWEEN = x_m; CLUSTER = CID;
DEFINE:       CENTER m (GRANDMEAN);
ANALYSIS:     TYPE IS TWOLEVEL;
MODEL:  %WITHIN%
              y ON m(b);     ! 限定標籤爲 "b" 的係數等值
%BETWEEN%
              m ON x_m;
              y ON m(b);     ! 限定標籤爲 "b" 的係數等值
              y ON x_m;
MODEL CONSTRAINT:
              NEW(IND);      ! 命名間接效果
              IND = a*b;     ! 計算間接效果
```

```
STEP1 MODEL RESULTS
                                                       Two-Tailed
                    Estimate       S.E.  Est./S.E.    P-Value
Within Level
 Variances
    Y                  0.383      0.034     11.286      0.000

Between Level
 Y          ON
    X_M                0.780      0.043     18.319      0.000

STEP2 MODEL RESULTS
                                                       Two-Tailed
                    Estimate       S.E.  Est./S.E.    P-Value
Within Level
 Variances
    M                  0.410      0.034     12.008      0.000

Between Level
 M1         ON
    X_M                0.836      0.050     16.713      0.000
```

```
STEP3 MODEL RESULTS
                                                          Two-Tailed
                    Estimate       S.E.  Est./S.E.    P-Value
Within Level
 Y          ON
   M                   0.565      0.038     14.819      0.000

 Variances
   M                   0.410      0.034     12.009      0.000

 Residual Variances
   Y                   0.256      0.019     13.449      0.000

Between Level

 M1         ON
   X_M                 0.836      0.050     16.714      0.000

 Y          ON
   M                   0.565      0.038     14.819      0.000
   X_M                 0.309      0.044      7.035      0.000
 Means
   X_M                 3.979      0.089     44.474      0.000
Intercepts
   Y                   2.973      0.176     16.921      0.000
   M                  -3.318      0.215    -15.438      0.000

New/Additional Parameters
   IND                 0.472      0.049      9.727      0.000
```

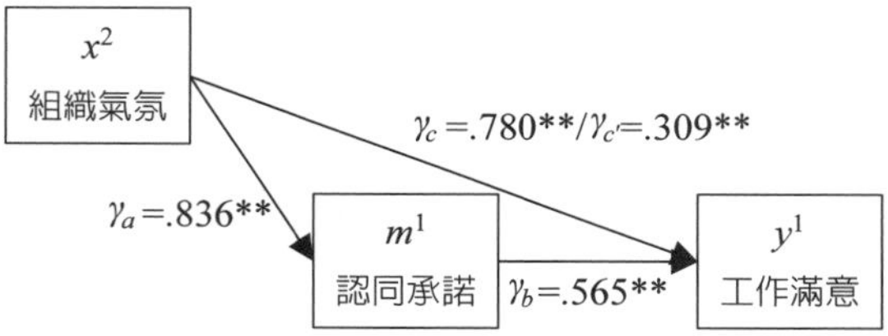

圖 13.4　MLMe 2-1-1 併效模型的估計結果圖示

13.3.2 2-1-1 分效模型分析程序

在估計跨層次中介效果時，如果將中介變數 m 在 L1 進行組平減，並將組平均數納入 L2 截距方程式自由估計 $m^2 \rightarrow y^1$ 的效果（亦即納入中介脈絡變數），即成爲分效模型。分析步驟與先前的併效模型相同，但須在第三步驟進行些微修改。亦即將 Syn13.3a3 當中 m 的平減方式改爲組平減，並將 $m \rightarrow y$ 的直接效果在組間與組內相同的限定式去除，令 **%WITHIN%** 當中的 **y ON m(b)** 的 (b) 改爲 (bW)，**%BETWEEN%** 當中的 **y ON m_m(b)** 的 (b) 改爲 (bB)，使得 m 對 y 的直接效果在組內與組間得以各自估計，語法如 Syn13.3b3。

值得注意的是，$x^2 \rightarrow m^1$ 的效果也可視爲 $x^2 \rightarrow m^2$ 的影響力，因此分效模型可以分別估計組內間接效果 INDW：$x^2 \rightarrow m^1 \rightarrow y^1$ 與組間間接效果 INDB：$x^2 \rightarrow m^2 \rightarrow y^1$，這就是併效模型最重要的特性。

Syn13.3b3：MLMe 2-1-1分效模型第三步驟語法

```
TITLE:       MLMe 2-1-1 Conflated MLM Step3
VARIABLE:    NAMES  =  CID y x m m2 y_m x_m m_m m2_m;
             USEV = y m x_m m_m;
             WITHIN = m;
             BETWEEN = x_m m_m;
             CLUSTER = CID;
DEFINE:      CENTER m (GROUPMEAN);
ANALYSIS:    TYPE IS TWOLEVEL;
MODEL:
%WITHIN%
             y ON m (bW);           ! 將係數標籤爲 "bW"
%BETWEEN%
             m_m ON x_m (aB);       ! 將係數標籤爲 "aB"
             y ON m_m    (bB);      ! 將脈絡變數係數標籤爲 "bB"
             y ON x_m    (cB);      ! 將係數標籤爲 "cB"
MODEL CONSTRAINT:
             NEW(INDW INDB);
             INDW = aB*bW;          ! 計算組內間接效果
             INDB = aB*bB           ! 計算組間間接效果
```

```
MODEL RESULTS
                                                Two-Tailed
                 Estimate      S.E.   Est./S.E.   P-Value
WithinLevel
Y        ON
      M            0.560      0.042     13.311      0.000
Means
      M            0.000      0.000     -1.135      0.257
Variances
      M            0.378      0.031     12.004      0.000
Residual Variances
      Y            0.256      0.019     13.467      0.000
Between Level
M_M      ON
    X_M            0.836      0.050     16.690      0.000
Y        ON
    M_M            0.626      0.121      5.188      0.000
    X_M            0.258      0.103      2.495      0.013
Intercepts
    M_M            0.693      0.215      3.229      0.001
    Y              0.669      0.189      3.549      0.000
ResidualVariances
    M_M            0.057      0.013      4.491      0.000
    Y              0.013      0.005      2.639      0.008
New/AdditionalParameters
    INDW           0.523      0.110      4.742      0.000
    INDB           0.468      0.050      9.318      0.000
```

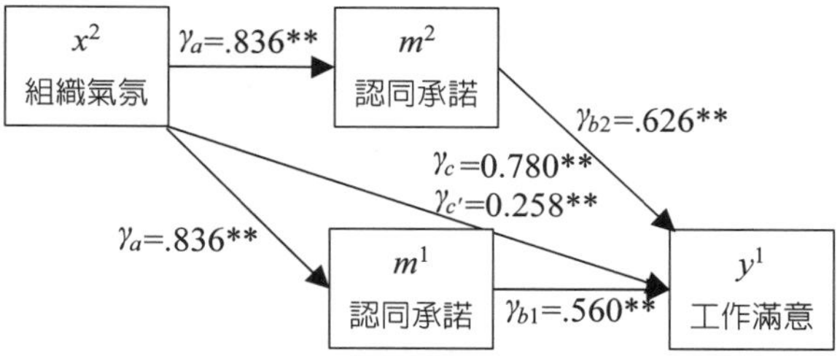

圖 13.5　MLMe 2-1-1 分效模型的估計結果圖示

分析結果得知，分效模型的第三步驟部分係數發生變化，其中 $m^1 \rightarrow y^1$ 由併效模型的 $\gamma_b = 0.565$（$z = 14.819, p < .001$）變成分效模型的 $\gamma_{b1} = 0.560$（$z = 13.311, p < .001$），變化並不明顯，但是 $m^2 \rightarrow y^1$ 明顯變化：在分效模型爲 $\gamma_{b2} = 0.626$（$z = 5.188, p < .001$），同時也使得 $x^2 \rightarrow y^1$ 的直接效果發生變化：由併效模型的 $\gamma_{c'} = 0.309$ 變成分效模型的 $\gamma_{c'} = 0.258$（$z = 2.495, p < .05$）。顯示 $x^2 \rightarrow m^1 \rightarrow y^1$ 雖仍爲部分中介效果，但納入中介變數後的 $x^2 \rightarrow y^1$ 下降幅度更大。INDB = 0.468 = 0.836×0.560（$z = 9.318, p < .001$），INDW = 0.523 = 0.836×0.626（$z = 4.742, p < .001$），兩者均具有統計意義。模型估計結果列於圖 13.5。

13.3.3 2-2-1 模型分析程序

事實上，如果把組內間接效果 $x^2 \rightarrow m^1 \rightarrow y^1$ 路徑移除，前述的分效模型就成爲一個 2-2-1 模型，亦即公司層次的組織氣氛會影響公司層次的認同承諾，進而影響員工的工作滿意，此時間接效果僅剩組間間接效果，語法如 Syn13.3c3 所示，估計結果列於圖 13.6。

值得注意的是，Syn13.3c3 語法中 **%WITHIN%** 已無任何需要估計的效果，x^2 與 m^2 兩者所解釋的都是 y^1 的截距，亦即結果變數的平均數，因此可知 2-2-1 模型其實就是 2-2-2 模型。

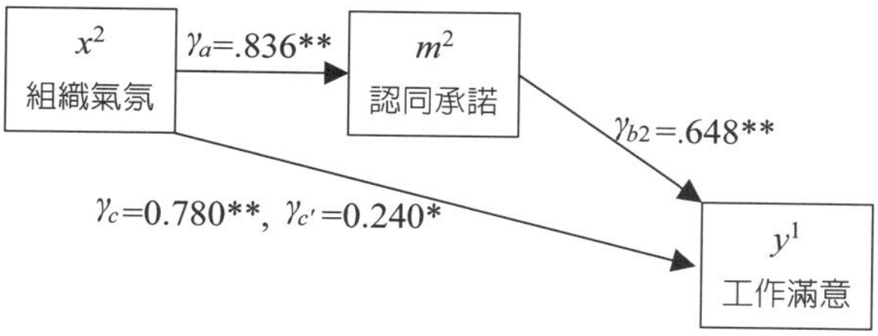

圖 13.6　MLMe 2-2-1 估計結果圖示

Syn13.3c3：MLMe 2-2-1模型第三步驟語法（僅列出MODEL部分）

```
MODEL:        %WITHIN%
              %BETWEEN%
                   m_m ON x_m (a);            ! 將係數標籤為 "a"
                   y ON m_m   (b);            ! 將係數標籤為 "b"
                   y ON x_m;
MODEL CONSTRAINT:
              NEW(IND);
              IND = a*b;                      ! 計算間接效果
```

13.3.4 1-1-1 模型分析程序

前面各節的分析程序，都涉及 L2 的解釋變數對 L1 的結果變數進行多層次迴歸分析。如果模型中沒有任何 IV@L2，僅有 IV@L1，進行 $x^1 \rightarrow m^1 \rightarrow y^1$ 的中介效果分析，即爲 1-1-1 模型。其分析程序與其他模型相同，也是以多步驟法來求得 $x^1 \rightarrow m^1 \rightarrow y^1$ 的中介效果，而且也區分成併效與分效模型兩種處理程序。

爲了進行 1-1-1 模型的示範，我們將組織氣氛研究當中的組織氣氛變數改以 L1 變數來處理，亦即探討組織氣氛 ^{1}→認同承諾 ^{1}→工作滿意 ^{1} 的中介效果。在併效模型中，組織氣氛與認同承諾兩者在 L1 經總平減處理，且兩者的組平均數（脈絡變數）雖納入 L2 截距方程式，但組間效果與組內效果設爲等值。在分效模型中，則是將組織氣氛與認同承諾兩者在 L1 經組平減處理，有兩者的組平均數（脈絡變數）納入 L2 的截距方程式，且分別估計組間與組內效果。

13.3.4.1 1-1-1併效模型

比照先前 2-1-1 模型分析程序，1-1-1 模型的第一步驟是檢驗組織氣氛 ^{1}→工作滿意 ^{1} 的影響（語法如 Syn13.3d1），第二步驟爲組織氣氛 ^{1}→認同承諾 ^{1} 的影響，第三步驟爲（組織氣氛 ^{1}+ 認同承諾 ^{1}）→工作滿意 ^{1} 的影響（語法如 Syn13.3d3）。

在步驟一與二當中，雖然是估計 $x^1 \rightarrow y^1$ 與 $x^1 \rightarrow m^1$ 的效果，但脈絡變數 x^2 與 m^2 的效果仍須設限控制與組內效果等價。亦即 Syn13.3d1 當中 **%WITHIN%** 的 **y ON x(c)** 與 **%BEWTEEN%** 當中的 **y ON x(c)** 必須標以相同參數標籤 (c)

使迴歸係數在組內與組間相同。第二步驟則是將 **%WITHIN%** 的 **m ON x(a)** 與 **%BEWTEEN%** 當中的 **m ON x(a)** 標以相同參數標籤 (a) 使迴歸係數在組內與組間相同。

同樣的，步驟三同時納入 x^1 與 m^1 兩個 IV@L1 變數，為了正確估計 $(x^1 + m^1) \to y^1$ 的效果，必須將 x 與 m 的組平均納入組間模型加以設限，亦即進行 $x^2 \to y^1$ 與 $m^2 \to y^1$ 的估計，但是將兩者的組間迴歸係數設定與組內相同，亦即 Syn13.3d3 當中 **%WITHIN%** 的 m **ON x(a)** 與 **%BEWTEEN%** 當中的 **m ON x(a)**，以及 **y ON m(b)** 與 **%BEWTEEN%** 當中的 **y ON m(b)**，增加相同的參數標籤，亦即括弧中的 (a) 與 (b)，表示該係數在組內與組間相同。再加上 **y ON x(c)** 在 **%WITHIN%** 與 **%BEWTEEN%** 中標以相同參數標籤 (c)，共有三組參數設限等值的指令，估計結果列於圖 13.7。

Syn13.3d1：MLMe 1-1-1併效模型語法 STEP1

```
VARIABLE:   NAMES  = CID y x m m2 y_m x_m m_m m2_m;
            USEV  = y x; CLUSTER = CID;
DEFINE:     CENTER x (GRANDMEAN);
ANALYSIS:   TYPE IS TWOLEVEL;
MODEL:
    %WITHIN%
            y ON x(c);   !將係數標籤"c"且數值相同
    %BETWEEN%
            y ON x(c);   !將係數標籤"c"且數值相同
```

註：第二步驟 Syn13.3d2，圖省略。

Syn13.3d3：MLMe 1-1-1併效模型語法 STEP3

```
VARIABLE:   NAMES  =  CID y x m m2 y_m x_m m_m m2_m;
            USEV = y m x; CLUSTER = CID;
DEFINE:     CENTER x m (GRANDMEAN);
ANALYSIS:   TYPE IS TWOLEVEL RANDOM;
MODEL:
    %WITHIN%
            m ON x(a);     ! 將係數標籤"a"且數值相同
            y ON m(b);     ! 將係數標籤"b"且數值相同
            y ON x(c);     ! 將係數標籤"c"且數值相同
    %BETWEEN%
            m ON x(a);     ! 將係數標籤"a"且數值相同
            y ON m(b);     ! 將係數標籤"b"且數值相同
            y ON x(c);     ! 將係數標籤"c"且數值相同
    MODEL CONSTRAINT:
            NEW(IND);
            IND = a*b;     ! 計算間接效果
```

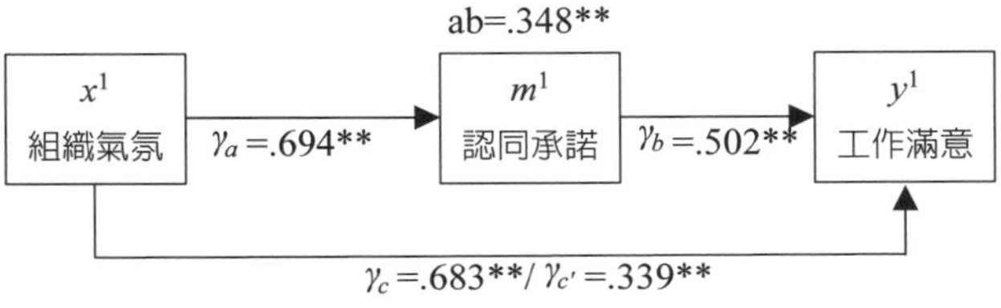

圖 13.7　MLMe 1-1-1 併效模型的估計結果圖示

由圖 13.7 所標示的分析結果得知，步驟一的個體層次：$x^1 \rightarrow y^1$ 的組織氣氛[1]會顯著影響工作滿意[1]（$\gamma_c = 0.683, z = 13.023, p < .001$），步驟二的個體層次：$x^1 \rightarrow m^1$ 的組織氣氛[1]也會顯著影響認同承諾[1]（$\gamma_a = 0.694, z = 12.895, p < .001$）。

步驟三仍爲個體層次：$x^1 + m^1 \rightarrow y^1$，當中的直接效果 $x^1 \rightarrow m^1$、$x^1 \rightarrow y^1$、$m^1 \rightarrow y^1$ 均具有統計意義：組織氣氛[1]會影響認同承諾[1]（$\gamma_a = 0.694, z = 12.895, p < .001$）、認同承諾[1]會影響工作滿意[1]（$\gamma_b = 0.502, z = 12.608, p < .001$）、組織氣氛[2]也會影響工作滿意[1]（$\gamma_{c'} = 0.339, z = 7.914, p < .001$）。間接效果具有統計

意義（$0.348 = 0.694 \times 0.502, z = 8.205, p < .001$）。

13.3.4.2 1-1-1分效模型

分效模型的差異在於將 x 與 m 兩個 IV@L1 進行組平減，並將組平均納入組間截距方程式，估計脈絡變數的效果，在此僅列舉步驟一與步驟三的語法於 Syn13.3e1 與 Syn13.3e3。

由報表可知，分效模型所增加的兩個脈絡變數的解釋力均具有統計意義，例如 $x^2 \rightarrow m^1$ 的組織氣氛 ^{2} 會顯著影響認同承諾 ^{1}（$\gamma_a = 0.836, z = 16.690, p < .001$），$x^2 \rightarrow y^1$ 的組織氣氛 ^{2} 會顯著影響工作滿意 ^{1}（$\gamma_{c'} = 0.260, z = 2.528, p < .001$）。新增的脈絡變數也將使得 $m^1 \rightarrow y^1$ 與 $x^1 \rightarrow y^1$ 係數發生改變，這些係數估計結果列於圖 13.8。

同樣的，分效模型可分別估計組間間接效果 INDB = $0.521 = 0.836 \times 0.624$（$z = 4.753, p < .001$），以及組內間接效果 INDW = $0.261 = 0.537 \times 0.486$（$z = 6.007, p < .001$），兩者均具有統計意義。如果是在併效模型，間接效果同時混淆 INDB 與 INDW，這是分效模型最重要的價值所在。

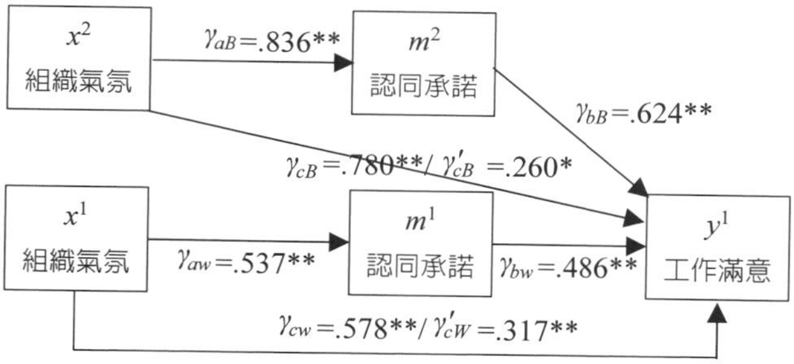

圖 13.8　MLMe 1-1-1 分效模型的估計結果圖示

Syn13.3e1：MLMe 1-1-1分效模型語法 STEP1

```
TITLE:       MLMe 1-1-1 unconflated model Step1
DATA:        FILE  =  Ch13a.dat;
VARIABLE:    NAMES  =  CID y x m m2 y_m x_m m_m m2_m;
             USEV = y x x_m;
             WITHIN =  x; BETWEEN = x_m;      CLUSTER = CID;
DEFINE:      CENTER x (GROUPMEAN);
ANALYSIS:    TYPE IS TWOLEVEL;
MODEL:
     %WITHIN%
             y ON x;
     %BETWEEN%
             y ON x_m;
```

Syn13.3e3：MLMe 1-1-1分效模型語法 STEP3

```
TITLE:       MLMe 1-1-1 unconflated model Step3
VARIABLE:    NAMES  =  CID y x m m2 y_m x_m m_m m2_m;
             USEV = y m x m_m x_m;
             WITHIN =  x m; BETWEEN = x_m m_m; CLUSTER = CID;
DEFINE:      CENTER x m (GROUPMEAN);
ANALYSIS:    TYPE IS TWOLEVEL;
MODEL:
     %WITHIN%
             m ON x (aW);
             y ON m (bW);
             y ON x;
     %BETWEEN%
             m_m ON x_m(aB);
             y ON m_m  (bB);
             y ON x_m;
MODEL CONSTRAINT:
             NEW(INDB INDW);
             INDW = aW*bW;          ! 計算組內間接效果
             INDB = aB*bB;          ! 計算組間間接效果
```

13.4 MSEM 多層次中介效果分析

13.4.1 為何捨 MLM 而就 SEM？

從本章先前的討論可知，不論是單一層次或多層次結構下的中介效果分析，皆是由一系列的方程式組合而成，其中中介變數不僅作爲影響結果變數 y 的預測變數，也作爲結果變數而被 x 所解釋，換言之，中介效果模型的一個重要特性是結果變數不只一個，而且如果中介變數或結果變數 y 不只一個，整個中介效果的分析就顯得相當複雜，因此，一般文獻上對於中介效果的討論，多僅就最簡單的 $x \rightarrow m \rightarrow y$（簡單中介模型）的狀況來探討。但是很明顯的，在實務上，研究者所關心的模型往往不是單一 m 或單一 y 的簡單中介模型。

在前面各節的介紹中，可以得知 MLM 能夠有效因應資料所帶有的嵌套結構的資料獨立性違反問題，也可以處理存在於不同層次的變數如何影響結果變數的變異。但是 MLM 的最大限制是其單變量本質，亦即一個 MLM 模型僅有一個存在於個體層次的結果變數，但是在多層次中介議題中，結果變數不僅可能存在於不同層次，也可能存在於中介歷程當中的任何位置。

因此，在前一節的介紹中，我們僅能以 MLM 來處理 1-1-1 與 2-1-1 兩種模型，以及利用分效模型來估計 2-2-1（或是 2-2-2 模型）的間接效果。至於圖 13.1 當中的 1-1-2、1-2-1、1-2-2、2-1-2 等模型就無法利用 MLM 來進行分析，此時，即有賴 MSEM 當中的多層次結構模型來進行分析。

廣義來說，不論是何種中介效果，都可利用 SEM 來進行估計路徑模型（path model）當中的各種參數，甚至於中介效果當中的各變數可以設定爲潛在變數的形式，將測量模型納入中介關係當中藉以排除測量誤差，這就是爲何近年來研究者逐漸改以 SEM 取代 MLM 來分析傳統的單層次中介效果之故，尤其是隨著 Muthén（1994）及 Muthén 與 Asparouhov（2008）陸續完成 MSEM 的原理探討、模擬研究與軟體開發（Mplus），多層次中介與調節效果的分析也可以利用 MSEM 同步完成一系列聯立方程式求解（MLM 必須分成多個步驟來進行分段估計）（Preacher et al., 2010, 2011），並得以延伸到各複雜的多層次路徑模型或帶有潛在變數的多層次結構模型，使得 MSEM 取向逐漸凌駕於 MLM 取向之上。

13.4.2 MSEM 的基本原理

單層與多層資料的主要差異，在於多層次抽樣結構將底層的觀察值以某一個分組變數區分成不同的群體，亦即個體嵌套在各組之內，因此低層變數的變異也就存在著組間變異與組內變異的差異，在進行多層次迴歸或中介效果分析時，如果不能有效分離組間與組內效果，將造成參數估計的偏誤與標準誤的失真（也就是分效模型的重要性）。

13.4.2.1 多層次結構模型

根據典型的單層次 SEM 模式設定，若有兩組外顯變數 X 與 Y 構成影響關係，可定義成下列的結構模式：

$$Y_i = \nu + BY_i + \Gamma X_i + \varepsilon_i \tag{13-11}$$

其中，X 爲外生外顯變數，用來解釋內生外顯變數 Y 的變異，解釋力由 Γ 矩陣當中的迴歸係數參數 γ 反映，至於 Y 變數之間的關係則由 B 矩陣當中的迴歸係數參數 β 反映。如果將外顯變數 X 與 Y 改以潛在變數的形式定義，亦即 η 與 ξ，變數間的結構關係則成爲方程式 (13-12)。

$$\eta_i = \mu + B\eta_i + \Gamma\xi_i + \varsigma_i \tag{13-12}$$

如果資料帶有嵌套特質，方程式 (13-12) 可拆解成組內（Within group）與組間（Between group）兩部分，亦即組內結構模式（structural form of the within-group model）（方程式 (13-13)）與組間結構模式（structural form of the between-group model）（方程式 (13-14)）：

$$\eta_{ijW} = \alpha_{jB} + B_w\eta_{ijW} + \Gamma_W\xi_{ijW} + \varsigma_{ijW} \tag{13-13}$$

$$\eta_{jB} = \mu + B_B\eta_{jB} + \Gamma_B\xi_{iB} + \varsigma_{jB} \tag{13-14}$$

方程式 (13-13) 當中的 α_{jB} 爲組內內生潛在變數被解釋後的截距，由於 η 與 ξ 均爲平均數爲 0 的潛在變數，因此 α_{jB} 反映內生潛在變數的各組平均數，可估計固定效果（平均值）與隨機效果（變異數）。至於方程式 (13-14) 的截距項各向量則為單一數值，μ 僅有固定效果而無隨機效果，反映組間的內生潛在變數平均數。

方程式 (13-13) 與 (13-14) 當中的迴歸係數矩陣（B 與 Γ）並無足標 j，表示這些迴歸係數並非各組不同，在各組內為單一數值（固定效果），但是組間與組內的數值不一定相同。此一設定與前一節所介紹的固定斜率的 MLM 分析相同，目的在簡化模型。如果研究上有其需要，亦可釋放固定效果的限制而讓各組擁有自己的迴歸係數，亦即 β_{jW} 與 γ_{jW}，但是若以隨機效果處理，將可能因為大量疊代估計導致收斂不理想的困境（Rabe-Hesketh, et al., 2007）。

13.4.2.2 多層次測量模型

在 SEM 中，結構模型中的變數都有對應的外顯變數，而外顯變數與潛在變數所構成的模型稱為測量模型。換言之，方程式 (13-12) 與 (13-13) 構成組內與組間變數的結構關係，但是組內與組間層次中的每一個潛在變數 η 與 ξ 都是由各自的測量模型所定義而成。對於 η_W 與 ξ_W 這兩組組內潛在變數，係由組內測量模型（measurement form of the within-group model）定義，如方程式 (13-15) 與 (13-16) 所示。

$$X_{ijW} = \Lambda_{jW}\xi_{ijW} + \varepsilon_{ijW} \tag{13-15}$$

$$Y_{ijW} = \Lambda_{jW}\eta_{ijW} + \delta_{ijW} \tag{13-16}$$

方程式 (13-15) 與 (13-16) 當中的 Λ_{jW} 為組內因素負荷量，如果只有每一個潛在變數僅對應單一外顯測量變數，Λ_{jW} 即為數值為 1 的單一向量，如果潛在變數是由多重指標構成，Λ_{jW} 需指定一個負荷量為 1.00 作為參照，藉以估計其他負荷量。

對於 η_B 與 ξ_B 這兩組組間潛在變數，則是由個體層次的外顯變數在組間層次的隨機變異估計而成。在 MSEM 當中，是由個體層次變數的組間變異（隨機效果）反映，亦即個體層次外顯變數的隨機截距 α_{Bx}、α_{Bm}、α_{By}。

13.4.3 MSEM 的脈絡變數

利用前述由 Muthén 與 Asparouhov（2008）所發展的 MSEM 架構，即可估計多層次中介效果。由於結構模型分別存在於組內（L1）與組間（L2）層次，因此中介關係當中的前置變數（x）、中介變數（m）與結果變數（y）也必須分就兩層加以定義，同時爲了解釋上的便利性，我們將不再區分爲內生與外生變數，潛在變數一律以 η 表示，組內與組間中介關係中的各變數即成爲 η_{Wx}、η_{Wm}、η_{Wy} 與 η_{Bx}、η_{Bm}、η_{By}，各變數間的影響關係則統一標示爲 β_W 與 β_B 係數。由於 L2 的變數皆有對應的 L1 變數，例如 $\eta_{Bx}=\bar{x}_j$、$\eta_{Bm}=\bar{m}_j$、$\eta_{By}=\bar{y}_j$，因此 L2 的變數即爲自身的脈絡變數。當然，L2 也可能存在其他非由 L1 估計或彙總得來的外顯或潛在變數，這些 L2 變數並無相對應的 L1 變數，因此不在本章的討論範圍。

在估計不同層次變數的中介關係時，組間層次作爲 IV@L2 的 x 與 m 變數若是從 L1 彙總成組平均數而得（如圖 13.9(a) 當中跨越 L1 與 L2 的向上虛線箭頭），每一組只有一個平均數 $\bar{x}$ 或 $\bar{m}$，可稱爲固定效果的外顯脈絡變數（manifest contextual variable）。在前面所討論的 MLM 多層次中介效果模型，即是利用外顯脈絡變數的形式來進行分析，x、m、y 三個變數中，僅有 y 變數的截距具有隨機效果，但是 x 與 m 兩者的 L2 變數（組平均數）皆由第一層彙總而得。x 與 m 彙總得到的外顯脈絡變數 $\bar{x}$ 或 $\bar{m}$ 各自對應一個潛在變數 η_{Bx} 與 η_{Bm}，y_B 則是由個體層次的 y_W 的隨機截距 α_{By} 反映（圖 13.9(a) 的黑圓點●所示）。

在 MSEM 模型中，x、m、y 三個變數在 L2 的組平均數是由 L1 的外顯變數估計而得，α_{Bx}、α_{Bm}、α_{By}，其性質是隨機潛在變數而非外顯變數，每一組除了得以估計組平均數，也可估計變異數，因此稱爲隨機效果的潛在脈絡變數（latent contextual variable）（Lüdtke et al., 2008, 2011），亦即圖 13.9(b) 中跨層次間以實線箭頭對應測量變數三個黑圓點●，η_{Wx}、η_{Wm}、η_{Wy} 與 η_{Bx}、η_{Bm}、η_{By} 各潛在變數間的迴歸係數即可用來估計不同層次的中介效果是否存在。

如果組內（個體層次）的潛在變數 η_W 與 ξ_W 是由多重指標所形成的構念，此時進行多層次中介效果分析就必須涉及更高階的測量模型。例如圖 13.10 即是一個帶有 10 個 L1 外顯測量變數所形成的三個潛在變數的 MSEM 模型。如果這 10 個測量變數的隨機截距具有充分變異，即可利用高階驗證性因素分析（higher-order confirmatory factor anlaysis; HCFA）萃取出潛在高階因素（Muthén

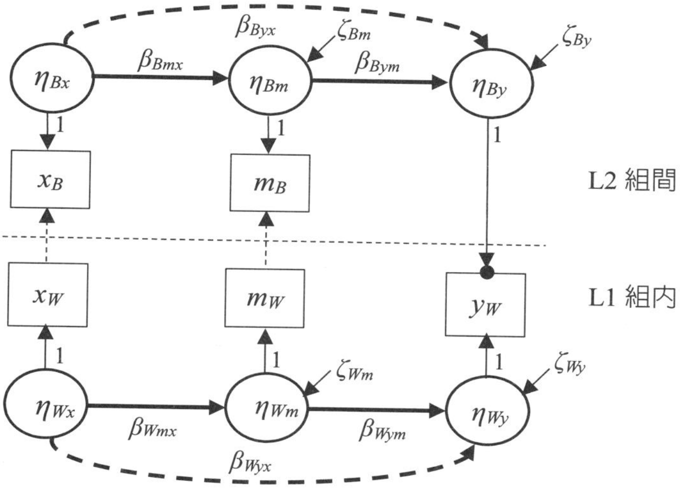

(a) 固定（外顯）脈絡模式的多層次模型（MLM 取向）

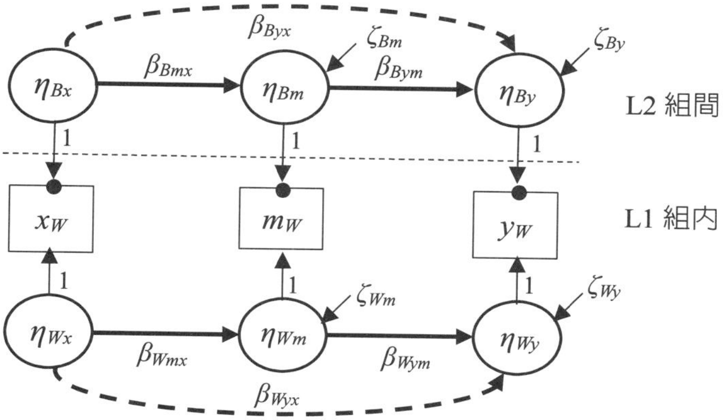

(b) 隨機（潛在）脈絡模式的多層次模型（MSEM 取向）

圖 13.9　單一外顯變數的 MSEM 圖示

& Satorra, 1989）。

基於中央極限定理，如果每一組的人數越多，組內所估計得到的潛在變數將有較低的抽樣誤差，至於多重指標所建構得到的 η_{Wx}、η_{Wm}、η_{Wy} 與 η_{Bx}、η_{Bm}、η_{By} 則可排除測量誤差的影響，將測量信度納入考慮，提升參數的估計效能，此時的 MSEM 將是兼顧抽樣誤差與測量誤差的多層次模型（Lüdtke et al., 2008,

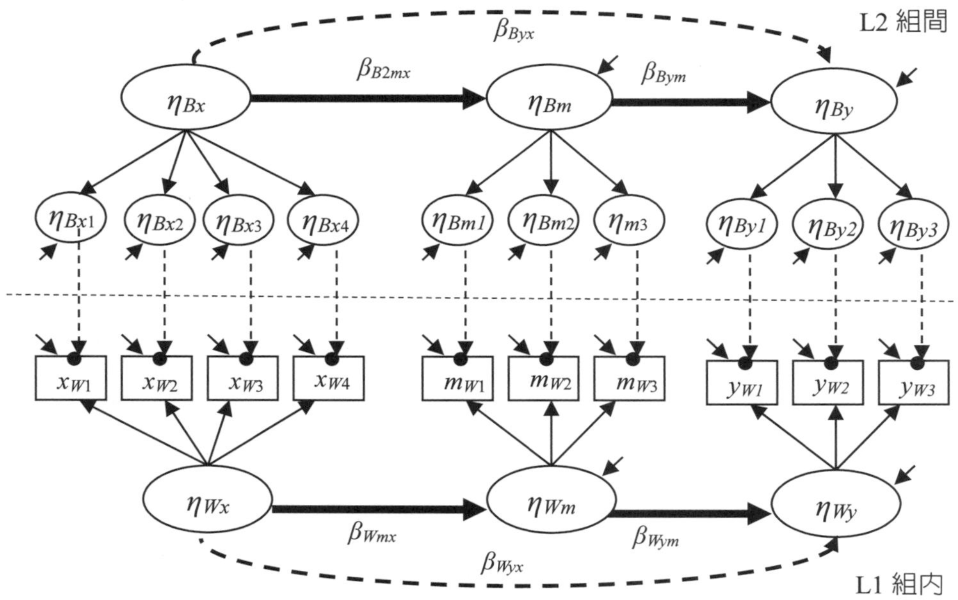

圖 13.10　多重外顯變數的 MSEM 圖示

2011），但是所付出的代價就是模式收斂得解的難度提高，所需要的樣本數也將大幅提高（Preacher et al., 2010, 2011）。

13.4.4 MSEM 的多層次中介模型

13.4.4.1 MSEM 1-1-1模型

前述我們定義了 MSEM 的一般化模式。在沒有特殊限定的情況下，方程式 (13-13) 與 (13-14) 可以在同一個 MSEM 模型中以單一步驟來檢驗 1-1-1 中的直接與間接效果，亦即圖 13.9 中的 L2 組間迴歸係數，藉以推估 1-1-1 組間中介效果的強弱與統計意義。

事實上，方程式 (13-13) 與 (13-14) 兩者整合後即爲前面提及的 MLM 分效模型，因爲經由 MSEM 當中的潛在變數均爲平均數爲 0 的組平減變數，再經過 SEM 的變異拆解程序，x、m、y 的變異與共變結構被拆解成正交的組內與組間兩個部分。因此，方程式 (13-13) 的組內結構模型可估計 1-1-1 組內直接與間接效果。方程式 (13-14) 的組間結構模型即爲 MLM 的分效 1-1-1 模型組間部分：γ_{B11} 反映的是 $x^1 \rightarrow m^1$ 的組間直接效果，b_{B21} 則爲 $m^1 \rightarrow y^1$ 的組間直接效果，將兩者相乘即得到 1-1-1 組間間接效果（等同於 MLM 的分效模型的組間間接效果）。

然而，MSEM 的組間直接與間接效果是由 L1 的隨機截距所定義的潛在變數 α_{Bx}、α_{Bm}、α_{By} 與估計而得，並非如同 MLM 是從彙總得到，因此估計結果將會有所不同。

13.4.4.2 MSEM的2-1-1模型

另一種常見於多層次中介效果分析的模型是 2-1-1 模型，如圖 13.11(a) 所示。此時，研究者關所心的是 $x^2 \rightarrow m^1 \rightarrow y^1$ 的間接效果：前置變數 x 為總體層次測量所得的 IV@L2，並非由 L1 測量彙總或估計所得，換言之，MSEM 的測量模型中（方程式 (13-15) 與 (13-16)）並無 x 變數的資訊。此時多層次中介效果的討論可以直接將 L2 的 x_B 以總體層次測量數據來取代跨層測量設定。

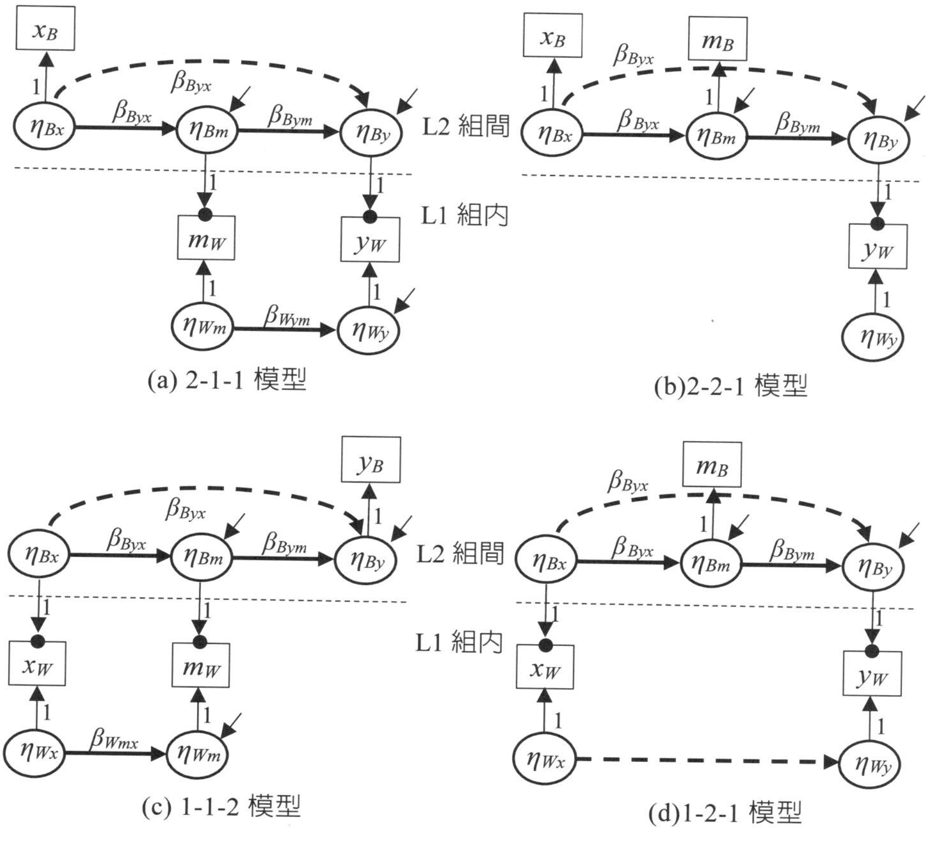

圖 13.11　MSEM 的四種特殊模型圖示

圖 13.11(a) 中的 b_{Bmx} 反映 $x^2 \to m^1$ 組間直接效果，b_{Bym} 則為 $m^1 \to y^1$ 組間直接效果，將兩者相乘即得到 2-1-1 組間間接效果，INDB = $\beta_{Bmx} \times \beta_{Bym}$。

若以矩陣式來定義圖 13.11(a) 的 2-1-1 模型，測量模型可利用方程式 (13-17) 來表示，其中虛線區隔了組間與組內潛在變數兩部分。

$$Y = \Lambda\eta = \begin{bmatrix} x_B \\ m_W \\ y_W \end{bmatrix} = \left[\begin{array}{cc:ccc} 0 & 0 & 1 & 0 & 0 \\ 1 & 0 & 0 & 1 & 0 \\ 0 & 1 & 0 & 0 & 1 \end{array}\right] \left[\begin{array}{c} \eta_{Wm} \\ \eta_{Wy} \\ \hdashline \eta_{Bx} \\ \eta_{Bm} \\ \eta_{By} \end{array}\right] \tag{13-17}$$

由於 x 僅有組平均數（x_B）而無個體測量（x_W），因此在測量模型中僅有對應 η_{Bx} 的負荷量 1。m 與 y 由 L1 測得，亦即 m_W 與 y_W，因此得以定義組內的 η_{Wm} 與 η_{Wy}，也可經由 m_W 與 y_W 的隨機截距估計組平均數 m_B 與 y_B，進而定義組間潛在變數 η_{Bm} 與 η_{By}。

一旦測量模型定義完成，即可建立組內結構模式（方程式 (13-18)）與組間結構模型（方程式 (13-19)），估計各項直接效果 β_{Bmx}、β_{Bym}、β_{Byx}、β_{Wym}，進而估計間接效果，INDB = $\beta_{Bmx} \times \beta_{Bym}$，INDW = $\beta_{Bmx} \times \beta_{Wym}$。這些直接效果與總效果也可以在 MLM 分效模型估計得到，但是數據將會有所不同。

$$\eta_W = \begin{bmatrix} \eta_{Wm} \\ \eta_{Wy} \\ \eta_{Bx} \\ \eta_{Bm} \\ \eta_{By} \end{bmatrix} = \begin{bmatrix} 0 \\ 0 \\ \alpha_{Bx} \\ \alpha_{Bm} \\ \alpha_{By} \end{bmatrix} + \left[\begin{array}{cc:ccc} 0 & 0 & 0 & 0 & 0 \\ \beta_{Wym} & 0 & 0 & 0 & 0 \\ \hdashline 0 & 0 & 0 & 0 & 0 \\ 0 & 0 & 0 & 0 & 0 \\ 0 & 0 & 0 & 0 & 0 \end{array}\right] \left[\begin{array}{c} \eta_{Wm} \\ \eta_{Wy} \\ \hdashline \eta_{Bx} \\ \eta_{Bm} \\ \eta_{By} \end{array}\right] \tag{13-18}$$

$$\eta_B = \left[\begin{array}{c} \beta_{Wym} \\ \hdashline \alpha_{Bx} \\ \alpha_{Bm} \\ \alpha_{By} \end{array}\right] = \left[\begin{array}{c} \mu_{\beta_{Wym}} \\ \hdashline \mu_{\alpha_{Bx}} \\ \mu_{\alpha_{Bm}} \\ \mu_{\alpha_{By}} \end{array}\right] + \left[\begin{array}{cccc} 0 & 0 & 0 & 0 \\ \hdashline 0 & 0 & 0 & 0 \\ 0 & \beta_{Bmx} & 0 & 0 \\ 0 & \beta_{Byx} & \beta_{Bym} & 0 \end{array}\right] \left[\begin{array}{c} \beta_{Wym} \\ \hdashline \alpha_{Bx} \\ \alpha_{Bm} \\ \alpha_{By} \end{array}\right] + \left[\begin{array}{c} \varsigma_{\beta_{Wym}} \\ \hdashline \varsigma_{Bx} \\ \varsigma_{Bm} \\ \varsigma_{By} \end{array}\right] \tag{13-19}$$

13.4.4.3 MSEM的其他特殊模型

在圖 13.11 當中還有三種無法於 MLM 取向中進行分析的 MSEM 模型，其中 2-2-1 模型的焦點在於 $x^2 \rightarrow m^2 \rightarrow y^1$ 的間接效果，可藉由 MSEM 將 x^2 與 m^2 兩者皆以 L2 的單一外顯變數來進行測量，在組間層次定義兩個具有單一指標的潛在變數 η_{Bx} 與 η_{Bm} 來進行組間層次的直接效果估計，得到 $x^2 \rightarrow m^2$ 的 β_{Bym}，而 $m^2 \rightarrow y^1$ 的直接效果則由 y 的隨機截距 α_{By} 對 m_B 做迴歸求得 β_{Bym}，如圖 13.11(b) 所示，最後，將兩者相乘即得到 2-2-1 間接效果，亦即 INDB = $\beta_{Bmx} \times \beta_{Bym}$。

如果中介變數 m 或結果變數 y 其中之一爲總體層次測量數據而非個體層次測量，其他兩個變數仍爲 L1 測量數據，此時即可利用 MSEM 來建立 1-1-2 或 1-2-1 模型，如圖 13.11(c) 與 (d) 所示。在最近的一篇文獻中，Preacher et al.（2010）設計了一個 1-1-2 模型，分析員工對於主管的轉換領導知覺 (x^1) 對於員工的團隊滿意度 (m^1) 的影響，進而影響團隊的績效 (y^2)。研究者比較了 MSEM 取向與二階段的 MLM 分析（階段一：1-1-* 分效模型，階段二 *-1-2 的 OLS 迴歸分析來估計），結果得到 MSEM 的間接效果達到 .697（$p < .05$），但二階段 MLM 的間接效果僅爲 .053（n.s.）。顯示利用單一階段 MSEM 來分析 MLMe 有其統計與方法學上的優勢。

最後，如果研究者的嵌套資料中，欲進行中介效果的變數爲總體層次測量，此時需執行 2-2-2 模型。2-2-2 模型並不等於 1-1-1 模型的組間效果。當 x、m、y 三個變數均爲個體層次測量，由方程式 (13-14) 所定義的組間結構模型雖反映組間的變數關係，但是組間變數是由 L1 以隨機效果估計而得，而非從 L1 彙總而得，因此並不等同於一般所定義的 2-2-2 模型（MLM 取向）。

如果在 MSEM 當中要執行 MLM 的 2-2-2 模型，則不需定義隨機截距，而直接將 L1 的變數彙總成爲 L2 變數 x^2、m^2、y^2，或直接取用 L2 的測量數據，直接以單層次 SEM 進行分析即可。

13.4.5 MSEM 的多層次中介模型分析範例

爲了示範 MSEM 的 1-1-1 與 2-1-1 模型分析，本節將前述的組織氣氛研究數據進行再次分析。在語法部分，MSEM 1-1-1 模型的主要差異在於不使用彙總後的組平均數，亦即不使用資料庫當中的 *x_m* 與 *m_m*，而直接由 L1 的 x 與 m 直接估計出隨機截距，也就是語法 Syn13.4a 當中 **VARIABLE** 指令當中的設定

WITHIN = 與 **BETWEEN =** 兩指令中均不納入 *x* 與 *m*，直接在 **MODEL** 指令中的 **%WITHIN%** 與 **%BETWEEN%** 分別設定 *x* 與 *m* 在組內與組間。在此一設定條件下，*x* 與 *m* 兩者在 L1 皆爲組平減後的個別測量得分。

至於 MSEM 的 2-1-1 模型，*x* 爲 L2 的測量數據，而非從 L1 的 *x* 隨機截距估計，因此語法中直接取用 *x_m* 來解釋 L1 隨機截距 m^2 與 y^2，語法 Syn13.4b 當中 **VARIABLE** 指令的 **BETWEEN = x_m** 即是用於指定 *x* 爲 L2 的測量數據，但是中介變數 *m* 則不需指定其位於組內或組間，Mplus 會自動將 *m* 視爲 L1 變數，並在 L2 以隨機截距進行估計。

不論是 MSEM 1-1-1 或 2-1-1 模型，位於組內的解釋變數對結果變數的迴歸係數（斜率）均可設爲隨機效果，例如 **sb | y ON m**，但隨機斜率的平均數必須在 **%BETWEEN%** 估計，例如 **[sb](bW)**。括弧後的標籤是爲了進行間接效果的運算之用。

Syn13.4a：MSEM 1-1-1模型語法

```
DATA:         FILE  = Ch13a.dat;
VARIABLE:     NAMES  = CID y x m m1 y_m x_m m1_m m_m;
              USEV = y m x;
              CLUSTER = CID;
ANALYSIS:     TYPE IS TWOLEVEL;
MODEL:
%WITHIN%
              m ON x(aW);
              y ON m(bW);
              y ON x;
%BETWEEN%
              x m y;
              m ON x(aB);
              y ON m(bB);
              y ON x;
MODEL CONSTRAINT:
              NEW(INDB INDW);
              INDW = aW*bW;
              INDB = aB*bB;
```

Syn13.4b：MSEM 2-1-1模型語法

```
DATA:         FILE   = Ch13a.dat;
VARIABLE:     NAMES   = CID y x m m1 y_m x_m m1_m m_m;
              USEVARIABLES = CID y m x_m;
              BETWEEN = x_m;
              CLUSTER = CID;
ANALYSIS:     TYPE IS TWOLEVEL;
MODEL:
%WITHIN%
              y ON m(bW);
%BETWEEN%
              m ON x(aB);
              y ON m(bB);
              y ON x;
MODEL CONSTRAINT:
              NEW(INDB INDW);
              INDW = aB*bW;
              INDB = aB*bB;
```

由 MSEM 的 1-1-1 模型估計結果可知，組內層次的組織氣氛會影響認同承諾（$\beta_{aW} = 0.537, z = 8.545, p < .001$），認同承諾會影響工作滿意（$\beta_{bW} = 0.483, z = 11.308, p < .001$），組織氣氛也會影響工作滿意（$\beta_{c'W} = 0.319, z = 4.846, p < .001$），組內間接效果（0.259 = 0.537×0.483）具有統計意義（$z = 5.997, p < .001$）。組間層次的組織氣氛會影響認同承諾（$\beta_{aB} = 0.846, z = 16.623, p < .001$）、認同承諾會影響工作滿意（$\beta_{bB} = 0.857, z = 2.666, p < .001$），但組織氣氛對工作滿意變成不顯著（$\beta_{c'B} = 0.062, z = 0.222, p = .825$）。組間間接效果（INDB = 0.752 = 0.846×0.857）具有統計意義（$z = 2.528, p < .001$）。顯示 $x^1 \rightarrow m^1 \rightarrow y^1$ 爲在組內爲部分中介效果，但是在組間層次則爲完全中介。

MSEM 的 2-1-1 模型估計結果很類似，不同的是，2-1-1 模型並沒有 $x^1 \rightarrow m^1$ 的參數估計結果，因此組內間接效果必須借用 $x^2 \rightarrow m^1$ 的參數估計數值（$\beta_{aB} = 0.835, z = 16.854, p < .001$），與 $m^1 \rightarrow y^1$ 的參數估計數值（$\beta_{bB} = 0.556, z = 13.367, p < .001$）來相乘，（INDW = 0.465 = 0.835×0.556），此一係數具有統計意義

（$z = 9.450, p < .001$）。組間間接效果也與先前的 1-1-1 模型結果略低，$0.690 = 0.835 \times 0.826$（$z = 2.319, p < .05$），至於 $x^2 \rightarrow y^1$ 在納入中介變數後變成不顯著（$\beta_{c'B} = 0.091, z = 0.314, p = .754$），顯示 2-1-1 模型仍呈現完全中介效果，至於組內的間接效果則無討論的價值。

MSEM 1-1-1 MODEL RESULTS

	Estimate	S.E.	Est./S.E.	Two-Tailed P-Value
Within Level				
M ON				
X	**0.537**	**0.063**	**8.545**	**0.000**
Y ON				
M	**0.483**	**0.043**	**11.308**	**0.000**
X	**0.319**	**0.066**	**4.846**	**0.000**
Variances				
X	0.178	0.030	5.952	0.000
Residual Variances				
Y	0.241	0.017	14.310	0.000
M	0.359	0.029	12.381	0.000
Between Level				
M ON				
X	**0.846**	**0.051**	**16.623**	**0.000**
Y ON				
M	**0.857**	**0.321**	**2.666**	**0.008**
X	**0.062**	**0.279**	**0.222**	**0.825**
Means				
X	3.981	0.089	44.527	0.000
Intercepts				
Y	0.524	0.260	2.015	0.044
M	0.643	0.218	2.946	0.003
Variances				
X	0.408	0.071	5.724	0.000
Residual Variances				
Y	0.012	0.006	2.031	0.042
M	0.025	0.012	2.034	0.042
New/Additional Parameters				
INDB	**0.725**	**0.287**	**2.528**	**0.011**
INDW	**0.259**	**0.043**	**5.997**	**0.000**

```
MSEM 2-1-1 MODEL RESULTS

                                                          Two-Tailed
                    Estimate       S.E.  Est./S.E.      P-Value
Within Level
 Y          ON
   M                  0.556       0.042     13.367        0.000
 Variances
   M                  0.410       0.034     12.008        0.000
 Residual Variances
   Y                  0.256       0.019     13.449        0.000

Between Level
 M          ON
   X_M                0.835       0.050     16.854        0.000
 Y          ON
   M                  0.826       0.341      2.420        0.016
   X_M                0.091       0.290      0.314        0.754
 Means
   X_M                3.979       0.089     44.474        0.000

 Intercepts
   Y                  0.534       0.282      1.892        0.059
   M                  0.685       0.213      3.213        0.001
 Variances
   X_M                0.424       0.071      5.947        0.000
 Residual Variances
   Y                  0.012       0.005      2.121        0.034
   M                  0.023       0.012      1.884        0.060

New/Additional Parameters
   INDW               0.465       0.049      9.450        0.000
   INDB               0.690       0.297      2.319        0.020
```

最後，表 13.2 整理了 1-1-1 與 2-1-1 兩種模型分別以 MLMe 的併效與分效模型，以及 MSEM 進行的分析結果以茲對照，MSEM 模型所得到的結果與 MLMe 的分效模型相似，但 MSEM 的結果更具解釋價值。

表 13.2　MLMe 的 MLM 取向與 MSEM 取向分析結果對照表

	MLM併效模型			MLM分效模型			MSEM模型		
	coef	*SE*	*z*	*coef*	*SE*	*z*	*coef*	*SE*	*z*
1-1-1模型									
L1組內									
(a)$x^1 \rightarrow m^1$	.694	.054	12.90**	.537	.063	8.57**	.537	.063	8.55**
(b)$m^1 \rightarrow y^1$	.502	.040	12.61**	.486	.043	11.32**	.483	.043	11.31**
(c)$x^1 \rightarrow y^1$	.339	.043	7.91**	.317	.066	4.80**	.319	.066	4.85**
(c*)$x^1 \rightarrow y^1$	.683	.052	13.02**	.579	.075	7.73**	.579	.075	7.73**
INDW				.261	.043	6.01**	.259	.043	6.00**
L2組間									
(a)$x^2 \rightarrow m^2$	.694	.054	12.90**	.836	.050	16.69**	.846	.051	16.62**
(b)$m^2 \rightarrow y^2$	.502	.040	12.61**	.624	.120	5.20**	.857	.321	2.67**
(c)$x^2 \rightarrow y^2$	.339	.043	7.91**	.260	.103	2.53**	.062	.279	0.22
(c*)$x^2 \rightarrow y^2$	.683	.052	13.02*	.787	.043	18.16**	.787	.043	18.16**
INDB	.348	.042	8.21**	.521	.110	4.75**	.725	.287	2.53*
2-1-1模型									
L1組內									
(b)$m^1 \rightarrow y^1$	.565	.038	14.82**	.560	.042	13.31**	.556	.042	13.37**
INDW				.468	.050	9.318**	.465	.049	9.45**
L2組間									
(a)$x^2 \rightarrow m^2$	.836	.050	16.71**	.836	.050	16.60**	.835	.050	16.85**
(b)$m^2 \rightarrow y^2$	.565	.038	14.82**	.626	.121	15.19**	.826	.341	2.42*
(c)$x^2 \rightarrow y^2$	.309	.044	7.04**	.258	.103	2.50*	.091	.290	0.31
(c*)$x^2 \rightarrow y^2$	.780	.043	18.32**	.787	.043	18.16**	.787	.043	18.16**
INDB	.472	.049	9.73**	.523	.110	4.74**	.690	.297	2.32*

註：x 爲組織氣氛，m 爲認同承諾，y 爲工作滿意。INDW 爲組內間接效果，INDB 爲組間間接效果。c^* 表示未加入任何中介變數的 $x \rightarrow y$ 直接效果。加底線係數表示設定爲等值的參數。$^*p < .05$ $^{**}p < .01$

13.5 多層次調節效果（MLMo）

在前一章當中，我們曾經詳細討論中介與調節效果的意義與分析方式，但是我們並未觸及嵌套資料結構。在本節中，我們將調節效果擴展到多層次架構下來進行討論，並同時使用 MLM 與 SEM 來進行分析。

13.5.1 從單層到多層次調節

在單層次迴歸中，調節效果是指兩個 IV（例如 x 與 z）會聯合對 DV（例如 y）發生影響，亦即 x_i 與 z_i 兩者會對 y_i 產生交互作用，交互作用項 xz_i 的迴歸係數應具有統計顯著性。此時如果指定其中一個爲調節者（例如 z_i），那麼 $x_i \to y_i$ 的影響會隨 z_i 的不同水準發生變化，稱爲 x_i 對 y_i 的效果被 z_i 調節，如圖 13.12(a) 所示。

如果研究者所蒐集的資料帶有嵌套特徵，亦即 $i = 1, \cdots, n$ 個受測者嵌套在 $j = 1, \cdots, m$ 組之下，但是研究者並未納入任何總體層次變數，所有的變數（包括 x_{ij}、y_{ij}、z_{ij} 三者）都是個體層次測量所得，此時 z_{ij} 對 $x_{ij} \to y_{ij}$ 的調節效果稱爲可由個體層次的交互作用項（xz_{ij}）來估計，稱爲*個體層次交互作用*（micro-level interaction），如圖 13.12(b) 所示。

同樣的，如果研究者將嵌套資料當中的變數皆彙總到第二層，以組平均數來進行研究，x_j、y_j、z_j 三者皆爲總體層次變數，此時 z_j 對 $x_j \to y_j$ 的調節效果由交互作用項（xz_j）估計，稱爲*總體層次交互作用*（macro-level interaction），如圖 13.12(c) 所示。

在嵌套資料中，不論是個體或總體層次交互作用所得到的調節效果，雖然都存在於同一層次，但性質已與無嵌套結構的單層次調節模式有所不同，因此稱之爲*多層次單層調節效果*（mutlilevel single-level moderation）。這也是爲何在圖 13.12(b) 與 (c) 當中，存在一條區分 L1/L2 不同層次的虛線，虛線以下爲個體層次（或稱組內 Within），虛線以上爲總體層次（或稱組間 Between）。Preacher et al.（2016）以 1×(1 → 1) 來表示多層次嵌套資料中，發生於 L1 個體層次的調節效果，以 2×(2 → 2) 表示發生於 L2 總體層次的調節效果。

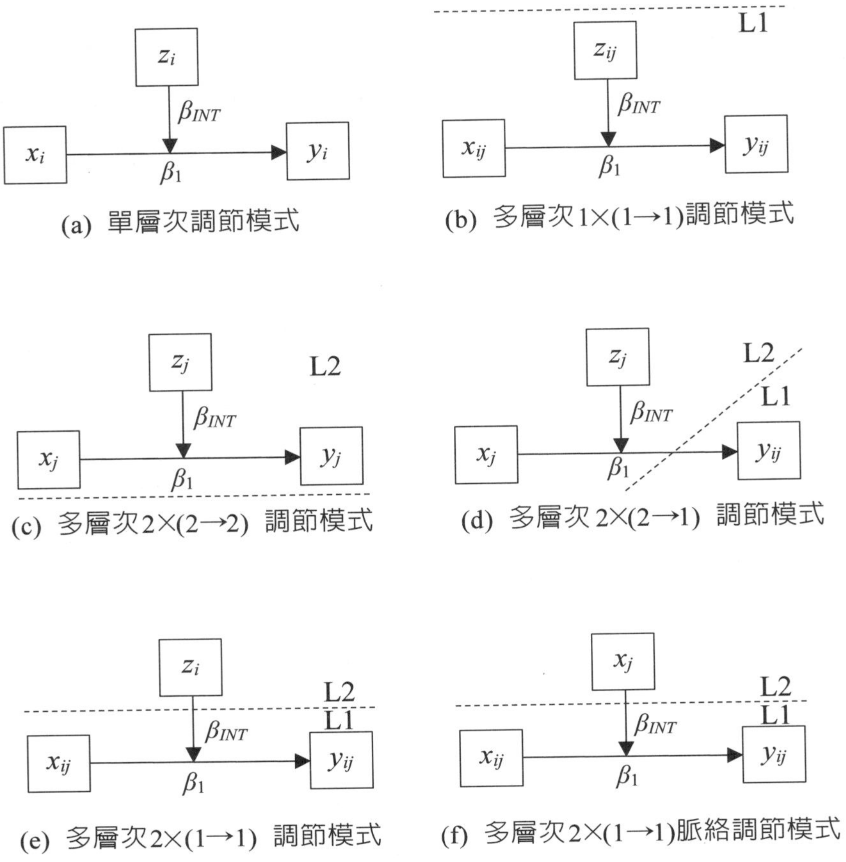

圖 13.12 六種不同的調節效果圖示

很明顯的，圖 13.12 的前面三種模型都未涉及跨層次交互作用（Raudenbush & Byrk, 2002; Snijders & Bosker, 1999, 2012），因爲 x、y、z 三者皆處於同一層次。事實上，還有一種模型也非跨層次交互作用，亦即圖 13.12(d) 的 2×(2 → 1) 調節模式。此種模型發生於 x_j 與 z_j 兩者均爲總體層次變數，但結果變數 y_{ij} 爲個體層次測量數據，此時 z_j 對 $x_j \rightarrow y_{ij}$ 的調節效果也如同圖 13.12(c) 的 2×(2 → 2) 調節模式，是一種總體層次交互作用下的調節效果分析。在 MLM 當中，此一模型當中的 z_j 與 x_j 的聯合作用是針對 y_{ij} 的截距組間變異而來，因此在第五章當中將之歸爲截距結果模型（intercept-as-outcome model）的一種延伸。

在第四章介紹 MLM 的基本原理時，曾提及階層線性模型當中所存在的一個

特殊效果 γ_{11}，亦即在總體層次斜率方程式置入解釋變數 z_j，來解釋 $x_{ij} \rightarrow y_{ij}$ 的斜率組間變化時，將創造出一個*跨層次交互作用*（cross-level interaction），此時 x_{ij} 位於 L1，z_j 位於 L2，兩者的交互作用（$x_{ij}z_j$）的迴歸係數 γ_{11}，反映*多層次跨層調節效果*（multilevel cross-level moderation）的強度，以 $2\times(1\rightarrow 1)$ 表示，如圖 13.12(e) 所示。

帶有跨層次交互作用項的 MLM，必然會有一個斜率的組間變異（亦即 $x_{ij} \rightarrow y_{ij}$ 的斜率 β_{1j}）被一個 IV@L2 所解釋，因此多層次跨層調節效果分析可視爲第五章所介紹的*斜率結果模型*（slope-as-outcome model）的一種延伸。值得注意的是，如果納入 L2 斜率方程式去解釋 $x_{ij} \rightarrow y_{ij}$ 的斜率 β_{1j} 的 IV@L2，是 x_{ij} 自己的組平均數 x_j，亦即脈絡變數，此時會產生一個特殊的跨層次交互作用項 $x_{ij}x_j$，也就是說，在 x_{ij} 的組平均數的不同水準下，$x_{ij} \rightarrow y_{ij}$ 的斜率 β_{1j} 強度不同，稱爲*脈絡交互作用*（contextual interaction）（邱皓政、溫福星，2015），其性質也是一種跨層次交互作用，如圖 13.12(f) 所示。圖 13.12 的六個圖示的定義式如方程式 (13-20) 至 (13-25) 所示。

(a) 單層次調節模式 $$\hat{y}_i = \beta_0 + \beta_1 x_i + \beta_2 z_i + \beta_{int} xz_i \tag{13-20}$$

(b)$1\times(1\rightarrow 1)$ 調節模式 $$\hat{y}_{ij} = \beta_0 + \beta_1 x_{ij} + \beta_2 z_{ij} + \beta_{int} xz_{ij} \tag{13-21}$$

(c)$2\times(2\rightarrow 2)$ 調節模式 $$\hat{y}_j = \beta_0 + \beta_1 x_j + \beta_2 z_j + \beta_{int} xz_j \tag{13-22}$$

(d)$2\times(2\rightarrow 1)$ 調節模式 $$\hat{y}_{ij} = \beta_0 + \beta_1 x_j + \beta_2 z_j + \beta_{int} xz_j \tag{13-23}$$

(e)$2\times(1\rightarrow 1)$ 調節模式 $$\hat{y}_{ij} = \beta_0 + \beta_1 x_{ij} + \beta_2 z_j + \beta_{int} x_{ij} z_j \tag{13-24}$$

(f)$2\times(1\rightarrow 1)$ 脈絡調節模式 $$\hat{y}_{ij} = \beta_0 + \beta_1 x_{ij} + \beta_2 z_j + \beta_{int} x_{ij} x_j \tag{13-25}$$

綜合前述所介紹的六種調節效果模型可以發現，儘管只有 x、y、z 三個變數，取其中一個爲 IV，一個爲 Mo，一個爲 Outcome，即會因爲資料所存在的嵌套結構，影響變數存在的層次而創造不同的交互作用形式，如果再加上 x、y、z 三者可能是連續或類別變數，甚至於是外顯或潛在變數，使得多層次調節效果的討論千變萬化，在實務上是一個非常複雜的分析課題。

13.5.2 調節效果模型的一般定義

圖 13.12 當中所介紹的六種調節效果模型，雖然涉及多種迥然不同的統計方法學（例如單層次或多層次迴歸、脈絡效果分析等等），但若排除誤差項的複雜結構，各模型在變數設定上的基本結構卻非常接近。

若要區辨方程式 (13-20) 至 (13-25) 的差異，最重要的判斷準則是檢查各變數的足標：當方程式當中有任何一個變數帶有 i 與 j 雙足標時，即爲多層次嵌套資料。其中的一個例外是 (c)2×(2 → 2) 調節模式，方程式 (13-22) 當中的每一個變數足標均爲 j，過去在 MLM 尚未普及之前，如果研究者想要以集體單位爲研究對象時，會將個體層次資料彙總後，將模型設定爲方程式 (13-22) 後，以 OLS 迴歸來進行分析。但是到了多層次模式盛行的今天，如果遇到多層次嵌套資料，但僅需分析總體層次的變數關係，仍可利用 MLM 或 MSEM 模式來進行分析。

值得注意的是，上述各方程式所要表述的是變數間的層次關係，在迴歸係數部分並沒有就層次關係進行設定。因此每一個模型的截距（β_0）、解釋變數 x 的主要效果（β_1）、調節變數 z 的主要效果（β_2）、交互作用效果（β_{INT}）皆相同。在後續的討論中，我們將依循 MLM 與 SEM 的設定原理，將各係數進行詳細表述，至於各變數是否進行平減，則不再在本節進行討論，讀者可以參考本書相關章節的討論（例如第四與十二章）。

13.5.3 跨層次調節效果

13.5.3.1 跨層次交互作用的定義

對於一個帶有兩層結構的階層線性模式，以 y_{ij} 爲結果變數，在 L1 納入 x_{ij} 來解釋 y_{ij}，在 L2 納入 z_j 來解釋 $x_{ij} \rightarrow y_{ij}$ 的隨機截距與隨機斜率，將形成一個完整模型，如方程式 (13-26) 至 (13-29) 所示。

L1 $$y_{ij} = \beta_{0j} + \beta_{1j} x_{ij} + [\varepsilon_{ij}] \tag{13-26}$$

L2 $$\beta_{0j} = \gamma_{00} + \gamma_{01} z_j + [u_{0j}] \tag{13-27}$$

$$\beta_{1j} = \gamma_{10} + \gamma_{11} z_j + [u_{1j}] \tag{13-28}$$

Mixed $$y_{ij} = \gamma_{00} + \gamma_{10} x_{ij} + \gamma_{01} z_j + \gamma_{11} x_{ij} z_j + [u_{0j} + u_{1j} x_{ij} + \varepsilon_{ij}] \tag{13-29}$$

由混合方程式 (13-29) 可知，此一完整模型當中存在一個跨層次交互作用項 $x_{ij}z_j$，其效果由 γ_{11} 反映。若將混合方程式進行移項整理：

$$\begin{aligned}\hat{y}_{ij} &= \gamma_{00} + \gamma_{10}x_{ij} + \gamma_{01}z_j + \gamma_{11}x_{ij}z_j \\ &= (\gamma_{00} + \gamma_{01}z_j) + (\gamma_{10} + \gamma_{11}z_j)\,x_{ij} \\ &= \gamma^*_{00} + \gamma^*_{10}x_{ij}\end{aligned} \tag{13-30}$$

由方程式 (13-30) 可知，$(\gamma_{00} + \gamma_{01}z_j)$ 與 $(\gamma_{10} + \gamma_{11}z_j)$ 爲 $x_{ij} \rightarrow y_{ij}$ 納入調節變數 z_j 後的新截距（γ^*_{00}）與新斜率（γ^*_{10}），這兩者均爲隨 z_j 變化的變動係數，斜率的變動幅度由 γ_{11} 決定，截距的變動幅度則由 γ_{01} 決定。當 $z_j = 0$ 時，$x_{ij} \rightarrow y_{ij}$ 的斜率爲 γ_{10}，截距爲 γ_{00}。

在前一章介紹調節效果時，我們曾經詳細說明，調節變數不僅會對斜率進行調節，也會對截距進行調節。傳統迴歸分析重視的是斜率強弱（反映解釋變數對於結果變數的影響力），截距並非關注的焦點，因此交互作用的調節效果通常是針對斜率的變化而來，但是在多層次研究中，截距反映結果變數在各總體抽樣單位上的平均數高低差異，因此納入交互作用項且具有統計意義時，斜率與截距調節效果的討論皆同等重要。

13.5.3.2 跨層次斜率的調節效果

當 γ_{11} 具有統計意義，$x_{ij} \rightarrow y_{ij}$ 的斜率將被 z_j 所調節，此時正確的解釋方式是「隨著總體層次的 z_j 增減一個單位，個體層次解釋變數 x_{ij} 對結果變數 y_{ij} 的影響力將增減 γ_{11} 個單位」，如果 γ_{11} 爲正值，γ^*_{10} 將隨 z_j 放大而放大，亦即正向調節；如果 γ_{11} 爲負值，γ^*_{00} 將隨 z_j 放大而降低，亦即負向調節。斜率正負值與交互作用的正負值的配對關係，如表 13.3 所示。

表 13.3　跨層次調節效果的斜率調節整理表

估計值	交互作用係數的影響		
	$\gamma_{11} > 0$ 正向調節	$\gamma_{11} = 0$	$\gamma_{11} < 0$ 負向調節
$\gamma_{10} > 0$	γ^*_{10} 隨 z_j 放大正值更加趨正（正效果正調節）	$\gamma^*_{10} = \gamma_{10}$	γ^*_{10} 隨 z_j 放大正值趨緩轉負（正效果負調節）
$\gamma_{10} < 0$	γ^*_{10} 隨 z_j 放大負值趨緩轉正（負效果正調節）	$\gamma^*_{10} = \gamma_{10}$	γ^*_{10} 隨 z_j 放大負值更加趨負（負效果負調節）

13.5.3.3 跨層次截距的調節效果

由方程式 (13-30) 可知，調節變數 z_j 會除了調節斜率 γ^*_{10}，也會調節截距 γ^*_{00}，對截距的調節由 γ_{01} 決定，因此 γ_{01} 的統計顯著性在多層次調節效果檢驗中也扮演相當重要的角色。

如果 γ_{01} 具有統計意義，表示當 z_j 增減一個單位，截距 γ^*_{00} 將增減 γ_{10} 個單位：當 $z_j = +1$，$\gamma^*_{00} = (\gamma_{00} + \gamma_{01})$，$x_{ij} \rightarrow y_{ij}$ 的截距將上升 γ_{10} 個單位，若 $z_j = +1$，$\gamma^*_{00} = (\gamma_{00} - \gamma_{01})$，$x_{ij} \rightarrow y_{ij}$ 的截距將下降 γ_{10} 個單位。

舉例來說，如果研究者關心學生的 IQ（x_{ij}）是否影響學業表現（y_{ij}），此時班級老師的年資（反映教學能力）可作為調節變數（z_j），調節 IQ →學業表現的解釋關係，假設 IQ 與年資均經過總平減，且分析結果得到方程式 (13-31) 的數據：

$$
\begin{aligned}
\hat{y}_{ij} &= \gamma_{00} + \gamma_{10} x_{ij} + \gamma_{01} z_j + \gamma_{11} x_{ij} z_j \\
&= 50 + 5x_{ij} + 2z_j + 1x_{ij} z_j = (50 + 2z_j) + (25 + 1z_j)\, x_{ij} \qquad (13\text{-}31)
\end{aligned}
$$

由 $\gamma_{00} = 50$ 可知，當學生 IQ 與老師年資等於 IQ 與年資平均數時，全體學生學業平均分數為 50 分。進一步的，由於 $\gamma_{01} = 2$、$\gamma_{11} = 1$，如果這兩者均有統計意義，可解釋為：隨著老師的年資每增加 1 年，學生 IQ 對於學業表現的迴歸模型的截距將增加 2 分，亦即老師所教授的該班學生平均學業成績將從 50 分增加到 52 分（截距的調節）。進一步的，隨著老師的年資每增加 1 年，學生 IQ 對於學業表現的迴歸模型的斜率將增加 1 分，亦即 IQ 對於學業成績的斜率將從 5 分增加到 6 分（斜率的調節），也就是說，原本 IQ 每增高 1 分，學業成績增加 5 分（因為 $\gamma_{10} = 5$），但如果老師的年資比平均年資多 1 年，IQ 每增高 1 分，學業成績增加 6 分，老師的年資會正向調節（加強）IQ 對學業成績的正向影響力。

如果今天調節變數為脈絡變數，亦即學生 IQ 的班級平均數，進行脈絡交互作用分析，解釋方式如下：當班級平均 IQ 增加 1 分，學習成就平均分數將增加 γ_{01} 分，學生學習成就對學業成就的影響力將增加 γ_{11} 分。也就是說，脈絡調節效果與一般的跨層次調節效果有相同的統計特徵，解釋方式也相同，因此本節不另外介紹 2×(2 → 1) 脈絡調節模式。

13.5.4 多層次單層調節效果

除了跨層次交互作用，MLM 也可以處理嵌套資料當中存在於各單層當中的交互作用。例如我們如果在 $x_{ij} \rightarrow y_{ij}$ 的個體層次新增一個 w_{ij} 來解釋 y_{ij}，並與 x_{ij} 交乘得到交互作用項 xw_{ij}，即符合圖 13.12(b) 的 1×(1 → 1) 調節模型，如方程式 (13-32) 所示，w_{ij} 對 $x_{ij} \rightarrow y_{ij}$ 的調節效果由 γ_{30} 反映。

另外，如果我們在總體層次新增一個 v_{ij} 來解釋隨機截距 β_{0j}，並與 z_j 交乘得到交互作用項 zv_j，表示總體層次有兩個解釋變數，並會聯合起來影響結果變數，此即符合圖 13.12(d) 的 2×(2 → 1) 調節模型，如方程式 (13-33) 所示，v_j 對 $x_{ij} \rightarrow y_{ij}$ 的調節效果由 γ_{03} 反映。如果連同原先所設定的跨層次交互作用 $x_{ij}z_j$，亦即方程式 (13-34) 的設定方式，我們將同時擁有三種交互作用項：個體層次交互作用項（xw_{ij}）、總體層次交互作用項（zv_j）、跨層次交互作用項（$x_{ij}z_j$），整個 MLM 如方程式 (13-32) 至 (13-37) 所示。

L1
$$y_{ij} = \beta_{0j} + \beta_{1j}x_{ij} + \beta_{2j}w_{ij} + \beta_{3j}xw_{ij} + [\varepsilon_{ij}] \tag{13-32}$$

L2
$$\beta_{0j} = \gamma_{00} + \gamma_{01}z_j + \gamma_{02}v_j + \gamma_{03}zv_j + [u_{0j}] \tag{13-33}$$

$$\beta_{1j} = \gamma_{10} + \gamma_{11}z_j + [u_{1j}] \tag{13-34}$$

$$\beta_{2j} = \gamma_{20} + [u_{2j}] \tag{13-35}$$

$$\beta_{3j} = \gamma_{30} + [u_{3j}] \tag{13-36}$$

Mixed
$$y_{ij} = \gamma_{00} + \gamma_{10}x_{ij} + \gamma_{20}w_{ij} + \gamma_{01}z_j + \gamma_{02}v_j + \gamma_{11}x_{ij}z_j + \gamma_{30}xw_{ij} + \gamma_{03}zv_j + [u_{0j} + u_{1j}x_{ij} + u_{2j}w_{ij} + u_{3j}xw_{ij} + \varepsilon_{ij}] \tag{13-37}$$

由混合方程式 (13-37) 可得知，方程式當中有四個 IV，分別是個體層次的 x_{ij} 與 w_{ij} 與總體層次的 z_j 與 v_j，理論上可以創造 6 個交互作用項，但是基於前述的說明，我們僅分析 xw_{ij}、zv_j、$x_{ij}z_j$ 三者，另外三個 $x_{ij}v_j$、$w_{ij}z_j$、$w_{ij}v_j$ 則不討論。在實務上，研究者可以視需要納入交互作用項來進行分析。但應避免不必要的效果納入模型，以避免模式過於複雜，增加估計與解釋上的困難。

13.5.5 從單一到多重調節變數

圖 13.12 的調節效果，不論是單層次或多層次，都可以視同二因子變異數分析所存在的 A、B、A×B 三種效果的分析方式，A×B 當中的某一個變數（A 或

B）若扮演調節變數，另一個則爲被調節變數。同理，假設今天 $x \rightarrow y$ 的影響不僅被 z 調節，還可能被 w 調節，那麼迴歸分析當中的調節效果可比照三因子變異數分析當中的 A、B、C、A×B、B×C、A×C、A×B×C 三階六種效果的分析程序（Kirk, 2010），由此可知，如果迴歸分析當中 IV 越多，可能存在的調節效果就越趨複雜，因此迴歸分析並不會同時處理過多的調節變數，以利各 IV 影響力的檢測。

基本上，前述方程式 (13-32) 至 (13-37) 模型所新增的交互作用，可說是將圖 13.12 當中的單一調節變數模型加以擴展，成爲多重調節變數的複雜模型。兩個新增的調節變數的角色與作用表示於圖 13.13 當中。

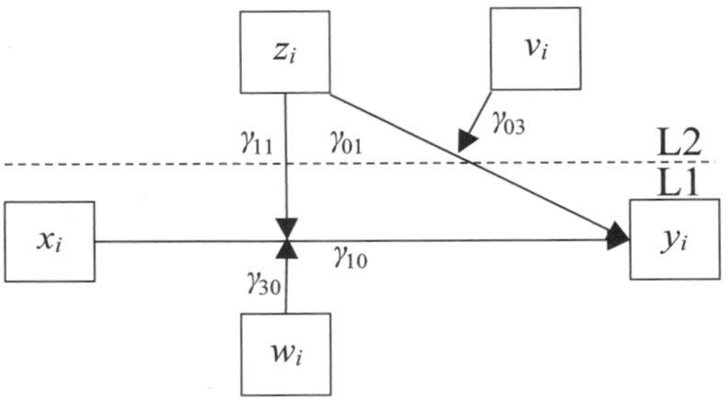

圖 13.13　多重調節效果圖示

爲了簡化圖中的符號，圖 13.13 當中的誤差項加以省略，但可從混合方程式 (13-37) 看出模型當中共有 $[u_{0j}]$、$[u_{1j}]$、$[u_{2j}]$、$[u_{3j}]$ 四個總體層次誤差項，這四個誤差項共有 12 個組間隨機效果必須估計，如方程式 (13-38) 所示，若再加上組內變異數 σ_ε^2，共有 13 個隨機效果必須估計。加上 8 個固定效果，共有 21 個參數需要估計。

$$Cov\begin{bmatrix} u_{0j} \\ u_{1j} \\ u_{2j} \\ u_{3j} \end{bmatrix} = \begin{bmatrix} \tau_{00}^2 & & & \\ \tau_{10} & \tau_{11}^2 & & \\ \tau_{20} & \tau_{21} & \tau_{22}^2 & \\ \tau_{30} & \tau_{31} & \tau_{32} & \tau_{33}^2 \end{bmatrix} \tag{13-38}$$

13.6 多層次調節效果的分析策略

13.6.1 MLMo 的分析原理

本章稍早曾經分別介紹 MLM 與 MSEM 的多層次中介效果分析，其特色除了在於資料具有嵌套特徵之外，主要是有中介模型當中所存在的多重 DV，以及間接效果的估計與檢定。相對之下，多層次調節效果分析重點在於交互作用的創造並檢驗其統計意義（階段一），一旦交互作用項的係數具有統計意義，即可進行調節效果的事後檢驗與結果解釋，並配合交互作用圖來呈現不同水準下的截距與斜率（階段二）。不論是單層次或多層次資料，調節效果的分析都必須經過這兩個階段，程序與原理相同，因此讀者可自行參閱前一章的調節效果分析程序，本章不再贅述。

基本上，只要是涉及嵌套資料的分析，觀察資料都必須分就組內（W）與組間（B）來分別討論，如果研究者使用的是 MLM 取向來分析調節效果，建議必須採取分效模型，亦即個體層次的 IV@L1 必須以組平減形式來創造交互作用項，然後將兩個主要效果與交互效果一併納入模型來解釋 DV，IV@L1 與交互作用項的組平均數必須提升到組間來進行對 DV 的隨機截距進行解釋，藉以分離組間與組內效果。

在 Mplus 當中，MLM 取向的分效模型的處理可直接在 L1 透過單指標潛在變數定義來進行變數平減，進而創造交互作用項，然後在 L2 以彙總平均數進行組間效果分析，即可進行 MLMo 分析。至於 MSEM 取向由於直接取用潛在變數模式的結構模型來分析各項效果，L2 的數據直接由 L1 各變數的隨機截距產生，因此無須進行變數彙總。

另外值得一提的是，Mplus 在進行 MLMo 分析時，估計法建議使用 MLR 搭配數值積分演算法（指令爲 **ALGORITHM is INTEGRATION**）來處理隨機截距與斜率的大量運算，適應模型當中所存在的非線性效果估計與檢定，提高標準誤及模式適配統計的強韌性（Heck & Thomas, 2009; Kelava et al., 2008; Kelava et al., 2011; Klein & Muthén, 2007; Moosbrugger et al., 2009）。

13.6.2 MLM 取向的 MLMo 分析

以 MLM 來估計交互作用的統計定義在 13.5 節已經說明，本節則特別針對「分效」的設定來討論。首先是最常見的 $x_{ij}z_j$ 跨層次交互作用的分效模型，亦即 2×(1 → 1) 分效模型，如方程式 (13-39) 至 (13-42) 所示。

$$\text{L1} \qquad y_{ij} = \beta_{0j} + \beta_{1j}x_{ij} + [\varepsilon_{ij}] \tag{13-39}$$

$$\text{L2} \qquad \beta_{0j} = \gamma_{00} + \gamma_{01}z_j + \gamma_{02}x_j + [u_{0j}] \tag{13-40}$$

$$\beta_{1j} = \gamma_{10} + \gamma_{11}z_j + [u_{1j}] \tag{13-41}$$

$$\text{Mixed} \qquad y_{ij} = \gamma_{00} + \gamma_{10}x_{ij} + \gamma_{01}z_j + \gamma_{02}x_j + \gamma_{11}x_{ij}z_j + [u_{0j} + u_{1j}x_{ij} + \varepsilon_{ij}] \tag{13-42}$$

跨層次交互作用的「分效」，必須將 IV@L1 的組平均數置入 L2 截距方程式（方程式 (13-40) 當中的 $\gamma_{02}x_j$），藉以估計該 IV@L1 的組間效果（由 γ_{02} 反映），組內效果則由方程式 (13-41) 當中的 γ_{10} 反映。換言之，如果移除 $\gamma_{02}x_j$，即成爲併效模型，無法有效分離 x_{ij} 在組間與組內的效果（Aguinis et al., 2013; Mathieu et al., 2012; Preacher et al., 2016）。

同理，如果 MLMo 所分析的是 1×(1 → 1) 調節模型，在 L1 方程式當中將會有三個 IV@L1：x_{ij}、w_{ij}、xw_{ij}，這三項也必須進行組平減，並將組平均數納入 L2 的截距方程式進行「分效」處理。

$$\text{L1} \qquad y_{ij} = \beta_{0j} + \beta_{1j}x_{ij} + \beta_{2j}w_{ij} + \beta_{3j}xw_{ij} + [\varepsilon_{ij}] \tag{13-43}$$

$$\text{L2} \qquad \beta_{0j} = \gamma_{00} + \gamma_{01}x_j + \gamma_{02}w_j + \gamma_{03}xw_j + [u_{0j}] \tag{13-44}$$

$$\beta_{1j} = \gamma_{10} + [u_{1j}] \tag{13-45}$$

$$\beta_{2j} = \gamma_{20} + [u_{2j}] \tag{13-46}$$

$$\beta_{3j} = \gamma_{30} + [u_{3j}] \tag{13-47}$$

$$\begin{aligned}\text{Mixed} \qquad y_{ij} = {} & \gamma_{00} + \gamma_{10}x_{ij} + \gamma_{20}w_{ij} + \gamma_{30}xw_{ij} && \longleftarrow \text{組內效果} \\ & + \gamma_{01}x_j + \gamma_{02}w_j + \gamma_{03}xw_j && \longleftarrow \text{組間效果} \\ & + [u_{0j} + u_{1j}x_{ij} + u_{2j}w_{ij} + u_{3j}xw_{ij} + \varepsilon_{ij}] \end{aligned} \tag{13-48}$$

不論是 1×(1 → 1) 或 2×(1 → 1) 模型，都將 IV@L1 的組平均數納入 L2 截距方程式進行分效處理，因此分效模型又可視爲脈絡變數模型，如果在 β_{1j} 的 L2 斜率方程式放入該 IV@LI 的組平均數，即爲圖 13.12(f) 的 2×(1 → 1) 脈絡交互作用模型。最後，由於 2×(2 → 1) 或 2×(2 → 2) 均無 IV@L1 需要進行分效，因此可以傳統 MLM 設定方式來進行交互作用項的檢驗。

13.6.3 MSEM 取向的 MLMo 分析

以 SEM 來估計帶有嵌套特徵的交互作用效果，可直接比照先前 MSEM 取向的 MLMe 分析，比較特別之處是需利用 Mplus 的 XWITH 指令來創造潛在變數的交互作用項，將其視爲另一個潛在變數納入模型即可。過程中各變數均以潛在變數來設定，因此變數均經組平減處理，而且在組間層次直接估計隨機截距，在組間層次設定相對應的潛在變數來進行分效，將 IV@L1 進行潛在變數化而得到組間與組內效果。

如果各變數僅由單一外顯變數測量而得，在設定潛在變數時，直接將因素負荷設定爲 1.00，進行單一指標潛在變數設定即可。進一步的，如果交互作用項是利用隨機斜率（如圖 13.14(a) 當中的網底橢圓所示）被一個 IV@L2 的調節變數所解釋，而非由兩個潛在變數交乘得到，稱爲隨機係數預測模型（random coefficient prediction model; RCP），如果交互作用項是由模型中的潛在變數相乘而得（如圖 13.14(b) 當中的網底橢圓所示），則稱爲潛在調節結構方程模型（latent moderated structural equations model; LMS）（Klein & Moosbrugger, 2000; Preacher et al., 2016; Schermelleh-Engel, Klein, and Moosbrugger, 1998）。

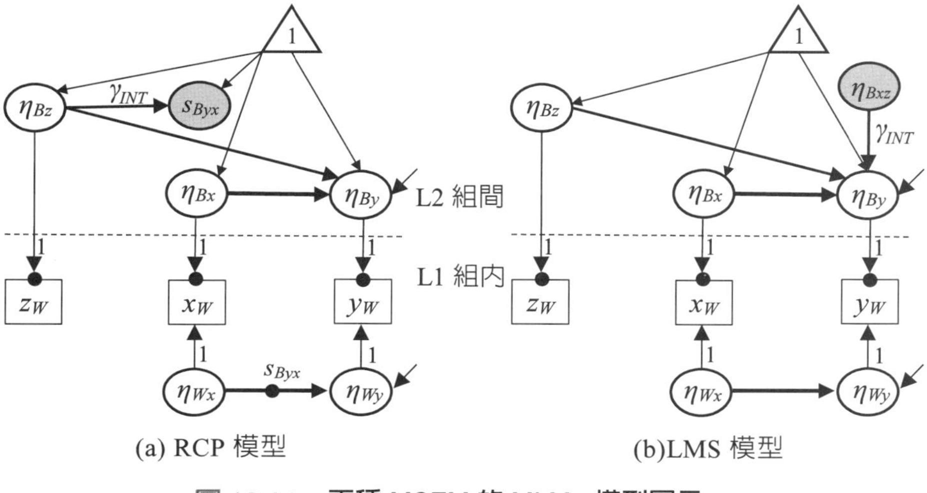

(a) RCP 模型　　(b)LMS 模型

圖 13.14　兩種 MSEM 的 MLMo 模型圖示

在實務上，RCP 適用於涉及跨層次交互作用的 MLMo 分析，因爲構成交互作用的兩個主要變數分居於兩層，交互作用是利用 IV@L2 解釋隨機斜率而得。相對之下，LMS 適用於同一層次的交互作用項分析，因爲構成交互作用的兩個主要變數居於同一層次，可直接以潛在變數交乘來得到潛在交互作用項。此外，如果研究變數是多指標的潛在變數，則可在 LMS 當中進行高階驗證性因素分析，得到二階潛在變數後，再進行潛在交互作用項的估計即可。

13.6.4 MLMo 的分析範例

爲了示範 MLMo 的 MLM、RCP 與 LMS 的分析程序，本節以溫福星與邱皓政（2009）的組織氣氛與工作滿意研究數據，取組織氣氛（z）、工具承諾（x）、工作滿意（y）、性別（w）等變數來進行分析。涉及兩層的變數如下：

- x^1　L1 個體層次的組織氣氛個人得分 z
- x^2　L2 總體層次的組織氣氛組平均數 z_m
- m^1　L1 個體層次的工具承諾個人得分 x
- m^2　L2 總體層次的工具承諾平均數 x_m
- y^1　L1 個體層次的工作滿意個人得分 y
- y^2　L2 總體層次的工作滿意平均數 y_m

13.6.4.1 MLMo的MLM分效模型範例

首先，我們先以 MLM 的分效模型來分析組織氣氛（z）調節工具承諾（x）對工作滿意（y）的影響力的 $1\times(1\rightarrow 1)$ 調節效果。分效模型的最大特色是將 IV@L1 經過組平減後，將組平均數納入 L2 進行組間效果的分離，因爲 L1 有三項效果：x、z、xz，因此在 L2 需納入三個 L2 變數：x_m、z_m、xz_m。其中 xz_m 也成爲 L2 的單層交互作用，使得此一模型也兼具 $2\times(2\rightarrow 1)$ 的調節效果檢測。

最後，爲了示範跨層次交互作用，我們也在語法中特別將兩個 IV@L2 變數：x_m 與 z_m 作爲調節 $x^1\rightarrow y^1$ 的影響力的調節變數，如此將創造兩個跨層次交互作用：x^1z^2 與 x^1x^2，其中 x^1x^2 的兩個變數皆爲工具承諾 x，因此此一交互作用即爲圖 13.12(f) 的脈絡交互作用（邱皓政、溫福星，2015）。換言之，本範例同時處理了四種 MLMo 效果，語法列於 Syn13.6aMLM。

Syn13.6aMLM：多層次調節效果分析MLM取向MLMo分析語法

```
TITLE:      MLMo unconflated MLM
DATA:       FILE    =  Ch13b.csv;
VARIABLE:   NAMES   =  CID y z x sex manager z_m x_m;
            USEV    =  y x z z_m x_m xz xz_m;
            WITHIN = x z xz;
            BETWEEN =  x_m z_m xz_m;
            CLUSTER = CID;
DEFINE:     CENTER x z xz (GROUPMEAN);           !L1 變數組平減
            CENTER x_m z_m xz_m (GRANDMEAN);     !L2 變數總平減
            xz = x*z;                            !設定 1(1-1) 交互作用
            xz_m = x_m*z_m;                      !設定 2(1-1) 交互作用
ANALYSIS:   TYPE IS TWOLEVEL RANDOM;
            ESTIMATOR IS MLR;
            ALGORITHM IS INTEGRATION; INTEGRATION IS 4;
MODEL:
     %WITHIN%
            s1 | y on x ;
            s2 | y on z ;
            s3 | y on xz;                        !定義 1(1-1) 調節效果
     %BETWEEN%
            y  on x_m z_m xz_m;                  !定義 2(2-1) 調節效果
            s1 on x_m z_m;                       !定義 2(1-1) 調節效果
            y with s1;  y with s2;  y with s3;   !估計隨機效果共變
            s1 with s2; s1 with s3; s2 with s3;  !估計隨機效果共變
```

由分析結果可知，四個交互作用項均未具有統計意義：x^1z^1（$\gamma = 0.027, z = 0.256, p = .798$）、$x^1z^2$（$\gamma = 0.081, z = 1.080, p = .280$）、$x^1x^2$（$\gamma = -0.003, z = -0.026, p = .979$）、$x^2z^2$（$\gamma = 0.078, z = 1.201, p = .230$），主要效果當中，僅有 L1 的組織氣氛[1]對於工作滿意[1]的正向影響具有顯著意義（$\gamma = 0.584, z = 9.293, p < .001$）。至於 L1 工具承諾[1]對於工作滿意的負向影響力則臨界 .05 顯著水準（$\gamma = -0.516, z = -1.927, p = .054$）。

```
MODEL RESULTS
                                                   Two-Tailed
                 Estimate       S.E.   Est./S.E.     P-Value
Within Level
Residual Variances
    Y               0.276      0.023     12.001       0.000

Between Level
S1           ON
    X_M            -0.003      0.108     -0.026       0.979      2(1-1)  x^1x^2
    Z_M             0.081      0.075      1.080       0.280      2(1-1)  x^1z^2

Y            ON
    X_M            -0.516      0.268     -1.927       0.054
    Z_M             0.404      0.245      1.649       0.099
    XZ_M            0.078      0.065      1.201       0.230      2(2-1)  x^2z^2

Y          WITH
    S1              0.005      0.006      0.746       0.456
    S2             -0.001      0.017     -0.046       0.963
    S3              0.000      0.012     -0.010       0.992
S1         WITH
    S2             -0.018      0.029     -0.622       0.534
    S3             -0.019      0.034     -0.570       0.569
S2         WITH
    S3              0.017      0.034      0.497       0.619

Means
    S2              0.584      0.063      9.293       0.000
    S3              0.027      0.106      0.256       0.798      1(1-1)  x^1z^1

Intercepts
    Y               3.353      1.050      3.193       0.001
    S1             -0.500      0.651     -0.767       0.443
```

13.6.4.2 MLMo的MSEM分析範例

對於利用 MSEM 進行 RCP 與 LMS 模型的示範，我們將示範本章一開始所提及的溫福星與邱皓政（2009）所發現的組織氣氛^{2}調節了工具承諾^{1}對於工作滿意^{1}的負向影響（參見圖13.1(b)），換言之，這是一個2×(1→1)的調節模型。

首先，我們以 RCP 模型進行分析，此時必須將 x 單一指標構成的潛在變數來處理 x^1 與 y^1 兩個變數，使之成爲 η_{Wx}（語法中的 ETAWX）與 η_{Wy}（語法中的 ETAWY）。

由於每一個潛在變數只有一個外顯變數，因素負荷量必須設定爲 1.0，同時令測量誤差爲 0.1 以利模型順利收斂。前述 L1 測量模型設定完成後，即可

將 η_{Wy} 對 η_{Wx} 做迴歸，並讓斜率隨機化，此一程序可透過 **%WITHIN%** 下的指令 **S | ETAWY ON ETAWX** 完成。然後將隨機斜率置入 L2 作爲 DV 被 L2 的調節變數 *z_m* 所形成的潛在變數 ETABZ 所解釋，亦即 **%BETWEEN%** 下的 **ETABY ON ETABZ** 指令組間層次的三個單一指標潛在變數 **ETABZ** 與 **ETABY** 的設定方式亦比照組內層次。另外，爲了估計 $x^1 \rightarrow y^1$ 的組間效果，因此必須在指令中納入 **Y ON ETABX;** 指令。最後，根據 Preacher et al.（2016）的建議，將估計方法改爲貝氏方法，以利隨機係數的跨層次調節效果的順利收斂估計。

Syn13.6bRCP：多層次調節效果分析MSEM取向的RCP 2(1-1)模型語法

```
TITLE:        MLMo 2(1-1) RCP
DATA:         FILE    =  Ch13b.csv;
VARIABLE:     NAMES   =  Y z x sex manager z_m x_m;
              USEV    =  Y x z_m; BETWEEN = z_m; CLUSTER = CID;
ANALYSIS:     TYPE IS TWOLEVEL RANDOM;
              ESTIMATOR IS BAYES; ALGORITHM IS GIBBS(RW);
MODEL:
%WITHIN%
              ETAWX  BY x@1;   x@.01;       ！設定單一指標 L1 潛在變數 x
              ETAWY  BY y@1;   y@.01;       ！設定單一指標 L1 潛在變數 y
              S | ETAWY ON ETAWX;
%BETWEEN%
              ETABX  BY x@1;    x@.01;      ！設定單一指標 L2 潛在變數 x
              ETABZ  BY z_m@1; z_m@.01;     ！設定單一指標 L2 潛在變數 z
              ETABY  BY y@1; y@.01;         ！設定單一指標 L2 潛在變數 y
              S ON ETABZ;
              ETABY ON ETABX;
              ETABY with S;
```

```
MODEL RESULTS

                    Posterior  One-Tailed         95% C.I.
          Estimate    S.D.   P-Value   Lower 2.5%  Upper 2.5%  Significance

Within Level

 ETAWX     BY
    X              1.000     0.000     0.000      1.000      1.000

 ETAWY     BY
    Y              1.000     0.000     0.000      1.000      1.000

 Variances
    Z              0.178     0.010     0.000      0.160      0.200      *
    Z_M            0.000     0.000     0.000      0.000      0.000      *
    ETAWX          0.705     0.040     0.000      0.631      0.789      *

 Residual Variances
    Y              0.010     0.000     0.000      0.010      0.010
    X              0.010     0.000     0.000      0.010      0.010
    ETAWY          0.004     0.005     0.000      0.000      0.019      *

Between Level

 ETABX     BY
    X              1.000     0.000     0.000      1.000      1.000

 ETABZ     BY
    Z_M            1.000     0.000     0.000      1.000      1.000

 ETABY     BY
    Y              1.000     0.000     0.000      1.000      1.000

 S              ON
    ETABZ          0.069     0.077     0.202     -0.091       .210

 ETABY          ON
    ETABX         -1.514     0.212     0.000     -2.011     -1.144      *

 Y         WITH
    S              0.004     0.008     0.368     -0.013      0.018

 ETABZ     WITH
    ETABX         -0.208     0.036     0.000     -0.297     -0.157      *

 Means
    Z              3.979     0.093     0.000      3.798      4.161      *

 Intercepts
    Y              4.217     0.085     0.000      4.056      4.381      *
    X              3.568     0.061     0.000      3.445      3.682      *
    Z_M            3.990     0.092     0.000      3.808      4.170      *
    S             -0.161     0.057     0.005     -0.266     -0.038      *
```

由前述的結果可知，$x^1 \rightarrow y^1$ 的主要效果在組內與組間均有顯著意義，組內係數爲 $\gamma = -0.161$, .95CI = [−.266, −.038]*，組間爲 $\gamma = -1.514$, .95CI = [−2.011, −1.144]*，顯示工具承諾越高，工作滿意越低。至於組織氣氛的跨層次交互作用並未具有統計意義（$\gamma = 0.069$, .95CI = [−.091, .210]）。

若改以 LMS 模型進行分析，此時必須將在 L2 創造一個潛在交互作用項，亦即語法 Syn13.6cLMS 中的 **ETABXZ | ETABX XWITH ETABZ** 指令來創造潛在交乘項，然後利用 **ETABY ON ETABZ ETABX ETABXZ** 進行潛在交互作用的分析，在組內則也需進行 $x^1 \rightarrow y^1$ 的效果估計，指令爲 **ETAWY ON ETAWX**。

Syn13.6cLMS：多層次調節效果分析LMS 2(1-1)模型語法

```
TITLE:       MLMo 2(1-1) LMS
DATA:        FILE    =  Ch13b.csv;
VARIABLE:    NAMES   =  CID y z x sex manager z_m x_m;
             USEV    =  y x z z_m;
             BETWEEN = z_m;
             CLUSTER = CID;
ANALYSIS:    TYPE IS TWOLEVEL RANDOM;
             ESTIMATOR IS MLR; ALGORITHM IS INTEGRATION;
             INTEGRATION IS 11;
MODEL:
     %WITHIN%
             ETAWX  BY x@1;  x@.01;
             ETAWY  BY y@1;  y@.01;
             ETAWY ON ETAWX;
     %BETWEEN%
             ETABX  BY x@1;  x@.01;
             ETABY  BY y@1;  y@.01;
             ETABZ  BY z_m@1;  z_m@.01;
             ETABXZ | ETABX XWITH ETABZ;   ！設定帶有隨機效果潛在交互作用項
             ETABY ON ETABZ ETABX ETABXZ;  ！設定組間層次交互作用迴歸模型
```

```
MODEL RESULTS
                                                          Two-Tailed
                    Estimate       S.E.  Est./S.E.    P-Value
Within Level

 ETAWX    BY
    X                  1.000      0.000    999.000    999.000

 ETAWY    BY
    Y                  1.000      0.000    999.000    999.000

 ETAWY      ON
    ETAWX             -0.166      0.038     -4.358      0.000

 Variances
    Z                  0.563      0.069      8.104      0.000
    ETAWX              0.674      0.051     13.159      0.000

 Residual Variances
    Y                  0.010      0.000    999.000    999.000
    X                  0.010      0.000    999.000    999.000
    ETAWY              0.353      0.032     11.013      0.000

Between Level

 ETABX    BY
    X                  1.000      0.000    999.000    999.000

 ETABY    BY
    Y                  1.000      0.000    999.000    999.000

 ETABZ    BY
    Z_M                1.000      0.000    999.000    999.000

 ETABY      ON
    ETABZ              0.697      0.083      8.425      0.000
    ETABX             -0.247      0.166     -1.494      0.135
    ETABXZ             0.174      0.084      2.070      0.038

 ETABZ    WITH
    ETABX             -0.192      0.051     -3.794      0.000

 Means
    Z                  3.979      0.086     46.044      0.000

 Intercepts
    Z_M                3.971      0.007    594.926      0.000
    Y                  4.232      0.036    118.363      0.000
    X                  3.573      0.047     76.320      0.000

 Variances
    ETABX              0.144      0.040      3.575      0.000
    ETABZ              0.409      0.069      5.897      0.000

 Residual Variances
    Z_M                0.010      0.000    999.000    999.000
    Y                  0.010      0.000    999.000    999.000
    X                  0.010      0.000    999.000    999.000
    ETABY              0.004      0.009      0.472      0.637
```

分析結果得知，組織氣氛對於工具承諾[1]→工作滿意[1]的跨層次交互作用具有統計意義（$\gamma = 0.174, z = 2.070, p < .05$）。顯示潛在交互作用項所得到的估計結果更有利於研究假設的支持。至於 $x^1 \rightarrow y^1$ 的主要效果在組內有顯著意義（$\gamma = -0.166, z = -4.358$，$p < .001$），顯示組內的員工工具承諾越高，工作滿意越低。此一結論即十分接近原作者所完成的論文報告，也顯示 LMS 模型有更佳的表現，與 Preacher et al.（2016）的主張一致。

進一步延伸閱讀書目

邱皓政、溫福星（2015）。〈多層次模式的交互作用與脈絡變數的飽和模式分析：以組織氣氛知覺對工作滿意的影響爲例〉。《人力資源管理學報》，15(2)，67-94。(TSSCI)

溫福星、邱皓政（2009）。〈組織研究中的多層次調節中介效果：以組織創新氣氛、組織承諾與工作滿意的實證研究爲例〉。《管理學報》，26(2), 189-211.

Krull, J. L., & MacKinnon, D. P. (2001). Multilevel modeling of individual and group level mediated effects. *Multivariate Behavioral Research*, *36*, 249-277.

Lüdtke, O., Marsh, H. W., Robitzsch, A., Trautwein, U., Asparouhov, T., & Muthén, B. (2008). The multilevel latent covariate model: A new, more reliable approach to group-level effects in contextual studies. *Psychological Methods*, *13*, 203-229.

Mathieu, J. E., & Taylor, S. R. (2007). A framework for testing mesomediational relationships in organizational behavior. *Journal of Organizational Behavior, 28*, 141-172.

Preacher, K. J., Zhang, Z., & Zyphur, M. J. (2016). Multilevel structural equation models for assessing moderation within and across levels of analysis. *Psychological Methods, 21*(2), 189-205.

Preacher, K. J., Zhang, Z., & Zyphur, M. J. (2011). Alternative methods for assessing mediation in multilevel data: The advantages of multilevel SEM. *Structural Equation Modeling, 18*, 161-182.

Preacher, K. J., Zyphur, M. J., & Zhang, Z. (2010). A general multilevel SEM framework for assessing multilevel mediation. *Psychological Methods, 15,* 209-233.

Chapter 14

縱貫式中介與調節

14.1 前言

在先前關於中介與調節的相關章節中，我們已經討論關於三個變數中介效果 $x \rightarrow m \rightarrow y$ 的分析原理與策略，但是我們始終沒有碰觸到中介關係當中的時序（temporal sequence）問題。事實上，在眞實世界當中若要能夠觀察到中介效果，必然是 x 發生在先，m 接續在後，最後才應觀察到結果變數 y。在教育心理研究中，研究者關心母親的心理狀態（例如情緒或憂鬱）會影響子女的心理狀況（情緒或憂鬱），進而影響子女的行為表現（例如學業成就或人際關係）；或是公司的某項人事新政策影響員工的心情感受，進而影響離職率。換言之，時間遞延應是中介效果的本質，因此中介效果最合適的研究設計，應爲帶有跨期測量的縱貫式中介（longitudinal mediation）。

事實上，第十一章在討論自我迴歸模型時，我們已經介紹如何利用自我迴歸延宕交叉模型，來同時處理 x 與 y 兩個系列的雙變量系列縱橫資料當中，$x_t \rightarrow y_{t+1}$ 或 $y_t \rightarrow x_{t+1}$ 的跨期影響，現在只要增加一個 m 系列資料，即可進行帶有時序特徵的 $x_t \rightarrow m_{t+1} \rightarrow y_{t+2}$ 自我迴歸中介分析（autoregressive mediation analysis; ARMe）（Mackonnon, 2008; Cole & Maxwell, 2003）。若增加調節變數 z，即可進行帶有時序特徵的自我迴歸調節分析（autoregressive moderation analysis; ARMo）或自我迴歸調節中介分析（autoregressive moderated mediation analysis; ARMoMe）（Little, 2013）。

ARMe 的特性是可以估計不同時點下的 x、m、y 中介歷程，但無法將個體內的變異狀態或變動軌跡納入模型，因此，若將 LGM 納入縱貫中介模型當中，即可估計 T 期 x、m、y 重複測量變動軌跡所扮演的角色，稱爲潛在成長中介模型（latent growth mediation model; LGMM）（Selig & Preacher, 2009; von Soest & Hagtvet, 2011），利用 SEM 模式設定，LGMM 可納入其他共變項來進行各種分析，例如加入控制變數或調節變數來觀察參數的變動，或是評估測量恆等性是否維繫等等。

不論是 ARMe、ARMo 或 LGMM，一旦能將時序納入中介與調節效果的討論，不僅能立基於統計方法的數學基礎，更能具體展現研究議題的實務價值與理論網絡意涵。相對之下，如果中介效果僅能仰賴橫斷面數據來進行橫斷面中介（cross-sectional meditation）的檢測，即使間接效果再明顯，沒有時序證據支持，總是存有欠缺眞實感的遺憾，這就是爲何縱貫式中介逐漸受到社會科學研究者重視的原因之一（Little, 2013; Cole & Maxwell, 2003; Maxwell & Cole, 2007, 2011）。

14.2 縱貫式中介效果

14.2.1 縱貫中介九宮格

在漢字書法中有所謂的九宮格，縱貫中介設計也可從九個方塊來呈現其基本組成，如圖 14.1 所示。圖 14.1 當中有 x、m、y 三個變數經過 t、t+1、t+2 三次測量，成爲一個帶有時序特徵的 3×3 變數關係矩陣，其中圖 14.1 對角線上的 $x_t \rightarrow m_{t+1} \rightarrow y_{t+2}$ 爲縱貫式中介歷程，縱貫間接效果估計數可由 $a_{t,\,t+1} \times b_{t+1,\,t+2}$ 求得。在各時點下的中介效果，例如 t 時點下的 $x_t \rightarrow m_t \rightarrow y_t$，即爲橫斷面中介效果，可由圖 14.1 中的 $a_{t,\,t} \times b_{t,\,t}$ 求得橫斷面間接效果。至於同一個變數的三次測量則可視爲變數的自我迴歸效果，如圖 14.1 中的 $w_{t,\,t+1}$ 與 $w_{t+1,\,t+2}$ 係數。

由圖 14.1 可知，若針對 x、m、y 三個變數進行三波次的測量，將可同時進行橫斷中介、縱貫中介與自我迴歸三種效果的分析，這也即是 ARMe 分析的優勢之一。值得注意的是，在 ARMe 若要檢驗橫斷面中介效果，通常是估計 $x_{t+1} \rightarrow m_{t+1} \rightarrow y_{t+1}$ 或 $x_{t+2} \rightarrow m_{t+2} \rightarrow y_{t+2}$，而非 $x_t \rightarrow m_t \rightarrow y_t$（圖 14.1 當中的粗虛線）。因爲在第一期（$t$ 期）時並未有 x、m、y 三個變數的重複測量發生，無法有效控制三個變數的自我迴歸效果，因此在 ARMe 的實務上，均未估計 $x_t \rightarrow m_t \rightarrow y_t$，而是改以兩兩相關來取代。

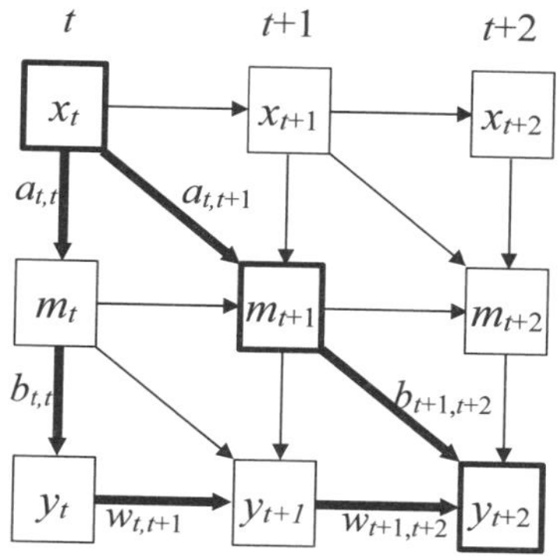

圖 14.1　縱貫式中介模型示意圖

（註：各誤差項、殘差共變與參數符號省略以維持簡化）

如果 x、m、y 三個變數僅分別在 t、t+1、t+2 三個時點下各自進行一次測量，亦即在第 t 期測量 x_t，在第 t+1 期測量 m_{t+1}，在第 t+2 期測量 y_{t+2}，此時可以檢測 $x_t \rightarrow m_{t+1} \rightarrow y_{t+2}$ 的縱貫式間接效果，但是並未納入各變數在三個時點下的自我迴歸，稱為MacArthur序列式設計[1]（sequential design）（Cole & Maxwell, 2003; Kraemer et al., 2008; MacCallum & Austin, 2000）。

從研究設計的角度來看，同時蒐集三波次九項測量的縱貫式設計雖耗費時間與成本，但可獲得最完整的時序資料。相對之下，僅有一個時點的橫斷面設計在實施上最為簡單，也即是傳統中介效果所討論的設計方式，至於序列式設計則介於兩者間，可以最精簡的模型來分析具時序性的中介效果，但是由於序列設計並未納入各變數自我迴歸的控制，將使中介效果的估計產生偏誤。

在最近的一系列研究中，Maxwell, Cole & Mitchell（2011）與 Mitchell & Maxwell（2013）以數學演算原理證實，除非時序資料能維繫穩態與均衡，否則眞實存在的縱貫中介無法藉由橫斷或序列設計分析得到理想的結果。因此，本章將不進行序列模型的示範，而聚焦於帶有重複測量的 ARMe、ARMo 與 LGMM 縱貫模型的討論。

[1] 此一命名係來自研究憂鬱與情緒疾患的 MacArthur 基金會所支持的研究團隊 MacArthur Network on Development and Psychopathology 之討論共識，因此稱為 MacArthur 取向（Kraemer et al., 2008）。

14.2.2 穩態與定態

當某一個變數隨著時間的延續進行重複測量，即形成時間序列資料，時間序列資料在不同時點下若維持穩定水準而無系統性變化，可稱爲穩態（stability），也就是穩定的時間序列（Cole & Maxwell, 2003; Kenny, 1979），例如人類的身高到了一定年齡就不再增加呈現穩定，薪水到了最高等級就不再增加維持一定的金額。一般而言，若某變數在前後期測量數值相關越高，表示時間序列的持續性（persistent）越高，穩態越強。反之，前後期測量數值相關越低，表示該變數在不同時間點下的變異程度越高。如果時間序列變數彼此間皆呈現穩定狀態，即達成一種均衡（equilibrium）（Dwyer, 1983）。然而，穩定的時間序列是一種均值（一級動差）的恆定性，並無更高階動差恆定的要求。

如果時間序列變數不只一個且具有更嚴格的定態性質（stationarity）[2]，定態變量間存在穩定的共整合（cointegration）關係，將使研究者所關注的因果關係維持跨時點的不變性（Cole & Maxwell, 2003; Kline, 2011; Little et al., 2007）。

在帶有完整 3×3 測量數據的縱貫式設計中，同一個變數的前後期相關可以藉由自我迴歸來控制。但是缺乏變數自我迴歸設定的橫斷設計與序列設計就可能受到變數穩態存在與否而影響其參數估計。例如 Mitchell 與 Maxwell（2013）的研究發現，在中介關係中的 x 與 m 兩變數的穩態高低，會影響跨時中介效果參數估計的偏誤程度：如果 x 的穩態高於 m，序列設計對於眞實存在的縱貫中介參數估計偏誤較小，但如果 m 的穩態高於 x，不論是序列設計或橫斷設計下的縱貫中介參數估計偏誤更趨嚴重。基於此一原因，Mitchell 與 Maxwell（2013）建議採取完整的 3×3 縱貫設計下的 ARMe 分析。

從定態的觀點來看，如果時間序列變數間的共整合關係或其結構具有跨時點的不變性，表示研究者所關心的效果在不同時點下具有一定的穩定性，這是最爲理想的狀況，但是如果在不同時點下的效果不同，研究者仍能就其所觀察到的各種效果進行討論，但僅能推論到有限的範圍，研究者必須在研究限制當中進行說明。至於造成參數波動的原因，可能是因爲有其他重要變數並未納入模型，或是

2　如果時間序列變數 y_t 的平均數不隨時間變動，$E(y_t)=E(y_{t+1})=...=\mu_y$，且其變異數與共變數也有穩定結構，亦即$V(y_t)=V(y_{t+1})=...=V(y)$、$C(y_t,y_{t+1})=C(y_{t+1},y_{t+2})=...=C(y_{t,t'})$，時間序列分析將一級與二級動差均維持恆定的狀態稱爲定態（stationary）。

其他研究設計上的問題，尤其是當重複測量的波段數量越多，干擾因素更加複雜，例如測量時機與落後期數等因素，討論於下。

14.2.3 測量時機

雖然縱貫設計當中包含了時序，但是時間本身卻非研究者所控制的變數，因爲測量波數並不能反映時間的長短，時序安排無法反映時間的具體效果，換言之，時序並非時效，而是時機（timing）決定時效（effect of timing）。

測量時機的議題包括了時距（time duration）與時點（time point）。在時距方面，如果中介效果確實是發生在一定的時間延宕之後，各波次測量的時距間隔遞延時間長短將會影響縱貫中介效果的估計，此時，各波次測量的時點，將遠比測量的波次數量來得重要。甚至於，如果測量時距安排適當，即使僅有兩波測量，也可以檢測出縱貫式中介效果（Cole & Maxwell, 2003; Little et al., 2007）。

例如同儕的霸凌經驗可能很快的就會影響學生的心理狀態，但是要花費較久的時間反映在成績的低落。相對的，母親的憂鬱狀態對於子女的心理狀態與成就表現的影響，可能需要相對漫長的時間醞釀後才能發揮作用，而子女的情緒問題與成績低落很可能在第二波就可以一起觀察到，成爲一種共病併發（comorbidity）現象（吳齊殷、李文傑，2003; Lee & Bukowski, 2012）。

時點議題主要涉及測量波次數目的決定，在測量時點數目方面，完整的縱貫中介效果分析至少要有三次的重複測量，兩波次的縱貫測量則需要文獻或合理的推理支持，在某些領域（例如發展心理學），爲了完整涵蓋一定期間下的時間延宕效果，所需要的重測測數可能超過五波甚至十波以上。在評估縱貫中介效果時，Little（2013）將需要至少三波測量的中介效果稱爲完整縱貫中介（full longitudinal mediation），僅有兩波測量者稱爲部分縱貫中介（partial longitudinal mediation）。

14.2.4 落後期數

在 ARMe 模型中，另一個與時點有關的議題則是落後（lag）的期數。舉例來說，在圖 14.1 的 $x_t \rightarrow m_{t+1} \rightarrow y_{t+2}$ 的縱貫式中介效果中，自變數對於依變數的影響均爲間隔一期，因此兩個係數的乘積（由 $a_{t,\,t+1} \times b_{t+1,\,t+2}$）稱爲間隔一期的間接效果，但是 x 對 y 的直接影響就有落後一期與落後兩期兩種可能。

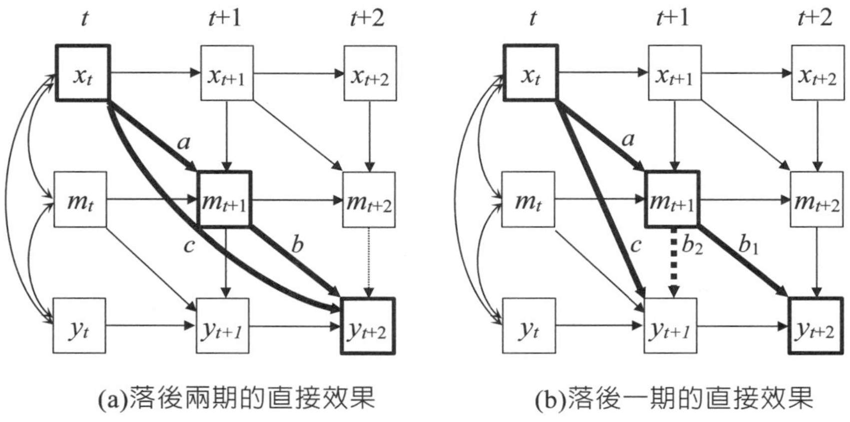

圖 14.2　不同落後期數的縱貫式中介效果示意圖

（註：各誤差項、殘差共變與參數符號省略以維持簡化）

在圖 14.2(a) 當中，x_t、m_{t+1}、y_{t+2} 三者之間帶有一個 $a \times b$ 的縱貫間接作用，如果依照傳統中介作用分析程序，x_t 對 y_{t+2} 的總效果應包含一個落後兩期的直接效果 c。但是，如果假設各變數間的時序影響均僅有一期的落差效果，亦即 $x_t \rightarrow m_{t+1}$、$m_{t+1} \rightarrow y_{t+2}$、$x_t \rightarrow x_{t+1}$、$m_t \rightarrow m_{t+1}$、$y_t \rightarrow y_{t+1}$，那麼由 $x_t \rightarrow y_{t+1}$ 的直接效果也應被假設為一期落後，即應如圖 14.2(b) 所示。

值得注意的是，前述基於落後一期假設下的 ARMe 模型，如何界定間接效果，需要研究者另行定義。在圖 14.2(b) 當中，由於 $x_t \rightarrow y_{t+1}$ 的直接影響係針對 y_{t+1} 而來，當 y_{t+1} 作為結果變數時，間接效果應為 $x_t \rightarrow m_{t+1}$ 與 $m_{t+1} \rightarrow y_{t+1}$ 斜率係數的乘積，亦即 $a \times b_2$，而不再是 $a \times b_1$。此時也即可以利用僅帶有兩波測量的部分縱貫中介模型來估計各項效果。

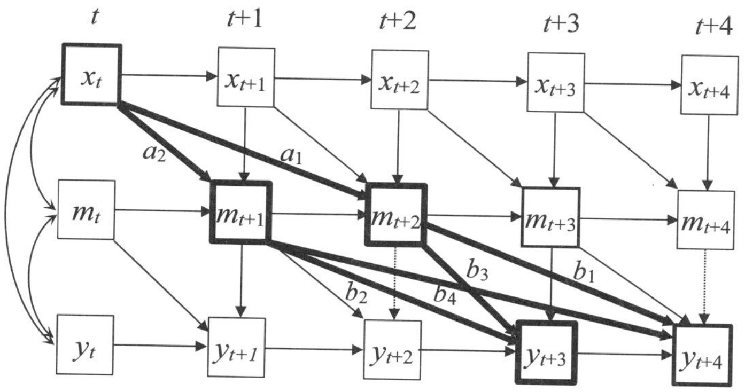

圖 14.3　不同跨越期數的縱貫式中介效果示意圖

（註：各誤差項、殘差共變與參數符號省略以維持簡化）

至於間接效果本身也可能存在超過落後一期以上的跨期間接效果。當一個帶有足夠重複測量波次的模型中（如圖 14.3 的五波測量模型），x、m、y 三變數所形成的因果關係結構，可能存在落後二期的間接效果，例如圖 14.3 當中的 $x_t \rightarrow m_{t+2} \rightarrow y_{t+4}$ 的跨兩期間接效果，亦即 $a_1 \times b_1$。進一步的，如果 x 與 m 之間爲落後一期，但 m 與 y 之間爲落後兩期，此時將獲得 $x_t \rightarrow m_{t+1} \rightarrow y_{t+3}$ 的縱貫間接效果，亦即 $a_2 \times b_2$。相反的，如果 x 與 m 之間爲落後兩期但 m 與 y 之間爲落後一期，此時縱貫間接效果將爲 $a_1 \times b_3$。最後，如果 x 與 m 之間爲落後一期，但 m 與 y 之間爲落後三期，此時將有 $x_t \rightarrow m_{t+1} \rightarrow y_{t+3}$ 的 $a_2 \times b_4$ 縱貫間接效果。

在一個帶有 T 期的多期數縱貫設計中，如果研究者關心特定落後期數的中介關係，例如 $x_t \rightarrow m_{t+1} \rightarrow y_{t+2}$ 或 $x_t \rightarrow m_{t+1} \rightarrow y_{t+3}$，稱爲時點殊化效果（time-specific effect）（Gollob & Reichardt, 1991），可估計得到時點殊化間接效果（time-specific indirect effect）與時點殊化直接效果（time-specific direct effect）。相對之下，如果研究者並非關注特定落差期數下的中介歷程，而是希望評估 x、m、y 三者在全部的 0 至 T 期間的整體中介效果強度，則稱爲總和效果（overall effect）。換言之，隨著測量時點的增加，研究者得以估計的間接效果將可能有多種不同落後期數的組合，若再加上 $x \rightarrow y$ 的直接效果的檢測，雖然可以使得 ARMe 的分析有更大的彈性與變化，但是檢驗程序也就相對複雜許多（Cole & Maxwell, 2003; Reichardt, 2011; Selig & Preacher, 2009）。

14.2.5 潛在縱貫中介效果

在先前介紹的 ARMe 模型當中，每一個時點下的 x、m、y 都僅有單一一個測量變數，因此可以直接套用迴歸模型來分析變數間所存在的中介效果。但如果這三者都是潛在特質，此時即必須套用測量模型在 t、$t+1$、$t+2$ 等不同時點下來估計潛在前置變數、潛在中介變數與潛在結果變數，進一步利用結構模型來估計這三個潛在變數的時點殊化間接與直接效果，並將各潛在變數的自我迴歸效果納入估計，亦即潛在縱貫中介（latent longidutinal mediation; LLMe）（Cole & Maxwell, 2003）。

若以圖示來描述 LLMe 模型，可直接將圖 14.1 當中的各變數改以圓形表示潛在變數，如圖 14.4 所示（為求精簡示意，沿用圖 14.1 中的 x、m、y 變數代號來代表潛在變數並省略其他標示），每一個潛在變數由一組觀察變數（由方格表示）估計得出，各種因果效應即存在於潛在變數之間，此時即可宣稱測量誤差已獲得控制的情況下，進行各種效果的估計。

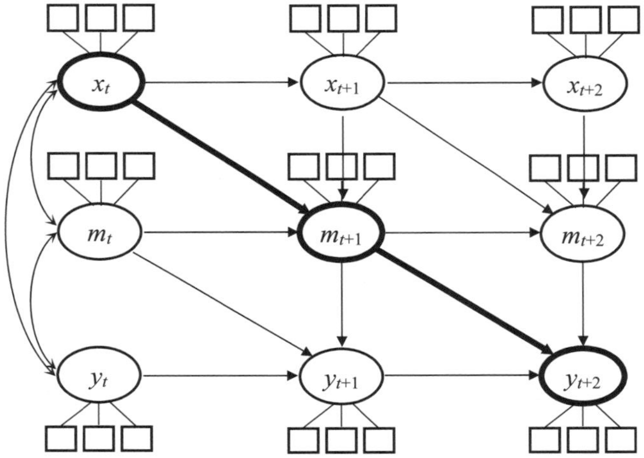

圖 14.4　潛在縱貫式中介模型 LLMe 示意圖

（註：各誤差項、殘差共變與參數符號省略以維持簡化）

14.3 ARMe 的模式設定與分析程序

14.3.1 ARMe 的模式設定

爲了完整說明 ARMe 的模式設定，我們利用一個包含更多波次的完整變數關係圖示來說明，如圖 14.5 所示。（爲了簡化圖示內容，圖 14.5 的時序安排以落後一期的直接與間接效果來進行設定，因此沒有跨兩期的直接效果。同時如果每一個變數改爲圓形標示，即可成爲帶有潛在變數的 ARMe 模型）。

一般而言，ARMe 的模式設定並沒有嚴格的規範，通常是依各研究所需來設定，但如果從中介效果的影響方向來看，有兩種設定策略：單向中介假設（single direction hypthosis）與交叉延宕假設（cross-lag hypothesis）。

14.3.1.1 單向中介假設

單向中介假設係依縱貫中介的定義，估計橫跨多期的 $x_t \rightarrow m_{t+1} \rightarrow y_{t+2}$ 縱貫中介作用，如圖 14.5(a) 所示[3]，由方程式(14-1)至(14-3)三個自我迴歸方程式所定義。

$$x_{t+1} = \alpha_{x_{t+1}} + \vec{\theta}_{x_{t+1,t}} x_t + [\varepsilon_{x_{t+1}}] \tag{14-1}$$

$$m_{t+1} = \alpha_{m_{t+1}} + \theta_{m_{t+1},x_t} x_t + \vec{\theta}_{m_{t+1,t}} m_t + [\varepsilon_{m_{t+1}}] \tag{14-2}$$

$$y_{t+2} = \alpha_{y_{t+2}} + \theta_{y_{t+2},m_{t+1}} m_{t+1} + \vec{\theta}_{y_{t+2,t+1}} y_{t+1} + [\varepsilon_{y_{t+2}}] \tag{14-3}$$

方程式當中 $\vec{\theta}_{x_{t+1,t}}$、$\vec{\theta}_{m_{t+1,t}}$、$\vec{\theta}_{y_{t+2,t+1}}$ 爲自我迴歸係數（係數上方標示→以爲辨識），θ_{m_{t+1},x_t} 與 $\theta_{y_{t+2},m_{t+1}}$ 則爲落後一期的縱貫直接效果。

今天若有 $x_t \rightarrow m_{t+1} \rightarrow y_{t+2}$ 之特定時點殊化間接效果（Ind_{ab}），可由兩個直接效果相乘而得，如方程式 (14-4) 所示。

$$\text{Ind}_{ab} = \theta_{m_{t+1},x_t} \times \theta_{y_{t+2},m_{t+1}} \tag{14-4}$$

---

[3] 圖 14.5(a) 的單向假設 ARMe 模型即爲 Little（2013, p.302）的 Full longitudinal model 與 Mackinnon（2008, p.202）的 Autogressive mediation model I；如果增加 $x_t \rightarrow y_{t+2}$ 直接效果則爲 Cole 與 Maxwell（2003, p.563）的 Model5。

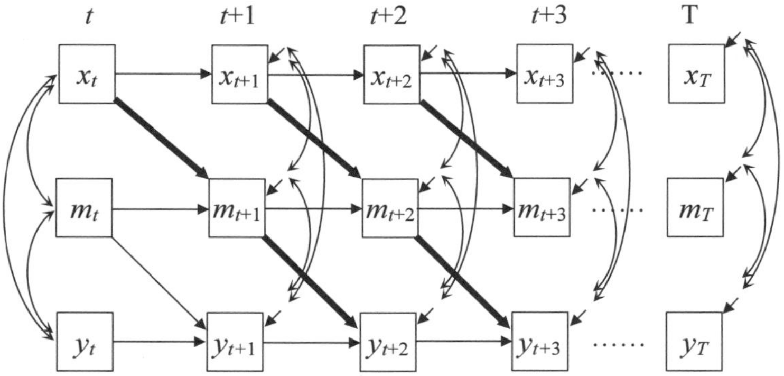

(a)單一單向假設ARMe 模型（僅有縱貫中介）

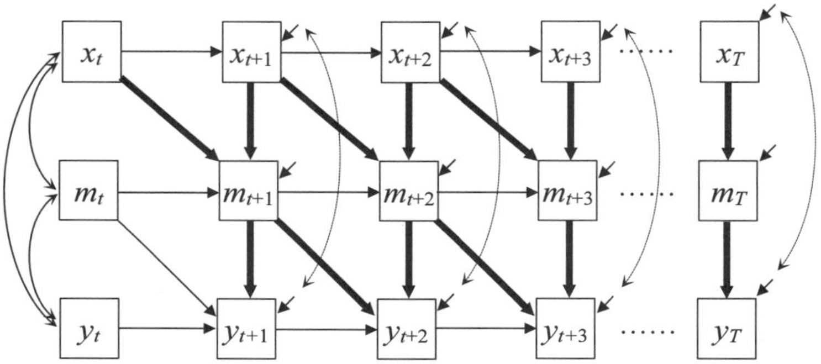

(b)雙重單向假設 ARMe 模型（包含橫斷與縱貫中介）

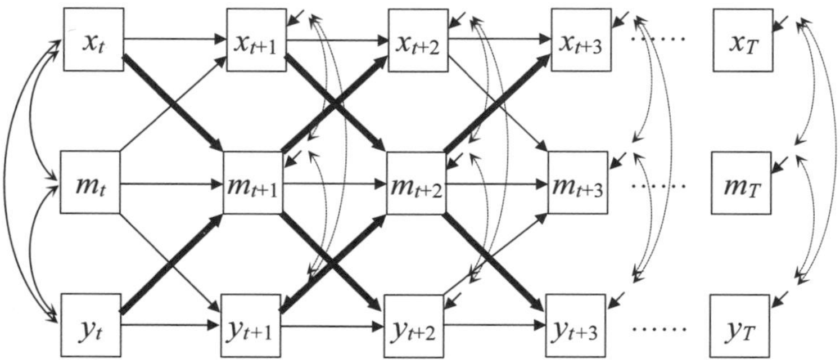

(c)交叉延宕 ARMe 模型

圖 14.5　不同假設下的 ARMe 模式設定示意圖

（註：粗直線爲構成間接效果的參數，x 與 y 之間的直接效果省略以利圖示）

由於自我迴歸方程式以 x、m、y 各變數為自身解釋變數，第 t 期之後的各期殘差之間存有一定程度的共變，因此必須納入估計，例如第 t+1 期的殘差變異與共變數矩陣如下：

$$\Psi_{t+1} = \begin{bmatrix} \psi_{xx(t+1)} & & \\ \psi_{xm(t+1)} & \psi_{mm(t+1)} & \\ \psi_{xy(t+1)} & \psi_{my(t+1)} & \psi_{yy(t+1)} \end{bmatrix} \tag{14-5}$$

如果 ARMe 模型納入橫斷面中介效果，如圖 14.5(b) 所示，模型中將同時具有橫斷與縱貫中介效果，亦即雙重單向假設模型，此時必須加入 $\theta_{m_{t+1},x_{t+1}}$ 與 $\theta_{y_{t+2},m_{t+2}}$ 兩個橫斷面直接效果，此一 ARMe 模型由方程式 (14-6) 至 (14-8) 所定義[4]。

$$x_{t+1} = \alpha_{x_{t+1}} + \vec{\theta}_{x_{t+1},t} x_t + [\varepsilon_{x_{t+1}}] \tag{14-6}$$

$$m_{t+1} = \alpha_{m_{t+1}} + \theta_{m_{t+1},x_t} x_t + \theta_{m_{t+1},x_{t+1}} x_{t+1} + \vec{\theta}_{m_{t+1},t} m_t + [\varepsilon_{m_{t+1}}] \tag{14-7}$$

$$y_{t+2} = \alpha_{y_{t+2}} + \theta_{y_{t+2},m_{t+1}} m_{t+1} + \theta_{y_{t+2},m_{t+2}} m_{t+2} + \vec{\theta}_{y_{t+2},t+1} y_{t+1} + [\varepsilon_{y_{t+2}}] \tag{14-8}$$

根據圖 14.5(b)，可估計兩種 $x \rightarrow m \rightarrow y$ 時點殊化間接效果（Ind_{ab}）與時點殊化直接效果（$\text{Dir}_{c'}$）（間接效果由圖中標示加粗直線的兩個直接效果相乘而得）：

A：兩期縱貫間接效果：

$x_{t+1} \rightarrow m_{t+1} \rightarrow y_{t+2}$： $\text{Ind}_{ab} = \theta_{m_{t+1},x_{t+1}} \times \theta_{y_{t+2},m_{t+1}}$ $\text{Dir}_{c'} = \theta_{y_{t+2},x_{t+1}}$

$x_{t+1} \rightarrow m_{t+2} \rightarrow y_{t+2}$： $\text{Ind}_{ab} = \theta_{m_{t+2},x_{t+1}} \times \theta_{y_{t+2},m_{t+1}}$ $\text{Dir}_{c'} = \theta_{y_{t+2},x_{t+1}}$

B：三期縱貫間接效果

$x_{t+1} \rightarrow m_{t+2} \rightarrow y_{t+3}$： $\text{Ind}_{ab} = \theta_{m_{t+2},x_{t+1}} \times \theta_{y_{t+3},m_{t+2}}$ $\text{Dir}_{c'} = \theta_{y_{t+3},x_{t+1}}$

由於有部分橫斷面直接效果沒有納入估計（例如 $x_{t+1} \rightarrow y_{t+1}$ 與 $x_{t+2} \rightarrow y_{t+2}$），這些延宕測量的變異被前期資料解釋之後的殘差變異存有共變應加入估計（亦即圖 14.5(b) 當中延宕測量的雙箭頭虛線所表示的共變數 ψ_{xy}）。

由於 ARMe 當中的自我迴歸係數可將重複測量的自我相關納入控制，使模型不受穩態假定的限制，在此前提下所估計的橫斷間接效果也因此克服了時序效

[4] 圖 14.5(b) 的橫斷與縱貫中介的雙重單向假設 ARMe 模型為 Mackinnon（2008, p.204）的 Autogressive mediation model II。Cole 與 Maxwell（2003）並未提出此一模型。

果無法納入控制的限制，降低橫斷面間接效果膨脹高估的問題（Cole & Maxwell, 2003; Mackinnon, 2008）。但是，實務上的 ARMe 模型多未將橫斷面中介效果納入估計，而是以殘差相關取代，專注於縱貫中介效果的評估。這是因爲如果模型中同時存在著橫斷與縱貫中介假設，除了可能會有理論上的衝突。另一方面，橫斷面中介效果如果強過於縱貫中介效果，放在同一個模型中會導致降低縱貫中介效果的估計結果稀釋，而無法觀察到有意義的縱貫中介效果。

14.3.1.2 交叉延宕假設

相對於單向假設，交叉延宕假設認爲重複測量下的 x、m、y 縱貫中介歷程並非僅有 $x_t \rightarrow m_{t+1} \rightarrow y_{t+2}$ 單一方向作用，也可能存在 $y_t \rightarrow m_{t+1} \rightarrow x_{t+2}$ 反向歷程，因此必須以交叉延宕參數來估計各變數間的直接效果，如圖 14.5(c) 所示 [5]。

在單向假設下，ARMe 模型中僅估計 $x_t \rightarrow m_{t+1}$ 或 $m_{t+1} \rightarrow y_{t+2}$，並據以估計間接效果。反向直接效果（$y_t \rightarrow m_{t+1}$、$m_t \rightarrow x_{t+1}$ 與 $y_t \rightarrow x_{t+2}$）參數則限定爲 0，換言之，單向假設 AMRe 是更嚴格的模式，估計較少的參數，也即是延宕交叉 ARMe 模型的一種特例（Cole & Maxwell, 2003）

對於帶有交叉延宕設定的雙向假設，雖然增加了另一個方向的直接效果，但免除了橫斷面的直接效果。模型設定如方程式 (14-9) 至 (14-11) 所示。

$$x_{t+2} = \alpha_{x_{t+2}} + \theta_{x_{t+2},m_{t+1}} m_{t+1} + \bar{\theta}_{x_{t+2},t+1} x_{t+1} + [\varepsilon_{x_{t+2}}] \tag{14-9}$$

$$m_{t+2} = \alpha_{m_{t+2}} + \theta_{m_{t+2},x_{t+1}} x_{t+1} + \theta_{m_{t+2},y_{t+1}} y_{t+1} + \bar{\theta}_{m_{t+2},t+1} m_{t+1} + [\varepsilon_{m_{t+2}}] \tag{14-10}$$

$$y_{t+2} = \alpha_{y_{t+2}} + \theta_{y_{t+2},m_{t+1}} m_{t+1} + \bar{\theta}_{y_{t+2},t+1} y_{t+1} + [\varepsilon_{y_{t+2}}] \tag{14-11}$$

由於橫斷面之間缺乏直接效果，因此僅能估計單一一種跨三期的時點殊化間接效果（Ind_{ab}）與時點殊化直接效果（$\text{Dir}_{c'}$），但卻有兩種方向：

$x_t \rightarrow m_{t+1} \rightarrow y_{t+2}$：　$\text{Ind}_{ab} = \theta_{m_{t+1},x_t} \times \theta_{y_{t+2},m_{t+1}}$　$\text{Dir}_{c'} = \theta_{y_{t+2},x_t}$

$y_t \rightarrow m_{t+1} \rightarrow x_{t+2}$：　$\text{Ind}_{ab} = \theta_{m_{t+1},y_t} \times \theta_{x_{t+2},m_{t+1}}$　$\text{Dir}_{c'} = \theta_{x_{t+2},y_t}$

5　圖 14.5(c) 的雙向假設模型爲 Cole 與 Maxwell（2003, p.563）的交叉延宕自我迴歸模型 Model7。或是 Mackinnon（2008, p.205）的 Autogressive mediation model III 移除橫斷面中介效果後的模型。

由於單向與交叉延宕模型具有嵌套關係，因此可以透過兩個模型的適配差異比較，檢驗僅估計 $x_t \rightarrow m_{t+1} \rightarrow y_{t+2}$ 單向中介的 ARMe 模型是否適配顯著較差，如果適配差異量的檢驗（例如卡方差異檢定或Δ CFI < .01）認爲兩個模型適配程度相當，表示可以忽略 $y_t \rightarrow m_{t+1} \rightarrow x_{t+2}$ 的作用，相對的，如果單向 ARMe 模型適配較差，顯示較嚴格的單向假設無法成立，$x_t \rightarrow m_{t+1} \rightarrow y_{t+2}$ 與 $y_t \rightarrow m_{t+1} \rightarrow x_{t+2}$ 兩個方向的中介作用皆有可能具有統計意義。也正因爲交叉延宕設計提供更具彈性的檢驗功能，因此被以更廣義的延宕交叉縱橫模型（cross-lagged panel model）稱之（例如 Selig & Preacher, 2009）。

14.3.2 ARMe 的 Mplus 分析範例

爲了示範 ARMe 的分析程序，我們利用校園霸凌研究資料來示範。該資料庫當中共有 N = 1231 筆美國青少年的調查資料，針對家庭衝突（x）、喝酒行爲（m）、霸凌行爲（y）三個構念進行四波調查。三個構念分別有三個測量題目，取平均後得到各構念平均值來反映三個變數的強度，摘要資料與相關係數列於表 14.1。

表 14.1　青少年霸凌行為研究的描述統計與相關係數 (N=1132)

				家庭衝突				喝酒行為				霸凌行為			
	mean	std	Gen	x_1	x_2	x_3	x_4	m_1	m_2	m_3	m_4	y_1	y_2	y_3	y_4
gen	.49	.50	1												
x_1	1.95	.62	.136	1											
x_2	1.90	.74	.102	.652	1										
x_3	1.86	.69	.071	.509	.676	1									
x_4	1.79	.62	.183	.523	.570	.719	1								
m_1	1.24	.39	.010	.245	.199	.214	.165	1							
m_2	1.25	.55	.002	.361	.413	.363	.327	.710	1						
m_3	1.24	.46	-.030	.284	.372	.425	.329	.363	.496	1					
m_4	1.24	.39	-.036	.176	.217	.285	.314	.310	.376	.682	1				
y_1	1.61	.65	.000	.325	.255	.205	.242	.109	.179	.205	.097	1			
y_2	1.71	.80	.053	.304	.365	.280	.338	.048	.152	.170	.120	.421	1		
y_3	1.63	.69	.057	.244	.301	.336	.313	.098	.177	.145	.065	.398	.604	1	
y_4	1.52	.58	.079	.315	.296	.331	.359	.117	.167	.179	.150	.284	.427	.431	1

註：本資料取自 Little (2013, p.128)。每個變數調查四波（各變數的足標所示）。Gen 爲性別（0: 女, 1: 男），x 爲家庭衝突，m 爲喝酒行爲，y 爲霸凌行爲。

14.3.2.1 單向中介的ARMe範例

首先示範的模型，是圖 14.6(a) 的 ARMe 模型，亦即各變數的四波重複測量設定爲一階自我迴歸 AR(1)，然後估計家庭衝突 (*x*) →喝酒行爲 (*m*) →霸凌行爲 (*y*) 的縱貫式中介作用，殘差共變亦納入估計，Mplus 語法如 Syn14.3a 所示，各參數的未標準化估計值以圖示方式呈現於圖 14.6(a)。估計結果如下：

Syn14.3a：青少年霸凌行為研究的單一單向ARMe模型分析語法

```
TITLE:      Single direction ARMe correlated residual model
DATA:       File = Ch14a.dat;
            Type = means std corr; Nobs=1132;
VARIABLE:   names = gen x1-x4 m1-m4 y1-y4;
            usev = x1-y4;
ANALYSIS:   ESTIMATOR IS ML;
MODEL:      x2 ON x1;  x3 ON x2;  x4 ON x3;          ! 估計自我迴歸效果
            m2 ON m1 x1; m3 ON m2 x2; m4 ON m3 x3; ! 估計直接效果
            y2 ON y1 m1; y3 ON y2 m2; y4 ON y3 m3; ! 估計直接效果
            x1 WITH y1; x1 WITH m1; m1 WITH y1;    ! 估計外生變數共變
            x2 WITH y2; x2 WITH m2; m2 WITH y2;    ! 估計殘差變異共變
            x3 WITH y3; x3 WITH m3; m3 WITH y3;    ! 估計殘差變異共變
            x4 WITH y4; x4 WITH m4; m4 WITH y4;    ! 估計殘差變異共變
MODEL INDIRECT:
            y3 IND x1;     ! 估計由 x1 到 y3 的間接效果
            y4 IND x2;     ! 估計由 x2 到 y4 的間接效果
            y4 IND x1;     ! 估計由 x1 到 y4 的間接效果
OUTPUT:     TECH1 SAMPSTAT STDYX;
```

```
MODEL RESULTS
                                                    Two-Tailed
                     Estimate       S.E.  Est./S.E.    P-Value
 X2         ON
    X1                  0.731      0.026     28.056      0.000
 X3         ON
    X2                  0.626      0.021     30.212      0.000
 X4         ON
    X3                  0.624      0.018     33.736      0.000
 M2         ON
    M1                  0.911      0.028     32.792      0.000
    X1                  0.168      0.018      9.289      0.000
 M3         ON
    M2                  0.322      0.023     14.299      0.000
    X2                  0.132      0.017      7.687      0.000
 M4         ON
    M3                  0.588      0.020     29.002      0.000
    X3                 -0.007      0.014     -0.542      0.588
 Y2         ON
    Y1                  0.505      0.033     15.400      0.000
    M1                 -0.019      0.055     -0.357      0.721
 Y3         ON
    Y2                  0.506      0.020     25.118      0.000
    M2                  0.089      0.030      2.991      0.003
 Y4         ON
    Y3                  0.334      0.022     15.119      0.000
    M3                  0.144      0.034      4.264      0.000
```

由上述報表或圖 14.6(a) 的數據整理可知，家庭衝突對於霸凌行爲的影響，經由喝酒行爲的中介作用，其中家庭衝突（x）對喝酒行爲（m）的影響共可獲得三個直接效果，未標準化係數分別爲 $x_1 \rightarrow m_2$ 的 $\theta m_2 x_1 = 0.168(p<.001)$、$x_2 \rightarrow m_3$ 的 $\theta m_3 x_2 = 0.132(p<.001)$、$x_3 \rightarrow m_4$ 的 $\theta m_4 x_3 = -0.007(p=.588)$，顯示測量期數越後面的直接效果越弱，家庭衝突對喝酒行爲的定態關係並不存在。

至於喝酒行爲（m）對霸凌行爲（y）的影響也有三個直接效果，未標準化係數分別爲 $m_1 \rightarrow y_2$ 的 $\theta y_2 m_1 = -0.019(p=.721)$、$m_2 \rightarrow y_3$ 的 $\theta y_3 m_2 = 0.089(p<.01)$、$m_3 \rightarrow y_4$ 的 $\theta y_4 m_3 = 0.144(p<.001)$，由係數數值越來越強可知，喝酒行爲對霸凌行爲的預測關係並非穩定不變，而且期數越後面的直接效果反而越強。

接著，由於家庭衝突→喝酒行爲→霸凌行爲的間接效果有三種可能，亦即由 x_1 到 y_3、由 x_2 到 y_4 與由 x_1 到 y_4，指令當中也要求 Mplus 進行這三種間接效果的檢驗，所得到的未標準化分析結果如下：

```
TOTAL, TOTAL INDIRECT, SPECIFIC INDIRECT, AND DIRECT EFFECTS

                                                          Two-Tailed
                          Estimate     S.E.    Est./S.E.    P-Value
Effects from X1 to Y3

  Total                     0.015     0.005      2.847       0.004
  Total indirect            0.015     0.005      2.847       0.004

  Specific indirect
    Y3 M2 X1                0.015     0.005      2.847       0.004

Effects from X2 to Y4
  Total                     0.019     0.005      3.729       0.000
  Total indirect            0.019     0.005      3.729       0.000

  Specific indirect
    Y4 M3 X2                0.019     0.005      3.729       0.000

Effects from X1 to Y4

  Total                     0.027     0.006      4.585       0.000
  Total indirect            0.027     0.006      4.585       0.000

  Specific indirect
    Y4 M3 X2 X1             0.014     0.004      3.696       0.000
    Y4 M3 M2 X1             0.008     0.002      3.740       0.000
    Y4 Y3 M2 X1             0.005     0.002      2.798       0.005
```

在上述 Mplus 報表中，可看到間接效果的總和效果（Total indirect）與時點殊化效果（Specific indirect）。在總和效果部分，分別爲 x_1 到 y_3 的 0.015(z = 2.847, p < .01)、由 x_2 到 y_4 的 0.019(z = 3.729, p<.001)、x_1 到 y_4 的 0.027(z = 4.585, p<.001)，三者均具有統計意義。

由於由 x_1 到 y_3 與由 x_2 到 y_4 兩者各僅有一組間接效果，因此由 x_1 到 y_3 與由 x_2 到 y_4 兩者的總和效果即等於 $x_1 \rightarrow m_2 \rightarrow y_3$ 與 $x_2 \rightarrow m_3 \rightarrow y_4$ 的兩組時點殊化間接效果。但是由 x_1 到 y_4 包含有 $x_1 \rightarrow x_2 \rightarrow m_3 \rightarrow y_4$、$x_1 \rightarrow m_2 \rightarrow m_3 \rightarrow y_4$、$x_1 \rightarrow m_2 \rightarrow y_3 \rightarrow y_4$ 三組時間殊化間接效果，三者加總即等於總和效果。Mplus 報表中會分別列舉這三組間接效果的估計值與檢定結果：

$$x_1 \rightarrow x_2 \rightarrow m_3 \rightarrow y_4 \quad \theta x_2x_1 \rightarrow \theta m_3x_2 \rightarrow \theta y_4m_3 = 0.014, z = 3.696, p <.001$$

$x_1 \rightarrow m_2 \rightarrow m_3 \rightarrow y_4 \quad \theta m_2x_1 \rightarrow \theta m_3m_2 \rightarrow \theta y_4m_3 = 0.008, z = 3.740, p < .001$

$x_1 \rightarrow m_2 \rightarrow y_3 \rightarrow y_4 \quad \theta m_2x_1 \rightarrow \theta y_3m_2 \rightarrow \theta y_4y_3 = 0.005, z = 2.798, p < .01$

前述三組時點殊化間接效果加總等於總和效果：0.014 + 0.008 + 0.005 = 0.027，雖然不論三組時點殊化間接效果或總和效果均具有統計意義，但是由於間接效果當中包含了自我迴歸係數，其性質已非單純的 $x \rightarrow m \rightarrow y$ 的間接效果，因此並沒有太大的討論價值。

另外一點值得注意的是，由於本範例所輸入的資料是相關係數而非原始資料，因此無法進行拔靴法或貝氏估計法來獲得拔靴標準誤或貝氏標準誤，只能進行以 ML 為基礎的參數估計。建議讀者在進行 ARMe 分析時，必須輸入原始資料，才能得到更穩健的標準誤來進行顯著性檢定或 .95CI 的計算。

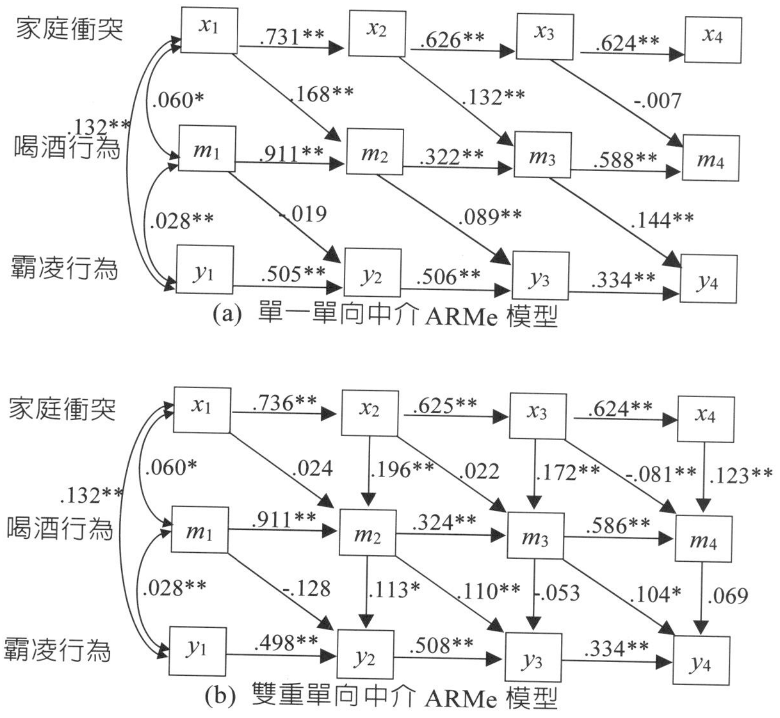

圖 14.6 單向假設的 ARMe 模式未標準化係數估計結果圖示

（註：為簡化圖示，殘差變異與共變及變數共變均予以省略。$^*p<.05$ $^{**}p<.01$）

14.3.2.2 雙重單向中介的ARMe範例

如果同時估計縱貫面與橫斷面中介效果，即爲雙重單向中介的 ARMe 範例。亦即家庭衝突對於霸凌行爲的影響，經由喝酒行爲的中介作用，有橫斷面與縱貫面兩種途徑：

橫斷面中介：$x_2 \rightarrow m_2 \rightarrow y_2$、$x_3 \rightarrow m_3 \rightarrow y_3$、$x_4 \rightarrow m_4 \rightarrow y_4$
縱貫面中介：$x_1 \rightarrow m_2 \rightarrow y_3$、$x_2 \rightarrow m_3 \rightarrow y_4$

Mplus 語法僅需在 MODEL 當中增加三組（六個）橫斷面中介效果的影響關係：$x_2 \rightarrow m_2$、$m_2 \rightarrow y_2$、$x_3 \rightarrow m_3$、$m_3 \rightarrow y_3$、$x_4 \rightarrow m_4$、$m_4 \rightarrow y_4$ 的指令，同時移除 x_2 with m_2、m_2 with y_2、$x_3$with m_3、$m_3$with y_3、$x_4$with m_4、$m_4$with y_4 六個殘差相關。語法如 Syn14.3b 所示，估計結果整理於圖 14.6(b)。

Syn14.3b：青少年霸凌行為研究的雙重單向ARMe模型分析語法

```
MODEL:       x2 ON x1; x3 ON x2; x4 ON x3;          ！估計自我迴歸效果
             m2 ON m1 x1 x2; m3 ON m2 x2 x3; m4 ON m3 x3 x4;
                                                    ！估計直接效果
             y2 ON y1 m1 m2; y3 ON y2 m2 m3; y4 ON y3 m3 m4;
                                                    ！估計直接效果
             x1 with y1; x1 with m1; m1 with y1;    ！估計外生變數共變
             x2 with y2; x3 with y3; x4 with y4;    ！估計殘差變異共變
MODEL INDIRECT:
             y2 IND x2;    ！估計由 x2 到 y2 的間接效果
             y3 IND x3;    ！估計由 x3 到 y3 的間接效果
             y4 IND x4;    ！估計由 x4 到 y4 的間接效果
             y3 IND x1;    ！估計由 x1 到 y3 的間接效果
             y4 IND x2;    ！估計由 x2 到 y4 的間接效果
```

MODELRESULTS

		Estimate	S.E.	Est./S.E.	Two-Tailedv P-Value
X2 ON					
	X1	0.736	0.026	28.139	0.000
X3 ON					
	X2	0.625	0.021	30.248	0.000
X4 ON					
	X3	0.624	0.018	33.757	0.000
M2 ON					
	M1	0.911	0.028	32.786	0.000
	X1	0.024	0.022	1.102	0.270
	X2	0.196	0.019	10.497	0.000
M3 ON					
	M2	0.324	0.023	14.358	0.000
	X2	0.022	0.022	1.015	0.310
	X3	0.172	0.022	7.830	0.000
M4 ON					
	M3	0.586	0.020	28.902	0.000
	X3	-0.081	0.018	-4.458	0.000
	X4	0.123	0.020	6.271	0.000
Y2 ON					
	Y1	0.498	0.033	15.136	0.000
	M1	-0.128	0.078	-1.637	0.102
	M2	0.113	0.058	1.957	0.050
Y3 ON					
	Y2	0.508	0.020	25.034	0.000
	M2	0.110	0.034	3.236	0.001
	M3	-0.053	0.041	-1.270	0.204
Y4 ON					
	Y3	0.334	0.022	15.114	0.000
	M3	0.104	0.046	2.257	0.024
	M4	0.069	0.053	1.295	0.195

TOTAL, TOTAL INDIRECT, SPECIFIC INDIRECT, AND DIRECT EFFECTS

	Estimate	S.E.	Est./S.E.	Two-Tailed P-Value
Effects from X2 to Y2				
Total	0.022	0.012	1.923	0.054
Total indirect	0.022	0.012	1.923	0.054
Specific indirect				
Y2 M2 X2	0.022	0.012	1.923	0.054

Effects from X3 to Y3

```
   Total                        -0.009      0.007      -1.254      0.210
   Total indirect               -0.009      0.007      -1.254      0.210

   Specific indirect
    Y3 M3 X3                    -0.009      0.007      -1.254      0.210

Effects from X4 to Y4

   Total                         0.009      0.007       1.268      0.205
   Total indirect                0.009      0.007       1.268      0.205

   Specific indirect
    Y4 M4 X4                     0.009      0.007       1.268      0.205

Effects from X1 to Y3

   Total                         0.020      0.008       2.436      0.015
   Total indirect                0.020      0.008       2.436      0.015

   Specific indirect
    Y3 M2 X1                     0.003      0.003       1.043      0.297
    Y3 M2 X2 X1                  0.016      0.005       3.074      0.002
    Y3 M3 X2 X1                 -0.001      0.001      -0.793      0.428
    Y3 M3 M2 X1                  0.000      0.000      -0.831      0.406
    Y3 Y2 M2 X1                  0.001      0.001       0.959      0.337
    Y3 M3 X3 X2 X1              -0.004      0.003      -1.253      0.210
    Y3 M3 M2 X2 X1              -0.002      0.002      -1.255      0.210
    Y3 Y2 M2 X2 X1               0.008      0.004       1.907      0.057

Effects from X2 to Y4

   Total                         0.035      0.008       4.538      0.000
   Total indirect                0.035      0.008       4.538      0.000

   Specific indirect
    Y4 M3 X2                     0.002      0.002       0.926      0.354
    Y4 M3 X3 X2                  0.011      0.005       2.163      0.031
    Y4 M3 M2 X2                  0.007      0.003       2.181      0.029
    Y4 M4 X3 X2                 -0.003      0.003      -1.243      0.214
    Y4 M4 M3 X2                  0.001      0.001       0.799      0.424
    Y4 Y3 M2 X2                  0.007      0.002       3.029      0.002
    Y4 Y3 M3 X2                  0.000      0.000      -0.792      0.428
    Y4 M4 X4 X3 X2               0.003      0.003       1.266      0.205
    Y4 M4 M3 X3 X2               0.004      0.003       1.275      0.202
    Y4 M4 M3 M2 X2               0.003      0.002       1.279      0.201
    Y4 Y3 M3 X3 X2              -0.002      0.002      -1.250      0.211
    Y4 Y3 M3 M2 X2              -0.001      0.001      -1.252      0.211
    Y4 Y3 Y2 M2 X2               0.004      0.002       1.903      0.057
```

由圖 14.6(b) 與報表數據可知，橫斷面的直接效果在家庭衝突（x）對喝酒行爲（m）的部分具有統計顯著性，但喝酒行爲（m）對於霸凌行爲（y）的部分就顯得微弱許多：

$$x_2 \rightarrow m_2 \rightarrow y_2 \qquad \theta m_2x_2 = 0.196(p < .001) \qquad \theta y_2m_2 = 0.113(p < .05)$$
$$x_3 \rightarrow m_3 \rightarrow y_3 \qquad \theta m_3x_3 = 0.172(p < .001) \qquad \theta y_3m_3 = \text{-}0.053(p = .204)$$
$$x_4 \rightarrow m_4 \rightarrow y_4 \qquad \theta m_4x_4 = 0.123(p < .001) \qquad \theta y_4m_4 = 0.069(p = .195)$$

三個橫斷面間接效果：0.022(p = .054)、-0.009(p = .210)、0.009(p = .205) 均未達 .05 統計水準。

有趣的是，縱貫面中介的直接效果則是在喝酒行爲（m）對於霸凌行爲（y）的部分具有統計意義，反而是前一段的家庭衝突（x）對喝酒行爲（m）沒有統計意義：

$$x_1 \rightarrow m_2 \rightarrow y_3 \qquad \theta m_2x_1 = 0.024(p = .270) \qquad \theta y_3m_2 = 0.110(p < .001)$$
$$x_2 \rightarrow m_3 \rightarrow y_4 \qquad \theta m_3x_2 = 0.022(p = .310) \qquad \theta y_4m_3 = 0.104(p < .05)$$

前述兩組時間殊化縱貫面間接效果均未具有統計意義：$\theta m_2x_1 \rightarrow \theta y_3m_2$ = 0.003(p = .297)、$\theta m_3x_2 \rightarrow \theta y_4m_3$ = 0.002(p = .354)。其他時間殊化縱貫面間接效果包含了自我迴歸係數，因此也沒有討論的價值。

14.3.2.3 交叉延宕的ARMe範例

在前面兩個範例中，自我迴歸係數均有統計意義，縱貫面的直接與間接效果的結果則多有不一致，表示不但重複測量資料具有明顯的自我相關，同時也會以落後一期的方式相互影響，因而我們可以進行一階自我迴歸交叉延宕 ARMe 分析，此時間接效果除了 **`y3 IND x1`** 與 **`y4 IND x2`** 之外，還有反向的 **`x3 IND y1`** 與 **`x4 IND y2`**，如語法 Syn14.3c 所示，各項效果的未標準化係數標示於圖 14.7。

Syn14.3c：青少年霸凌行為研究的交叉延宕ARMe模型分析語法

```
MODEL:    x2 on x1 m1; x3 on x2 m2; x4 on x3 m3;
          m2 ON m1 x1 y1; m3 ON x2 m2 y2; m4 ON x3 m3;
          y2 ON y1 m1; y3 ON y2 m2; y4 ON y3 m3;
          x1 with y1; x1 with m1; m1 with y1; ！估計外生變數共變
          x2 with y2; x3 with y3; x4 with y4; ！估計殘差變異共變
MODEL INDIRECT:
          y3 IND x1;  ！估計由x1到y3的間接效果
          y4 IND x2;  ！估計由x2到y4的間接效果
          x3 IND y1;  ！估計由y1到x3的間接效果
          x4 IND y2;  ！估計由y2到x4的間接效果
          x3 IND x1;  ！估計由x1到x3的間接效果
          y3 IND y1;  ！估計由y1到y3的間接效果
          m3 IND m1;  ！估計由m1到m3的間接效果
OUTPUT:   TECH1 SAMPSTAT STDYX;
```

```
MODELRESULTS

                                                    Two-Tailed
                    Estimate       S.E.     Est./S.E.     P-Value
 X2      ON
    X1                 0.717      0.027        26.760       0.000
    M1                 0.095      0.044         2.154       0.031
 X3      ON
    X2                 0.586      0.021        27.618       0.000
    M2                 0.134      0.029         4.686       0.000
 X4      ON
    X3                 0.609      0.019        31.808       0.000
    M3                 0.050      0.029         1.726       0.084
 M2      ON
    M1                 0.924      0.029        31.815       0.000
    X1                 0.160      0.019         8.424       0.000
    Y1                 0.040      0.018         2.215       0.027
 M3      ON
    X2                 0.116      0.017         6.821       0.000
    M2                 0.346      0.022        15.790       0.000
    Y2                 0.022      0.015         1.493       0.136
 M4      ON
    X3                -0.009      0.013        -0.694       0.488
    M3                 0.594      0.020        30.275       0.000
```

```
 Y2       ON
    Y1                    0.504      0.033      15.369      0.000
    M1                    0.007      0.056       0.125      0.900
 Y3       ON
    Y2                    0.503      0.020      24.956      0.000
    M2                    0.112      0.030       3.746      0.000
 Y4       ON
    Y3                    0.333      0.022      15.017      0.000
    M3                    0.151      0.034       4.427      0.000

TOTAL, TOTAL INDIRECT, SPECIFIC INDIRECT, AND DIRECT EFFECTS

                                                          Two-Tailed
                        Estimate     S.E.      Est./S.E.   P-Value
Effects from X1 to Y3
   Total                  0.018      0.005       3.423      0.001
   Totalindirect          0.018      0.005       3.423      0.001

   Specific indirect
     Y3 M2 X1             0.018      0.005       3.423      0.001

Effects from X2 to Y4
   Total                  0.018      0.005       3.713      0.000
   Total indirect         0.018      0.005       3.713      0.000

   Specific indirect
     Y4 M3 X2             0.018      0.005       3.713      0.000

Effects from Y1 to X3
   Total                  0.005      0.003       2.003      0.045
   Total indirect         0.005      0.003       2.003      0.045

   Specific indirect
     X3 M2 Y1             0.005      0.003       2.003      0.045

Effects from Y2 to X4
   Total                  0.001      0.001       1.129      0.259
   Total indirect         0.001      0.001       1.129      0.259

   Specific indirect
     X4 M3 Y2             0.001      0.001       1.129      0.259

Effects from X1 to X3
   Total                  0.408      0.017      23.914      0.000
   Totalindirect          0.408      0.017      23.914      0.000
```

```
    Specific indirect
      X3 X2 X1          0.388       0.018       22.138       0.000
      X3 M2 X1          0.020       0.005        4.113       0.000

  Effects from Y1 to Y3
    Total               0.258       0.019       13.252       0.000
    Totalindirect       0.258       0.019       13.252       0.000

    Specific indirect
      Y3 M2 Y1          0.004       0.002        1.907       0.057
      Y3 Y2 Y1          0.253       0.019       13.087       0.000

  Effects from M1 to M3

    Total               0.286       0.018       15.610       0.000
    Totalindirect       0.286       0.018       15.610       0.000

    Specificindirect
      M3 X2 M1          0.009       0.005        2.061       0.039
      M3 M2 M1          0.276       0.018       15.210       0.000
      M3 Y2 M1          0.000       0.001        0.125       0.901
```

由前述報表與圖 14.7 可知，家庭衝突、喝酒行爲與霸凌行爲三者之間的落後一期直接效果呈現交錯的現象，喝酒行爲測量除了扮演 $x_1 \rightarrow y_3$ 與 $x_2 \rightarrow y_4$ 的中介變數，亦即 $x_1 \rightarrow m_2 \rightarrow y_3$ 的間接效果 $\theta m_2x_1 \rightarrow \theta y_3m_2 = 0.018(p < .001)$ 與 $x_2 \rightarrow m_3 \rightarrow y_4$ 的間接效果 $\theta m_3x_2 \rightarrow \theta y_4m_3 = 0.018(p < .001)$，同時也扮演 $y_2 \rightarrow x_4$ 的中介變數，亦即 $y_2 \rightarrow m_3 \rightarrow x_4$ 的間接效果 $\theta m_3y_2 \rightarrow \theta x_4m_3 = 0.005(p < .05)$。

更進一步的，三個變數間的四波延宕測量直接效果還可構成很特別的落後一期間接效果：$x_1 \rightarrow m_2 \rightarrow x_3$（$\theta m_2x_1 \rightarrow \theta x_3m_2 = 0.021, p < .001$）與 $m_1 \rightarrow x_2 \rightarrow m_3$（$\theta x_2m_1 \rightarrow \theta m_3x_2 = 0.011, p < .05$）。至於 $y_1 \rightarrow m_2$ 與 $m_2 \rightarrow y_3$ 的直接效果雖然顯著，但是間接效果臨界 .05 顯著水準：$y_1 \rightarrow m_2 \rightarrow y_3$（$\theta m_2y_1 \rightarrow \theta y_3m_2 = 0.004, p = .057$）。

由此可知，帶有交叉延宕效果的 ARMe 模型，比起單向假設中介縱貫效果 ARMe 模型，能夠同時檢驗更多元的變數間直接與間接影響機制，因此如果沒有強烈的理論建議與實務上的要求，建議讀者可以先行檢驗交叉延宕 ARMe 模型，藉以探詢變數間的各種關係。

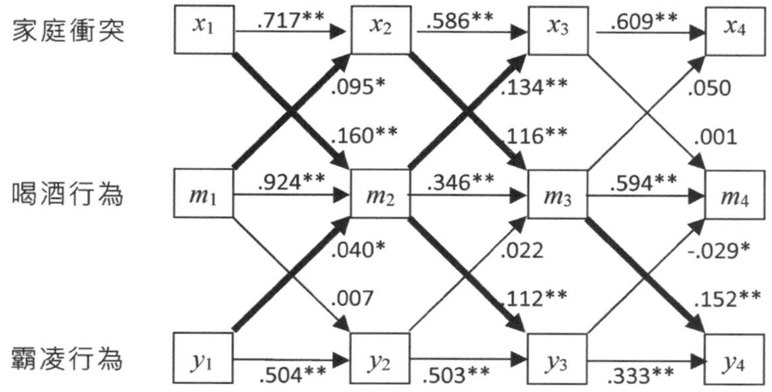

圖 14.7　交叉延宕的 ARMe 模式未標準化係數估計結果圖示

（註：爲簡化圖示，殘差變異與共變及變數共變均予以省略。$*p<.05**p<.01$）

14.4 縱貫式調節效果

若要在縱貫研究中進行調節效果分析，其基本原理與分析程序與橫斷面研究並無不同，仍是透過交互作用項 xz 來估計 $x \rightarrow y$ 的關係如何受到調節變數 z 的影響而產生變化，此時包含 x、z、xz 三者對 y 的迴歸分析稱爲縱貫式調節（longutidnal moderation）。如果是帶有時序的 $x \rightarrow m \rightarrow y$ 縱貫式中介，調節效果的影響則可透過 xz 與 mz 來評估，稱爲縱貫式調節中介（longitudinal moderated mediation）。

14.4.1 縱貫式調節分析的模式設定

對於帶有時序特性的 $x_t \rightarrow y_{t+1}$ 的迴歸效果是否受到 z 的調節，可透過交互作用項 $xz_{t\text{-}1}$ 來估計，如方程式 (14-12) 所示，交互作用項的迴歸係數 θ_{y_{t+1},xz_t} 即爲縱貫交互作用。如果再加上一階自我迴歸效果，即成爲一個自我迴歸調節模型（autoregressive moderation model; ARMo），如圖 14.8 所示。

$$y_{t+1} = \alpha_{y_{t+1}} + \theta_{y_{t+1},x_t} x_t + \theta_{y_{t+1},z_t} z_t + \theta_{y_{t+1},xz_t} xz_t + \vec{\theta}_{y_{t+1},t} y_t + [\varepsilon_{y_{t+1}}] \tag{14-12}$$

$$x_{t+1} = \alpha_{x_{t+1}} + \vec{\theta}_{x_{t+1},t} x_t + [\varepsilon_{x_{t+1}}] \tag{14-13}$$

$$z_{t+1} = \alpha_{z_{t+1}} + \vec{\theta}_{z_{t+1},t} z_t + [\varepsilon_{z_{t+1}}] \tag{14-14}$$

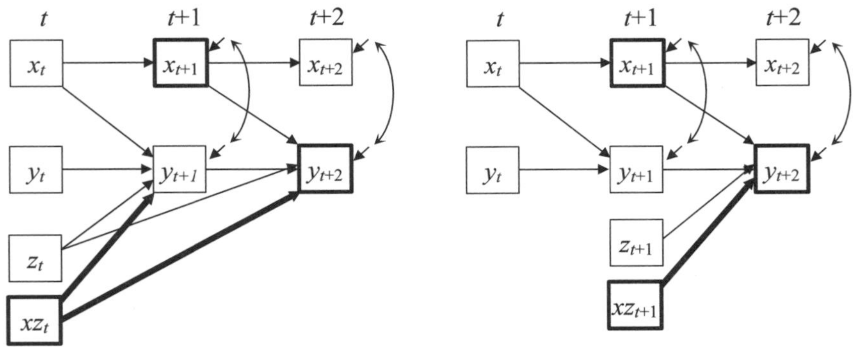

圖 14.8　縱貫調節模型示意圖

（註：外生變數間的共變效果與參數符號省略以維持簡化）

如果重複測量數超過兩波，ARMo 的模式設定會因爲 z 的測量時點而有所不同。因爲調節效果是透過 xz 來評估 z 對 $x \rightarrow y$ 的影響，因此 z 必須 y 發生之前即發生作用。如果 x、z 與 y 三個變數分別重複在 t、t+1、t+2 進行測量，調節變數的測量應發生於在 t（如圖 14.8(a)）或 t+1（如圖 14.8(b)）。

值得注意的是，調節效果雖然是由交互作用項反映，但是調節變數 z 本身也必須納入模型，而且 z 本身也可能是帶有自我相關的解釋變數，因此 Little（2013）建議 z 也應進行 T 次的重複觀測，藉以控制 z 的時序效果。至於交互作用項僅作爲調節效果的估計與統計意義的判定之用，無須設定其自我迴歸效果。但如果 z 是不隨時間而變的固定變數（例如性別），在穩態假定成立的情況下，z 與交互作用項的時序效果均可省略，亦即如圖 14.8 所示的狀態。

最後，模型中若有未被解釋的外生變數（例如 x_t、y_t、z_t、xz_t），兩兩之間的共變應加以估計，至於內生變數如果兩兩之間沒有直接效果，其估計殘差亦應納入殘差共變藉以降低模式不適配。圖 14.8 爲了清楚呈現變數關係而簡化了這些殘差與共變的設定，但是在語法中必須加以設定，我們將在範例中說明。

14.4.2 縱貫式調節中介分析的模式設定

延續先前所介紹的 ARMo 模型，如果在具有時序先後的 x 與 y 之間納入中介變數 m，亦即 $x \rightarrow m \rightarrow y$ 縱貫式中介歷程，此時若要探討調節效果的影響，則可透過 xz 與 mz 來評估，此時即爲自我迴歸調節中介模型（autoregressive moderated mediation model; ARMoMe），如圖 14.9 所示。

圖 14.9 的中介效果模型是基於單向假設下的殘差相關 ARMe 模型，因此沒有橫斷中介與交叉延宕的雙向影響歷程，同時亦未納入 $x \rightarrow y$ 的一期或二期落差直接效果，如此將可使模型維持簡化。在 ARMoMe 模型中，除了 y 變數可作爲被調節的結果變數之外，m 也可能成爲被調節的結果變數，亦即 $x \rightarrow m$ 也可能被 z 調節。調節變數的測量時點同樣的會影響 ARMoMe 的模式設定，由於調節效果是透過 xz 與 mz 來評估 z 對 $x \rightarrow$ 或 $m \rightarrow y$ 的影響，因此 z 必須 y 發生之前即發生作用。

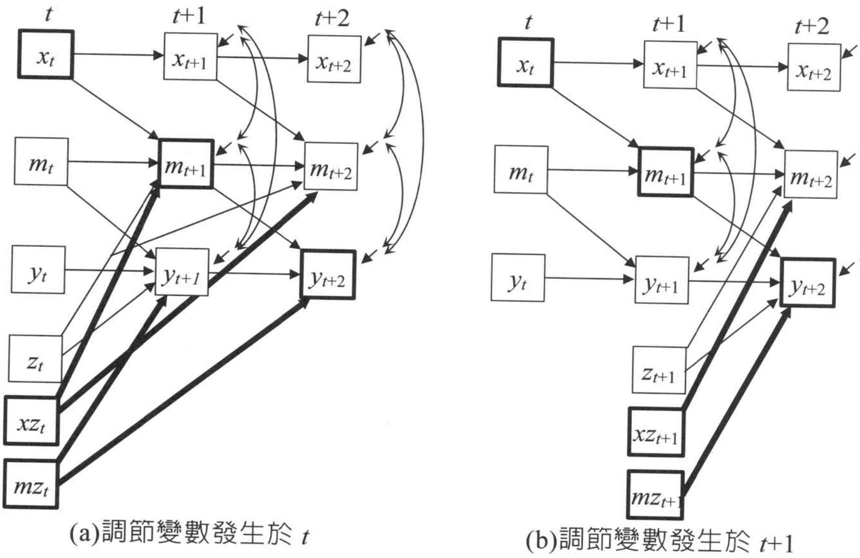

圖 14.9　帶有調節變數的 ARMoMe 縱貫設計示意圖

（註：外生變數的共變效果與參數符號省略以維持簡化）

如果 x、m、y 三個變數分別重複在 t、t+1、t+2 進行測量，調節變數的測量應發生於在 t（如圖 14.9(a)）或 t+1（如圖 14.9(b)）。根據圖 14.9(a)，可作爲結果變數者包含 y 與 m 兩者，因此得到方程式 (14-15) 至 (14-18)。

$$m_{t+1} = \alpha_{y_{t+1}} + \theta_{m_{t+1},x_t} x_t + \theta_{m_{t+1},z_t} z_t + \theta_{m_{t+1},xz_t} xz_t + \vec{\theta}_{m_{t+1},t} m_t + [\varepsilon_{m_{t+1}}] \quad (14\text{-}15)$$

$$m_{t+2} = \alpha_{m_{t+2}} + \theta_{m_{t+2},x_{t+1}} x_{t+1} + \theta_{m_{t+2},z_t} z_t + \theta_{m_{t+2},xz_t} xz_t + \vec{\theta}_{m_{t+2},t+1} m_{t+1} + [\varepsilon_{m_{t+2}}] \quad (14\text{-}16)$$

$$y_{t+1} = \alpha_{y_{t+1}} + \theta_{y_{t+1},m_t} m_t + \theta_{y_{t+1},z_t} z_t + \theta_{y_{t+1},mz_t} mz_t + \vec{\theta}_{y_{t+1},t} y_t + [\varepsilon_{y_{t+1}}] \quad (14\text{-}17)$$

$$y_{t+2} = \alpha_{y_{t+2}} + \theta_{y_{t+2},m_{t+1}} m_{t+1} + \theta_{y_{t+2},z_t} z_t + \theta_{y_{t+2},mz_t} mz_t + \vec{\theta}_{y_{t+2},t+1} y_{t+1} + [\varepsilon_{y_{t+2}}] \quad (14\text{-}18)$$

如果調節變數 z 僅作用於第 t+1 期（如圖 14.9(b)），$z_t \rightarrow m_{t+1}$、$xz_t \rightarrow m_{t+1}$、$z_t \rightarrow y_{t+2}$、$mz_t \rightarrow y_{t+2}$ 四個係數則必須移除，但增加 $z_{t+1} \rightarrow m_{t+1}$、$xz_{t+1} \rightarrow m_{t+1}$、$z_{t+1} \rightarrow y_{t+2}$、$mz_{t+1} \rightarrow y_{t+2}$ 四個參數。

對於所有的外生變數（例如 x_t、m_t、y_t、z_t、xz_t）之間應估計兩兩共變，至於內生變數如果兩兩之間沒有直接效果，其估計殘差亦應納入殘差共變藉以降低模式不適配。最後，誠如先前所言，如果 z 爲不隨時間變動的調節變數，其自我迴歸可以省略。

14.4.3 縱貫式調節的 Mplus 分析範例

14.4.3.1 ARMo的Mplus分析範例

ARMo 模型的示範，我們將以性別變數爲例，檢驗家庭衝突 (x) →霸凌行爲 (y) 的影響是否具有性別差異，Mplus 語法如 Syn14.4a 所示。由於性別調節可能發生在 t 或 t+1 期，因此必須創造兩個交互作用項 **`INT1 = gen*x1`** 與 **`INT2 = gen*x2`**。語法中 **`Model`** 下的 **`y2 ON y1 x1 gen INT1`** 與 **`y3 ON y2 x2 gen INT2`** 分別設定了以 y2（t+1 時點下）與 y3（t+2 時點下）爲結果變數的 AR(1) 自我迴歸的交互作用迴歸，最後，包含 **`with`** 的指令則估計殘差間共變或外生變數間的共變關係。

Syn14.4a：ARMo模型語法

```
TITLE:        ARMo model
DATA:         File  =  Ch14b.csv;
VARIABLE:     names  =  gen x1-x4 m1-m4 y1-y4;
              usevariables  =  gen x1-x3 y1-y3 INT1 INT2;
DEFINE:       CENTER x1 x2 (GRANDMEAN); ！解釋變數總平減
              INT1 = gen*x1;                  ！定義交互作用項 1
              INT2 = gen*x2;                  ！定義交互作用項 2
ANALYSIS:     ESTIMATOR IS ML;
MODEL:        x2 on x1; x3 on x2;             !x 變數的自我迴歸
              y2 ON y1 x1 gen INT1;           ！交互作用迴歸
              y3 ON y2 x2 gen INT2;           ！交互作用迴歸
              x1 with y1; x2 with y2;         ！設定殘差共變
              x1 with gen; INT1 with x1; INT2 with x1;！外生變數共變
              INT1 with gen; INT2 with gen; INT1 with INT2;
OUTPUT:       SAMPSTAT;
```

```
MODEL RESULTS
                                                      Two-Tailed
                    Estimate       S.E.  Est./S.E.    P-Value

 X2         ON
    X1                 0.770      0.027     28.919      0.000

 X3         ON
    X2                 0.635      0.021     30.866      0.000

 Y2         ON
    Y1                 0.434      0.034     13.824      0.000
    X1                 0.309      0.052      5.936      0.000
    GEN                0.038      0.042      0.906      0.365
    INT1              -0.124      0.067     -1.851      0.064

 Y3         ON
    Y2                 0.485      0.021     22.625      0.000
    X2                 0.069      0.033      2.086      0.037
    GEN                0.024      0.032      0.751      0.453
    INT2               0.036      0.044      0.814      0.416
```

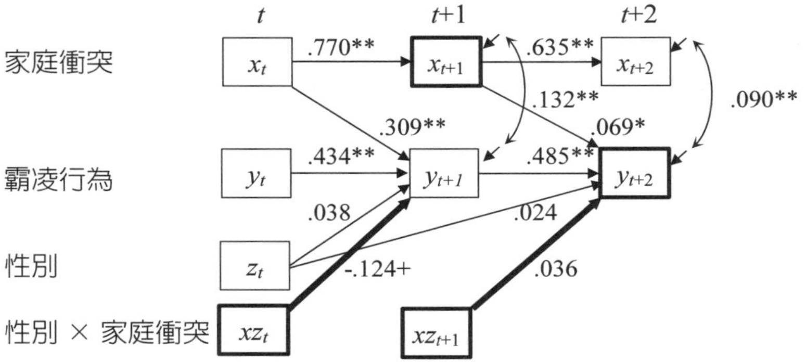

圖 14.10　ARMo 縱貫調節模型未標準化係數估計結果

（註：外生變數間的共變效果省略以維持簡化）

（$+p < .10$ $*p < .05$ $**p < .01$）

由上述未標準化參數估計結果可知，性別與家庭衝突在第 t 期所發生的交互作用（INT1）對 t+1 期霸凌行爲的影響已經臨界 .05 顯著水準（$\theta = -0.124, z = -1.851, p = .064$），由於交互作用項的係數爲負數，表示性別編碼數值較大者，$x1 \rightarrow y2$ 的影響力較低。由於性別編碼 0 爲女性，因此 $x1$ 的效果估計值（0.309）即爲女性的 $x1 \rightarrow y2$ 影響力，男性的 $x1 \rightarrow y2$ 影響力則爲 $0.309 - 0.124 = 0.185$，雖然兩者差異未達 .05 顯著水準，但已經能看出性別差異所造成的係數變動效果。

由於性別對於第 t+2 期的 $y3$ 並沒有明顯的調節效果，因此可將 $y3$ 的模型設定移除調節變數 gen 與交互作用項 INT2，改爲不含交互作用的自我迴歸模型，此時各參數的估計結果並不會有太大的改變，但是模式適配將會大幅改善，兩者的模式適配列於表 14.2。

由表 14.2 所知，同時包含兩個交互作用項的模式適配相當不理想，$\chi^2_{(14)} = 815.15$, RMSEA = .225, CFI = .734, TLI = .505, SRMR = .074; AIC = 15338, BIC = 15539，相對之下，移除不顯著的 INT2 與性別變數 z 對 $y3$ 的影響之後，模式適配大幅改善 $\chi^2_{(12)} = 69.18$, RMSEA = .065, CFI = .975, TLI = .954, SRMR = .030; AIC = 14261, BIC = 14422。

表 14.2　兩個 ARMo 模型模式適配比較表

	χ^2	df	RMSEA	CFI	TLI	SRMR	AIC	BIC
雙交互作用	815.15	14	.225	.734	.505	.074	15338	15539
單交互作用	69.18	12	.065	.975	.954	.030	14261	14422

14.4.3.2 ARMoMe的Mplus分析範例

ARMoMe 可視為 ARMe 與 ARMo 模型的結合，亦即在 $x \rightarrow m \rightarrow y$ 縱貫式中介歷程當中加入調節效果 z 的影響，因此我們仍以性別變數為例，檢驗家庭衝突 (x) →喝酒行為 (m) →霸凌行為 (y) 的完全中介歷程是否具有性別差異，亦即完全中介模型（$M1$）。如果允許家庭衝突 (x) →霸凌行為 (y) 具有直接效果，則為部分中介模型（$M2$）。基於完全中介與部分中介再納入調節效果，亦即進行 MoMe 分析，亦即成為完全縱貫中介模型（ARMoMe1）與部分縱貫中介模型（ARMoMe2），這兩個模型除了帶有時序先後特徵之外，模式設定等同於第十二章介紹 MoMe 分析時之 Case4 與 Case7。

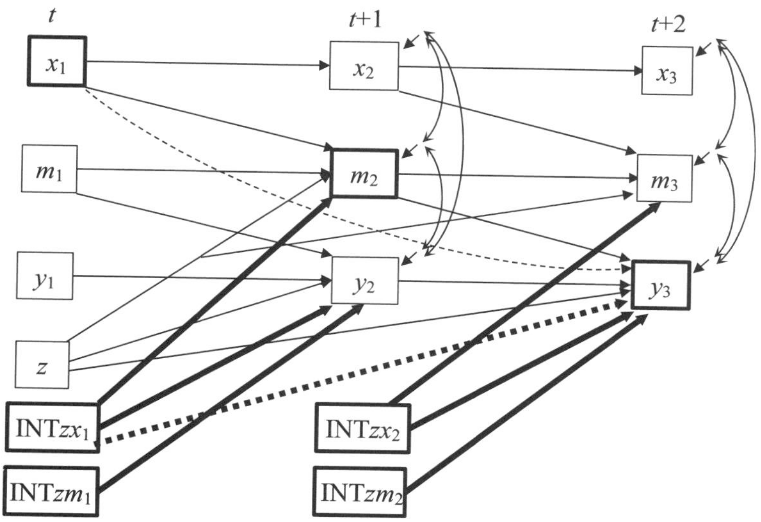

圖 14.11　帶有調節變數的 ARMoMe 模式概念圖示

（註：虛線為部分中介模型所增加估計之參數，加粗線條表示交互作用項。）

由於本範例爲縱貫設計，因此在 t 與 t+1 期均可能存在調節效果，必須依時序先後投入兩個交互作用項，但由於調節變數 z 可能與 x 或 m 發生交互作用，因此必須創造四個交互作用項 **INTzx1 = gen*x1**、**INTzm1 = gen*m1**、**INTzx2 = gen*x2**、**INTzm2 = gen*m2**。

在完全縱貫中介模型中，家庭衝突 (x_1) →霸凌行爲 (y_2)、家庭衝突 (x_1) →霸凌行爲 (y_3)、喝酒行爲 (m_1) →霸凌行爲 (y_3) 均不估計直接效果，因此相對應的 $zx_1 \rightarrow y_2$、$zx_1 \rightarrow y_3$、$zm_1 \rightarrow y_3$ 也就不需估計，如圖 14.11 排除虛線的部分所示，如果部分縱貫中介模型（ARMoMe2），直接效果與相對應的交互作用也就必須納入估計。部分縱貫中介模型的 Mplus 語法如 Syn14.4c 所示，如果要進行完全縱貫中介模型，僅需將直接效果移除即可（語法當中加粗者）。兩個模型的估計結果列於表 14.3。

Syn14.4c：ARMoMe模型語法（部分中介模型）

```
VARIABLE:    names  =  gen x1-x4 m1-m4 y1-y4;
             usevariables = gen x1-x3 m1-m3 y1-y3 zx1 zm1 zx2 zm2;
DEFINE:      CENTER x1-x3 m1-m3 (GRANDMEAN);        ! 連續變數平減
             zx1 = x1*gen; zm1 = m1*gen;            ! 定義交互作用項
             zx2 = x2*gen; zm2 = m2*gen;
ANALYSIS:    ESTIMATOR IS ML;
             BOOTSTRAP IS 5000;                     ! 進行拔靴估計
MODEL:       x2 on x1; x3 on x2;                    ! 自我迴歸模型
             m2 on m1 x1 gen zx1;
             y2 on y1 m1 gen zm1;
             m3 on m2 x2 gen zx2;
             y3 on y2 x2 m2 gen zx2 zm2;
             y3 on x1 zx1;                          ! 估計縱貫直接效果 c
             x1 with y1; x1 with m1; m1 with y1;    ! 估計殘差共變
             x2 with y2; x3 with y3;
             zx1 with x1; zx1 with m1; zx1 with y1;     ! 估計外生變數共變
             zx2 with x1; zx2 with m1; zx2 with y1;
             zm1 with x1; zm1 with m1; zm1 with y1;
             zm2 with x1; zm2 with m1; zm2 with y1;
             zx1 with zx2; zm1 with zm2; zx1 with zm2; zx2 with zm1;
MODEL INDIRECT:
             y3 IND x1;                             ! 估計間接效果
OUTPUT:      SAMPSTAT STANDARDIZED CINTERVAL(BOOTSTRAP);
```

表 14.3　霸凌行為研究範例的 ARMoMe 模型分析結果整理表

	ARMoMe1 完全中介模型			ARMoMe2 部分中介模型		
	coef	*z*	*p*	*coef*	*z*	*p*
自我迴歸						
(ARx1) $x_1 \rightarrow x_2$	.732	19.26	< .001	.732	19.26	< .001
(ARx2) $x_2 \rightarrow x_3$	.635	21.66	< .001	.635	21.66	< .001
(ARm1) $m_1 \rightarrow m_2$	.925	13.16	< .001	.925	13.16	< .001
(ARm2) $m_2 \rightarrow m_3$	.322	6.84	< .001	.322	6.84	< .001
(ARy1) $y_1 \rightarrow y_2$	.506	10.87	< .001	.506	10.87	< .001
(ARy2) $y_2 \rightarrow y_3$	.486	14.32	< .001	.487	14.31	< .001
中介效果（間接效果）						
(a)$x_1 \rightarrow m_2$	.194	3.52	< .001	.194	3.52	< .001
(b)$m_2 \rightarrow y_3$	.070	1.23	.220	.064	1.10	.274
(ab)$x_1 \rightarrow m_2 \rightarrow y_3$	.014	1.10	.272	.012	0.99	.322
中介效果（直接效果）						
(c)$x_1 \rightarrow y_3$				.035	0.60	.548
調節變數						
(da)$z \rightarrow m_2$	-.035	-1.52	.128	-.035	-1.52	.128
(db)$z \rightarrow m_3$	-.049	-2.11	.035	-.049	-2.11	.035
(dc)$z \rightarrow y_2$	.078	1.82	.069	.036	0.83	.407
(dd)$z \rightarrow y_3$	.026	0.72	.471	.026	0.80	.424
交互作用						
(int_{zx1m}) $zx_1 \rightarrow m_2$	-.030	-0.44	.663	-.030	-0.44	.663
(int_{zm2}) $zm_1 \rightarrow y_2$	-.063	-0.50	.616	-.063	-0.50	.616
(int_{zx2m}) $zx_2 \rightarrow m_3$	-.017	-0.32	.747	-.017	-0.32	.747
(int_{zx2y}) $zx_2 \rightarrow y_3$	.044	0.72	.471	.098	1.35	.178
(int_{zm2}) $zm_2 \rightarrow y_3$	-.037	-0.46	.649	-.026	-0.32	.748
(int_{zx1y3}) $zx_1 \rightarrow y_3$				-.102	-1.41	.158

註：*x* 爲家庭衝突，*y* 爲霸凌行爲，*m* 爲喝酒行爲，三者均有三波測量，*z* 爲性別，不隨時間而變。各模型當中的參數均爲非標準化係數，顯著性檢定均使用重抽 5000 次的拔靴標準誤。$^*p < .05$ $^{**}p < .01$

由表 14.3 可知，不論是完全中介或部分中介模型，所有的交互作用項均未達到統計顯著水準，顯示家庭衝突 (x) →喝酒行為 (m) →霸凌行為 (y) 的縱貫中介歷程並無任何性別差異，效果最強的參數仍是各變數的自我迴歸效果。但是值得注意的是，縱貫中介效果並未成立，家庭衝突 (x_1) →喝酒行為 (m_2) 的直接效果雖然具有統計顯著性（$\theta = .194, z = 3.52, p < .001$），但是喝酒行為 ($m_1$) →霸凌行為 ($y_3$) 的未標準化參數估計結果並未顯著，兩個係數相乘之後的縱貫式間接作用經過拔靴標準誤的 z 檢定值也未達統計顯著水準（$ab = .014, z = 1.10, p = .272$），此一結果與先前範例得到的結論不一致，顯示納入性別變數與其他交互作用項之後，原來的中介效果也被削弱。

正因為交互作用均不顯著，因此可將交互作用移除。至於性別變數具有一定的影響力，因此若將 ARMoMe1 與 ARMoMe2 兩個模型當中的交互作用項移除，僅保留性別變數與其他構成縱貫中介的主要變數後，即可執行帶有控制變數（性別）的 ARMe 模型，模式適配較 ARMoMe 模型大幅度提升，如表 14.4 所示。但是完全中介與部分中介模型之間沒有顯著差異，因此宜選擇自由度較大者（較簡效模型）加以深入討論。

表 14.4　各 ARMoMe 模型模式適配比較表

	χ^2	df	RMSEA	CFI	TLI	SRMR	AIC	BIC
ARMoMe1 完全中介	1713.12	46	.179	.674	.554	.088	16098	16455
ARMoMe2 部分中介	1710.62	44	.183	.675	.534	.088	16100	16467
完全中介（僅保留z）	277.85	23	.099	.931	.883	.069	15121	15322
部分中介（僅保留z）	277.62	22	.101	.931	.878	.070	15123	15329

14.5 潛在成長曲線中介分析

14.5.1 穩態還是動態

在前一節當中我們曾經提及，*x*、*m*、*y* 三個變數本身的穩態並非縱貫式中介分析的必要假定，主要是因爲變數的穩態僅能反映變數數值維持跨時點下的不變性，而且模型當中可以自我迴歸參數來吸收變數自身的前後期相關：當穩態越強，自我迴歸係數越高，穩態越弱，自我迴歸係數越弱。然而，如果各變數自身存在著特定的動態變化趨勢，例如呈現逐漸增加線性增長軌跡，或是二次變化的趨勢，此時穩態假定不僅不適用於此種動態軌跡的描述，更可能發生效果參數的估計偏誤，此時即應改以動態系統觀點來定義縱貫模型（Rogosa, 1988; Curran & Howard, 2014）。

從另一個角度來看，動態變數反映了變動發生於個體之內而非個體之間，縱貫研究所觀察到的變化，除了發生在變數所構成的因果結構系統之內，也可能發生在個體之內（Collins, 2006; Curran & Bauer, 2011）。多波次重複測量縱貫中介模型中，不論是外顯變數或潛在變數，皆以變數間的中介關係爲主要分析的焦點，共變結構當中的變異來源皆爲個體間的變異，無法處理個體內的變異。但是重複觀測到的測量數據，不論是作爲前置變數、中介變數與結果變數，皆有可能以變動軌跡的型態隨時間變化，亦即是一種個體內的變化而非個體間的變動。

因此，如果將第九章所介紹的 LGM 模型納入縱貫中介機制當中，將 0 至 *T* 期的 *x*、*m*、*y* 各自視爲一個獨立的變動系統，同時估計多條變動軌跡，建立平行歷程模型（parallel process model）即能同時處理個體間的結構變異，以及個體內的成長變動軌跡，此時所估計得到的中介效果，即是前一節所提到的整合效果而非僅爲時點特定效果。此種模型稱爲平行歷程潛在成長模型（parallel process latent growth curve model; PLGM）（Cheong, MacKinnon, & Khoo, 2001, 2003; Mackinnon, 2008; von Soest & Hagtvet, 2011）。

14.5.2 PLGM 模型設定

在 SEM 架構下，若要將重複測量的穩態假定改以動態模型來估計，可以直接將圖 14.3 的多波次測量的自我迴歸參數改以 LGM 模型的成長軌跡參數，如圖

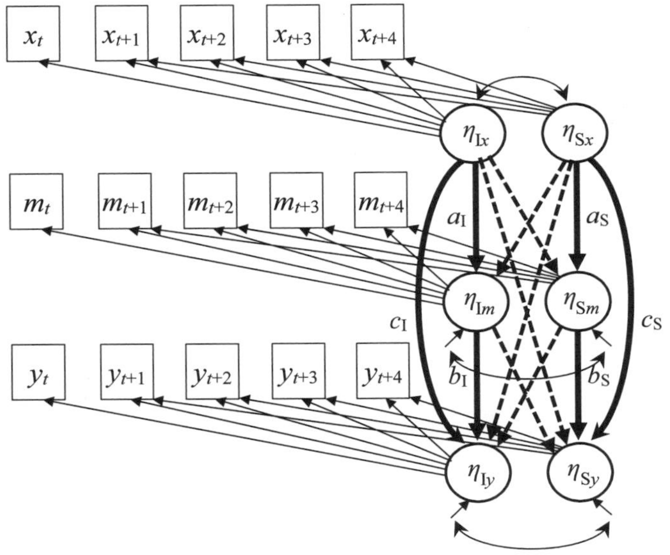

圖 14.12　帶有三條平行歷程的 PLGM 模型示意圖

14.12所示，即可估計 x、m、y 三者的截距因子（$\eta_{\mathrm{I}x}$、$\eta_{\mathrm{I}m}$、$\eta_{\mathrm{I}y}$）與斜率因子（$\eta_{\mathrm{S}x}$、$\eta_{\mathrm{S}m}$、$\eta_{\mathrm{S}y}$），並進而利用 a_{I}、a_{S}、b_{I}、b_{S}、c_{I}、c_{S} 係數檢驗變動軌跡的中介效果是否存在。

14.5.3 平行軌跡的測量模型

對於帶有潛在變數的 SEM 模型，首先必須明確定義測量模型來估計潛在變數。對於三個分別重複測量 T 期的 x、m、y 變數，各自的 LGM 測量模型定義如方程式 (14-19) 至 (14-21)。

$$x = \alpha_x + \Lambda_x \xi_x + \varepsilon_x = \begin{bmatrix} x_t \\ x_{t+1} \\ x_{t+2} \\ x_{t+3} \\ x_{t+4} \end{bmatrix} = \begin{bmatrix} \alpha_{\mathrm{I}x} \\ \alpha_{\mathrm{S}x} \end{bmatrix} + \begin{bmatrix} 1 & 0 \\ 1 & 1 \\ 1 & 2 \\ 1 & 3 \\ 1 & 4 \end{bmatrix} \begin{bmatrix} \eta_{\mathrm{I}x} \\ \eta_{\mathrm{S}x} \end{bmatrix} + \begin{bmatrix} \varepsilon_{x_t} \\ \varepsilon_{x_{t+1}} \\ \varepsilon_{x_{t+2}} \\ \varepsilon_{x_{t+3}} \\ \varepsilon_{x_{t+4}} \end{bmatrix} \tag{14-19}$$

$$m = \alpha_m + \Lambda_m \eta_m + \varepsilon_m = \begin{bmatrix} m_t \\ m_{t+1} \\ m_{t+2} \\ m_{t+3} \\ m_{t+4} \end{bmatrix} = \begin{bmatrix} \alpha_{\mathrm{I}m} \\ \alpha_{\mathrm{S}m} \end{bmatrix} + \begin{bmatrix} 1 & 0 \\ 1 & 1 \\ 1 & 2 \\ 1 & 3 \\ 1 & 4 \end{bmatrix} \begin{bmatrix} \eta_{\mathrm{I}m} \\ \eta_{\mathrm{S}m} \end{bmatrix} + \begin{bmatrix} \varepsilon_{m_t} \\ \varepsilon_{m_{t+1}} \\ \varepsilon_{m_{t+2}} \\ \varepsilon_{m_{t+3}} \\ \varepsilon_{m_{t+4}} \end{bmatrix} \tag{14-20}$$

$$y = \alpha_y + \Lambda_y \eta_y + \varepsilon_y = \begin{bmatrix} y_t \\ y_{t+1} \\ y_{t+2} \\ y_{t+3} \\ y_{t+4} \end{bmatrix} = \begin{bmatrix} \alpha_{\mathrm{I}y} \\ \alpha_{\mathrm{S}y} \end{bmatrix} + \begin{bmatrix} 1 & 0 \\ 1 & 1 \\ 1 & 2 \\ 1 & 3 \\ 1 & 4 \end{bmatrix} \begin{bmatrix} \eta_{\mathrm{I}y} \\ \eta_{\mathrm{S}y} \end{bmatrix} + \begin{bmatrix} \varepsilon_{y_t} \\ \varepsilon_{y_{t+1}} \\ \varepsilon_{y_{t+2}} \\ \varepsilon_{y_{t+3}} \\ \varepsilon_{y_{t+4}} \end{bmatrix} \tag{14-21}$$

前述三條變動軌跡皆爲二因子 LGM 模型，斜率因子（η_{S}）的因子負荷量設定爲 {0,1,2,3,4} 即反映變動軌跡呈現相等間隔的直線成長。如果 T 波測量的時間間隔並非相等距離，或研究者假設隨時間的變動成長並非呈線性，可依照第九章的編碼原則彈性調整或由研究者自訂（例如 Cheong, MacKinnon, & Khoo, 2003），此時 η_{S} 就不宜稱之爲斜率因子而應稱爲型態因子（shape factor）。

至於反映截距與斜率的兩個潛在變數的變異數與共變數矩陣 Ψ 各帶有三個元素。這些變異成分表示每一位受測者在三條軌跡的起點與斜率都可以自由隨機變動，而且起點水準與斜率之間具有共變。基本上，這些變異成分（隨機效果）皆需納入估計使模式更適配於資料，並檢驗起點與斜率個別差異是否顯著不爲 0。

$$\Psi_x = \begin{bmatrix} \psi_{x11} & \\ \psi_{x12} & \psi_{x22} \end{bmatrix} \quad \Psi_m = \begin{bmatrix} \psi_{m11} & \\ \psi_{m12} & \psi_{m22} \end{bmatrix} \quad \Psi_y = \begin{bmatrix} \psi_{y11} & \\ \psi_{y12} & \psi_{y22} \end{bmatrix}$$

14.5.4 平行軌跡的結構模型

基於前述的測量模型，進一步可建構結構模型來評估截距與斜率的影響機制。如果 x、m、y 分別被設定爲前置變數、中介變數與結果變數，此時結構模型可以檢驗截距因子的間接效果（$a_{\mathrm{I}} \times b_{\mathrm{I}}$）與直接效果（$c_{\mathrm{I}}$），斜率因子的間接效果（$a_{\mathrm{S}} \times b_{\mathrm{S}}$）與直接效果（$c_{\mathrm{S}}$），甚至於截距與截距間的間接與直接效果（圖

14.12 中的虛線箭頭）。PLGM 的結構模型定義如下：

$$\begin{bmatrix}\eta_{\mathrm{I}m}\\ \eta_{\mathrm{S}m}\end{bmatrix}=\begin{bmatrix}a_{\mathrm{I}} & a_{\mathrm{IS}}\\ a_{\mathrm{SI}} & a_{\mathrm{S}}\end{bmatrix}\begin{bmatrix}\xi_{\mathrm{I}x}\\ \xi_{\mathrm{S}x}\end{bmatrix}+\begin{bmatrix}\zeta_{\mathrm{I}m}\\ \zeta_{\mathrm{S}m}\end{bmatrix} \tag{14-22}$$

$$\begin{bmatrix}\eta_{\mathrm{I}y}\\ \eta_{\mathrm{S}y}\end{bmatrix}=\begin{bmatrix}b_{\mathrm{I}} & b_{\mathrm{IS}}\\ b_{\mathrm{SI}} & b_{\mathrm{S}}\end{bmatrix}\begin{bmatrix}\eta_{\mathrm{I}m}\\ \eta_{\mathrm{S}m}\end{bmatrix}+\begin{bmatrix}c_{\mathrm{I}} & c_{\mathrm{IS}}\\ c_{\mathrm{SI}} & c_{\mathrm{S}}\end{bmatrix}\begin{bmatrix}\eta_{\mathrm{I}x}\\ \eta_{\mathrm{S}x}\end{bmatrix}+\begin{bmatrix}\zeta_{\mathrm{I}y}\\ \zeta_{\mathrm{S}y}\end{bmatrix} \tag{14-23}$$

基於方程式 (14-22) 與 (14-23)，x、m、y 系列測量的截距或斜率其中之一或兩者均可作爲前置、中介與結果變數，因此間接效果也就有多種不同的組合形式，研究者可以視需要將 a、b、c 參數加以估計或限定爲 0，藉以檢驗不同的中介效果假設是否成立。如果間接效果顯著但直接效果係數（c）設定爲 0，表示 PLGM 模型爲完全中介模型，但若 c 係數納入估計且顯著不爲 0，表示平行歷程 LGM 模型爲部分中介模型。

值得注意的是，如果各潛在變數未納入中介歷程進行分析時，表示該潛在變數並未受到其他潛在變數的影響的外生變數，外生變數之間的共變必須納入估計，藉以吸收未被估計的共變關係而提升模式適配（Mackinnon, 2008）。如果截距並非作爲中介歷程的變數，可將截距變數放入模型設定爲斜率變數的解釋變數，例如納入 $\eta_{\mathrm{I}y} \rightarrow \eta_{\mathrm{S}y}$，藉以達成控制的作用（使各參數估計排除了截距差異的干擾）（von Soest & Hagtvet, 2011）。至於方程式 (14-22) 與 (14-23) 兩者的誤差項雖是服從以 0 爲平均數以 ψ 爲變異數的常態分配，而且殘差之間還存在共變需要加以估計，也得以改善模式適配。

在實務應用上，爲了簡化模型，構成中介歷程的 x、m、y 三者未必都要進行重複測量來得到變動軌跡，尤其是作爲前置變數的 x，可採用不隨時間而變的固定變數（例如性別），或是教育與發展心理學的介入實驗研究的實驗操弄（實驗組 vs. 控制組）也可以作爲前置變數 x（例如 Cheong et al., 2001, 2003），此時僅有 m 與 y 必須估計變動軌跡的截距與斜率參數，使得縱貫中介效果的檢驗程序得以簡化。

14.5.5 PLGM 的 Mplus 分析範例

從 PLGM 的模式設定概念來看，PLGM 的各變數都爲變動軌跡，但是文獻上的 PLGM 應用常把前置變數（x）以固定變數來處理（例如 Cheong et al., 2001, 2003; von Soest & Hagtvet, 2011），因此本節將同時示範兩種 PLGM 的分析程序。

14.5.5.1 前置變數為變動軌跡之PLGM

首先，本節先以校園霸凌研究資料當中的家庭衝突（x）、喝酒行爲（m）、霸凌行爲（y）三個變數的四波調查設定爲三條變動軌跡，估計截距與斜率因子後，進行縱貫中介效果的分析。模型設定上依循 Mackinnon（2008）的設計，將三條軌跡的六個截距與斜率變數皆納入作爲前置、中介與結果變數，截距與斜率之間則估計共變關係以提升模式適配。至於中介歷程部分則分別估計截距中介效果（$\eta_{Ix} \rightarrow \eta_{Im} \rightarrow \eta_{Iy}$）與斜率中介效果（$\eta_{Sx} \rightarrow \eta_{Sm} \rightarrow \eta_{Sy}$），但不估計兩者的交叉影響（不估計圖 14.12 當中的虛線箭頭效果）。部分中介模型的 Mplus 語法列於 Syn14.5a。完全中介模型僅需把 $\eta_{Ix} \rightarrow \eta_{Iy}$ 與 $\eta_{Sx} \rightarrow \eta_{Sy}$ 兩個直接效果（語法當中粗體部分）移除即可，估計結果整理於表 14.5。

Syn14.5a：所有變數均為變動軌跡的PLGM1模型語法

```
VARIABLE:   names  =  gen x1-x4 m1-m4 y1-y4;
            usevariables  =  x1-x4 m1-m4 y1-y4;
MODEL:      IX SX | x1@1 x2@2 x3@3 x4@4;          ! 設定 x 的成長模型
            IM SM | m1@1 m2@2 m3@3 m4@4;          ! 設定 m 的成長模型
            IY SY | y1@1 y2@2 y3@3 y4@4;          ! 設定 y 的成長模型
            IM ON IX;
            IY ON IX IM;
            SM ON SX;
            SY ON SX SM;
            IX WITH SX; IM WITH SM; IY WITH SY;! 估計共變效果
MODEL INDIRECT:
            IY IND IM IX;                         ! 估計間接效果
            SY IND SM SX;
ANALYSIS:   BOOTSTRAP IS 5000;                    ! 進行拔靴估計
OUTPUT:     SAMPSTAT CINTERVAL(BOOTSTRAP);
```

```
MODELRESULTS

                                                    Two-Tailed
                    Estimate       S.E.  Est./S.E.    P-Value

 IX       |
    X1                 1.000      0.000    999.000    999.000
    X2                 1.000      0.000    999.000    999.000
    X3                 1.000      0.000    999.000    999.000
    X4                 1.000      0.000    999.000    999.000
 SX       |
    X1                 1.000      0.000    999.000    999.000
    X2                 2.000      0.000    999.000    999.000
    X3                 3.000      0.000    999.000    999.000
    X4                 4.000      0.000    999.000    999.000
 IM       |
    M1                 1.000      0.000    999.000    999.000
    M2                 1.000      0.000    999.000    999.000
    M3                 1.000      0.000    999.000    999.000
    M4                 1.000      0.000    999.000    999.000
 SM       |
    M1                 1.000      0.000    999.000    999.000
    M2                 2.000      0.000    999.000    999.000
    M3                 3.000      0.000    999.000    999.000
    M4                 4.000      0.000    999.000    999.000
 IY       |
    Y1                 1.000      0.000    999.000    999.000
    Y2                 1.000      0.000    999.000    999.000
    Y3                 1.000      0.000    999.000    999.000
    Y4                 1.000      0.000    999.000    999.000
 SY       |
    Y1                 1.000      0.000    999.000    999.000
    Y2                 2.000      0.000    999.000    999.000
    Y3                 3.000      0.000    999.000    999.000
    Y4                 4.000      0.000    999.000    999.000
 IM       ON
    IX                 0.236      0.025      9.371      0.000
 IY       ON
    IX                 0.481      0.041     11.653      0.000
    IM                -0.034      0.050     -0.688      0.491
 SM       ON
    SX                 0.253      0.042      6.006      0.000
 SY       ON
    SX                 0.368      0.064      5.749      0.000
    SM                -0.038      0.056     -0.683      0.494
```

```
 IX       WITH
     SX              -0.049       0.008        -6.309          0.000
 IM       WITH
     SM              -0.052       0.008        -6.192          0.000
 IY       WITH
 SY                  -0.041       0.013        -3.201          0.001
 Means
    IX                2.003       0.022        89.125          0.000
    SX               -0.052       0.006        -8.429          0.000
 Intercepts
    X1                0.000       0.000       999.000        999.000
    X2                0.000       0.000       999.000        999.000
 …                    0.771       0.048        16.204          0.000
    IM
    SM                0.012       0.005         2.291          0.022
    IY                0.775       0.083         9.337          0.000
    SY               -0.017       0.009        -1.751          0.080
 Variances
    IX                0.377       0.031        12.198          0.000
    SX                0.021       0.003         7.382          0.000

TOTAL, TOTAL INDIRECT, SPECIFIC INDIRECT, AND DIRECT EFFECTS

                                                           Two-Tailed
                     Estimate       S.E.     Est./S.E.     P-Value
Effects from IX to IY
  Indirect           -0.008        0.012      -0.688        0.491

EffectsfromSXtoSY
  Indirect           -0.010        0.015      -0.639        0.523
```

由前述報表可知，截距的間接效果（$\eta_{\mathrm{I}x} \rightarrow \eta_{\mathrm{I}m} \rightarrow \eta_{\mathrm{I}y}$）（$a_\mathrm{I}b_\mathrm{I} = -0.008, z = -0.69, p = .491$）與斜率的間接效果（$\eta_{\mathrm{S}x} \rightarrow \eta_{\mathrm{S}m} \rightarrow \eta_{\mathrm{S}y}$）（$a_\mathrm{S}b_\mathrm{S} = -0.010, z = -0.64, p = .523$）均未具有統計顯著性，顯示中介效果並不成立，但是有部分直接效果成立：例如 $\eta_{\mathrm{I}x} \rightarrow \eta_{\mathrm{I}m}$（$a_\mathrm{I} = 0.236, z = 9.37, p < .001$）與 $\eta_{\mathrm{S}x} \rightarrow \eta_{\mathrm{S}m}$（$a_\mathrm{S} = 0.253, z = 6.01, p < .001$）直接效果顯著不為零，表示家庭衝突的起點與斜率越高，喝酒行為的起點與斜率也越高。另一方面，$\eta_{\mathrm{I}x} \rightarrow \eta_{\mathrm{I}y}$（$c_\mathrm{I} = 0.481, z = 11.65, p < .001$）與 $\eta_{\mathrm{S}x} \rightarrow \eta_{\mathrm{S}y}$（$c_\mathrm{S} = 0.368, z = 5.75, p < .001$）也達顯著水準，表示家庭衝突的起點與斜率越高，霸凌行為的起點與斜率也越高。

表 14.5　前置變數為變動軌跡的 PLGM 模型分析結果整理表

		截距因子I			斜率因子S		
		coef	*z*	*p*	*coef*	*z*	*p*
測量模型							
家庭衝突(X)	平均數	2.003	89.13	< .001	-0.052	-8.43	< .001
	變異數	0.377	12.20	< .001	0.021	7.38	< .001
	截距斜率共變	-0.049	-6.31	< .001			
喝酒行為(M)	平均數	0.771	16.20	< .001	0.012	2.29	.022
	殘差變異	0.215	6.26	< .001	0.020	7.09	< .001
	截距斜率共變	-0.052	-6.19	< .001			
霸凌行為(Y)	平均數	0.775	9.34	< .001	-0.017	-1.75	.080
	殘差變異	0.247	5.37	< .001	0.013	2.93	< .010
	截距斜率共變	-0.041	-3.20	< .001			
結構模型							
(a)X → M		0.236	9.37	< .001	0.253	6.01	< .001
(b)M → Y		-0.034	-0.69	.491	-0.038	-0.68	.494
(c)X → Y		0.481	11.65	< .001	0.368	5.75	< .001
(ab) X → M → Y		-0.008	-0.69	.491	-0.010	-0.64	.523

註：X 爲家庭衝突，M 爲喝酒行爲，Y 爲霸凌行爲，三者均有四波測量。各模型當中的參數均爲非標準化係數，顯著性檢定均使用重抽 5000 次的拔靴標準誤。

在截距與斜率的共變部分，家庭衝突的截距與斜率共變具有統計意義（$\Psi_{IS} = -0.049, z = -6.31, p < .001$），而且喝酒行爲與霸凌行爲兩者的截距與斜率殘差共變也達到統計水準，由於共變數均爲負值，表示這三個變數的起點水準越高者，增加幅度較低。

14.5.5.2 前置變數為固定變數之PLGM

基於前一節的分析可知，家庭衝突對於霸凌行爲的影響十分明顯，因此本節對於前置變數爲固定變數的分析示範，將以性別作爲前置變數，檢驗是否性別 (gen) →家庭衝突 (x) →霸凌行爲 (y) 的中介效果是否成立（如圖 14.13 所示）。語法列於 Syn14.5b，結果整理於表 14.6。

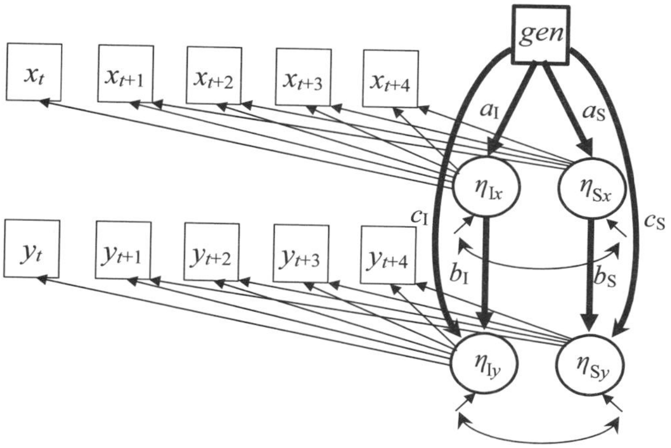

圖 14.13　前置變數為固定變數的 PLGM 模型圖示

Syn14.5b：前置變數為固定變數的PLGM1模型語法（部分中介模型）

```
VARIABLE:   names  =  gen x1-x4  m1-m4 y1-y4;
            usevariables  =  gen x1-x4 y1-y4 ;
MODEL:      IX SX | x1@1 x2@2 x3@3 x4@4;
            IY SY | y1@1 y2@2 y3@3 y4@4;
            IX ON gen;
            SX ON gen;
            IY ON IX gen;
            SY ON SX gen;
            IX WITH SX; IY WITH SY;
MODEL INDIRECT:
            IY IND IX gen;
            SY IND SX gen;
ANALYSIS:   BOOTSTRAP IS 5000;
OUTPUT:     SAMPSTAT CINTERVAL(BOOTSTRAP);
```

```
MODEL RESULTS（部分省略）

                                                              Two-Tailed
                    Estimate       S.E.     Est./S.E.    P-Value
 IY        ON
    IX                 0.471      0.038       12.282      0.000
 SY        ON
    SX                 0.351      0.056        6.299      0.000
 IX        ON
    GEN                0.126      0.044        2.858      0.004
 SX        ON
    GEN                0.019      0.012        1.631      0.103
 IY        ON
    GEN               -0.069      0.047       -1.459      0.145
 SY        ON
    GEN                0.020      0.014        1.445      0.149
 IX        WITH
    SX                -0.052      0.008       -6.431      0.000
 IY        WITH
    SY                -0.042      0.013       -3.195      0.001

 Intercepts
    X1                 0.000      0.000      999.000    999.000
    X2                 0.000      0.000      999.000    999.000
    X3                 0.000      0.000      999.000    999.000
    X4                 0.000      0.000      999.000    999.000
    Y1                 0.000      0.000      999.000    999.000
    Y2                 0.000      0.000      999.000    999.000
    Y3                 0.000      0.000      999.000    999.000
    Y4                 0.000      0.000      999.000    999.000
    IX                 1.941      0.030       65.594      0.000
    SX                -0.061      0.008       -7.243      0.000
    IY                 0.785      0.080        9.773      0.000
    SY                -0.027      0.011       -2.456      0.014

TOTAL, TOTAL INDIRECT, SPECIFIC INDIRECT, AND DIRECT EFFECTS

                                                              Two-Tailed
                    Estimate       S.E.       Est./S.E.   P-Value
Effects from GEN to IY
  Indirect             0.059      0.021        2.821      0.005

Effects from GEN to SY
  Indirect             0.007      0.004        1.548      0.122
```

本節由於以性別爲前置變數，測量模型當中即僅需估計家庭衝突與霸凌行爲兩條變動軌跡。由表 14.6 當中的估計結果，可知測量模型的參數估計與前一節的範例數據相近。但是截距間接效果（gen → η_{Ix} → η_{Iy}）（$a_I b_I = 0.059, z = 2.82\ p < .01$）已經達到統計顯著水準，至於斜率間接效果（gen → η_{Sx} → η_{Sy}）（$a_S b_S = 0.007, z = 1.55, p = .122$）仍未具有統計意義。

由於 gen → η_{Ix} → η_{Iy} 的間接效果具有統計意義，而且 gen → η_{Iy} 的直接效果不顯著（$c_I = -0.069, z = -1.46, p = .145$），表示性別→家庭衝突→霸凌行爲的截距因子完全中介效果成立，亦即男性青少年的家庭衝突起點高於女性青少年，而家庭衝突起點越高，則霸凌行爲起點狀態也越高。至於在斜率部分，僅有 $\eta_{Sx} \rightarrow \eta_{Sy}$（$b_S = 0.351, z = 6.30, p < .001$）達顯著水準，表示家庭衝突斜率越高，霸凌行爲的斜率也越高。

表 14.6　前置變數為固定變數的 PLGM 模型分析結果整理表

		截距因子I			斜率因子S		
		coef	*z*	*p*	*coef*	*z*	*p*
測量模型							
家庭衝突 (X)	平均數	1.941	65.59	< .001	-0.061	-7.24	< .001
	殘差變異	0.381	12.43	< .001	0.022	7.11	< .001
	截距斜率共變	-0.052	-6.43	< .001			
霸凌行為 (Y)	平均數	0.785	9.77	< .001	-0.027	-2.46	.014
	殘差變異	0.249	5.31	< .001	0.013	2.96	.003
	截距斜率共變	-0.042	-3.20	< .001			
結構模型							
(a)gen→X		0.126	2.86	.004	0.020	1.45	.149
(b)X→Y		0.471	12.28	< .001	0.351	6.30	< .001
(c)gen→Y		-0.069	-1.46	.145	0.020	1.45	.149
(ab) gen→X→Y		0.059	2.82	.005	0.007	1.55	.122

註：gen 爲性別（1: 男 , 0: 女）。X 爲家庭衝突，Y 爲霸凌行爲，兩者各有四波測量。各模型當中的參數均爲非標準化係數，顯著性檢定均使用重抽 5000 次的拔靴標準誤。

最後，我們將前述兩個 PLGM 的分析範例結果整理於圖 14.14 當中。由圖 14.14(a) 可以清楚看出，以家庭衝突、喝酒行為與霸凌行為三條線性成長軌跡所估計得到的三個截距與三個斜率，並不存在中介效果。在圖 14.14(b) 中，以性別為前置變數，作為影響家庭衝突及霸凌行為這兩條線性成長軌跡的截距與斜率，則發現有性別→家庭衝突截距→霸凌行為截距的顯著間接效果。

值得注意的是，由於 PLGM 是以潛在成長模型為基礎，進而討論各成長軌跡的直接與間接影響歷程，因此必須先將 LGM 分析所得到的截距與斜率潛在變數的意義與內容加以解釋，然後才去檢視各截距與各斜率之間的影響關係。

以本範例來看，並非每一條成長軌跡均具有顯著的斜率平均數，僅有截距的平均數顯著不為 0，換言之，並非每一條軌跡均有隨時間成長的線性趨勢，例如圖 14.4(a) 當中的霸凌行為斜率平均數 = -.017(p = .080) 即沒有統計意義，因此不宜針對不顯著的斜率參數進行後續的討論。

進一步的，如果截距因子能夠被其他變數所解釋，表示成長軌跡的遞增（或遞減）變化趨勢受到其他因素的影響，此時可以解釋為時序變動穩態的影響機制。以圖 14.4(a) 當中的家庭衝突對於喝酒行為斜率因子的直接影響（a_S = 0.253, p < .001）為例，當家庭衝突的斜率每增加一個單位，將會使喝酒行為斜率平均值增加 0.253 個單位，亦即家庭衝突逐漸增加的受測者，他們喝酒行為的增加幅

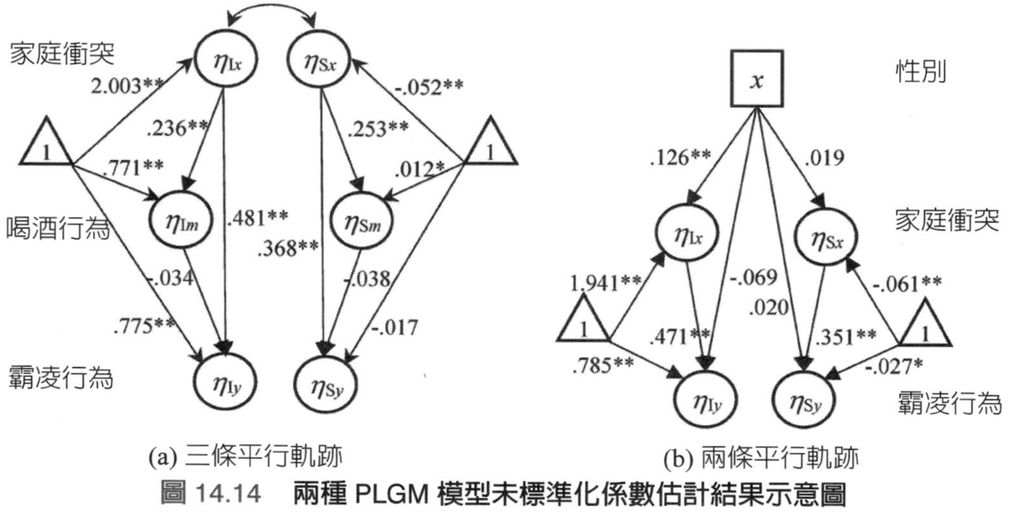

圖 14.14 兩種 PLGM 模型未標準化係數估計結果示意圖

（註：省略測量模型與殘差相關以維持簡化）

*p<.05 **p<.01

度就越強。類似的非穩態現象也可以在圖 14.4(b) 當中觀察到，亦即家庭衝突斜率因子對於霸凌行爲斜率因子的直接影響（$b_S = 0.351, p < .001$）。

由此可知，將 LGM 模型擴展到中介效果的檢驗，最重要的意義在於檢視成長軌跡的變動狀況如何受到其他因素的影響，如果斜率因子平均數具有統計意義，研究者可以針對變數重複測量的穩態進行討論，如果斜率因子平均數沒有統計意義，研究者仍可針對截距因子的狀態進行直接或間接效果的討論。除了截距與斜率的平均數可以被解釋，截距與斜率的變異數也可以被解釋，此時研究問題即變成：受測者隨時間變動軌跡的個別差異，如何受到其他變數的影響？甚至於，研究者可以視需要在模型當中增加隨時間而變或不隨時間而變的共變項，來針對各變數的截距（平均值或變異數）、斜率（平均值或變異數）、以及在不同時點下的測量數值進行解釋，或是將整個模型增加 L1 與 L2 的多層次設計，將前述議題提升到多層次的架構下來進行討論。這些各種不同的延伸應用，都可以在SEM模式下進行探討[6]，說明了SEM取向在處理社會科學複雜資料分析的極大優勢，值得讀者深入探究。

進一步延伸閱讀書目

Cole, D. A., & Maxwell, S. E. (2003). Testing mediational models with longitudinal data: Questions and tips in the use of structural equation modeling. *Journal of Abnormal Psychology, 112*, 558-577.

MacKinnon, D. P. (2008). *Introduction to statistical mediation analysis*. New York, NY: Taylor & Francis Group.

Maxwell, S. E., Cole, D. A., & Mitchell, M. A. (2011). Bias in cross-sectional analyses of longitudinal mediation: Partial and complete mediation under an autoregressive model. *Multivariate Behavioral Research, 46*, 816-841.

Mitchell, M. A. & Maxwell, S. C. (2013). A comparison of the cross-sectional and sequential designs when assessing longitudinal mediation. *Multivariate Behavioral Research, 48:3*, 301-339, DOI: 10.1080/00273171.2013.784696

[6] 對於 LGM 與 LLGM 的各種進階應用，可參考 Mplus8 的指導手冊。其中第六至十章有大量的應用範例涉及成長模型的各類應用。

Chapter 15

結語：統計的寧靜革命

溫柔撼世 *"In a gentle way, you can shake the world."*

甘地 Mahatma Gandhi（1869-1948）

知識就是力量 *"Knowledge is power."*

培根 Francis Bacon（1561-1626）

15.1 典範深化或革命？

「寧靜革命」一詞原是政治術語，源自於甘地所發起的非暴力革命運動。甘地的溫柔訴求，促成印度脫離英國統治而獨立，就如同本書所整理回顧的這些統計技術對於社會科學所造成的革命性影響，在寧靜中默默進行，許多分析技術的創新、演算模型的發展，在學者間悄悄流傳，而且正在不斷的持續擴展蔓延中。而寧靜之所以致遠，心靈革命之所以成功，因爲知識就是力量。

15.1.1 斷裂革命或漸進創新

在學術領域是否也有科學革命（scientific revolution）[1]？

[1] 對於科學革命的具體論述與反證，可參閱哈佛大學 1962 年印行 Thomas Kuhn 所著《科學革命的結構》（*The Structure of Scientific Revolutions*）與芝加哥大學 1996 年印行 Steven Shapin 所著的《科學革命：一段不存在的歷史》（*The Scientific Revolution*），兩書均有中譯版。

2007年，《量化研究學刊》創刊號刊登了一篇主題論文「斷裂時代中的量化研究：統計方法學的興起與未來」（邱皓政，2007），文中聚焦於SEM、MLM、Bayes、IRT與Fuzzy等五種當代新興量化方法，並與傳統的外顯變數、單層次模型、頻次統計、古典測量與明確測度進行對比，作者引用了科學哲學家孔恩（Thomas Kuhn, 1922-1996）的典範移轉史觀，以斷裂式革命來形容這五種技術的價值與未來，「……正因爲斷裂式變革帶來的衝擊，使得社會科學研究者能夠跳脫習以爲常的工作模式，挑戰自己視爲理所當然的觀點，正視各種替代方案，擴展科學視野」（p.3），該文的結論主張SEM是當代最具潛力的統計方法學技術，但也指出其他四種統計方法學在社會科學當中的發展潛力，最後則以新雙城記的隱喻來呼籲跟隨這些變革的必要性。

在「斷裂文」發表十年後來審視這幾種所謂新興方法的發展，若單從應用的數量而言，SEM與MLM確實在管理與教育及心理領域備受重視，尤其是當縱貫研究快速增溫之際，更凸顯了SEM與MLM的重要性，這正是本書將焦點放在SEM與MLM技術的主要原因，可惜的是，「斷裂文」發表當時對於縱貫研究並未著墨，但是從近年來的應用數量來看，縱貫研究可稱爲異軍突起，從其方法論之價值來看，縱貫研究的躍升毫不意外。

另外，貝氏方法近年來也是急起直追，例如 *Journal of Management* 在2015年出版了一期特刊 "Bayesian probability and statistics in management research"，凸顯當代商管領域的量化研究典範對於「貝氏革命」（Bayesian revolution）（Kruschke, Aguinis, & Joo, 2012; Zyphur & Osward, 2015）的重視。本書雖無專章介紹，但在適當的段落加以提醒貝氏方法的重要價值。

事實上，各種分析、估計與演算法的創新都在持續進行，以斷裂一詞似乎不足以說明這些統計方法技術的演進狀況，各種方法與技術的發展脈絡仍有其根源，甚至於新舊併陳。即如薛承泰（2007）對「斷裂文」回應指出：「……『傳統』方法仍和『當代』方法有其無法分割的關係，如果拿孔恩的典範來暗示『舊典範』的『逐漸衰亡』以及『新典範』的『取而代之』，似乎言之過重！」（p.52）。另一篇回應文中，溫福星（2007）指出這些方法的共同特徵其實僅是統計原理較以往所學習的多變量分析要來得艱深、使用的統計符號要比以前更加複雜，但是都是建立在基礎的統計甚至機率原理之上。因此熟習線性代數、向量與矩陣應用有助於這些進階方法的熟習與運用。最務實的方法仍是持續關注各種方法的發展，並且熟習各種技術的背後原理，掌握其利弊得失，善用工具而不迷信艱深難懂，否則就如同薛承泰（2007）所看到的是斷裂的研究而非斷裂的時代。

15.1.2 科學魔術或實用主義

本書由於涉及橫斷面的多層次嵌套資料分析與縱貫面的追蹤數據分析，內容龐雜深廣，因此多以實際範例來協助闡釋各種方法的原理現象與分析程序，所使用的示範數據也是經過挑選整理，目的在使分析過程順利並使結果容易俐落解讀。讀者如想深入各章節內容，可以參考各章之後的延伸文獻自行鑽研，並利用實際的研究數據實際演練。從統計發展史來看，各種分析技術的起源都是爲了解決實際的問題，因此在使用方法之前應審愼思考研究目的，所選擇的方法能接近資料特性，所得到的結果能夠落實於問題解決與類化應用，才能達到統計實用的初衷。

在「斷裂文」的回應中，薛承泰（2007）指出，隨著統計方法的進步、電腦運算效能的提升，以及分析軟體的流行，當代的許多研究相當程度是資料取向（data-driven），甚至是軟體取向（software-driven），並謔稱爲『統計方法－資料－軟體』（SDS）三合一連體嬰。他引述其自身文章「在量化研究方面，許多憑電腦科技與統計技術的進步，常會有濫用統計模型，大量生產資料導向（data driven）的研究報告與學術論文。爲了描述或推估所謂的『全貌』，將現象『簡化』成爲一些皮毛甚至可笑的指標，然後再以『高深』（advanced）的統計模型來將之『複雜化』，並藉電腦科技的進步來玩障眼的『科學』（scientific）魔術」（p.53）。

量化研究常有一句警語是應避免 garbage in, garbage out（GIGO），亦即「垃圾進、垃圾出」，尤其在統計方法當道的社會科學量化研究領域，這句話不僅是警語，也涉及學術倫理議題。例如毫無根據的投入（或刪除）解釋變數以提高模型解釋力，尤有甚者是研究者爲了獲得顯著的結果，擅自過濾原始數據或刪除研究樣本而未加以敘明，或是隱藏一些重要的或不利的資訊（例如高度共線性、非常態分配等），使得讀者無法判斷結果的正確性與推論方法。本書礙於篇幅無法詳細討論各種方法的限制與注意事項，必須由讀者從更進一步的專書或文獻上來理解並落實，然而對於學術倫理的遵循，卻是研究人員必須奉行的基本行爲準則，也有賴學術社群與研究機構的內部規範與對於學術發展意義的反省，缺乏這些科學思辨與倫理素養，研究者所創造的不僅是科學魔術，更將遺禍人間。

15.2 測量、統計與統計方法學

本書面對嵌套資料或縱貫數據的分析，主要是應用 MLM 與 SEM 兩種統計方法，來解決研究者所面對的問題，由於社會科學研究變異性高，學門迥異，因此最關鍵的問題並非方法的本身，而是解決問題的策略，因此，MLM 與 SEM 都是植基於測量（measurement）過程產生數據，然後應用統計方法（statistical methods）來實現其目的的統計方法學（statistical methodology）。

15.2.1 測量與統計

量化研究的產出，仰賴一套周延的數據運算方法與原則，其基礎原理是數學，整體程序則是統計學。然而數據來自於測量，測量來自於樣本，樣本的反應以數量形式整理之後才可供作分析。

各種統計分析與樣本結構均有一定程度的關係，因此所有的量化研究皆有義務翔實說明抽樣的過程。尤其是高階的統計模型，涉及一連串的推論過程與檢定程序，當樣本規模太小，偏誤程度越大，代表性越低之時，任何統計結果均不足採信。樣本對於統計的影響，文獻上許多學者提出一些檢核方法，例如敏感度分析（例如 Muthén et al, 2016）或是複核效化（邱皓政，2010），甚至於插補方法（例如 Enders, Mistler, & Keller, 2016），但是各種補救與檢核方法、技術或指標都有其限制，更重要的是無法改變抽樣本身所帶來各種問題的事實。

進一步的，由於凡測量必有誤差，測量品質也深深影響本書所介紹各種分析的良莠。尤其是當研究涉及潛在變數的估計與分析，測量的品質、計分策略與估計方法的合理性不僅影響測量母體的反映，也從而影響估計與推論的結果。本書定位於統計模型的介紹與示範，並未涉及測量理論與技術的討論，有興趣的讀者可以從其他著作中找到相關資訊（例如邱皓政，2012; Nunnally, 1978; Raykov & Marcoulides, 2011）

最後，統計方法的本身是建立在諸多假設前提之上，例如中央極限定理、常態分配、樣本獨立性、誤差隨機性等等，尤其是高階的多變量統計，受到這些統計假設的影響更加嚴峻。例如 MLM 與 SEM 通常使用最大概似（ML）法進行估計，其分析資料必須具備多變量常態性否則將使參數估算產生偏誤，或是模式配適指標失效。在「斷裂文」的回應中，丁承（2007）指出了 SEM 分析的資料常態、誤差相關、單維構面、內部一致、模式設定與修改、配適標準，個個都是關鍵的假設問題。因此，在進行本書的各項分析之前，研究者均必須確實掌握資料的特徵是否符合這些假定原則，分析過程是否受到資料品質的威脅，並做必要之處置。

15.2.2 統計方法學

在研究實務上，是否採行 MLM 或 SEM 分析，主要取決於研究的問題而非資料的本身，從另一個角度來看，MLM 與 SEM 的使用有其特定的研究設計脈絡，而非能夠一體適用所有的狀況，而且一旦決定使用 MLM 與 SEM，整體研究的設計還必須能夠符合其適用條件，換言之，MLM 與 SEM 的運用是一個統計方法學的決策與實踐過程

表 15.1 是「斷裂文」當中對於 SEM、MLM 與 Bayesian 統計等三種統計方法學的重新整理。由表 15.1 的對比可知，不同的模式技術所對應的研究議題不同，同時也有其對應的傳統基礎。換言之，不同統計方法所能解決的問題皆不相同。

南加大心理系教授 Norman Cliff 在 SEM 發展之初，即提醒高階方法的方法學問題。首先，反證與自證問題。研究者所獲得的數據無法替我們完全確認或否認一個模型的正確性，因為模型是人為的，而且可以以各種方法重新定義。第二，因果論證問題。統計模型是數學關係的展現，無法證實本體，更無法確知因果。橫斷面的分析無法反應時序，而具有時間性的先後次序證據也不代表因果。

第三，名義謬誤（nominalistic fallacy）的陷阱。測量永遠存在誤差，潛在構念的估計與定義不僅充滿未定性（indeterminacy）的威脅，更是一個主觀歷程而非客觀事實。第四，事後的解釋與調整具有誠信與可信度的問題，也就是駁斥部分研究者大量使用模型修飾程序來獲得理想契合度的不當作法（Cliff, 1983）。

邱皓政（2007）曾使用 α、β、γ 三個隱喻來說明科學實證精神（正確判斷眞偽）與研究實務（測量、分析、方法學）的關係。雖然這些希臘符號恰與本書各種方法的參數符號有相互呼應之奧妙，但卻也反映測量、統計、方法學三者的依存關係。其中 α 與 β 所隱喻的是傳統測量與分析當中的信度與效度、以及截距與

表 15.1　三種統計方法學的內容與對比

傳統觀點	當代觀點	議題焦點與對比
外顯變數模型	潛在變數模型（SEM）	議題焦點：測量誤差的影響與構念的可測量性。測量的信度與效度問題。 對比：外顯模型未將測量誤差納入考慮。潛在變數必須藉由多重指標來定義，潛在變數之間的分析必須建立在穩固的測量基礎上。
單層次模型	多層次模型（MLM）	議題焦點：樣本獨立性是否維繫，資料的嵌套關係如何處理。 對比：單層次模型假設資料互相獨立，但多層次方法考量多層次的社會脈絡現象，脈絡的影響必須納入分析之中。
頻次機率理論	貝氏機率理論（Bayesian）	議題焦點：參數是否恆定唯一。機率是否應該進行修正。 對比：頻次統計主張參數為固定數值。貝氏方法假設參數有其分配特徵。先驗機率影響後驗估計的計算，現象的預測在導入先驗機率後會有更佳的預測力。

註：本表改編自邱皓政（2007），刪除模糊統計與項目反應理論的比較

斜率的概念，γ 則是超越測量與統計分析的方法學概念，凸顯測量與分析在社會科學研究當中的存在，皆必須考量方法學的哲學意涵與積極意義。

就本書的內容來看，除了介紹許多分析技術之外，更涉及到因果推論、中介與調節等方法學概念，這些方法學議題並不限定於哪一種統計方法可以求解，而是議題背後所反映的眞相爲何。雖然高階統計模型的發展使得諸多方法學議題與社會科學研究命題有更多解決方案，讓諸多複雜的人類行爲現象背後的機制得有一探究竟的契機，但是方法本身與應用價值仍存有許多盲點與待解問題。此一機會與代價的消長，將永遠伴隨方法學的發展而存在。

15.3 結論

在對「斷裂文」的回應中，薛承泰（2007）指出：「……統計學知識的累積與創新，是大樹的陽光和雨露，但近年來發展的動力與推手，資料的增長與（電腦）軟體的便捷也不可忽視。也因此，推廣統計方法的同時也應注意到統計濫用的可能。」（p.52）。同時，林鉦棽（2007）也指出「……斷裂的不只是在統計方法的新舊世代之差，更在理論建構與實徵分析之間的缺乏連結。就學術的發展而言，前者的重要性並不下於後者，然而，前者所受到的重視卻是相對地少。在統計方法的學習風潮逐漸興盛之際，對於理論建構、假設推論、研究設計等問題，似乎所受到的關注少了許多。」（p.40）。

雖然這些評論文出現在十年以前，但作爲本書的結語篇章仍是擲地有聲，切中時弊。然而，當代思潮最大的主觀與盲點，就是論述有關自己的歷史。本書雖然整理了大量的統計文獻與分析技術，但並未能夠完整論述其發展歷史與脈絡，更未詳細評估研究實務當中的使用狀況與利弊得失，因此無法也沒有必要爲這些正在進行中的演化定調，無從結論。但誠如「斷裂文」的核心論點與回應文學者所關注的種種面向，就是本書的最大註解。如同培根所說，「知識在書本之中，運用知識的智慧卻在書本之外」，如果統計方法無法有效協助研究者解決科學命題並提升人類生活品質，那也僅只是歷史當中的幾頁文本篇章而已。

甘地與一位美國思想家費雪爾（Fischer Louis）曾有一段對話：「我會把所有的武器扔進大海，派所有的軍隊去田野和花園工作。……你也可以住在這裡，就像我們一樣。不需要鬥爭。」。在校園裡，師生可比擬爲軍隊，學術就是田野，研究則是花園，統計更是工具而非扔進大海的武器。許多近代流行的統計方法與知識都在書中。讀者可以住在這裡，利用知識的力量來解決書外的學術命題。只是寧靜革命尚未成功，知識創造仍在累積，同志可以一起努力。

參考文獻 References

中文

丁承（2007）。〈斷裂時代中的量化研究回應文一〉。《量化研究學刊》，1(1)，36-39。

余民寧（2006）。《潛在變數模式：SIMPLIS 的應用》。臺北市：高等教育出版公司。

余民寧（2013）。《縱貫性資料分析：LGM 的應用》。臺北市：心理出版社。

吳柏林（2007）。〈斷裂時代中的量化研究回應文三〉。《量化研究學刊》，1(1)，42-43。

吳齊殷、李文傑（2003）。〈青少年憂鬱症狀與偏差行為的關連機制〉。《臺灣社會學》，6，119-175。

林碧芳（2011）。《家庭文化資本與個人學習動機對青少年學習成就影響之貫時研究》，博士論文。臺北市：國立政治大學。

林鉦棽（2007）。〈不是回應，而是反思〉。《量化研究學刊》，1(1)，40-41。

林鉦棽、彭台光（2006）。〈多層次管理研究：分析層次的概念、理論和方法〉。《管理學報》，12，649-675。

邱皓政（2003）。《結構方程模式：LISREL 的原理、技術與應用》。臺北市：雙葉書廊圖書公司。

邱皓政（2006) 譯。《多層次模型分析導論》。臺北市：五南圖書公司。

邱皓政（2007）。〈斷裂時代中的量化研究：統計方法學的興起與未來〉。《量化研究學刊》，1(1)，1-34。

邱皓政（2010）。《量化研究與統計分析》(第五版）。臺北市：五南圖書公司。

邱皓政（2011）。《結構方程模式：LISREL/SIMPLIS 原理與應用（第二版）》。臺北市：雙葉書廊圖書公司。

邱皓政（2017）。〈多元迴歸的自變數比較與多元共線性之影響：效果量、優勢性與相對權數指標的估計與應用〉。《臺大管理論叢》，27(3)。

邱皓政、林碧芳（2016）。〈孰優、孰弱？臺灣青少年學生學習成就軌跡之異質性分析〉。《當代教育研究季刊》，24(1)，33-79。

邱皓政、歐宗霖（2016）。〈組內相關係數與樣本數對於脈絡效果估計的影響：貝氏估計與最大概似估計法的比較〉。《教育與心理研究》，39(3)，97-137。

邱皓政、溫福星（2015）。〈多層次模式的交互作用與脈絡變數的飽和模式分析：以組織氣氛知覺對工作滿意的影響為例〉。《人力資源管理學報》，15(2)，67-94。

邱皓政、溫福星審定（2008）。《階層線性模式：資料分析方法與應用》。臺北市：五南圖書公司。

許碧純、邱皓政（2015）。〈照顧子女的代價？母職對臺灣女性薪資影響的貫時性分析〉。《臺灣社會學刊》，56，55-115。
郭伯良、張雷、雷靂（2003）。《多層線性模型應用》。北京：教育科學出版社。
陳新豐（2014）。《結構方程模式：Mplus 的應用》。臺北市：心理出版社。
溫忠麟、劉紅雲、侯傑泰（2012）。《調節效應和中介效應分析》。北京：教育科學出版社。
溫福星（2006）。《階層線性模式：原理、方法與應用》。臺北市：雙葉書廊圖書公司。
溫福星（2007）。〈斷裂時代中的量化研究回應文四〉。《量化研究學刊》，1(1)，44-49。
溫福星（2013）。〈社會科學研究中使用迴歸分析的五個重要觀念〉，《管理學報》，30(2)，169-190。
溫福星（2015）。〈追蹤資料分析中隨時間變動解釋變項平減之研究〉。《教育科學研究期刊》，60(1)，73-97
溫福星、邱皓政（2009a）。〈組織研究中的多層次調節中介效果：以組織創新氣氛、組織承諾與工作滿意的實證研究爲例〉，《管理學報》，26(2)，189-211。
溫福星、邱皓政（2009b）。〈多層次模型方法論：階層線性模式的關鍵議題與試解〉，《臺大管理論叢》，19(2)，263-294。
溫福星、邱皓政（2012）。《多層次模式方法論：階層線性模式的關鍵問題與試解》。臺北市：前程文化圖書公司。
黃芳銘（2003）。《結構方程模式理論與應用》。臺北市：五南圖書公司。
黃芳銘（2009）。《結構方程模式理論與應用（第五版）》。臺北市：五南圖書公司。
劉紅雲（2005）。《追蹤數據分析方法及其應用》。北京：教育科學出版社。
薛承泰（2007）。〈非典型回應—斷裂研究中的量化時代〉。《量化研究學刊》，1(1)，50-53。
廖培珊、江振東、林定香、李隆安、翁宏明、左宗光（2011）。〈葛特曼量表之拒答處理：簡易、多重與最鄰近插補法的比較〉。《臺灣社會學刊》，47，143-178。

英文

Aber, M. S., & McArdle, J. J. (1991). Latent growth curve approaches to modeling the development of competence. In M. Chandler & M. Chapman (Eds.), *Criteria for competence* (pp. 231–258). Hillsdale, NJ: Erlbaum.
Aguinis, H., & Culpepper, S. A. (2015). An expanded decision making procedure for examining cross-level interaction effects with multilevel modeling. *Organizational*

Research Methods, 18(2), 155-176.

Aguinis, H., Gottfredson, R. K., & Culpepper, S. A. 2013. Best-practice recommendations for estimating cross-level interaction effects using multilevel modeling. *Journal of Management,* 39(6): 1490-1528.

Aiken, L. S., & West, S. G. (1991). *Multiple regression: Testing and interpreting interactions.* Newbury Park, CA: Sage.

Aitkin,M., & Longford, N.(1986). Statistical modeling issues in school effectiveness studies. *Journal of the Royal Statistical Society,Series A,149*(1), 1-43.

Akaike, H. (1973). Information theory and an extension of the maximum likelihood principle. In B. N. Petrov & F. Csaki (Eds.), *Second international symposium on information theory.* Budapest: Akademiai Kiado.

Akaike, H. (1987). Factor analysis and AIC. *Psychometrika, 52*, 317-322.

Algina, J., & Swaminathan, H. (2011). Centering in two-level nested designs. In J. J. Hox & R. K. Robert (Eds.), *Handbook of advanced multilevel analysis*, pp. 285-312. New York, NY: Taylor & Francis Group.

Alker, H. A., Jr. (1969). A typology of ecological fallacies. In Dogan M. and Rokkan S. (eds), *Quantitative ecological analysis* (pp.69-86). Cambridge, MA: Massachusetts Institute of Technology.

Agresti, A. (2002). *Categorical data analysis* (2nd ed.). New York: Wiley.

Agresti, A. (2007). *An introduction to categorical data analysis* (2nd ed.). New York: Wiley.

Azen, R., & Walker, C. M. (2011). *Categorical data analysis for the behavioral and social sciences*. New York: Routledge.

Baron, R. M., & Kenny, D. A. (1986). The moderator–mediator variable distinction in social psychological research: Conceptual, strategic, and statistical considerations. *Journal of Personality and Social Psychology, 51*, 1173–1182.

Baldwin, S. A., & Fellingham, G. W. (2013). Bayesian methods for the analysis of small sample multilevel data with a complex variance structure. *Psychological Methods, 18*(2), 151-164.

Bates D., Maechler, M., Bolker, B., Walker, S. (2015). *lme4: Linear Mixed-Effects Models Using Eigen and S4*. R package version 1.1-10, URL http://CRAN.R-project.org/package=lme4.

Bell, R. Q. (1953). An experimental test of the accelerated longitudinal design. *Child Development, 25*, 281-286.

Bell, S. T., Towler, A. J., & Fisher, D. M. (2011). A multilevel examination of the influence of trainee-trainer gender dissimilarity and trainee-classroom gender composition dissimilarity on trainee knowledge acquisition. *Human Resource Development Quarterly, 22*(3), 343-372.

Bell, A., & Jones, K. (2013). The impossibility of separating age, period and cohort effects. *Social Science & Medicine, 93*, 163-65.

Bell, A., & Jones, K. (2014). Another 'futile quest'? A simulation study of Yang and Land's hierarchical age-period-cohort model. *Demographic Research, 30*, 333–360.

Bell, A., & Jones, K. (2015). Explaining fixed effects: Random effects modelling of time-series cross-sectional and panel data. *Political Science Research and Methods, 3*, 133-153.

Bell, A., & Jones, K. (2016). Age, period and cohort processes in longitudinal and life course analysis: A multilevel perspective. In Burton-Jeangros C., Cullati S., Sacker A., Blane D. (eds), *A life course perspective on health trajectories and transitions* (pp. 197-213) [Internet]. Cham (CH): Springer.

Belsley, D. A. (1991). *Conditioning diagnostics, collinearity and weak data in regression.* New York: John Wiley & Sons.

Belsley, D. A., Kuh, E., &Welsch, R. E. (1980). *Regression diagnostics: Identifying influential data and sources of collinearity*. New York: John Wiley.

Bentler, P. M. (1992). On the fit of models to covariances and methodology to the Bulletin. *Psychological Bulletin, 112*, 400-404.

Bentler, P. M. (1995). *EQS structural equations program manual.* Encino, CA: Multivariate Software.

Bentler, P. M., & Bonett, D. G. (1980). Significance tests and goodness of fit in the analysis of covariance structures. *Psychological Bulletin, 88,* 588-606.

Berlin, K. S., Williams, N. A., & Parra, G. R. (2014). An introduction to latent variable mixture modeling (part 1): Cross sectional latent class and latent profile analyses. *Journal of Pediatric Psychology, 39*, 174–187.

Biesanz, J.C., Falk, C.F., & Savalei, V. (2010). Assessing mediational models: Testing and interval estimation for indirect effects. *Multivariate Behavioral Research, 45*, 661-701.

Biesanz, J. C., Deeb-Sossa, N., Papadakis, A. A., Bollen, K. A., & Curran, P. J. (2004). The role of coding time in estimating and interpreting growth curve models. *Psychological Methods, 9*, 30-52.

Blalock, H. M. (1984). Contextual effects models: Theoretical and methodological issues. *Annual Review of Sociology, 10*, 353-372.

Bliese, P. D. (2000). Within-group agreement, non-independence, and reliability: Implications for data aggregation and analysis. In K. J. Klein & S. W. Kozlowski (Eds.), *Multilevel theory, research, and methods in organizations: Foundations, extensions, and new directions* (pp. 349-381). San Francisco: Jossey-Bass.

Bobko, P., & Rieck, A. (1980). Large sample estimators for standard errors of functions of correlation coefficients. *Applied Psychological Measurement, 4*, 385–398.

Bohrnstedt, G. W., & Goldberger, A. S. (1969). On the exact covariance of products of random variable. *Journal of American Statistical Association*, 64, 325-328.

Bolger, N., & Laurenceau, J.-P. (2013). *Intensive longitudinal research methods: An introduction to diary and experience-sampling research*. New York, NY: Guilford Press.

Bollen, K. A. (1989). *Structural equation modeling with latent variables.* New York: John Wiley.

Bollen, K. A., & Curran, P. J. (2004). Autoregressive latent trajectory (ALT) models: A synthesis of two traditions. *Sociological Methods & Research, 32,* 336–383.

Bollen, K. A., & Curran, P. J. (2006). *Latent curve models: A structural equation approach.* Hoboken, NJ: Wiley.

Boker, S., Neale, M., Maes, H. H., Wilde, M., Spiegel, M., ... (2011). OpenMx: "An Open Source Extended Structural Equation Modeling Framework." *Psychometrika, 76*, 306-317.

Boyd, L. H., & Iversen, G. R. (1979). *Contextual Analysis: Concepts and Statistical Techniques.* Wadsworth, Belmont, CA.

Bozdogan, H. (1987). Model selection and Akaike's information criteria (AIC): The general theory and its analytical extensions. *Psychometrika, 52,* 345-370.

Brennan, R. L. (2001). *Generalizability theory*. New York: Springer.

Browne, M. W., & Cudeck, R. (1993). Alternative ways of assessing model fit. In K. A. Bollen & J. S. Long (Eds.), *Testing structural equation models* (pp. 136-162). Newbury Park, CA: Sage.

Brown, R. D. & Hauenstein, N.A. (2005) .Interrater agreement reconsidered: an alternative to the r_{wg} indices. *Organizational Research Methods, 8*(2), 165-184.

Browne, W., Goldstein, H., & Rasbash, J. (2001). Multiple membership multiple classification (MMMC) models. *Statistical Modelling, 1*, 103–124.

Bryk, A. S., &Raudenbush, S. W. (1992). *Hierarchical linear models: Applications and data analysis methods.* Newbury Park, CA: Sage.

Burke, M.J. & Dunlap, W.P. (2002). Estimating interrater agreement with the average deviation index: a user's guide. *Organizational Research Methods*, 5(2), 159-172.

Burstein, L. (1980). The analysis of multilevel data in educational research and evaluation. *Review of Research in Education, 8*, 158-233.

Byrne, B. M. (2011). *Structural equation modeling with Mplus: Basic concepts, applications, and programming.* NY: Routledge.

Chan, D. (1998). Functional relations among constructs in the same content domain at different levels of analysis: A typology of composition models. *Journal of Applied Psychology*, 83(2), 234-246.

Chen, G., Bliese, P. D., & Mathieu, J. E. (2005). Conceptual framework and statistical procedures for delineating and testing multilevel theories of homology. *Organizational Research Methods*, 8, 375-409.

Cheong, J., MacKinnon, D. P., & Khoo, S. T. (2001). A latent growth modeling approach to mediation analysis. In L. M. Collins & A. G. Sayer (Eds.), *New methods for the analysis of change* (pp. 390–392). Washington, DC: American Psychological Association.

Cheong, J., MacKinnon, D. P., & Khoo, S. T. (2003). Investigation of mediational processes using parallel process latent growth curve modeling. *Structural Equation Modeling, 10*, 238–262.

Cheung, G. W., & Rensvold, R. B. (2002). Evaluating goodness-of-fit indexes for testing MI. *Structural Equation Modeling, 9*, 235-55.

Cliff, N. (1983). Some cautions concerning the application of causal modeling methods. *Multivariate Behavioral Research, 18,* 115-126.

Cohen, J. (1988). *Statistical power analysis for the behavioral sciences* (2nd ed.). Hillsdale, NJ: Eribaum.

Cohen, J., & Cohen, P. (1983). *Applied regression/correlation analysis for the behavior sciences.* (2nd Ed.), Hillsdale, NJ: Lawrence Erlbaum Associates.

Cohen, J., Cohen, P., West, S. G., & Aiken, L. S. (2003). *Applied multiple regression/ correlation analysis for the behavioral sciences* (3rd ed.). Mahwah, NJ: Erlbaum.

Cohen, A., Doveh, E., & Eric, U. (2001). Statistical properties of the $r_{WG(J)}$ Index of agreement. *Psychological Methods,* 6(3), 297-310.

Cole D. A. (2012). Latent trait-state models. In Hoyle R. (Ed.), *Handbook for structural equation modeling* (pp. 585-600). New York, NY: Guilford Press.

Cole, D. A., & Maxwell, S. E. (2003). Testing mediational models with longitudinal data: Questions and tips in the use of structural equation modeling. Journal of Abnormal Psychology, 112, 558-577.

Cole D. A., Preacher K. J. (2014). Manifest variable path analysis: Potentially serious and misleading consequences due to uncorrected measurement error. *Psychological Methods, 19*, 300-315.

Cole, D. A., Martin, N. C., & Steiger, J. H. (2005). Empirical and conceptual problems with longitudinal trait-state models: Introducing a trait-state-occasion model. *Psychological Methods, 10*(1), 3-20.

Cole, D. A., Martin, J. M., Powers, B., & Truglio, R. (1996). Modeling causal relations between academic and social competence and depression: A multitrait-multimethod longitudinal study of children. *Journal of Abnormal Psychology, 105*, 258–270.

Collins, L. M. (2006). Analysis of longitudinal data: The integration of theoretical model, temporal design, and statistical model. *Annual Review of Psychology, 57*, 505-28.

Courgeau, D. (ed.). (2003). *Methodology and epistemology of multilevel analysis: Approaches from different social sciences*. Norwell, MA: Kluwer.

Curran, P. J., & Bauer, D. J. (2011). The disaggregation of within-person and between-person effects in longitudinal models of change. *Annual Review of Psychology, 62*, 583–619.

Curran, P. J., & Bollen, K. A. (2001). The best of both worlds: Combining autoregressive and latent curve models. In L. M. Collins & A. G. Sayer (Eds.), *New methods for the analysis of change* (pp. 107–135). Washington, DC: American Psychological Association Press.

Curran, P. J., & Hussong, A. M. (2002). Structural equation modeling of repeated measures data. In D. Moskowitz and S. Hershberger (Eds), *Modeling Intraindividual Variability with Repeated Measures Data: Methods and Applications* (pp.59-86). New York: Erlbaum Associates.

Curran, P. J., Howard, A. L., Bainter, S. A., Lane, S. T., & McGinley, J. S. (2014). The separation of between-person and within-person components of individual change over time: a latent curve model with structured residuals. *Journal of Consulting and Clinical, 82*(5), 879-894.

Dalal, D. K., & Zickar, M. J. (2012). Some common myths about centering predictor variables in moderated multiple regression and polynomial regression. *Organizational Research Methods, 15*, 339-362.

Dempster, A. P., Laird, N. M., & Rubin, D. B. (1977). Maximum likelihood from incomplete data via the EM algorithm. *Journal of the Royal Statistical Society, Seires B, 39*, 1-8.

Dempster, A. P., Rubin, D. B., & Tsutakawa, R. K. (1981). Estimation in covariance components models. *Journal of the American Statistical Association, 76*, 341-353.

Dillon, W. R., & Goldstein, M. (1984). *Multivariate analysis: Methods and applications*. New York, NY: Wiley.

DiPrete, T. A., & Forristal, J. D. (1994). Multilevel models: Methods and substance. *Annual Review of Sociology, 20*, 331-357.

Duncan, T. E., Duncan, S. C., & Strycker, L. A. (2006). *An introduction to latent variable growth curve modeling*. Mahwah, NJ: Lawrence Erlbaum Associates, Inc.

Duncan, C., Jones, K., & Moon, G. (1998). Context, composition, and heterogeneity: Using multilevel models in health research. *Social Science and Medicine, 46*, 97-118.

Duncan, O., Curzort, R., & Duncan, R. (1966). *Statistical geography: Problems in analyzing a real Data.* Free Press, Glencoe:IL.

Dunlap, W. P., Burke, M. J., & Smith-Crowe, K. (2003). Accurate tests of statistical significance for r_{wg} and average deviation interrater agreement indexes. *Journal of Applied Psychology,* 88(2), 356-362.

Dwyer, J. H. (1983). *Statistical models for the social and behavioral sciences.* New York, NY: Oxford University Press.

Edwards, J. & Lambert, L. (2007). Methods for integrating moderation and mediation: A general analytical framework using moderated path analysis. *Psychological Methods*, 12(1), 1-22.

Efron, B. & Tibshirani, R.J. (1993). *An introduction to the bootstrap.* New York: Chapman & Hall.

Eid, M. (1995). Longitudinal confirmatory factor analysis for polytomous item responses: Model definition and model selection on the basis of stochastic measurement theory. *MPR-online, 1*(4).

Eid, M., Courvoisier, D. S., & Lischetzke, T. (2012). Structural equation modeling of ambulatory assessment data. In M. R. Mehl & T. S. Conner (Eds.), *Handbook of research methods for studying daily life* (pp. 384-406). New York, NY: Guilford Press.

El Akremi, A., Colaianni, G., Portoghese, I., Galletta, M., & Battistelli, A. (2014). How organizational support impacts affective commitment and turnover among Italian nurses: a multilevel mediation model. *International Journal of Human Resource Management, 25*(9), 1185-1207.

Enders, C. K., Mistler, S. A., & Keller, B. T. (2016). Multilevel multiple imputation: A review and evaluation of joint modeling and chained equations imputation. *Psychological Methods, 21*, 222-240.

Enders, C. K., & Tofighi, D. (2007). Centering predictor variables in cross-sectional multilevel models: A new look at an old issue. *Psychological Methods, 12*(2): 121-138.

Espelage, D. L., Low, S., Rao, M. A., Hong, J. S., & Little, T. D. (2014). Family violence, bullying, fighting, and substance use among adolescents: A longitudinal mediational model. *Journal of Research on Adolescence, 24*(2), 337-349.

Falk, C.F., & Biesanz, J.C. (2015). Inference and interval estimation methods for indirect effects with latent variable models. *Structural Equation Modeling, 22*, 24-38.

Fields, G. S. (2003). Accounting for income inequality and its change: A new method, with application to the distribution of earnings in the United States. In Polachek S. (Ed.), *Research in Labor Economics* (Vol.22): 1-38. Bingley, UK: Emerald Group Publishing.

Fitzmaurice, G. M., Laird, N. M., & Ware, J. H. (2011). *Applied longitudinal analysis*. (2nd edition). New Jersey: John Wiley & Sons Inc.

Fox, J., Nie, Z., & Byrnes, J. (2012). *sem: Structural Equation Models. R package version* 3.0-0, URL http://CRAN.R-project.org/package=sem.

Freedman, L. S., & Schatzkin, A. (1992). Sample size for studying intermediate endpoints within intervention trials of observational studies. *American Journal of Epidemiology, 136*, 1148–1159.

Friedman, L., & Wall, M. (2005). Graphical views of suppression and multicollinearity in multiple linear regression. *The American Statistician, 59* (2): 127-136.

Fu, W. J. (2000). Ridge estimator in singular design with application to Age-Period-Cohort analysis of disease rates. *Communications in Statistics: Theory and Method, 29*:263-78.

Fu, W. J. (2008). A smoothing cohort model in Age-Period-Cohort analysis with applications to homicide arrest rates and lung cancer mortality rates. *Sociological Methods and Research, 36*(3), 327–61.

Galbraith, S., Bowden, J., & Mander, A. (2017). Accelerated longitudinal designs: An overview of modelling, power, costs and handling missing data. *Statistical Methods in Medical Research, 26*(1) 374–398.

Gelfand, A., & Smith, A.(1990). Sampling based approaches to calculating marginal densities. *Journal of the American Statistical Association, 85*, 398-409.

Geise, C. (2013). *Data analysis with Mplus.* New York, NY: Guilford Press

Geise, C., & Lockhart, G. (2012). A comparison of four approaches to account for method effects in latent state-trait analyses. *Psychological Methods, 17*(2):255-83.

Glenn, N. D. (2003). Distinguishing Age, Period, and Cohort Effects. In *Handbook of the Life Course*, edited by J. T. Mortimer and M. J. Shanahan (pp. 465-76), New York: Kluwer Academic/Plenum.

Goldstein, H. (1995). *Multilevel statistical models*. London: Edward Arnold.

Gollob, H. F., & Reichardt, C. S. (1991). Interpreting and estimating indirect effects assuming time lags really matter. In L. M. Collins, & J. L. Horn (Eds.) *Best methods for the analysis of change: Recent advances, unanswered questions, future directions* (pp. 243–259). Washington, DC: American Psychological Association.

Green, P. E., Carroll, J. D., & DeSarbo, W. S. (1978). A new measure of predictor variable importance in multiple regression. *Journal of Marketing Research, 15* (3), 356-360.

Hancock, G. R., & Mueller, R. O. (Eds.). (2013). *Structural equation modeling: A second course* (2nd ed.). Charlotte, NC: Information Age Publishing, Inc.

Hayes, A. F. (2013). *An introduction to mediation, moderation, and conditional process analysis*. New York: The Guilford Press.

Heck, R. H., & Thomas, S. L. (2009). *An introduction to multilevel modeling techniques* (2nd Ed.). Mahwah, NJ: Lawrence Erlbaum Associates, Inc.

Hedeker, D., & Gibbons, R. D. (1994). A Random-Effect Ordinal Regression Model for Multilevel Analysis. *Biometrics, 50*, 933-944.

Hertzog. C., & Nesselroade, J. R. (1987). Beyond autoregressive models: Some implications of the trait-state distinction for the structural modeling of developmental change. *Child Development, 58,* 93-109.

Hofmann, D. A. (1997). An overview of the logic and rational of hierarchical linear models. *Journal of management, 23*, 723-744.

Hofmann, D. A., & Gavin, M. (1998). Centering decisions in hierarchical linear models: Implications for research in organizations. *Journal of Management*, *24(5)*, 623-641.

Horn, J. L., & McArdle, J. J. (1992). A practical and theoretical guide to measurement invariance in aging research. *Experimental Aging Research, 18,* 117–144.

Hoyle, R. H. (Ed.) (2014). Handbook of structural equation modeling. New York, NY: Guilford press.

Hox, J. J. (2010). *Multilevel analysis: Techniques and Applications*. NY: Routledge.

Hu, L. T., & Bentler, P. M. (1999). *Cutoff criteria for fit indexes in covariance structural Equation Modeling, 6*(1), 1-55.

Jackson, D. L. (2010). Reporting results of latent growth modeling and multilevel modeling analyses: Some recommendations for rehabilitation psychology. *Rehabilitation Psychology, 55*(3), 272–285.

James, L. R. (1982). Aggregation bias in estimates of perceptual agreement. *Journal of Applied Psychology, 67*(2), 219-229.

James, L. R., & Brett, J. M. (1984). Mediators, moderators, and tests for mediation. *Journal of Applied Psychology*, 69, 307-321.

James, L. R., Demaree, R. G., & Wolf, G. (1984). Estimating within groups interrater reliability with and without response bias. *Journal of Applied Psychology*, *69*, 85-98.

James, L. R., Demaree, R. G., & Wolf, G. (1993). r_{wg} : An assessment of within group interrater agreement. *Journal of Applied Psychology*, *78*, 306-309.

Jaspers, E., & Pieters, R. (2016). Materialism across the lifespan: An age-period-cohort analysis. *Journal of Personality and Social Psychology, 111*(3), 451-473.

Jöreskog, K. G. (1973). A general method for estimating a linear structural equation system. In A. S. Goldberger & O. D. Duncan (Eds.), *Structural equation models in the social science.* (pp. 85-112). New York: Academic.

Jöreskog K. G., & Sörbom, D. (1979). *Advances in factor analysis and structural equation models.* Cambridge, MA: Abt Books.

Jose, P. E. (2013). *Doing statistical mediation and moderation*. New York: NY: Guilford Press.

Kass, R.E., & Raftery, A. E. (1995). Bayes factors. *Journal of the American Statistical Association, 90*, 773-795.

Kelava, A., Moosbrugger, H., Dimitruk, P., & Schermelleh-Engel, K. (2008). Multicollinearity and missing constraints: A comparison of three approaches for the analysis of latent nonlinear effects. *Methodology, 4*, 51–66.

Kelava, A., Werner, C., Schermelleh-Engel, K., Moosbrugger, H., Zapf, D., Ma, Y., et al. (2011). Advanced nonlinear latent variable modeling: Distribution analytic LMS and QML estimators of interaction and quadratic effects. *Structural Equation Modeling,* 18, 465–491.

Kenny, D. A. (1979). *Correlation and causality*. New York, NY: Wiley.

Kenny, D. A., & Zautra, A. (1995). The trait state error model for multiwave data. *Journal of Consulting and Clinical Psychology, 63*(1), 52-59.

Kirk, R. E. (2012). *Experimental design: Procedures for the behavioral sciences (4th Ed.).* CA: Sage.

Kish, L. (1965). *Surveying Sampling.* New York, NY: Wiley.

Klein, A. G., & Moosbrugger, H. (2000). Maximum likelihood estimation of latent interaction effects with the LMS method. *Psychometrika, 65*, 457–474.

Klein, K. J., & Kozlowski, S. W. (Eds) (2000). *Multilevel theory, research, and methods in organizations: Foundations, extensions, and new directions*. San Francisco: Jossey-

Bass.

Klein, K. J., Conn, A. B., Smith, B., & Sorra, J. S. (2001). Is everyone in agreement? An exploration of within-group agreement in employee perceptions of the work environment. *Journal of Applied Psychology*, *86*, 3-16.

Kline, R. B. (2010). *Principles and practice of structural equation modeling* (2nd Ed.). New York: Guilford Press.

Kozlowski, S. & Klein, K. (2000). A multi-level approach to theory and research in organizations: Contextual, temporal, and emergent processes. In K. Klein, & S. W. J. Kozlowski (Eds.), *Multilevel theory, research, and methods in organizations*(pp. 3-90). San Francisco: Jossey-Bass.

Kraemer, H. C., Kiernan, M., Essex, M., & Kupfer, D. J. (2008). How and why criteria defining moderators and mediators differ between the Baron & Kenny and MacArthur approaches. *Health Psychology*, *2*, S101–S108.

Kreft, I., & de Leeuw, J. (1998). *Introducing multilevel modeling*. Newbury Park, CA: Sage.

Kreft, I., de Leeuw, J., & Aiken, L. S. (1995). The effect of different forms of centering in hierarchical linear models. *Multivariate Behavioral Research*, 30, 1-21.

Krull, J. L., & MacKinnon, D. P. (1999). Multilevel mediation modeling in group-based intervention studies. *Evaluation Review*, *23*, 418–444.

Krull, J. L., & MacKinnon, D. P. (2001). Multilevel modeling of individual and group level mediated effects. *Multivariate Behavioral Research*, *36*, 249–277.

Kruschke, J. K., Aguinis, H., & Joo, H. (2012). The time has come: Bayesian methods for data analysis in the organizational sciences. *Organizational Research Methods*, *15*, 722-752.

Lance, C. E., Noble, C. L., & Scullen, S. E. (2002). A critique of the correlated trait-correlated method and correlated uniqueness models for multitrait-multimethod data. *Psychological Methods*, *7*(2):228-244.

Lee, E. J., & Bukowski, W. M. (2012). Co-development of internalizing and externalizing problem behaviors: Causal direction and common vulnerability. *Journal of Adolescence*, *35*(3), 713-729.

Lin, T. H., & Dayton, C. M. (1997). Model selection information criteria for non-nested latent class models. *Journal of Educational and Behavioral Statistics*, *22*, 249-264.

Lindley, D. V., & Smith, A. F. M. (1972). Bayes estimates for the linear model. *Journal of the Royal Statistical Society, Seires B*, *34*, 1-41.

Little, R. J. A. (1993). Pattern-mixture models for multivariate incomplete data. *Journal of the American Statistical Association, 88* , 125-134.

Little, R. J. A., & Rubin, D.B. (2002). *Statistical analysis with missing data* (2nd Ed.). New York: Wiley.

Little, T. D. (2013). *Longitudinal structural equation modeling.* New York, NY: Guilford Press.

Little, T. D., Preacher, K. J., Selig, J P., & Card, N. A. (2007). New developments in latent variable panel analyses of longitudinal data. *International Journal of Behavioral Development, 31*(4), 357-365.

Lo, Y., Mendell, N., & Rubin, D. (2001). Testing the number of components in a normal mixture. *Biometrika, 88,* 767-778.

Lomnicki, Z. A. (1967). On the distribution of products of random variables. *Journal of the Royal Statistical Society. 29*, 513–524.

Longford, N. T. (1990). *VARCL. Software for variance component analysis of data with nested random effects (maximum likelihood)*. Princeton, NJ: Educational Testing Service.

Longford, N. T. (1993). *Random coefficient models*. Oxford: Clarendon.

Lüdtke, O., Robitzsch, A., & Grund, S. (2017). Multiple imputation of missing data in multilevel designs: A comparison of different strategies. *Psychological Methods. 22*(1), 141-165.

Lüdtke, O., Marsh, H.W., Robitzsch, A., & Trautwein, U. (2011). A 2 × 2 taxonomy of multilevel latent contextual models: Accuracy-bias trade-offs in full and partial error correction models. *Psychological Methods, 16*, 444–467.

Lüdtke, O., Marsh, H. W., Robitzsch, A., Trautwein, U., Asparouhov, T., & Muthén, B. O. (2008). The multilevel latent covariate model: A new, more reliable approach to group-level effects in contextual studies. *Psychological Methods, 13*, 203–229.

Luo, L. (2013). Assessing validity and application scope of the intrinsic estimator approach to the Age-Period-Cohort problem. *Demography, 50*(6), 1945-67.

MacCallum, R. C., & Austin, J. T. (2000). Applications of structural equation modeling in psychological research. *Annual Review of Psychology, 51*, 201–226.

MacKinnon, D. P. (2008). *Introduction to statistical mediation analysis*. New York, NY: Taylor & Francis Group.

MacKinnon, D. P., Warsi, G., & Dwyer, J. H. (1995). A simulation study of mediated effect measures. Multivariate Behavioral Research, 30, 41–62.

Marsh, H. W., & Grayson, D. (1994). Longitudinal stability of latent means and individual differences: A unified approach. *Structural Equation Modeling*, 1, 317–359.

Marsh, H. W., & Parker, J. W. (1984). Determinants of student self-concept: Is it better to be a relatively large fish in a small pond even if you don't learn to swim as well? *Journal of Personality and Social Psychology, 47*(1), 213–231.

Marsh, H. W., Seaton, M., Trautwein, U., Lüdtke, O., Hau, K., O'Mara, A. J., et al. (2008). The big-fish-little-pond-effect stands up to critical scrutiny: Implications for theory, methodology, and future research. *Educational Psychology Review, 20*, 319–350.

Massenberg, A.-C., Spurk, D., & Kauffeld, S. (2015). Social support at the workplace, motivation to transfer and training transfer: a multilevel indirect effects model. *International Journal of Training and Development, 19*(3), 161-178.

Mathieu, J. E., & Taylor, S. R. (2007). A framework for testing mesomediational relationships in organizational behavior. *Journal of Organizational Behavior, 28*, 141–172.

Maxwell, S. E., & Cole, D. A. (2007). Bias in cross-sectional analyses of longitudinal mediation. *Psychological Methods, 12*, 23–44.

Maxwell, S. E., Cole, D. A., & Mitchell, M. A. (2011). Bias in cross-sectional analyses of longitudinal mediation: Partial and complete mediation under an autoregressive model. *Multivariate Behavioral Research, 46*, 816–841.

McArdle J. J. (1989). Structural modeling experiments using multiple growth functions. In P Ackerman, R Kanfer, R Cudeck (Eds.*), Learning and individual differences: Abilities, motivation, and methodology* (pp. 71-117). Hillsdale, NJ: Erlbaum.

McArdle, J. J., & Nesselroade, J. R. (2014). *Longitudinal Data Analysis Using Structural Equation Models*. Washington, D.C.: APA.

McDonald, R. P., & Ho, M. R. (2002). Principles and practice in reporting structural equation analysis. *Psychological Methods, 7,* 64-82.

McLachlan, G., & Krishnan, T. (1997). The EM algorithm and extensions. Wiley series in probability and statistics. John Wiley & Sons.

Meredith, W. (1964). Note on factorial invariance. *Psychometrika, 29*, 177-185.

Meredith, W. (1993). Measurement invariance, factor analysis and factorial invariance. *Psychometrika 58*, 525-543.

Meredith, W., & Tisak, J. (1984). *"Tuckerizing" curves.* Paper presented at the Psychometric Society Annual Meetings, Santa Barbara, California

Meredith, W., & Tisak, J. (1990). Latent curve analysis. *Psychometrika, 55*, 107-122.

Merton, R. K. (1968). The Matthew effect in science. *Science, 159* (3810), 56-63.

Merton, R. K. (1988).The Matthew effect in science, II: Cumulative advantage and the symbolism of intellectual property. *Isis, 79(4)*, 606-623.

Millsap, R. E. (1997). Invariance in measurement and prediction: Their relationship in the single-factor case. *Psychological Methods, 2*, 248–260.

Mitchell, M. A. & Maxwell, S. C. (2013). A comparison of the cross-sectional and sequential designs when assessing longitudinal mediation. *Multivariate Behavioral Research, 48*(3), 301-339,

Miyazaki, Y., & Raudenbush, S. W. (2000). Tests for linkage of multiple cohorts in an accelerated longitudinal design. *Psychological Methods, 5*, 44–63.

Moerbeek, M. (2011). The effects of the number of cohorts, degree of overlap among cohorts, and frequency of observation on power in accelerated longitudinal designs. *Methodology, 7*, 11–24.

Moosbrugger, H., Schermelleh-Engel, K., Kelava, A., & Klein, A. G. (2009). Testing multiple nonlinear effects in structural equation modeling: A comparison of alternative estimation approaches. In T. Teo and M. S. Khine (Eds.), *Structural Equation Modeling in Educational Research: Concepts and Applications* (pp.103-136), Rotterdam, NL: Sense Publishers.

Muller, D., Judd, C. M., & Yzerbyt, V. Y. (2005). When moderation is mediated and mediation is moderated. *Journal of Personality and Social Psychology, 89*(6): 852-863.

Muthén, B. O. (1994). Multilevel covariance structure analysis. *Sociological Methods and Research, 22,* 376–398.

Muthén, B. O., & Asparouhov, T. (2008). Growth mixture modeling: Analysis with non-Gaussian random effects. In G. Fitzmaurice, M. Davidian, G. Verbeke, & G. Molenberghs (Eds.), *Longitudinal data analysis* (pp. 143–165). Boca Raton, FL: Chapman & Hall/CRC.

Muthén, B., & Asparouhov, T. (2012). Bayesian SEM: A more flexible representation of substantive theory. Psychological Methods, 17: 313-335.

Muthén, L. K., & Muthén, B. O. (1998-2017). *Mplus User's Guide*. Eighth Edition. Los Angeles, CA: Muthén & Muthén.

Muthén, B. O., & Satorra, A. (1989). Multilevel aspects of varying parameters in structural models. In Bock, R.D. (Ed.), *Multilevel analysis of educational data*. San Diego: Academic Press.

Muthén, B. O., & Satorra, A. (1995). Complex sample data in structural equation modeling. *Sociological Methodology, 25*, 267–316.

Muthén, B. O., Muthén, L. K., & Asparouhov, T. (2016). *Regression and mediation analysis using Mplus*. Los Angeles: Muthén & Muthén.

Nimon, K. F., & Oswald, F. L. (2013). Understanding the results of multiple linear regression: Beyond standardized regression coefficients. *Organizational Research Methods, 16* (4): 650-674.

Nunnally, J. C. (1978). *Psychometric theory* (2nd ed.). New York, NY: McGraw-Hill, Inc.

Nylund, K.L., Asparouhov, T., & Muthén, B. (2007). Deciding on the number of classes in latent class analysis and growth mixture modeling: A Monte Carlo simulation study. *Structural Equation Modeling, 14*, 535–569.

Owen, B. P., & Hekman D. R. (2016). How does leader humility influence team performance? Exploring the mechanisms of contagion and collective promotion focus. *Academy of Management Journal, 59*(3), 1088-1111.

Pedhazur, E. J. (1997). *Multiple regression in behavioral research: Explanation and prediction* (3rd ed.). New York: Holt, Rinehart & Winston.

Petersen, A. M., Jung, W.-S., Yang, J.-S., Stanley, H. E. (2011). Quantitative and empirical demonstration of the Matthew effect in a study of career longevity. *Proceedings of the National Academy of Sciences, 108* (1), 18-23.

Pinheiro, J., & Bates, D. (1995). Approximations to the log likelihood function in the nonlinear mixed effects model. *Journal of Computational and Graphical Statistics*, 4(1), 12-35.

Ployhart, R. E., & Vandenberg, R. J. (2010). Longitudinal research: The theory, design, and analysis of change. *Journal of Management, 36*, 94-120.

Pratt, J. W. (1987). Dividing the indivisible: Using simple symmetry to partition variance explained. In Pukilla, T., and Duntaneu, S. (Eds.), Proceedings of the Second International Conference in Statistics: 245-260. Tampere, Finland: Department of Mathematical Sciences University of Tampere.

Preacher, K. J. (2011). Multilevel SEM strategies for evaluating mediation in three-level data. *Multivariate Behavioral Research, 46*, 691–731.

Preacher, K. J., Rucker, D. D., & Hayes, A. F. (2007). Assessing moderated mediation hypotheses: Theory, methods, and prescriptions. Multivariate Behavioral Research, 42, 185–227.

Preacher, K. J., Zhang, Z., & Zyphur, M. J. (2011). Alternative methods for assessing mediation in multilevel data: The advantages of multilevel SEM. *Structural Equation Modeling, 18*, 161–182.

Preacher, K. J., Zhang, Z., & Zyphur, M. J. (2016). Multilevel structural equation models for assessing moderation within and across levels of analysis. *Psychological Methods, 21*, 189-205.

Preacher, K. J., Zyphur, M. J., & Zhang, Z. (2010). A general multilevel SEM framework for assessing multilevel mediation. *Psychological Methods, 15*, 209–233.

Protopapas, A., Sideridis, G. D., Mouzaki, A., & Simos, P. G. (2011). Matthew effects in reading comprehension: Myth or reality? *Journal of Learning Disabilties*, *44*(5), 402-420.

R Core Team. (2015). *R: A language and environment for statistical computing*. Vienna, Austria. http://www.R-project.org.

Rabe-Hesketh, S., Skrondal, A., & Pickles, A. (2004). Generalized multilevel structural equation modeling. *Psychometrika, 69*, 167–190.

Rabe-Hesketh, S., Skrondal, A., & Zheng, X. (2007). *Multilevel structural equation modeling* (pp. 209-227). Elsevier.

Raffalovich, L. E., & Bohrnstedt, G. W. (1987). Common, specific, and error variance components of factor models: Estimation with longitudinal data. *Sociological Methods and Research, 15*, 385-405.

Raudenbush, S. W. (1988). Educational applications of hierarchical linear models: A review. *Journal of Educational Statistics,13*(2),85-116.

Raudenbush, S. W. (1989). "Centering" predictors in multilevel analysis: Choices and consequences. *Multilevel Modelling Newsletter*, *1(2),* 10-12.

Raudenbush, S. W., & Bryk, A. S. (2002). *Hierarchical linear models: Applications and data analysis methods* (2nd ed.). Newbury Park, CA: Sage.

Raudenbush, S. W., Yang, M., & Yosef, M. (2000). Maximum likelihood for hierarchical models via high-order, multivariate LaPlace approximation. *Journal of Computational and Graphical Statistics*, 9(1), 141-157.

Raudenbush, S. W., Bryk, A. S, & Congdon, R. (2013). *HLM 7.01 for Windows* [Computer software]. Skokie, IL: Scientific Software International, Inc.

Raykov, T., & Marcoulides, G. A. (2001). Can there be infinitely many models equivalent to a given covariance structure model? *Structural Equation Modeling, 8*, 142-149.

Reichardt, C. S. (2011). Commentary: Are three waves of data sufficient for assessing mediation? *Multivariate Behavioral Research, 46*, 842–851.

Robinson, W. S. (1950). Ecological correlations and the behaviour of individuals. *American Sociological Review, 15*, 351-357.

Robertson, C. Gandini, S., & Boyle, P. (1999) Age–Period–Cohort Models: A Comparative

Study of Available Methodologies. *Journal of Clinical Epidemiology, 52*(6): 569–583.

Rogosa, D. R. (1988). Myths about longitudinal research. In K. W. Schaie, R. T. Campbell, W. Meredith, & S. C. Rawlings (Eds.), *Methodological issues in aging research* (pp. 171-209). New York: Springer.

Rosseel, Y. (2012). lavaan: An R Package for Structural Equation Modeling. *Journal of Statistical Software, 48*(2), 1-36. URL http://www.jstatsoft.org/v48/i02/

Rubin, D. B. (1987). *Multiple imputation for nonresponse in surveys*, New York: John Wiley & Sons.

Ryder, N. B. (1965). The cohort as a concept in the study of social change. *American Sociological Review, 30,* 843–861.

Ryu, E. (2015). The role of centering for interaction of level 1 variables in multilevel structural equation models. Structural Equation Modeling, 22, 617–630.

Sampson, C. B., & Breunig, H. L. (1971). Some statistical aspects of pharmaceutical content uniformity. *Journal of Quality Technology, 3*, 170–178.

Satorra, A. & Bentler, P. M. (2011). Ensuring positiveness of the scaled di erence Chi-square test statistic. *Psychometrika, 75*, 243-248.

Sayer, A. G. , & Willett, J. B. (1998). A cross-domain model for growth in adolescent alcohol expectancies. *Multivariate Behavioral Research, 33*, 509-543.

Schermelleh-Engel, K., Klein, A., & Moosbrugger, H. (1998). Estimating nonlinear effects using a latent moderated structural equations approach. In R. E. Schumacker & G. A. Marcoulides (Eds.), Interaction and nonlinear effects in structural equation modeling (pp. 203–238). Mahwah, NJ: Erlbaum.

Schmitt, M. & Steyer, R. (1993). A latent state-trait model (not only) for social desirability. *Personality and Individual Differences*, *14*, 519-529.

Schwarz, G. (1978). Estimating the dimension of a model. *Annals of Statistics, 6*, 461-464.

Sclove, S. L. (1987). Application of model-selection criteria to some problems in multivariate analysis. *Psychometrika, 52*, 333-43.

Selig, J. P., & Preacher, K. J. (2009). Mediation Models for Longitudinal Data in Developmental Research. *Research in Human Development, 6*(2–3), 144–164.

Sellin, N. (1990). *PLSPATH* Version 3. 01. Application Manual. Hamburg, Germany.

Shin, Y., & Raudenbush, S. W. (2010). A latent cluster-mean approach to the contextual effects model with missing data. *Journal of Educational and Behavioral Statistics, 35*, 26–53.

Simonoff, J. S. (2003). *Analyzing categorical data*. New York: Springer.

Singer, J., & Willett, J. (2003). *Applied longitudinal data analysis*. New York: Oxford University Press.

Snijders, T., & Bosker, R. J. (2012). *Multilevel analysis: An introduction to basic and advanced multilevel modeling* (2nd ed.). Thousand Oaks, CA: Sage Publications.

Sobel, M. E. (1982). Asymptotic confidence intervals for indirect effects in structural equations models. In S. Leinhart (Ed.), *Sociological methodology* (pp. 290–312). San Francisco: Jossey-Bass.

Springer, M. D., & Thompson, W. E. (1966). The distribution of independent random variables. *SIAM Journal on Applied Mathematics. 14*, 511–526.

Stanovich, K. E. (1986). Matthew effects in reading: Some consequences of individual differences in the acquisition of literacy. *Reading Research Quarterly, 21,* 360–407.

Steyer, R., Ferring, D. & Schmitt, M. J. (1992). States and traits in psychological assessment. *European Journal of Psychological Assessment, 8*, 79-98.

Steyer, R., Schmitt, M. & Eid, M. (1999). Latent state-trait theory and research in personality and individual differences. *European Journal of Personality, 13*, 389-408.

Steyer, R., Schwenkmezger, P., & Auer, A. (1990). The emotional and cognitive components of trait anxiety: A latent state-trait model. *Personality and Individual Differences, 11*, 125-134.

Steyer, R., Mayer, A., Geiser, C. & Cole, D. A. (2015). A theory of states and traits-revised. *Annual Review of Clinical Psychology, 11*, 71-98.

Stevens, S. S. (1951). Mathematics, Measurement, and Psychophysics. In S. S. Stevens (Ed.), *Handbook of Experimental Psychology.* New York: Wiley.

Susser M. (1973). *Causal thinking in the health sciences*. London: Oxford University Press.

Tanaka, J. S., & Huba, G. J. (1989). A General coefficient of determination for covariance structure models under arbitrary GLS estimation. *British Journal of Mathematical and Statistical Psychology, 42*, 233-239.

Tanner, M. A.,& Wong, W. H.(1987).The calculation of posterior distribution by data augmentation (with discussion). *Journal of the American Statistical Association, 82*, 528-550.

Thornberry, T. P., Krohn, M. D., Lizotte, A. J., Smith, C., & Tobin, K. (2003). *Gangs and delinquency in developmental perspective.* Cambridge: Cambridge University Press.

Thompson, B. (1995). Stepwise regression and stepwise discriminant analysis need not apply here: A guidelines editorial. *Educational and Psychological Measurement, 55* (4): 525-534.

Tisak, J., & Meredith, W. (1990). Longitudinal factor analysis. In A. von Eye (Ed.), *Statistical methods in longitudinal research: Principles and structuring change* (Vol. 1, pp. 125-150). San Diego CA: Academic

Tomarken, A. J., Shelton, R. C., Elkins, L., & Anderson, T. (1997*). Sleep deprivation and anti-depressant medication: Unique effects on positive and negative affect*. Poster session presented at the 9th annual meeting of the American Psychological Society, Washington, DC.

Tucker, L. R. & Lewis, C.(1973). The reliability coefficient formaximum likelihood factor analysis. *Psychometrika, 38*, 1-10.

Van de Schoot, R., Winter, S., Ryan, O., Zondervan-Zwijnenburg, M., & Depaoli, S. (in press). A Systematic Review of Bayesian Papers in Psychology: The Last 25 Years. *Psychological Methods, 22*(2):217-239.

von Soest, T., & Hagtvet, K. A. (2011). Mediation analysis in a latent growth curve modeling fram ework. *Structural Equation Modeling, 18*, 289–314.

Walls, T. A., & Schafer, J. L. (Eds.). (2006). Models for intensive longitudinal data. New York, NY: Oxford University Press.

Walberg, H. J., and Tsai, S. L. (1983). Matthew effects in education. *American Educational Research Journal, 20*, 359-373.

Widaman, K. F., Reise, S. P. (1997). Exploring the measurement invariance of psychological instruments: Applications in the substance use domain. In Bryant, K. J., Windle, M. (Eds), *The science of prevention: Methodological advances from alcohol and substance abuse research* (pp. 281–324). Washington, DC: American Psychological Association.

Wong, G., & Mason, W. (1985). The hierarchical logistic regression model for multilevel analysis. *Journal of the American Statistical Association, 80*, 513-524.

Woodruffe, M. (1982). On model selection and the arcsine laws. *The Annals of Statistics, 10*, 1182-1194.

Yang, C. (2006). Evaluating latent class analysis models in qualitative phenotype identification. *Computational Statistics and Data Analysis, 50*, 1090-1104.

Yang, Y. (2006). Bayesian inference for hierarchical age-period-cohort models of repeated cross-section survey data. *Sociological Methodology, 36*, 39–74.

Yang, Y. (2007). Age/Period/Cohort Distinctions. In K. S. Markides (Ed.), *Encyclopedia of Health and Aging* (pp.20–22). Los Angeles, CA: Sage Publications.

Yang, Y. (2008). Trends in U.S. adult chronic disease mortality: Age, period, and cohort variations. *Demography, 45*, 387–416.

Yang, Y., & Land, K. C. (2006). A mixed models approach to the age-period-cohort analysis of repeated cross-section surveys: Trends in verbal test scores. *Sociological Methodology, 36*: 75-97.

Yang, Y., & Land, K. C. (2013). *Age-period-cohort analysis: New models, methods, and empirical applications*. Boca Raton: CRC Press.

Yang, Y., Fu, W. J., & Land, K. C. (2004). A methodological comparison of age-period-cohort models: The intrinsic estimator and conventional generalized linear models. *Sociological Methodology, 34*: 75-110.

Yang, Y., Schulhofer-Wohl, S., Fu, W. J., & Land, K. C. (2008). The intrinsic estimator for age-period-cohort analysis: What it is and how to use it? *American Journal of Sociology, 113*, 1697–1736.

Yuan, K. H. & Bentler, P. M. (2000). Three likelihood-based methods for mean and covariance structure analysis with nonnormal missing data. In M.E. Sobel & M.P. Becker (eds.), *Sociological Methodology* 2000 (pp. 165-200). Washington, D.C.: ASA.

Zheng, H., Yang, Y., & Land, K. C. (2011). Variance function regression in hierarchical age-period-cohort models, with applications to the study of self-reported health. *American Sociological Review, 76*(6), 955–983.

Zhang, Z., Zyphur, M. J., & Preacher, K. J. (2009). Testing multilevel mediation using hierarchical linear models: Problems and solutions. *Organizational Research Methods, 12*, 695–719.

Zyphur, M. J., & Oswald, F. L. (2015). Bayesian estimation and inference: A user's guide. *Journal of Management, 41*(2), 390-420.

附錄A：Mplus簡介與語法功能

A.1 Mplus 簡介

Mplus 係由美國加州大學洛杉磯分校（UCLA）的 Bengt O. Muthén 教授與其團隊成員於 1995 年開始發展，應用於以潛在變數爲核心的統計模型分析，第一版於 1998 年 11 月發行，目前已經發展到第八版（2017, April）（Muthén & Muthén, 1998-2017）。各版次的發行日期與演變摘要列於表 A.1。

在第八版發行序言當中，Dr. Muthén 特別提及幾位關鍵成員的貢獻，例如兩位程式設計師 Tihomir Asparouhov 與 Thuy Nguyen，負責行政財務工作的 Michelle Conn，以及後期文件與簡報製作的 Noah Hastings。從其字裡行間可知，Mplus8 已經囊括適用於連續變數與類別變數（次序性、計數性）的橫斷面、縱貫面、多層次、混合模式等各種高階統計模型，除了提供多種估計方法，也納入了模擬研究、資料插補等技術，足以應付絕大多數的統計模型分析的需求，並且提供了友善的語法產生器（language generator）與路徑圖輸入功能（Mplus diagrammer）。Mplus8 的成熟完備或許就是 Dr. Muthén 得以安心退休的主要原因，然而 Dr. Muthén 雖已離開教學研究專職工作，但近年來仍是著述不斷，遊走於世界各地講述統計模型原理與應用計數，更不時親上 Mplus 論壇（https://www.statmodel.com/cgi-bin/discus/discus.cgi）分享經驗、解答疑惑，嘉惠四方學者，可謂當代典範人物。

Mplus 的主要特色是可以同時處理多重不同形式變數關係下的模型估計（如圖 A.1 所示），其基本標示方法依循傳統 SEM 的設定方式：圓圈表示潛在變數，方形表示外顯測量變數。其中潛在變數又可區分爲連續潛在變數（標示爲 f）與

表 A.1　不同版本的 Mplus 發表時間與功能摘要

版次	發表時間	特色功能
1	11-1998	第一版Mplus軟體發行
2	02-2001	改善估計效能
3	03-2004	簡化語法撰寫與模型設定方式 提供多重模組base program、mixture add-on, multilevel add-on
4	02-2006	擴充資料處理能力（長格式與寬格式轉換） 擴充多層次模型分析功能 擴充類別依變數處理能力 擴充混合模型分析功能
5	11-2007	提升運算效能（提供32位元與64位元運算） 提供中央處理器CPU個數設定 增加exploratory structural equation modeling等分析 擴充混合模式、因素分析功能
5.1	05-2008	提升運算效能
5.2	11-2008	提升運算效能
6	04-2010	新增MCMC貝氏估計功能 強化多重插補（multiple imputation）功能 擴充多層次資料加權功能 擴充似真值（plausible values）處理能力
6.1	10-2010	改善貝氏估計功能
7	09-2012	新增路徑圖輸入功能（Mplus Diagrammer） 擴充貝氏結構方程模式功能（貝氏因素分析、恆等性分析、多層次SEM、交叉嵌套分析等）
7.1	05-2013	擴充EFA、多樣本因素分析功能
7.2	05-2014	強化潛在類別分析／潛在剖面分析、非常態資料處理能力
7.3	10-2014	強化混合模型、貝氏估計功能
7.4	11-2015	擴充IRT分析（3PL、4PL, Partial Credit Models）
8	04-2017	擴充時間序列分析 　單一樣本時間序列分析 　雙層次時間序列分析 　交叉嵌套時間序列分析 強化雙層次模型隨機效果與自我迴歸分析功能

註：讀者可由 Mplus 官方網站 http://www.statmodel.com/ 下載示範版進行演練之用。DEMO 版共有 WINDOWS（32 與 64 位元）、MAC OS X、LINUX 三種系統版本。

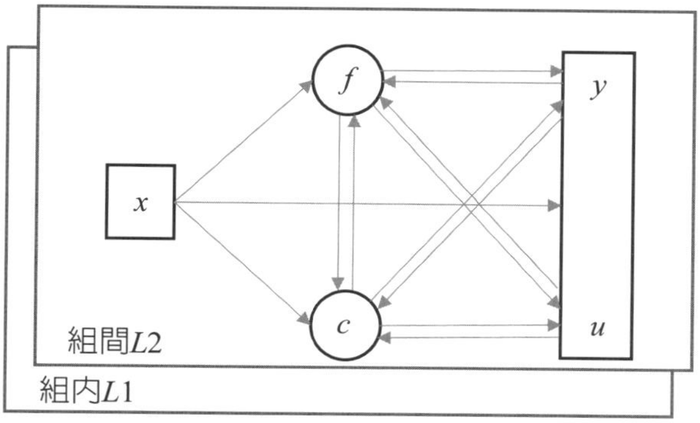

圖 A.1　Mplus 的變數關係與分析模式概念示意圖

類別潛在變數（標示爲 *c*），同樣的，觀察變數也可區分爲連續觀察變數（標示爲 *y*）與類別觀察變數（標示爲 *u*）。由於潛在變數必須由觀察變數估計而得，因此 *f*、*c*、*y*、*u* 四種變數構成了表 A.2 當中的四種可能的分析模型。而 *x* 則爲其他具有影響力的共變項，例如個人背景變數。

圖 A.1 當中以重疊的區塊標示了組間與組內的分層區隔，目的在說明前述四種模型皆可進行多層次分析或帶有時間資訊的縱貫資料分析。例如全部都是連續變數的因素分析可進行多層次 MLM 或多層次 LGM，全部類別變數的潛在類別分析可進行多層次 LCA 或多層次混合模式分析，至於類別觀察變數所估計得到的 IRT 也可以進行多層次 IRT。說明了 Mplus 是功能相當完備的高階統計分析工具。

表 A.2　Mplus 可處理的不同變數形式所形成的四種不同分析模型

潛在變數	觀察變數	分析模型
連續（f）	連續（y）	因素分析（factor analysis; FA）
連續（f）	類別（u）	項目反應理論（item reponse theory; IRT）
類別（c）	連續（y）	潛在剖面分析（latent profile analysis; LPA）
類別（c）	類別（u）	潛在類別分析（latent class analysis; LCA）

A.2 Mplus 介面架構

A.2.1 Mplus 的基本視窗

開啓 Mplus 之後所進入的第一個視窗是編輯視窗，可用來撰寫 Mplus 語法或閱覽／編輯結果報表，如圖 A.2 所示。語法視窗當中提供了功能表與圖形化的工具按鈕。使用者除了可以直接在編輯視窗當中編寫語法之外，也可以利用功能表的下拉選單選擇所欲進行的編輯或運行作業。

語法撰寫完成後，或是語法內容經過任何更動之後，必須進行存檔動作，語法檔名將以 .inp 爲副檔名，儲存完成之後才可按壓 RUN 按鈕（RUN MPLUS）來執行語法，執行完畢之後將得到結果報表，如圖 A.3，Mplus 將報表檔案以 .out 副檔名進行命名，主檔名則與語法檔案的主檔名相同。

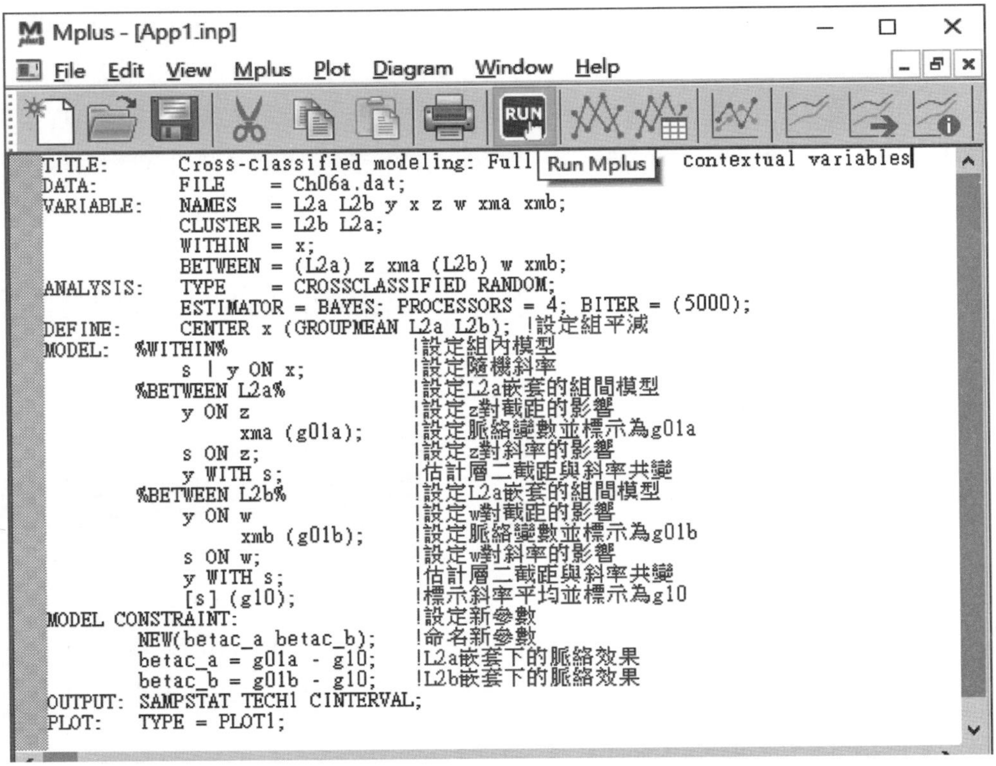

圖 A.2　內含語法的 Mplus 編輯視窗

如果語法中有下達繪圖指令（PLOT），在報表當中的 View plots 按鈕將由黑白按鈕轉變成彩色按鈕，此時按壓圖表按鈕將可瀏覽已經製作完成的圖表，可供選擇的統計圖如圖 A.3 當中的對話框所示。如果選擇散佈圖，將可得到圖 A.4 的輸出結果。此時可將該圖複製至其他文書軟體進行編輯作業，或是將圖表另行儲存成 DIB、EMF 或 JPEG 形式的圖片檔案進行儲存。同時也可利用功能表中的選項進行圖表編輯，或是呼叫相關資訊（例如圖 A.5 當中的描述統計資料）。

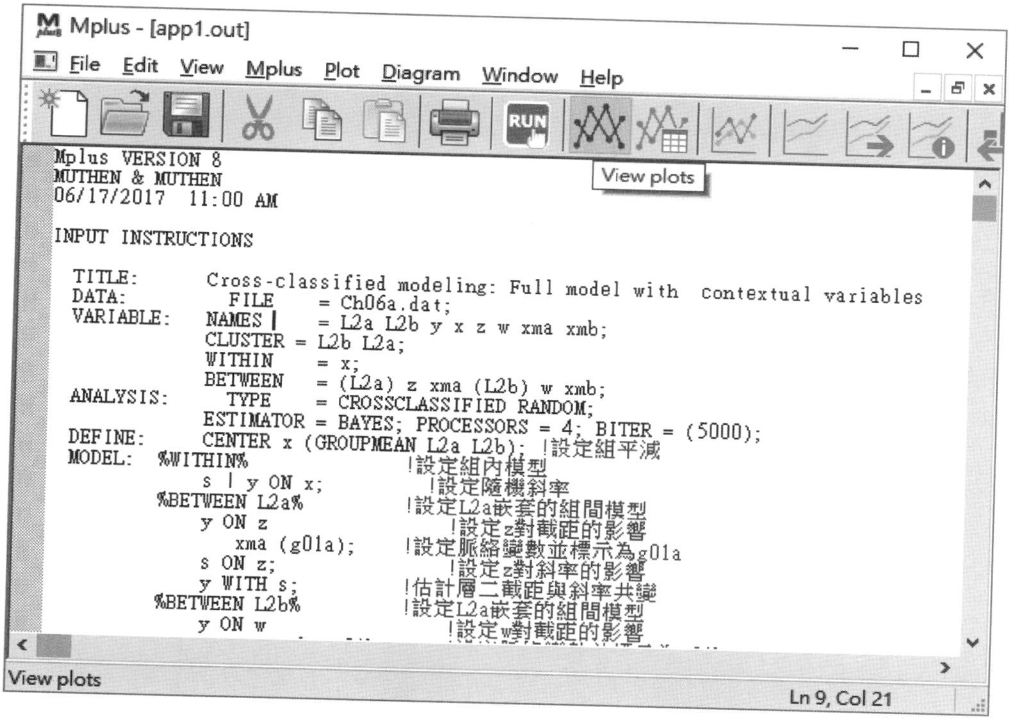

圖 A.3　語法執行後的 Mplus 輸出結果視窗

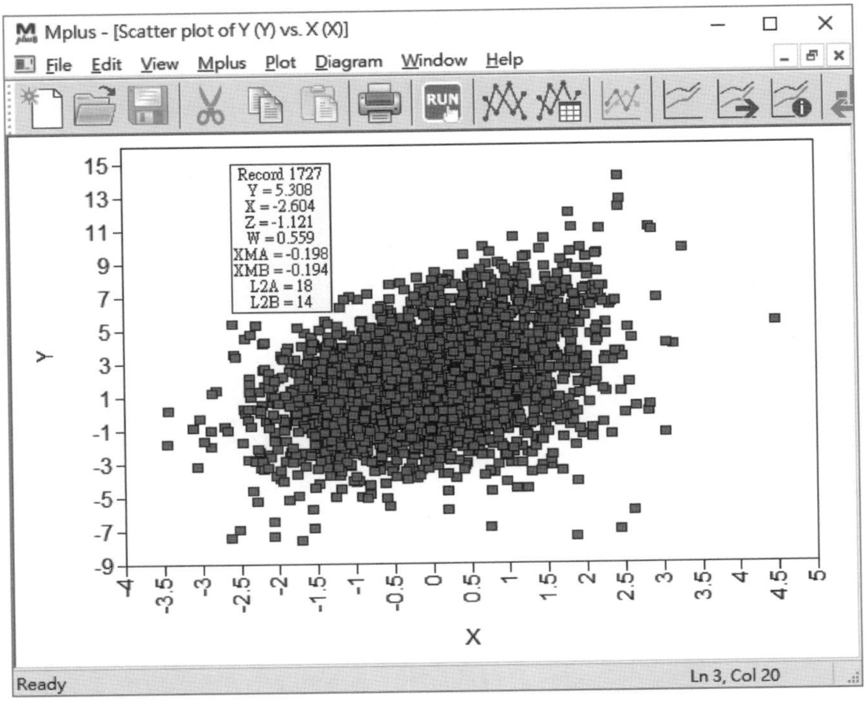

圖 A.4　語法執行後的 Mplus 圖形輸出結果

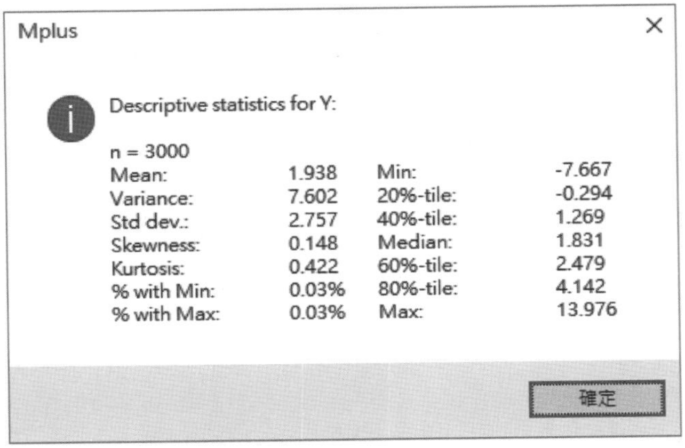
Mplus

Descriptive statistics for Y:

n = 3000

Mean:	1.938	Min:	-7.667
Variance:	7.602	20%-tile:	-0.294
Std dev.:	2.757	40%-tile:	1.269
Skewness:	0.148	Median:	1.831
Kurtosis:	0.422	60%-tile:	2.479
% with Min:	0.03%	80%-tile:	4.142
% with Max:	0.03%	Max:	13.976

確定

圖 A.5　圖形輸出當中的描述統計資訊

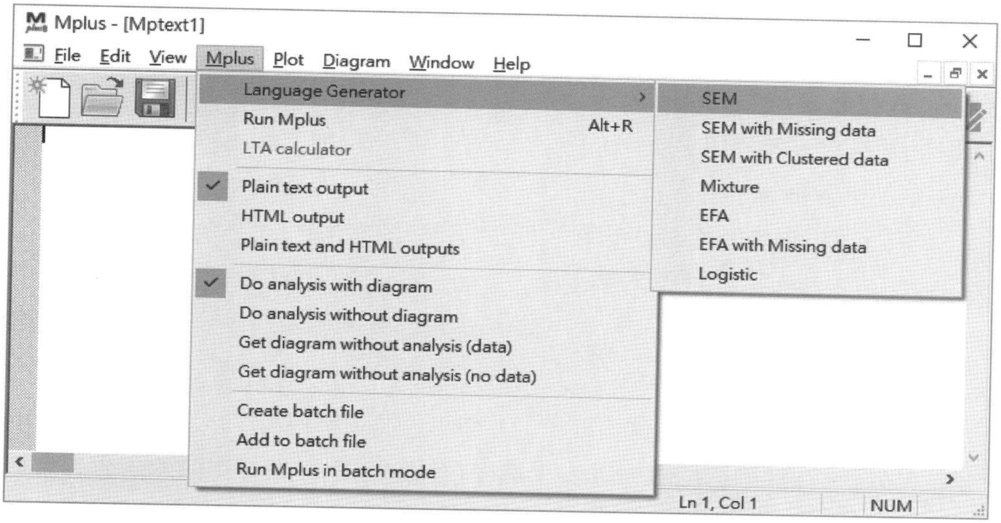

圖 A.6　Mplus 的語法產生器功能鍵

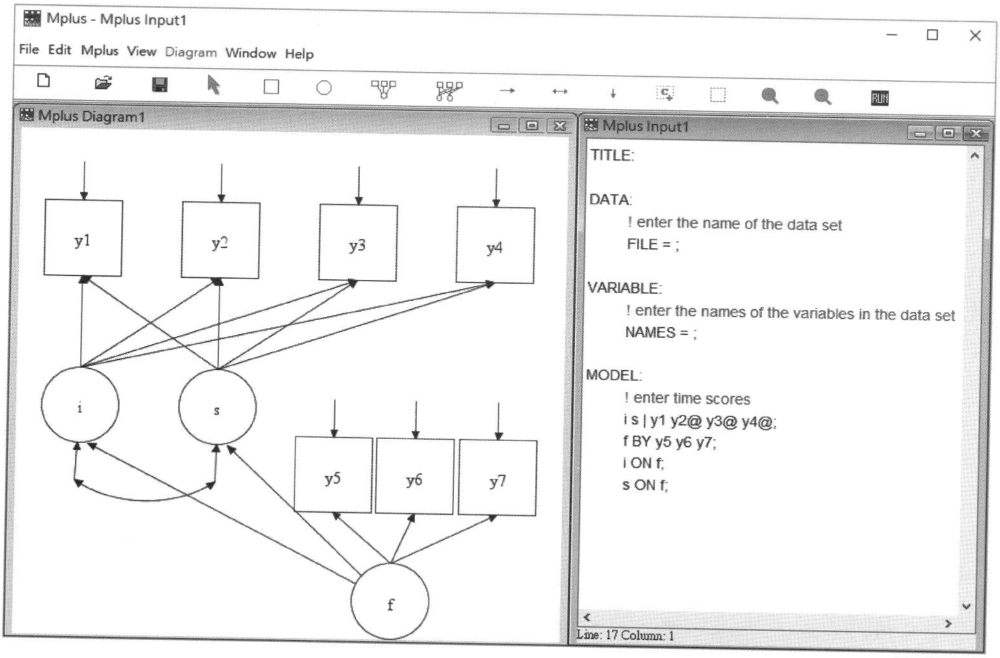

圖 A.7　Mplus 的語法圖形產生器視窗畫面

A.2.2 Mplus 的語法架構

在 Mplus 當中進行各種分析，均是由表 A.3 所列舉的十種指令所下達。因此使用者必須熟悉這些指令的使用方式，並能將指令組合成爲有效的語法（syntax）來驅動 Mplus 分析。

在圖 A.1 所示範的編輯視窗中，即可看到一個完整的交叉嵌套分析 Mplus 語法，整個語法是由一系列英文語句組成，大小寫不影響語法執行，並可支援中文字形。主指令均以冒號（：）結尾，並以藍色字形呈現。主指令下的副指令、關鍵字或變數名稱皆爲黑體字形，每一條有效副指令皆以分號（；）作爲結束標示。如果有註解文字，則以驚嘆號（！）標示，並以綠色文字呈現。如果註解列跨越好幾行，在註解起始處標以 !*，然後在結尾處標以 *!，中間的內容皆會被視爲註解而被 Mplus 視爲無效指令而不執行。

雖然 Mplus 新近版本提供了精靈形式的語法產生器（圖 A.6），協助使用者一步一步完成各項指令的正確編寫，甚至於可以利用圖形界面形式來完成分析語法（圖 A.7），但是這兩者皆僅能提供語法撰寫的輔助，Mplus 最終仍須以語法檔案的指令集來進行分析運算，如果分析過程發生錯誤或有修改必要，仍必須從語法檔當中進行編輯，因此對於語法指令的熟悉仍是最關鍵的工作。

表 A.3　十種主要的 Mplus 語法指令

指令用語	指令型態	指令用途
1. TITLE	標題指令	提供語法內容的說明
2. DATA*	資料指令	指定資料的型態與讀取方式
3. VARIABLE*	變數指令	指定變數的名稱與使用狀態
4. DEFINE	定義指令	定義變數的內容
5. ANALYSIS	分析指令	設定分析的方法
6. MODEL	模型指令	設定模型的內容
7. OUTPUT	輸出指令	指定分析結果的內容
8. SAVEDATA	存檔指令	指定分析結果的存檔方式
9. PLOT	繪圖指令	指定繪圖的方式與結果
10. MONTECARLO	蒙地卡羅指令	設定模擬研究的條件

註：* 表示必須存在的指令。

A.3 Mplus 語法指令

A.3.1 資料指令（THE DATA COMMAND）

Mplus 的第一組必要指令是資料指令，用來定義資料的來源與狀態。主指令是 DATA:，其餘較常用的副指令列於表 A.4（指令中的粗體部分爲可接受的縮寫）。其中最主要的一個副指令是指定資料檔案路徑與名稱的 FILE IS（IS 可用 = 代替）。値得注意的是，如果語法檔案與資料檔案放在同一個檔案夾當中，則無須指定路徑（S#1），如果放在不同檔案，則必須指定路徑（S#2）：

```
S#1      DATA: FILE IS data.dat;
S#2      DATA: FILE="C:\mplus\data.dat";
```

另一個常用副指令是 TYPE IS，用來指定資料的型態。一般而言，如果讀取的資料是原始的逐筆個別資料（individual data），此一指令可以省略。但是如果使用摘要性資料（summary data），例如相關係數矩陣，則必須利用 TYPE IS

表 A.4　主要的 Mplus 資料指令

DATA:		
FILE IS	file name;	讀入資料的路徑與檔名
FORMAT IS	format statement;	讀入資料的格式
TYPE IS	**INDI**VIDUAL;	資料類型為個體資料
	COVARIANCE;	資料類型為共變矩陣
	CORRELATION;	資料類型為相關矩陣
	MEANS;	資料類型為平均數
	STDEVIATIONS;	資料類型為標準差
	MONTECARLO;	資料類型為蒙地卡羅資料
	IMPUTATION;	資料類型為插補資料
NOBSERVATIONS ARE	number of observations;	觀察值的數目
NGROUPS =	number of groups;	資料的組數

來設定資料形式，並提供其他必要資訊（例如觀察值數目 NOBSERVATIONS）（S#3）（關於矩陣資料的讀取設定方式請參考第二章內容）。

```
S#3     TYPE IS CORR MEANS STDEVIATIONS; NOBS=300;
```

A.3.2 變數指令（THE VARIABLE COMMAND）

接續資料指令之後的必要指令是變數指令，用來設定讀入資料的變數名稱與使用情形，主指令是 VARIABLE:，最常用的變數副指令是 NAME SARE（ARE 可用 = 代替），其餘較常用的副指令列於表 A.5。

一般而言，Mplus 分析所讀入的資料數量與實際使用的資料或變數數量並不

表 A.5　主要的 Mplus 變數指令

VARIABLE:		
NAMES ARE	names of variables;	讀入資料的變數名稱
USEOBSERVATIONS=	conditional statement to select observations;	用於分析的觀察資料（必須指定選擇條件）
USEVARIABLES=	names of analysis variables;	用於分析的變數名稱
MISSING ARE	variable (#);	遺漏值設定為數值#
	. ;	遺漏值設定為.
	* ;	遺漏值設定為*
CLUSTER IS	name of cluster variables;	嵌套變數名稱
WEIGHT IS	name of sampling weight variable;	加權變數名稱
BWEIGHT	name of between-level sampling weight variable;	組間層次加權變數名稱
WITHIN ARE	names of individual-level observed variables;	組內／個體層次變數
BETWEEN ARE	names of cluster-level observed variables;	組間／總體層次變數

相同，此時必須使用 USEOBSERVATIONS ARE 或 USEVARIABLES ARE 來指定所使用的觀察值狀態或變數清單，這兩個副指令皆可進行簡化成為 USEO= 或 USEV=。例如 S#4 當中讀入 gender yr mn y1-y6 共九個變數，但只使用 y1-y3 三個變數，而且僅限 gender 為 1 的資料納入分析：

```
S#4    VARIABLE:    NAMES ARE gender yr mn y1-y6;
                    USEV=y1-y3;
                    USEO=(gedner EQ 1);
```

值得注意的是，當使用 USEO 選擇觀察值時，所下達的條件命令必須使用 Mplus 所指定的運算子（見表 A.6），例如等號必須以 EQ 指令為之，或以 == 符號代替，如果只用一個 = 將造成執行錯誤。

表 A.6　Mplus 常用的條件運算與四則運算子

運算子	內容	範例
AND	與（logical and）	x == 1 AND y >= 1;
OR	或（logical or）	x == 1 OR y >= 1;
NOT	非（logical not）	x == 1 NOT y < 1;
EQ　==	等於（equal）	x == 1;
NE　/=	不等（not equal）	x /= 1;
GE　>=	大於等於（greater than or equal to）	x >= 1;
LE　<=	小於等於（less than or equal to）	x <= 1;
GT　>	大於（greater than)	x > 1;
LT　<	小於（less than）	x < 1;
+	加（addition）	y + x;
-	減（subtraction）	y - x;
*	乘（multiplication）	y * x;
/	除（division）	y / x;
**	冪次（exponentiation）	y**2;
%	百分比（remainder）	remainder of y/x;
LOG	自然對數（base e log）	LOG (y);
LOG10	取10為底對數（base 10 log）	LOG10 (y);
EXP	指數（exponential）	EXP (y);
SQRT	開根號（square root）	SQRT (y);
ABS	絕對值（absolute value）	ABS(y);

變數指令當中還提供了變數加權功能，副指令為 **WEIGHT=**，如果是嵌套資料，而且不同層次有不同的加權變數，則可利用 **BWEIGHT=** 副指令來組間層次變數的加權處理，或利用 **B2WEIGHT=** 或 **B3WEIGHT=** 副指令來指定第二層或第三層的加權變數。

A.3.3 定義指令（THE DEFINE COMMAND）

如果所讀入的資料必須進行四則數學運算來產生新變數，或是需要進行平移、平減等程序，可利用定義指令來完成，主指令是 **DEFINE:**，較常用的副指令列於表 A.7。例如要將出生年（yr）月（mn）轉換成年齡，可用 S#5 完成；若要創造年齡變數的二次方，可利用 S#6 完成；若要產生脈絡變數（第一層變數的組平均數），可利用 S#7 完成：

表 A.7　主要的 Mplus 定義指令

DEFINE:	
variable = mathematical expression;	數學轉換
IF (conditional statement) THEN transformation statements;	條件轉換
_MISSING;	轉成遺漏值
variable = MEAN (list of variables);	求取平均數
variable = SUM (list of variables);	求取總和
CUT variable or list of variables (cutpoints);	分割變數
variable = CLUSTER_MEAN (variable);	求取組平均
CENTER variable or list of variables (**GRAND**MEAN); CENTER variable or list of variables (**GROUP**MEAN); CENTER variable or list of variables (**GROUP**MEAN label);	平減指令
STANDARDIZE variable or list of variables;	變數標準化

```
S#5        DEFINE:        age=(2017-yr)+(12-mn)/12;
S#6        DEFINE:        age2=age**2;
S#7        DEFINE:        agebar=CLUSTER_MEAN(age);
```

如果有一組 10 個題目（i1-i10）的問卷要求取總分或平均數，可利用 SUM 與 MEAN 函數功能來進行，如 S#8 與 S#9 所示。進一步的，如果要將某個變數進行標準化，可使用 STANDARDIZE 指令，如 S#10 可分別將 S#8 與 S#9 所求得的總分（total）與平均分（itemmean）進行標準化，此一指令並不會創造新變數，而是直接將已讀入或已創造的新變數以原來的變數名稱進行標準化。

```
S#8     DEFINE:     total=SUM(i1-i10);
S#9     DEFINE:     itemmean=MEAN(i1-i10);
S#10    DEFINE:     STANDARDIZE total itemmean;
```

值得注意的是，利用 DEFINE 指令所創造的新變數，並非從資料庫當中讀取而得，因此必須在選擇變數副指令 USEV 的最後逐一列出。例如前面的 S#4 當中並沒有 age、age2 與 agebar 變數，為了利用 DEFINE 來創造這三個新變數，必須先在 USEV 最後增加 age、age2 與 agebar，如 S#11，才能順利產生這三個新變數。

```
S#11    VARIABLE:   NAMES ARE gender yr mn y1-y6;
                    USEV=y1-y3 age age2 agebar;
```

如果使用 IF 與 THEN 指令，可以進行條件式轉換。例如進行重新分組（S#12），或是將某些數值轉換成遺漏值（S#13），以及把遺漏值轉換成特定值（S#14）。同樣的，副指令下的條件命令必須使用表 A.6 的條件運算子。

```
S#12  DEFINE:   IF (gender EQ 1 AND age GE 30) THEN group = 1;
S#13  DEFINE:   IF (age LT 30) THEN group=_MISSING;
S#14  DEFINE:   IF (group == _MISSING) THEN u=1;
```

至於在 MLM 常用的平減轉換，可利用 CENTER 指令完成，但是值得注意的是，每一個 CENTER 指令只能搭配組平均數（**GROUP**MEAN）或總平均數

（**GRAND**MEAN）副指令的其中一個來進行組平減或總平減，若有兩組變數分別需要進行組平減與總平減時，必須以兩個 CENTER 指令來分別進行：

```
S#15   DEFINE:     CENTER x1-x3 (GROUPMEAN);
S#16   DEFINE:     CENTER w1 (GRANDMEAN);
```

如果是交叉嵌套，同一個個體嵌套在兩個嵌套變數之內，此時所進行的組平減或總平減必須指定是在哪一個嵌套之下，如 S#17 與 S#18 所示：

```
S#17   DEFINE:     CENTER x1-x3 (GROUPMEAN CIDA);
S#18   DEFINE:     CENTER y1-y3 (GRANDMEAN CIDB);
```

A.3.4 分析指令（THE ANALYSIS COMMAND）

在完成了資料讀取與定義之後，Mplus 必須指定分析的內容，亦即分析指令的使用，主指令爲 ANALYSIS:。由於分析指令內容繁多，涉及不同的統計模型、估計法的選擇、模型參數化、演算法設定等等，本節僅就本書所涉及的 TYPE、ESTIMATOR、BOOSTRAP 的部分內容加以列表介紹（如表 A.8）。

首先，TYPE 指令用來指定分析的類型，包括 GENERAL、MIXTURE、TWOLEVEL、THREELEVEL、CROSSCLASSIFIED、EFA 等六種，預設分析方法爲 **GEN**ERAL，可進行下列八種分析：

- 迴歸分析 Regression analysis
- 路徑分析 Path analysis
- 驗證性因素分析 Confirmatory factor analysis
- 結構方程模式分析 Structural equation modeling
- 成長模型 Growth modeling
- 離散時間存活分析 Discrete-time survival analysis
- 連續時間存活分析 Continuous-time survival analysis
- 單樣本時間序列分析 N=1 time series analysis

表 A.8　主要的 Mplus 分析指令

ANALYSIS:		
TYPE =	**GEN**ERAL;	基本模型分析
	BASIC;	可估計樣本統計量與描述統計資訊
	RANDOM;	可估計隨機截距與斜率
	COMPLEX;	可估計分層取樣資料的模式資訊
	TWOLEVEL;	雙層MLM分析
	BASIC;	基本模型分析
	RANDOM;	帶有隨機斜率
	MIXTURE;	帶有混合分配的模式資訊
	COMPLEX;	可估計分層取樣資料的模式資訊
	THREELEVEL;	三層MLM分析
	BASIC;	基本模型分析
	RANDOM;	帶有隨機斜率
	COMPLEX;	可估計分層取樣資料的模式資訊
	CROSSCLASSIFIED;	交叉嵌套分析
	RANDOM;	帶有隨機斜率
MODEL=	**CONFIG**URAL;	測量恆等性檢驗之形貌恆等
	METRIC;	測量恆等性檢驗之尺度恆等
	SCALAR;	測量恆等性檢驗之量尺恆等
	NOMEANSTRUCTURE;	測量恆等性檢驗之無平均數設定
	NOCOVARIANCES;	測量恆等性檢驗之無共變數設定
ESTIMATOR =	ML;	最大概似法
	MLM;	
	MLMV;	
	MLR;	
	MLF;	
	MUML;	
	WLS;	加權最小平方法
	WLSM;	
	WLSMV;	
	ULS;	無加權最小平方法
	ULSMV;	
	GLS;	
	BAYES;	貝氏估計法
BOOTSTRAP =	number of bootstrap draws;	

本書後半段所介紹的成長模式、SEM 分析、中介與調節效果分析，即可在 GENERAL 副指令下進行。同時由於 GENERAL 爲預設副指令，因此即使不指定此一副指令亦可順利進行分析與估計。

至於本書前半段所介紹的 MLM 分析，則必須下達 TWOLEVEL、THREELEVEL、ROSSCLASSIFIED 等副指令才能進行。進一步的，若要進行帶有嵌套特性的 MLM 分析，必須在變數指令當中以 CLUSTER= 副指令來指定分組變數。如果是交叉嵌套，則必須要有兩個分組變數（詳細操作程序請參考第六章）。

如果使用者需要進行參數的拔靴估計（例如求取間接效果的拔靴標準誤），可利用 BOOTSTRAP 副指令來指定重抽次數（例如 500 或 1000 次），並且在輸出指令當中要求輸出拔靴信賴區間 CINTERVAL(BOOTSTRAP)，即可得到拔靴估計結果與信賴區間資訊。

分析指令當中的 MODEL 副指令則是用於測量恆等性的評估。三個選項 CONFIGURAL、METRIC 與 SCALAR 可以單獨使用，也可以同時使用，分析結果將列出不同限定條件下的模型估計卡方差異統計量，藉以判定恆等性是否成立。

除了 TYPE，另一組重要的分析指令是估計法設定指令，亦即 ESTIMATOR，對於不同的分析方法，能夠使用的估計法與預設估計法並不相同。表 A.9 列舉本書所涉及的幾種分析方法所預設及可使用的估計法。值得注意的是，所有的估計法都需以原始個別觀察值的完整資訊來進行運算，如果輸入的資料是相關係數或共變矩陣等摘要資訊，僅適用於 TYPE=GENERAL 下的 ML 估計法。此外，如果資料當中帶有遺漏值，MLM、MLMV、GLS、WLS 等估計法無法使用，使用者必須先進行插補才可使用這些估計法。

表 A.9　本書有關的模型估計法

分析方法	預設	可用估計法
GENERAL	ML	MLM, MLMV, MLR, MLF, GLS, WLS, BAYES
TWOLEVEL	MLR	MUML, ML, MLR, MLF, WLS, WLSM, WLSMV, ULSMV, BAYES
TWOLEVEL RANDOM	MLR	ML, MLF
THREELEVEL	MLR	ML, MLR, MLF, BAYES
THREELEVEL RANDOM	MLR	ML, MLF
CROSSCLASSIFIED	BAYES	
CROSSCLASSIFIED RANDOM	BAYES	

註：ML：maximum likelihood parameter estimates with conventional standard errors and chi-square test statistic。MLM：maximum likelihood parameter estimates with standard errors and a mean-adjusted chi-square test statistic (Satorra-Bentler chi-square) that are robust to non-normality。MLMV：maximum likelihood parameter estimates with standard errors and a mean- and variance-adjusted chi-square test statistic that are robust to non-normality

MLR：maximum likelihood parameter estimates with standard errors (sandwich estimator) and a chi-square test statistic that are robust to non-normality and non-independence of observations when used with TYPE=COMPLEX。MLF：maximum likelihood parameter estimates with standard errors approximated by first-order derivatives and a conventional chi-square test statistic。MUML：Muthén's limited information parameter estimates, standard errors, and chi-square test statistic。WLS：weighted least square parameter estimates with conventional standard errors and chi-square test statistic that use a full weight matrix。ULS：unweighted least squares parameter estimates。GLS：generalized least square parameter estimates with conventional standard errors and chi-square test statistic that use a normal-theory based weight matrix。Bayes：Bayesian posterior parameter estimates with credibility intervals and posterior predictive checking。

A.3.5 模型指令（THE MODEL COMMAND）

在 Mplus 當中，最關鍵的指令可說是設定模型內容的模型指令 MODEL:，由於 Mplus 能夠處理的統計模型類型眾多，對於特定模型所涉及到的 MODEL: 指令內容有所不同。但有三個關鍵指令 BY、ON、WITH 最常見：

```
measure → BY        設定潛在變數   例如 f1 BY y1-y4;  !f1 由 y1-y4 估計而得
regress → ON        設定迴歸關係   例如 f1 ON x1-x3;  !f1 被 x1-x3 解釋
corellate → WITH    設定共變關係   例如 f1 WITH f2;   !f1 與 f2 的共變納入估計
```

如果 ON 與 WITH 前面增加一個 P，則可設定配對關係，例如 f2 f3 PON f1 f2; 表示 f2 被 f1 解釋且 f3 被 f2 解釋。另外，f1 f2 f3 PWITH f4 f5 f6; 表示 f1 與 f4、f2 與 f5、f3 與 f6 的共變納入估計。

另外一組重要的關鍵指令是設定各種參數，例如因素負荷量、迴歸係數、變異數（包括潛在變數與殘差變異）、平均數或截距（以 [] 表示）自由估計（*）、設定爲特定數值（@）、或設定爲特定標籤並進行設限處理的各種狀況，如 S#19 至 S#26 所示。當使用 @ 符號時，必須附加一個特定數值作爲限定值，但是 * 後面則可不加上任何數值或特定數值，此時 Mplus 將以預設方式進行該參數的起始值來進行估計，如果加上特定數值，則將以該數值作爲起始值進行估計。

```
S#19   f1 BY y1-y4 *.9;      !y1-y4 的因素負荷量自由估計（以 .9 爲起始值）
S#20   f1 BY y1 @1.0;        !y1 的因素負荷量設定爲 1.0
S#21   f1 y1-y4 *;           !f1 的變異數與 y1-y4 的殘差變異自由估計
S#22   f1 y1-y4 @0;          !f1 的變異數與 y1-y4 的殘差變異設定爲 0
S#23   [f1 y1-y4 *];         !f1 的平均數與 y1-y4 的截距自由估計
S#24   [f1 y1-y4 @0];        !f1 的平均數與 y1-y4 的截距設定爲 0
S#25   f1 ON x1 (beta1);     !x1 → f1 與 x2 → f2 的迴歸係數標籤爲 beta1 且等值
       f2 ON x2 (beta1);
S#26   S | f1 ON x1;         !x1 → f1 的迴歸係數 S 具有隨機效果
```

如果是多層次模式，Mplus 的設定方式是在模型指令當中以 %WITHIN% 來設定組內（個體層次），以 %BETWEEN% 來設定組間（總體層次）。如果是交叉嵌套設計（組內觀察值被兩個嵌套變數所嵌套，例如 CIDA 與 CIDB），在 %BETWEEN% 指令後方必須增加各自嵌套變數的標籤藉以辨識是嵌套在哪一個嵌套變數之下，例如 %BETWEEN CIDA%、%BETWEEN CIDB%。

至於路徑分析與中介效果分析所關心的間接效果，可以利用指令來估計，例如 S#27 所示：

```
S#27  MODEL:
          y ON m1 m2 x;        !y 被 m1 m2 x 三者解釋
          m1 m2 ON x;          !m1 m2 被 x 解釋
      MODEL INDIRECT:
          y IND x;             ! 估計 x → m1 → y 與 x → m2 → y 的間接效果
          y IND x VIA m1;      ! 估計 x → m1 → y 的間接效果
```

如果間接效果被某變數 Mo 所調節，亦即 MoMe 分析（參見第十二章的介紹），可加入 MOD 指令來處理，例如 S#28 所示：

```
S#28  MODEL:
          y ON m;          !y 被 m 解釋
          m ON x;          !m 被 x 解釋
      MODEL INDIRECT:
          y MOD m xm x;    !m 爲 x → y 的中介變數且 xm 具交互作用
```

最後，MODEL 指令可利用 MODEL TEST: 指令來進行某參數是否等於特定值的 WALD 檢定。另外，MODEL CONSTRAINT: 指令則可用來創造模型當中所沒有的新參數，進而得以製圖描繪參數狀態，所搭配的指令如下（這兩組指令請參考本書相關章節的示範實例，本節不再舉例說明）：

```
MODEL CONSTRAINT:
  NEW          ！設定模型當中所沒有的新參數名稱
  DO           ！以迴圈方式處理新參數的運算
  PLOT         ！設定 y 軸變數以利製圖
  LOOP         ！設定 x 軸變數以利製圖
```

表 A.10　主要的輸出指令

OUTPUT:		
	SAMPSTAT;	列出樣本統計量
	CROSSTABS;	列出列聯表
	CROSSTABS (ALL);	列出列聯表所有資訊
	CROSSTABS (COUNT);	
	CROSSTABS (%ROW);	
	CROSSTABS **(%COL**UMN);	
	CROSSTABS (%TOTAL);	
	STANDARDIZED;	列出參數的標準化值
	STDYX;	列出參數的完全標準化值
	STDY**;**	列出參數對Y標準化值
	STD**;**	列出涉及潛在變數標準化值
	STANDARDIZED (**CLUS**TER);	在嵌套變數下的標準化
	STDYX (**CLUS**TER);	
	STDY (**CLUS**TER);	
	STD (**CLUS**TER);	
	RESIDUAL;	列出殘差資訊
	RESIDUAL (**CLUS**TER);	列出嵌套資料下的殘差資訊
	CINTERVAL;	列出信賴區間
	CINTERVAL (**SYM**METRIC);	列出對稱信賴區間
	CINTERVAL (**BOOT**STRAP);	列出拔靴信賴區間
	CINTERVAL (**BCBOOT**STRAP);	列出偏誤校正拔靴信賴區間
	CINTERVAL (**EQ**TAIL);	列出等尾信賴區間
	CINTERVAL (**HPD**);	
	TECH1;至TECH16**;**	列出技術資訊

A.3.6 輸出指令（THE OUTPUT COMMAND）

Mplus 執行完畢後，可利輸出指令 OUTPUT: 來設定所欲檢視的分析結果。本書常用到的輸出指令爲 SAMPSTAT、STANDARDIZED、**CINT**ERVAL，這三個副指令分別列出讀入資料的樣本統計資訊、參數的標準化結果與信賴區間。

首先，SAMPSTAT 副指令將輸出連續變數的樣本平均數、變異數、共變數與相關係數，以及樣本數與偏態、峰度、中位數、最大與最小値等單變量資訊。如果是二分或順序變數，則將會輸出樣本閾值、四元相關（tetrachoric correlation）與多元相關（polychoric correlation）等資訊。這些統計量都是以可辨識的 ASCII 格式撰寫，可以利用 SAVE: 主指令下的 SAMPLE 副指令存於外部檔案另做應用。

進一步的，STANDARDIZED 副指令除了可以輸出 STDYX（完全標準化）、STDY（Y 標準化）、STD（潛在變數標準化）三種標準化參數估計數之外，還可得到 R^2 解釋力與標準化參數的標準誤等資訊。其中完全標準化所得到的 b_{StdYX} 與 Y 標準化所得到的 b_{StdY} 公式如下：

$$b_{\text{StdYX}} = b \times \text{SD(x)/SD(y)} \tag{A-1}$$

$$b_{\text{StdY}} = b/\text{SD(y)} \tag{A-2}$$

由前述公式可知，b_{StdYX} 同時去除 x 與 y 變數標準差的影響，因此是一種完全標準化的估計解，需解釋爲「x 變數變動一個標準差而在 y 變數上變動幾個標準差」。由於 b_{StdY} 僅將 y 變數的標準差進行標準化而未考慮 x 變數的標準化，因此 b_{StdY} 適用於當 x 變數爲二分變數時的迴歸係數的標準化，可解釋爲「x 變數變動一個類別時在 y 變數上變動幾個標準差」。至於 STD 副指令所執行的標準化程序則是針對潛在變數的標準化，解釋方法則比照完全標準化解。

比較特別的是，如果分析模型涉及嵌套資料，參數估計數的標準化可以就各嵌套組內來進行個別標準化，副指令爲 STANDARDIZED (**CLUS**TER)。

CINTERVAL 副指令可列出參數估計數與其 90%、95%、99% 的對稱信賴區間（confidence intervals），若是配合拔靴估計，則可利用 CINTERVAL(BOOTSTRAP) 列出參數的拔靴信賴區間，或是以 CINTERVAL(BCBOOTSTRAP) 列出偏誤校正信賴區間（bias-corrected bootstrap confidence intervals）。

進一步的，如果估計法是選擇貝氏估計，CINTERVAL 副指令所列出的是 MCMC 重抽估計所得到的置信區間（credibility intervals），區間的百分位數在預設條件下是取 90%、95%、99% 左右等尾機率（亦即 **EQ**TAIL），但是也可以利用 CINTERVAL(**HPD**) 得到最高後驗機率等尾機率（Gelman et al., 2004）。

最後，輸出指令還可指定 16 種技術指標，例如 TECH1 可列出模式設定當中各參數的位置與序號（亦即模式設定狀態）；TECH3 可列出 TECH1 當中各參數估計數的共變矩陣；TECH4 則是列出潛在變數的估計平均數與估計共變矩陣。其他的技術輸出指令則多與混合模式分析有關，因此不在此討論。

A.3.7 繪圖指令（THE PLOT COMMAND）

最後所介紹的 Mplus 指令是繪圖指令，藉以得到特定的統計圖表輸出，主指令為 PLOT:。主要的副指令為 TYPE=PLOT1 PLOT2 PLOT3;，可得到三類報表。

PLOT1 可得到讀入資料的描述統計圖表資訊，例如各變數的直方圖（histograms）、散佈圖（scatterplots）、時間序列圖，如果是多層次模型，則可得到組間層次的直方圖與散佈圖。

PLOT2 所提供的圖表資訊則視語法當中所選擇的分析與估計方法有關，比較重要的是可得到模型估計描述統計量（平均數、中位數、眾數、百分位數等）、調節效果圖、敏感度分析圖、拔靴分配，或是下列的貝氏估計圖：

- 後驗參數分配 Posterior parameter distributions
- 後驗參數收斂軌跡 Posterior parameter trace plots
- 自我相關圖 Autocorrelation plots
- 先驗參數分配 Prior parameter distributions
- 後驗預測檢核散佈圖 Posterior predictive checking scatterplots
- 後驗預測檢核分配圖 Posterior predictive checking distribution plots

PLOT3 則可提供前述之外的一些特殊圖表，例如多層次嵌套模型下的組間樣本統計量、估計值、殘差等。或是潛在變數估計得到的一些估計資訊統計圖（例如因素分數、極端值、殘差等）。

如果是帶有時間遞延資訊的變數，可以利用 SERIES IS 副指令來描繪隨時間每遞增一單位的趨勢圖，例如 SERIES = y1-y4 (*); 可在 X 軸依序列列出 y1-y4 四個變數的資訊，SERIES = y1-y4 (SLOPE); 可在 X 軸依序列列出 y1-y4 四個變數的以 SLOPE 命名的斜率值。如果不是隨時間遞變的資訊，則需逐一指定 X 軸上每增加一個單位的變數爲何。

由於本書所關注的統計模型爲 MLM 與 SEM，因此本附錄僅針對有關的指令加以介紹。如果使用者對於 Mplus 語法撰寫或指令內容有疑義，可從軟體當中所提供的協助功能或指導手冊得到解答。如果自行查閱這些文件仍無法解決問題，還可以直接到 Mplus 論壇提問。

附錄B：參數符號

在 SEM 中，係以希臘符號來代表各變數與參數的意義，表 B.1 列出了希臘字母的大小寫與對應的英文意義與參數意義。

表 B.1　希臘字母與參數對照表

名稱	大寫	小寫	英文對應	迴歸或SEM參數意義
alpha	Α	α	a	潛在變數平均數（內生）
beta	Β	β	b	迴歸係數（外生對內生）
gamma	Γ	γ	g	迴歸係數（內生對內生）
delta	Δ	δ	d	測量誤差（外生）
epsilon	Ε	ε	ê	測量誤差（內生）
zeta	Ζ	ζ	z	
eta	Η	η	e	潛在變數（內生）
theta	Θ	θ	th	估計誤差
iota	Ι	ι	i	成長曲線截距
kappa	Κ	κ	k	潛在變數平均數（外生）
lambda	Λ	λ	l	因素負荷量
mu	Μ	μ	m	平均數
nu	Ν	ν	n	
xi	Ξ	ξ	x	潛在變數（外生）
omicron	Ο	ο	ô	
pi	Π	π	p	
rho	Ρ	ρ	r	相關係數
sigma	Σ	σ	s	總和／標準差
tau	Τ	τ	t	測量變數平均數
upsilon	Υ	υ	y	
phi	Φ	f	ph	共變數／相關係數（外生）
chi	Χ	χ	c	檢定量
psi	Ψ	ψ	ps	共變數／相關係數（內生）
omega	Ω	ω	o	

中文索引

五劃

六劃

七劃

八劃

九劃

十劃

十二劃

十三劃

十四劃

十五劃

十八劃

十九劃

二十劃

二十三劃

英文索引

A

B

C

D

E

F

G

H

I

L

M

Q

R

S

U

V

W

Z

1HAA 不用數字的研究：質性研究的思辯脈絡

作　　者：蕭瑞麟
出版日期：2017/03/01
定　　價：500 元
ISBN 978-957-11-8965-9

- 使用「蘇格拉底」的思辯方法，鍛鍊自己高人一等的思考力。
- 幫助做出有洞見的研究論文。
- 幫助利用手上案例發表在學術期刊，縮短學習曲線。
- 幫助以不同的思維寫出行銷觀察報告。
- 幫助了解如何讓推理更細膩，決策更周詳。

1H0A 大數據：語意分析整合篇

作　　者：謝邦昌、謝邦彥
出版日期：2016/10/12
定　　價：220 元
ISBN 978-957-11-8795-2

本書解析大數據中的「語意分析」方法。語意分析主要目的是用來分辨使用者對於人、事、物的看法或態度。利用分析工具，更可以將資料圖像化，使資料清楚呈現、一目了然。

- 詳細解說語意輿情分析的方法。
- R語言、Fanpage Karma、Tagxedo、D3、ECharts等分析工具介紹

1HA2 大數據視覺化篇

作　　者：謝邦昌
出版日期：2016/04/01
定　　價：380 元
ISBN 978-957-11-8518-7

- 資料視覺化分析師躋身為2016黃金潛力職務。
- 何謂視覺化？應用領域有那些？
- 全書彩色，圖文並茂，解說大數據在視覺化上的應用。
- 說明Open Source在視覺化之角色及技術。
- 視覺化網站介紹及案例應用。
- R與JavaScript結合構建分類模型案例。

1H56 潛在類別模式

作　　者：邱皓政
出版日期：2008/09/22
定　　價：350 元
ISBN 978-957-11-5193-9

本書僅對於潛在類別模式進行原理介紹，並利用Mplus與LatentGoLD兩套軟體進行範例說明；除了基本的探索性潛在類別分析，本書範例還涵蓋了驗證性、多樣本、多因數、度量模型的潛在類別分析，對於潛在類別模式的基本應用，進行了廣泛的探討。可做為科研機構、大專院校或政府部門的學生、教職與研究人員，進入潛在類別模式領域的最佳導讀教材與研習用書。

1H71 Expert Choice 在分析層級程序法 (AHP) 之應用

作　　者：榮泰生
出版日期：2016/03/18
定　　價：250 元
ISBN 978-957-11-6302-4

- 平易近人，清晰易懂。以平實的文字、實證研究的例子，讓讀者很容易上手。本書強調以Expert Choice為分析工具，以獲得研究結論所需具備的技巧。
- 「解決問題」導向，實作與方法兼備。作者指導研究生及大學生撰寫論文、專題研究的經驗豐富，充分了解到讀者所需要的是什麼、所欠缺的是什麼。
- 本書除了說明如何操作Expert Choice軟體之外，還提供了「如何做研究」的基本概念。

1H38 SPSS在社會科學的應用

原文作者：
Ciaran Acton、Robert Miller、John Maltby、Deirdre Fullerton
譯　　者：莊文忠
出版日期：2011/08/05
定　　價：550元
ISBN 978-957-11-6331-4

- 以循序漸進的方式，使讀者明白SPSS統計基本架構。
- 介紹SPSS的基本資料型態，提供進行統計分析程序的步驟化說明和SPSS分析結果輸出的解釋。
- 以ISSP之「工作取向」題組的資料可讀性，提供有關社會結構和工作取向的具體思考基礎，使讀者也學習跨國性課程。

1H47 量化研究與統計分析：SPSS(PASW)資料分析範例解析

作　　者：邱皓政
出版日期：2017/03/07
定　　價：690元
ISBN 978-957-11-6094-8

- 以SPSS最新版本SPSS/PASW 18進行全面編修。
- 強化變異數分析與多元迴歸範例，新增調節與中介等方法學議題實作技術，符合博碩士生與研究人員需求。
- 同時介紹探索性與驗證性因素分析，提供量表編製者更充分的實作示範。

1H84 SPSS與統計分析

作　　者：陳正昌
出版日期：2013/11/13
定　　價：850元
ISBN 978-957-11-7376-4

- 詳細說明資料輸入、分析步驟、報表解讀，及撰寫結果，有助於順利完成論文。
- 兼具統計基本概念與統計報表解讀，有助於掌握統計原理。
- 使用SPSS 22版最新統計軟體，有助於快速完成統計分析。
- 附全書操作過程影音檔，有助於學習SPSS統計軟體。

1H93 量化資料分析：SPSS與EXCEL

作　　者：陳新豐
出版日期：2015/05/20
定　　價：580元
ISBN 978-957-11-8052-6

本書以實務及理論兼容的方式，介紹量化資料的分析方法。各章節均以淺顯易懂的文字與範例，來說明量化資料的分析策略。對於初次接觸量化資料的讀者，運用於研究論文的結果與分析上，一定會有實質的助益；對於已有相當基礎的量化資料分析者，這本書則具有許多令人豁然開朗之處。

五南圖書出版股份有限公司
網址：http://www.wunan.com.tw

五南財經異想世界

國家圖書館出版品預行編目資料

多層次模式與縱貫資料分析：Mplus 8解析應用／邱皓政著. -- 初版. -- 臺北市：五南圖書出版股份有限公司, 2017.09
面； 公分
ISBN 978-957-11-9304-5（平裝）

1.社會科學 2.統計方法 3.電腦程式

501.28 106012545

1HOJ

多層次模式與縱貫資料分析：Mplus 8解析應用

作　　者— 邱皓政
企劃主編— 侯家嵐
責任編輯— 侯家嵐
文字校對— 鐘秀雲
封面設計— 盧盈良
出 版 者— 五南圖書出版股份有限公司
發 行 人— 楊榮川
總 經 理— 楊士清
總 編 輯— 楊秀麗
地　　址：106臺北市大安區和平東路二段339號4樓
電　　話：(02)2705-5066　　傳　　真：(02)2706-6100
網　　址：https://www.wunan.com.tw
電子郵件：wunan@wunan.com.tw
劃撥帳號：01068953
戶　　名：五南圖書出版股份有限公司
法律顧問　林勝安律師
出版日期　2017年9月初版一刷
　　　　　2024年8月初版四刷
定　　價　新臺幣680元

※版權所有．欲利用本書內容，必須徵求本公司同意※

五南
WU-NAN

全新官方臉書

五南讀書趣

WUNAN
Books
since1966

Facebook 按讚

1 秒變文青

★ 專業實用有趣
★ 搶先書籍開箱
★ 獨家優惠好康

不定期舉辦抽
贈書活動喔！！

五南讀書趣 Wunan Books

經典永恆・名著常在

五十週年的獻禮——經典名著文庫

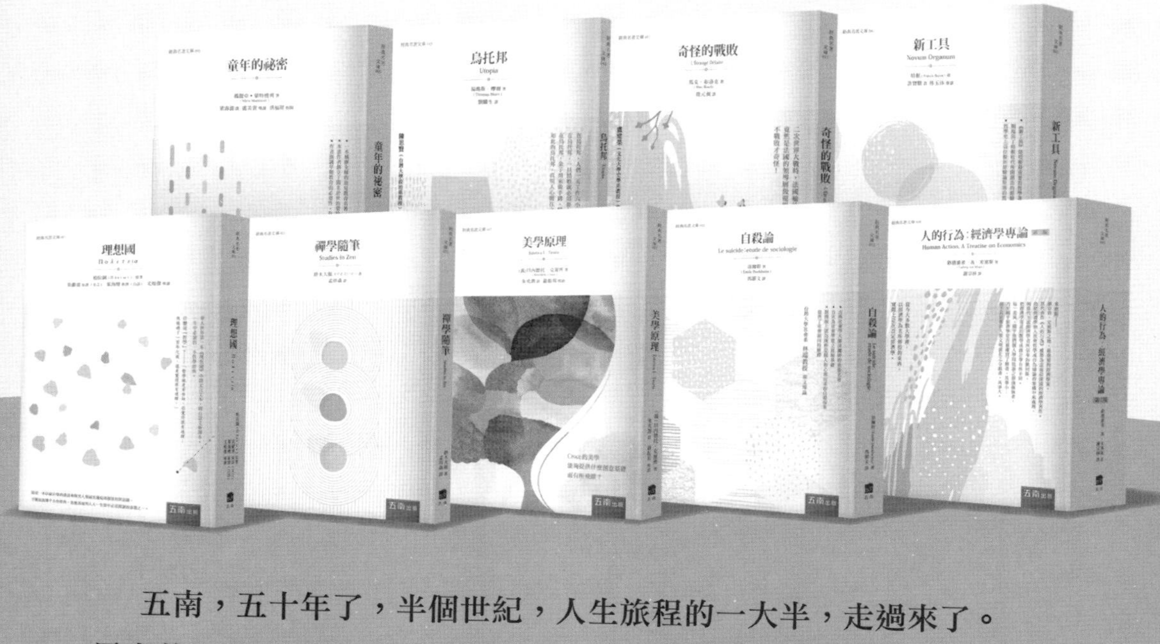

五南，五十年了，半個世紀，人生旅程的一大半，走過來了。
思索著，邁向百年的未來歷程，能為知識界、文化學術界作些什麼？
在速食文化的生態下，有什麼值得讓人雋永品味的？

歷代經典・當今名著，經過時間的洗禮，千錘百鍊，流傳至今，光芒耀人；
不僅使我們能領悟前人的智慧，同時也增深加廣我們思考的深度與視野。
我們決心投入巨資，有計畫的系統梳選，成立「經典名著文庫」，
希望收入古今中外思想性的、充滿睿智與獨見的經典、名著。
這是一項理想性的、永續性的巨大出版工程。
不在意讀者的眾寡，只考慮它的學術價值，力求完整展現先哲思想的軌跡；
為知識界開啟一片智慧之窗，營造一座百花綻放的世界文明公園，
任君遨遊、取菁吸蜜、嘉惠學子！